Wortarten bestimmen

Nomen, Pronomen, Adjektiv, Präposition ▶ S. 334–336

Verb ▶ S. 254–257, 337–341

Tempora (Zeitformen) ▶ S. 254, 337–338

Aktiv und Passiv ▶ S. 256, 339–340

Konjunktiv II (Irrealis) ▶ S. 341

Konjunktiv I (z. B. in der indirekten Rede) ▶ S. 255, 340

Zeichensetzung

Das Komma zwischen Sätzen ▶ S. 348

Das Komma in Infinitiv- und Partizipialgruppen ▶ S. 282, 349

Das Komma in Aufzählungen ▶ S. 349

Das Komma bei Appositionen und nachgestellten Erläuterungen ▶ S. 283, 349

Das Komma bei Anreden, Ausrufen, Bekräftigungen ▶ S. 350

Zeichensetzung bei der wörtlichen Rede ▶ S. 350

Zeichensetzung bei Zitaten ▶ S. 284, 350

Satzglieder erkennen

Satzglieder sind Bausteine in einem Satz, z. B.:

Subjekt, Prädikat, Objekt, adverbiale Bestimmungen ▶ S. 342–343

Satzgefüge: Nebensätze unterscheiden

Adverbialsätze ▶ S. 346

Subjekt- und Objektsätze ▶ S. 347

Relativsätze (Attributsätze) ▶ S. 346

Infinitivgruppen ▶ S. 282, 347

Partizipialgruppen ▶ S. 282, 347

Groß- oder Kleinschreibung?

Nominalisierungen ▶ S. 270, 354

Eigennamen und Herkunftsbezeichnungen ▶ S. 271, 355

Tageszeiten und Wochentage ▶ S. 355

Getrennt- oder Zusammenschreibung?

Nomen + Verb, Verb + Verb, Wortgruppe + sein, Adjektiv + Verb, Adverb + Verb; Präposition + Verb ▶ S. 274–275, 356

Gymnasium Baden-Württemberg

Deutschbuch

Sprach- und Lesebuch

5

Herausgegeben von
Claudia Mutter und Andrea Wagener

Erarbeitet von
Ina Cattaneo (Karlsruhe), Georg Eger (Singen am Hohentwiel),
Christoph Fischer (Ludwigsburg), Peter Imhof (Stuttgart),
Stefan Metzger (Tuttlingen), Claudia Mutter (Rottweil),
Christian Oechsler (Esslingen), Christina Peter-Brutscher (Weinheim),
Greda Sieber (Ludwigsburg), Andrea Wagener (Köln),
Manuela Wölfel (Remseck am Neckar)

Euer Deutschbuch auf einen Blick

Das Buch ist in **vier Kompetenzbereiche** aufgeteilt.
Ihr erkennt sie an den Farben:

Sprechen – Zuhören – Schreiben
Lesen – Umgang mit Texten und Medien
Sprachgebrauch und Sprachreflexion
Arbeitstechniken und Methoden

Jedes **Kapitel** besteht aus **drei Teilen:**

1 Hauptkompetenzbereich

Hier wird die Fähigkeit trainiert, um die es in dem Kapitel hauptsächlich geht,
z. B. in Kapitel 6 „Kurze Geschichten interpretieren".

 6.1 Familienbande – Kurze Geschichten analysieren und interpretieren

2 Verknüpfung mit einem zweiten Kompetenzbereich

Die Hauptkompetenz wird mit einem anderen Kompetenzbereich verbunden und
vertiefend geübt, z. B.:

 6.2 Menschen in Beziehungen – Kommunikation in literarischen Texten untersuchen

3 Klassenarbeitstraining oder Projekt

Hier überprüft ihr das Gelernte anhand einer Übungsklassenarbeit und einer
Checkliste oder ihr erhaltet Anregungen für ein Projekt, z. B.:

 6.3 Fit in ... – Eine Kurzgeschichte interpretieren

Das **Merkwissen** findet ihr in den blauen Kästen mit der

Bezeichnung Information oder Methode .

Auf den blauen Seiten am Ende des Buches (Orientierungswissen ▶ S. 311–363)
könnt ihr das Merkwissen aus allen Kapiteln noch einmal nachschlagen.

Folgende **Kennzeichnungen** werdet ihr im Buch entdecken:

●○○ Fordern und fördern: einfaches Differenzierungsniveau
●●○ Fordern und fördern: mittleres Differenzierungsniveau
●●● Fordern und fördern: oberes Differenzierungsniveau
4 Zusatzaufgabe
Partnerarbeit
Gruppenarbeit
▶ S. 322 Auf der angegebenen Seite könnt ihr weitere Informationen nachschlagen.

Inhaltsverzeichnis

1

Sprechen – Zuhören – Schreiben   Kompetenzschwerpunkte

Anders leben – Über Sachverhalte informieren   13

1.1 Lebenswege – Mit Hilfe von Materialien andere informieren **14**

Lebensorte – Beschreiben und Erklären 14

Ina Pachmann: Urlauber vom Dienst 15

In verschiedenen Kulturen leben? –
Einen Informationstext verfassen 17

Interview: „Heimat ist für mich ein Gefühl" 17

Lexikoneintrag: Third Culture Kids 19

Grafik: Drittkultur-Kinder 19

Martina Rampas:
Seltsame Seelenverwandtschaft 20

Ⓧ Teste dich! –
Über Sachverhalte informieren 23

**1.2 Flucht aus dem Alltag –
Literarische Texte in ihrer Zeit betrachten** **24**

Sibylle Berg: Hauptsache weit 24

Ulrich Plenzdorf:
Die neuen Leiden des jungen W. 26

Fordern und fördern –
Über Hintergründe informieren 29

1.3 Fit in ... – Einen Informationstext verfassen ... **32**

▶ **Prozessbezogene Kompetenz**en
Schreiben
informieren: Informationen aus linearen und nicht-linearen Texten wiedergeben und differenziert darstellen; in sachlichem Stil klar und verständlich formulieren

Lesen
sich mit der Darstellung von Lebenswirklichkeiten in Texten auseinandersetzen

▶ **Inhaltsbezogene Kompetenzen**
Sach- und Gebrauchstexte
aus Texten entnommene Informationen zusammenhängend wiedergeben und in Problemzusammenhänge einordnen

Literarische Texte
Kontextwissen für das Textverstehen nutzen; literarische Figuren charakterisieren

▶ **Zentrale Schreibformen**
informierend (auch materialgestützt)

2

Sprechen – Zuhören – Schreiben   Kompetenzschwerpunkte

Konsum: Was brauche ich wirklich? – Argumentieren und Erörtern   35

**2.1 Alles für den Style? –
Das Pro und Kontra erörtern** **36**

Shoppen statt Engagement? –
Meinungen begründen 36

Sandra Schäfer / Alexander Mohr:
Die neue Ego-Jugend 36

Jobben für den Konsum? –
Pro-und-Kontra-Debatten führen 38

Wolfgang Ullrich:
Wer cool sein will, muss jobben gehen 38

Einheitslook? –
Eine Pro-und-Kontra-Erörterung verfassen 41

▶ **Prozessbezogene Kompetenzen**
Sprechen
verschiedene Gesprächsformen praktizieren (Diskussion); Diskussionen moderieren und reflektieren

Schreiben
Argumente formulieren, entfalten und in eine Gesamtargumentation einbeziehen

Alice Gundlach:
Einheitliche Pullis sind gut fürs Schulklima 41
✖ Teste dich! –
Argumentieren und Erörtern 46

2.2 **Für mich nur das Beste? –**
Erörtern im Anschluss an einen Sachtext **47**
Hans von der Hagen:
Faire Produktion erkennt man nicht am Preis ... 47
Fordern und fördern –
Die Erörterung ausformulieren 50

2.3 **Fit in ... –**
Erörtern im Anschluss an einen Sachtext **52**
Christoph Fröhlich: Fairphone –
Das Smartphone fürs gute Gewissen 52

3 Was will ich werden? – Berufe erkunden 55

3.1 **Ein Beruf für mich? –**
Informieren und Präsentieren **56**
Berufsfelder erkunden 56
Die eigenen Fähigkeiten erkennen 57
Ein Berufswahlportfolio erstellen 58
Berufe im Visier – Informationen
recherchieren und präsentieren 60
✖ Teste dich! – Rund um Berufe 63

3.2 **Komik in scharfer Form –**
Satiren aus der Arbeitswelt entschlüsseln **64**
Georg M. Oswald: Mit Menschen 64
Fordern und fördern –
Satirische Texte schreiben 66
Robert Walser: Das Stellengesuch 66

3.3 **Von der Bewerbungsmappe zum**
Praktikumsbericht **69**
Eure Visitenkarte –
Die Bewerbungsunterlagen 69
Sich im Vorstellungsgespräch präsentieren 72
Einen Praktikumsbericht verfassen 73

▶ **Inhaltsbezogene**
Kompetenzen
Sach- und Gebrauchstexte
aus Texten entnommene
Informationen in Problem-
zusammenhänge einordnen;
Stellungnahmen zu Argu-
mentationen formulieren;
die Struktur eines
Arguments analysieren

▶ **Zentrale Schreibformen**
argumentierend (z. B. dia-
lektische und textbezogene
Erörterung)

▶ **Prozessbezogene**
Kompetenzen
Sprechen
Sachinhalte verständlich
referieren;
durch gezieltes Fragen
Informationen beschaffen

Schreiben
Informationen und eigenes
Wissen über Sachverhalte
geordnet und differenziert
darstellen;
kreativ und produktiv ge-
stalten: nach literarischen
Vorlagen Text neu schreiben
(Satire)

▶ **Inhaltsbezogene**
Kompetenzen
Sach- und Gebrauchstexte
Textinformationen in
Wissensfelder einordnen

Literarische Texte
Satire erkennen und
analysieren

**4.1   Unerwartete Bekanntschaften –
Zu Kunstwerken schreiben** **76**
Sich in Figuren versetzen –
Kurze Geschichten erfinden 76
Weniger ist mehr –
Kreative Texte überarbeiten 78
„Kennen wir uns?" –
Ein Mini-Drama entwickeln 80
„Gib mir deine Hummernummer" –
Ein Rap-Gedicht schreiben 82
Teste dich! – Kreative Texte überarbeiten 83

**4.2   Rätselhaftes Zusammentreffen –
Parabeln verstehen und gestalten** **84**
Bertolt Brecht: Warten 84
Bertolt Brecht: Das Wiedersehen 85
Bertolt Brecht: Gespräche 85
Franz Kafka: Gib's auf 86
Wolfdietrich Schnurre: Der Absprung 88
Fordern und fördern –
Eine Parabel umgestalten 89
Botho Strauß: Rückkehr 89

4.3   Projekt: Bilder filmisch verlebendigen **91**

▶ **Prozessbezogene
Kompetenzen**
Schreiben
kreativ und produktiv
gestalten: erzählen, Erzähl-
techniken anwenden; nach
literarischen Vorlagen Texte
neu schreiben oder um-
schreiben

Lesen
Mehrdeutigkeit literarischer
Texte erkennen

▶ **Inhaltsbezogene
Kompetenzen**
Literarische Texte
Merkmale literarischer
Textarten für das Text-
verstehen nutzen (Parabel);
mit produktionsorientierten
Verfahren ein plausibles
Textverständnis heraus-
arbeiten

Medien
eine Vorlage medial
umformen;
Bilder beschreiben und
analysieren

▶ **Zentrale Schreibformen**
interpretierend (gestaltend)

**5.1   Zukunftsvisionen und ferne Planeten –
Romanauszüge untersuchen** **94**
Science-Fiction kennen lernen 94
Herbert George Wells: Der Krieg der Welten 94
Andreas Eschbach: Die blauen Türme 96
Utopien und Anti-Utopien kennen lernen 99
Aldous Huxley: Schöne neue Welt 99
Teste dich! –
Einen Romanauszug untersuchen 103

▶ **Prozessbezogene
Kompetenzen**
Schreiben
kreativ und produktiv
gestalten: erzählen, Erzähl-
techniken anwenden; nach
literarischen Vorlagen Texte
neu schreiben oder weiter-
schreiben

Lesen
komplexe Analysen von
Texten durchführen und die
Ergebnisse für interpreta-
torische Schlussfolgerungen
nutzen;
Textvergleiche durchführen

5.2 Schreckensvisionen von morgen –
Texte um- und ausgestalten **104**
Georg Orwell: 1984 (1) 104
Fordern und fördern – Gestaltend schreiben ... 107
Georg Orwell: 1984 (2) 107

5.3 Fit in ... – Gestaltend schreiben **110**
Georg Orwell: 1984 (3) 110

6 Beziehungen – Kurze Geschichten interpretieren   113

6.1 Familienbande – Kurze Geschichten
analysieren und interpretieren **114**
Rätselhafte Familiengeschichten –
Gestaltend interpretieren 114
Julio Cortázar: Familienbande 114
Wolfgang Koeppen: Klas sieht seinen Vater 115
„Und das ist das Problem ...“ –
Eine Kurzgeschichte interpretieren 118
Marlene Röder: Wie man ein Klavier loswird 118
Ⓧ Teste dich! –
Eine Kurzgeschichte interpretieren 125
Sibylle Berg: Vera sitzt auf dem Balkon 125

6.2 Menschen in Beziehungen – Kommunikation
in literarischen Texten untersuchen **126**
Daniel Kehlmann: Kritik (1) 126
Fordern und fördern –
Kommunikation untersuchen 132
Daniel Kehlmann: Kritik (2) 132

6.3 Fit in ... – Eine Kurzgeschichte interpretieren .. **134**
Wolfgang Borchert: Die Kirschen 134

▶ **Inhaltsbezogene**
Kompetenzen
Literarische Texte
wesentliche Elemente eines
Textes bestimmen (Hand-
lungsverlauf, Figuren und
Figurenkonstellation,
Zeitgestaltung, Motive,
Handlungsmotive);
Fachbegriffe zur formalen
Beschreibung von Texten
verwenden: Erzähler, Erzähl-
form, Erzählhaltung usw.

▶ **Zentrale Schreibformen**
interpretierend (gestaltend)

▶ **Prozessbezogene**
Kompetenzen
Schreiben
die Ergebnisse einer
Textanalyse selbstständig
darstellen;
gestaltend interpretieren

Lesen
komplexe Analysen von
Texten durchführen

▶ **Inhaltsbezogene**
Kompetenzen
Literarische Texte
Wesentliche Elemente eines
Textes bestimmen (Hand-
lungsverlauf, Figuren und
Figurenkonstellation,
Zeitgestaltung, Motive,
Handlungsmotive);
Fachbegriffe zur formalen
Beschreibung von Texten
verwenden: Erzähler, Erzähl-
form, Erzählhaltung;
Merkmale literarischer
Textarten für das Text-
verstehen nutzen (Kurz-
geschichte)

Funktionen von Äußerungen
Kommunikationsmodelle zur
Analyse von Kommunikation
nutzen

▶ **Zentrale Schreibformen**
interpretierend
(Interpretationsaufsatz)

Lebenslust und Vergänglichkeit – Gedichte des Barock interpretieren   137

7.1   Liebe, Schönheit, Tod – Gedichte vergleichen .. **138**
Lieder der Liebe –
Sprachliche Bilder untersuchen 138
Martin Opitz: Lied 138
Else Lasker-Schüler: Ein Liebeslied 139
„Vollkommene Schönheit" – Das Sonett 140
Christian Hoffmann von Hoffmannswaldau:
Beschreibung vollkommener Schönheit 140
„Die Türme stehn in Glut" –
Gedichte zum Thema Krieg 142
Andreas Gryphius:
Tränen des Vaterlandes, anno 1636 142
August Stramm: Patrouille 142
Carpe diem und Memento mori –
Motive des Barock 144
Simon Dach: Letzte Rede einer vormals stolzen
und gleich jetzt sterbenden Jungfrauen 144
❌ Teste dich! –
Ein Barockgedicht untersuchen 146
Andreas Gryphius: Menschliches Elende 146

7.2   „Es ist Zeit, hinauszuschauen" –
Ein Gedicht analysieren und interpretieren ... **147**
Martin Opitz: Ich empfinde fast ein Grauen 147
Fordern und fördern –
Eine Interpretation verfassen 150

7.3   Fit in ... –
Ein Gedicht analysieren und interpretieren ... **152**
Bertolt Brecht:
Entdeckung an einer jungen Frau 152

▶ **Prozessbezogene**
Kompetenzen
Sprechen
Texte gestaltend vortragen

Schreiben
die Ergebnisse einer
Textanalyse selbstständig
darstellen

Lesen
komplexe Analysen von
Texten durchführen

▶ **Inhaltsbezogene**
Kompetenzen
Literarische Texte
exemplarische Epochen der
Literaturgeschichte für das
Textverständnis nutzen
(Barock);
Texte inhaltlich und formal
vergleichen;
Fachbegriffe zur formalen
Beschreibung von Texten
verwenden (Analyse von
Lyrik)

Struktur von Äußerungen
Formen bildlicher Aus-
drucksweise benennen,
erläutern und in ihrer
Wirkung reflektieren (Metapher, Vergleich, Allegorie)

▶ **Zentrale Schreibformen**
interpretierend
(Interpretationsaufsatz)

„Der Besuch der alten Dame" – Ein modernes Drama untersuchen   155

8.1   „... und kaufe mir dafür Gerechtigkeit" –
Handlung und Figuren kennen lernen **156**
„Sie lebe hoch, hoch, hoch!" –
Die Exposition untersuchen 156
Friedrich Dürrenmatt:
Der Besuch der alten Dame (1. Akt) 156
Der Konflikt spitzt sich zu –
Dialoge analysieren 160

▶ **Prozessbezogene**
Kompetenzen
Sprechen
Texte gestaltend vorlesen

Schreiben
Texte analytisch interpretieren; gestaltend interpretieren;
die sprachlich-stilistische
Gestaltungsweise von
Texten erläutern (Dialoge
analysieren)

Der Besuch der alten Dame (2. Akt) 160

⊗ Teste dich! –
    Eine Dramenszene verstehen 164

Der Besuch der alten Dame (2. Akt) 164

„Sag doch, dass du Komödie spielst" –
Eine Tragikomödie kennen lernen 165

Der Besuch der alten Dame (2. Akt) 165

8.2 **„Niemand will Sie töten." – Eine Dramenszene**
analysieren und interpretieren **167**

Der Besuch der alten Dame (2. Akt) 167

Fordern und fördern –
Eine Dramenszene analysieren 172

Der Besuch der alten Dame (3. Akt) 172

8.3 **Fit in … – Eine Dramenszene interpretieren** ... **174**

Der Besuch der alten Dame (3. Akt) 174

Lesen – Umgang mit Texten und Medien   Kompetenzschwerpunkte

9   Aktuelles vom Tag – Zeitungstexte verstehen und gestalten   177

9.1 **Ereignisse, Meinungen, Unterhaltung –**
Journalistische Textsorten kennen lernen **178**

Verschiedene Zeitungstypen 178

Die Themengebiete einer Zeitung –
Die Ressorts 180

Journalistische Textsorten unterscheiden 181

Der Bericht 181

Hurrikan „Sandy" hinterlässt eine Schneise
der Verwüstung 181

Die Reportage 183

Matthias Rech:
Auf Leben und Tod in der Notaufnahme 183

Fordern und fördern –
Eine Reportage untersuchen 187

Jan Schmidt: Die fliegende Intensivstation 187

Der Kommentar 189

Norbert Lossau: Marslandung 189

Die Glosse 191

David Froitzheim: Ballern statt Büffeln? 191

Der Leserbrief 192

Informationsvermittlung in Online-Zeitungen,
Fernsehen und Radio 193

Projekt Mediengeschichte 195

⊗ Teste dich! – Rund um die Zeitung 196

Lesen
komplexe Analysen von
Texten durchführen

▶ **Inhaltsbezogene**
Kompetenzen
Literarische Texte
Fachbegriffe zur formalen
Beschreibung von Texten
verwenden (Analyse eines
Dramas);
sprachliche Gestaltungs-
mittel beschreiben;
Merkmale literarischer
Textarten für das Textver-
stehen nutzen (Komödie,
Tragödie, Tragikomödie);
Komik erkennen

▶ **Zentrale Schreibformen**
interpretierend
(Interpretationsaufsatz)

▶ **Prozessbezogene**
Kompetenzen
Schreiben
Informationen aus linearen
und nicht-linearen Texten
wiedergeben

Lesen
die Zuordnung von Texten zu
Textarten reflektieren

▶ **Inhaltsbezogene**
Kompetenzen
Sach- und Gebrauchstexte
aus Texten entnommene
Informationen zusammen-
hängend wiedergeben;
nicht-lineare Texte (z. B. Info-
grafik, Diagramm) auswerten;
Sachtexte aufgrund ihrer
Funktionen unterscheiden
(Bericht, Kommentar, Leserbrief, Gesetz, Vertrag);
Texte vergleichen, auch
solche unterschiedlicher
medialer Form

Medien
Printmedien (Zeitung)
analysieren und vergleichen;
Aspekte der Medien-
geschichte erläutern;
Urheberrecht und Daten-
schutz berücksichtigen;
den Begriff der Pressefreiheit
erläutern

Zentrale Schreibformen
analysierend

9.2 Was ist los? – Projekt „Zeitungsmacher" **197**

9.3 Fit in ... – Einen Zeitungstext untersuchen **202**
Bernhard Honnigfort: Schmuggel in Hamburg:
So arbeiten die Ermittler 202

10 Lesen – Umgang mit Texten und Medien

Kompetenzschwerpunkte

„Sonnenallee" – Roman und Film untersuchen und vergleichen 205

10.1 „Am kürzeren Ende der Sonnenallee" –
Einen Roman analysieren **206**
Die Sonnenallee – Historische Hintergründe
kennen lernen 206
Thomas Brussig:
Am kürzeren Ende der Sonnenallee (1) 206
Die deutsche Teilung 208
Michas Clique –
Die Hauptfiguren untersuchen 209
Thomas Brussig:
Am kürzeren Ende der Sonnenallee (2) 209
„Sie war das Ereignis der Sonnenallee" –
Eine Figur charakterisieren 212
Thomas Brussig:
Am kürzeren Ende der Sonnenallee (3) 212
Verhaftung im Grenzgebiet –
Erzähler und Erzählweise untersuchen 215
Thomas Brussig:
Am kürzeren Ende der Sonnenallee (4) 215
⊗ Teste dich! – Erzählweisen untersuchen ... 218
Thomas Brussig:
Am kürzeren Ende der Sonnenallee (5) 218
Aber schön war's doch!? –
Rezensionen schreiben 219

10.2 „Sonnenallee" –
Einen Film und seine Sprache untersuchen **221**
Die Exposition betrachten 221
Einstellungsgröße, Kameraperspektive,
Schnitt 222
Kamerabewegung 223
Mise en Scène 224
Fordern und fördern –
Eine Filmszene untersuchen 225

10.3 Projekt – Jugend und Jugendkultur in der DDR .. **227**

▶ **Prozessbezogene Kompetenzen**
Lesen
komplexe Analysen von Texten durchführen; zwischen textinternen und textexternen Informationen unterscheiden

▶ **Inhaltsbezogene Kompetenzen**
Literarische Texte
Wesentliche Elemente eines Textes bestimmen, Fachbegriffe zur Beschreibung von Texten verwenden (Analyse eines Jugendromans); literarische Figuren charakterisieren; Komik, Satire erkennen; Kontextwissen für das Textverstehen nutzen; eigene und fremde Lebenswelten differenziert vergleichen

Medien
die Handlungsstruktur eines Films erläutern; unter Verwendung von Fachbegriffen audiovisuelle Texte analysieren und interpretieren (Schnitt, Montage, Sequenz, Kamerabewegung); eine Literaturverfilmung analysieren, mit der Textvorlage vergleichen

11

In aller Munde – Sprachgebrauch, Sprachwandel, Sprachkritik   229

11.1 Denglisch, Dialekt, Digitaldeutsch –
Sprachvarietäten und Sprachgebrauch **230**
Sprachtrends – Anglizismen 230
Maxim Leo: Oldenburger Bacon, geslict 230
Rudolf Hoberg: Für mehr Gelassenheit 232
Bastian Sick: Englische Fremdwörter 232
Vielerlei Deutsch – Dialekte 233
SMS und E-Mails –
Öffentlicher und privater Sprachgebrauch 234
Mirjam Hauck: 8ung SMS 234
Inge Kutter: Hallöchen, Herr Professor 235
Fordern und fördern –
Netzsprache untersuchen 236
Teste dich! – Sprachgebrauch,
Sprachwandel, Sprachkritik 237

11.2 Unser Wortschatz – Sprache im Wandel **238**
„Toll" – Ein Wort wandelt seine Bedeutung 238
App statt Adrema –
Der Wortschatz ändert sich 239
Kiezdeutsch – Verarmung oder Bereicherung
der Sprache? 240
Martin Klesmann: Isch mach disch Messer 241
Der Begriff „Freundschaft" früher und heute ... 242
Die Toten Hosen: Freunde 242
Die Maus im Büro – Mehrdeutige Wörter 243
Teste dich! – Wortbedeutung im Wandel ... 244

11.3 „Political Correctness"? –
Fairer Sprachgebrauch **245**
„PC" – Geschlechtergerechte Sprache 245
Harald Martenstein: „Was ist denn so schlimm
an dem Wort ‚Arzthelferin'?" 246
Neighbour, Nachbar, Nachbarin –
Sprachen vergleichen 247
Guy Deutscher:
Wie die Sprache unser Denken prägt 247
„PC" – Eigenbezeichnungen statt
Fremdbezeichnungen? 248
Petra Rosenberg:
Sinti und Roma oder Zigeuner? 248
Otfried Preußler:
Die kleine Hexe (politisch korrekte Neufassung) ... 248
„Schwul" ist für viele Schüler ein Schimpfwort ... 249
Projekt „Bewusster Sprachgebrauch" 250

▶ **Prozessbezogene**
Kompetenzen
Sprechen
den Unterschied zwischen
mündlichem und schrift-
lichem Sprachgebrauch so-
wie Merkmale umgangs-
sprachlichen Sprechens
erkennen und zielgerichtet
einsetzen

Schreiben
einen differenzierten
Wortschatz und einen
angemessenen, variablen
Stil verwenden

▶ **Inhaltsbezogene**
Kompetenzen
Struktur von Äußerungen
Homonymie und Polysemie
erkennen; Denotation und
Konnotation unterscheiden;
Bedeutungsveränderungen
von Wörtern als Phänomene
des Sprachwandels erläu-
tern;
die Integration von Fremd-
und Lehnwörtern ins
deutsche Sprachsystem
untersuchen (insbesondere
Anglizismen)

Funktion von Äußerungen
die kulturelle Bedeutung von
Sprache erfassen, auch in
ihrem jeweiligen gesell-
schaftlichen Kontext (z. B.
sprachliche Trends, Neo-
logismen, Jargon);
Dialekt, Umgangs- und
Standardsprache in ihrer
kommunikativen Bedeutung
erläutern und angemessen
verwenden;
die Bedeutung der Mehr-
sprachigkeit für den Sprachwandel untersuchen;
Formen der sprachlichen
Zuschreibung von Ge-
schlechterrollen diskutieren

12 Grammatiktraining – Stil und Ausdruck 251

12.1 Gutes Benehmen ist in? –
Grammatik sicher anwenden **252**
Rund ums Nomen – Auf den Kasus achten 252
Rund ums Verb – Die Tempora im Blick haben .. 254
Der Modus der Verben –
Konjunktiv und Indikativ 255
Aktiv und Passiv der Verben 256
Fordern und fördern – Rund ums Verb 257
Satzbau – Grammatisch richtig formulieren ... 258
Satzbau – Klar und verständlich formulieren ... 260
Fordern und fördern – Texte überarbeiten 262
❌ Teste dich! –
Grammatikkenntnisse sicher anwenden ... 263

12.2 Die Bewerbung – Treffend formulieren **264**
Texte überarbeiten 264
Nominal- und Verbalstil 266

12.3 Fit in ... – Einen Text überarbeiten **267**

▶ **Prozessbezogene**
  Kompetenzen
  Sprechen
  inhaltlich präzise, sprachlich
  prägnant und klar strukturiert formulieren

  Schreiben
  elementare formale An-
  forderungen des Schreibens
  erfüllen (Grammatik);
  einen angemessenen,
  variablen Stil verwenden

▶ **Inhaltsbezogene**
  Kompetenzen
  Struktur von Äußerungen
  die Kasus auch in komplexen
  Nominalgruppen korrekt
  und sicher verwenden;
  die Struktur auch von
  komplexen Sätzen und Satzgefügen analysieren und im
  Feldermodell beschreiben;
  Gleich- und Unterordnung
  von Sätzen unterscheiden
  (Parataxe und Hypotaxe);
  Tempusformen erläutern
  und verwenden (z. B. auch
  narratives Präsens, modales
  Futur);
  Formen der Modalität sowie
  deren Ersatzformen
  beschreiben, bilden und
  verwenden

13 Rechtschreibtraining – Fehler vermeiden, Regeln sicher anwenden 269

13.1 So ist es richtig! – Rechtschreibung festigen ... **270**
Groß- und Kleinschreibung 270
Nominalisierungen 270
Schreibung von Eigennamen und
Herkunftsbezeichnungen 271
Fremdwörter und Fachbegriffe 272
Getrennt- und Zusammenschreibung 274
Richtig schreiben – Strategien anwenden 276
Fordern und fördern – Rechtschreibung 278
❌ Teste dich! – Rechtschreibung 279

13.2 Zeichen setzen –
Satzzeichen richtig verwenden **280**
Das Komma in Satzreihe und Satzgefüge 280
Das Komma bei Infinitiv- und
Partizipialgruppen 282
Das Komma bei Appositionen und
nachgestellten Erläuterungen 283

▶ **Prozessbezogene**
  Kompetenzen
  Schreiben
  elementare formale An-
  forderungen des Schreibens
  erfüllen (Rechtschreibung,
  Zeichensetzung);
  Strategien zur Überprüfung
  der Rechtschreibung
  anwenden

▶ **Inhaltsbezogene**
  Kompetenzen
  Struktur von Äußerungen
  Groß- und Kleinschreibung
  normgerecht anwenden und
  erläutern;
  Regeln der Getrennt- und
  Zusammenschreibung
  nennen und anwenden;
  Besonderheiten der Schrei-
  bung von Fremdwörtern
  nennen und anwenden;
  die Zeichensetzung bei
  Zitaten korrekt verwenden;

Zeichensetzung bei Zitaten 284

Fordern und fördern – Kommasetzung 285

✗ Teste dich! – Zeichensetzung 286

13.3 Fit in ... – Richtig schreiben **287**

Die eigenen Fehlerschwerpunkte finden 288

Training an Stationen 290

die Zeichensetzung bei
Nebensätzen, Infinitiv- und
Partizipialgruppen auch in
komplexen Satzgefügen
korrekt begründen und
anwenden;
Rechtschreibstrategien in
Schreibprozessen anwenden
und Nachschlagewerke
verwenden;
individuelle Fehlerschwerpunkte benennen und
gezielt bearbeiten

Arbeitstechniken und Methoden   Kompetenzschwerpunkte

14 Auf den Punkt gebracht – Recherchieren und Präsentieren 295

14.1 Körpersprache –
Zu einem Thema recherchieren **296**

Im Internet recherchieren 296

Im Internet nach Büchern recherchieren 299

Informationsmaterial auswerten 301

14.2 Überzeugend präsentieren **304**

Den Vortrag strukturieren 304

Folien für die Bildschirmpräsentation
gestalten 306

Ein Handout erstellen 308

14.3 Sicher auftreten – Lebendig vortragen **309**

▶ **Prozessbezogene**
Kompetenzen
Sprechen
Sprechsituationen gestalten
(z. B. Vortrag)

Schreiben
Informationsquellen gezielt
nutzen (Bibliotheken, Nachschlagewerke, Internet)

▶ **Inhaltsbezogene**
Kompetenzen

Medien
verschiedene mediale Quellen
zu Recherchezwecken nutzen,
Informationen darstellen
und kritisch bewerten;
Texte mit Hilfe geeigneter
Medien und Programme
gestalten (auch Präsenta-
tionssoftware)

Orientierungswissen

Sprechen und Zuhören 311

Schreiben 313

Lesen – Umgang mit Texten und Medien 316

Sprachgebrauch und Sprachreflexion 334

Arbeitstechniken und Methoden 361

Lösungen zu einzelnen Aufgaben 364

Textartenverzeichnis 368

Autoren- und Quellenverzeichnis 369

Bildquellenverzeichnis 371

Sachregister 372

1 Anders leben –
Über Sachverhalte informieren

Szene aus dem Film „Der Herr der Fliegen", der auf dem 1954 erschienenen Roman „Lord of the Flies" von William Golding basiert. Eine Gruppe von Jungen lebt nach einem Flugzeugabsturz alleine auf einer unbewohnten Südseeinsel.

1 Lest die Bildunterschrift und schaut euch das Szenenfoto an. Überlegt, wie das alltägliche Leben der Jugendlichen aussehen könnte. Welche Arbeiten müssen sie wahrscheinlich verrichten? Wie könnten sie sich fühlen?

2 **a** Kennt ihr andere, für euch ungewöhnliche Lebensweisen? Nennt diese.
b Diskutiert, ob solche Lebensweisen für euch in Frage kämen.

3 In diesem Kapitel verfasst ihr eigene Informationstexte über alternative Lebensweisen. Besprecht, was ihr beim Schreiben solcher Texte beachten müsst.

In diesem Kapitel ...

– beschreibt und erklärt ihr verschiedene Lebensentwürfe,
– übt ihr, Informationen aus Sachtexten und Grafiken zu entnehmen,
– verfasst ihr eigene Informationstexte zum Thema „Drittkultur",
– lest ihr literarische Texte über Aussteiger.

1.1 Lebenswege – Mit Hilfe von Materialien andere informieren

Lebensorte – Beschreiben und Erklären

Ein Jahr in Australien leben, die Kultur und die Landschaft erleben und mein Englisch verbessern – das war etwas, worauf ich nach der Schule Lust hatte. Und mit dem „Work & Travel"-Programm war das sogar relativ einfach. Als Erntehelfer habe ich mir das nötige Reisegeld auf Obst- und Gemüseplantagen selbst verdient. Auch wenn das Zucchinipflücken ab vier Uhr morgens kein Vergnügen war, wusste ich, wofür ich das mache. Der 3000 Kilometer lange Roadtrip durch die weite Landschaft des australischen Outbacks war einfach grandios.
(Sven, 19 Jahre)

Seit 20 Jahren bin ich Leuchtturmwärterin. Warum ich diesen Beruf gewählt habe? Seit meiner Kindheit habe ich vom Meer geträumt. Und hier habe ich davon mehr, als ich mir jemals erhofft habe. Außerdem gibt es dort, wo der Leuchtturm steht, kein Gedränge, keine Hektik, keine Staus und keinen Großstadtlärm. Ruhiges Leben, geringer Lohn, Bilanz akzeptabel.
(Barbara, Leuchtturmwärterin)

Seit einem Jahr lebe ich in einem Baumhaus. Das Wasser stammt aus einer nahe gelegenen Quelle, Strom erzeuge ich mit Windkraft und Solarenergie. Für meine Öfen hacke ich im Sommer Holz. Ich hatte keine Arbeit und konnte es mir nicht mehr leisten, in der Stadt zu wohnen. Ein Baumhaus zu bauen und zu versuchen, so unabhängig und umweltfreundlich wie möglich zu leben, war etwas, was ich schon immer machen wollte.
(Matt, Baumhausbewohner)

1 a Lest die Texte und betrachtet die Fotos.
b Könnt ihr euch vorstellen, an einem dieser Orte zu leben? Begründet eure Meinung.

2 a Beschreibt die Orte so genau und anschaulich wie möglich.
b Erklärt, warum die Menschen an den jeweiligen Orten leben wollen.

Urlauber vom Dienst

Von Ina Pachmann

Ben wollte einen Job, der ihn glücklich macht und mit dem er andere zum Lächeln bringt. Er hat ihn bekommen. Ben Southall, ein 34-jähriger Brite, wurde im Finale um den zurzeit wohl 5 *attraktivsten Job der Welt zum Sieger gekürt. Für ein halbes Jahr wird er seine regenreiche Heimat gegen die sonnenverwöhnte Insel Hamilton in Australien tauschen und so etwas wie der Urlauber vom Dienst sein.*

10 Seine Aufgaben: im Great Barrier Reef tauchen, Fische füttern, Hochzeiten planen, mit dem Postflugzeug fliegen, relaxen. Er wird kostenlos in einer Villa mit Meerblick logieren und obendrein monatlich etwa 13 000 Euro kassieren.
15 Das Einzige, was er dafür tun muss, ist, in einem Blog die Schönheit der Inselwelt zu preisen.
Für diesen Traumjob hatten sich ursprünglich 35 000 Kandidaten bei der Tourismusbehörde
20 Queensland beworben; ins Finale kamen 16 Bewerber. Dass sich die Kommission, die über die Vergabe des Inselranger-Postens zu befinden hatte, jetzt für den Briten entschied, wundert nicht. Ben hat alles, was man für solch ei-
25 nen Job braucht. Er ist blond, sportlich und witzig, welterfahren und ist fast immer gut gelaunt. Nach seinem Studium hat er in Afrika als Reiseleiter gearbeitet, in seiner Freizeit hält er sich durch Marathonläufe und Klettern fit,
30 organisiert Musikfestivals, taucht, fährt Mountainbike oder entspannt beim Bungee-Jumping. Immer wieder sammelte er auch Spenden für Wohltätigkeitsorganisationen. Das war mehr, als die anderen Kandidaten vorweisen konnten.
35 Bei der Wahl des Multitalents dürfte außerdem noch eine Rolle gespielt haben, dass der Brite aus dem für Australiens Tourismus wichtigsten Land kommt. Schließlich macht Queenslands Tourismusminister keinen Hehl daraus,
40 dass der Inselranger Hamilton Island weltweit bekannt machen soll. Und das kann ein Mutter-

sprachler natürlich besser als eine Holländerin oder ein Franzose. Erst recht, wenn er so gut mit der Sprache umzugehen weiß wie Ben.
Am 4. Mai beschrieb er die Situation nach 45 der Ankunft der Finalisten in Queensland so: „Das Zimmer war fertig, die Kandidaten waren fertig, das Frühstück nicht." Man kann sich freuen auf Bens Internetaufzeichnungen ab Juli. 50
Dass für einen solchen Traumberuf auch noch insgesamt ca. 80 000 Euro Gehalt gezahlt werden, beruht aber nicht auf einem Rechenfehler, sondern auf einer gut durchdachten Werbekampagne. Der „Best Job of the World"-Wettbe- 55 werb, der vor allem junge und abenteuerlustige Menschen nach Down Under locken will, sorgt jetzt schon für ein weltweites Medienecho: Millionen besuchen die Website „islandreefjob", es

60 gibt unzählige Medienberichte in Zeitungen oder im Fernsehen und zur Bekanntgabe des Siegers am Mittwoch brach die Internet-Website wegen des Massenansturms einmal mehr zusammen. „Über die Kampagne haben seit ihrem Beginn im Januar Menschen in allen Ecken der Welt gesprochen", bilanzierte die Regierungschefin von Queensland, Anna Bligh. Damit hat die Kampagne jetzt schon ihr Ziel mehr als erfüllt. 65

1 a Ist Bens Job wirklich der beste der Welt? Beschreibt, welche Tätigkeiten Ben als „Inselranger" übernehmen muss, und begründet dann eure Meinung.

b Diskutiert, ob dieser Job ein Beruf für mehrere Jahre oder sogar für ein ganzes Leben sein könnte. Erklärt dabei auch die Vor- und Nachteile eines solchen Lebensentwurfs.
Tipp: Denkt dabei auch an Freunde, Familie und mögliche Gefahren.

2 a Beschreibt, welchen Tätigkeiten Ben in seinem Leben schon nachgegangen ist und was für ein Typ er ist. Lest hierzu noch einmal genau im Text nach.

b Erklärt, welches Ziel die Kampagne „Best Job of the World" hat und warum dieses Ziel schon jetzt „mehr als erfüllt" ist (▶ Z. 69).

3 Macht euch die gedankliche Struktur (Aufbau) des Textes bewusst.

a Gliedert hierzu den Text in Sinnabschnitte und findet für jeden Abschnitt eine Überschrift oder einen Gliederungspunkt, der die Einzelinformationen zusammenfasst.

b Erklärt mit Hilfe eurer Notizen, wie der Text aufgebaut ist.

4 In einem informativen Text werden Sachverhalte beschrieben und erklärt.

a Lest die Informationen im Merkkasten unten.

b Untersucht, welche Textpassagen eher etwas beschreiben und welche eher etwas erklären. Begründet eure Einschätzung.

Information **In informativen Texten beschreiben und erklären**

In informativen Texten werden **Sachverhalte** (z. B. Ereignisse, Vorgänge, Personen, Tatsachen) für die Leser **in einer gut verständlichen Weise beschrieben und erklärt.**
Informative Texte haben eine **klare gedankliche Struktur** (roter Faden), d. h., sie lassen sich in Sinnabschnitte gliedern, in denen bestimmte Aspekte eines Themas (Teilthemen) behandelt werden. Die Sprache eines informativen Textes ist in der Regel sachlich.

- **Beschreiben:** Wenn man Sachverhalte (z. B. Ereignisse, Personen, Tatsachen) beschreibt, stellt man diese genau und sachlich richtig dar, z. B.: *Das Tourismusbüro des australischen Bundesstaates Queensland startet eine weltweite Werbekampagne mit dem Namen „Best Job of the World". Gesucht wird ein Inselranger, der sechs Monate lang ...*

- **Erklären:** Wenn man etwas erklärt, dann erläutert man einen Sachverhalt, indem man ihn in einen Zusammenhang einordnet (z. B. zeitliche Zusammenhänge, Begründungszusammenhänge) und/oder ihn durch ein Beispiel veranschaulicht, z. B.: *Die Stellenausschreibung „Best Job of the World" ist Teil einer Werbekampagne, denn der Inselwächter hat die Aufgabe, durch Filme und Fotos die Schönheit der Insel zu preisen und damit Touristen nach Australien zu locken.*

In verschiedenen Kulturen leben? –
Einen Informationstext verfassen

1. Schritt: Die Aufgabenstellung verstehen

In eurer Klasse soll im Rahmen der Projektwoche „Eine Welt" eine Informationsmappe zum Thema „Leben in anderen Kulturen" entstehen. Verfasst auf der Grundlage der vier Texte auf den Seiten 17–20 einen Informationstext zum Thema „Drittkultur-Kinder". Euer Text soll euren Mitschülern einen verständlichen Einblick in das Thema geben. Berücksichtigt dabei Folgendes:

– Formuliert eine Einleitung, in der ihr das Phänomen „Drittkultur-Kind" erklärt. Bezieht hierzu passende Informationen aus den Grafiken ein (▶ S. 19).
– Stellt Sabine Kuegler knapp als typisches Drittkultur-Kind vor und beschreibt anhand von Beispielen, welche Probleme Drittkultur-Kinder haben können.
– Erläutert mögliche Vor- und Nachteile eines Lebens als Drittkultur-Kind und begründet kurz, ob ihr euch ein Leben als Drittkultur-Kind vorstellen könnt.

1 Lest die Aufgabenstellung sorgfältig durch. Klärt dann gemeinsam folgende Fragen:
– Was ist das Thema eures Informationstextes? Was wisst ihr bereits über dieses Thema?
– Was verlangen die einzelnen Teilaufgaben von euch? Auf welche Informationen solltet ihr beim Lesen der Materialien besonders achten?
– Was müsst ihr beim Schreiben eures Informationstextes beachten, z. B. beim Aufbau, bei der Sprache, beim Adressatenbezug?

2. Schritt: Sich über das Thema informieren, die Materialien erschließen

„Heimat ist für mich ein Gefühl"

Das Dschungelkind gibt es wirklich. Aber es heißt nicht Mogli, sondern Sabine Kuegler. Mit fünf Jahren zog sie als Tochter deutscher Sprachforscher und Missionare in den Urwald von Westpapua (Indonesien).

5

Als ihre Eltern sich 1980 entschieden, mit Ihnen in den Dschungel zu ziehen, wie haben sie Ihnen erklärt, was sie dort machen werden?

Sabine Kuegler: Eigentlich gar nicht. Wir haben aber auch nie gefragt. Ich glaube, wenn man 10 Kinder fragt: „Möchtest du im Urwald leben oder in einer Großstadt?", dann würden sich die meisten für den Urwald entscheiden. Davon träumt doch jedes Kind. Man kann den ganzen Tag draußen spielen, schwimmen gehen und 15 auf Bäume klettern. Das ist einfach eine schöne Kindheit.

Als Sie zwölf waren, sind Sie mit Ihrer Familie für zwei Jahre nach Deutschland zurückgekehrt. Wie haben Sie die Zeit empfunden?

Sabine Kuegler: Meine Eltern haben darauf geachtet, dass wir uns nicht zu sehr integrieren. Wir wussten ja, dass wir zurückgehen würden, und sie wollten uns den Abschiedsschmerz ersparen.

Nach der Zeit in Deutschland – zurück in Indonesien – haben Sie den Weg zurück ins Dschungelleben nicht mehr so richtig gefunden.

Sabine Kuegler: Die erste Zeit ging es noch, aber dann mit sechzehn fing es an. Ich wusste nicht mehr genau, wo ich hingehörte. Ich musste monatelang in der Hauptstadt bleiben, um zur Schule zu gehen, und war nur noch in den Ferien im Dschungel. Damals lebte ich zwischen zwei Welten. Ich begann, vieles in Frage zu stellen, und habe mich zum ersten Mal als Fremde gefühlt. Mir wurde immer mehr bewusst, dass ich weiße Haut habe und eigentlich nicht in den Dschungel gehöre.

Mit 17 schickten Ihre Eltern Sie zurück nach Europa, in ein Schweizer Internat. Wie kam es dazu?

Sabine Kuegler: Ich war sehr zerrissen in dieser Zeit. Das merkten auch meine Eltern. Natürlich musste ich mich irgendwann an die Zivilisation gewöhnen. Ich konnte ja nicht ewig im Dschungel leben. Mein Onkel machte dann den Vorschlag, mich auf ein Schweizer Internat zu schicken. Also habe ich mir eins ausgesucht und bin dann nach Montreux gegangen. Es war der richtige Zeitpunkt zu gehen, aber das Leben in Europa war nicht gerade einfach für mich.

Was war so schlimm hier?

Sabine Kuegler: Es war eine andere Kultur mit anderen Menschen. Hier ging man durch die Straßen und sah niemanden an. Neben den Nachbarn lebte man jahrelang und sagte nur Hallo und Tschüss. Das kannte ich nicht. Ich bin ja in einer Welt aufgewachsen, in der die Türen nie abgeschlossen waren. Es herrschte eine wahnsinnige Gastfreundschaft und man teilte alles. Die Welt hier war für mich sehr verschlossen und unheimlich.

Was empfinden Sie denn als besonders verstörend in der westlichen Welt?

Sabine Kuegler: Die Hektik. Ich vermisse die Ruhe.

Sie hatten ja im Internat ein paar gute Trainerinnen, die Sie auf das Leben hier vorbereitet haben. Was haben die Ihnen beigebracht?

Sabine Kuegler: Eigentlich alles: Wer ist wer, was tut man nicht, was sagt man nicht. Zum Beispiel, dass man nicht alle Leute auf der Straße grüßt oder dass man skeptisch sein muss.

Was ist das Wichtigste, das Sie im Dschungel gelernt haben?

Sabine Kuegler: Toleranz und offenes Denken.

Gibt es irgendetwas, das jeder von uns dort lernen könnte?

Sabine Kuegler: Mehr Ruhe zu finden. Man fühlt sich hier immer verpflichtet, irgendetwas zu machen. Es wäre gut zu lernen, sich hinzusetzen und einfach mal nichts zu tun.

Third Culture Kids (TCK) oder Drittkultur-Kinder sind Personen, die einen großen Teil ihrer Kindheit außerhalb der Kultur ihrer Eltern verbracht haben, z. B. weil ihre Eltern einige Zeit im Ausland gelebt haben oder sie während ihrer Kindheit und Jugend oft umgezogen sind und dabei die Kultur gewechselt haben. Dadurch weisen sie besondere Charaktermerkmale und bestimmte Prägungen auf. Das Drittkultur-Kind übernimmt Elemente aus verschiedenen Kulturen, fühlt sich aber meist keiner Kultur ganz zugehörig. Das Zugehörigkeitsgefühl der TCKs bezieht sich auf Menschen mit ähnlichem Hintergrund. Zur Gruppe der TCKs gehören unter anderem Kinder von Missionaren, Diplomaten, international tätigen Geschäftsleuten, Entwicklungshelfern und im Ausland stationierten Militärangehörigen.

Der Begriff „Drittkultur" wurde von den Soziologen Ruth Hill Useem und John Useem einge-

führt. Bei der Forschung über die Situation von US-Amerikanern und anderen Ausländern in Indien stellten sie fest, dass diese untereinander eine Art neue Kultur bilden, die Teile aus der umgebenden (indischen) Kultur und Teile der Herkunftskultur (US-amerikanisch) enthält und daher keiner von beiden gleicht. Es ist eine Drittkultur.

Die Drittkultur-Kinder unterscheiden sich von anderen im Ausland lebenden Kindern (Flüchtlinge, Touristen, Immigranten oder Kinder aus binationalen Ehen) hauptsächlich dadurch, dass ihre Eltern für eine gewisse Zeit als Vertreter einer Organisation in ein anderes Land geschickt werden. Die Zahl dieser Kinder und Jugendlichen steigt stetig, da durch Globalisierungsprozesse die Zahl der Menschen, die zumindest zeitweise in einem anderen Kulturkreis leben, steigt.

Eine Momentaufnahme der modernen Drittkultur-Kinder (TCKs)

Die folgenden Daten basieren auf einer Online-Umfrage von 200 Drittkultur-Kindern.

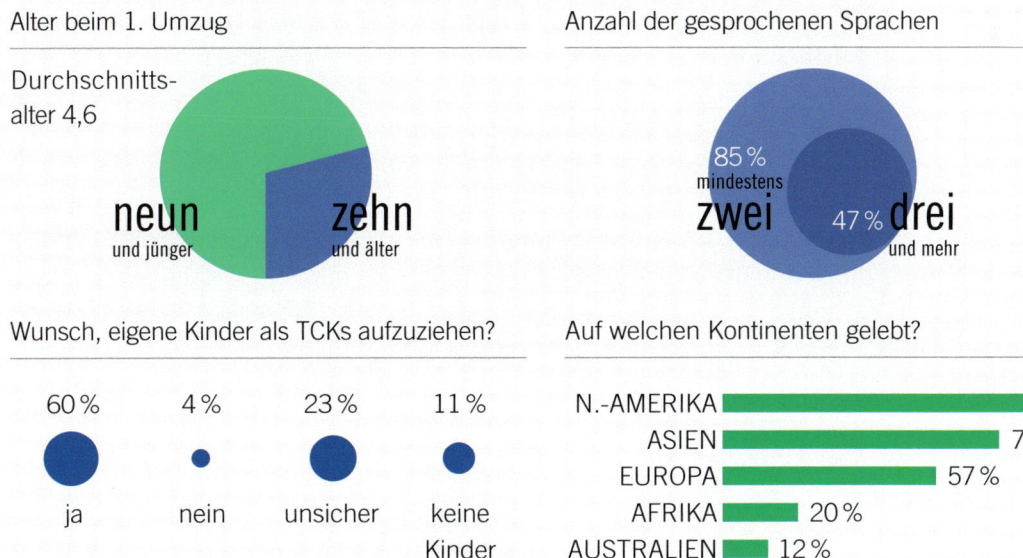

Alter beim 1. Umzug

Durchschnittsalter 4,6

neun und jünger

zehn und älter

Anzahl der gesprochenen Sprachen

85 % mindestens **zwei**

47 % **drei** und mehr

Wunsch, eigene Kinder als TCKs aufzuziehen?

| 60 % | 4 % | 23 % | 11 % |
| ja | nein | unsicher | keine Kinder geplant |

Auf welchen Kontinenten gelebt?

N.-AMERIKA	81 %
ASIEN	74 %
EUROPA	57 %
AFRIKA	20 %
AUSTRALIEN	12 %
S.-AMERIKA	12 %

(Stand: 2011)

Seltsame Seelenverwandtschaft

Von Martina Rampas

„Zwischen TCKs gibt es eine Art Seelenverwandtschaft, die schwer zu fassen ist", schreibt die Journalistin Boulon in „The International Herald Tribune". „Wenn ich mich mit jeman-

5 dem auf Anhieb verstehe, erfahre ich hinterher oft, dass diese Person auch im Ausland aufgewachsen ist. Unsere ‚dritte Kultur' ist uns näher als die erste Kultur (der Eltern) oder die zweite (des Gastlandes). Dabei ist es erstaunlicherwei-

10 se egal, ob jemand als Diplomatensohn in Afrika aufgewachsen ist oder als Tochter einer Ingenieursfamilie in Guatemala."

Tatsächlich prägt so eine internationale Kindheit für das ganze Leben. Meist auf positive Weise,

15 schließlich haben die mehrsprachigen Nomaden in einer globalisierten Welt viele Trümpfe auf ihrer Seite. „Das sind Weltbürger, die andere Kulturen verstehen, akzeptieren und keine Vorurteile haben. Genau das brauchen wir

20 heutzutage am dringendsten", meint Matt Neigh, Direktor von Interaction International, einer Organisation, die sich exklusiv mit transnationalen Kindern und Erwachsenen befasst. „Sie erleben in 18 Jahren mehr als andere in

25 ihrem ganzen Leben."

Aber nicht bei jedem verläuft das problemlos.

Wie Wandervögel treibt es die Rastlosen immer wieder zu neuen Ufern. So hatte die Amerikanerin Peggy, ein ehemaliges Diplomatenkind,

30 binnen 16 Jahren ein rundes Dutzend verschiedener Schulen rund um den Erdball besucht. Auch als Erwachsene ist sie nicht in der Lage, irgendwo Wurzeln zu schlagen oder bei einer Sache zu bleiben. Alle zwei Jahre sagt ihr ein

35 innerer Mechanismus: Die Zeit ist um, ich muss weiter. Dann wechselt sie entweder ihren Job, die Stadt oder den Ehemann. Immer gibt es etwas, das sie stört. Und stets denkt sie: Nur noch dieses eine Mal.

Beziehungen sind eine andere potenzielle Her-

40 ausforderung für Kosmopolitenkinder, weiß Neigh, der in 47 Ländern TCK-Seminare gegeben hat: „Die erste Regel, die jeder lernt, der international aufwächst, heißt: Auf jedes Hello folgt automatisch ein Goodbye."

45

1 a Die Materialien auf den Seiten 17–20 enthalten Informationen zum Thema „Drittkultur-Kind". Lest die Texte zügig durch und überfliegt die Grafiken, ohne euch mit Einzelheiten aufzuhalten, die ihr nicht sofort versteht.

b Besprecht anschließend, was ihr zum Thema „Drittkultur-Kind" behalten habt und was euch noch unklar ist.

2 a Lest die Materialien noch einmal genau. Klärt dann unbekannte Wörter und Textstellen, die ihr nicht versteht.

b Überlegt, welche Informationen für die Bearbeitung der Aufgabe wichtig sind.
Tipp: Macht euch dazu klar, was die Aufgabenstellung genau verlangt.

> Lest die Aufgabenstellung und notiert wichtige Schlüsselwörter. So bekommt ihr Anhaltspunkte, worauf ihr beim Auswerten der Materialien achten müsst.

3 Untersucht in Partnerarbeit die Grafiken auf Seite 19. Welche Informationen liefern sie zum Thema „Drittkultur-Kinder"? Formuliert zu jeder Grafik einen Satz.
Die erste Grafik mit dem Titel „…" zeigt, dass die Mehrheit …
Die Mehrheit der Drittkultur-Kinder, nämlich 81 Prozent, hat …

4 Wertet die Materialien für euren Informationstext aus. Arbeitet am besten mit einer Kopie.
– Lest die Materialien mit einem Stift in der Hand. Macht nach jedem Sinnabschnitt eine kurze Pause und fragt euch: Was steht in diesem Abschnitt? Was ist für die Bearbeitung der Aufgabe wichtig, was überflüssig?
– Unterstreicht wichtige Informationen und notiert am Textrand Stichpunkte. Schreibt auch Fragen auf, wenn euch etwas unklar ist.
Tipp: Ihr könnt zusammengehörende Informationen (in den verschiedenen Materialien) durch dieselbe Farbe hervorheben oder durch Stichworte am Rand kennzeichnen, z. B.: *Def. TKC.*

3. Schritt: Den Text planen, Informationen auswählen

5 Euer Informationstext braucht eine klare gedankliche Struktur (Aufbau), die ihr vor dem Schreiben in einer Gliederung festhalten solltet.
a Entwerft eine Gliederung für euren Informationstext. Beachtet auch den nebenstehenden Tipp, z. B.:

> Beachtet bei der Gliederung eures Textes die Aufgabenstellung genau. Die Abfolge der Teilaufgaben gibt euch den Textaufbau schon vor.

> *1. Einleitung*
> *Den Begriff „Drittkultur-Kind" erklären und einen Überblick über die aktuelle Lage (Grafik) geben.*
>
> *2. Hauptteil*
> *a) Sabine Kuegler als Beispiel eines Drittkultur-Kindes vorstellen.*
> *b) Probleme (Beispiele: Sabine Kuegler, Martina Rampas) …*
>
> *3. Schluss*
> *…*

b Ordnet jedem Punkt eurer Gliederung passende Informationen aus den Materialien zu. Notiert in Stichworten, z. B.:

> *1. Einleitung*
> *– „Drittkultur-Kind" (Third Culture Kid) hat Großteil der Kindheit im Ausland gelebt*
> *– übernimmt aus verschiedenen Kulturen Teile (Herkunftsland, jeweiliges Ausland)*
> *– fühlt sich keiner Kultur …*
> *– Ergebnis der Umfrage (Grafiken) von 2011: ….*
>
> *2. …*

4. Schritt: Den Text schreiben und überarbeiten

6 Verfasst nun auf der Grundlage eurer Gliederung den Informationstext.
- Formuliert sachlich und mit eigenen Worten.
- Macht Zusammenhänge auch sprachlich deutlich, z. B. durch Satzverknüpfungen und Überleitungen *(weil, obwohl, daher, ein anderer Punkt ...)*.
- Schreibt vorwiegend im Präsens und verwendet die indirekte Rede.

> *Die meisten Menschen verbringen ihre Kindheit in ihrem Herkunftsland. Es gibt aber auch Menschen, die den Großteil ihrer Kindheit ...*
>
> *Eine Umfrage zeigt, dass Drittkultur-Kinder im Durchschnitt mit knapp fünf Jahren das erste Mal umziehen. Die meisten Drittkultur-Kinder ...*
>
> *Ein typisches Beispiel für ein Drittkultur-Kind ist Sabine Kuegler, die als Kind mit ihren Eltern ...*
>
> *In einem Interview erklärt Sabine Kuegler, dass sie die Rückkehr nach Europa ...*

7 Überarbeitet eure Informationstexte. Nehmt hierzu die Hinweise im Merkkasten unter Punkt 4 zu Hilfe.

Methode   **Einen Informationstext schreiben**

In einem Informationstext erklärt und beschreibt ihr Sachverhalte in einer gut verständlichen Weise. Dabei wählt ihr wichtige Informationen aus verschiedenen Materialien aus und verfasst auf dieser Grundlage einen neuen, zusammenhängenden Text.

Beim Verfassen eines Informationstextes könnt ihr so vorgehen:

1 Die Aufgabenstellung verstehen
- Klärt, was die Aufgabenstellung von euch verlangt. So bekommt ihr Anhaltspunkte, worauf ihr beim Auswerten der Materialien achten müsst.

2 Die Materialien erschließen
- Verschafft euch einen ersten Überblick über die Materialien, indem ihr sie zügig lest.
- Klärt unbekannte Wörter und Textstellen durch Nachdenken oder Nachschlagen.
- Lest die Materialien mit einem Stift in der Hand. Macht nach jedem Sinnabschnitt eine kurze Pause und fragt euch: Was steht in diesem Abschnitt? Was ist für die Bearbeitung der Aufgabe wichtig, was überflüssig?
- Unterstreicht wichtige Informationen und notiert am Textrand Stichpunkte.

3 Die Gliederung erstellen
- Entwerft eine Gliederung für euren Informationstext. Beachtet bei der Gliederung eures Textes die Struktur der Aufgabenstellung. Die Abfolge der Teilaufgaben gibt euch den Textaufbau schon vor.

4 Den Informationstext schreiben
- Nutzt eigene Worte und formuliert sachlich.
- Achtet darauf, dass euer Text der Gliederung folgt, also eine klare gedankliche Struktur hat.
- Macht Zusammenhänge auch sprachlich deutlich, z. B. durch Satzverknüpfungen und Überleitungen *(weil, obwohl, daher, ein anderer Punkt ...)*.
- Schreibt vorwiegend im Präsens und verwendet – wenn nötig – die indirekte Rede (▶ S. 340).

Teste dich!

Über Sachverhalte informieren

Freiwillige vor!

Wer Lust auf ein Jahr im Ausland hat und sich gleichzeitig im sozialen Bereich engagieren will, sollte über ein freiwilliges soziales Jahr im Ausland nachdenken.

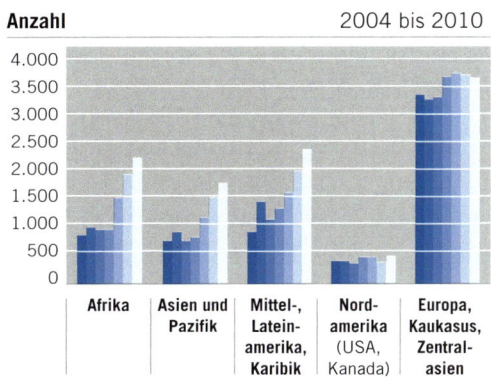

Gesamtzahl der Freiwilligen nach Regionen

5 In der Theorie ist die Dauer des Freiwilligendienstes recht flexibel geregelt: Freiwillige können für ihr freiwilliges soziales Jahr (FSJ) nur ein halbes Jahr ins Ausland gehen oder bis zu 18 Monate bleiben. In der Praxis ist der Name freiwilliges soziales *Jahr* aber Programm, so-
10 dass durchschnittlich rund 93 Prozent der Teilnehmer genau ein Jahr im Ausland bleiben. Für ein Auslands-FSJ können sich junge Menschen zwischen 16 und 27 Jahren bewerben. Manche Länder verlangen ein Mindestalter von 18 Jah-
15 ren. Die Teilnehmer arbeiten an einem sozialen, ökologischen oder kulturellen Projekt im Ausland, und das kostenlos oder gegen geringe Vergütung. Kostenlos bedeutet aber nicht umsonst und so kommt für die Freiwilligen einiges
20 dabei herum: Sie lernen ein fremdes Land abseits touristischer Pfade kennen, verbessern ihre Fremdsprachenkenntnisse, werden selbst-

ständiger und tun etwas Nützliches für sich und andere. 25
Für die Freiwilligenarbeit stehen den Teilnehmern viele Länder offen. Dabei werden besonders in den Entwicklungsländern gemeinnützige Projekte gebraucht. Deshalb lassen sich in Afrika, Asien und Lateinamerika die meisten 30
Einsatzmöglichkeiten finden.
In den wohlhabenderen Staaten wie Australien, Neuseeland, USA oder Kanada sind Projekte dagegen zu großen Teilen im Bereich des Umwelt- und Naturschutzes zu finden. 35

1 Stell dir vor, du bekommst folgende Aufgabenstellung: Verfasse einen Informationstext über ein freiwilliges soziales Jahr (FSJ) im Ausland. Berücksichtige dabei folgende Aspekte:
 – Erkläre, was ein FSJ im Ausland ist. Beschreibe auch Dauer des Einsatzes, Alter und sonstige Voraussetzungen der Bewerber, Reiseländer und konkrete Aufgaben.
 – Beschreibe, in welchen Regionen der Welt wie viel Freiwilligendienst geleistet wird. Erkläre, warum die Zahl der Einsätze in Nordamerika konstant niedrig geblieben ist.
 – Erläutere, welche Vorteile ein FSJ im Ausland hat und welche Probleme die Teilnehmer möglicherweise haben könnten.
 a Überprüfe, inwieweit der Text für die Bearbeitung der Aufgabenstellung geeignet ist.
  – Notiere, über welche Aspekte der Text **nicht** informiert.
  – Erkläre und beschreibe die übrigen Sachverhalte in einem zusammenhängenden Informationstext.
 b Vergleicht eure Ergebnisse in Partnerarbeit.

1.2 Flucht aus dem Alltag – Literarische Texte in ihrer Zeit betrachten

Sibylle Berg

Hauptsache weit (2001)

Und weg, hatte er gedacht.
Die Schule war zu Ende, das Leben noch nicht, hatte noch nicht begonnen, das Leben. Er hatte nicht viel Angst davor, weil er noch keine Ent-
5 täuschungen kannte. Er war ein schöner Junge mit langen dunklen Haaren, er spielte Gitarre, komponierte am Computer und dachte, irgendwie werde ich wohl später nach London gehen, was Kreatives machen. Aber das war
10 später.
Und nun?
Warum kommt der Spaß nicht? Der Junge hockt in einem Zimmer, das Zimmer ist grün, wegen der Neonleuchte, es hat kein Fenster
15 und der Ventilator ist sehr laut. Schatten huschen über den Betonboden, das Glück ist das nicht, eine Wolldecke auf dem Bett, auf der schon einige Kriege ausgetragen wurden. Magen gegen Tom Yam[1], Darm gegen Curry. Im-
20 mer verloren die Eingeweide. Der Junge ist 18, und jetzt aber Asien, hatte er sich gedacht. Mit 1000 Dollar durch Thailand, Indien, Kambodscha, drei Monate unterwegs, und dann wieder heim, nach Deutschland. Das ist so eng, so
25 langweilig, jetzt was erleben und vielleicht nie wieder zurück. Hast du keine Angst, hatten blasse Freunde zu Hause gefragt, so ganz alleine? Nein, hatte er geantwortet, man lernt ja so viele Leute kennen unterwegs. Bis jetzt hatte er
30 hauptsächlich Mädchen kennen gelernt, nett waren die schon, wenn man Leute mag, die einen bei jedem Satz anfassen. Mädchen, die aussahen wie dreißig und doch so alt waren wie er, seit Monaten unterwegs, die Mädchen,
35 da werden sie komisch. Übermorgen würde er in Laos sein, da mag er jetzt gar nicht dran denken, in seinem hässlichen Pensionszimmer,

muss Obacht geben, dass er sich nicht aufs Bett wirft und weint, auf die Decke, wo schon die anderen Dinge drauf sind. In dem kleinen
40 Fernseher kommen nur Leute vor, die ihm völlig fremd sind, das ist das Zeichen, dass man einsam ist, wenn man die Fernsehstars eines Landes nicht kennt und die eigenen keine Bedeutung haben. Der Junge sehnt sich nach Ste-
45 fan Raab, nach Harald Schmidt und Echt. Er merkt weiter, dass er gar nicht existiert, wenn er nichts hat, was er kennt. Wenn er keine Zeitung in seiner Sprache kaufen kann, keine Klatschgeschichten über einheimische Promi-
50 nente lesen, wenn keiner anruft und fragt, wie es ihm geht. Dann gibt es ihn nicht. Denkt er. Und ist unterdessen aus seinem Zimmer in

---

1 Tom Yam: thailändische Suppe

die heiße Nacht gegangen, hat fremdes Essen vor sich, von einer fremdsprachigen Servierein gebracht, die sich nicht für ihn interessiert, wie niemand hier. Das ist wie tot sein, denkt der Junge. Weit weg von zu Hause, um anderen beim Leben zuzusehen, könnte man umfallen und sterben in der tropischen Nacht und niemand würde weinen darum. Jetzt weint er doch, denkt an die lange Zeit, die er noch rumbekommen muss, alleine in heißen Ländern mit seinem Rucksack, und das stimmt so gar nicht mit den Bildern überein, die er zu Hause von sich hatte. Wie er entspannt mit Wasserbüffeln spielen wollte, in Straßencafés sitzen und cool sein. Was ist, ist einer mit Sonnenbrand und Heimweh nach den Stars zu Hause, die sind wie ein Geländer zum Festhalten. Er geht durch die Nacht, selbst Tiere reden ausländisch, und dann sieht er etwas, sein Herz schlägt schneller. Ein Computer, ein Internet-Café. Und er setzt sich, schaltet den Computer an, liest seine E-Mails. Kleine Sätze von seinen Freunden, und denen antwortet er, dass es ihm gut gehe und alles großartig ist, und er schreibt und schreibt und es ist auf einmal völlig egal, dass zu einen Füßen ausländische Insekten, so groß wie Meerkatzen, herumlaufen, dass das fremde Essen im Magen drückt. Er schreibt seinen Freunden über die kleinen Katastrophen und die fremde Welt um ihn verschwimmt, er ist nicht mehr allein, taucht in den Bildschirm ein, der ist wie ein weiches Bett, er denkt an Bill Gates und Fred Apple, er schickt eine Mail an Sat.1, und für ein paar Stunden ist er wieder am Leben, in der heißen Nacht weit weg von zu Hause.

1 a Überlegt: Worum geht es eurer Meinung nach in der Geschichte? Ihr könnt aus den folgenden Begriffen auswählen. Begründet eure Meinung mit Hilfe des Textes.

> Fernweh • Heimweh • Angst • Abenteuer • Unglück • Enttäuschung

b Diskutiert, wo eurer Meinung nach der Wendepunkt der Geschichte liegt.

2 a Notiert, welche Erwartungen der Junge vor seinem Reiseantritt hatte.
b Nennt vier Gründe, warum sich der Junge auf seiner Reise nicht wohlfühlt.

3 „Er merkt weiter, dass er gar nicht existiert, wenn er nichts hat, was er kennt." (▶ Z. 46–48) Erläutert diesen Satz. Lest hierzu noch einmal genau im Text nach.

4 a Erklärt, welche Bedeutung die neuen Medien (Computer, Internet) für den Jungen haben.
b Überlegt: Warum verschweigt der Junge in seinen E-Mails, wie er sich wirklich fühlt?

5 a Beschreibt den Erzähler möglichst genau. Ihr könnt hierzu auch einzelne Textpassagen in eine andere Erzählform umwandeln und die Wirkung mit dem Originaltext vergleichen.
b Untersucht die sprachlichen Besonderheiten der Geschichte. Achtet hierbei besonders auf den Satzbau und die Sprache (Wortwahl). Beschreibt die Wirkung dieser sprachlichen Mittel.

6 Der Text beginnt mit dem Satz „Und weg, hatte er gedacht." Diskutiert, ob dies ein typischer Wunsch am Ende der eigenen Schulzeit sein könnte.

7 Tragt zusammen, wodurch der Text aktuell wirkt. Welche Namen oder Begriffe hätten die Leser vor 50 Jahren nicht verstanden?

Ulrich Plenzdorf

Die neuen Leiden des jungen W.[1] (1972)

Der Roman erzählt die Geschichte des 17-jährigen Edgar Wibeau, der seine Lehre schmeißt und mit seinem Freund Willi aus der Kleinstadt nach Ostberlin abhaut. Unterschlupf findet er in der abrissreifen Gartenlaube von Willis Eltern, sein Geld verdient er in einem Malerbetrieb. Beim Versuch, ein „nebelloses Farbspritzgerät" zu bauen, wird Edgar durch einen Stromschlag getötet. Die in Rückblenden erzählte Geschichte beginnt nach dem Tod Edgar Wibeaus: Sein Vater, der zeitlebens wenig Kontakt zu seinem Sohn hatte, versucht, seinen Sohn durch Gespräche mit Freunden und Bekannten näher kennen zu lernen. Ulrich Plenzdorfs Roman und sein Bühnenstück „Die neuen Leiden des jungen W." spielen zu Beginn der 1970er-Jahre in der damaligen DDR.

„Wenn Sie mich fragen – Ed ging weg, weil er Maler werden wollte. Das war der Grund. Mist war bloß, dass sie ihn an der Kunsthochschule ablehnten in Berlin."

5 „Warum?"

„Ed sagte: Unbegabt. Fantasielos. Er war ziemlich sauer."

War ich! Aber *Fakt* war, dass meine gesammelten Werke nicht die Bohne was taugten.

10 Weshalb malten wir denn die ganze Zeit abstrakt? – Weil ich Idiot nie im Leben was Echtes malen konnte, dass man es wiedererkannt hätte, einen ollen Hund oder was. Ich glaube, das mit der ganzen Malerei war eine echte Idio-

15 tie von mir. Trotzdem war die Szene an sich nicht schlecht, wie ich da in diese Hochschule klotzte und gleich rein in das Zimmer von diesem Professor und wie ich ihm meine gesammelten Werke knallhart auf den Tisch blätterte.

20 Er fragte erst mal: Wie lange machen Sie das schon?

Ich: Weiß nicht! Schon lange. Ich sah ihn nicht mal an dabei.

Er: Haben Sie einen Beruf?

25 Ich: Nicht dass ich wüsste. Wozu auch? Min-

destens da hätte er mich rausschmeißen müssen! Aber der Mann war hart. Er blieb bei der Stange!

Er: Hat das irgendeine Ordnung? Was ist das Letzte, was das Erste? 30

Er meinte meine Ausstellung auf seinem Tisch.

Ich: Die frühen Sachen liegen links.

Die frühen Sachen! Leute! Das hatte ich gut drauf. Das war ein Tiefschlag. 35

---

1 Der Titel des Romans nimmt Bezug auf den Roman „Die Leiden des jungen Werther" von Goethe. Edgar Wibeau findet in der Gartenlaube ein Reclamheft ohne Titelblatt, das in einem „unmöglichen Ton" geschrieben ist. Er liest es trotzdem, ohne zu wissen, dass es sich bei dem Buch um die „Die Leiden des jungen Werther" von Goethe handelt. Von der Lektüre beeindruckt, verwendet Edgar fortwährend Zitate aus dem Werk.

Er: Wie alt sind Sie?

Der Kerl war wirklich hart!

Ich nuschelte: Neunzehn!

Ich weiß nicht, ob er mir das glaubte.

40 Er: Fantasie haben Sie. Das ist keine Frage, überhaupt keine, und zeichnen können Sie auch. Wenn Sie einen Beruf hätten, würde ich sagen: technischer Zeichner.

Ich fing an, meine Blätter einzupacken.

45 Er: Ich kann mich auch irren. Lassen Sie uns Ihre Sachen für ein paar Tage hier. Vier oder sechs Augen sehen bekanntlich mehr als zwei. Ich packte ein. Eisern. Ein verkannteres Genie als mich hatte es noch nie gegeben.

50 „Trotzdem seid ihr in Berlin geblieben?"

„Ed – ich nicht. Ich konnte das nicht. Aber ich hab ihm noch zugeredet. Theoretisch war das auch richtig. Schließlich kann einer nirgends so gut untertauchen wie in Berlin und sich ei-

55 nen Namen machen. Ich meine, ich hab ihm nicht etwa gesagt, bleib hier oder so. Auf die Art kam man an Ed nicht ran. Wir hatten in Berlin eine Laube. Wir kamen aus Berlin, als Vater hierher versetzt wurde. Die Laube wur-

60 den wir nicht los, da sollten angeblich sofort Neubauten hin. Ich hatte für alle Fälle den Schlüssel. Diese Bude war noch ganz gut in Schuss. Wir nahmen sie also in Augenschein und ich redete die ganze Zeit dagegen. Dass

65 das Dach hin ist. Dass einer die ollen Decken vom Sofa geklaut hätte. Unsere alten Möbel waren da drin, wie das so ist. Und dass die Laube eben auf Abriss steht, wegen dieser Neubauten. Ed biss sich denn auch immer mehr fest.

70 Er packte seine Sachen aus. Was heißt Sachen? Mehr als die Bilder hatte er eigentlich nicht, nur, was er auf dem Leib hatte. Seine Rupfenjacke[2], die hatte er sich selber genäht, mit Kupferdraht, und seine alten Jeans."

75 Natürlich Jeans! Oder kann sich einer ein Leben ohne Jeans vorstellen? Jeans sind die edelsten Hosen der Welt. Dafür verzichte ich doch auf die ganzen synthetischen Lappen aus der Jumo[3], die ewig tiffig[4] aussehen. Für Jeans

80 konnte ich überhaupt auf alles verzichten,

außer der schönsten Sache vielleicht. Und außer Musik. Ich meine jetzt nicht irgendeinen Händelsohn Bacholdy[5], sondern echte Musik, Leute. Ich hatte nichts gegen Bacholdy oder einen, aber sie rissen mich nicht gerade 85 vom Hocker. Ich meine natürlich echte Jeans. Es gibt ja auch einen Haufen Plunder, der bloß so tut wie echte Jeans. Dafür lieber gar keine Hosen. Echte Jeans dürfen zum Beispiel keinen Reißverschluss haben vorn. Es gibt ja 90 überhaupt nur eine Sorte echte Jeans. Wer echter Jeansträger ist, weiß, welche ich meine. Was nicht heißt, dass jeder, der echte Jeans trägt, auch echter Jeansträger ist. Die meisten wissen gar nicht, was sie da auf dem Leib ha- 95 ben. Es tötete mich immer fast gar nicht, wenn ich so einen fünfundzwanzigjährigen Knacker mit Jeans sah, die er sich über seine verfetteten Hüften gezwängt hatte und in der Taille zugeschnürt. Dabei sind Jeans Hüfthosen, das heißt 100 Hosen, die einem von der Hüfte rutschen, wenn sie nicht eng genug sind und einfach durch Reibungswiderstand oben bleiben. Dazu darf man natürlich keine fetten Hüften haben und einen fetten Arsch schon gar nicht, weil 105 sie sonst nicht zugehen im Bund. Das kapiert einer mit fünfundzwanzig schon nicht mehr. Das ist, wie wenn einer dem Abzeichen nach Kommunist ist und zu Hause seine Frau prügelt. Ich meine, Jeans sind eine Einstellung 110 und keine Hosen. Ich hab überhaupt manchmal gedacht, man dürfte nicht älter werden als siebzehn – achtzehn. Danach fängt es mit dem Beruf an oder mit irgendeinem Studium oder mit der Armee, und dann ist mit keinem mehr 115 zu reden. Ich hab jedenfalls keinen gekannt. Vielleicht versteht mich keiner. Dann zieht

---

2 Rupfenjacke: aus diversen Kleidungsstücken zusammengesetzte Jacke

3 Jumo: Abkürzung für die „Jugendmode", eine Ladenkette in der DDR

4 tiffig, hier: schlecht, erbärmlich, spießig

5 Händelsohn Bacholdy: Namensschöpfung aus den Komponisten Mendelssohn Bartholdy (1685–1759), Georg Friedrich Händel (1685–1759) und Johann Sebastian Bach (1685–1750)

man eben Jeans an, die einem nicht mehr zustehen. Edel ist wieder, wenn einer auf Rente
120 ist und trägt dann Jeans, mit Bauch und Hosenträgern. Das ist wieder edel. Ich hab aber keinen gekannt, außer Zaremba[6]. Zaremba war edel. Der hätte welche tragen können, wenn er gewollt hätte, und es hätte keinen an-
125 gestunken.

„Ed wollte sogar, dass ich dableiben sollte. ‚Wir kommen durch!', sagte er. Aber das war nicht geplant und ich konnte es auch nicht. Ed konnte das, ich nicht. Ich wollte schon, aber ich
130 konnte nicht. Ed sagte dann noch: ‚Zu Hause sag: Ich lebe, und damit gut.' Das war das Letzte, was ich von ihm hörte. Ich bin dann zurückgefahren."

Du bist in Ordnung, Willi. Du kannst so blei-
135 ben. Du bist ein Steher. Ich bin zufrieden mit dir. Wenn ich ein Testament gemacht hätte, hätte ich dich zu meinem Alleinerben gemacht. Vielleicht hab ich dich immer unterschätzt. Wie du mir die Laube eingeredet hast,
140 war sauber. Aber ich hab es auch nicht ehrlich gemeint, dass du dableiben solltest. Ich meine, ehrlich schon. Wir wären gut gefahren zusammen. Aber wirklich ehrlich nicht. Wenn einer sein Leben lang nie echt allein gewesen ist und
145 er hat plötzlich die Chance, dann ist er vielleicht nicht ganz ehrlich. Ich hoffe, du hast es nicht gemerkt. Wenn doch, vergiss es. Als du weg warst, kam ich jedenfalls noch in eine ganz verrückte Stimmung. Erst wollte ich einfach pennen gehen, ganz automatisch. Meine 150 Zeit war ran. Dann fing ich erst an zu begreifen, dass ich ab jetzt machen konnte, wozu ich Lust hatte. Dass mir keiner mehr reinreden konnte. Dass ich mir nicht mal mehr die Hände zu waschen brauchte vorm Essen, wenn ich 155 nicht wollte. Essen hätte ich eigentlich müssen, aber ich hatte nicht viel Hunger. Ich verstreute also zunächst mal meine sämtlichen Plünnen und Rapeiken[7] möglichst systemlos im Raum. Die Socken auf den Tisch. Das war 160 der Clou. Dann griff ich zum Mikro, warf den Rekorder an und fing mit einer meiner Privatsendungen an: Damen und Herren! Kumpels und Kumpelinen! Gerechte und Ungerechte! Entspannt euch! Scheucht eure kleinen Ge- 165 schwister ins Kino! Sperrt eure Eltern in die Speisekammer! Hier ist wieder euer Eddie, der Unverwüstliche ... Ich fing meinen Bluejeans-Song an, den ich vor drei Jahren gemacht hatte und der jedes Jahr besser wurde. 170

---

6 Arbeitskollege von Edgar

7 Plünnen und Rapeiken: Sachen, Habe, Zeug, Klamotten

1 **a** Welchen Eindruck habt ihr von Edgar Wibeau, der Hauptfigur des Romans? Erklärt anhand einzelner Textpassagen, wodurch dieses Bild entstanden ist.

    b Stellt Vermutungen auf: Warum verschwinden Edgar und Willi nach Berlin? Warum bleibt Edgar dort, warum kehrt Willi nach kurzer Zeit in die Kleinstadt zurück?

2 Beschreibt den Wechsel der Erzählebenen: Wann kommt welche Figur zu Wort? Welche Rolle übernimmt der Ich-Erzähler Edgar? Erläutert auch die Wirkung dieser Erzählweise.

3 **a** Untersucht, welche Aussagen Edgar Wibeau über Jeans macht. Welche Unterscheidung trifft er? Was ist ein echter Jeansträger? Tragt Textstellen zusammen und deutet sie.

    b Was haltet ihr von Edgars Meinung zu Jeans? Diskutiert, ob es heute auch Kleidungsstücke gibt, die eine ähnliche Bedeutung für euch haben.

4 **a** Beschreibt die Sprache von Edgar Wibeau. Nennt Beispiele aus dem Text und erklärt, wie dieser Sprachstil wirkt.

    b Diskutiert, welche wesentlichen Charaktereigenschaften Edgar Wibeau hat. Berücksichtigt dabei auch, wie er zu seinem Freund Willi steht.

Fordern und fördern – Über Hintergründe informieren

Jeans sind eine Einstellung und keine Hose

Von Viola Behrendt

Die Urmutter der Jeans, die Levi's 501, erlangte Kultstatus rund um den Globus. Und auch in der DDR war sie kein ordinäres Kleidungsstück – sie war eher ein Statussymbol.

5 „Jeans sind eine Einstellung und keine Hose!" Edgar Wibeau, die 17-jährige Hauptfigur in Ulrich Plenzdorfs berühmtem gesellschaftskritischem Roman „Die neuen Leiden des jungen W.", sprach vielen DDR-Bürgern aus der Seele.

10 Zunächst war diese Hose Anlass für Schulverweise und Klubhausverbote. Sie zeugte von „Einflüssen der amerikanischen Unkultur", von kriminellem Rowdytum, ließ vermeintlich auf Verantwortungslosigkeit schließen und war von

15 der DDR-Staatsführung eben alles andere als gern gesehen, bis 1968 die Staatsführung endlich dem Drängen der Jugend entgegenkam und die erste sozialistische Jeans, zunächst unter dem Label „Blaue Cottinohosen",

20 in die Jugendmode-Läden Einzug hielt. Spätestens von da an avancierte sie zu der Freizeithose schlechthin. Dennoch: Der Kultstatus einer amerikanischen Markenjeans, der echten

Der amerikanische Schauspieler James Dean setzte im Film „... denn sie wissen nicht, was sie tun" (1955) der Jeans ein Denkmal.

Levi's, blieb im Sozialismus bis zuletzt unangefochten.

25

Rock 'n' Roll und Nietenhosen

Von Rebecca Menzel

Mitte der 1950er-Jahre entstand in Amerika mit dem Aufkommen von Rock 'n' Roll und Boogie-Woogie eine bisher unbekannte Jugendkultur. Auch in amerikanischen Filmen, wie sie im

5 Westen Deutschlands, der BRD, gezeigt wurden, fand sie ihren Ausdruck. Die Filmhelden waren vor allem junge Männer, meist rebellische Außenseiter, die mit einem ausgeprägten Selbstbewusstsein auftraten. Diese jugendli-

10 chen Darsteller trugen Jeans, karierte Hemden und Blousons – eine Kombination, die vollkommen neu war und auch von der Jugend in Deutschland begeistert aufgenommen wurde. Die Stars kopierend, kombinierten die Jugendlichen ihre Jeans mit neuen jugendspezifischen

15 Frisuren. Die Jeans war nicht mehr nur ein Kleidungsstück, sondern wurde zum Symbol von Freiheit, Jugend und Rebellion gegen die Gesellschaft.

Rebecca Menzel

Die Jeans erobert den Osten

„Ich meine, Jeans sind eine Einstellung und keine Hosen." So tönte es im Sommer 1972 von zahlreichen DDR-Theaterbühnen. Edgar Wibeau, der widerspenstige Ausreißer aus Ulrich Plenzdorfs Stück „Die neuen Leiden des jungen W.", wusste genau um die provokatorische Botschaft seiner Aussage. Das jugendliche Publikum auf den Rängen johlte. Endlich fand jemand Worte für die Sehnsucht nach Abgrenzung von den Eltern, von den Lehrern, von der Welt der Angepassten, die nicht verstehen wollten, dass jemand nicht den für ihn vorgesehenen sozialistischen Lebensweg beschreiten wollte, sondern nach Abenteuern und nach Freiheit suchte. Gegen die symbolische Kraft, die in der Jeans wie in sonst kaum einem Kleidungsstück steckte, kamen die Erfinder einer spezifisch „sozialistischen Mode", die „frei ist von Einflüssen der amerikanischen Unkultur", nicht an. Untrennbar waren die Hosen aus Denim mit den sich wandelnden Jugendkulturen verbunden, die seit der Nachkriegszeit eindeutig amerikanisch dominiert waren.

1 Die Texte auf den Seiten 26–30 informieren über die Jeans in der DDR.
   a Lest die Texte. Diskutiert anschließend die folgenden Fragen:
   – Warum waren Jeans in der DDR lange Zeit verboten?
   – Warum wurde Plenzdorfs Stück vom jugendlichen Publikum begeistert aufgenommen?
   b Klärt Wörter, Begriffe und Textstellen, die ihr nicht versteht.

●●● **2** Verfasst einen Informationstext, in dem ihr erklärt, warum Edgar Wibeaus Aussagen über Jeans und Jeansträger vom DDR-Regime als Provokation empfunden wurden.
   Berücksichtigt dabei folgende Gesichtspunkte:
   – Erläutert, warum Jeans in der DDR lange Zeit verboten waren.
   – Beschreibt, welche Meinung Edgar Wibeau zum Thema „Jeans" vertritt.
   – Erklärt in einem kurzen Fazit, warum das Stück von den Jugendlichen in der damaligen DDR begeistert aufgenommen wurde.
   a Lest die Aufgabenstellung genau und klärt im Team, was ihr tun müsst. Notiert in Stichpunkten, worauf ihr beim Lesen der Materialien achten müsst, z. B.: *Gründe für Jeans-Verbot, …*
   b Wertet die Materialien (▶ S. 26–28; S. 29–30) aus. Arbeitet am besten mit Kopien der Texte, unterstreicht Informationen, die für euren Text wichtig sind, und notiert Stichworte, z. B. am Textrand.
   c Entwerft eine Gliederung für euren Informationstext, z. B.:
   1. Einleitung
      – Jeans Symbol einer Jugendkultur …
   2. Hauptteil
      – Leben ohne Jeans nicht vorstellbar; „Jeans sind die edelsten Hosen der Welt"
      – Edgar lehnt DDR-Jeans ab, bezeichnet diese als „synthetische Lappen" im Unterschied zur …
   3. Schluss
      – …
   d Verfasst auf der Grundlage eurer Gliederung den Informationstext.

   ▷ Hilfe zu dieser Aufgabe findet ihr auf Seite 31.

Aufgabe 2 mit Hilfen

a Lest die Aufgabenstellung genau und klärt, was ihr tun müsst. Notiert in Stichpunkten, worauf ihr beim Lesen der Materialien achten müsst, z. B.:

> – Gründe für Jeans-Verbot in der DDR
> – Meinung Edgars …
> – Was hat Jugendliche in der DDR begeistert? Was hat das DDR-Regime provoziert (Aussagen im Text, Reaktion des Theaterpublikums)?

b Wertet die Materialien (▶ S. 26–28; S. 29–30) aus. Arbeitet am besten mit Kopien der Texte, unterstreicht Informationen, die für euren Text wichtig sind, und notiert Wichtiges in Stichworten, z. B. am Textrand. Geht so vor:
   – Lest die Sachtexte auf den Seiten 29–30. Markiert Textstellen, die über die Gründe des Jeans-Verbots in der DDR informieren.
   – Schaut euch nun den Romanauszug (▶ S. 26–28) genauer an. Markiert Textstellen, in denen sich Edgar Wibeau über Jeans äußert.
   – Überfliegt noch einmal den Text auf Seite 30. Unterstreicht Gründe für die begeisterte Aufnahme des Stücks.

c Entwerft eine Gliederung für euren Informationstext und ordnet jedem Abschnitt passende Informationen zu:

1. Einleitung
   – Jeans Symbol einer Jugendkultur, die sich nach Freiheit, Abenteuer, Rebellion gegen die Gesellschaft sehnt
   – …
2. Hauptteil
   – „Jeans sind die edelsten Hosen der Welt"
   – Edgar lehnt DDR-Jeans ab, bezeichnet diese als „synthetische Lappen" im Unterschied zur „echten Jeans"
3. Schluss
   – Jugendliche konnten sich mit dem jeansbegeisterten Edgar Wibeau identifizieren
   – Edgar rebelliert gegen … und sehnt sich nach …

d Verfasst auf der Grundlage eurer Gliederung einen zusammenhängenden Informationstext. Ihr könnt so beginnen:

> Die Jeans symbolisierte in den 1950er-Jahren das Lebensgefühl einer Jugend, die sich nach Freiheit und Abenteuer sehnte und …
> Vorbild waren amerikanische Filmhelden, die …
> Weil alles Amerikanische als „Unkultur" abgelehnt wurde, …
> Für Edgar Wibeau ist ein Leben ohne Jeans nicht vorstellbar, denn Jeans sind die „edelsten …
> …
> Mit den Aussagen des jeansbegeisterten Edgar Wibeau konnten sich viele Jugendliche in der DDR identifizieren, denn Edgar Wibeau ist eine Figur, die gegen … rebelliert und …
> Wie die Jugendlichen in der DDR sehnt er sich nach Aufbruch, Freiheit und Abenteuer und will sich von der Gesellschaft, den Eltern …

1.3 Fit in ... – Einen Informationstext verfassen

Die Aufgabenstellung verstehen

Stellt euch vor, ihr erhaltet in der nächsten Klassenarbeit folgende Aufgabe:

Für die Schülerzeitung sollst du im Rahmen der Informationsreihe „Auslandsaufenthalte"
einen Beitrag schreiben. Verfasse einen Informationstext zum Thema „Schüleraustausch".
Berücksichtige dabei folgende Aspekte:
- Erkläre, was ein Schüleraustausch ist. Beschreibe, welche Gastländer besonders häufig
  besucht werden, und stelle Vermutungen an, warum.
- Beschreibe, welche Chancen und Probleme ein Schüleraustausch bergen kann.
- Schlussfolgere anhand der Materialien und eigener Überlegungen, worauf man sich bei
  einem Schüleraustausch einstellen sollte, und gib eine Empfehlung ab.

Herausforderung Amerika

Von Emmi de Vries

Wer einen Austausch plant, hegt und pflegt Erwartungen an seine Zeit im Ausland. Leider werden diese jedoch oft nicht erfüllt. Woran das liegt? Meiner Meinung nach ist
5 es ganz einfach: Viele Vorstellungen haben nichts mit der Realität zu tun. Euphorische Erfahrungsberichte, Erfolgsgeschichten und glänzende Bilder in Broschüren und Katalogen wecken völlig falsche Hoffnungen und
10 Erwartungen.
Natürlich würde ich auch gerne erzählen, dass ich die nationalen Meisterschaften gewonnen, einen glorreichen Schulabschluss gemacht und mit meiner großen Liebe auf
15 dem Abschlussball getanzt habe. Die Wahrheit ist jedoch: Ich bin unsportlich, durfte keinen Abschluss machen und auch nicht zum berüchtigten „Prom". War mein Auslandsjahr deshalb ein Reinfall? Die Antwort
20 ist ein ganz klares „Nein". Im Gegenteil! Obwohl ich nicht behaupten möchte, dass die zehn Monate in Amerika durchweg zu den besten meines Lebens zählen, so würde ich sie doch um nichts in der Welt missen wol-
25 len.

Jetzt aber zum eigentlichen Auslandsaufenthalt: Die eher strengen, konservativen Ansichten meiner texanischen Gastfamilie haben mich so manches Mal hart auf die Probe gestellt und es mir erschwert, mich 30 mit anderen Schülern zu verabreden. Freunde zu finden, wenn man immer vermittelt bekommt, dass das nicht gerne gesehen wird und dass die Leute, mit denen man etwas unternehmen möchte, nicht der 35 „richtige Umgang" sind, ist nicht einfach.
Der Fairness halber möchte ich festhalten, dass meine Gastfamilie sich die größte Mühe gegeben hat, mir eine wunderschöne Zeit zu bereiten, und bei Problemen – schulischen 40 und teilweise auch privaten – haben mir meine Gasteltern und -geschwister stets zur Seite gestanden. Meine drei Gastgeschwister und ich haben uns super verstanden und ich hatte endlich den großen Bruder, den 45 ich mir schon immer gewünscht hatte.
Insbesondere der Schulalltag war für mich eine positive Erfahrung, wenn man einmal von dem wenig schmackhaften Mensaessen absieht. Der leicht zu bewältigende Unter- 50

richtsstoff hat mir Erfolgserlebnisse beschert und besonders von den Lehrern habe ich viel Bestätigung bekommen. Das amerikanische Schulsystem ermöglicht es den Schülern, auch den Austauschschülern, ihr Potenzial optimal auszuschöpfen, auch wenn Atmosphäre und Unterricht auf den ersten Blick recht locker wirken. An amerikanischen Highschools gibt es allerdings viel mehr Verhaltensregeln, als man es von deutschen Schulen gewohnt ist. Gerade in konservativen Staaten kann der Dresscode sehr gewöhnungsbedürftig sein, ebenso wie das Verbot von Kraftausdrücken. Das gilt im Übrigen oft nicht nur für das Umfeld Schule, sondern auch für den Umgang in der Familie. Was in Deutschland als normal gilt, kann in Amerika als unhöflich aufgefasst werden. Wer sich aber an diese doch recht einfachen Regeln hält, sollte ohne Probleme das Beste aus seinem Auslandsjahr herausholen können.

Bleibt noch zu sagen, dass ich neben dem „American Way of Life" nicht zuletzt natürlich viel über mich selbst und den Umgang mit anderen Menschen gelernt habe. Ein Jahr in einer fremden Kultur eröffnet ungeahnte Einblicke und lässt neue Ansichten entstehen.

Im Nachhinein kann ich folgendes Resümee ziehen: Texas ist definitiv kein zweites Zuhause für mich geworden und auch zu meiner Gastfamilie habe ich kaum noch Kontakt. Der Grund dafür ist allerdings keinesfalls ein Streit oder sonstiger schlimmer Vorfall, sondern einfach die Tatsache, dass wir so verschieden sind und so unterschiedliche Interessen haben. Außerdem hat es, so schön die Rückkehr war, einige Zeit gedauert, nach einem Jahr im Ausland wieder einigermaßen Anschluss in Deutschland zu finden. Trotzdem kann ich nicht sagen, dass ich es bereue, zehn Monate in Amerika gelebt zu haben. Ich würde einen solchen Austausch jederzeit noch einmal machen und kann ihn nur jedem ans Herz legen. Man wächst über sich hinaus und wie schon Johann Wolfgang von Goethe schrieb: „Die Reise gleicht einem Spiel; es ist immer Gewinn und Verlust dabei, und meist von der unerwarteten Seite; man empfängt mehr oder weniger, als man hofft. Für Naturen wie die meine ist eine Reise unschätzbar: sie belebt, berichtigt, belehrt und bildet."

Schüleraustausch

Bei einem Schüleraustausch nehmen Jugendliche im Alter zwischen 13 und 18 Jahren für eine begrenzte Zeit am Alltags- und Schulleben eines anderen Landes teil. Ein Austauschschüler lebt klassischerweise für mehrere Monate in einer Gastfamilie und besucht die Schule vor Ort.

Je nach Programm und Gastland sind verschiedene Zeiträume realisierbar. So gibt es die Option, für ein Schuljahr oder ein Schulhalbjahr ins Ausland zu gehen. Insbesondere in den Ländern, die ihr Schuljahr in drei oder vier so genannte Terms einteilen, ist auch ein kürzerer Aufenthalt von zirka drei Monaten möglich. Als Mitglied der Gastfamilie und der Schulgemeinschaft lernen Austauschschüler Kultur, Lebensart und Alltag des Gastlandes kennen.

Lernen, wie man woanders lebt
Im Schuljahr 2009/2010 verbringen über 16 200 deutsche Schüler ein Jahr im Ausland darunter in:

Kanada 1 870
USA 8 754
Costa Rica 122
Brasilien 193
Argentinien 254
Irland 340
Großbritannien 508
Spanien 180
Frankreich 345
Südafrika 152
China 101
Japan 131
Australien 1 021
1 183 Neuseeland

3109 © Globus   Quelle: Recherchen-Verlag

Sie bauen Fremdsprachenkenntnisse aus und letztlich zählt ein Auslandsaufenthalt immer auch als Bonus für spätere Bewerbungen im Berufsleben.

1 Lest die Aufgabenstellung (▶ S. 32 oben) aufmerksam durch. Macht euch in Partnerarbeit klar, was von euch verlangt wird.

Materialien erschließen und eine Gliederung erstellen

2 Wertet die Materialien für euren Informationstext aus.

a Lest die Texte (▶ S. 32–33) aufmerksam. Macht nach jedem Sinnabschnitt Pausen und überlegt, was für die Bearbeitung der Aufgabe wichtig ist. Notiert Wichtiges in Stichworten.

b Untersucht die Grafik (▶ S. 33). Welche Länder werden sehr häufig besucht? Überlegt, warum. Formuliert euer Ergebnis in ganzen Sätzen, z. B.:

Das mit Abstand beliebteste ... sind die ... Rund ... Schüler verbringen ihr Auslandsjahr ...

Platz zwei der am häufigsten besuchten Länder ist ...

Bei den ersten sechs Plätzen der beliebtesten Reiseländer handelt es sich um ...

Man kann also davon ausgehen, dass diese Länder so beliebt sind, weil ...

3 Entwerft eine Gliederung für euren Informationstext. Orientiert euch bei der Gliederung an der Struktur der Aufgabenstellung, z. B.:

> *1. Einleitung*
> *Erklärung Schüleraustausch*
> *Überblick über häufig besuchte Gastländer und Gründe hierfür anführen*
> *2. Hauptteil*
> *Chancen eines Schüleraustauschs: ...*
> *Probleme eines Schüleraustauschs: Schwierigkeiten mit der Gastfamilie ...*
> *3. Schluss*
> *...*

Den Informationstext schreiben und überarbeiten

4 Verfasst nun mit Hilfe eurer Gliederung den Informationstext. Formuliert sachlich und in eigenen Worten, z. B.:

Ein Schüleraustausch bietet Jugendlichen zwischen ... Jahren die Möglichkeit, ...

Ihr lebt in einer Gastfamilie und ... Die Dauer des Schüleraustauschs ist ...

Das mit Abstand beliebteste Reiseland sind die USA. Rund ... Jugendliche ...

5 Überarbeitet eure Texte im Team. Nutzt hierzu die folgende Checkliste.

Einen Informationstext verfassen

- Hat euer Text eine **klare gedankliche Struktur** und beantwortet alle Aspekte der Aufgabenstellung?
- Macht ihr **Zusammenhänge** auch sprachlich deutlich, z. B. durch Satzverknüpfungen und **Überleitungen** *(weil, obwohl, daher, ein anderer Punkt ...)*?
- Habt ihr die **Informationen** für die Leser **verständlich** dargestellt und erläutert?
- Habt ihr **sachlich** und **in eigenen Worten** formuliert?
- Steht der Text vorwiegend im Präsens? Habt ihr – wenn nötig – indirekte Rede verwendet?

2 Konsum: Was brauche ich wirklich? –
Argumentieren und Erörtern

1 a Lasst das Bild eine Weile auf euch wirken und beschreibt es dann.
  b Stellt Vermutungen an, was dieser Cartoon bedeuten könnte. Bezieht dazu auch die
     Kapitelüberschrift ein.

2 a Sammelt mögliche Meinungen zum
     Thema „Konsumieren" bzw. „Konsum-
     verhalten", z. B.: *Ich finde es nicht*
     notwendig, immer neue ... / Konsumieren
     kann Spaß machen.
  b Überlegt, wie ihr eure Meinungen
     begründen und gegen mögliche
     Einwände verteidigen könnt.

In diesem Kapitel ...

– trainiert ihr, eure Meinung zu
  begründen,
– wägt ihr zu einer Frage Pro- und
  Kontra-Argumente ab und zieht dann
  ein begründetes Fazit,
– untersucht ihr Thesen und Argumente
  in einem Sachtext und nehmt hierzu
  kritisch Stellung.

2.1 Alles für den Style? – Das Pro und Kontra erörtern

Shoppen statt Engagement? – Meinungen begründen

SHOPPEN STATT ENGAGEMENT

Die neue Ego-Jugend

Von Sandra Schäfer und Alexander Mohr

Sie stehen Schlange, um in Trendläden wie Hollister ein Karohemd zu kaufen oder im Apple-Store als Erste ein iPhone zu ergattern. Doch geht es um Umweltschutz und soziales Engagement, stellen sich Jugendliche lieber hinten an. Die Jugend wird egoistischer, zeigt eine repräsentative Studie der Gesellschaft für Konsumforschung (GfK). Vielleicht liegt es an den dramatischen Klimaprognosen mit Stürmen, Fluten und verhungernden Massen. Jeder dritte Jugendliche im Alter von 14 bis 19 Jahren glaubt nicht daran, dass er selbst etwas gegen den Klimawandel tun kann, so die Umfrage im Auftrag des Öko-Energieversorgers „Polarstern". Vielmehr wird von Regierungen und Konzernen erwartet, dass sie die Karre allein aus dem Dreck ziehen. Umweltschutz, einst Herzenssache junger Generationen, ist nur für 22 Prozent der Jugendlichen ein Thema. Den Müll zu trennen oder im Alltag Energie zu sparen, darauf achten nur 37 Prozent. Bei den Erwachsenen sind es immerhin 57 Prozent. Fairtrade-Produkte kauft nur jeder vierte Jugendliche. Lange vorbei die Zeiten, als mit dem Fairtrade-

Kaffee-Kauf soziale Bewegungen in armen Ländern unterstützt wurden.

Auch andere gesellschaftliche Fragen spielen heute bei Jugendlichen nicht mehr so eine große Rolle. Deutlich höher schlägt das Herz, wenn es darum geht, die richtigen Marken zu tragen. Drei Viertel bezeichnen sich als trendbewusst, jeder Zweite liebt Luxus und guckt beim Einkaufen nicht so genau auf den Preis. Shoppen statt Welt retten – was ist nur mit der Jugend los?

1
a Lest den Text: Was wird über das Verhalten bzw. die Werte von Jugendlichen ausgesagt?
b Äußert eure ersten Eindrücke: Welchen Aussagen stimmt ihr zu, welchen würdet ihr widersprechen?

2
a Formuliert, welche Meinung in dem Artikel vertreten wird.
b Sucht die Argumente und Stützungen aus dem Text heraus, mit denen die Meinung begründet wird. Verwendet die Informationen im Merkkasten auf S. 37.
c Nehmt Stellung zum Schlusssatz des Textes (▶ Z. 34–35).

3 Erklärt, worüber die Grafik informiert und welche Angaben gemacht werden.

4 Setzt die Informationen aus der Grafik in Beziehung zu dem Zeitungsartikel (▸ S. 38). Was stellt ihr fest?

5 Sucht aus dem Zeitungsartikel Argumente heraus, die euch nicht überzeugen, und widerlegt diese. Nutzt hierzu die Informationen aus der Grafik und/oder greift auf eure eigenen Erfahrungen zurück. Ihr könnt die folgenden Formulierungshilfen nutzen:

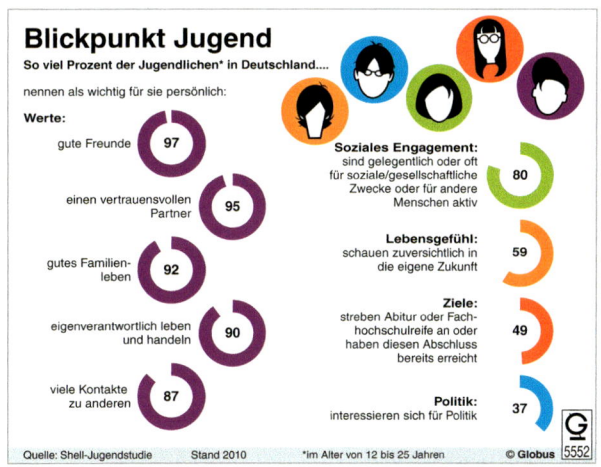

— Gegen … spricht, dass … •
— Es ist schon richtig, dass viele Jugendliche … Aber dem lässt sich entgegenhalten, dass … •
— Selbst wenn …, folgt daraus nicht, dass … Denn …

6 **a** „Heutige Jugendliche sind egoistisch und engagieren sich nicht für die Gesellschaft."
Diskutiert, ob ihr dieser These zustimmt, widersprecht oder teilweise zustimmt.
b Verfasst nun im Team eine knappe schriftliche Stellungnahme.
Tipp: Wenn ihr ein Gegenargument aufgreift und entkräftet, überzeugt ihr noch mehr.

Aktueller Anlass/Einleitung:	*In dem Artikel … wird …*
Meinung **Argument** (mit Stützung) (Gegenargument entkräften)	*Wir sind der Auffassung/Meinung, dass …* *…* *Es stimmt zwar, dass … Aber viel wichtiger ist …*
Zusammenfassender Schlusssatz	*…*

Information   **Argumentieren: These, Argument, Stützung**

Beim Argumentieren versucht man, seine Meinung überzeugend zu begründen.
Man formuliert eine **These** (Behauptung, Wunsch, Forderung), für die man **Argumente** (Begründungen) anführt. Die Argumente kann man mit **Stützungen** untermauern, z. B. mit genaueren Erläuterungen, Belegen (Statistiken, Umfragen), Beispielen aus dem eigenen Erfahrungsbereich oder Zitaten von Experten/Expertinnen (mehr hierzu ▸ S. 311). Beispiel:
- **These:** Luxuskonsum wird oft zu wichtig genommen.
- **Argument:** Luxuskonsum macht nicht glücklich.
- **Erläuterung:** Teure Dinge zu besitzen, erzeugt keine anhaltende Zufriedenheit.
- **Beleg:** Untersuchungen zeigen, dass die Freude an Neuanschaffungen schnell nachlässt.
- **Beispiel:** Nach zwei Wochen mit der neuen Hose wollte ich schon die nächste kaufen.
- **Zitat:** Der Konsumforscher J. G. Rau sagt: „Das Motto ‚Kauf dich glücklich' hilft oft wenig …"

Jobben für den Konsum? – Pro-und-Kontra-Debatten führen

Wer cool sein will, muss jobben gehen

Von Wolfgang Ullrich

Die Jugend von heute ist faul: Dieser Satz ist veraltet. Die Konsumwelt bringt sie dazu, viel mehr zu arbeiten, als sie müsste – um sich ein Stückchen Glamour leisten zu können.

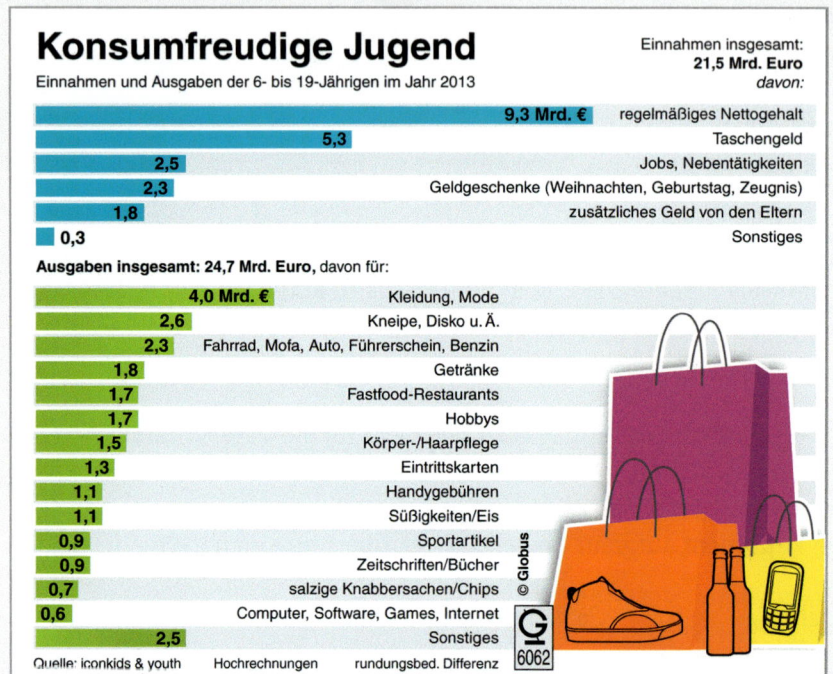

Konsumfreudige Jugend
Einnahmen und Ausgaben der 6- bis 19-Jährigen im Jahr 2013

Einnahmen insgesamt:
21,5 Mrd. Euro
davon:

9,3 Mrd. €	regelmäßiges Nettogehalt
5,3	Taschengeld
2,5	Jobs, Nebentätigkeiten
2,3	Geldgeschenke (Weihnachten, Geburtstag, Zeugnis)
1,8	zusätzliches Geld von den Eltern
0,3	Sonstiges

Ausgaben insgesamt: 24,7 Mrd. Euro, davon für:

4,0 Mrd. €	Kleidung, Mode
2,6	Kneipe, Disko u. Ä.
2,3	Fahrrad, Mofa, Auto, Führerschein, Benzin
1,8	Getränke
1,7	Fastfood-Restaurants
1,7	Hobbys
1,5	Körper-/Haarpflege
1,3	Eintrittskarten
1,1	Handygebühren
1,1	Süßigkeiten/Eis
0,9	Sportartikel
0,9	Zeitschriften/Bücher
0,7	salzige Knabbersachen/Chips
0,6	Computer, Software, Games, Internet
2,5	Sonstiges

Quelle: iconkids & youth   Hochrechnungen   rundungsbed. Differenz
© Globus   6062

Kaum ein 16-Jähriger hat keinen Job; viele Schülerinnen und Schüler sind ganze Nachmittage in der Woche oder zumindest samstags beschäftigt. Der Grund dafür ist allerdings nur selten akute Not, sondern der Wunsch nach einem hohen Lebensstandard – danach, mit anderen mithalten zu können. Statt in den eigenen vier Wänden Freunde zu treffen, geht man lieber in angesagte Klubs; man telefoniert selbst dann mit dem – neuesten – Handy, wenn ein Festnetz in der Nähe ist; Klamotten, Kosmetik und die perfekte Ausrüstung für jede Sportart, die man ausübt, kosten ebenfalls Geld. Aber auch auf zwei Urlaube im Jahr würden viele nur ungern verzichten. Um all diese Ausgaben tätigen zu können, sich sogar ein Auto, ein paar Designermöbel und gehobene Unterhaltungs-

elektronik leisten zu können, braucht es selbst verdientes Geld, auch wenn Eltern und Großeltern großzügig sind.

Bedenkt man, wie schlecht die meisten Jobs für junge Leute bezahlt sind und wie wenig Spaß es macht, an Discounter-Kassen zu sitzen oder Lager einzuräumen, dann erstaunt, dass viele sich all das zumuten, nur um etwas Komfort, Glamour und sozialen Status genießen zu können. Machen die schönen Gefühle, wenn man sich etwas Schickes leisten kann, denn die vielen kleinen Frustrationen wett, die man als Abhängiger auf den unteren Etagen der Arbeitswelt erfährt? Wäre es in der Bilanz also nicht besser, man verzichtete zwar auf die eine oder andere Anschaffung und Reise, müsste sich dafür aber nicht dauernd herumkommandieren lassen?

Leserkommentare

Davina Klar jobbe ich zusätzlich für Dinge, die ich gerne haben möchte. Ich will mein Leben genießen, Konsumieren macht Spaß. Es ist einfach ein super Gefühl, mit dem selbst verdienten Geld shoppen zu gehen.

Aleks Mehr jobben für Konsum? Auf keinen Fall! Konsumieren ist für mich nicht so wichtig. Wenn ich Kleidung, ein neues Handy oder ein Notebook brauche, dann kaufe ich das möglichst gebraucht. Nicht nur, weil das preiswerter, sondern auch, weil es nachhaltiger ist und die Umwelt schont. Für zusätzliches Jobben neben der Schule habe ich sowieso kaum Zeit, da ich mich politisch und sozial engagiere, z. B. in der Hausaufgabenbetreuung.

Götz Ich laufe nicht jedem Trend nach. Aber wenn es um neue Technik oder Sportausrüstung geht, dann investiere ich schon etwas mehr Geld. Markenprodukte haben für mich eine verlässliche Qualität. Dafür jobbe ich auch gerne extra.

1 a Lest den Zeitungsartikel und die Leserkommentare. Erklärt, was das Thema ist.
  b Begründet: Welchem Leserkommentar könnt ihr euch anschließen, welche Stellungnahme könnt ihr weniger oder gar nicht nachvollziehen?

2 Wertet die Grafik auf Seite 38 aus. Besprecht auch, welchen Bezug sie zum Thema hat.

3 a Mehr jobben für mehr Konsum? Wertet die Materialien (▶ S. 38–39) aus und haltet fest, was dafür (pro) und was dagegen (kontra) spricht.
  b Würdet ihr für euren Konsum (mehr) jobben? Erstellt in eurer Klasse ein Meinungsbild und notiert, wie viele dafür (pro) und wie viele von euch dagegen (kontra) sind.

4 Bereitet eine Pro-und-Kontra-Debatte zur folgenden Frage vor:
Sollen Jugendliche jobben, um sich Konsumgüter (z. B. Markenkleidung, Smartphones …) zu kaufen? Findet euch in Pro- oder Kontra-Gruppen von jeweils vier Schülern zusammen und bereitet in eurer Gruppe die einzelnen Phasen der Debatte vor:

Phase 1: Eröffnungsrunde (2 Minuten pro Statement)
Zu Beginn verdeutlicht jeder Teilnehmer seine Position in einem zweiminütigen Statement.
– Formuliert ein Eröffnungsstatement, in dem ihr die Streitfrage aus eurer Sicht beantwortet.
– Tragt eure Statements vor. Die anderen achten auf die Zeitvorgabe (2 Minuten) und geben anschließend ein Feedback. (Was war gut, was könnte verbessert werden?)

Meinung	*Ich vertrete die Position, für meine Konsumwünsche …*
Argument und Stützung	*Am Wochenende auszugehen, bald einen Führerschein machen zu können und …, das sind einfach Dinge, die mir wichtig sind. Dabei kommt es mir zum Beispiel nicht …*
Schluss (z. B. Appell, Empfehlung)	*Ich fände es daher …* *Wer nicht auf … verzichten will, …*

Phase 2: Freie Aussprache (6 Minuten)

Die Debattanten der Pro- und der Kontra-Gruppe diskutieren miteinander (Zeitvorgabe: 6 Minuten). Sie nennen ihre Argumente und entkräften die Argumente der Gegenposition. Legt euch eine Stoffsammlung für die Debatte an:

— Notiert Argumente und Stützungen, die für eure Position sprechen.
— Überlegt, welche Argumente die Gegenposition anführen könnte, und entkräftet diese.
— Übt das Diskutieren mit einer Gruppe, die die Gegenposition vertritt. Versucht, an die Beiträge eurer Vorredner anzuknüpfen.

Phase 3: Schlussrunde (1 Minute pro Statement)

In der Schlussrunde hat jeder Teilnehmer noch einmal eine Minute Zeit, die Streitfrage ein zweites Mal zu beantworten – jetzt im Licht der Argumente, die er während der freien Aussprache gehört hat. Dabei darf er seine Meinung ändern.

— Entscheidet, ob ihr eure Position ändern oder bekräftigen wollt.
— Notiert dann Stichworte für euer Abschlussstatement (1 Minute). Bekräftigt darin eure anfängliche Position oder begründet, warum ihr eure Meinung geändert habt.

5 Führt eure Debatte durch. Lasst jeweils eine Pro- und eine Kontra-Gruppe miteinander debattieren.

— Bestimmt Zeitwächter, die auf die Einhaltung der Redezeit achten.
— Erstellt einen Bewertungsbogen und bestimmt eine Jury, die die Debattanten beobachtet und bewertet. Legt fest, wer auf welche Kriterien achtet.

Bewertungsbogen für die Debatte	☺	😐	☹
Sachkenntnis			
Ausdrucksvermögen			
Fähigkeit, auf Redebeiträge einzugehen			
Überzeugungskraft			

1. **Eröffnungsrunde**
   — pro Redner/-in 2 Minuten Redezeit
2. **Freie Aussprache**
   — 6 Minuten Diskussion im freien Wechsel
3. **Schlussrunde**
   — pro Redner/-in 1 Minute Redezeit

6 Prüft, ob sich das Meinungsbild nach den Debattenrunden in eurer Klasse verändert hat. Wenn ja, diskutiert mögliche Gründe.

Formulierungshilfen

— Ein Argument, das für/gegen … • Besonders wichtig ist …
— Wenn man sich vorstellt, dass … • Damit meine ich zum Beispiel, dass …;
— Darunter verstehe ich … • Das heißt, dass …
— Sicherlich kann man einwenden, dass … Dennoch habe ich die Erfahrung gemacht, dass …
— Viele meinen zwar, dass … Aber das ist aus meiner Sicht …, weil …
— Ich kann zwar verstehen, dass … Dagegen möchte ich jedoch einwenden, dass …
— Es ist zwar nachvollziehbar, wenn … Aber viel entscheidender ist doch, dass …
— … hat Recht, wenn er sagt, dass … Aber …

Einheitslook? – Eine Pro-und-Kontra-Erörterung verfassen

1 **a** Positioniert euch spontan, ohne den folgenden Zeitungsartikel zu lesen: Sollte es an eurer Schule eine einheitliche Schulkleidung geben?

b Lest den Zeitungsartikel – zunächst ohne die Kommentare auf S. 42. Worum geht es in dem Text? Welche Standpunkte und wichtigen Informationen zum Thema „einheitliche Schulkleidung" werden genannt? Nennt entsprechende Textstellen, die eure Aussagen belegen.

Einheitliche Pullis sind gut fürs Schulklima

Kein Markenwahn, kein Ärger mit bauchfreien T-Shirts, weniger Gruppenzwang und soziale Ausgrenzung – wahre Wunderdinge versprechen manche Lehrer sich von einheitlicher Schulkleidung. Eine neue Untersuchung zeigt, dass klare Bekleidungsregeln sich tatsächlich positiv auswirken können.

Von Alice Gundlach

Zur Haupt- und Realschule Hamburg-Sinstorf gehen alle Schüler in fast gleichen Klamotten. Alle tragen, je nach Jahreszeit, einen blauen Pulli oder ein T-Shirt mit dem Schullogo auf der Brust. Kein Markenwahn, kein Gruppenzwang, das ist die Idee, die Schulleiter Klaus Damian verfolgt. Dass die Schuluniform dem sozialen Miteinander im Klassenzimmer guttut, davon sind Schüler und Lehrer der Schule schon lange überzeugt. Ihre Ansicht wird nun auch von einer Studie der Universität Gießen untermauert.

Der Psychologe Oliver Dickhäuser hat Schüler aus Sinstorf mit denen einer anderen vergleichbaren Hamburger Schule ohne Uniformen verglichen. In Fragebögen bewerteten die Schüler das Miteinander in der Schule und beschrieben ihre persönliche Einstellung zu ihren Mitschülern. Dabei machte der Gießener Forscher gerade bei den älteren Schülern positive Auswirkungen der Einheitskleidung aus: „In den siebten, achten und neunten Klassen zeigt sich bei den Trägern einheitlicher Pullis ein besseres Sozialklima."

Schulleiter Damian wundert das nicht: „Unsere Schüler wissen, dass es nicht auf die Kleidung ankommt. Sie achten mehr auf den Charakter ihrer Mitschüler."

Damit die Schuluniform positiv wirken könne, müssten aber die Schüler mit ihr einverstanden sein, betont der Psychologe. „Es ist naiv zu glauben, dass lediglich ein einheitlich farbiger Pulli alle Probleme im Klassenzimmer lösen kann", warnt er. Vielmehr bedürfe es auch engagierter Lehrer, um das Schulklima zu verbessern, sagt Psychologe Dickhäuser. Er sieht allerdings auch Nachteile, denn man nehme „den Jugendlichen in einem gewissen Maße ein Mittel zum Selbstausdruck". Außerdem hätten die Schüler in Einheitskleidung oft nicht die Möglichkeit, selbst herauszufinden, dass Markenkleidung nichts über den Charakter eines Menschen aussagt. Trotzdem würde auch Dickhäuser sein Kind auf eine Schule mit Uniformen schicken: „Es erspart dem Kind schon eine Menge psychosozialen Druck."

Skywalker (24.5. 14:52)

Ich bin für Schuluniformen – besonders nach meinem Auslandsjahr in Amerika. Dort tragen die Schülerinnen und Schüler voller Stolz die T-Shirts ihrer Schulmannschaften, Klubs oder einfach ihrer Klassen. Sie identifizieren sich mit ihrer Schule, und das hat den positiven Nebeneffekt, dass
5   das Schulklima entspannter ist.

Lill (28.5. 17:03)

Kleidung ist oft ein Grund dafür, dass Schüler gemobbt werden, weil sie sich beispielsweise die neueste Markenkleidung nicht leisten können. Durch eine einheitliche Schulkleidung verliert die Kleidung in der Schule den Rang eines Statussymbols. Schüler könnten sich besser auf den Un-
10   terricht konzentrieren, statt neidisch auf den durchgestylten Klassenkameraden zu schielen.

Starling (27.9. 19:42)

Meine Klamotten sind auch Ausdruck meiner Individualität. Ich habe ein Recht auf die freie Ent-faltung meiner Persönlichkeit und möchte mich nicht einem schulisch verordneten Kleiderdiktat unterwerfen. Außerdem: Wenn wir Schulkleidung tragen müssen und die Lehrer nicht, unter-
15   streicht das doch nur die Hierarchie, die es zwischen Lehrern und Schülern gibt. Ich glaube nicht, dass eine Schuluniform für ein besseres Sozialklima sorgt.

Geso (24.1. 20:30)

Befürworter der einheitlichen Schulkleidung meinen, dass dadurch der Markenwahn keine Chan-ce hätte. Aber durch eine einheitliche Schulkleidung wird der Sozialneid doch nur aus der Schule
20   in die Privatsphäre verlagert, wo Konflikte meist noch brutaler ausgetragen werden. Außerdem gibt es doch viele andere Statussymbole, wie z.B. Smartphones oder Schmuck, die dann zum Aus-grenzen benutzt werden.

2   **a** Lest die Kommentare zum Artikel. Welchem würdet ihr euch anschließen, welchem nicht? Begründet.

      b Untersucht, wie die einzelnen Kommentare aufgebaut sind. Welche Argumente, Stützungen oder Gegenargumente werden genannt? Sind die Kommentare alle ähnlich überzeugend?

Schritt 1: Das Thema erschließen

3   Einheitliche Schulkleidung liegt im Trend. Was haltet ihr davon? Soll an eurer Schule eine ein-heitliche Schulkleidung eingeführt werden? Nehmt Stellung und verfasst einen Beitrag für die Schülerzeitung, in dem ihr erörtert, was für (pro) und was gegen (kontra) eine einheitliche Schulkleidung spricht. Zieht dann ein begründetes Fazit, in dem ihr eine Empfehlung gebt.

      a Lest die Aufgabenstellung und erklärt, was ihr tun sollt. Ihr könnt die folgenden Stichworte verwenden:

Thema • kontroverse Standpunkte • verschiedene Positionen persönlich bewerten • begründetes Urteil abgeben • verschiedene Seiten/Aspekte des Themas

      b Überlegt, welche Arbeitsschritte notwendig sind, um das Schreiben einer Pro-und-Kontra-Erörterung vorzubereiten.

Schritt 2: Stoffsammlung und Gliederung

1 Bildet Schreibteams und erstellt eine Stoffsammlung für eure Erörterung. Nutzt hierzu den Artikel sowie die Kommentare (▶ S. 42). Ihr könnt eine Tabelle nach folgendem Muster anlegen:

Thema: Soll an unserer Schule …?	
Gründe für (pro) Schulkleidung	Gründe gegen (kontra) Schulkleidung
– kein Markenwahn, kein Sozialneid	– …
– …	

2 a Erklärt mit Hilfe des Merkkastens unten den Aufbau der nebenstehenden Gliederung. Ist der Verfasser für oder gegen einheitliche Schulkleidung?
Begründet.

b Überlegt, warum die Argumente für die eigene Position beim Sanduhr-Prinzip am Schluss des Hauptteils stehen.

3 Erstellt mit Hilfe eurer Stoffsammlung eine Gliederung für den Hauptteil der Erörterung.
Tipp: Sucht aus eurer Stoffsammlung zusammengehörende Punkte heraus und fasst sie unter einem Oberbegriff zusammen. Streicht Begriffe, die nicht exakt zum Thema passen.

> **Schulkleidung – ja oder nein?**
>
> I. Gründe für Schulkleidung
>   1. Sozialneid entfällt
>   a) kein Markenwahn
>   b) weniger Statussymbole
>   2. Besseres Schulklima
>   a) Gemeinschaftsgefühl …
>   b) …
>
> II. Gründe gegen Schulkleidung
>   1. Kleidung ist Ausdruck …
>   a) …
>   b) …
>   2. …
>
> III. Fazit: Eigene Kleidung besser als …

Methode	**Pro-und-Kontra-Erörterung: Die Gliederung**

Die Argumente für und gegen die eigene Position können unterschiedlich angeordnet werden.

1 Pro und Kontra in Blöcken:
Hier werden die Pro- und Kontra-Argumente (und Stützungen) blockweise gegenübergestellt: zuerst die der Gegenposition, dann die der eigenen Position.

2 Fortlaufender Pro-und-Kontra-Aufbau:
Hier führt ihr Argumente (und Stützungen) für und gegen eure Position im laufenden Wechsel an. Die Gegenargumente könnt ihr hierbei sofort entkräften, ihr könnt aber auch vor dem Wechsel mehrere Pro- oder Kontra-Argumente aufeinanderfolgen lassen.

Pro und Kontra in Blöcken
(Sanduhr-Prinzip)

Gegenposition
Argument 1
Argument 2
…

Eigene Position
Argument 1
Argument 2
…

Fazit

Fortlaufender Pro-und-Kontra-Aufbau
(Pingpong-Prinzip)

Argument pro

    Argument kontra

Argument pro

    Argument kontra

…

Fazit

Schritt 3: Die Argumentation schreiben

1 **a** Die Einleitung soll in das Thema einführen und zum Hauptteil überleiten. Beschreibt: Was ist der „Aufhänger" der folgenden Einleitung? Wie wird zum Hauptteil übergeleitet?

Einheitliche Schulkleidung liegt im Trend. Nicht nur in England, Frankreich und Amerika, sondern auch an vielen deutschen Schulen haben sich die Schülerinnen und Schüler mittlerweile für eine einheitliche Schulkleidung entschieden. Auch an unserer Schule ...

Was spricht eigentlich für und was gegen eine einheitliche Schulkleidung?

> **Überleitungen zum Hauptteil**
> – Deshalb stellt sich die Frage: ...
> – Im Folgenden möchte ich die Vor- und Nachteile ...
> – Es lohnt sich, darüber nachzu-denken, was für und was gegen ...

b Sammelt weitere Einstiegsideen und verfasst dann selbst eine interessante Einleitung.

2 Im Folgenden findet ihr einen Ausschnitt aus dem Hauptteil der Erörterung.

a Untersucht den Aufbau der Argumentation. Ihr könnt hierzu die folgenden Begriffe verwenden:

> Argument (Beispiel) eigene Position • Argument (Beispiel) Gegenposition • Entkräften der Gegenposition • Folgerung • Überleitung • Fazit

Die Befürworter von Schuluniformen meinen, dass es durch eine einheitliche Schulkleidung weniger Sozialneid unter den Schülern gäbe, weil Kleidung dann nicht mehr als Statussym-bol wahrgenommen werde. Das Problem bei dieser Argumentation ist jedoch, dass Luxus und Markenbewusstsein nicht nur über Kleidung ausgedrückt werden. Es gibt viele andere Dinge wie Smartphones, PC-Spiele, angesagte Musik, tolle Urlaubsziele oder Schmuckstücke, die als Statussymbole gelten. Eine einheitliche Schulkleidung würde aus meiner Sicht nicht das Problem des Sozialneids lösen, sondern das Problem nur verlagern.

Ein weiteres Argument, dass ...

Wenn ich die Argumente für und gegen eine einheitliche Schulkleidung abwäge, komme ich zu dem Ergebnis, dass ...

b Verfasst auf der Grundlage eurer Gliederung den Hauptteil eurer Erörterung. Die folgenden Formulierungsbausteine helfen euch.

> **Formulierungen für die Argumentation**
> – Ein Argument für/gegen ... • Ein weiterer Gesichtspunkt ist ... • Hinzu kommt, dass ...
> – Dass ..., zeigt sich auch darin, dass ... • Untersuchungen/Umfrageergebnisse zeigen, dass ...
> – Dies bedeutet ... • Dafür spricht ... • Als Beispiel/Beleg lässt sich anführen ...
> – Das heißt, dass ... darunter verstehe ich ... • Wenn man sich vorstellt, dass ...
> – Dagegen möchte ich einwenden ... • Viele meinen zwar, ... aber aus meiner Sicht ..., weil ...
> – Es ist zwar nachvollziehbar, wenn ... Aber viel entscheidender ist doch ...
> – Den positiven/negativen Aspekten steht jedoch eine ganze Reihe ... gegenüber.
> – Den Vorteilen von ... sind aber folgende Nachteile gegenüberzustellen:
> – Obwohl die angeführten Argumente deutlich zeigen, dass ..., gibt es gute Gründe für ...
> – Obwohl es gute Argumente für/gegen ... gibt, ist meiner Meinung nach entscheidender, dass ...

3 Formuliert einen Schlussteil zum Thema: „Soll an unserer Schule eine einheitliche Schulkleidung eingeführt werden?" Ihr könnt z. B. einen Vorschlag für die Zukunft machen, eine Empfehlung geben, einen Wunsch äußern oder den Einleitungsgedanken wieder aufgreifen.
Ihr könnt die folgenden Formulierungsbausteine verwenden:
- *Wenn man bedenkt, ... würde ich mir wünschen, dass ...*
- *Die Frage, ob ..., hängt eng damit zusammen, wie ...*
- *Falls ..., könnte ich mir vorstellen, dass ...*
- *Es ist deutlich geworden, dass ...*
- *Wenn man sich vor Augen führt, welche Vorteile/Nachteile ...*

4 Überarbeitet eure Texte mit Hilfe der Informationen aus dem folgenden Merkkasten.

Methode   Eine Streitfrage pro und kontra erörtern

Bei einer dialektischen Erörterung (Pro-und-Kontra-Erörterung) stellt ihr eure Position zu einer Streitfrage (z. B.: *Soll an unserer Schule eine einheitliche Schulkleidung eingeführt werden?*) dar. Ihr zeigt, auf welchem Wege ihr zu einem Urteil (Fazit) gekommen seid, indem ihr Pro- und Kontra-Argumente darstellt und gegeneinander abwägt.

Einleitung: Die Einleitung soll den Leser in das Thema einführen und zum Hauptteil überleiten. Um einen interessanten Einstieg in das Thema zu finden, kann man z. B. anknüpfen an ein persönliches Erlebnis, das Zitat eines Experten / einer Expertin oder an eine allgemeine Feststellung (z. B. Umfrageergebnis, Trend), z. B.: *In Amerika, England und Frankreich gehört einheitliche Schulkleidung schon lange zum Alltag. Aber auch in Deutschland gibt es immer mehr Schulen ... Was spricht eigentlich für und was gegen eine einheitliche Schulkleidung?*

Hauptteil: Im Hauptteil führt ihr **Pro- und Kontra-Argumente** (mit Stützungen, z. B. Belegen, Beispielen) an und zieht dann ein **Fazit,** in dem ihr euren Standpunkt deutlich formuliert.
- Bei eurem Fazit könnt ihr euch eindeutig für (pro) oder gegen (kontra) eine These aussprechen oder ihr formuliert eine Einschränkung, Bedingung oder Voraussetzung, unter der ihr euch für ein Pro oder Kontra entscheidet, z. B.: *Obwohl man zugeben muss, dass ..., bin ich dennoch der Meinung, dass ...*
- Die Argumente für (pro) und gegen (kontra) die eigene Position können entweder in Blöcken gegenübergestellt werden (Sanduhr-Prinzip) oder fortlaufend im Wechsel angeführt werden (Pingpong-Prinzip). ▶ Mehr Informationen hierzu auf Seite 43.

Schluss: Der Schluss rundet eure Erörterung ab und darf keine neuen Argumente enthalten. Ihr könnt einen weiterführenden Gedanken formulieren, z. B. einen Wunsch oder eine Empfehlung zum weiteren Umgang mit dem Thema oder einen Ausblick auf zukünftige Entwicklungen. Der Schluss kann auch den Einleitungsgedanken wieder aufgreifen, z. B.: *Die Entscheidung, ob eine einheitliche Schulkleidung eingeführt wird, sollte den Schülern selbst überlassen werden. Am besten wäre es natürlich, wenn ...*

Setzt für die Übersichtlichkeit Absätze zwischen Einleitung, Hauptteil und Schluss.
Tipp: Formulierungshilfen für eure Argumentation findet ihr auf Seite 44.

Teste dich!

Argumentieren und Erörtern

1 Nicht alle Aussagen in der folgenden Checkliste zum Erörtern sind richtig.
Schreibe die Buchstaben der zutreffenden Aussagen in dein Heft. Richtig zusammengesetzt, ergeben sie ein Lösungswort.

> **In einer Pro-und-Kontra-Erörterung ...**
>
> **P** soll man in der Einleitung noch nichts zum Thema schreiben, um die Spannung zu erhöhen.
>
> **R** werden immer zuerst die Argumente genannt, die gegen die eigene Position sprechen, dann folgen die Argumente, die die eigene Position stärken.
>
> **A** stellt man im Hauptteil verschiedene Ansichten zu einer strittigen Frage vor.
>
> **F** zieht man am Schluss des Hauptteils ein Fazit, in dem man seinen Standpunkt zur Streitfrage deutlich formuliert.
>
> **M** ist es wichtig, den Leser persönlich anzusprechen und mit einem Grußwort zu enden.
>
> **T** kann man die Pro- und Kontra-Argumente blockweise gegenüberstellen.
>
> **I** sollte in der Einleitung deutlich werden, zu welcher Frage man Position bezieht.
>
> **H** sollte man nicht auf Gegenargumente eingehen, weil man dadurch seine eigene Position schwächt.
>
> **Z** kann man im Schlussteil eine Empfehlung aussprechen oder einen Vorschlag äußern.

2 Soll der Verkauf von ungesunden Lebensmitteln, wie z. B. Süßigkeiten, an Schulkiosken verboten werden? Stelle mit Hilfe der folgenden Stichpunkte jeweils zwei Positionen (pro und kontra) gegenüber. Achte darauf, dass sich die Positionen inhaltlich aufeinander beziehen.

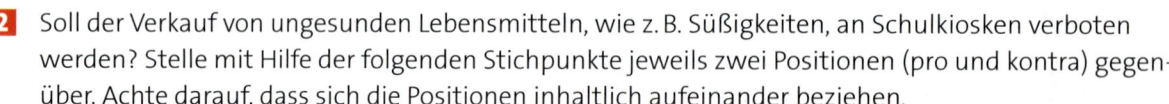

> *Kontra*
> - *Ein Verkaufsverbot ist eine Bevormundung der Schüler.*
> - *Jeder sollte selbst entscheiden können, welche Nahrungsmittel er zu sich nimmt.*
> - *Ein Verbot bringt nichts, denn Süßigkeiten kann man auch außerhalb der Schule, zum Beispiel im Supermarkt, kaufen.*

> *Pro*
> - *Ungesunde Nahrung kann Krankheiten, wie z. B. Diabetes, verursachen.*
> - *Die Schule trägt Verantwortung für ihre Schülerinnen und Schüler.*
> - *Die Schule sollte auch im Bereich Ernährung eine Vorbildfunktion haben und eine gesunde Ernährung fördern.*

3 Vergleicht eure Ergebnisse aus den Aufgaben 1 und 2 in Partnerarbeit.

2.2 Für mich nur das Beste? – Erörtern im Anschluss an einen Sachtext

Faire Produktion erkennt man nicht am Preis

Von Hans von der Hagen

Die verheerenden Arbeitsbedingungen in Ländern wie Bangladesch bestürzen die Verbraucher. Viele fragen sich: Kann ich selbst etwas tun, um die Dinge zu ändern? Gisela Burckhardt von der Frauenrechtsorganisation Femnet sagt im Interview, was das sein könnte.

Süddeutsche.de: *Frau Burckhardt, dürfen Menschen keine günstige Kleidung mehr kaufen?*

Gisela Burckhardt: Grundsätzlich ist Billigkleidung problematisch, weil man davon ausgehen muss, dass sie unter menschenunwürdigen Arbeitsbedingungen hergestellt worden ist. Zusätzlich aber ist teure Kleidung auch kein Garant für gute Arbeitsbedingungen. An dem Preis erkennt man nicht, ob die Ware fair produziert wurde.

Süddeutsche.de: *Der Kunde weiß also höchstens, dass er sich keinerlei Illusionen über die Herstellungsbedingungen zu machen braucht, wenn er billig kauft?*

Gisela Burckhardt: Genau. In den Preisen für Markenprodukte stecken viele Kosten für Werbung oder Ladenmieten in Deutschland. Die Herstellungskosten spielen da kaum eine Rolle.

Süddeutsche.de: *An welchen Grenzen kann man sich orientieren?*

Gisela Burckhardt: T-Shirts unter fünf Euro sind zu billig. Oft werden T-Shirts nur noch zum einmaligen Tragen gekauft, da fehlt völlig die Wertschätzung für die Arbeit einer Näherin, es wird ein „Ramschprodukt". Ökofaire T-Shirts gibt es online schon ab zehn bis zwölf Euro. Da ist dann aber auch nichts drauf – keine Applikation, kein Schriftzug.

Süddeutsche.de: *Was kostet ein T-Shirt in der Herstellung?*

Gisela Burckhardt: Ich habe mal eine Kalkulation aufgestellt für ein Billig-T-Shirt. Die Kosten ohne Transport liegen bei 1,35 Euro, der Ladenpreis beträgt dann 4,95 Euro. Das ist eine Fertigung unter den üblichen schlecht bezahlten Bedingungen in Bangladesch.

Süddeutsche.de: *Gibt es Länder, in denen die Konditionen für die Beschäftigten besonders schlimm sind?*

Gisela Burckhardt: Bangladesch hat die niedrigsten Löhne weltweit. Das würde sich nicht einmal dann ändern, wenn dort die Löhne verdoppelt würden. Aber in Ländern wie Indien und Vietnam sieht es kaum besser aus. Überall sind die Mindestlöhne zu niedrig, weil sie nicht reichen, um eine Familie zu ernähren.

Süddeutsche.de: *Gibt es größere Bekleidungsketten, die sich mehr als andere um die Arbeitsbedingungen in den Fabriken kümmern?*

Gisela Burckhardt: Aus unserer Sicht sind Unternehmen, die bei der Fair Wear Foundation[1] Mitglied sind, glaubwürdiger. Das sind immerhin schon mehr als 100 Unternehmen. Noch mehr vertraue ich kleineren Labels, die sich zertifizieren lassen, wie Monkee oder Nudie Jeans.

Süddeutsche.de: *Was bleibt noch, um sich beim Kleidungskauf zu orientieren?*

Gisela Burckhardt: Es gibt einige Gütesiegel, deren Verbreitung deutlich zunimmt, wie ich auf der Fashion Week in Berlin sehen konnte.

Süddeutsche.de: *Zum Beispiel?*

Gisela Burckhardt: Da gibt es das Fairtrade-Siegel, das vor allem etwas über die Bedingungen der Beschäftigten auf Baumwollplantagen aussagt. Die Fair Wear Foundation achtet auf die Arbeitsbedingungen bei der Herstellung der Kleidung und überprüft zusätzlich die Einkaufspolitik der hiesigen Firmen.

Süddeutsche.de: *Viele fragen sich, ob sie bestimmte Handelsketten boykottieren sollen. Bringt das etwas?*

Gisela Burckhardt: Wir von der Kampagne für saubere Kleidung rufen nicht zum Boykott auf, weil letztlich die Näherinnen leiden würden. Zudem lassen fast alle großen Kleidungsketten unter schlechten Bedingungen produzieren, darum ist es schwierig, eine herauszugreifen. Besser ist es, ökofaire Kleidung zu kaufen oder auch Secondhand-Ware – und grundsätzlich den eigenen Konsum zu überdenken.

Als **fairer Handel** (englisch *fair trade*) wird ein kontrollierter Handel bezeichnet, bei dem den Erzeugern ein festgelegter Mindestpreis bezahlt wird, der über dem normalen Marktpreis liegt. Bei den Siegeln für fairen Handel ist in Deutschland „Fairtrade" am weitesten verbreitet.

Ein Kritikpunkt am fairen Handel ist die oft fehlende Transparenz der Preiszusammensetzung: Der Verbraucher zahlt einen höheren Preis, aber von dem Geld, das Bedürftige unterstützen soll, bleibt der größte Teil beim Händler. Ein anderer Kritikpunkt: Die Anzahl der Fair-Siegel steigt stetig. Weil sich Produkte mit einem Öko-, Bio- oder Fairtrade-Siegel besser verkaufen, gibt es mittlerweile 100 verschiedene Siegel. Viele Siegel erfüllen nicht die Anforderungen des fairen Handels, so eine Studie des Magazins „Öko-Test".

---

1 Die Fair Wear Foundation (FWF) hat das Ziel, faire und menschenwürdige Arbeitsbedingungen in der Textilindustrie zu fördern. Die 1999 gegründete Organisation überprüft, ob die beigetretenen Firmen in ihrer Produktion die Richtlinien der Internationalen Arbeitsorganisation (IAO) einhalten.

1 Tauscht euch über eure Leseeindrücke aus: Was wusstet ihr schon? Was hat euch erstaunt? Was fandet ihr besonders interessant? Habt ihr Erfahrung mit Produkten aus fairem Handel?

2 „Faire Produktion erkennt man nicht am Preis", lautet die Überschrift. Erklärt möglichst genau, was mit dieser Aussage gemeint ist. Erläutert, auf welches Problem diese Überschrift hinweist.

3 Erklärt: Welche konkreten Möglichkeiten habe ich, wenn ich fair produzierte Kleidung kaufen möchte? Zum Beispiel: *Keine T-Shirts unter 5 Euro kaufen* (Z. 23/24).

Stellt euch vor, ihr sollt folgende Aufgabe bearbeiten:

> Stellt die Kerngedanken des Interviews „Faire Kleidung erkennt man nicht am Preis" dar. Erörtert dann Chancen und Probleme von fair gehandelten Produkten und sprecht eine Empfehlung aus.

1 Legt euch eine Stoffsammlung zur Bearbeitung der Aufgabe an. Geht so vor:

a Analysiert das Interview und haltet die wichtigsten Kerngedanken fest:
- Um welches Thema/Problem geht es in dem Interview?
- Welche Standpunkte (Thesen, Argumente) werden vertreten?
- Welche Absicht verfolgt der Text? Ist die Argumentation überzeugend?

> *Ausgangsfrage: Was kann der Verbraucher tun, um …*
> - *These: Preis kein konkreter Anhaltspunkt, ob Ware fair produziert wurde oder nicht (vgl. Z. 9–12).*
> - *Argument: Herstellungskosten sind geringster Preisfaktor, Werbungskosten und …*
> - *Beispiel: Herstellungskosten von einem T-Shirt = 1,35; Ladenpreis 4,95*
>   - → *Empfehlung/Orientierungshilfe: T-Shirts unter 5 Euro …*
>   *…*
> - *Absicht des Textes: …*

b Erweitert eure Stoffsammlung: Was spricht für fair gehandelte Produkte? Welche Probleme seht ihr? Setzt euch mit den Positionen des Textes kritisch auseinander.

Vorteile	Nachteile
Arbeitsbedingungen der Näher/innen deutlich besser	…

Es gibt verschiedene Möglichkeiten, auf die Positionen im Text einzugehen. Man kann …

1 einer Position völlig zustimmen,
2 einer Position teilweise zustimmen,
3 einer Position vollkommen widersprechen.

c Formuliert in Stichpunkten ein Fazit: Ist es sinnvoll, fair gehandelte Produkte zu kaufen?
Fazit/Empfehlung: Obwohl …, finde ich es sinnvoll, …, denn …

Methode   Die Textvorlage analysieren

Die Erörterung im Anschluss an einen Text verlangt eine gründliche Auseinandersetzung mit dem Text (Textanalyse). Erst dann ist eine fundierte Stellungnahme möglich.
Die folgenden Leitfragen helfen euch, den Text zu erschließen:
- Um welches Thema geht es? Welche Standpunkte (Thesen) werden vertreten?
- Welche Argumente (und Stützungen) gibt es? Sind sie überzeugend? Werden Gegenargumente genannt?
- Werden auffällige sprachliche Gestaltungsmittel verwendet? Was bewirken sie?
- Welche Absicht verfolgt der Text?

Fordern und fördern – Die Erörterung ausformulieren

Stellt die Kernaussagen des Interviews „Faire Kleidung erkennt man nicht am Preis" dar. Erörtert dann Chancen und Probleme von fair gehandelten Produkten und sprecht eine Empfehlung aus.

●●○ 1 Bearbeitet die oben stehende Aufgabe in einem zusammenhängenden Text.

a Formuliert eine Einleitung, in der ihr Angaben zur Textvorlage macht (Titel, Thema und Art des Textes), z. B.: *Wer versucht, ein faires T-Shirt zu finden, hat es beim Einkauf schwer. In dem Interview …*

b Verfasst mit Hilfe eurer Stoffsammlung (▶ S. 49) den Hauptteil der Erörterung.
 — Fasst die Kerngedanken des Interviews zusammen.
 — Erörtert dann Vor- und Nachteile von fair gehandelten Produkten und zieht ein Fazit.
▷ Hilfen zu dieser Aufgabe: Seite 51

Kerngedanken des Textes	*Woran erkennt der Verbraucher, ob es sich um ein fair produziertes Kleidungs-stück handelt oder nicht? Schon die Überschrift des Textes macht deutlich, dass auch teure Kleidungsstücke … Laut Gisela Burckhardt …*
Erörterung (Vor- und Nachteile)	*Bei fair gehandelten Produkten erhalten die Hersteller höhere Löhne und …* *Wenn man bedenkt, dass die Löhne in Indien, Vietnam oder …* *Natürlich ist es für den Verbraucher schwierig, … Ein anderes Problem ist …*
Fazit	*Gisela Burckhardt gibt in ihrem Interview eine klare Orientierungshilfe für …*

👥 2 Überarbeitet im Team eure Texte. Nutzt hierzu den folgenden Merkkasten.

Information   Die textbezogene Erörterung

Bei der textbezogenen Erörterung untersucht ihr einen Sachtext (z. B. aus der Zeitung) zu einer Problemfrage und nehmt dazu Stellung.

Einleitung: In der Einleitung macht ihr Angaben zur Textvorlage (Titel, Thema und Art des Textes, Autor/-in und Textquelle).

Hauptteil: Im Hauptteil bearbeitet ihr die konkrete Aufgabenstellung, die angibt, unter welchen Gesichtspunkten ihr euch mit dem vorgegebenen Text auseinandersetzen sollt. In der Regel besteht der Hauptteil aus zwei Schritten: Textanalyse und Erörterung.
- **Textanalyse** (▶ Leitfragen, S. 51): Zusammenfassung der zentralen Gedanken und Positionen, Darstellung der Intention des Textes und evtl. auch der sprachlichen Mittel.
- **Erörterung:** Stellungnahme zu den Hauptargumenten des Textes (Zustimmung, Widerspruch oder teilweise Zustimmung begründet darlegen).

Schluss: Zusammenfassung eurer Position und Fazit, das ihr nach der Auseinandersetzung mit der Textvorlage gezogen habt.

Aufgabe 1 mit Hilfen

> Stellt die Kernaussagen des Interviews „Faire Kleidung erkennt man nicht am Preis" dar. Erörtert dann Chancen und Probleme von fair gehandelten Produkten und sprecht eine Empfehlung aus.

Bearbeitet die oben stehende Aufgabe.
Geht so vor:

a Formuliert eine Einleitung, in der ihr Angaben zur Textvorlage macht, indem ihr Titel und Thema des Textes nennt, z. B.:
Wer versucht, ein faires T-Shirt zu finden, hat es beim Einkauf schwer. In dem Interview … gibt … von der Frauenrechtsorganisation Femnet Auskunft darüber, was der Verbraucher tun kann, um die Arbeitsbedingungen in …

b Verfasst mit Hilfe eurer Stoffsammlung (▶ S. 49) den Hauptteil der Erörterung.
  – Fasst die Kerngedanken des Interviews zusammen.
  – Erörtert dann Vor- und Nachteile von fair gehandelten Produkten.
  – Zieht zum Schluss ein Fazit, in dem ihr eure Position zu fairen Produkten zusammenfasst.

Kerngedanken des Textes	*Woran erkennt der Verbraucher, ob es sich um ein fair produziertes Kleidungsstück handelt oder nicht? Schon die Überschrift des Textes macht deutlich, dass sich der Verbraucher nicht … orientieren kann.* *Obwohl man bei Billigkleidung immer davon ausgehen müsse, dass diese …, sei auch teure Markenkleidung kein Garant dafür, dass …* *Denn laut Gisela Burckhardt spielen die Herstellungskosten bei der Preisgestaltung eines Kleidungsstückes …* *Trotzdem gibt es für den Käufer eine Orientierungshilfe: T-Shirts unter 5 Euro …* *Eine bessere Orientierungshilfe …*
Erörterung (Vor- und Nachteile)	*Bei fair gehandelten Produkten bekommen die Beschäftigten höhere Löhne und haben menschenwürdige Arbeitsbedingungen. Wenn man bedenkt, dass die Löhne in Indien, Vietnam oder … nicht ausreichen, um eine Familie …* *Natürlich ist es für den Verbraucher schwierig, …* *Ein anderes Problem ist …*
Fazit	*Gisela Burckhardt gibt in ihrem Interview eine klare Orientierungshilfe für …* *Wir haben als Käufer die Möglichkeit, etwas zu verändern und die Arbeitsbedingungen … Ich bin der Meinung, dass …*

2.3 Fit in ... – Erörtern im Anschluss an einen Sachtext

Die Aufgabenstellung verstehen

Stellt euch vor, ihr bekommt in der nächsten Klassenarbeit die folgende Aufgabe:

- Stelle die Kernaussagen des Textes „Fairphone – Das Smartphone fürs gute Gewissen" von Christoph Fröhlich dar und erkläre, welche Absicht (Intention) der Text hat.
- Erörtere dann, was für (pro) und gegen (kontra) ein solches Fairphone spricht. Du kannst die Kommentare von SamSung und IrisFon (▶ S. 53) für deine Argumentation nutzen.
- Ziehe zum Schluss ein Fazit.

Fairphone – Das Smartphone fürs gute Gewissen

Von Christoph Fröhlich

Kinder, die in dunklen Minen mit bloßen Händen Edelmetalle aus den Steinen kratzen. Länder, die mit den Rohstoffen Geld für ihre blutigen Bür-
5 gerkriege verdienen. Arbeiter, die zu Hungerlöhnen Handys zusammenschrauben. Bis ein Smartphone fertig verpackt im Regal der Händler liegt, ist das oft eine unrühmliche Geschichte. Das möchte der Nie-
10 derländer Bas van Abel ändern: Er will mit dem Fairphone beweisen, dass Smartphones auch ohne umstrittene Rohstoffe aus Krisenregionen und unter moralisch unbedenklichen Produktionsbedingungen her-
15 gestellt werden können. Er hat es geschafft: Auf einer eigens eingerichteten Homepage haben fast 11000 interessierte Käufer das Fairphone vorbestellt. Kostenpunkt: 325 Euro. Ihm ginge es in erster Linie nicht um den
20 Profit, schreibt er auf der Homepage. Stattdessen wolle er ein Zeichen setzen und größere Hersteller dazu bewegen, ihre Smartphones ebenfalls unter besseren Arbeitsbedingungen produzieren zu lassen. Doch was
25 bekommt man für sein Geld? Und vor allem: Wie fair ist das Fairphone wirklich?
Auf den ersten Blick wirkt das Fairphone wie ein beliebiges Mittelklasse-Smartphone: Es wiegt 170 Gramm und ist damit al-
30 les andere als ein Leichtgewicht. Das Handy hat einen 1,2 Gigahertz schnellen Vierkernprozessor, ein Gigabyte Arbeitsspeicher, eine Acht-Megapixel-Kamera und 16 Gigabyte Speicherplatz, der bis zu 32 Gigabyte erweitert
35 werden kann. Als Betriebssystem kommt die modernste Android-Version zum Einsatz.
Ein paar Gramm zu viel auf den Plastikhüften, ein etwas grob auflösendes Display, das
40 ultraschnelle mobile Internet LTE wird nicht unterstützt – technologisch bleibt das Fairphone eher blass. Einzigartig ist hingegen der Herstellungsprozess: Die Rohstoffe Zinn und Tantal, ein selten vorkommendes Me-
45 tall, stammen aus Minen im Kongo, die laut OECD-Richtlinie als konfliktfrei gelten. Für Gold, was beispielsweise für die SIM-Kontakte benötigt wird, arbeiten die Amsterdamer mit der Initiative Fairgold zusammen,
50 die die Herkunft des Edelmetalls und die Arbeitsbedingungen bei der Herstellung unter die Lupe nimmt. Da in jedem Smartphone rund 30 verschiedene Stoffe zum Einsatz kommen, ist es unwahrscheinlich, dass alle
55 Elemente aus Nicht-Krisenregionen stam-

men. Um dennoch möglichst transparent zu sein, soll im Internet eine Liste aller Materiallieferanten veröffentlicht werden.

60 Zusammengebaut wird das Fairphone in China – allerdings unter wesentlich besseren Arbeitsbedingungen, versprechen die Macher. Die chinesische Firma A'Hong, die das Fairtrade-Handy zusammenschraubt,

65 wird den Niederländern zufolge regelmäßig von unabhängigen Gutachtern kontrol-

liert. Ein weiterer Pluspunkt: Viele moderne Smartphones lassen sich nur noch mit viel Aufwand reparieren, oft ist selbst der Akku fest verklebt. Beim Fairphone sollen sich

70 alle Einzelteile problemlos austauschen lassen, sodass Käufer selbst bei größeren Defekten nicht gleich ein neues Gerät kaufen müssen und so die Umwelt schonen. Das Fairphone ist ein erster Schritt in eine nach-

75 haltige Smartphone-Herstellung.

SamSung

Auch wenn das Fairphone nicht zu 100 Prozent fair ist: Es ist schon ein großer Fortschritt, wenn einige Bauteile fair gehandelt sind und die Produktion kontrolliert wird. Um die Bedingungen weiter zu verbessern und auch die großen Hersteller zum Umdenken zu zwingen, ist ein Erfolg des

5 ersten Fairphones wichtig. Meine Meinung: Man sollte das Fairphone kaufen!

IrisFon

Das Fairphone ist nicht billig. Für den Preis bekommt man auch ein gebrauchtes Markenhandy. Ist nicht der Kauf eines gebrauchten Smartphones besser für den Umweltschutz? Denn jedes Jahr werden in Deutschland über 30 Millionen Handys neu gekauft und über 100 Millionen alte Geräte

10 vergammeln in der Schublade.

---

1 Lest die Aufgabenstellung auf Seite 52 oben.
Klärt im Team, was ihr tun sollt.

2 Erstellt eine Stoffsammlung für eure Erörterung.
a Analysiert den Text von Christoph Fröhlich und haltet eure Ergebnisse fest.

> **These:** Das Fairphone ist ein Schritt auf dem Weg zu einer fairen und umweltschonenden Smartphone-Produktion.
> **Absicht des Textes:** Die Leser davon überzeugen …
> **Argumente:** Rohstoffe aus … (Beispiele: Zinn und Tantal aus …, Gold aus …)
>   Produktionsbedingungen … (Beispiel: in …)
> **Gegenargumente:** Gewicht …

b Was spricht für (pro), was gegen (kontra) die Anschaffung eines Fairphones?
Macht euch Notizen für eure Erörterung, z. B. in einer Tabelle. Nutzt hierzu auch die Kommentare von SamSung und IrisFon.

c Formuliert in Stichpunkten einen Schlussteil, in dem ihr eure Position zusammenfasst, die ihr nach der Auseinandersetzung mit dem Text gewonnen habt.

Die Erörterung schreiben und überarbeiten

3 Verfasst mit Hilfe eurer Stoffsammlung die Erörterung. Geht so vor:

a Formuliert eine Einleitung, in der ihr Angaben zur Textvorlage macht, z. B.:
Wenn wir ein Smartphone kaufen, nehmen wir in Kauf, dass dieses Gerät unter schlechten Arbeits-
bedingungen … In dem Zeitungsartikel … erklärt …, inwiefern ein so genanntes Fairphone …

b Formuliert den Hauptteil eurer Erörterung. Fasst zu Beginn die Kerngedanken des Artikels
zusammen. Erörtert dann die Vor- und Nachteile von Fairphones. Zieht zum Schluss ein Fazit.

Kerngedanken des Textes	*Laut Fröhlich sprechen mehrere Gründe dafür, fair gehandelte … zu kaufen.* *Als erstes Argument führt er an, dass es durchaus Länder gebe, die als konflikt-frei gelten und aus denen die Rohstoffe … Als Beispiel nennt er …* *Des Weiteren argumentiert er, man könne …* *Fröhlich führt allerdings auch Argumente an, die auf den ersten Blick gegen … sprechen. So räumt er ein, dass …*
Erörterung (Vor- und Nachteile)	*Ein Vorteil/Nachteil des Fairphones ist, dass …* *Hinzu kommmt außerdem, dass …* *Ein anderes Problem ist …* *…*
Fazit	*Fröhlichs Argumente für … überzeugen also voll/nur wenig/zum Teil, weil …* *Mit dem Kauf eines Fairphones … Deswegen bin ich der Meinung, dass man …*

4 Überarbeitet eure Texte in Partnerarbeit. Nutzt hierzu die folgende Checkliste.

Erörtern im Anschluss an einen Text

Einleitung
Macht ihr Angaben zur Textvorlage und führt ihr in das Thema ein?

Hauptteil

1 Textanalyse:
– Habt ihr die zentralen Gedanken, Thesen und Argumente zusammengefasst?
– Habt ihr erklärt, welche Absicht der Text verfolgt?

2 Erörterung:
– Habt ihr euch mit den Argumenten der Textvorlage kritisch auseinandergesetzt?
– Habt ihr überzeugende Argumente sowie passende Beispiele/Belege angeführt?
– Habt ihr die Zusammenhänge eurer Argumentation auch sprachlich gut dargestellt, indem ihr die Argumente sinnvoll verknüpft und zum nächsten Gedankengang überleitet?

Schluss
Habt ihr ein Fazit gezogen (Zusammenfassung eurer Position)?

■ Trennen Absätze Einleitung, Hauptteil und Schluss?
■ Sind Rechtschreibung und Zeichensetzung in Ordnung?

3 Was will ich werden? –
Berufe erkunden

Tontechniker/-in; Physiotherapeut/-in; Bankkauffrau/-mann; Buchhändler/-in; Goldschmied/-in

1 a Könnt ihr euch vorstellen, in einem der dargestellten Berufe zu arbeiten?
Begründet eure Zustimmung oder Ablehnung.
b Überlegt: Welche Tätigkeiten übt man in diesen Berufen aus?
Wie sieht der jeweilige Arbeitsplatz aus?

2 Tauscht euch über eure Vorstellungen,
Wünsche und Erwartungen in Bezug
auf euer späteres Berufsleben aus.
Berichtet über eure Erfahrungen mit
Schüler- oder Ferienjobs.

3 Erklärt, wie ihr euch über verschiedene
Berufe informieren könnt.

In diesem Kapitel ...

– informiert ihr euch über Berufe,
– verfasst ihr Bewerbungsschreiben,
  Lebenslauf und Praktikumsbericht,
– trainiert ihr Bewerbungsgespräche,
– lest und untersucht ihr satirische Texte
  zur Arbeitswelt.

3.1 Ein Beruf für mich? – Informieren und Präsentieren

Berufsfelder erkunden

Medien
– Redakteur/-in
– Mediengestalter/-in
– Kameramann/-frau

Gesundheit/Soziales
– Augenoptiker/-in
– Heilerziehungspfleger/-in
– Erzieher/-in

Kaufmännische Berufe, Handel, Banken
– Industriekaufmann/-frau
– Bankkaufmann/-frau
– Versicherungskaufmann/-frau

Technik, Naturwissenschaften
– Chemielaborant/-in
– Kfz-Mechatroniker/-in
– Fachinformatiker/-in

1 Berufe, die inhaltlich miteinander verwandt sind, kann man in so genannten Berufsfeldern zusammenfassen.

   a Ordnet die folgenden Berufe den oben angeführten Berufsfeldern zu:

> Bildredakteur/-in • Fachkraft für Veranstaltungstechnik • Zahntechniker/-in • IT-Systemelektroniker/-in • Verwaltungsfachangestellte/r • Ergotherapeut/-in • Trickfilmzeichner/-in • Steuerfachangestellte/r

   b Nennt zu den folgenden Berufsfeldern einzelne Berufe, die ihr kennt.

> Kunst/Kunsthandwerk, Design, Gestaltung • Handwerk • Landwirtschaft, Natur, Umwelt • Metall- und Maschinenbau

2 Die verschiedenen Berufsfelder erfordern unterschiedliche Fähigkeiten und Interessen.

   a Notiert ein Berufsfeld, das euch besonders interessiert. Findet euch dann in Berufsfeldgruppen zusammen und sammelt zu eurem Berufsfeld möglichst viele Berufe.

   b Entscheidet euch im Team für einen Beruf, der euch besonders interessiert, und überlegt, welche Voraussetzungen man hierfür mitbringen muss, z. B.: *Naturverbundenheit, Kontaktfreude, ...*

   c Begründet, warum ihr euch vorstellen könnt, in diesem Beruf zu arbeiten.
   Tipp: Informationen zu Berufsfeldern und einzelnen Berufen findet ihr auch im Internet unter: www.beroobi.de; www.planet-beruf.de, www.berufenet.arbeitsagentur.de, www.whatchado.com.

3 Bei den oben angeführten Berufen handelt es sich um so genannte Ausbildungsberufe, also Berufe, für die man in der Regel kein Studium benötigt. Nennt zu einigen Ausbildungsberufen die entsprechenden Studiengänge.

Die eigenen Fähigkeiten erkennen

Flexibilität • Kontaktfreude • Verantwortungsbewusstsein • Umweltbewusstsein • körperliche Belastbarkeit • Teamfähigkeit • Konzentrationsfähigkeit • Genauigkeit • gutes Ausdrucksvermögen • handwerkliches Geschick • Interesse an Chemie und Physik • Organisationsgeschick • abstraktes, logisches Denken • Interesse an Natur und Pflanzen • Interesse an Fremdsprachen • Interesse an Mode und Design • Interesse an Technik und Maschinen • Interesse an kreativen und gestaltenden Tätigkeiten • Interesse an IT (Informationstechnik: Informations- und Datenverarbeitung)

1 In jedem Beruf werden spezielle Fähigkeiten und Interessen gefordert. Diese werden in den Berufsbeschreibungen als Anforderungen formuliert. Erklärt, was die einzelnen Anforderungen bedeuten, z. B.: *Flexibilität: sich schnell auf neue Situationen und Umstände einstellen können.*

2 Findet heraus, was eure Stärken sind. Geht so vor:

a Übertragt die folgende Tabelle in euer Heft und ergänzt die einzelnen Spalten.
   – Notiert, welche Fähigkeiten und Interessen ihr zu euren Stärken zählt.
   – Bewertet auf einer Skala von 1 bis 10, wie sehr diese Stärken ausgeprägt sind.
   – Überlegt, in welchen Situationen ihr eure Stärken schon eingesetzt habt. Notiert Beispiele.

Meine Stärken	Ausprägung (1 bis 10)	Beispiel
Teamfähigkeit	*8*	*im Fußballverein*
...	...	...

b Arbeitet zu zweit: Erstellt für euren Partner oder eure Partnerin ein Stärkenprofil. Begründet und vergleicht diese Einschätzung mit eurer eigenen.

3 Überlegt, was euch in einem späteren Beruf besonders wichtig ist. Notiert Fragen und beantwortet sie, z. B.:

– *In welchem Umfeld möchte ich arbeiten, z. B. Natur, Büro, Kita, Werkstatt ...?*
– *Möchte ich lieber mit Lebewesen oder mit Gegenständen arbeiten?*
– *Ist es mir wichtig, mich beruflich weiterentwickeln zu können?*
– *Wie wichtig ist mir ein guter Verdienst?*
– *Möchte ich lieber im Team arbeiten oder allein?*
– *...*

4 Wertet mit einem Partner oder einer Partnerin die Ergebnisse aus den Aufgaben 2 und 3 aus. Überlegt gemeinsam, welcher Beruf zu euch passen könnte.
Tipp: Im Internet gibt es Berufsfindungstests. Ihr findet sie, wenn ihr in eine Suchmaschine entsprechende Stichworte (z. B. Berufsfindungstest + Schüler) eingebt.

Ein Berufswahlportfolio erstellen

Mein Traumberuf: Tontechniker

Nachdem ich mich mit meinen eigenen Fähigkeiten und Interessen auseinandergesetzt habe und online verschiedene Berufsfindungstests gemacht habe, bin ich auf den Beruf des Tontechnikers gestoßen, den ich weiter erkunden möchte.

Informationen zum Beruf des Tontechnikers

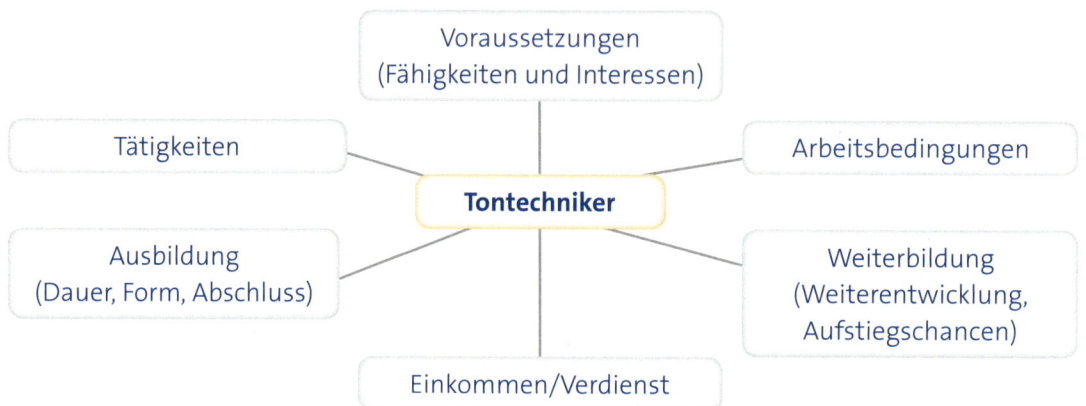

- Voraussetzungen (Fähigkeiten und Interessen)
- Tätigkeiten
- Arbeitsbedingungen
- **Tontechniker**
- Ausbildung (Dauer, Form, Abschluss)
- Weiterbildung (Weiterentwicklung, Aufstiegschancen)
- Einkommen/Verdienst

Tätigkeiten

- Tonaufzeichnungs-/Tonwiedergabegeräte, Mischpulteinheiten, Computer, Beschallungsanlagen bedienen
- die technische Ausrüstung vorbereiten (je nach Auftrag) und in Stand halten
- die Tonqualität überwachen; technische Störungen erkennen und beseitigen
- klangliche und dynamische Korrekturen durchführen
- am Mischpult Mehrspuraufzeichnungen mischen
- Tonmaterial digital schneiden und montieren

Tontechniker/-innen sind bei Radio und Fernsehen, in Tonstudios, Theatern, Konzertsälen sowie in der Film- und Musikindustrie tätig. Sie sind die Fachleute für Tonaufnahmen und Beschallungen. Ihre Hauptaufgabe besteht darin, Klangbilder, die über Lautsprecher oder Kopfhörer wiedergegeben werden sollen, nach technischen und künstlerischen Gesichtspunkten zu gestalten. Tontechniker/-innen kombinieren technisches Know-how mit musikalischer Bildung ...

Voraussetzungen

...

Inhalt

1 Berufsorientierung
1.1 Adressen, Literatur und Links rund um Berufsorientierung
1.2 Berufsfelder, Berufe
1.3 Informationsmaterial zu bestimmten Berufen

2 Selbsteinschätzung
2.1 Eigene Fähigkeiten und Interessen
2.2 Mögliche Berufe für mich

3 Mein Traumberuf: Tontechniker
3.1 Informationen zum Beruf des Tontechnikers
3.2 Reflexion

4 Bewerbung um einen Praktikumsplatz
...

5 Literaturverzeichnis

1 a Betrachtet die Beispielseite aus einem Berufswahlportfolio sowie das dazugehörige Inhaltsverzeichnis. Zu welchem Punkt des Inhaltsverzeichnisses gehört die Beispielseite?
b Erklärt anhand des Inhaltsverzeichnisses, wie das Berufswahlportfolio aufgebaut ist.
– Welche Inhalte haben die einzelnen Abschnitte?
– Welche Unterpunkte könnten unter dem Punkt 4 angeführt werden? Was steht unter 5?

2 a Begründet: Welche der in dem Schaubild auf S. 58 zusammengestellten Aspekte eines Berufs sind für euch die drei wichtigsten?
b Überlegt, ob es weitere Aspekte gibt, die für eure Berufswahl entscheidend sind, z. B. Arbeitsmöglichkeiten im Ausland, Jobaussichten ...

3 Erstellt selbst euer persönliches Berufswahlportfolio, in dem ihr alle wichtigen Materialien rund um eure Berufsorientierung sammelt und das ihr nach und nach ergänzt. Fragt euch im Verlauf eurer Recherchen auch: Passt der Beruf wirklich zu mir? Hat sich meine Einschätzung durch die Informationen verändert? Welche weiteren Erkundigungen will ich einziehen? (▶ Portfolio Abschnitt 3.2 „Reflexion")

Information	Ein Berufswahlportfolio erstellen

Ein Portfolio ist eine selbst zusammengestellte Sammelmappe, in der ihr Materialien zu einem Thema, wie z. B. zur Berufswahl, zusammentragt. Die Mappe wird nach und nach ergänzt.
In einem Berufswahlportfolio könnte Folgendes enthalten sein:
- ein Deckblatt mit den notwendigen Angaben, z. B.: Name, Klasse, Thema usw.
- ein Inhaltsverzeichnis (bei Ergänzungen aktualisieren!)
- Materialien rund um das Thema „Berufswahl", z. B. selbst geschriebene Texte, recherchierte Materialien (mit Quellenangaben ▶ S. 362), Bescheinigungen usw.

Berufe im Visier – Informationen recherchieren und präsentieren

Es gibt viele interessante Berufe. Mit Referaten könnt ihr euch gegenseitig über verschiedene Berufsbilder und interessante Einzelheiten informieren.

1. Schritt: Das Thema klären

1

a Über welchen Beruf wollt ihr mehr erfahren? Entscheidet euch für einen Beruf, der euch interessiert.

b Überlegt, über welche Aspekte ihr eure Zuhörer/-innen informieren wollt. Sammelt Leitfragen, z. B.:

> *Leifragen zur Berufsvorstellung*
> *– Welche Tätigkeiten verlangt der Beruf?*
> *– Welcher Schulabschluss wird für die Ausbildung vorausgesetzt?*
> *– Wie ist die Ausbildung aufgebaut?*
> *– …*

Tipp: Das Cluster im Portfolio (▶ S. 58) nennt mögliche Aspekte eures Referats.

2. Schritt: Informationen recherchieren

Um Informationen über euren Beruf zu recherchieren und die offenen Fragen zu beantworten, stehen euch verschiedene Informationsquellen zur Verfügung, z. B.:
– das Internet,
– die Berufsinformationszentren (BIZ),
– das Interview mit einer Expertin bzw. einem Experten.

2 Recherchiert zuerst im Internet und in einem Berufsinformationszentrum nach geeignetem Informationsmaterial. Sucht auch Abbildungen, Grafiken oder anderes Anschauungsmaterial für euer Referat.
▶ Wichtige Hinweise zur Internetrecherche und zum Speichern von Internetseiten, Seite 361f.

Methode	Informationen über Berufe recherchieren

- Jedes Jahr veröffentlicht die Bundesagentur für Arbeit das Lexikon **„Beruf aktuell"**, in dem ca. 500 Ausbildungsberufe beschrieben werden. Die Broschüre ist im Internet als PDF-Dokument erhältlich.
- Im **Berufsinformationszentrum (BIZ)** der „Agenturen für Arbeit" informieren Berufsberaterinnen und Berufsberater über Ausbildungsmöglichkeiten und Berufe.
- Weitere Informationen findet ihr im **Internet,** z. B. unter www.berufenet.arbeitsagentur.de und www.planet-beruf.de.
- **Interaktive Berufsportale,** in denen Profis mittels Videos, Audios und Fotos zeigen, was ihre Berufswelt ausmacht, findet ihr z. B. unter www.beroobi.de und www.whatchado.com.

3 Eine weitere Möglichkeit, sich über einen bestimmten Beruf zu informieren, ist das Interview mit einer Expertin oder einem Experten, also mit jemandem, der sich in dem Beruf gut auskennt.

a Überlegt, welche Möglichkeiten ein solches Experteninterview bietet, wenn es um den Einblick in einen Beruf geht. Gibt es auch Nachteile?

b Begründet, welche der folgenden Fragen für euer Interview sinnvoll sind und welche man verändern sollte. Lest hierzu die Informationen im Kasten unten.

> *Fragen für das Interview*
> - *War Ihre Ausbildung gut?*
> - *Wie sieht Ihr Berufsalltag aus?*
> - *Wollten Sie diesen Beruf unbedingt ergreifen?*
> - *Meinen Sie nicht auch, dass man ein hohes Maß an technischem Verständnis mitbringen muss?*
> - *Welche persönlichen Interessen und Voraussetzungen sollte man für diesen Beruf mitbringen?*

4 **a** Bereitet selbst Fragen für euer Interview vor.

b Interviewt eine Berufsexpertin oder einen Berufsexperten.
Bittet euren Interviewpartner vor dem Gespräch, das Interview aufnehmen zu dürfen.
Tipp: Auf der Plattform whatchado (www.whatchado.com) könnt ihr über 2000 Interviews mit Berufsexperten einsehen. Jeder Interviewpartner beantwortet dieselben Fragen, die ihr vorher online im so genannten Job-Dating gestellt habt.

Methode	Ein Interview führen

Bei einem Interview handelt es sich um die Befragung einer oder mehrerer Personen mit dem Ziel, persönliche Informationen (Personeninterview) und/oder Sachinformationen zu einem bestimmten Thema (Experteninterview) zu erhalten.
Die Art der Fragen beeinflusst die Antwortbereitschaft und die Ausführlichkeit der Antworten. Grundsätzlich sollten die Fragen kurz und präzise formuliert sein.

- **Aufforderungs-/Erzählfragen:** Sie geben einen starken Redeimpuls, die Art der Antwort lässt sich aber schwer steuern, z. B.: *Sie haben in Ihrem Beruf viel erlebt. Erzählen Sie davon.*
- **Offene Fragen:** Sie lassen dem Interviewpartner viele Antwortmöglichkeiten offen und beginnen meist mit einem Fragepronomen *(Warum ...? Wie ...?)* Im Unterschied zu den geschlossenen Fragen können sie nicht mit Ja oder Nein beantwortet werden, z. B.: *Warum haben Sie diesen Beruf gewählt?*
- **Verständnisfragen:** Diese Nachfragen haben den Zweck, Missverständnisse auszuschließen, z. B.: *Habe ich Sie richtig verstanden, dass ...?*
- **Geschlossene Fragen:** Diese Fragen sind hilfreich, wenn man den Interviewpartner festnageln möchte, denn man kann sie nur mit Ja oder Nein beantworten, z. B.: *Haben Sie mit Ihrer Firma schon viel Geld verdient?*
- **Suggestivfragen:** Hier wird die erwünschte Antwort schon in der Frage mitgeliefert, z. B.: *Sind Sie nicht auch der Meinung, dass ...?*

3. Schritt: Informationen auswerten

5 Wertet das Informationsmaterial für euer Referat aus. Wendet hierfür die üblichen
Textbearbeitungsmethoden an:
- Unterstreicht auf einer Kopie oder einem Textausdruck die wichtigsten Informationen.
- Notiert am Textrand, zu welchen Teilthemen eures Referats bzw. zu welchen Leitfragen
die markierten Informationen gehören, z. B.: *Ausbildung, Tätigkeiten ...*
- Tragt die wichtigsten Informationen, geordnet nach Teilthemen, zusammen.

4. Schritt: Das Referat gliedern

6 **a** In welcher Reihenfolge wollt ihr die Informationen präsentieren?
Erstellt für den Hauptteil eures Referats eine Gliederung.
- Ordnet eure Informationen nach sachlichen Gesichtspunkten.
- Streicht überflüssige Informationen, die vom Thema wegführen.
- Haltet fest, an welchen Stellen ihr welche Medien einsetzen
wollt, z. B.: Fotos, Filmausschnitte, Tondokumente (Interviews).
b Überlegt, wie ihr eure Gliederung präsentieren wollt, z. B. an der
Tafel, computergestützt etc.

> A   Einleitung
> B   Der Beruf des ...
>   1. Voraussetzungen
>   2. Tätigkeiten
>   3. Ausbildung
>   4. ...
> C   Schluss

7 **a** Notiert Ideen für die Einleitung eures Referats, z. B.:
- interessante Feststellung, z. B.: *Den Beruf, den ich euch vorstelle, gibt es erst seit ...*
- persönliche Bemerkung zum Thema, z. B.: *Als ich mich mit dem Beruf des ... beschäftigte, dachte ich
zuerst, dass ... Erstaunt hat mich, dass ...*
- Präsentation eines typischen Fotos oder eines Gegenstandes aus dem Berufsalltag
b Formuliert einen Schluss. Begründet z. B., ob euch eine Ausbildung im vorgestellten Beruf
weiterhin interessiert.

5. Schritt: Moderationskarten erstellen, den Vortrag üben

8 Bereitet den Vortrag eures Referats vor. Haltet die wichtigsten
Informationen als Gedächtnisstütze auf Moderationskarten fest.
Nummeriert die Karten in der entsprechenden Reihenfolge.
Notiert auch, welche Medien wann zum Einsatz kommen sollen.

> Karte Nr. 2
> 1. Voraussetzungen
> - schulisch: ...
> - Interessen: ...

> Karte Nr. 3
> 2. Tätigkeiten
> - Geräte zur Tonaufzeich-
>   nung ...
> - ...
>   Folie 4

9 **a** Übt den Vortrag eures Referats mit Hilfe der Moderationskarten.
Überlegt auch, welche technischen Geräte ihr für euren Vortrag benötigt, und probt den Einsatz.
b Tragt eure Referate vor. Klärt nach jedem Vortrag Fragen, die noch offengeblieben sind, und gebt
euch gegenseitig ein Feedback: Was hat euch gut gefallen, was könnt ihr verbessern?

Teste dich!

Rund um Berufe

1 In allen Berufen werden neben den fachlichen Anforderungen auch bestimmte Eigenschaften (so genannte Schlüsselqualifikationen) erwartet. Ordne den Schlüsselqualifikationen passende Erklärungen zu oder notiere eigene Erklärungen, z. B.: *Initiative:* …

> Initiative • Mobilität • Konfliktfähigkeit • Engagement • Disziplin • Kreativität • Belastbarkeit • Empathie (Einfühlungsvermögen)

> Bereitschaft, sich geistigen und körperlichen Beanspruchungen auszusetzen • aktiv sein, Tatkraft zeigen • sich an Regeln halten, auf Ordnung bedachtes Verhalten • Ideenreichtum, Gestaltungsfähigkeit • persönliche Einsatzbereitschaft für eine Sache • Bereitschaft, an verschiedenen Orten zu arbeiten • Fähigkeit, eine Auseinandersetzung aufzunehmen und zu bewältigen • Fähigkeit, die Gedanken und Gefühle anderer Personen zu verstehen

2 Jeder Beruf verlangt spezielle Fähigkeiten und Interessen. Ordne jedem Beruf mindestens drei Anforderungen zu, z. B.: *Bankkaufmann/-frau: mathematische Kenntnisse* …
Tipp: Einige Anforderungen treffen auf mehrere Berufe zu.

> Bankkaufmann/-frau • Gesundheits- und Krankenpfleger/-in • Kfz-Mechatroniker/-in • Gärtner/-in bzw. Garten- und Landschaftsbau

> technisches Interesse • mathematische Kenntnisse • körperliche Belastbarkeit • wirtschaftliches Denken • Empathie (Einfühlungsvermögen) • räumliches Vorstellungsvermögen • handwerkliches Geschick • Kenntnisse in Chemie und Biologie • Kundenorientierung • Gespür für Ästhetik • Teamfähigkeit • Genauigkeit

3 Vergleicht eure Ergebnisse aus den Aufgaben 1 und 2 in Partnerarbeit.

3.2 Komik in scharfer Form –
Satiren aus der Arbeitswelt entschlüsseln

Georg M. Oswald

Mit Menschen (2009)

„Schließlich möchte ich erwähnen, dass ich gerne mit Menschen zu tun habe. Auch deshalb halte ich mich für die von Ihnen ausgeschriebene Stelle geeignet."

5 Mit Menschen also. Ein leises Gefühl der Bestürzung überkam Hummel, als sein Blick auf den Stapel mit den Bewerbungsmappen für die ausgeschriebenen Ausbildungsplätze fiel, den ihm Frau Becker auf einem Wägelchen ins
10 Zimmer gefahren hatte. Seine Aufgabe war es, eine Vorauswahl zu treffen. Damit konnte er Tage zubringen. Was übrig blieb, würde er dem Personalleiter zur Entscheidung vorlegen. Noch vor wenigen Jahren fiel die Aus-
15 wahl leicht. Die Blindgänger konnte man oft schon auf den ersten Blick entlarven. Heute aber waren die meisten Bewerbungsmappen so ansprechend und gekonnt gestaltet, dass man wetten konnte: Das hatte ein Bewerbungs-
20 unternehmen geschrieben. Das Anschreiben

ohne Rechtschreibfehler, das Bewerbungsfoto kein unfreiwilliger Brüller, der tabellarische Lebenslauf lückenlos und schlüssig.

Zu seiner Zeit, als es noch Schreibmaschinen gegeben hatte, war die Herstellung einer Be- 25 werbungsmappe eine qualifizierte Handarbeit gewesen, die mit chirurgischer Präzision durchzuführen war. Man musste wissen, wie man mit Schere und Klebestift umgeht. Beim Tippen konnte man beweisen, dass man ohne 30 Netz und doppelten Boden zu arbeiten wusste. Ein Tippfehler und man durfte wieder ganz von vorne anfangen. Heute hingegen beauftragt man ein Bewerbungsbüro, das einem in 48 Stunden eine Traumbewerbung maßschnei- 35 dert – für einen geradezu harmlos niedrigen Preis.

Man musste also andere Unterscheidungskriterien finden und gerade jetzt, als er zum soundsovielten Mal Sätze wie diese las, hatte 40

Hummel sie gefunden. Wer schrieb, er bewerbe sich auf eine Stelle, weil er „gerne mit Menschen zu tun" habe, war bei Hummel unten durch. Nicht, dass er nur Misanthropen[1] einstellen wollte. Aber wenn er es recht bedachte, gab es in seinen Augen keine schlimmere Plattitüde[2]. Mit wem sonst außer mit Menschen hätten sie denn zu tun haben wollen? Mit Außerirdischen? Tieren? Pflanzen? Nichts davon gab es in diesem Unternehmen, das war allgemein bekannt. Warum dann also diesen Satz hinschreiben, der so tut, als wäre er ein Bekenntnis, tatsächlich aber nichts ist als die hohlste aller Phrasen? Mit Menschen, die mit Menschen zu tun haben wollten und sich deshalb bewarben, wollte Hummel nichts zu tun haben. Nach zehn Minuten hatte er den Stapel durch. In dem sicheren Gefühl, die würdigsten Bewerber herausgefiltert zu haben, überreichte er Frau Becker einen sehr dünnen Stoß Mappen zur Weitergabe.

---

1 der Misanthrop: Menschenhasser, Menschenfeind
2 die Plattitüde: (frz.: Flachheit, Plattheit); inhaltslose, belanglose Aussage

1 Wie wirkt dieser Text auf euch?
Beschreibt eure ersten Leseeindrücke und erläutert, wodurch diese entstanden sind.

2 Hummel hat die Aufgabe, aus dem Stapel der Bewerbungsmappen „eine Vorauswahl zu treffen" (▶ Z. 11). Erklärt, auf welches Problem Hummel hier stößt. Belegt eure Aussage anhand des Textes.

3 Welche Fähigkeiten von Stellenbewerbern konnte man nach Meinung Hummels noch vor wenigen Jahren anhand der Bewerbungsmappe feststellen und überprüfen? Stellt anhand des Textes eine Liste zusammen, z. B.:
Z. 20–21: Anschreiben ohne Rechtschreibfehler → ...
...

4 a Um die „Blindgänger" bei den Bewerbungen zu entlarven, „musste [man] also andere Unterscheidungskriterien finden", stellt Hummel fest (▶ Z. 38–39).
b Erklärt, nach welchem Kriterium der Sachbearbeiter die Bewerberinnen und Bewerber aussucht. Wie begründet er dies?
c Diskutiert: Was haltet ihr von Hummels Auswahlverfahren?

5 a Klärt, auf welche Missstände der Text aufmerksam macht.
Lest hierzu auch den unten stehenden Merkkasten.
b Prüft, welche sprachlichen Mittel in diesem Text satirisch wirken.
Findet Textbelege und erklärt ihre Wirkung auf den Leser.

Information **Satirische Texte**

Satirische Texte kritisieren Personen (Verhaltensweisen) oder gesellschaftliche Missstände in sprachlich überspitzter Form. Die Kritik wird nicht direkt ausgesprochen, sondern indirekt vorgebracht, z. B. durch Stilmittel wie extreme Übertreibungen, Ironie (gesagt wird das Gegenteil von dem, was gemeint ist), Spott, Wortspiele (z. B. Doppeldeutigkeit). Indem die Satire übertreibt, verzerrt und verspottet, gibt sie Sachverhalte der Lächerlichkeit preis, entlarvt Missstände und prangert mit bissigem Witz Ereignisse oder Personen an.

Fordern und fördern – Satirische Texte schreiben

Robert Walser

Das Stellengesuch (1914)

Hochgeehrte Herren!

Ich bin ein armer, junger, stellenloser Handels-
beflissener, heiße Wenzel, suche eine geeignete Stelle und erlaube mir hiermit, Sie höf-
5 lich und artig anzufragen, ob vielleicht in
Ihren luftigen, hellen, freundlichen Räumen
eine solche frei sei. Ich weiß, dass Ihre werte
Firma groß, stolz, alt und reich ist, und ich darf
mich daher wohl der angenehmen Vermutung
10 hingeben, dass bei Ihnen ein leichtes, nettes,
hübsches Plätzchen offen ist, in welches ich,
wie in eine Art warmes Versteck, hineinschlüp-
fen kann. Ich eigne mich, müssen Sie wissen,
vortrefflich für die Besetzung eines derarti-
15 gen bescheidenen Schlupfwinkels, denn meine ganze Natur ist zart, und mein Wesen ist ein
stilles, manierliches und träumerisches Kind,
das man glücklich macht dadurch, dass man
von ihm denkt, es fordere nicht viel, und da-
20 durch, dass man ihm erlaubt, von einem ganz,
ganz geringen Stück Dasein Besitz zu ergrei-

fen, wo es sich auf seine Weise nützlich erwei-
sen und sich dabei wohlfühlen darf. Ein stilles,
süßes, kleines Plätzchen im Schatten ist von
jeher der holde Inhalt aller meiner Träume 25
gewesen, und wenn sich jetzt die Illusionen,
die ich mir von Ihnen mache, dazu versteigen
zu hoffen, dass sich der junge und alte Traum
in entzückende, lebendige Wirklichkeit ver-
wandle, so haben Sie an mir den eifrigsten und 30
treuesten Diener, dem es Gewissenssache sein
wird, alle seine geringfügigen Obliegenheiten
exakt und pünktlich zu erfüllen. Große und
schwierige Aufgaben kann ich nicht lösen, und
Pflichten weitgehender Natur sind zu schwer 35
für meinen Kopf. Ich bin nicht sonderlich klug,
und, was die Hauptsache ist, ich mag den Verstand nicht gern so sehr anstrengen, ich bin
eher ein Träumer als ein Denker, eher eine
Null als eine Kraft, eher dumm als scharfsin- 40
nig. Sicherlich gibt es in Ihrem weit verzweig-

ten Institut, das ich mir überreich an Ämtern und Nebenämtern vorstelle, eine Art von Arbeit, die man wie träumend verrichten kann. – Ich bin, um es offen zu sagen, ein Chinese, will sagen, ein Mensch, den alles, was klein und bescheiden ist, schön und lieblich anmutet und dem alles Große und Vielerforderische fürchterlich und entsetzlich ist. Ich kenne nur das Bedürfnis, mich wohlzufühlen, damit ich jeden Tag Gott für das liebe, segensreiche Dasein danken kann. Die Leidenschaft, es weit in der Welt zu bringen, ist mir unbekannt. Afrika mit seinen Wüsten ist mir nicht fremder. So, nun wissen Sie, was ich für einer bin. Ich führe, wie Sie sehen, eine zierliche und geläufige Feder, und ganz ohne Intelligenz brauchen Sie sich mich nicht vorzustellen. Mein Verstand ist klar; doch weigert er sich, vieles und allzu vieles zu fassen, wovor er einen Abscheu hat. Ich bin redlich, und ich bin mir bewusst, dass das in der Welt, in der wir leben, herzlich wenig bedeutet, und somit, hochgeehrte Herren, warte ich, bis ich sehen werde, was Ihnen beliebt zu antworten

Ihrem in Hochachtung und vorzüglicher Ergebenheit ertrinkenden

Wenzel

---

1 a Wie wirkt diese Bewerbung auf euch? Belegt eure Meinung anhand des Textes.

   b Begründet, ob Wenzel mit dieser Bewerbung Aussicht auf Erfolg hat.

   Tipp: Stellt euch dabei verschiedene Typen von Personalchefs und verschiedene Berufe vor.

2 a Untersucht, wie Wenzel sich selbst präsentiert. Stellt Textpassagen zusammen, in denen er sich selbst beschreibt.

   b Überlegt, welche Stelle bzw. welcher Arbeitsplatz für Wenzel geeignet wäre.

3 a Überlegt, womit sich der Schriftsteller Robert Walser in seinem Text „Das Stellengesuch" satirisch auseinandersetzt, z. B.:

     – *Streben nach Erfolg und Karriere,*

     – *…*

   b Untersucht, durch welche sprachlichen Gestaltungsmittel im Text Komik erzeugt wird. Achtet dabei besonders auf Wortwahl (Formulierungen) und Satzbau. Nennt Beispiele aus dem Text und beschreibt die Wirkung.

   Tipp: Nutzt hierbei auch den Merkkasten zu satirischen Texten auf Seite 65.

4 Verfasst selbst einen satirischen Text nach dem Muster von Robert Walsers „Stellengesuch". Geht so vor:

   a Wählt ein geeignetes Thema aus, z. B.:

     – Bewerbung um einen Job in einer Metzgerei (obwohl man überzeugter Vegetarier ist),

     – Bewerbung um einen Bürojob, obwohl man die Natur liebt,

     – Bewerbung um einen Job als Fußballtrainer/-in, obwohl man lieber auf der Couch liegt,

     – Bewerbung als Kanzler/-in mit übertriebener Anpreisung der eigenen Fähigkeiten (Darstellung als Superheld/-in).

   b Legt euch eine Stoffsammlung an, indem ihr Stichpunkte zum Inhalt sowie satirische Formulierungen sammelt, z. B. extreme Übertreibungen, Ironie, Wortspiele.

   c Verfasst euer Bewerbungsschreiben. Achtet darauf, dass ihr satirische Gestaltungsmittel verwendet.

▷ Hilfen zu dieser Aufgabe findet ihr auf Seite 68.

Aufgabe 4 mit Hilfen

Verfasst selbst einen satirischen Text nach dem
Muster von Robert Walsers „Stellengesuch".
Geht so vor:

a Überlegt, um welche Stelle ihr euch
bewerben wollt. Denkt daran, dass ihr
den Adressaten mit eurer Bewerbung
„aufs Korn" nehmen wollt, z. B.:

- Bewerbung um einen Job in einer Metzgerei
(obwohl man Tiere liebt und überzeugter
Vegetarier ist),
- Bewerbung um einen Bürojob, in dem man
Akten sortiert, telefoniert, am Computer
arbeitet, obwohl man die Natur liebt,
- Bewerbung um einen Job als Fußballtrainer/-in, obwohl man unsportlich ist, die Fußballregeln
nicht beherrscht und lieber auf der Couch liegt,
- Bewerbung als Kanzler/-in mit übertriebener Anpreisung der eigenen Fähigkeiten (Darstellung
als Superheld/-in, der/die alle Probleme lösen kann),
- Bewerbung als Schulleiter/-in, obwohl man die Schule nicht mag und ein schlechter Schüler
bzw. eine schlechte Schülerin war.

b Legt euch eine Stoffsammlung an, indem ihr Stichpunkte zum Inhalt sowie satirische
Formulierungen sammelt, z. B.:

- extreme Übertreibungen, z. B.: *Prustend, keuchend und mit hängenden Schultern schleiche ich über den
Fußballplatz, Fußballstadien sind für mich Kultstätten.*
- Ironie, z. B.: *Dass 22 Personen um einen Ball streiten und Tausende dabei zuschauen, applaudieren und
mitfiebern, hat mich immer schon fasziniert.*
- Wortspiele, z. B.: *Trainieren und blamieren, Umgeben von Vollpfosten, stand ich als Torwart ..., der Ball
traf mich wie ein Schlag aus heiterem Himmel.*

c Verfasst euer Bewerbungsschreiben. Achtet darauf, satirische Gestaltungsmittel zu verwenden, z. B.:

Sehr geehrte Damen und Herren, *während meiner Schulzeit habe ich viele Fähigkeiten trainiert, die für die Stelle einer Schulleiterin höchst nützlich sein könnten. Aufgaben, zum Beispiel lästige Hausaufgaben, habe ich immer äußerst schnell und effektiv erledigt, meistens zwei Minuten vor Unterrichtsbeginn. Besonders hervorheben möchte ich, dass ich mich in kürzester Zeit in unbekannte Themengebiete einarbeiten kann, denn das habe ich neun lange Schuljahre kurz vor jeder Klassenarbeit getan, da ich in der Unterrichtszeit ...*	*Sehr geehrte Damen und Herren,* *in Ihrem erfolgreichen Fußballverein, der erst kürzlich eine Ablösesumme in Millionenhöhe zahlte, gibt es bestimmt auch für mich eine Stelle, in der ich ...* *Fußball war für mich ein interessantes Hobby, das ich aber schon nach kurzer Zeit aufgeben musste, weil Fitness, feinmotorische Fähigkeiten und taktisches Geschick nicht zu meinen Stärken zählten.* *Bälle trafen mich wie aus heiterem Himmel, Begriffe wie Abseits, Rote Karte oder Doppelpass blieben für mich Fremdwörter.* *Prustend, keuchend ...*

3.3. Von der Bewerbungsmappe zum Praktikumsbericht

Eure Visitenkarte – Die Bewerbungsunterlagen

Ausbildung zum Mediengestalter (m/w) Digital und Print
Fachrichtung Gestaltung und Technik

Wir sind eine junge, kreative Werbeagentur und entwickeln für unsere Kunden maßgeschneiderte Informationsmittel in gedruckter und digitaler Form.

Wir bieten Ihnen eine umfassende Ausbildung ...
- Gestaltung von Werbemitteln print und online, z. B. Flyer, Broschüren, Kataloge, Plakate, Websites
- Berücksichtigung der Kundenvorgaben und -wünsche, Erstellen von Zeitplänen
- Grundlagen der Mediengestaltung (z. B. Auswahl von Bildern, Texten, Grafiken, Schrifttypen); Arbeit mit unterschiedlichen Computerprogrammen und Dateiformaten

Wir erwarten ...
- einen guten Realschulabschluss oder Abitur
- ein Gespür für Schrift- und Bildgestaltung
- Grundkenntnisse im Umgang mit den gängigen Grafikprogrammen (Adobe, InDesign, Illustrator, Photoshop)
- sehr gute Deutsch- und gute Englischkenntnisse
- gute Organisations- und Kommunikationsfähigkeiten
- Kreativität und Teamfähigkeit

Wir freuen uns auf deine aussagekräftige schriftliche Bewerbung!
(Bei Bewerbung via Mail bitte Bewerbungsunterlagen in einer PDF zusammenfassen.)

is our job!

1 Wertet die Stellenanzeige aus:
- Was erfahrt ihr über den Beruf und die Ausbildung zum Mediengestalter?
- Erklärt, was von dem Bewerber / der Bewerberin gefordert wird. Was genau versteht ihr z. B. unter „Organisations- und Kommunikationsfähigkeit", „Kreativität" und „Teamfähigkeit"?

2 Untersucht das Bewerbungsschreiben (▶ S. 70) zur Stellenanzeige.
a Erklärt, wie das Bewerbungsschreiben aufgebaut ist.
Bezeichnet die einzelnen Teile und erläutert ihre Funktion.

> Anrede • Betreffzeile • Unterschrift • Grußformel • Briefkopf •
> Anliegen (Woher weißt du von dem Ausbildungsplatz? Für welche Stelle bewirbst du dich?) •
> persönliche Situation (Schule, Klasse, Zeitpunkt und Art des Schulabschlusses) •
> Gründe für den Ausbildungswunsch (persönliche Fähigkeiten, Arbeitserfahrungen usw.) •
> Bitte um Vorstellungsgespräch

b Diskutiert, ob das Bewerbungsschreiben optimal auf die Anzeige zugeschnitten ist.
Welche Schwächen könnt ihr feststellen? Listet auf.

Paul Grupp   Lettingen, 24.03.20..
Marlonstr. 2
72588 Lettingen
Tel.: 0 79 99/4 56 …
E-Mail: p.grupp@vum.de

Medien Creativ
Herrn Florian Weber
Julianstr. 17
79899 Riefershalden

Bewerbung um einen Ausbildungsplatz als Mediendesigner Digital und Print

Sehr geehrter Herr Weber,

einer Anzeige in der „Stuttgarter Zeitung" habe ich entnommen, dass Sie in Ihrem Unternehmen Mediengestalter ausbilden. Ich bin an diesem kreativen Beruf sehr interessiert und möchte mich daher um einen Ausbildungsplatz in Ihrer Werbeagentur bewerben.
Zurzeit besuche ich die 9. Klasse des Kant-Gymnasiums in Lettingen, das ich voraussichtlich im Juli 2017 mit der Fachoberschulreife verlassen werde.
Das Arbeiten am Computer macht mir großen Spaß. Deshalb habe ich mir Grundkenntnisse in den Grafikprogrammen angeeignet. Als Mitglied im Schülerzeitungsteam arbeite ich dort auch mit den Grafikprogrammen, weil ich für das Layout der Zeitung zuständig bin. Dass meine Kenntnisse in den Fächern Deutsch und Englisch gut sind, können Sie meinem Zeugnis entnehmen, das ich beigelegt habe. Während eines Praktikums bei der Firma Druckpunkt habe ich einen ersten Einblick in das Aufgabenfeld des Mediengestalters gewonnen. Ich glaube, dass mir der Beruf des Mediengestalters viel Freude bereiten wird.

Über eine Einladung zu einem Vorstellungsgespräch würde ich mich sehr freuen.

Mit freundlichen Grüßen
Paul Grupp

Anlagen: Lebenslauf, Kopie des letzten Schulzeugnisses, Praktikumsbescheinigung

3 **a** Überarbeitet das Bewerbungsschreiben inhaltlich und sprachlich, sodass es die Werbeagentur überzeugt. Die folgenden Formulierungen helfen euch dabei.
b Verfasst selbst ein Bewerbungsschreiben für einen Ausbildungsplatz eurer Wahl.

Formulierungshilfen für das Bewerbungsschreiben
Besonderes Interesse habe ich … • Große Freude bereitet mir … • Darüber hinaus konnte ich … •
In meiner Freizeit beschäftige ich mich … • Durch … ist mir der Umgang mit … vertraut •
Im Rahmen … konnte ich meine Kenntnisse in … ausbauen • Bei einem Praktikum … konnte ich feststellen, dass … • Bei der Beschäftigung mit … habe ich festgestellt, dass … •
Besonders reizvoll an diesem Beruf finde ich … • Außerdem habe ich mich ausführlich über … informiert • Ich bewerbe mich in Ihrem Unternehmen, weil …

Lebenslauf

Foto

Persönliche Daten

Name	Paul Grupp
Adresse:	Marlonstr. 2
	72588 Lettingen
Telefon:	0 79 99 / 4 56 …
E-Mail:	p.grupp@vum.de
Geburtsdatum:	…
Geburtsort:	…

Schulbildung

2008–2012	Wilhelm-Busch-Grundschule, Lettingen
seit 2012	Kant-Gymnasium, Lettingen
voraussichtlich 2017	Fachoberschulreife

Praktische Erfahrungen

03/2014	Praktikum bei der Firma Druckpunkt, Lettingen
seit 01/2015	Mitarbeit bei der Schülerzeitung, verantwortlich für das Layout

Besondere Kenntnisse und Interessen

Computerkenntnisse	gute Kenntnisse in Adobe, Illustrator, Photoshop
	Grundkenntnisse in InDesign
Sprachkenntnisse	Englisch (gute Kenntnisse in Wort und Schrift)
	Französisch (Grundkenntnisse)
Persönliche Interessen	Einradfahren und Jonglieren

Lettingen, 24. März 20..

Paul Grupp

1 Beschreibt den Aufbau und die Gestaltung des Lebenslaufs.
Welche Bedeutung hat er für den Arbeitgeber?

2 a Unter dem Punkt „Besondere Kenntnisse und Interessen" können unterschiedliche Angaben gemacht werden. Überlegt, für welchen Beruf bzw. welche Ausbildungsstelle welche Angaben wichtig sein könnten, z. B.: *Bereich Hotelmanagement → Fremdsprachenkenntnisse wichtig.*

  b Begründet: Welche der folgenden Angaben gehören in einen Lebenslauf, welche nicht? Bei welchen ist dies abhängig vom Beruf?

  Lieblingstiere • Hobbys • Fanbindungen an einen Fußballverein, eine Musikgruppe … • Accounts bei sozialen Netzwerken • Beruf der Eltern • ehrenamtliche Tätigkeit

3 a Entwerft oder aktualisiert euren eigenen Lebenslauf am PC: Verwendet nur eine (gut lesbare) Schriftart, z. B. Times New Roman, Calibri oder Arial. Geht mit Hervorhebungen (**fett**, *kursiv*, <u>unterstreichen</u>) sparsam um.

  b Kontrolliert gegenseitig eure Lebensläufe. Ist die Gestaltung übersichtlich?

Sich im Vorstellungsgespräch präsentieren

1 Im Vorstellungsgespräch vermittelt ihr einen
ersten Eindruck von euch.

   a Überlegt: Warum ist es sinnvoll, sich vor dem
Vorstellungsgespräch über das Unternehmen
zu informieren? Welche Informationen würdet ihr in Erfahrung bringen?

   b Stellt Möglichkeiten zusammen, wie ihr euch
über das Unternehmen informieren könnt,
z. B.: *persönliches Telefongespräch …*

2 In einem Vorstellungsgespräch erwarten euch
viele Fragen, z. B. zu den folgenden
Themenbereichen:

> Interesse am Beruf und am Unternehmen • Stärken und Schwächen •
> Freizeit und Interessen • Motivation und Ziele

> Was wissen Sie über unsere Firma? • Wie verhalten Sie sich in Konfliktsituationen? •
> Warum haben Sie sich bei uns beworben? • Was interessiert Sie an diesem Beruf? •
> Wie hoch ist Ihre Bereitschaft, für die Ausbildung umzuziehen? •
> Was machen Sie in Ihrer Freizeit?

   a Ordnet die Fragen den passenden Themenbereichen zu. Ergänzt eine bis zwei weitere Fragen.

   b Arbeitet im Team: Stellt euch diese und weitere Fragen und beantwortet sie.

3 In einem Vorstellungsgespräch habt ihr oft die Gelegenheit, auch selbst ein paar Fragen zu stellen.
Notiert Fragen, die euer Interesse an der Ausbildungsstelle zeigen, z. B.:

> – *Auf Ihrer Website findet man eine Übersicht über Ihr Unternehmen. Könnten Sie mir kurz erklären,*
> *welche Bereiche für mich besonders wichtig wären?*
> – *Gibt es Chancen, nach der Ausbildungszeit in Ihrem Betrieb übernommen zu werden?*
> – *…*

4 Trainiert das Vorstellungsgespräch in Gruppen.

   a Entwerft eine konkrete Bewerbungssituation. Legt folgende Punkte fest:
- In welchem Unternehmen bewerbt ihr euch für welche Ausbildung?
- Welche Anforderungen werden an den Bewerber / die Bewerberin gestellt?
- Welche Qualifikationen hat die Bewerberin / der Bewerber?

   b Notiert Fragen, die ein/e Personalchef/-in und ein/e Bewerber/-in stellen könnten.

   c Spielt das Bewerbungsgespräch und gebt euch anschließend ein Feedback.
     Tipp: Macht Kameraaufzeichnungen, dann können die Darsteller ihr Verhalten selbst beurteilen.

Einen Praktikumsbericht verfassen

Inhaltsverzeichnis

1 Einleitung
Gründe für die Wahl des Berufsfeldes, Erwartungen an das Praktikum

2 Die Suche nach einem Praktikumsplatz
Internetrecherche, telefonische Anfrage, schriftliche Bewerbung, Vorstellungsgespräch

3 Meine Praktikumsstelle
Allgemeines zum Betrieb: Branche, Produkte/Dienstleistungen, Standorte, Anzahl der Mitarbeiter/-innen, Abteilungen
Mein Arbeitsplatz: Arbeitsplatzbeschreibung (evtl. mit Skizze, Fotos)

4 Ablauf des Praktikums
Tätigkeitsfelder, Beschreibung der Tätigkeiten, Betreuung (Einarbeitung, Ansprechpartner/-innen), Probleme, die auftraten, evtl. Tagesbericht, evtl. persönliche Arbeitsergebnisse

5 Zielberuf und Berufsfeld
Voraussetzungen und Qualifikationen, Tätigkeits- und Arbeitsplatzbeschreibung, Grad der Verantwortung und Eigenständigkeit, Verdienstmöglichkeiten, Aufstiegs- und Weiterbildungsmöglichkeiten, evtl. Arbeitsmarktsituation, evtl. benachbarte Berufe

6 Persönliches Fazit
zusammenfassende Auswertung des BOGY-Praktikums,
Ausblick (weitere Vorhaben zur Studien- und Berufsorientierung)

---

1 In der Regel macht ihr in der 9. oder 10. Klasse das BOGY-Praktikum. Über die Erfahrungen, die ihr während des Praktikums gesammelt habt, schreibt ihr einen Bericht.
  a Habt ihr schon einmal ein Praktikum absolviert? Wenn ja: Welche Erfahrungen habt ihr im Praktikum gemacht? Wenn nein: Welche Erwartungen habt ihr an euer Praktikum?
  b Erklärt: Für wen und zu welchem Zweck legt ihr eine Praktikumsmappe an?

2 Für das Erstellen des Praktikumsberichts müsst ihr vor, während und nach dem Praktikum tätig werden. Das Inhaltsverzeichnis oben zeigt, wie ihr euren Bericht aufbauen könnt. Erstellt eine To-do-Liste, in der ihr festhaltet, wann ihr welches Material besorgen oder welche Notizen machen wollt und wie ihr am besten dabei vorgehen könnt, z. B.:

1 Vor dem Praktikum
  – Einleitung formulieren (Gründe für Praktikumswahl, Erwartungen an das Praktikum)
  – zum Praktikumsberuf: im Internet über den Beruf recherchieren ...

2 Während des Praktikums
  – Informationen über den Betrieb sammeln (Website, Firmenbroschüre ...)
  – ...

Tagesbericht zum Praktikumsberuf „Mediengestalter"
- Arbeitsbeginn: 9 Uhr
- Tätigkeit: Flyer für das Fitnesscenter Sportivo
- Ziel: Neues Kursangebot soll an die Kunden versendet werden.
- Produkt wird am Computer gemacht mit Hilfe des Programms „QuarkXPress" = Layout-
  Programm; wird z. B. in Werbeagenturen und Verlagen benutzt
- Informationsgespräch mit meiner Teamleiterin (= Briefing), um Auftrag des Kunden (Fit-
  nesscenter) korrekt durchzuführen; im Briefing Leitlinien für Flyer festgelegt, z. B.: Größe,
  Farben, Bildmotiv (Text kam vom Kunden)
- wichtig bei Farbauswahl: einige wenige Farben festlegen, sonst zu bunt
- Flyer am Computer erstellt: Bild (Foto für den Flyer) aus Bilddatenbank ausgewählt; Bild in
  Größe für den Flyer verändert (am Computer), Schriftgröße und Schriftart für den Text festlegen
- Herausforderung: Bild und Text müssen auf dem Flyer zusammenpassen: Schrift darf we-
  der zu klein noch zu groß sein (neues Kursangebot muss auf einen Blick ersichtlich sein);
  Bild muss scharf und erkennbar sein
- Gegen 15:30 Uhr: farbiger Ausdruck des Flyers; morgen: Präsentation des Entwurfs bei
  meiner Teamleiterin; Arbeitsende: 16 Uhr

3   **a** Ein Tagesbericht kann ein Bestandteil des Praktikumsberichts sein.
Überlegt, welche Funktion er hat.
b Besprecht, wie ihr während eures Praktikums die notwendigen Informationen für euren
Tagesbericht zusammentragen könnt.

4   **a** Erstellt mit Hilfe der Notizen einen Tagesbericht. Nutzt hierzu auch die Formulierungshilfen.
b Überarbeitet eure Tagesberichte mit Hilfe der Checkliste.

Im Mittelpunkt des Arbeitstages stand die Tätigkeit im ... • Heute lernte ich die Tätigkeiten/
Aufgaben im ... kennen. • Eine weitere Aufgabe bestand darin, ... •
Zunächst – • Anschließend ... • Danach ... • Darüber hinaus ... • Als Nächstes ... •
Des Weiteren ... • nachdem • weil • während • denn • obwohl • sodass • gestalten •
aussuchen • erstellen • kontrollieren • entwerfen • verwenden • präsentieren

Checkliste

Einen Tagesbericht verfassen
- Habt ihr einen **Einleitungssatz** formuliert, in dem ihr knapp zusammenfasst, was euer
  Arbeitsschwerpunkt an diesem Tag war?
- Berichtet ihr **sachlich** und in **chronologischer Reihenfolge** über die ausgeführten Tätigkeiten?
- Verwendet ihr das **Präteritum** und beantwortet ihr die **W-Fragen?**
- Erklärt ihr **Fachbegriffe,** die ihr verwendet habt?
- Sind eure **Satzanfänge** abwechslungsreich und habt ihr die Reihenfolge der Tätigkeiten
  deutlich gemacht, z. B.: *zuerst, anschließend ...?*
- Habt ihr die Sätze durch **treffende Verknüpfungswörter** verbunden, z. B.: *nachdem, weil, obwohl?*

4 Begegnungen –
Kreatives Schreiben zu Bildern und Parabeln

Marina Abramović: The Artist is Present (2010)

1 **a** Lest die Bildinformationen und betrachtet das Foto.
b Stellt dann die Aktion zu zweit nach oder beobachtet zwei Mitschüler/-innen, welche diese nachstellen.

2 Notiert anschließend drei Minuten lang, ohne den Stift abzusetzen, wie ihr die Begegnung wahrgenommen habt, was ihr gedacht und empfunden habt.

3 **a** Wählt aus euren Notizen einen oder mehrere Sätze aus, die ihr besonders wichtig findet.
b Lest euch die Sätze unter Partnern vor und erläutert eure Auswahl.

Die Künstlerin **Marina Abramović** führte 2010 im MoMA, dem Museum of Modern Art in New York, eine Kunstaktion durch. Dabei konnten die Besucher nacheinander bei ihr Platz nehmen und der stundenlang reglos blickenden Künstlerin so lange in die Augen schauen, wie sie es aushielten.

In diesem Kapitel ...

– entwerft ihr Geschichten, Mini-Dramen sowie Gedichte zu Bildern und wendet dabei Methoden des kreativen Schreibens an,
– überarbeitet ihr eure Texte sprachlich und inhaltlich nach bestimmten Kriterien,
– lest ihr Parabeln und gestaltet dazu eigene Texte,
– dreht ihr Kurzfilme zu einem Bild.

4.1 Unerwartete Bekanntschaften – Zu Kunstwerken schreiben

Sich in Figuren versetzen – Kurze Geschichten erfinden

Erwin Wurm ist ein Künstler, der mit seinen außergewöhnlichen Plastiken in witziger Weise Gesellschaftskritik übt. Er verfremdet Situationen und Gegenstände aus unserem Alltag, sodass wir sie aus einer neuen Perspektive sehen.
„Es interessiert mich, die Dinge auf den Kopf zu stellen und so auf neue Realitäten zu stoßen", sagt Wurm.

Erwin Wurm: Ohne Titel (2008)

1 **a** Seht euch die beiden Figuren eine Weil an.
b Stellt euch vor, die zwei treffen aufeinander, sind aber „mit ihrem Kopf woanders".
Überlegt, woran die beiden tatsächlich denken, während sie sich begegnen.
Entwickelt einen inneren Monolog (stummes Selbstgespräch) nach der Methode des **automatischen Schreibens:**
— Schreibt ca. fünf Minuten lang durch, ohne den Stift abzusetzen und ohne über das Geschriebene nachzudenken. Dabei könnt ihr eure Ideen assoziativ aneinanderreihen.
— Wenn euch nichts mehr einfällt, setzt die Schreibbewegung fort, indem ihr Worte wiederholt oder Kringel zeichnet. Bald fließen dann wieder die Ideen.

> *Oh, wer kommt mir denn da entgegen? Das ist doch ... Das ist doch ... Moment mal, Frau ...*
> *„Tach, Frau ... äh" ... Hach, mir fällt der Name nicht mehr ein. eeeeee eeeeeeeeee ist auch egal. Die*
> *wär ja als Staubsauger gut geeignet. eeeeeeeeee Sehe ich gut aus? Hoffentlich sitzt das neue Jackett.*
> *Ist das nicht Frau T., die überall aneckt? „Tach, Frau T." eeeeee Ecken, Ecken, morgen müssen die*
> *hundert Eckfahnen beim Kunden sein. Sonst rastet der Chef wieder aus ...*

2 **a** Tauscht euch über eure Erfahrungen beim automatischen Schreiben aus:
Was war schwierig, was überraschend?
b Vergleicht diese Art zu schreiben mit euren Schreiberfahrungen in Schule und Freizeit.
c Lest eure Texte durch. Wer möchte, kann seinen Text oder eine Passage daraus vortragen.

3 Gestaltet beide Figuren genauer aus. Geht so vor:

a Wählt eine der beiden Figuren und charakterisiert sie. Schreibt hierzu alle Buchstaben des Alphabets untereinander auf. Notiert zu jedem Buchstaben Eigenschaften, Vorlieben oder Abneigungen der Figur.

Tipp: Erweitert euren Wortschatz: Im Internet könnt ihr unter „Charaktereigenschaften" recherchieren.

> A *a**kkurat*
> B *hasst **B**ahnfahren*
> C *charmant*
> D *liebt **D**esignerkleidung*
> ...

b Sucht einen Partner, der die andere Figur gewählt hat, und stellt euch eure Figuren vor. Überlegt: Wie sympathisch/unsympathisch sind sich die beiden? Was halten sie voneinander? Wie kämen sie miteinander zurecht?

c Entwickelt für beide Figuren jeweils einen Tagesablauf. Was könnte die Figur bis zum Treffen mit der anderen erlebt, gedacht und gefühlt haben? Tragt zusammen, z. B.:

Figur: Herr P.		
Zeit	*Tätigkeiten/Orte*	*Gedanken und Gefühle*
7.00	*...*	*So schlecht geschlafen ... Ich fühle mich wie ein ...*
8.20	*Warten an der Bushaltestelle*	*Könnte ich nur ...*
...	*Zusammentreffen mit Frau T.*	*O nein, die hat mir gerade ...*

4 Schreibt eine kurze Geschichte von der Begegnung der beiden Figuren. Wählt hierzu Ideen aus euren Vorarbeiten aus und nutzt die Informationen im Kasten unten. Beginnt z. B. so:

> *Plötzlich standen sie voreinander, mitten in der Fußgängerzone. Herr P. hatte es eilig, er musste seinem Chef die Sache mit ... erklären und hatte sich noch nicht vorbereitet. Frau T., schüchtern und ..., brauchte neue Schuhe, am Samstag war schließlich ... Er hatte sie gar nicht kommen sehen. Eine wie die andere, gesichtslos in der Masse. Die hatte ihm gerade noch gefehlt, diese ...*

Methode	**Kurze Geschichten schreiben**

- Entscheidet euch für eine Erzählform (Er-/Sie-Erzähler oder Ich-Erzähler).
- Überlegt, in welchem Verhältnis die Figuren zueinander stehen, z. B.: *Freunde, Fremde ...*
- Zeigt einen kurzen, aber wichtigen Ausschnitt aus dem Leben der Figuren.
- Springt mitten in das Geschehen hinein und lasst das Ende offen.
- Erzeugt Spannung durch einen Wechsel von äußerer Handlung (das, was geschieht) und innerer Handlung (das, was die Figuren denken und fühlen).
- Lasst die Figuren miteinander sprechen (direkte Rede) und gebt ihre Gedanken und Gefühle durch innere Monologe in der Ich-Form (im Präsens) oder als erlebte Rede in der Er-/Sie-Form (im Präteritum) wieder, z. B.: *Musste er gerade jetzt aufkreuzen?* (erlebte Rede) *Wieso taucht Herr P. gerade jetzt auf?* (innerer Monolog)
- (▶ mehr Informationen zum Erzählen S. 316)

Weniger ist mehr – Kreative Texte überarbeiten

„Ach, Herr P., guten Tag. Lange nicht gesehen", 1 ~~meinte~~ T. ~~und~~
schaute 2 auf ihre Uhr, 3 während sie das sagte, worüber P.
aber hinwegsah, sondern er legte mit seinem üblichen Smalltalk
über den letzten Traumurlaub los. 4 „Ich war zwei Wochen auf
Tahiti. Hab ich das noch nicht erzählt? Haben wir uns so lange
nicht gesehen? Na, das war 'ne tolle Sache. 5 [Da gibt es
6 Perlen. Würden Jhnen auch gut stehen, passen zu Jhren Augen." Was hatte er da gesagt? Sie blickte auf.] 7 Er dachte, dass
er die T. noch beeindrucken könne, und überlegte, was gleich
wohl alles im Büro passieren würde und wie er aus der Sache
nur wieder rauskäme. 8 Sein Gelaber ging jedoch an ihr vorbei.
Sie dachte an die vielen Schuhe in den Geschäften. 9 Vielleicht
gab es welche in Türkis, passend zum Pulli?
10 Jch habe noch etwas Zeit, ich darf mich aber von der T. nicht
zu lange aufhalten lassen, denn sonst kann ich die Karriere wohl
vergessen. Er hatte am Morgen schon verschlafen und dann 11
~~hatte er~~ auch noch die Bahn verpasst. 12 ~~Das war also wirklich~~
nicht sein glücklichster Tag.
13 ~~Sie fragte sich, warum er die ganze Zeit von seinem~~ Traumurlaub ~~erzählte.~~ Gar nicht dran zu denken. 5 Er schwieg für
einen Moment. 14 Sein Mund hatte einen 15 Schwung, sinnliche
Unterlippe. Das war ihr 16 ~~bis jetzt so überhaupt~~ noch nie aufgefallen. „Ach, da würde ich auch so gern einmal hin. Aber in
meiner Gehaltsklasse ..." 17 Da fiel ihm endlich auch ihre nette
Nase auf, die ihm in der Firma nie 18 aufgefallen war.

1 streichen (Doppelung)
2 Adjektiv ergänzen (Charakter)
3 Hauptsätze statt Satzgefüge
4 schöne kurze Sätze (wirkt
natürlich)! ☺
[5 nach hinten, (überraschende
Wendung)] 6 Adjektiv ergänzen
7 besser: erlebte Rede statt
indirekter Rede; besser: zwei
kurze Sätze
8 umgangssprachlich, Erzählbericht nüchtern halten
9 schöne erlebte Rede ☺
10 innerer Monolog passt nicht
so gut zur erlebten Rede
11 streichen (Doppelung)
12 kürzen

13 kürzen, nur das Schlüsselwort
14 schöne Jdee: Abneigung weicht
dem Jnteresse aneinander ☺
15 Adjektiv ergänzen
16 kürzen (Füllwörter)
17 Stil beibehalten: kurze Sälze
18 Wiederholung vermeiden

„Ach, Herr P., guten Tag. Lange nicht gesehen." T. schaute nervös auf ihre Uhr, während sie das sagte.
P. sah darüber hinweg und legte mit seinem üblichen Smalltalk über den letzten Traumurlaub los. „Jch
war zwei Wochen auf Tahiti. Hab ich Jhnen das noch nicht erzählt? Haben wir uns so lange nicht gesehen? Na, das war 'ne tolle Sache ..." Die konnte er noch beeindrucken. Aber was würde ihm gleich
im Büro blühen? Wie kam er aus der Sache nur wieder heraus?
Sein Reden rauschte an ihr vorbei. Sie dachte an die vielen Schuhe in den Geschäften. Vielleicht gab es
welche in Türkis, passend zum Pulli?
Er hatte noch etwas Zeit, durfte sich aber von der T. nicht zu lange aufhalten lassen. Sonst konnte er
die Karriere wohl vergessen. Er hatte am Morgen schon verschlafen und dann auch noch die Bahn verpasst. Nicht sein glücklichster Tag.
Traumurlaub? Daran konnte sie gar nicht denken. „Da gibt es schwarze Perlen, sagenhaft. Würden
Jhnen auch gut stehen, passen zu Jhren Augen." Was hatte er da gesagt? Sie blickte auf. Er schwieg
für einen Moment. Sein Mund hatte einen interessanten Schwung, sinnliche Unterlippe. Das war ihr
noch nie aufgefallen. „Ach, da würde ich auch so gern einmal hin. Aber in meiner Gehaltsklasse ..."
Eine wirklich klassische Nase, dachte er. Komisch, dass er T. in der Firma nie bemerkt hatte.

1 Eine Geschichte zu Wurms Figurenplastik (▶ S. 76) wurde mit Überarbeitungshinweisen kommentiert. Danach hat der Autor eine Endfassung erstellt.
a Lest die Texte inklusive der Randbemerkungen aufmerksam.
b Erklärt dann den Überarbeitungsprozess Satz für Satz, indem ihr beide Fassungen vergleicht.

2 Überarbeitet eure Texte über die Begegnung der beiden Figuren (▶ Aufgabe 4, S. 77).
Nutzt hierzu die Methode des „World-Café". Informationen hierzu findet ihr im Kasten unten.
Prüft in euren Texten insbesondere folgende Aspekte:

---

1 Zu Gehalt, Idee und Struktur:
– Werden die Figuren überzeugend ausgestaltet (Gedanken und Gefühle)?
– Wird die Perspektive beider Figuren berücksichtigt?
– Ist die Handlung nachvollziehbar?
– Gibt es eine Entwicklung zwischen den Figuren, eine Pointe oder bleibt das Ende offen?

2 Zur sprachlichen Gestaltung:
– Werden äußere und innere Handlung spannungsreich abgewechselt (z. B. neutraler Erzählbericht, wörtliche Rede sowie Gefühle und Gedanken beider Figuren in Form von erlebter Rede oder innerem Monolog)?
– Ist der Übergang von der einen in die andere Figurenperspektive eindeutig?
– Ist die Wortwahl prägnant (treffende Verben, Adjektive, Nomen)?
– Sind Rechtschreib- und Grammatikregeln beachtet worden?

---

3 Wählt einzelne überarbeitete Texte aus, stellt sie vor und gebt euch eine Rückmeldung.

Methode | **Texte überarbeiten**

1 Kriterien für die Textüberarbeitung
Bei vielen Texten lohnt sich das Straffen – nach dem Motto „Weniger ist mehr":
– Gestaltet eure Texte prägnant, schreibt nicht zu viel und nicht zu umständlich.
– Streicht Füllwörter wie z. B. *also, dabei, doch, einfach, ganz, ja, mal, so, überhaupt, wohl.*
– Löst zu komplexe und zu lange Satzgefüge auf.
  Wechselt kurze Hauptsätze und überschaubare Satzgefüge ab.
– Lasst nur das stehen, was Aussagekraft hat. Streicht z. B. umständliche Erklärungen.
– Überprüft durch halblautes Vorlesen, ob eure Texte flüssig klingen.
  Stellt an holprigen Stellen die Wörter um oder ersetzt sie.

2 Texte in Gruppen überarbeiten: World-Café
Wie in einem Café werden Gruppentische mit Papiertischdecken bedeckt. Je Tisch werden bis zu vier Texte mit viel Zwischenraum fixiert und verschiedene Stifte bereitgelegt.
– Ihr geht von Tisch zu Tisch und lest dort einzelne Texte. Wer Ideen zu einem Text hat, schreibt seine Kommentare, Fragen und Korrekturvorschläge rund um den Text auf die Papiertischdecke. Verknüpft die Anmerkungen mit den dazugehörigen Textstellen durch Pfeile.
– Besprecht die Überarbeitungsvorschläge und notiert die Ergebnisse.
– Nach einer vorher vereinbarten Zeit gehen die Verfasser der Texte zu ihrem Tisch und sehen sich die Anmerkungen an. Anschließend werden die Texte überarbeitet.

„Kennen wir uns?" – Ein Mini-Drama entwickeln

Paul Klee: Zwei Männer, einander in höherer Stellung vermutend, begegnen sich (1903)

1 a Seht euch die Radierung von Paul Klee genau an.
Achtet auch auf den Titel.
Wie wirken die Figuren auf euch?
b Beschreibt die Situation und die Figuren
(Körperhaltung, Gestik und Mimik).

> **Paul Klee** gilt als Individualist in der Kunstgeschichte
> und lässt sich nur schwer einem Stil zuordnen. In
> seinem Frühwerk zeichnete er groteske Situationen.
> Bekannt wurde er aber später mit abstrakter Kunst.

2 a Zeichnet zwei große Gedankenblasen und notiert, was jeder der beiden Männer in diesem
Moment vom anderen denken könnte. Schaut euch dabei immer wieder das Bild an, z. B.:

> Er hat nichts an,
> woran ich erkennen
> könnte, ...

> Ah, wem begegne ich
> denn da? Den be-
> schnuppere ich mal ...

b Vergleicht eure Notizen hinsichtlich ihrer Gemeinsamkeiten und Unterschiede.
c Sammelt zu den beiden Figuren mögliche Charaktereigenschaften.

3 Schreibt ein Mini-Drama zur Begegnung der beiden Männer.
Arbeitet im Team und geht folgendermaßen vor:

a Skizziert eine kurze, überschaubare Handlung. In ihr kann sich z. B. ein dramatischer Konflikt oder eine komische Pointe entwickeln. Überlegt:
  – Warum treten die Figuren miteinander in einen Dialog? Was sind ihre Interessen?
  – Welche Positionen vertreten die Figuren? Warum, wo und wie kommen sie sich in die Quere? Wird der Konflikt gelöst?
Ihr könnt z. B. eine der folgenden Situationen auswählen:

> Die beiden Männer versuchen, etwas über den jeweils anderen herauszufinden, ohne genau zu sagen, was das ist.

> Die beiden Männer versuchen, sich in Höflichkeitsfloskeln zu übertreffen, weil jeder vom anderen einen Gefallen erwartet.

> Beide wollen dasselbe Verbrechen begehen, ohne das vom jeweils anderen zu ahnen. Sie möchten erreichen, dass der andere verschwindet, um loslegen zu können.

b Entwickelt einen zehn- bis zwanzigzeiligen Dialog in schneller Wechselrede.
Notiert auch Regieanweisungen, die angeben, wie die Figuren reden und sich verhalten sollen.
Nutzt z. B. folgenden Beginn und folgendes Ende:

> **Gurz** *(schleicht sich seitlich an Snock heran):* Eine sehr exklusive Veranstaltung. *(Neugierig):* Wenn ich einmal fragen darf: Wie sind Sie denn an die Einladung gekommen?
> **Snock** *(hinter vorgehaltener Hand):* Ja, das ist eine komplizierte Geschichte ...
>
> **Gurz** *(erstaunt):* Ja, sind Sie denn etwa ...?
> **Snock:** Nun ja, ich wollte das nicht so herauskehren. Sie wissen ja ... Also, wenn es unter uns bleibt *(sich rundherum umschauend)*. Ich bin ... Gurz.

c Überarbeitet eure Texte (▶ Kriterien für die Textüberarbeitung, S. 79).
Beachtet: Klischees und Füllwörter könnt ihr als Mittel der Übertreibung gezielt einsetzen.

4 **a** Spielt eure Mini-Dramen mit verteilten Rollen in der Klasse vor.
b Gebt euch gegenseitig ein Feedback zu Handlung, Dialog und Sprache sowie Spielweise.

Methode	Ein Mini-Drama schreiben

Ein Mini-Drama wirkt durch seine Kürze. Es zeigt einen Augenblick, in dem sich ein **Konflikt** in schneller Wechselrede auf eine **Pointe** hin zuspitzt. Es umfasst nur wenige Zeilen.
  ▪ Überlegt zuerst, warum die **Figuren** miteinander in einen Dialog treten:
    Was sind ihre Interessen? Wie fühlen sie sich? Worin liegt ihre Handlungsmotivation?
  ▪ Entwickelt einen **Konflikt** oder deutet ihn an: Welche Positionen vertreten die Figuren?
    Warum, wo und wie kommen sie sich in die Quere? Wird der Konflikt gelöst?
  ▪ Entfaltet im **Dialog** (inkl. Regieanweisungen) die Handlung und die Charaktereigenschaften der Figuren (z. B. durch typische Sprüche, abwehrende/anbiedernde Haltung).
  ▪ Überarbeitet euren Entwurf und verdichtet die **Sprache,** indem ihr Überflüssiges streicht.

„Gib mir deine Hummernummer" – Ein Rap-Gedicht schreiben

Surrealistische Künstler wie **Dalí** begeisterten sich für das Rätselhafte, das Unbewusste und den Zufall. Sie kombinierten z. B. in absurder Weise Gegenstände miteinander, um den Betrachter zu irritieren und zu neuen Gedankenwegen anzuregen. „Schön wie die zufällige Begegnung eines Regenschirms und einer Nähmaschine auf dem Seziertisch" (so der Dichter Lautréamont) sollte ihre Kunst sein.

Salvador Dalí: Hummertelefon (1936)

1 Betrachtet das Hummertelefon. Welche Assoziationen weckt dieses Kunstobjekt bei euch?

2 a Bildet zu den Begriffen „Hummer" und „Telefon" Wortfamilien. Nutzt die Möglichkeiten der Wortbildung (▶ Wortzusammensetzungen, Ableitungen, S. 357) und erfindet neue Wörter – wie im Beispiel rechts.

> **Verben:** *telefonen, … behummern, …*
> **Adjektive:** *telesam, … hummerbar, …*
> **Nomen:** *Telefonschere, … Hummeranruf, …*

   b Ergänzt Zusammensetzungen aus beiden Wortfamilien, z. B.: *telehummern, Hummerfon …*

3 Gestaltet zu zweit ein Rap-Gedicht zum „Hummertelefon".
   a Wählt aus eurem Wortmaterial (▶ Aufgabe 2) einige Begriffe aus und sucht Reimwörter dazu.
   b Formuliert 10 bis 20 Zeilen, die ihr rhythmisch gestaltet. Orientiert euch dabei an den Hinweisen im Methodenkasten. Nutzt z. B. einen der folgenden Verse, um zu beginnen:
   Begegnen sich Hummer und Telefon, ich denk', die Nummer kennt ihr schon …
   Du telehummerst mich an! Das ist genial telefonal, phänomenal hummeral …
   Gib mir deine Hummernummer, sonst werd' ich vor Kummer immer krummer
   c Führt eure Raps voreinander auf. Bewertet jeweils Inhalt, Sprache und Präsentation.

4 Schreibt weitere Rap-Gedichte zu absurden Objekten. Kombiniert Gegenstände, die nicht zusammengehören, zu einem neuen Objekt. Verfahrt dann wie in den Aufgaben 2 und 3.

Methode   **Ein Rap-Gedicht schreiben und präsentieren**

Ein Rap ist ein **Sprechgesang,** der mit **lyrischen Gestaltungsmitteln** arbeitet.
- **Reim:** Reimt mehrere Wörter in einem Vers hintereinander (Mehrfachreim). Ihr könnt auch Zweckreime einsetzen, bei denen das Reimwort inhaltlich nicht passen muss. Nutzt dazu z. B. Neologismen. Tipp: Mehrsilbige Reimwörter klingen häufig besser als einsilbige.
- **Bildhafte Sprache, Sprachspiele:** Arbeitet mit Vergleichen und nutzt Wortwitze, indem ihr z. B. mit Wörtern mit verschiedenen Bedeutungen spielt: *auflegen = Platte auflegen, Hörer auflegen; Ton = Schallereignis, Material.*
- **Refrain:** Wiederholt besondere Verse mehrfach.
- **Rhythmus:** Sprecht im Takt mit hoher Geschwindigkeit. Setzt dabei gezielt Atempausen.

Teste dich!

Kreative Texte überarbeiten

Michael Sowa: Einladung (1990, Ausschnitt)

Eine höllische Begegnung

Ich freute mich 1 eigentlich irgendwie sehr, endlich meine entfernte Verwandtschaft in Amerika kennen zu lernen, all die Großonkel und -tanten, deren Söhne und 2 ihre Tussis. Großmutter hatte mir vor ihrem Tod so viel von ihnen erzählt. Ich war gespannt, 3 ob es alles stimmte, was sie mir von ihnen erzählt hatte, und ob es mir gelingen würde, sie anhand der alten Fotos wiederzuerkennen. Noch bevor

5 ich eintrat, vernahm ich ein leises Knurren. 4 [„Der tut nichts", näselte der Mann mit der langen Nase und dem hochmütigen Gesicht. Das musste Onkel Edward sein.] Voller Erwartung öffnete ich die schwere Flügeltür zum Salon. 5 Wie gelähmt blieb ich auf der Türschwelle stehen. Elf Augenpaare 6 guckten mich an, die Gesichter zu Fratzen erstarrt. Nur Tante Clothilde, taub und halb blind, reagierte nicht auf mein Eintreten und zeigte mir ihr markantes Profil, 7 das sehr ausgeprägt war. Da

10 erst nahm ich die Quelle des Knurrens wahr. 8 Zähne blinkten mich an. Ein Frösteln durchfuhr mich, ich klammerte mich an den Türgriff. 4 „Das ist er ... so jung ... der? ... das gesamte Erbe?" Die Wortfetzen der zwei 9 tuschelnden Teiggesichter im Hintergrund waren kaum zu vernehmen. War das mit der glänzenden Perlenkette Tante Minchen, die mich zwischen dem ungleichen Paar – anscheinend Onkel Theo mit seiner zweiten Frau – anstarrte?

15 „Das Büfett ist eröffnet!", schmetterte ich fröhlich in den Raum.

B = streichen (Füllwörter)
H = treffenderes Verb/Formulierung verwenden
R = Absatz einfügen (Spannung erhöhen)
S = besser: Gedanken als innerer Monolog
N = Adjektiv ergänzen

O = Wort ersetzen (umgangssprachlich)
E = Satz weiter nach hinten stellen (Logik)
U = streichen (Wiederholung)
D = schöne Metapher, schöne Alliteration ...

1 a Die Geschichte zu Sowas Bild ist mit Überarbeitungshinweisen kommentiert worden.
Ordne jeder Textstelle (Ziffer) den richtigen Überarbeitungshinweis (Buchstaben) zu, z. B.: *1 = ...*
b Die Buchstaben ergeben zwei Wörter, die eine der Bildfiguren bezeichnen.

2 a Überarbeite den Text. Berücksichtige dabei die Hinweise.
b Vergleicht eure Texte in Partnerarbeit.

4.2 Rätselhafte Zusammentreffen – Parabeln verstehen und gestalten

Edward Hopper: Automat (1927)

1 a Betrachtet das Gemälde Hoppers und überlegt: Worauf wartet die Frau? Wie lange wartet sie schon? Wie lange wird sie noch warten?

b Schreibt zu dritt – jeder für sich – in wenigen Sätzen Gedanken zu dem Bild auf: Sie wartet zehn Minuten. – Sie wartet eine Stunde. – Sie wartet einen Tag. Vergleicht eure Texte.

Bertolt Brecht **Warten**

Herr K. wartete auf etwas einen Tag, dann eine Woche, dann noch einen Monat. Am Schlusse sagte er: „Einen Monat hätte ich ganz gut warten können, aber nicht diesen Tag und diese Woche." ℝ

---

2 a Überlegt: Worauf könnte Herr K. warten und welche Gefühle könnte er während des Wartens entwickeln?

b Lest die Information zu Brechts Keunergeschichten und erklärt, welche scheinbar allgemeingültige Annahme über das Warten Herr K. am Schluss hinterfragt.

> **Bertolt Brechts** Keunergeschichten (entstanden 1926–1935) sind sehr kurze, lehrhafte Geschichten, in denen Herr K. (Keuner) konventionelle, eingefahrene Verhaltensweisen und allgemeine Wahrheiten in Frage stellt. Die Leser sind dabei aufgefordert, selbst Antworten auf die offenen Fragen zu finden, welche die Parabeln aufwerfen.

3 Erzählt eine eigene Geschichte vom Warten.

a Erinnert euch zuerst an eine Situation, in der ihr auf etwas / auf jemanden gewartet habt.

b Notiert dann mit der Methode des automatischen Schreibens (▶ S. 76) eure Gedanken.

c Reduziert eure Texte auf wenige wesentliche Sätze, streicht Unwichtiges und Füllwörter.

Bertolt Brecht **Das Wiedersehen**

Ein Mann, der Herrn K. lange nicht gesehen hatte, begrüßte ihn mit den Worten: „Sie haben sich gar nicht verändert." „Oh!" sagte Herr K. und erbleichte. ⃞R

4 a Gestaltet die Antwort des Herrn K. so um, dass sie den gesellschaftlichen Erwartungen entspricht. Vergleicht: Was ändert sich an der Aussage der Geschichte?
   b Erklärt, wieso das Kompliment bei Herrn K. Betroffenheit auslöst.

5 a Welchem der folgenden Deutungsansätze zur Keunergeschichte stimmt ihr zu? Begründet.
   b Setzt die Deutungen mit der Information zu Brechts Parabeln (▶ S. 84) in Beziehung.

> *Herr K. scheint jünger zu wirken, als er ist. Ihm selbst ist das aber nicht wichtig. Der Mann, dem er begegnet, möchte ihm schmeicheln, erreicht aber das Gegenteil. Denn wer in der Zeit stehen bleibt, entwickelt seinen Charakter nicht weiter. Das aber ist Herrn K. wichtig.*

> *Für Brecht liegt die Hoffnung auf eine bessere Welt in der Veränderbarkeit der Gesellschaft und damit in der jedes einzelnen Menschen. Wenn der Mensch sich nicht verändert, kann sich die Welt nicht entwickeln. Deshalb lässt Brecht Herrn K. erschrocken reagieren.*

> *Herr K. legt großen Wert auf sein äußeres Erscheinungsbild. Er ist inzwischen ein sehr erfolgreicher Mann und kann dies auch in seinem eleganten Auftreten nach außen hin zeigen. Deshalb trifft es ihn sehr, wenn diese für ihn so bedeutsame Veränderung nicht bemerkt wird.*

Bertolt Brecht **Gespräche**

„Wir können nicht mehr miteinander sprechen", sagte Herr K. zu einem Mann. „Warum?" fragte der erschrocken. „Ich bringe in Ihrer Gegenwart nichts Vernünftiges hervor", beklagte sich Herr K. „Aber das macht mir doch nichts", tröstete ihn der andere. – „Das glaube ich", sagte Herr K. erbittert, „aber mir macht es etwas." ⃞R

6 a Stellt euch Satz für Satz vor, in welcher Situation sich die beiden Gesprächspartner befinden. Beschreibt anschließend die Situation genau.
   b Nennt die Floskel, mit welcher der Mann Herrn K. gegen sich aufbringt.
     Erklärt, in welchen Situationen diese Floskel normalerweise im Alltag verwendet wird.
   c Überlegt, welche Funktion Phrasen und Floskeln in der Begegnung zwischen Menschen haben.
     Erläutert dann, wie ihr den Titel der Geschichte versteht.

7 a Sammelt weitere Floskeln und Phrasen, z. B.: *„Noch einen schönen Tag." „Es wird schon alles gut."* ...
   b Schreibt kurze Geschichten, in denen sich rund um Höflichkeitsfloskeln überraschende Dialoge entwickeln. Erfindet dazu eigene Protagonisten, z. B. *Frau P., Herrn* ...

Giorgio de Chirico: Bahnhof Montparnasse (1914)

1
a Betrachtet das Gemälde von de Chirico. Beschreibt, wie der Maler Alltägliches und Ungewöhnliches miteinander kombiniert. Beachtet dabei die Bildmotive, das Licht und das Wetter.
b Versetzt euch in die Situation der beiden Bildfiguren mit den langen Schatten oben auf der gelben Rampe. Stellt euch vor, dass ihr euch bergan bewegt, um den einfahrenden Zug zu erreichen. Beschreibt eure Wahrnehmungen, Gedanken und Gefühle.

Franz Kafka

Gib's auf (1922)

Es war sehr früh am Morgen, die Straßen rein und leer, ich ging zum Bahnhof. Als ich eine Turmuhr mit meiner Uhr verglich, sah ich, dass es schon viel später war, als ich geglaubt hatte, ich musste mich sehr beeilen, der Schrecken über diese Entdeckung ließ mich im Weg unsicher werden, ich kannte mich in dieser Stadt noch nicht sehr gut aus, glücklicherweise war ein Schutzmann in der Nähe, ich lief zu ihm und fragte ihn atemlos nach dem Weg. Er lächelte und sagte: „Von mir willst du den Weg erfahren?" „Ja", sagte ich, „da ich ihn selbst nicht finden kann." „Gib's auf, gib's auf", sagte er und wandte sich mit einem großen Schwung ab, so wie Leute, die mit ihrem Lachen allein sein wollen.

2
a Beschreibt, wie die Parabel auf euch wirkt. Was überrascht euch?
b Listet auf, welche Aspekte im Text gewöhnlich erscheinen, und stellt sie Ungewöhnlichem gegenüber. Berücksichtigt dabei, wie der Erzähler Zeit und Raum erlebt.
gewöhnlich: früh am Morgen ...
ungewöhnlich: Vergleich der Uhren: Zeit ungleich ...

Franz Kafka thematisiert in seinen Erzählungen das Suchen und Scheitern des Menschen in einer irritierenden Welt. Häufig kämpfen die Protagonisten gegen verborgene Gesetze. Die Beziehungslosigkeit des Ichs, das Misslingen von Kommunikation und Täuschungen über Raum und Zeit beherrschen seine Parabeln.

3 **a** Überlegt zu zweit, was das Thema der Parabel ist. Wovon wird hier bildhaft erzählt? Experimentiert dazu mit dem Text, indem ihr einzelne Motive durch abstraktere Begriffe ersetzt, z. B.: statt *Weg zum Bahnhof* → *Lebensweg.*

b Lest die Erzählung vor, indem ihr an ausgewählten Stellen eure neuen Begriffe einsetzt, z. B.: *„Von mir willst du deinen Lebensweg erfahren?"*
Beschreibt die Wirkung der neuen Texte.

c Versucht, die befremdende Reaktion des Schutzmanns zu erklären.

4 Untersucht, wie die sprachliche Gestaltung der Parabel die Aussage unterstützt. Achtet dabei auf Wortwahl, Stil sowie Satzbau. Lest hierzu auch die Informationen im Merkkasten unten.

5 **a** Schreibt selbst eine kurze Erzählung, in der eine Figur zielstrebig startet, dann durch äußere Umstände verunsichert wird und schließlich die Orientierung verliert.
– Wählt eine andere Umgebung und andere Motive. Endet mit dem Ausruf „Gib's auf!".
– Orientiert euch an der sprachlichen Gestaltung (Stil und Satzbau) der Kafka-Parabel, z. B.:
Ich hatte an alles gedacht, der Plan stand. Ich öffnete die Suchmaske und gab die wohl überlegte Kombination von Begriffen ein. Sofort öffnete sich die vertraute Ergebnisliste. Der erste Treffer erwies sich als unbrauchbar. Ich probierte den nächsten Link und landete auf derselben Seite ...

b Tragt eure Texte vor und gebt euch ein Feedback. Berücksichtigt dabei besonders die Motivwahl und die sprachliche Gestaltung (Wortwahl/Stil, Satzbau).

c Überarbeitet eure Texte, indem ihr ausgewählte Aspekte des Feedbacks beachtet.

6 Wechselt die Perspektive und erzählt die Parabel „Gib's auf!" neu.
Wählt dazu eine der vier folgenden Möglichkeiten:
Tipp: Ihr könnt die Erzählung weiter ausschmücken oder über das Ende hinweg weitererzählen.
A Erzählt das Geschehen aus Sicht des Schutzmanns, z. B.:
Meine Schicht begann am frühen Morgen, auf den Straßen war niemand zu sehen ...
B Lasst einen auktorialen Erzähler (▸ S. 316) das Geschehen kommentieren und bewerten, z. B.:
Dies ist die Geschichte eines Mannes, der sein persönliches Ziel nicht erreichen konnte. ...
C Verlebendigt die Turmuhr und beobachtet das Geschehen aus ihrer Sicht, z. B.:
Seit Jahrhunderten stehe ich hier und beobachte das Treiben der Menschen ...
D Versetzt euch selbst in den Ich-Erzähler und reagiert so auf den Schutzmann, wie es euch persönlich angemessen erscheint.

Information	**Die Parabel**

Eine **Parabel** (von griech. parabole = Gleichnis) ist eine kurze, meist lehrhafte **Gleichniserzählung,** die einen Sachverhalt bzw. eine Erkenntnis (z. B. eine Lebensweisheit, eine allgemeine Wahrheit) bildhaft darstellt. Ähnlich wie in der Fabel soll auch bei der Parabel das Erzählte nicht im wörtlichen, sondern im übertragenen Sinne verstanden werden. Die Sprache der Parabel ist meist nüchtern und ihr Ende offen.
Die Parabel bietet zwar häufig Vergleichsansätze an, aber sie verbindet das Erzählte (Bildbereich) nicht durch einen direkten Hinweis mit dem Gemeinten (Sachbereich). Weil dieser Übertragungsprozess dem Leser selbst überlassen bleibt, sind Parabeln vieldeutig, häufig wirken sie auch rätselhaft und sind schwer zu entschlüsseln.

Wolfdietrich Schnurre

Der Absprung (1959)

Wir sind in die falsche Bahn eingestiegen. Nichts ließ zu Anfang unseren Irrtum erkennen; die Nummer stimmte, der Name des Zielbahnhofs lautete wie stets. Vielleicht wäre es einem aufgefallen, hätte man *unterwegs* den Wagen bestiegen und nicht an der Anfangsstation, wo die Freude über den gewonnenen Platz alle Vorsicht vergessen lässt. Aber sie hält nicht, diese Elektrische; wir sehen es ja: zu immer maßloseren Umdrehungen verleiten die blank gescheuerten Schienen die rasenden Räder. Die Hausfronten verwischen zu fliehendem Grau, die Straßen, die Plätze stürzen uns mit aufgescheuchten Laternenheeren entgegen. Vorbei; unbewältigt, auf ewig verworren bleibt das Vergangene zurück.

Was nützt es, den Schaffner zu fragen, wann die Zukunft beginnt? Wenn er Lust hätte zu antworten, trüge er dann einen Dienstrock? Ach, wie sinnlos gebärden die wenigen Mitreisenden sich, die aussteigen möchten. Schwiegen sie doch, lauschten sie nur: er pfeift, unser Fahrer. Den Mützenschirm auf die Nasenwurzel gedrückt, die Augen geschlossen und die Faust um die Lenkkurbel geballt, pfeift er aufs Bremsen, aufs Halten, auf alle Bedenken; nur dies ist sein Ziel: durch die Zukunft zu rasen, auf dass sie Vergangenheit werde. Mag sich darüber beschweren, wer will; Empörung grenzt auch nur an Mittäterschaft. Nein; ich springe jetzt ab.

1   **a** Erzählt nach, welche Situationen der Erzähler in der Parabel durchläuft.

b Äußert eure spontanen Ideen: Wovon springt der Erzähler im übertragenen Sinne ab?

c Erschließt die Botschaft, die sich im Bildteil verbirgt: Welche Motive der Parabel könnten eine tiefere Bedeutung haben? Übertragt sie auf die Ebene des Gemeinten, z. B.:

  – „falsche Bahn"   →   *Wir befinden uns auf dem falschen Weg.*

  – ...   →   *Alle Anzeichen sprachen dafür, dass ...*

2   Untersucht die sprachliche Gestaltung der Parabel:

– Achtet besonders auf sprachliche Bilder, rhetorische Fragen und deren Wirkung.

– Erklärt das Wortspiel in der Passage von „er pfeift" bis „alle Bedenken" (▶ Z. 27–28).

3   Könnt ihr die Gedanken und das Verhalten des Erzählers nachempfinden?
Erzählt euch gegenseitig, ob ihr schon einmal das Gefühl hattet, einer Sache ausgeliefert zu sein.

4   Schreibt eine Parabel zu einem der folgenden Themen: *Verführt und mitgerissen – Sinnlose Aktivität – Zwischen Ohnmacht und mutiger Tat.*

a Sammelt eure Assoziationen zum Thema. Nennt abwechselnd (und möglichst schnell) eure Ideen, z. B.: *Verführt und mitgerissen: nicht aufgepasst – Ticket gewonnen – Anstifter ...*

b Macht euch klar, welche der gesammelten Begriffe zum Sach- und welche zum Bildteil gehören. Entwickelt aus den Bildteil-Begriffen weitere Motive für eure Parabel (das Erzählte), z. B.: *Ticket gewonnen – Kirmes – Karussell – Karussellbremser – Zentrifugalkraft – Kreischen – ...*

c Schreibt nun eure Parabel. Lehnt euch dabei – soweit ihr mögt – an Schnurres Text an.

Fordern und fördern – Eine Parabel umgestalten

Botho Strauß

Rückkehr (2006)

Da gab es den Bäckermeister Alwin, der eines Morgens nicht mehr in seine Backstube kam, seine Frau Myriam verließ und nach Mexiko auswanderte. Dort kaufte er sich in eine Papierfabrik ein und wurde ein erfolgreicher Fabrikant. Schließlich gehörten ihm zwölf Papierfabriken in ganz Lateinamerika. Nach fünfundzwanzig Jahren kehrte er nach Hannover zurück. Dort lebte seine Frau immer noch in der kleinen Wohnung am Rande der Eilenriede[1]. Sie war inzwischen fünfzig Jahre alt und litt eine bittere Armut. Als ihr Mann davon erfuhr, nahm er sich ein Herz und besuchte seine Frau in ihrer beider alten Bleibe. Die Frau saß bei einem Glas Pfirsichlikör an ihrem Tisch, an dem sie immer gesessen hatte, wenn die Küchenarbeit beendet war. Sie blickte auf, als ihr Mann plötzlich wieder neben ihr stand, und sah dann zurück auf die Tischplatte. Sie hörte, welch ein Angebot er ihr machte und welche Unterstützung er ihr versprach. Doch sie schüttelte den Kopf und bat ihn, sie wieder mit ihm allein zu lassen.

---

1 Eilenriede: Stadtwald von Hannover

1 Sammelt eure Deutungsansätze an der Tafel und begründet sie jeweils am Text.

2 a Erläutert, was Myriam damit meint, „sie wieder mit ihm allein zu lassen" (▶ Z. 24).
b Schreibt in wenigen Sätzen ihre Gedanken auf, während Alwin mit ihr spricht. Beginnt z. B. so: *„Was redest du nur? Du hast gar nicht begriffen, …"*

3 Untersucht die sprachlich-stilistische Gestaltung der Geschichte. Woran erinnert euch z. B. die Wendung „Da gab es …" (▶ Z. 1)? Findet weitere Beispiele und beschreibt die Wirkung.

4 Schreibt einen Gegentext zu der Erzählung. Kehrt dazu die Situation um, z. B.:
– Alwin wandert aus und findet keinen Job. Er …
– Myriam wandert aus. Sie …
– Myriam gründet in Hannover eine Bäckereigroßkette. Sie …
a Entscheidet euch für eine Idee oder entwickelt selbst eine eigene und führt diese fort.
b Überlegt, ab welcher Textstelle ihr die Umkehrung beginnen wollt, und formuliert euren Text.
– Übernehmt gezielt einzelne Sätze aus dem Originaltext oder verändert nur Details.
– Behaltet den besonderen Ton der Erzählung bei.
c Experimentiert mit einer überraschenden Wendung im Schlusssatz der Erzählung. Probiert verschiedene Variationen aus, z. B.: *Doch sie/er schüttelte/erhob/senkte den Kopf und bat/beschwor … ihn/sie, nicht mehr/noch einmal … Sie/Er sprach: „…"*

▷ Hilfen zu dieser Aufgabe: Seite 90

5 Lest euch eure Texte in Kleingruppen vor. Gebt euch ein Feedback zur logischen Entwicklung und sprachlichen Gestaltung eurer Texte und überarbeitet sie.

Aufgabe 4 mit Hilfen

Schreibt einen Gegentext zu der Erzählung.
Kehrt dazu die Situation um, z. B.:

> **A** Alwin wandert aus und findet keinen Job. Er kehrt zurück und bettelt …
>
> **B** Myriam wandert aus. Sie gründet in den USA eine Modefabrik und …
>
> **C** Myriam gründet in Hannover eine Bäckereigroßkette. Sie wird Millionärin …

a Entscheidet euch für eine der obigen Ideen oder entwickelt selbst eine eigene.
Führt eure Erzählidee in Stichworten oder kurzen Sätzen fort.

b Überlegt, ab welcher Textstelle ihr die Umkehrung beginnen lassen wollt.
Formuliert dann euren Text.
 – Übernehmt gezielt einzelne Sätze aus dem Originaltext oder verändert nur Details.
 – Behaltet den besonderen Ton (Märchenton, kurze Sätze) der Erzählung bei.
 Ihr könnt z. B. so beginnen:

> **A** *Da gab es den Bäckermeister Alwin, der eines Morgens nicht mehr in seine Backstube kam, seine Frau Myriam verließ und nach Mexiko auswanderte. Dort fand er keine vernünftige Arbeit und … Schließlich … Nach fünf Jahren … Dort …*

> **B** *Da gab es den Bäckermeister Alwin, der eines Tages aus seiner Backstube kam und bemerkte, dass seine Frau Myriam ihn verlassen hatte …*

> **C** *Da gab es den Bäckermeister Alwin, der eines Morgens nicht mehr in seine Backstube kam, seine Frau Myriam verließ und nach Mexiko auswanderte. Nach einem Jahr harter Arbeit, allein in der Backstube, lief das Geschäft so gut, dass Myriam …*

c Experimentiert mit einer überraschenden Wendung im Schlusssatz der Erzählung.
Probiert verschiedene Variationen aus, z. B.:
Doch sie/er schüttelte/erhob/senkte den Kopf und bat/beschwor/verfluchte ihn/sie, nicht mehr zu stören/ wegzugehen/vor sich selbst zu fliehen/sich erst einmal vorzustellen/sofort zu verschwinden … Sie/Er sprach/herrschte/… ihn/sie an: „…"

Methode	**Einen Gegentext zu einer Erzählung schreiben**

Bei einem **Gegentext** behaltet ihr **wesentliche Motive** des Textes bei und verändert andere gezielt. Ihr könnt z. B.
- die Figuren beibehalten, aber ihren Charakter oder ihre Entwicklung ins Gegenteil wenden,
- die Handlung beibehalten, aber die Figuren ersetzen oder vertauschen,
- die Zeit und/oder den Ort ändern (z. B. heute → Zukunft; Großstadt → Dorf),
- die Stimmung ins Gegenteil wenden (z. B. hoffnungsvoll, heiter → aussichtslos, düster).

Wichtig ist, dass ihr euch den **Stil des Ausgangstextes** genau anseht und ihn nachahmt, z. B.: nüchterne Sprache oder bildhafte Sprache; kurze Parataxen oder komplexe Hypotaxen; einen bestimmten Ton, z. B. Märchenton.

4.3 Projekt: Bilder filmisch verlebendigen

(Musik, Stimmengewirr)
Süßes Püppchen da neben mir ...

Was für ein Milchbubi! Der ist gleich fällig.

Was glotzt die Alte so? Die soll mich bloß nicht anquatschen.

Junger Mann! Wählen Sie die schönste unter den Damen aus ...

... Reichen Sie ihr die Münze. *(aufgeregtes Getuschel)*

Warum nicht? Da muss ich nicht lang überlegen.

Hallo, mein Hübscher.

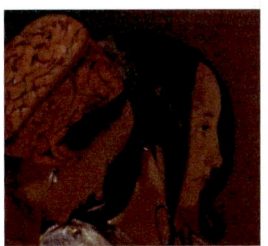

Ja, gut so! Er klebt mit den Augen an Bella.

(Geräusch einer Zange, die eine Metallkette durchknipst)

Also, her mit der Münze und mit der Schönen!

Jetzt bloß keine falsche Bewegung ...

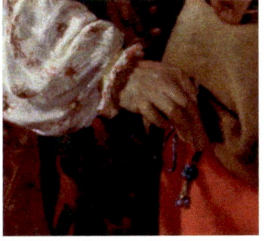

(Geräusch von aneinanderreibendem Stoff, leises Klimpern)

1 Schülerinnen und Schüler haben zu Georges de La Tours Gemälde „Die Wahrsagerin" einen Film gedreht, indem sie das Bild abgefilmt und dazu Dialoge eingesprochen haben.

> In einem Film könnt ihr Gemälde und Texte miteinander kombinieren und so eigene Kunstwerke schaffen. Darin könnt ihr die Aussage des Bildes bekräftigen oder gezielt verfremden.

  a Seht euch die Einzelbilder an und lest den Text. Worum geht es?

  b Beschreibt Einstellungsgrößen (z. B. Nah, Groß, Detail) und Kombination (Schnitt) der Einzelbilder. Erläutert, wodurch Spannung erzeugt wird. Berücksichtigt dabei auch den Text (▶ mehr zu Kameraeinstellungen und Schnitt, S. 332 f.).

2 **a** Betrachtet nun das komplette Gemälde auf Seite 92: Schildert eure Eindrücke und versucht eine Deutung. Beobachtet dafür genau, welche Figur was tut (Blicke, Mimik, Gesten).

  b Vergleicht Gemälde und Film: Inwiefern ändert sich die Wahrnehmung des Bildes durch die filmische Umsetzung?

Georges de La Tour: Die Wahrsagerin (ca. 1630–1634)

3 a Wählt ein Gemälde zum Thema „Begegnungen" aus und dreht zu diesem Bild einen Film.
Tipp: Sucht nach Bildern mit möglichst vielen Figuren und interessanten Details.
Versucht, eine möglichst große Abbildung zu bekommen (ca. DIN A 3).
b Notiert – zunächst jede/r für sich – eure Eindrücke und Ideen zum Bild.
Wendet hierzu die Methode des automatischen Schreibens (▶ S. 76) an.

4 a Tauscht euch über eure Notizen aus und einigt euch auf eine Handlung. Überlegt dabei, was die
Figuren bewegen könnte (Handlungsmotivation, Gedanken, Gefühle, Konflikte).
b Bringt dann die Bildfiguren zum Sprechen: Verfasst Dialoge oder innere Monologe.

5 Dreht zu eurem Bild einen Kurzfilm, indem ihr es abfilmt und dabei gleichzeitig mit Sprache und
Geräuschen unterlegt. Beachtet dabei die Hinweise in dem Methodenkasten unten.

6 Präsentiert eure Kurzfilme und gebt euch ein Feedback zu Thema/Idee, Gesamtwirkung, Logik der
Kameraführung und Ton.

Methode	Ein Bild filmisch umgestalten

- **Rollen in der Teamarbeit:** Drehbuchautoren, Sprecher/-innen, Kameramann oder -frau
- **Materialien und Aufbau:** Neben einer Bildreproduktion (z. B. aus der Kunstsammlung der
Schule) benötigt ihr eine Videokamera, einen Monitor und entsprechende Verbindungskabel.
In einem ruhigen und hellen Raum wird das Bild auf Augenhöhe an einer Wand befestigt.
- **Konzeption des Films:** Konzentriert euch auf einzelne Bildausschnitte. Wählt sie mit Bedacht
aus, verweilt auf ihnen und wiederholt sie, um Spannung aufzubauen. Ihr solltet das Bild
nicht zu schnell komplett zeigen; am besten beginnt ihr mit einem Detail. Setzt ausgewählte
filmsprachliche Mittel ein, z. B. Einstellungsgrößen, Kamerabewegung, Schnitt und Montage
(▶ S. 332 f.).
- **Arbeitsvorgang:** Führt die Kamera ruhig und fließend; stützt den Arm, mit dem ihr die Kamera haltet, stabil ab. Alle verfolgen den gefilmten Bildausschnitt direkt auf dem Bildschirm.
Die Sprecher/-innen sprechen zeitgleich ihren Text und setzen parallel Geräusche und Musik
ein. Probt zunächst die Kameraführung und den Ton, bevor ihr aufnehmt.

5 Ferne Welten –
Science-Fiction und Utopien kennen lernen

1 a Betrachtet die Abbildung. Notiert Assoziationen, die sie bei euch auslöst.
   b Gebt dem Bild einen Titel.
   c Sprecht darüber, ob die Illustration
     bei euch eher positive oder eher
     negative Vorstellungen weckt.
     Überlegt, woran das liegt.

2 a Kennt ihr Science-Fiction-Literatur
     oder -Filme? Erzählt davon.
   b Tragt zusammen, welche Merkmale
     Science-Fiction hat.

In diesem Kapitel ...

– lernt ihr Science-Fiction und Utopien
  kennen,
– lest ihr spannende Romanauszüge
  und untersucht die Besonderheiten
  dieser Texte,
– gestaltet ihr eigene Texte zu Romanauszügen.

5.1 Zukunftsvisionen und ferne Planeten – Romanauszüge untersuchen

Science-Fiction kennen lernen

Herbert George Wells

Der Krieg der Welten (1898)

Der englische Schriftsteller Herbert Georges Wells (1866–1946) schuf mit seinem Roman „Der Krieg der Welten" (Originaltitel: „The War of the World") einen Klassiker der Science-Fiction-Literatur. Der Roman wurde mehrfach verfilmt und zum Vorbild zahlreicher Bücher. Weil die hochintelligenten Marsbewohner nicht länger auf ihrem Planeten überleben können, suchen sie einen neuen Lebensraum und wählen hierfür die Erde aus. In metallischen Flugkörpern, den Batterien, überfallen die Marsianer England, um von hier aus die Erde zu erobern. Die außerirdischen Eindringlinge sind dem einheimischen Militär technisch hoch überlegen und können auf ihrem gewaltsamen Vormarsch zunächst nicht gestoppt werden. Im folgenden Textauszug schildert der Ich-Erzähler den Angriff der Marsianer.

Die Schlacht begann. Fast unmittelbar fielen unsichtbare Batterien – unsichtbar wegen der Bäume – jenseits des Flusses zu unserer Rechten in den Chor ein, heftig feuernd – eine nach
5 der andern. Eine Frau kreischte. Jedermann stand bei dem plötzlichen Beginn der Schlacht wie gebannt da; sie tobte neben uns und für uns doch unsichtbar. Nichts war zu sehen als ebene Wiesen und unbekümmert weitergra-
10 sende Kühe und beschnittene Silberweiden, die regungslos im warmen Sonnenschein standen.
„Die Soldaten werden sie schon aufhalten", meinte eine Frau neben mir etwas unsicher.
15 Ein feiner Rauch erhob sich über den Baumkronen.

Plötzlich sahen wir eine Rauchwolke weit oben am Fluss, ein Rauchstoß, der in die Luft schoss und dort hängen blieb. Im selben Augenblick hob sich der Boden unter unseren Füßen, 20 und ein heftiger Zündschlag erschütterte die Luft; einige Fenster in den näher gelegenen Häusern zerschellten. Wir blieben betäubt stehen.
„Da sind sie!", schrie ein Mann in blauem 25 Jersey. „Da drüben! Seht ihr's nicht? Da drüben!"
Blitzschnell, einer nach dem andern, tauchten ein, zwei, drei, vier gepanzerte Marsleute in weiter Ferne bei den kleinen Bäumen jenseits 30

der ebenen Wiesen auf, die sich nach Chertsey hinziehen. Sie näherten sich eilends dem Fluss. Kleine kapuzinerartige Gestalten schienen sie zuerst, die sich rollend fortbewegten, schnell wie fliegende Vögel. Dann kam ein fünfter in schräger Richtung auf uns zu. Ihre gepanzerten Leiber glitzerten in der Sonne, als sie auf die Geschütze zurasten, und im Näherkommen wuchsen sie mit reißender Schnelligkeit. Der, der am weitesten entfernt, ganz links war, schwang einen ungeheuren Behälter in der Luft, und der geisterhafte, furchtbare Hitzestrahl, den ich schon Freitag nachts gesehen hatte, fuhr gegen Chertsey und traf die Stadt.

Beim Anblick dieser seltsamen schnellen, schrecklichen Geschöpfe schien die Menge am Ufer vor Schrecken erstarrt zu sein. Man hörte weder Schreien noch Jammern. Alles blieb still. Dann ein heiseres Gemurmel, eine Bewegung von Füßen – ein Aufspritzen von Wasser. Ein Mann, der zu erschreckt war, um seine Reisetasche von der Schulter fallen zu lassen, warf sich herum und stieß mich mit seiner Bürde fast zu Boden. Eine Frau stieß mit ihrer Hand nach mir und stürzte an mir vorüber. Zugleich mit der Menge wandte ich mich um; aber mein Entsetzen war nicht stark genug, um mich am Denken zu hindern. Der furchtbare Hitzestrahl beschäftigte meine Gedanken. Unter das Wasser flüchten! Das war das Richtige!

Ich tauchte sofort unter, hielt den Atem an, bis jede Bewegung in mir erstarrte, und trieb mich von Schmerz gequält unter dem Wasser weiter, solange es mir möglich war. Das Wasser um mich war in wildem Aufruhr und wurde unaufhörlich heißer. Als ich einen Augenblick meinen Kopf aus dem Wasser hob, um Atem zu schöpfen und Haare und Wasser aus den Augen zu wischen, stieg der Dampf wie ein wirbelnder weißer Nebel auf, der die Marsleute zuerst meinen Blicken entzog.

Der Lärm war betäubend. Dann aber sah ich sie, riesige graue Gestalten, durch den Nebel noch vergrößert. Sie hielten die Hitzestrahlgeneratoren hoch in die Luft, und die zischenden Strahlen fuhren nach allen Richtungen.

Die Luft war von Lärm erfüllt, von einem betäubenden und verwirrenden Gemisch von Geräuschen, von dem klirrenden Getöse der Marsmaschinen, dem Krachen einstürzender Häuser, dem dumpfen Aufschlagen der Bäume, Gitter und flammenumzüngelten Scheunen und dem Knattern und Prasseln des Feuers. Dichter schwarzer Rauch fuhr auf und vermischte sich mit dem Dampf des Flusses; und wo der Hitzestrahl über Weybridge[1] hinfuhr, loderte weiß glühendes Licht auf, das sich sofort in einen rauchigen Tanz gelblicher Flammen verwandelte.

---

1 Weybridge: Stadt im Südosten Englands

1 Schildert eure ersten Leseeindrücke und begründet, wodurch sie entstanden sind.

2 a Fasst die Handlung zusammen.
– Was genau ereignet sich in diesem Textauszug? Nennt die wichtigsten Ereignisse.
– Wie schützt sich der Erzähler vor dem Angriff?
– Wer sind die handelnden Figuren? Beschreibt sie möglichst genau.
b Macht Vorschläge, wie ihr – ausgehend von dieser Textstelle – die Titelseite des Romans illustrieren würdet. Was hebt ihr besonders hervor?

3 Erklärt anhand des Textes, wodurch Anschaulichkeit und Spannung erzeugt werden. Achtet
– auf die Schilderung von Sinneseindrücken (durch Adjektive/Partizipien, ausdrucksstarke Verben, sprachliche Bilder),
– auf die Verwendung von wörtlicher Rede und den Satzbau (z. B. kurze Sätze/Ausrufe).

4 a Macht euch ein genaues Bild von dem Erzähler und der Erzählweise. Verwendet dabei die Begriffe „Erzählform", „Erzählverhalten" (▶ S. 316).

b Formt die Zeilen 62–77 um und erzählt das Geschehen aus der Sicht eines Er-/Sie-Erzählers. Vergleicht anschließend die Wirkung eures Textes mit dem Original.

5 a Am Vorabend des Ersten Weltkriegs, als dieser Roman entstand, war Europa von Krisenbewusstsein und Zukunftsängsten befallen. Zeigt, inwiefern sich dies in dem Roman spiegelt.

b Der Roman entstand um das Jahr 1900. Könnte er auch heute entstanden sein? Begründet.

6 Der amerikanische Filmregisseur Orson Wells produzierte auf der Grundlage des Romans ein Hörspiel, das am 30. Oktober 1938 im Radio ausgestrahlt wurde und große Teile der amerikanischen Bevölkerung in Panik versetzte. Viele hielten die Radioreportage für eine Live-Berichterstattung über eine außerirdische Invasion.

a Formt den ersten Teil des Textes (▶ Z. 1–45) in eine Radioreportage um, z. B.:

Meine Damen und Herren, wir unterbrechen unsere laufende Sendung aufgrund einer aktuellen Durchsage.
Um kurz vor acht gab es laut ... mehrere Explosionen ... Rauchwolken ...
Ich bin jetzt vor Ort. Mister William, würden Sie bitte schildern, ...

b Tragt eure Texte mit verteilten Rollen ausdrucksstark vor.

Andreas Eschbach

Die blauen Türme (2005)

Der Roman „Die blauen Türme" ist der zweite Band der fünfteiligen Science-Fiction-Romanreihe des Autors Andreas Eschbach (*1959), genannt das „Marsprojekt".
Die Handlung spielt im Jahr 2087. Seit knapp 30 Jahren leben und arbeiten etwa 300 Menschen auf dem Roten Planeten. Gerade wurden die geheimnisvollen „blauen Türme" entdeckt, und nun reisen Wissenschaftler, Techniker und Journalisten von der Erde an, um die Hinterlassenschaften zu untersuchen. Auch der 15-jährige Urs Pigrato ist mit einem Raumschiff auf dem Weg zum Mars, weil sein Vater Leiter der Marskolonie ist.

Schließlich ging es los. Die BUZZ ALDRIN, eines der ersten Raumschiffe mit dem neu entwickelten Fusionsantrieb, startete, um drei Monate lang durch die Leere zu fliegen!

5 Urs hatte sich nicht vorstellen können, wie es sein würde, drei Monate lang faulenzen zu müssen, nichts zu tun zu haben, überall nur im Wege zu sein. Die ALDRIN war eng. „Wir sind kein Passagierschiff, Madam", sagte ein brummiger Astronaut zu seiner Mutter, als sie 10 sich beschwerte, wie klein die Kabinen seien. In den Gängen kamen kaum zwei Leute aneinander vorbei. Das Essen war synthetisch und schmeckte wie Kleister. Und es gab nichts zu tun, rein gar nichts. Nur warten, dass die 15 Zeit verging und man endlich ankam. Gut, es gab Bücher. Elektronische natürlich nur, dafür Zehntausende davon. Das meiste allerdings altes Zeug; die aktuell angesagten Titel konnte sich die Weltraumbehörde offenbar nicht leis- 20 ten. Filme gab es auch, aber die waren noch älter und langweiliger. Urs zog es vor, in den Stunden bis zum Ablauf der Mindestwachzeit durch das Schiff zu streifen. Das war nicht gern gesehen, also stellte er es so an, dass man 25 ihn möglichst wenig sah.

Er dagegen sah viel. Er beobachtete die Wissenschaftler, wie sie über ihren Computern saßen, die Köpfe zusammensteckten und in verhaltenem Ton diskutierten, wenn sie nicht gerade in 30

Sprachmodule murmelten oder auf Tastaturen herumtippten. Urs wusste, worum es in den Gesprächen ging. Nicht weil er verstand, wovon die Rede war, sondern weil es nur eine Sa-
35 che gab, um die es gehen konnte. Auf dem Mars war vor wenigen Wochen eine geheimnisvolle technische Anlage entdeckt worden: zwei blaue Türme in der marsianischen Wüste. Man hatte keine Ahnung, wer sie erbaut hatte
40 und wozu. Aber es gab keinen Zweifel, dass es sich um Hinterlassenschaften Außerirdischer handelte, und da man wusste, dass es auf dem Mars auch in der Vergangenheit nie höheres Leben gegeben hatte, musste man sogar davon
45 ausgehen, dass es Wesen aus einem anderen Sonnensystem gewesen waren, die die Türme errichtet hatten.

Das hatte natürlich für enormen Aufruhr auf der Erde gesorgt. Die ALDRIN war das erste
50 Schiff, das Forscher und zusätzliches Gerät zum Mars brachte, um die dortigen Wissenschaftler zu unterstützen.

Dass Urs unterwegs zum Mars war, hatte einen anderen Grund: Sein Vater war nämlich
55 zurzeit als Statthalter der Erdregierung auf dem Mars abkommandiert. Nach der Entdeckung der Türme war seine Dienstzeit um weitere sechs Jahre verlängert worden und daraufhin hatte Urs' Mutter ein Machtwort ge-
60 sprochen. „Eine Familie kann nicht acht Jahre lang voneinander getrennt leben!", hatte sie

gesagt und bei der Weltraumbehörde die sofortige Übersiedlung zum Mars verlangt.
Und deshalb waren sie nun unterwegs.
Obwohl es die längsten drei Monate seines 65 Lebens waren, ging selbst die Zeit an Bord dieser dröhnenden Sardinenbüchse von einem Raumschiff vorüber. Sie näherten sich dem Mars. Vom Beobachtungsfenster im Bug aus konnte man ihn inzwischen mit bloßem Auge 70 sehen, eine große Kugel in der Schwärze des Alls, eine Kugel aus rötlich-goldenem Stein, staubverhangen und matt glänzend, irgendwie alt und müde aussehend.

Urs starrte hinab auf den Roten Planeten und 75 fragte sich, wie es sein würde, dort die nächsten Jahre zu verbringen. Im Moment lebten knapp über zweihundert Menschen auf dem Mars, zum größten Teil in der Marssiedlung. Obwohl schon feststand, dass es mehr werden 80 würden in den nächsten Monaten, waren von den zweihundert Siedlern nur ganze vier in seinem Alter. Carl und Elinn Faggan. Ariana DeJones. Ronny Penderton. Jeder auf der Erde kannte diese Namen und die meisten kannten 85 auch die Gesichter dazu. Die Presse nannte sie die *Marskinder*.

Dass er sie einmal persönlich kennen lernen würde, hätte sich Urs nie träumen lassen. Hoffentlich würden sie miteinander klarkommen. 90 Aber wenn sie nur zu fünft waren, würden sie wohl oder übel zusammenhalten müssen.

1 **a** Beschreibt möglichst genau, in welcher Situation sich Urs befindet.
b Diskutiert: Würdet ihr gerne mit Urs tauschen? Würde euch eine solche Reise reizen?

2 Haltet fest, was ihr über die blauen Türme erfahrt. Stellt Vermutungen darüber an, was deren Geheimnis sein könnte.

3 Der Roman spielt im Jahr 2087. Diskutiert, was wissenschaftlich und technisch schon heute möglich ist oder sein könnte und was Zukunftsspekulation ist.

4 Zwischen den Science-Fiction-Romanen „Krieg der Welten" (1898) und „Die blauen Türme" (2005) liegen rund 100 Jahre. In beiden spielt der Mars eine besondere Rolle.

a Vergleicht die beiden Romanauszüge. Haltet euer Ergebnis schriftlich fest, z. B.:

	Wells: Krieg der Welten	Eschbach: Die blauen Türme
Thema/Inhalt	Marsianer greifen ...	...
Rolle des Mars	...	...
Rolle v. Wissenschaft/Technik	...	...
Atmosphäre/Stimmung	...	...

b Tauscht eure Ergebnisse aus. Begründet, welcher der beiden Romane euch besser gefällt.
c Überlegt, welche Merkmale typisch für Science-Fiction-Romane sind.

Information   Science-Fiction

Der Begriff „Science-Fiction" setzt sich zusammen aus den englischen Wörtern „science" (Wissenschaft) und „fiction". „Fiction" bedeutet wie der deutsche Fachbegriff „Fiktion" „Erfindung", hier: „Erzählung", „Geschichte" – ein Text, der wie andere so genannte **fiktionale** Texte nicht reale, sondern erdachte (fiktive) Figuren, Geschehnisse und Lebensumstände darstellt.

Science-Fiction-Romane spielen meist in der **Zukunft** und entwerfen eine Welt, in der ungeahnte Möglichkeiten durch den **Fortschritt in Wissenschaft und Technik** zur Verfügung stehen. Reisen in zukünftige oder vergangene Zeiten, Weltraumfahrten, die Entdeckung und Besiedlung ferner Planeten oder Auseinandersetzungen mit Außerirdischen sind dabei häufig verwendete Motive.

Science-Fiction wird in der Regel der fantastischen Literatur zugeordnet. Anders als die verwandte Fantasy- oder Horrorliteratur wird das Geschehen in Science-Fiction jedoch rational durch technische Errungenschaften erklärt. Als Science-Fiction-Begründer gelten Jules Verne („Reise von der Erde zum Mond", 1865) und Herbert George Wells („Die Zeit-maschine", 1895).

Science-Fiction gibt es auch im Film, im Comic und in der bildenden Kunst.

Utopien und Anti-Utopien kennen lernen

Aldous Huxley

Schöne neue Welt (1932)

In seinem düsteren Zukunftsroman „Schöne neue Welt" (Originaltitel: „Brave New World") beschreibt der englische Schriftsteller Aldous Huxley (1894 bis 1963) eine totalitäre Gesellschaft, in der die Menschen zwar Krieg, Hunger, Krankheit und Elend überwunden haben, dafür aber keinerlei persönliche Freiheit mehr besitzen. Die Menschen sind in fünf Kasten unterteilt: Alphas (die oberste Kaste), Betas, Gammas, Deltas und Epsilons (die niederste Kaste). Jede Kaste hat ihre eigene, vorbestimmte Aufgabe in der Gesellschaft und unterscheidet sich durch Aussehen, Kleidung, Beruf und Verhalten von den anderen Kasten. Schon vor der künstlichen Zeugung der Menschen ist deren Kastenzugehörigkeit entschieden. Die Ungeborenen bekommen unterschiedliche Mengen Sauerstoff, wodurch ihre körperliche und geistige Entwicklung entsprechend beeinflusst wird. Bei der Erziehung der Kleinkinder werden zudem die für die Kaste unerwünschten Denk- und Verhaltensmuster abtrainiert.

Im folgenden Textauszug zeigt der Direktor der Brut- und Normzentrale einer Gruppe Studenten, wie die Säuglinge auf ihre Rolle in der Gesellschaft vorbereitet werden.

KLEINKINDERBEWAHRANSTALT. NEOPAW-LOWSCHE[1] NORMUNGSSÄLE, verkündete ein Schild an der Tür.

Der Direktor öffnete. Die Pflegerinnen standen stramm, als der BUND[2] eintrat. „Stellen Sie die Bücher auf!", befahl er kurz.

Schweigend gehorchten sie. Zwischen die

---

1   Iwan Pawlow (1849–1936) war ein russischer Verhaltens-forscher, der das Prinzip der klassischen Konditionierung (das Erlernen von Reiz-Reaktions-Mustern) entdeckte.

2   BUND: Abkürzung für „Brut- und Normdirektor"

Rosenschalen wurden Bücher gestellt, eine Reihe Kinderbücher, jedes einladend beim bunten Bild eines Vierfüßlers, Fisches oder Vogels aufgeschlagen.

„Nun bringen Sie die Kinder!"

Die Pflegerinnen eilten hinaus und kehrten nach ein paar Minuten zurück; jede schob so etwas wie einen hohen stummen Diener[3] vor sich her, dessen vier drahtvergitterte Fächer mit acht Monate alten Kindern beladen waren, alle einander genau gleich und alle, da sie der Deltakaste angehörten, in Khaki gekleidet.

„Setzen Sie sie auf den Boden!"

Die Kinder wurden abgeladen.

„Nun wenden Sie sie so, dass sie die Blumen und Bücher sehen können!"

Kaum war das geschehen, als die Kinder verstummten und auf die seidig schimmernden Farbklumpen, die bunt leuchtenden Bilder auf den weißen Buchseiten loszukrabbeln begannen. Die Sonne, einen Augenblick lang verdunkelt, kam hinter einer Wolke hervor. Die Rosen flammten auf, wie von jäh erwachter Leidenschaft durchglüht; neue, tiefere Bedeutsamkeit schien die leuchtenden Bildseiten zu erfüllen. Aus den Reihen der krabbelnden Kinder ertönten kleine aufgeregte Schreie, freudiges Lallen und Zwitschern.

Der Direktor rieb sich die Hände. „Großartig!", sagte er. „Fast wie auf Bestellung!" Die flinksten unter den Krabblern waren schon am Ziel. Zaghafte Händchen streckten sich aus, berührten, erfassten und entblätterten die vom Sonnenlicht verklärten Rosen, zerknitterten die bebilderten Buchseiten. Der Direktor wartete, bis alle seelenvergnügt beschäftigt waren.

„Und nun passen Sie auf!", sagte er und gab mit erhobener Hand ein Zeichen.

Die Oberpflegerin, die am anderen Ende des Saals vor einem Schaltbrett stand, drückte einen kleinen Hebel nieder. Ein heftiger Knall. Gellendes Sirenengeheul. Rasendes Schrillen von Alarmklingeln. Die Kinder erschraken und schrien auf, die Gesichtchen von Entsetzen verzerrt.

„Und jetzt", brüllte der Direktor, denn der Lärm war ohrenbetäubend, „werden wir die Lektion mittels eines elektrischen Schlägelchens einbläuen."

Er winkte abermals, die Oberpflegerin drückte einen zweiten Hebel nieder. Das Plärren der Kinder hörte sich plötzlich anders an. Verzweiflung, fast Wahnsinn klang aus diesen durchdringenden Schreikrämpfen. Ihre Körperchen wanden und steiften sich, ihre Glieder zuckten wie von unsichtbaren Drähten gezogen.

„Wir können durch diesen ganzen Streifen des Fußbodens elektrischen Strom schicken", brüllte der Direktor erklärend. „Aber jetzt genug!", bedeutete er der Pflegerin. Die Detonationen hörten auf, die Klingeln verstummten, das Sirenengeheul erstarb Ton für Ton. Die zuckenden Kinderleiber lösten sich aus ihrem Krampf, das irre Stöhnen und Schreien ebbte zu einem gewöhnlichen Angstgeplärr ab.

„Geben Sie ihnen nochmals die Blumen und Bücher!" Die Pflegerinnen gehorchten, aber bei der leisesten Annäherung der Rosen, beim bloßen Anblick der bunten Miezekatzen, Hottehüpferdchen und Bählämmer wichen die Kinder schaudernd zurück; ihr Geplärr schwoll sogleich wieder zu Entsetzensgeschrei an.

„Beachten Sie das, meine Herren", sagte der Direktor triumphierend, „beachten Sie das wohl!" Bücher und Getöse, Blumen und elektrische Schläge – schon im kindlichen Geist waren diese Begriffspaare nun zwanghaft verknüpft und nach zweihundert Wiederholungen dieser oder ähnlicher Lektionen waren sie untrennbar. Was der Mensch zusammenfügt, das kann die Natur nicht scheiden.

„So wachsen sie mit einem, wie die Psychologen zu sagen pflegten, ‚instinktiven' Hass gegen Bücher und Blumen auf. Wir normen ihnen unausrottbare Reflexe an. Ihr ganzes Leben lang sind sie gegen Druckerschwärze

---

3 stummer Diener: Möbelstück (eigentlich zur Ablage von Kleidung)

95 und Wiesengrün gefeit." Der Direktor wandte sich an die Pflegerin.

„Schaffen Sie sie hinaus!"

Noch immer plärrend, wurden die Khakikinder wieder auf die stummen Diener verladen
100 und hinausgefahren; sie hinterließen den Geruch saurer Milch und eine höchst willkommene Stille.

Ein Student hob zwei Finger: Er sehe ja ein, dass es nicht gehe, Angehörige der untersten
105 Kasten ihre der Allgemeinheit gehörende Zeit mit Büchern vergeuden zu lassen, ganz abgesehen von der Gefahr, dass sie etwas läsen, was unerwünschterweise einen ihrer angenormten Reflexe abbiegen könnte, und doch … nein, er
110 verstehe das mit den Blumen nicht. Warum mache man sich die Mühe, den Deltas die Freude an Blumen psychologisch unmöglich zu machen?

Geduldig erklärte es der BUND. Dass man
115 die Kinder beim bloßen Anblick einer Rose in Schreikrämpfe versetzte, entsprang einer höchst ökonomischen Voraussicht. Vor gar nicht langer Zeit, etwa hundert Jahre war es her, hatte man Gammas, Deltas, sogar Epsi-
120 lons die Liebe zu Blumen und überhaupt Freude an der Natur angenormt, um ihnen den Hang, bei jeder sich bietenden Gelegenheit ins Grüne zu pilgern, einzuimpfen und sie so zu Benützern der Verkehrsmittel zu machen.
125 „Und benützten sie sie?", fragte der Student.

„Jawohl, ausgiebig", erwiderte der BUND. „Aber sonst nichts."

Primeln und Landschaft, dozierte er, hätten einen großen Fehler: Sie seien gratis. Liebe zur
130 Natur halte keine Fabrik beschäftigt. Man hatte daher beschlossen, die Liebe zur Natur abzuschaffen, wenigstens unter den niederen Kasten, nicht aber den Hang, die Verkehrsmittel zu benützen. Denn es war natürlich unerläss-
135 lich, dass sie auch weiterhin ins Grüne fuhren,

selbst wenn es ihnen zum Hals herauswuchs. Das Problem lag darin, einen triftigeren wirtschaftlichen Grund zur Benützung der Verkehrsmittel zu finden als bloßes Wohlgefallen an Primeln und Landschaft. Man fand ihn 140 prompt.

„Wir normen den Massen den Hass gegen landschaftliche Schönheiten an", schloss der Direktor, „doch zugleich auch die Liebe zum Freiluftsport. Dabei achten wir darauf, dass je- 145 der Sport den Gebrauch besonderer und komplizierter Geräte nötig macht. Sie benützen also nicht nur die Verkehrsmittel, sondern verbrauchen auch Fabrikate. Und darum diese elektrischen Schläge." 150

„Ich verstehe", sagte der Student und schwieg, von Bewunderung übermannt.

---

1 a Äußert eure ersten Leseeindrücke. Wie wirkt dieser Text auf euch? Begründet anhand einzelner Textstellen, wodurch diese Eindrücke entstanden sind.
  b Klärt gemeinsam Wörter, Begriffe oder Textstellen, die euch unklar sind.

2 „Beachten Sie das, meine Herren', sagte der Direktor triumphierend, ,beachten Sie das wohl!' Bücher und Getöse, Blumen und elektrische Schläge – schon im kindlichen Geist waren diese Begriffspaare nun zwanghaft verknüpft […]" (▶ Z. 81–86).

    a Beschreibt den Zweck und den Verlauf dieses Experiments mit eigenen Worten.

    b Überlegt, welche Überschrift der vorliegende Textauszug aus dem Roman haben könnte. Begründet eure Titelwahl.

3   a Bestimmt die Erzählform des Textes (▶ Ich-Erzähler, Er-/Sie-Erzähler?, S. 316).

    b Beschreibt, wie sich der Erzähler zum erzählten Geschehen verhält (▶ Erzählverhalten, S. 316).

4 Macht euch klar, in welchem „Erzähltempo" von diesem Experiment berichtet wird, indem ihr das Verhältnis von Erzählzeit und erzählter Zeit (Zeitdehnung, -raffung oder -deckung) untersucht (▶ mehr hierzu, S. 317). Beschreibt die Wirkung, die dadurch entsteht.

5 Diskutiert, wie realistisch Huxleys Zukunftsvision ist.

6 Lest die Informationen im Merkkasten unten. Wird im Roman „Schöne neue Welt" eine Utopie oder eine Anti-Utopie (Dystopie) entworfen? Begründet eure Einschätzung.

7 Wählt einen Ausschnitt von ca. 20 Zeilen aus Huxleys Text aus und schreibt ihn aus der Sicht eines Er-Erzählers, der das Geschehen zeitraffend wiedergibt. Vergleicht die Wirkung eures Textes mit der des Originals.

8 Vergleicht die Auszüge aus Huxleys „Schöne neue Welt" (▶ S. 99–101) mit Wells' „Krieg der Welten" (▶ S. 94–95). Formuliert hierzu Fragen, die sich auf beide Romane beziehen, und beantwortet sie, z. B.:

    – *Welche gesellschaftlichen Themen/Fragestellungen werden aufgegriffen?*

    – *Was wirkt realistisch, was unrealistisch?*

    – *Wer sind die Opfer? Welches Zukunftsbild ist angsteinflößender?*

    – *…*

Information   **Utopie und Anti-Utopie (Dystopie)**

Der Begriff „Utopie" stammt aus dem Griechischen (griech. ou: nicht + topos: Ort = nirgendwo) und bezeichnet den **Entwurf einer zukünftigen idealen Gesellschaft,** die weder zeitlich noch räumlich genau bestimmbar ist. Der Begriff „Utopie" geht auf den Roman „Utopia" (1516) von Thomas Morus zurück, in dem ein Idealstaat beschrieben wird.

Bekannte Utopien sind außerdem Platons „Politeia" (dt. „Der Staat"; ca. 374 v. Chr.), Tommaso Campanellas „Der Sonnenstaat" (1602) und Jonathan Swifts „Gullivers Reisen" (1726).

Seit dem **20. Jahrhundert** sind **pessimistische Anti-Utopien,** so genannte Dystopien, vorherrschend. Sie zeichnen eine **Gesellschaft, die sich zum Negativen entwickelt hat,** und führen damit vor Augen, was passieren könnte, wenn man bedenklichen Entwicklungen nicht wachsam begegnet. Dystopien warnen z. B. vor Gefahren durch vollständige staatliche Kontrolle, Manipulation, Indoktrination, Uniformität usw. Bekannte Anti-Utopien sind z. B. George Orwells „1984" (1948), Margret Atwoods „Report der Magd" (1985), Juli Zehs „Corpus delicti" (2009) und Dave Eggers „Der Circle" (2013).

Teste dich!

Einen Romanauszug untersuchen

Plötzlich kamen die weißen Blitze des Hitzestrahls auf mich zugeschossen. Die Häuser sanken bei ihrer Berührung zusammen und spien Flammen aus; die Bäume verwandelten
5 sich mit Getöse in Feuersäulen. Die Blitze flackerten auf dem Leinpfad auf und ab und verzehrten die Leute, die dort planlos auf und nieder liefen. Dann näherten sie sich dem Rande des Wassers, keine 50 Yards von der Stelle ent
10 fernt, an der ich stand. Nun fuhr der Strahl über den Fluss hinüber nach Shepperton, und wo er das Wasser berührte, da schwoll es in einer kochenden, dampferfüllten Blase auf. Ich wandte mich dem Ufer zu.
15 Im nächsten Augenblick hatte sich die riesige dem Siedepunkt nahe Welle über mich gestürzt. Ich schrie laut auf, und halb verbrüht, halb geblendet taumelte ich, sinnlos vor Schmerz, durch das aufschießende, zischende
20 Wasser dem Ufer zu. Wäre mein Fuß ausgeglitten, es wäre das Ende gewesen. Hilflos fiel

ich vor den Augen der Marsleute auf die breite, nackte, kiesige Sandbank, die sich dort beim Zusammenfluss von Wey und Themse hinzieht. Ich erwartete nichts als den Tod. 25

1 Aus welchem Roman stammt dieser Textauszug? Notiere den richtigen Buchstaben.
A Herbert George Wells: Krieg der Welten
B Andreas Eschbach: Die blauen Türme
C Aldous Huxley: Schöne neue Welt

2 Science-Fiction, Utopie oder Anti-Utopie? Begründe deine Zuordnung anhand zweier Merkmale.

3 Untersuche die Erzählform und das Erzählverhalten in dem vorliegenden Text.
Notiere die Buchstaben der Aussagen, die zutreffen.
A Es handelt sich um einen Er-/Sie-Erzähler.
B Es handelt sich um einen Ich-Erzähler.
C Der Erzähler tritt als Figur in den Hintergrund.
D Der Erzähler erscheint als erlebende und erzählende Figur.

4 Bestimme das Verhältnis von Erzählzeit und erzählter Zeit. Was herrscht vor?
Notiere den Lösungsbuchstaben.
A Zeitdeckung   **B** Zeitdehnung   **C** Zeitraffung

5 Vergleicht eure Ergebnisse aus den Aufgaben 1 bis 4 in Partnerarbeit.

5.2 Schreckensvisionen von morgen – Texte um- und ausgestalten

George Orwell

1984 (1)

Der englische Roman „1984" (Originaltitel: „Nineteen Eighty-Four"), 1948 von George Orwell (1903–1950) geschrieben, gehört zu den bekanntesten Dystopien der Weltliteratur und zeigt die Schrecken eines totalitären Überwachungsstaates. Die Welt ist in drei verfeindete Machtblöcke – Ozeanien, Eurasien, Ostasien – aufgeteilt, die Handlung des Romans spielt in Ozeanien, wo eine vom – nie wirklich sichtbaren – Parteiführer „Großer Bruder" (Big Brother) geführte Partei die breite Masse des Volkes unterdrückt. Mit nicht abschaltbaren technischen Apparaten wie dem Televisor überwacht die Partei permanent alle Lebensbereiche der Bürger, auch die Privatsphäre. Die englische Sprache ist von „schädlichen" Begriffen wie Freiheit oder Gerechtigkeit bereinigt, es herrscht eine verstümmelte, reduzierte Neusprache (Newspeak). Hauptfigur des Romans ist der 39-jährige Winston Smith, der im „Ministerium für Wahrheit" in London arbeitet und damit beschäftigt ist, alte Zeitungsberichte und somit die vergangene Geschichte fortlaufend an die gerade herrschende Parteilinie anzupassen. Er lehnt sich gegen das totalitäre System auf und hält seine verbotenen Gedanken in einem Tagebuch fest.

Unten auf der Straße klappte der Wind das zerrissene Plakat hin und her und das Wort Engsoz[1] war abwechselnd sichtbar und un-

---

1 Engsoz: Abkürzung für „englischer Sozialismus", ein typisches Beispiel für die Neusprache

sichtbar. Die heiligen politischen Grundsätze
von Engsoz: Neusprache, Zwiegedanke, die
Verwandlung der Vergangenheit. Ihm war, als
wandle er durch Wälder auf dem Meeresgrund,
in eine ungeheuerliche Welt verirrt, in der er
selbst das Ungeheuer war. Er war allein. Die
Vergangenheit war tot, die Zukunft unvorstell-
bar. Welche Gewissheit hatte er, dass auch nur
ein einziger lebender Mensch auf seiner Seite
stand? Und warum sollte die Herrschaft der
Partei nicht ewig dauern? Wie eine Art Antwort
fielen ihm die drei Wahlsprüche auf der weißen Front des Wahrheitsministeriums ein:

KRIEG BEDEUTET FRIEDEN
FREIHEIT IST SKLAVEREI
UNWISSENHEIT IST STÄRKE

Er zog ein Fünfundzwanzig-Cent-Stück aus
der Tasche. Auch hier waren in winziger, klarer
Schrift die gleichen Devisen eingestanzt, während die Kehrseite der Münze den Kopf des
Großen Bruders zeigte. Sogar auf der Münze
verfolgten einen die Augen. Von Geldmünzen,
Briefmarken, Bucheinbänden, Fahnen, Plaka-
ten, Zigarettenschachteln – von überall verfolgten sie einen. Immer wurde man von den
Augen beobachtet, von der Stimme eingehüllt.
Im Wachen und im Schlafen, bei der Arbeit
oder beim Essen, im Haus oder außer Haus,
im Bad oder im Bett – es gab kein Entrinnen.
Nichts gehörte einem außer den paar Kubik-
zentimetern im eigenen Schädel.
Die Sonne war weitergerückt, und die unzähli-
gen Fenster des Wahrheitsministeriums, auf
die ihre Strahlen nicht mehr fielen, sahen
grimmig wie die Schießscharten einer Festung
aus. Winstons Herz verzagte angesichts dieser
riesig sich hochtürmenden Pyramide. Sie war
zu unerschütterlich, um erstürmt zu werden,

tausend Raketenbomben vermochten sie nicht
zu zertrümmern. Wieder fragte er sich, für
wen er sein Tagebuch schrieb. Für die Zukunft, für die Vergangenheit – für ein Zeitalter, das vielleicht nur ein Traum war. Ihn erwartete nicht allein der Tod, sondern vollständige
Austilgung. Das Tagebuch würde zu Asche,
er selbst zu bloßem Rauch verbrannt werden. Nur die Gedankenpolizei[2] würde das von
ihm Geschriebene lesen, ehe sie es aus der
Welt und aus der Erinnerung tilgte. Wie konnte man an die Zukunft appellieren, wenn keine Spur von einem, nicht einmal ein Stückchen Papier mit ein paar daraufgekritzelten
anonymen Worten, hinübergerettet werden
konnte?
Im Televisor schlug es vierzehn Uhr. In zehn
Minuten musste er aufbrechen. Um vierzehn
Uhr dreißig musste er zurück an der Arbeit
sein.
Merkwürdigerweise schien ihn das Schlagen
der vollen Stunde mit neuem Mut erfüllt zu haben. Er war ein einsamer Gast auf dieser Erde,
der eine Wahrheit verkündete, die niemand jemals hören würde. Aber solange er sie verkündete, war auf eine geheimnisvolle Weise der
rote Faden nicht abgerissen. Nicht indem man
sich Gehör verschaffte, sondern indem man
sich unversehrt bewahrte, gab man das Erbe
der Menschheit weiter. Er kehrte an den Tisch
zurück, tauchte seine Feder ein und schrieb:
„Einer Zukunft oder einer Vergangenheit, in der
Gedankenfreiheit herrscht, in der die Menschen
voneinander verschieden sind und nicht jeder für
sich lebt ...“

---

2 Gedankenpolizei: verdeckt arbeitende Einheit, die Gedanken-
verbrechen, also von der Ideologie der Partei abweichende
Ansichten, verfolgt

1 Beschreibt, wie Winston den Staat wahrnimmt.
Listet Einzelheiten auf, durch die die permanente Überwachung deutlich wird.

2 Erklärt, welche Rolle das geheime Tagebuch für Winston spielt.
Erläutert hierbei auch die Textstelle Z. 64–72.

3 a Überlegt, wie Winston Smith, die Hauptfigur des Romans, in diesem Textauszug auf euch wirkt, z. B.: einsam, mutig ... Begründet eure Wahl anhand von Textstellen.

b Macht euch ein genaues Bild von Winston Smith. Tragt Textstellen zusammen, die – direkt oder indirekt – etwas über diese Figur aussagen, und deutet sie, z. B.:

„Er war allein ... Welche Gewissheit hatte er, dass ... " (Z. 9–13).

→ *Deutung: Winston fühlt sich einsam, kann niemandem trauen.*

4 Der Text endet mit dem Anfang von Winstons Tagebucheintrag, in dem er beschreibt, welche Werte er sich für sein Leben wünscht. Führt diesen Tagebucheintrag fort. Geht so vor:

a Notiert zunächst in Stichworten, auf welche Gesichtspunkte ihr eingehen wollt, z. B.:

– *Freiheit: freie Meinungsäußerung ...*

– *Freizeitgestaltung*

– *Aufrichtigkeit, Ehrlichkeit ...*

– *Arbeit*

b Formuliert nun den Tagebucheintrag. Schreibt in der Ich-Form und im Präsens.

Ich wünsche mir eine Gesellschaft, in der jeder Mensch seine Meinung frei äußern darf. In der ...

5 Nehmt Stellung zu der folgenden Aussage:

Der Roman „1984" von George Orwell ist als Mahnung hochaktuell, denn er zeigt die Gefahren des digitalen Zeitalters: die technisch perfekte Überwachung des Einzelnen durch den Staat, z. B. durch die Auswertung elektronisch gespeicherter Daten.

6 a Wählt aus den Romanauszügen aus diesem Kapitel einen für euch besonders interessanten Text aus, um gestaltend zu schreiben.

b Entscheidet euch für eine der folgenden Möglichkeiten. Begründet eure Wahl, indem ihr erklärt, warum das Schreibformat besonders gut zum Inhalt des Textes passt.

Methode	Möglichkeiten des gestaltenden Schreibens

Beim gestaltenden Schreiben setzt ihr euch mit der Textvorlage auseinander. Führt euch die Situation, die Atmosphäre, die Figur(en) genau vor Augen. Achtet darauf, dass euer Text (Handlung, Sprache) zum Ausgangstext passt. Ihr könnt z. B.:

- **einen Tagebucheintrag verfassen:** Schreibt aus der Perspektive einer der beteiligten Figuren und äußert ihre Gedanken, Gefühle, Sehnsüchte, Ängste usw.
- **einen Dialog entwerfen:** Entwerft einen Dialog zwischen zwei oder mehreren Figuren aus dem Text. Thema könnte z. B. ein Problem oder ein Streitpunkt zwischen den Figuren sein.
- **einen inneren Monolog verfassen:** Entwerft ein stummes Selbstgespräch einer Figur, in dem sie ihre Gedanken, Gefühle und Wahrnehmungen äußert.
- **einen Brief an eine Figur schreiben:** Schreibt einen Brief an eine Figur aus dem Text. Ihr könnt der Figur Fragen stellen, ihr Verhalten beurteilen, ihr Hinweise und Tipps geben usw.
- **ein Interview führen:** Formuliert Fragen an die literarische Figur, z. B. zu ihren Handlungsmotiven, Gedanken, Gefühlen, Wünschen, Ängsten. Versetzt euch anschließend in die Figur und notiert Antworten auf eure Fragen.
- **einen Paralleltext verfassen:** Verändert den Text so, dass er in einer anderen Zeit (z. B. der Gegenwart) oder an einem anderen Ort (z. B. in eurer Stadt) spielt.

Fordern und fördern – Gestaltend schreiben

George Orwell

1984 (2)

Winston Smith gibt sich nach außen als gesetzes-treuer Untertan, damit ihm die Gedankenpolizei nicht auf die Spur kommt. Seinem Tagebuch aber vertraut er immer kritischere Ansichten über das diktatorische Regime an. Als er Kontakt mit der von der Partei verfolgten Untergrundbewegung aufnimmt, glaubt er zunächst in dem scheinbar gleichgesinnten O'Brien einen Mitkämpfer gefunden zu haben. O'Brien gelingt es, Smiths Vertrauen zu gewinnen, er entpuppt sich jedoch später als ein Spion der Partei, von dem Winston schließlich verhaftet, verhört und gefoltert wird.
Der folgende Textauszug schildert die Folter und das Verhör.

„Wenn Sie jemals Träume von einem gewaltsamen Aufstand gehegt haben, dann müssen Sie sie aufgeben. Es gibt keine Möglichkeit, mit Hilfe derer die Partei gestürzt werden könnte.

5 Die Herrschaft der Partei gilt immer. Nehmen Sie das als Ausgangspunkt Ihrer Überlegungen. Und nun lassen Sie uns zu der Frage von ‚Wie' und ‚Warum' zurückkommen. Sie verstehen recht gut, wie die Partei sich an der Macht

10 hält. Nun aber sagen Sie mir, warum halten wir an der Macht fest? Was ist unser Beweggrund? Warum sollten wir Macht wünschen? Los, reden Sie", fügte er hinzu, als Winston stumm blieb.

15 Trotzdem sagte Winston ein paar weitere Augenblicke lang nichts. Ein Gefühl des Überdrusses hatte ihn überkommen. Der undeutliche, irre Begeisterungsschimmer war wieder auf O'Briens Gesicht erschienen. Er wusste im

20 Voraus, was O'Brien sagen würde. Nämlich, dass die Partei die Macht nicht um ihrer eigenen Zwecke willen anstrebte, sondern nur zum Wohlergehen der Menschheit.

„Ihr herrscht über uns zu unserem eigenen Besten", sagte er schwach. „Ihr glaubt, dass die 25 Menschen nicht im Stande sind, sich selbst zu regieren, und deshalb –"

Er fuhr zusammen und schrie fast laut auf. Eine Schmerzenswelle hatte seinen Körper durchbrandet. O'Brien hatte den Hebel der 30 Zahlenscheibe auf fünfunddreißig hochgedreht.

„Das war dumm, Winston, sehr dumm!", sagte er. „Sie sollten es besser wissen und so etwas nicht sagen." 35

Er drehte den Hebel zurück und fuhr fort:

„Jetzt werde ich Ihnen die Antwort auf meine Frage geben. Sie lautet: Die Partei strebt die Macht lediglich in ihrem eigenen Interesse an. Uns ist nichts am Wohl anderer gelegen; uns 40

interessiert einzig und allein die Macht als solche. Nicht Reichtum oder Luxus oder langes Leben oder Glück: nur Macht, reine Macht. Was reine Macht besagen will, werden Sie
45 gleich verstehen. Wir sind darin von allen Oligarchien[1] der Vergangenheit verschieden, dass wir wissen, was wir tun. Alle anderen, sogar die, welche uns ähnelten, waren feige und scheinheilig. Die deutschen Nazis[2] und die
50 russischen Kommunisten[3] kamen in ihren Methoden sehr nahe an uns heran, aber sie besaßen nie den Mut, ihre eigenen Beweggründe zuzugeben. Sie taten so, ja glaubten vielleicht sogar, die Macht ohne ihr Wollen und auf be-
55 schränkte Zeit ergriffen zu haben, und gleich um die Ecke liege ein Paradies, in dem die Menschen frei und gleich sein würden. Wir sind nicht so. Wir wissen, dass nie jemand die Macht ergreift in der Absicht, sie wieder abzu-
60 treten. Die Macht ist kein Mittel, sie ist ein Endzweck. Eine Diktatur wird nicht eingesetzt, um eine Revolution zu sichern: sondern man macht eine Revolution, um eine Diktatur einzusetzen. Der Zweck der Verfolgung ist die Verfolgung. Der Zweck der Folter ist die Folter.
65 Der Zweck der Macht ist die Macht. Fangen Sie nun an, mich zu verstehen?"

---

1 die Oligarchie: Staatsform, in der eine kleine Gruppe die politische Herrschaft ausübt

2 die Nazis: Kurzwort für Anhänger des Nationalsozialismus; gemeint ist die nationalsozialistische Diktatur unter Adolf Hitler (1933–1945)

3 Gemeint ist die russische Diktatur unter Josef Stalin ca. 1928–1953.

1 a Warum hält die Partei an der Macht fest? Was ist ihr Beweggrund? Erklärt zuerst, welche Antwort Winston vermutet. Erläutert dann die wahren Beweggründe, über die O'Brien berichtet.

  b „Die Macht ist kein Mittel, sie ist ein Endzweck" (► Z. 60–61). Diskutiert, was diese Aussage von O'Brien bedeutet.

2 Arbeitet heraus, welche sprachlichen und rhetorischen Mittel O'Brien bei seiner Argumentation verwendet und welche Wirkung er damit erzielt. Untersucht hierzu die Zeilen 57–67.

3 a George Orwell nimmt in seinem Roman explizit Bezug auf die Diktatur der Nationalsozialisten sowie auf die russische Diktatur unter Stalin. Erläutert dies anhand des Textauszugs.

  b Diskutiert, welche Unterschiede es zwischen einer Diktatur, wie sie George Orwell beschreibt, und einem demokratischen Rechtsstaat gibt.

●●○○**4** Stellt euch vor: Nach dem Verhör schreibt Winston einen Brief an einen Freund aus der Untergrundbewegung. In diesem Brief teilt er mit, was geschehen ist, was er denkt und fühlt, und er äußert die Notwendigkeit, ihn zu retten. Schreibt diesen Brief. Geht so vor:

  a Lest den Text (► S. 107–108) noch einmal genau und notiert aus der Sicht von Winston Smith, was passiert und wie Winston das Verhör wahrnimmt.

  b Überlegt, was Winston über dieses Verhör und O'Briens Ausführungen denken und fühlen könnte. Notiert Ideen.
  Es gibt keine Hoffnung, dass diese Diktatur …
  Wie soll ich …?

  c Versetzt euch in die Rolle von Winston nach diesem Verhör und schreibt den Brief an den Freund. Ihr könnt so beginnen:
  Lieber …,
  du kannst dir nicht vorstellen, was ich heute erfahren habe. Bei einem Verhör …

▷ Hilfen zu dieser Aufgabe: Seite 109

Aufgabe 4 mit Hilfen

Stellt euch vor: Nach dem Verhör schreibt Winston einem Freund aus der Untergrundbewegung einen Brief. In diesem Brief teilt er mit, was geschehen ist, was er denkt und fühlt, und er äußert die Notwendigkeit, ihn zu retten. Schreibt diesen Brief. Geht so vor:

a Lest den Text (▶ S. 107–108) noch einmal und notiert, was passiert und wie Winston das Verhör wahrnimmt.

> – O'Brien eröffnete mir, dass ein Sturz der Partei unmöglich sei.
> – Mit welchen Mitteln sich die Partei an der Macht hält, war mir immer klar.
> – In dem Verhör fragte er mich ...
> – Natürlich wusste ich, was O'Brien ...
> – Überraschung: O'Brien offenbart, dass es nicht – noch nicht einmal vordergründig – um das Wohl anderer geht, sondern ...
> – Macht ist nicht Mittel zum Zweck, sondern reiner Selbstzweck; dient dem Machterhalt der Partei
> – Macht der Partei wird ewig dauern
> – keine Aussicht auf ...
> – ...

b Überlegt, was Winston über dieses Verhör und O'Briens Ausführungen denken und fühlen könnte. Notiert Ideen.

> – Es gibt keine Hoffnung, dass diese Diktatur ...
> – Wie soll ich ...?
> – nur Macht, reine Macht ...
> – Es wird keine Freiheit, keine Gleichheit, keine Privatsphäre ...
> – Es ist unmenschlich ...

c Versetzt euch in die Rolle von Winston nach diesem Verhör und schreibt den Brief. Schildert, was geschehen ist, welche Gedanken und Gefühle ihr habt, und bittet um Rettung, z. B.:

> Lieber ...,
>
> du kannst dir nicht vorstellen, was ich heute erfahren habe. Bei einem Verhör eröffnete mir O'Brien, dass wir die Partei niemals werden stürzen können. Wie, also mit welchen Mitteln, sich die Partei an der Spitze hält, war mir immer klar. Die Methoden sind uns ja alle ...
> Aber nun eröffnete mir O'Brien, warum ...
> Ich dachte zuerst ...

5.3 Fit in ... – Gestaltend schreiben

Die Aufgabenstellung verstehen

Stellt euch vor, ihr sollt in der nächsten Klassenarbeit folgende Aufgabe bearbeiten:

1. Lies den folgenden Textauszug aus dem Roman „1984" von George Orwell (▶ S. 110–111).
   Stell dir dann vor, du hättest als Bürger/-in eines demokratischen Rechtsstaates dieses
   Verhör als Augenzeuge miterlebt. Schreibe einen Tagebucheintrag, in dem du darstellst,
   was geschehen ist, und das Geschehene bewertest.
2. Begründe anschließend, welche Aspekte du in deinem Tagebucheintrag besonders
   hervorgehoben hast.

George Orwell

1984 (3)

Der folgende Textauszug ist Teil des Verhörs von Winston Smith, der in der Untergrundorganisation tätig war. Stück für Stück zerlegt O'Brien das Weltbild von Winston und führt ihm die erstrebte Zukunft der Partei vor Augen.

„Die wirkliche Macht, die Macht, um die wir Tag und Nacht kämpfen müssen, ist nicht die Macht über Dinge, sondern über Menschen." Er schwieg und nahm einen
5 Augenblick wieder sein Gehabe eines Schulmeisters an, der einen hoffnungslosen Schüler prüft: „Wie versichert sich ein Mensch seiner Macht über einen anderen, Winston?"
10 Winston überlegte. „Indem er ihn leiden lässt", sagte er.
„Ganz recht. Indem er ihn leiden lässt. Gehorsam ist nicht genug. Wie könnte man die Gewissheit haben, es sei denn, er leidet,
15 dass er Ihrem und nicht seinem eigenen Willen gehorcht? Die Macht besteht darin, Schmerz und Demütigungen zufügen zu können. Macht heißt, einen menschlichen Geist in Stücke zu reißen und ihn nach ei-
20 genem Gutdünken wieder in neuer Form zusammenzusetzen. Fangen Sie nun an zu sehen, was für eine Art von Welt wir im Begriff sind zu schaffen? Sie ist das genaue Gegenteil der blöden, auf Freude hinzielenden Utopien[1], die den alten Reformatoren[1]
25 vorschwebten. Eine Welt der Angst, des Verrats und der Qualen, eine Welt des Tre-

---

1 der Reformator: jemand, der eine Reform (Erneuerung, Umgestaltung) durchführt

tens und Getretenwerdens, eine Welt, die nicht weniger unerbittlich, sondern immer unerbittlicher werden wird, je weiter sie sich entwickelt. Fortschritt in unserer Welt bedeutet Fortschreiten zu größerer Pein. Die alten Kulturen erhoben Anspruch darauf, auf Liebe oder Gerechtigkeit gegründet zu sein. Die unsrige ist auf Hass gegründet. In unserer Welt wird es keine anderen Gefühle geben als Hass, Wut, Frohlocken und Selbstbeschämung. Alles andere werden wir vernichten – und zwar alles. Wir merzen bereits die Denkweisen aus, die noch aus der Zeit vor der Revolution stammen. Wir haben die Bande zwischen Kind und Eltern, zwischen Mensch und Mensch und zwischen Mann und Frau durchschnitten. Niemand wagt es mehr, einer Gattin, einem Kind oder einem Freund zu trauen. Aber in Zukunft wird es keine Gattinnen und keine Freunde mehr geben. Die Kinder werden ihren Müttern gleich nach der Geburt weggenommen werden, so wie man einer Henne die Eier wegnimmt. Der Geschlechtstrieb wird ausgerottet. Die Zeugung wird eine alljährlich vorgenommene Formalität wie die Erneuerung einer Lebensmittelkarte werden. Wir werden das Wollustmoment abschaffen. Unsere Neurologen[2] arbeiten gegenwärtig daran. Es wird keine Treue mehr geben außer der Treue gegenüber der Partei. Es wird keine Liebe geben außer der Liebe zum Großen Bruder. Es wird kein Lachen geben außer dem Lachen des Frohlockens über einen besiegten Feind. Es wird keine Kunst geben, keine Literatur, keine Wissenschaft. Wenn wir allmächtig sind, werden wir die Wissenschaft nicht mehr brauchen. Es wird keinen Unterschied geben zwischen Schönheit und Hässlichkeit. Es wird keine Neugier, keine Lebenslust geben. Alle Freuden des Wettstreits werden ausgetilgt sein. Aber immer – vergessen Sie das nicht, Winston – wird es den Rausch der Macht geben, die immer mehr wächst und immer raffinierter wird. Dauernd, in jedem Augenblick, wird es den aufregenden Kitzel des Sieges geben, das Gefühl, auf einem wehrlosen Feind herumzutrampeln. Wenn Sie sich ein Bild von der Zukunft ausmalen wollen, dann stellen Sie sich einen Stiefel vor, der in ein Menschenantlitz tritt – immer und immer wieder."

---

2 der Neurologe: Nervenarzt

1 **a** Lest die Aufgabenstellung sorgfältig und überlegt, was die Aufgabe von euch verlangt. Schreibt dann die Buchstaben der zutreffenden Sätze in euer Heft.

> **A** Ich muss mich in die Rolle eines Beobachters / einer Beobachterin versetzen, der/die dieses Verhör miterlebt hat.
>
> **B** Ich soll sachlich schreiben und persönliche Wertungen oder Gefühle vermeiden.
>
> **C** Ich soll aus der Sicht von Winston Smith das Verhalten von O'Brien bewerten.
>
> **D** Ich soll beschreiben, welches „Staatsideal" O'Brien vorschwebt und was ich über diese Ansichten denke.
>
> **E** Ich kann meine Gedanken und Gefühle, z. B. Ekel und Abscheu über die unmenschlichen Ansichten von O'Brien, äußern.
>
> **F** Ich soll begründen, warum mir bestimmte Aspekte besonders wichtig waren.

b Vergleicht eure Lösung mit dem Lösungsteil im Buch (▶ S. 364).

Die Textvorlage verstehen und einen Schreibplan erstellen

2 **a** Lest den Text (▶ S. 110–111) noch einmal und notiert, welche Ansichten O'Brien über die Zukunft von Ozeanien äußert.

> – *Ziel der Partei: Macht über Menschen zu erlangen*
> – *Macht heißt: totale Manipulation, Menschen zu demütigen und zu …;*
> – *Vision O'Briens: Welt der Angst, des Verrats, der Qualen, des Tretens und Getretenwerdens*
> – *ohne Liebe, Freude, Gerechtigkeit*
> – *…*

b Notiert, was ihr als Vertreter/-in eines demokratischen Rechtsstaates von diesen Ansichten haltet. Bewertet diese Ansichten und notiert Gedanken und Gefühle. Formuliert lebendig, z. B.:

Bewertung	– *Eine Welt, in der es nur noch Hass und Misstrauen gibt, wird …* – *Ich mag gar nicht daran denken, …*
Ausrufe, unvollständige Sätze	– *Was für eine Verletzung der Menschenwürde!* – *Der Mensch als kritisch denkendes Wesen – vorbei!* – *Keine Freiheit, keine Hoffnung …*
Fragen	– *Was …? Wie …? Warum …?*

3 Sucht zwei Aspekte heraus, die ihr besonders hervorgehoben habt. Begründet, warum, z. B.:
Mir war bei der Gestaltung meines Textes besonders wichtig, …
Ein Tagebucheintrag verlangt nach … Deshalb habe ich … Besonders interessant finde ich …

Den Text schreiben und überarbeiten

4 Schreibt nun den Tagebucheintrag.
Schreibt in der Ich-Form und nutzt eure Vorarbeiten aus den Aufgaben 2 und 3.

5 Gebt euch mit Hilfe der folgenden Checkliste ein Feedback:
Was ist besonders gut gelungen? Was könnt ihr noch verbessern?

Checkliste

Einen Tagebucheintrag verfassen
- Habt ihr die Ich-Form verwendet, z. B.: *Mit Entsetzen habe ich heute …*
- Habt ihr dargestellt, welche Ansichten O'Brien vertritt?
- Drückt ihr aus, wie ihr die Ausführungen von O'Brien aus Sicht eines Vertreters / einer Vertreterin eines demokratischen Rechtsstaates bewertet?
- Formuliert ihr lebendig? Verwendet ihr z. B. Fragen, Gedankensprünge und/oder Ellipsen (unvollständige Sätze), z. B.: *Wie kann auf Dauer ein Staat bestehen, der …?*
- Nennt ihr Argumente für die Betonung besonderer Aspekte in euren Tagebucheinträgen?

6 Beziehungen –
Kurze Geschichten interpretieren

August Macke:
Drei Frauen
am Tisch bei
der Lampe
(1912)

1 a Tauscht euch über den ersten Eindruck aus, den das Gemälde auf euch macht.
b Wie deutet ihr die Beziehung zwischen den drei Figuren?

2 a Schreibt einige Sätze zu dem Bild. Wählt dazu eine der folgenden Anregungen aus:
  – die Gedanken der Frauen
    formulieren,
  – ein Gespräch beginnen lassen,
  – eine männliche Figur die Szene
    betreten und eine Handlung in
    Gang setzen lassen.
b Stellt eure Ergebnisse vor.
  Mit welchen erzählerischen und
  sprachlichen Mitteln habt ihr eure
  Texte gestaltet?

In diesem Kapitel …

– lest ihr kurze Geschichten und
  untersucht Handlungsaufbau,
  Figurenkonstellation und sprachliche
  Besonderheiten,
– untersucht und beschreibt ihr das
  Thema „Kommunikation" in literarischen Texten,
– trainiert ihr die schriftliche Analyse und
  Interpretation von Kurzgeschichten.

6.1 Familienbande – Kurze Geschichten analysieren und interpretieren

Rätselhafte Familiengeschichten – Gestaltend interpretieren

Julio Cortázar

Familienbande

Sie hassen Tante Angustias derart, dass sie sogar die Ferien nutzen, um es ihr zu verstehen zu geben. Kaum steuert die Familie verschiedene touristische Ziele an, hagelt es Ansichtskar-
5 ten in Agfacolor, in Kodachrome und auch in Schwarz-Weiß, wenn es gerade keine anderen gibt, aber alle ohne Ausnahme voller Beleidigungen. Aus Rosarlo, aus San Andrés de Giles, aus Chivilcoy, von der Straßenecke Chacabu-
10 co/Moreno[1], die Briefträger bekommen fünf- oder sechsmal am Tag einen Wutanfall und Tante Angustias ist glücklich. Sie geht nie aus dem Haus, hält sich gern im Patio[2] auf und verbringt ihre Tage damit, die Postkarten in Emp-
15 fang zu nehmen, und sie ist entzückt.
Kostproben von Kartengrüßen: „Grüß Dich, altes Ekel, der Schlag soll Dich treffen, Gustavo." „Ich spucke Dir auf die Kledage[3], Josefina." „Soll der Kater Dir die Geranien bepissen, bis
20 sie verdorren, Dein Schwesterchen." Und so fort.
Tante Angustias steht früh auf, um den Briefträgern zu öffnen und ihnen Trinkgeld zu geben. Sie liest die Karten, bewundert die Foto-
25 grafien und liest noch einmal die Grüße. Abends holt sie ihr Album mit Andenken hervor und ordnet sehr sorgfältig die Ernte des Tages ein, und zwar so, dass nicht nur die An-

sichten, sondern auch die Grußworte zu sehen sind. „Die Lieben, wie viele Karten sie mir schi-
30 cken", denkt Tante Angustias, „die da mit der kleinen Kuh, die mit der Kirche, hier der Tra- ful-See, da der Blumenstrauß"; während sie eine nach der anderen gerührt betrachtet und jede Postkarte mit Stecknadeln feststeckt, da-
35 mit sie nicht aus dem Album fallen, mag man sich auch fragen, warum sie die Nadeln immer in die Unterschriften sticht.

---

1 Hier befindet sich das Polizeipräsidium von Buenos Aires.

2 Patio (spanisch): Innenhofanlage eines Stadthauses

3 die Kledage: Kleidung

1 Beschreibt die Wirkung, die der Text und die darin vorkommenden Figuren auf euch haben.

2 a Baut Standbilder, in denen ihr die Beziehung zwischen Tante Angustias und ihren Verwandten darstellt. Sammelt dazu alle Textstellen, in denen Gefühle benannt oder ausgedrückt werden.
b Erläutert im Gespräch über eure Standbilder den Titel „Familienbande". Bedenkt dabei unterschiedliche Bedeutungen von „Bande".

3 a Legt eine Liste mit Fragen an, die der Text offen lässt.

b Sammelt Ideen für eine Vorgeschichte, durch die diese Fragen – zumindest teilweise – beantwortet werden.

4 Gestaltet eure Ideen zu einer kurzen Geschichte aus. Orientiert euch beim Umfang und bei der Sprache an der Geschichte von Cortázar.

5 Notiert, was das Besondere an Cortázars Erzählung ist. Gleicht sie dafür mit typischen Merkmalen einer Kurzgeschichte ab:

Information   **Merkmale von Kurzgeschichten** (▶ mehr hierzu auf S. 319)

- geringer Umfang (Kürze),
- Ausschnitt aus einem alltäglichen Geschehen, der für die dargestellten Figuren von besonderer Bedeutung ist,
- **unmittelbarer Einstieg** in das Geschehen, der schlagartig eine Situation aufreißt,
- zielstrebiger Handlungsverlauf hin zu einem **Höhe- oder Wendepunkt,**
- **offener Schluss,** der viele Deutungsmöglichkeiten zulässt,
- oft Alltagssprache mit einfachem Satzbau und umgangssprachlichen Elementen in direkter Rede.

Wolfgang Koeppen

Klas sieht seinen Vater

Der Lehrer fragte den Schüler Klas überflüssig oft nach seinem Vater, und Klas antwortete dann stets, angesichts der ihn anstarrenden Klasse, mit ruhiger und fester Stimme: „Ich
5 habe keinen", und es schien ihm nicht der Rede wert zu sein, so selbstverständlich klang es. „Unehelich" stand in seiner Geburtsurkunde, aber es war ein Wort, das ihn nicht bedrückte. Auch interessierte der nie gesehene Vater
10 ihn nicht sonderlich, und er fragte nie nach ihm. Doch wußte er von der Mutter, die ihn ernährte und die er liebte, daß dieser Vater ein großes und berühmtes Leben in der Hauptstadt führte. So wuchs Klas auf, in einer Hof-
15 wohnung, in die die Sonne sehr selten fiel. Später, gestorben war die Mutter, verließ er das muffige Nest seiner Jugend und fror und hungerte in der Hauptstadt sich empor zu einem Ziel. Bis er eines Abends, kaltfeucht waren die

Straßen, in die Dämmerung eines kleinen Ki- 20
nos versank. Hier, wo gleichgültige Geschehen über die Leinwand flimmerten, wo man warm und traumnah saß, schien es ihm gut, Körper und Geist auszuspannen. In diese müde Ruhe

25 sprang plötzlich der Name seines Vaters, den er fast schon vergessen hatte. Und was nun kam, war ein sonderbar verwirrendes Abenteuer, da Klas zitternd und starren Blickes saß in der apathischen[1] Menge, verhuschte der
30 Name, und der Herr dieses Namens erschien im Licht, wo er lautlos redete, lachte und sich drehte wie ein Mannequin, zu den blechernen Klängen eines verstimmten Orchestrions. So diesen Mann sehend, erkannte Klas, daß der
35 krank sein müsse im Hirn auf eine gefährliche Art, die sich vererbt. Und in ihm, dem nichts Besitzenden, stieg Wut, jetzt, da er zu wissen glaubte, auch er würde erben, zwar keine Güter, aber Unerwünschtes. Schicksalschlägiges.
40 Er stürmte hinaus und rannte durch Regen und Dreck zu einem feinen Haus, um dort den fremden, ihm doch nahen Mann zu töten. Dort erschien er schweißtriefend, und ein keuchender Ruf erschreckte den Diener, den er

beiseite stieß, als er ihm den Weg sperren woll-45 te. Er kam in einen Saal, der sehr lang und hoch war, und hinten – es schien von der Tür sehr entfernt – brannte auf einem schweren Tisch eine Lampe, und in ihrem Licht saß der, den er suchte. 50
Die Fäuste auf den Tisch gestemmt, schrie Klas ihn an: „Ich bin Ihr Sohn, und Sie haben sich vor mir zu verantworten! Denn Sie veranlassten leichtfertigst mein Leben und sind so schuld an dieses Lebens Leid!" Da stand der so 55 Angeschriene auf und sagte: „Ja." Dann schritt er sehr langsam und etwas bucklig gebeugt durch den langen Saal bis zur Tür, die er behutsam hinter sich schloß. Auf dem Tisch lag aber, wie zufällig vergessen, ein Revolver, 60 aus dem im selben Augenblick geschossen wurde. ☐R☐

---

1 apathisch: teilnahmslos, gleichgültig

1 Der Schluss der Geschichte gibt Rätsel auf: Macht euer Verständnis des Schlusses deutlich, indem ihr eine kurze Meldung formuliert, die am nächsten Tag in der Zeitung erscheinen könnte. Wertet dazu sorgfältig die Hinweise aus, die der Text gibt.

2 Erläutert, wo der Wendepunkt in der Geschichte liegt.

3 Klas rennt aus dem Kino, um den „fremden, ihm doch nahen Mann zu töten" (▶ Z. 42).
a Stellt euch vor, Klas steht am Grab seiner Mutter und erklärt, was in jenem Moment in ihm vorgegangen ist. Schreibt diesen inneren Monolog Klas', wählt die Ich-Form und das Präsens.
b Lest eure Texte vor. Diskutiert, ob Inhalt und Sprache eurer Monologe zur Figur und zur Handlung passen.
c Vergleicht eure Texte aus der Sicht eines Ich-Erzählers/einer Ich-Erzählerin mit der Er-/Sie-Erzählform, die der Autor Wolfgang Koeppen für seine Kurzgeschichte gewählt hat. Wie wirken die jeweiligen Texte auf euch als Leser?

4 Untersucht die sprachliche Gestaltung anhand einiger Beispielsätze (z. B. Z. 16–19, Z. 26–33, Z. 36–42) genauer. Geht so vor:
– Schreibt ausgewählte Textpassagen mit jeweils einer Freizeile in euer Heft.
  Oder arbeitet mit einer Kopie des Textes, die ihr auf ein großes Blatt Papier klebt.
– Markiert auffällige Stellen und kommentiert diese, z. B. mit Anmerkungen oder Fragen.
– Macht euch den Stil des Textes bewusst. Experimentiert dazu mit dem Text, indem ihr
  – Satzglieder umstellt oder komplexe Satzgefüge in parataktische Konstruktionen (kurze Hauptsätze) umformt,
  – einzelne Wörter oder Begriffe durch andere ersetzt.
Ein Beispiel für diese genauere Textuntersuchung findet ihr auf Seite 117 oben.

Der Lehrer fragte den Schüler Klas überflüssig oft nach seinem Vater, und Klas antwortete dann stets, angesichts der ihn anstarrenden Klasse, mit ruhiger und fester Stimme: „Ich habe keinen", und es schien ihm nicht der Rede wert zu sein, so selbstverständlich klang es.

Wertung: *Boshaftigkeit des Lehrers?*
sozialer Druck!
unangenehme Situation
lässt sich nicht provozieren
äußerer Schein: Wie sieht es in ihm wirklich aus?

Stilistische Textexperimente

1 Wörter/Begriffe ersetzen, z. B.: [...] und es war nicht der Rede wert zu sein, so selbstverständlich klang es fühlte es sich an (vgl. Z. 5–7).

2 Satzgefüge auflösen in parataktische Konstruktionen, z. B.: Der Lehrer fragte den Schüler Klas überflüssig oft nach seinem Vater. Klas antwortete dann stets: „Ich habe keinen." Die Klasse starrte ihn an. Seine Stimme war ruhig ... (vgl. Z. 1–4).

5 Diskutiert: Was sagt Koeppens Geschichte über Familie und Familienbande aus?

6 Stellt die Analyseergebnisse zu einer der beiden Geschichten – „Familienbande" (▸ S. 114) oder „Klas sieht seinen Vater" (▸ S. 115 f.) – mit Hilfe der folgenden Leifragen systematisch zusammen. Belegt eure Aussagen mit Zitaten aus dem Text.

Methode	Einen Erzähltext analysieren

Thema/Inhalt:
- Was ist das Thema des Textes? Gibt es zentrale Motive?

Aufbau der Handlung:
- Wie sind Ausgangssituation und Schluss (offen/geschlossen) gestaltet?
- Gibt es einen Höhe- bzw. Wendepunkt (Pointe)? Wird Spannung erzeugt?
- Wird linear (fortlaufend) erzählt oder gibt es Rückblenden und/oder Vorausdeutungen?

Figuren:
- Welche Figuren kommen vor? Wie werden sie charakterisiert? In welcher Beziehung stehen sie? Erfahrt ihr etwas über die Gedanken und Gefühle (innere Handlung) der Figuren oder liegt der Schwerpunkt auf der Darstellung der äußeren Handlung?

Erzähler (▸ mehr hierzu auf S. 316):
- Welche Erzählform liegt vor (Ich-Erzähler oder Er-/Sie-Erzähler)? Wie wirkt dies?
- Welches Erzählverhalten liegt vor (auktorial oder personal)? Wie wirkt dies?

Sprachlich-stilistische Auffälligkeiten:
- Gibt es Besonderheiten im **Satzbau,** z. B. Häufung von einfachen, kurzen Sätzen (Parataxe) oder längeren Satzgefügen (Hypotaxe)?
- Werden Sätze oder Wörter **wiederholt?** Gibt es ein **Leitmotiv** (▸ S. 317)?
- Gibt es Besonderheiten bei der **Sprache/Wortwahl** (Jugendsprache, sachliche Sprache)?
- Werden **sprachliche Bilder** (Personifikationen, Metaphern, Vergleiche) gebraucht?

Weiteres: Gibt es Textstellen, die **Andeutungen** enthalten, **Fragen** aufwerfen? Welche Fragen bleiben ungeklärt? Welche **Deutungsmöglichkeiten** ergeben sich daraus?

Tipp: Beschreibt nicht nur, sondern erklärt Wirkung und Funktion der erfassten Merkmale.

„Und das ist das Problem ...“ – Eine Kurzgeschichte interpretieren

1. Schritt: Den Erzähltext erschließen und analysieren

Marlene Röder

Wie man ein Klavier loswird (2011)

Einige Tatsachen über das Klavier:
- Es hat 88 Tasten, 36 schwarze und 52 weiße.
- Es ist lackschwarz und sieht aus wie ein ex-travaganter Sarg, der in unserem Wohnzim-
5 mer steht.
- Es hat Jasper gehört.
- Ich hasse das Klavier.

Es ist Freitag und heute Abend steigt eine Party bei Janina. Ich bin auch eingeladen. Alle aus
10 unserer Klasse, die einigermaßen cool sind, werden dort sein.
Alle außer mir.
Als mein Klavierlehrer vor einer halben Stunde gegangen ist, hat er gesagt, dass ich ihn mor-
15 gen bei dem Vorspiel nicht blamieren werde, wenn ich die Stücke noch mal für mich übe. Das ist das höchste Lob, das ich aus seinem Mund je gehört habe. Nach der ganzen Schuf-terei, die nötig war, um an diesen Punkt zu kommen, sollte ich vermutlich stolz sein und 20 mich freuen wie ein Keks.
Stattdessen sitze ich hier, starre das Klavier an und fühle mich leer.
Oben auf dem Kasten steht ein gerahmtes Bild von meinem Bruder Jasper. Dad hat es an dem 25 Tag aufgenommen, als das Klavier geliefert wurde. Zwei Männer trugen es die Treppen hoch, wo Jasper es in die vorgesehene Ecke ein-winkte wie einen Jumbojet im Landeanflug. Auf dem Foto ist zu sehen, wie Jasper zum ers-ten Mal auf dem Klavier spielt, ein Supersize- 30 Grinsen auf dem Gesicht.
Damals waren wir neun und die von der Mu-sikschule hatten unseren Eltern gerade mitge-teilt, dass Jasper außergewöhnlich begabt sei 35

und ein eigenes Instrument zum Üben bräuchte. Da unsere Eltern Begabungen ihrer Sprösslinge optimal fördern wollten, kauften sie ein Klavier. Das Klavier, das ich jetzt am Hals habe.
40 Danke, Jasper.

Vermutlich soll man auf seinen toten Zwilling nicht sauer sein, aber ich bin trotzdem stinksauer. Schließlich hat er mir die ganze Scheiße hier eingebrockt.

45 Einige Tatsachen über Jasper:
- Er war acht Minuten älter als ich, aber trotzdem fünf Zentimeter kleiner.
- Wir haben uns nicht besonders ähnlich gesehen, auch wenn alle Welt das anscheinend
50 von Zwillingen erwartet.
- Er verbrachte täglich etwa fünf (FÜNF!) Stunden mit Klavierspielen. So richtig hammerschwere Stücke. Ein Freak oder wie man zu Zeiten des alten Mozarts gesagt hätte: ein
55 Wunderkind.
- Inzwischen bin ich drei Jahre und 154 Tage älter als er.

Das klingt jetzt wahrscheinlich, als sei Jasper ein langweiliger kleiner Streber gewesen, mit
60 dem man nicht viel anfangen konnte. Aber abgesehen von seiner merkwürdigen Leidenschaft fürs Klavierspielen war er voll okay. Einmal zum Beispiel hatte ich Stress mit unserer Mutter. Ich guckte mit Kopfhörern ein wich-
65 tiges Basketballspiel im Fernsehen, da kam sie und hat rumgenervt, dass ich für die Englischarbeit üben soll. Jasper ist sie damit natürlich nicht auf den Wecker gefallen, der hat ja Klavier gespielt – wichtig, wichtig. Mum und
70 ich fingen gerade an, uns richtig zu zoffen, da ist Jasper plötzlich von seinem Klassik-Stück in den Song von Balu aus dem Dschungelbuch gesprungen: „Probier's mal mit Gemütlichkeit, mit Ruhe und Gemütlichkeit ..." Unsere
75 Mutter musste lachen und hat mich das Spiel zu Ende schauen lassen.

So war Jasper. Auf seine Art irgendwie cool. Er konnte jedes Lied nachspielen, das er einmal gehört hatte. Manchmal hat er die Charts rauf
80 und runter gespielt und ich musste die Interpreten erraten. Darauf war ich ziemlich neidisch. Aber nicht so, dass ich ihm gewünscht hätte, dass er stirbt.

Was bist du, wenn dein Zwilling stirbt? Ein
85 Einling?

Im Fernsehen habe ich mal eine Reportage über Leute gesehen, die ein Körperteil verloren hatten. Manche haben davon gesprochen, dass ihr Bein oder Arm immer noch wehtut, obwohl
90 der Körperteil gar nicht mehr da ist. Das nennt man Phantomschmerz.

So fühlst du dich, wenn dein Zwilling tot ist: wie ein Einling mit Phantomschmerz.

Einige Tatsachen darüber, wie Jasper starb:
95 - Es passierte am Montag, dem 12. Juni, wir spielten gerade mit ein paar Kumpels Basketball vor unserer Garage.
- Jasper fing nicht. Ich hätte den Ball vielleicht noch bekommen, aber er kriegte ihn nicht
100 mehr und der Ball rollte auf die Straße. Jasper hinterher.
- Ich habe keine Lust, den Rest der Geschichte zu erzählen.

Mein Handy klingelt, ich schrecke aus den Ge-
105 danken hoch. Es ist Lukas.

„Hey, Alter, ich bin hier mit Fabian und den anderen in der Halle. Paar Körbe werfen. Kommst du auch?"

„Nee, kann nicht, wegen dem Scheißvorspiel."
110 Lukas kann ich das erzählen. Der war mit dabei, an diesem 12. Juni. Deshalb reißt er jetzt auch keinen blöden Spruch, sondern sagt nur: „Wir sind noch 'ne Weile da. Ruf an, falls du's dir anders überlegst."

115 Der hat leicht reden. Ich hab's mir schon längst anders überlegt. Das Problem sind meine Eltern.

Nach Jaspers Tod waren sie ziemlich fertig. Wir zogen um, in ein Haus ohne Basketballkorb an
120 der Garage. Das Klavier zog mit. Mein Dad wollte es verkaufen, aber Mum bekam so eine Art Nervenzusammenbruch, als es abgeholt werden sollte. Dabei machte es sie traurig, wie es da schweigend in der Wohnzimmerecke
125 stand.

119

„Spiel doch mal was, Stefan", bat sie mich eines Tages. Ich tat ihr den Gefallen und spielte das einzige Stück, das ich konnte – Für Elise –, weil Jasper und ich das manchmal vierhändig gespielt hatten. Es fühlte sich gut an. Als ich fertig war, lächelte Mum zum ersten Mal seit dem Tod meines Bruders.

So fing alles an: Weil eine Mutter, die ab und zu lächelt oder wenigstens rummeckert, besser ist als eine, die im Bett liegt und an die Zimmerdecke starrt, begann ich mit dem Klavierspielen. Bald darauf schleppte Mum einen Klavierlehrer an. Natürlich war ich meilenweit davon entfernt, so gut zu spielen wie Jasper. Aber ich war auch nicht völlig unbegabt, und weil ich viel übte, wurde ich langsam besser. Zumindest gut genug, um eine Einladung zu diesem Vorspiel zu bekommen.

Und das ist das Problem: Wenn ich mich morgen nicht blamiere, wird das nicht das letzte Vorspiel gewesen sein und nicht die letzte Party, die ich verpasse. Statt Basketball zu spielen, mit meinen Kumpels abzuhängen und andere Sachen zu tun, die Spaß machen, werde ich noch mehr Zeit vor dem Klavier verbringen. In dem Versuch, eine schlechte Kopie meines toten Bruders zu werden.

Ich sehe mein Leben vor mir liegen wie eine endlose, trostlose Klavierstunde. Das Klavier grinst mich mit seinem schwarz-weißen Gebiss an. Ich knalle den Deckel zu.

Damit ich es nicht länger ansehen muss, gehe ich rüber zum Fenster. Ich lehne die Stirn an die winterkühle Scheibe. Unten auf der Straße stehen parkende Autos, Leute eilen an Haufen von Sperrmüll vorbei, die auf dem Bürgersteig liegen: verschimmelte Matratzen, ein alter Rollstuhl, jede Menge kaputter Krempel.

PLING! Ein Augenblick der Erleuchtung: Meine Rettung taucht vor mir auf wie das ferne Ufer eines Traumstrandes.

In der nächsten Sekunde habe ich Lukas' Nummer aufgerufen. Er geht schon nach dem dritten Klingeln dran: „Hallo?"

„Hey", sage ich, bevor ich es mir anders überlegen kann, „ich will mein Klavier loswerden."

Wir haben schon öfter über das Klavier gesprochen. Lukas ist eine Weile ganz still. „Brauchst du Hilfe?", fragt er dann.

Ich nicke, bis mir einfällt, dass er mein Nicken nicht hören kann. Aber da sagt Lukas auch schon: „Ich bring die Jungs mit zum Tragen. Bis gleich."

Eine Viertelstunde später sind sie da: Lukas und vier andere Jungs, mit denen wir regelmäßig Körbe werfen. Während die anderen verlegen im Flur rumstehen, auf ihre dreckigen Nikes starren und die Familienfotos an den Wänden mustern, reibt Lukas sich die Hände. „Wo ist denn das Schätzchen?"

Ich führe sie ins Wohnzimmer und zeige auf meinen Klaviersarg. Das Klavier bemüht sich, besonders eindrucksvoll und schwer auszusehen. Es nützt ihm nichts.

„Packen wir's!", ruft Lukas und wir packen das Klavier. Die Männer, die es brachten, haben es zu zweit getragen, wir schuften uns zu sechst einen ab. Unten auf der Treppe rutschen einem der Jungs die Hände ab und mit wildem Klirren und Klimpern saust das Klavier die restlichen Stufen hinunter. Fast hätte es Lukas zerquetscht – doch er kann sich durch einen Hechtsprung retten. „Dein Klavier ist irgendwie aggro heute!", keucht er, als das Klavier gegen die Flurwand kracht, dass der Putz von der Decke bröckelt.

Als wir es weitertragen wollen, sehen wir die tiefen Kratzer, die das Klavier abbekommen hat. Zum Glück ist es nicht mehr weit. Ich gehe vor, um die Haustür mit einem Keil zu fixieren. In diesem Moment wird die Tür von der anderen Seite aufgeschlossen. Da steht die Person, die ich jetzt am allerwenigsten gebrauchen kann.

„Hallo, Stefan", sagt meine Mutter überrascht. „Mein Chef hat mir extra erlaubt, früher ..." Sie verstummt, als sie den Trupp Jungs in unserem Flur entdeckt. „Was ist denn hier los?", fragt sie. In diesem Moment fällt ihr Blick auf das Klavier. Sie drängt sich zwischen uns durch, geht neben dem Instrument in die Hocke und streicht mit den Fingern über die Krat-

zer, als wollte sie gleich ein Pflaster draufkleben.

220 „Was hast du mit dem Klavier gemacht?", fragt sie mich und ihre Stimme zittert leicht.

Was soll ich sagen – ich wollte es auf den Sperrmüll bringen, um es loszuwerden? Ich stehe in unserem stickigen Flur und weiß plötzlich, 225 dass diese Worte niemals ausgesprochen werden können.

Die Jungs haben kapiert, dass die Kacke mächtig am Dampfen ist, sie versuchen, sich an uns vorbeizuquetschen, um unauffällig zu ver-230 schwinden.

„Halt!", befiehlt Mum. „Ihr werdet das Klavier wieder nach oben tragen, dahin, wo es hingehört." Ihre Stimme klingt wie eine zu straff gespannte Saite. Lukas sieht aus, als wollte er 235 etwas entgegnen, aber dann macht er den Mund wieder zu. In Mums Stimme liegt etwas, dem man gehorchen muss.

Also tragen wir das Klavier wieder zurück in die Wohnung. Mit jeder Treppenstufe scheint 240 das verdammte Ding schwerer zu werden. Nach einer gefühlten Ewigkeit steht es wieder an seinem gewohnten Platz, so als wäre nichts geschehen. Nur die Kratzer an der Seite verraten, dass es einen kleinen Ausflug gemacht 245 hat. Mum nimmt ein Tuch und reibt unsere Fingerabdrücke von der Oberfläche. „Ihr könnt jetzt gehen", sagt sie, ohne die Jungs anzusehen.

Sie beeilen sich, aus der Wohnung zu kommen. Lukas geht als Letzter. „Mach's gut, Stefan." 250 Behutsam zieht er die Wohnungstür hinter sich zu.

Nun, da alle weg sind, erwarte ich, dass Mum mich anschreit. Oder zumindest, dass sie mich zur Rede stellt, warum ich das getan habe. Wie 255 ich das habe tun können. Jaspers Klavier!

Dann könnte ich zurückbrüllen, dass ich nicht Jasper bin. Dass es mir leid für sie tut, dass ich kein verdammtes Wunderkind bin, leid für sie tut, dass Jasper gestorben ist und nicht 260 ich.

Aber Mum fragt nicht. Wahrscheinlich hat sie Angst vor meiner Antwort.

„Du musst noch für dein Vorspiel morgen üben, Stefan", sagt sie und einen Augenblick 265 spüre ich ihre warme Hand auf der Schulter.

Dann geht sie und ich bleibe allein zurück mit dem stillen Lächeln meines Bruders. Mum hat sein Foto wieder auf das Klavier gestellt.

Morgen werde ich meinem Klavierlehrer 270 sagen, dass dies das erste und letzte Vorspiel ist, bei dem ich mitmache. Und ich werde ihn fragen, ob er mir nicht den Balu-Song beibringen kann statt immer nur dieses Klassikzeug. „Probier's mal mit Gemütlichkeit, mit 275 Ruhe und Gemütlichkeit." Wenn ich die Augen schließe und mich konzentriere, kann ich Jasper spielen hören. Leise summe ich die Melodie mit.

280 Einige neue Tatsachen über das Klavier:
– Ein Klavier loszuwerden, ist schwerer, als ich dachte.
– Wenn es eine Treppe runtersaust, gibt es unglaubliche Töne von sich.
– Es ist jetzt auch mein Klavier. 285

1 a Tauscht euch aus: Was gefällt euch an der Geschichte, was nicht? Geht auf Handlung, Figuren und sprachliche Gestaltung ein.

b Erklärt, aus welcher Sicht erzählt wird. Wie wirkt das auf euch?

2 Erläutert, in welcher Weise sich der Titel auf die Geschichte bezieht. Diskutiert, ob für die Geschichte auch die folgenden Titel geeignet wären:

> Familienbande • Das Klavier •
> Drei Jahre, 154 Tage • Sperrmüll •
> Versuch's mal mit Gemütlichkeit •
> Das Vorspiel

3 Bringt möglichst in einem aussagekräftigen Satz auf den Punkt, worum es eurer Meinung nach in der Geschichte geht. Diese so genannte Deutungs- oder Interpretationshypothese kann Ausgangspunkt für eine genauere Textanalyse sein.

4 a Haltet die wichtigsten Handlungsschritte chronologisch auf einer Zeitleiste fest. Die Informationen im Merkkasten unten helfen euch.

Vorgeschichte (Rückblende)	Gegenwart (aktuelle Handlung)	Zukunft (Vorausdeutung)
– Jasper und Stefan sind 9 Jahre alt … – … → sprachliche Signale: „Damals" (Z. 33); …	– Stefan sitzt am Klavier … – … → sprachliche Signale: „Es ist Freitag" (Z. 8)	– … – … → sprachliche Signale: …

b Jede Rückblende unterbricht den Erzählfluss und liefert Informationen, die die Handlung in neuem Licht erscheinen lassen. Erläutert, welche Funktion die Rückblende in der vorliegenden Geschichte hat und welche Wirkung sie auf den Leser hat.

Information **Die Zeitgestaltung in einer Erzählung: Rückblende und Vorausdeutung**

Der Erzähler kann sich streng an die zeitliche Reihenfolge der Ereignisse halten, also **chronologisch erzählen.** Er kann aber auch die aktuelle Handlung unterbrechen und **in Rückblenden** von vergangenen Ereignissen erzählen oder in **Vorausdeutungen** Ereignisse vorwegnehmen.
Jede Rückblende oder Vorausdeutung unterbricht den linearen (chronologischen) Erzählfluss. Die Rückblende liefert z. B. Informationen, die zum Verständnis der Handlung wichtig sind oder diese in einem neuen Licht erscheinen lassen. Die Vorausdeutung kann die Spannung steigern, indem zukünftige Geschehnisse gezeigt werden.
Tipp: Um die Zeitebenen einer Erzählung zu erkennen, kann man auf Zeitangaben (z. B. *damals, heute*) und auf die Tempora der Verben achten. Wird z. B. im Präteritum erzählt, stehen Rückblenden meist im Plusquamperfekt. Ist die Haupthandlung im Präsens wiedergegeben (narratives Präsens), werden Rückblenden in der Regel durch die Verwendung des Präteritums gekennzeichnet.

5 a Ein besonderes Element sind die „Tatsachen", die Stefan auflistet.
– An welchen Stellen bzw. Positionen der Erzählung finden sich diese?
– Inwiefern unterscheiden sich diese Einschübe vom übrigen Erzählstil?
– Welche Funktion haben diese Textstellen in der Erzählung?

  b Vergleicht die erste Tatsache (inklusive des jeweiligen Einleitungssatzes) über das Klavier mit der letzten. Erläutert dann, wie ihr den letzten Satz der Geschichte (▶ Z. 280–285) versteht.

6 a Macht euch ein genaues Bild von den Figuren der Geschichte. Listet „Tatsachen" über Stefan, Stefans Mutter sowie Lukas auf, indem ihr wesentliche Charaktereigenschaften benennt. Belegt eure Aussagen anhand des Textes.

> *Einige Tatsachen über Stefan*
> *– Er hasst das ... (vgl. Z. 7)*
> *– ...*

> *Einige Tatsachen über die Mutter*
> *– ...*
> *– ...*

> *Einige Tatsachen über Lukas*
> *– ... (vgl. Z. x)*
> *– ...*

  b Diskutiert: Entwickeln sich die Figuren Stefan und Stefans Mutter im Lauf der Geschichte?

7 Untersucht die sprachliche Gestaltung der Erzählung. Geht so vor:
  a Beschreibt anhand von Textbeispielen den Sprachstil der Erzählung.
Überlegt: Welche Figuren kommen zu Wort? Wie wirkt sich dies auf die Sprache der Erzählung aus?
  b Diskutiert: Welchen Eindruck gewinnt ihr von Stefan aufgrund seiner Ausdrucksweise?
  c Tragt sprachliche Bilder (Vergleiche, Personifikationen, Metaphern) aus dem Text zusammen und erklärt, wozu sie dienen bzw. welche Bedeutung sie haben, z. B.:

> *Z. 28 f.: „[...], wo Jasper es [das Klavier] in die vorgesehene Ecke einwinkte wie einen Jumbojet im Landeanflug"*
> *→ Der Vergleich macht anschaulich, dass das Klavier ein großer und nicht ungefährlicher Gegenstand ist, der durch Jasper einen geeigneten Platz im Leben der Familie zugewiesen bekommt.*

8 a Sammelt in einem Cluster prägnante Aussagen über das Klavier.

„wie ein extravaganter Sarg" (Z. 3 f.)   *„..."*   *„..."*   *„..."*   *„..."*   *„Jaspers Klavier!" (Z. 256)*

  b Erläutert in einem kurzen Text, welche Bedeutung das Klavier in der Geschichte hat. Begründet, ob man es auch als Leitmotiv (▶ S. 317) bezeichnen kann.

2. Schritt: Die Interpretation schriftlich ausarbeiten

1 Verfasst auf der Grundlage eurer Analyseergebnisse (▶ S. 122–123) eine Interpretation zu Röders Kurzgeschichte, bestehend aus Einleitung, Hauptteil und Schluss. Geht so vor:

a Formuliert eine Einleitung. Ihr könnt dazu die folgenden Formulierungsbausteine nutzen:
  – *In der Kurzgeschichte „...." von ... aus dem Jahr ... geht es um ...*
  – *„Wie man ein Klavier loswird" heißt die ... entstandene ... von ..., in der ...*
  – *Marlene Röder lässt in ihrer Kurzgeschichte ... den ca. 12-jährigen Stefan erzählen, wie er ...*

b Verfasst den Hauptteil der Interpretation. Geht hierbei auf folgende Aspekte ein:
  – Inhalt und Textaufbau (Zeitgestaltung),
  – Charakterisierung der Hauptfiguren (Stefan, Stefans Mutter, Lukas),
  – sprachliche Gestaltungsmittel,
  – Bedeutung des Klaviers.

  Tipp: Haltet zuerst in einem Schreibplan stichwortartig eure Ergebnisse (mit Textbelegen) fest.

> *Die Geschichte setzt unvermittelt ein: Stefan ...*
> *Durch Rückblenden (vgl. Z. 25–39; 62–76) erfährt der Leser nach und nach ...*
> *Die Hauptfigur Stefan, gleichzeitig Ich-Erzähler der Geschichte, ist ca. 12 Jahre alt ...*
> *Wenn man die Sprache untersucht, fällt zuerst auf, dass die Geschichte zum großen Teil in Umgangs- bzw. Jugendsprache erzählt wird. Grund hierfür ist, dass Stefan als Ich-Erzähler über sich selbst und sein Leben ...*
> *Außerdem gibt es zahlreiche sprachliche Bilder ...*
> *Das Klavier spielt in der Geschichte eine zentrale Rolle, das zeigt auch schon der Titel der ...*

c Formuliert einen Schlussteil, indem ihr (kurz) Stellung zum Text nehmt, die Geschichte bewertet oder eure eigene Meinung zum Text darlegt, z. B.:
  – *Der Autorin ist es gelungen, mir als Leser/Leserin in ...*
  – *Obwohl der Schluss der Geschichte ..., erscheint es mir bedenklich ...*
  – *Während beim ersten Lesen der Geschichte ..., hat die genaue Analyse ... erbracht ...*

Information   **Einen literarischen Text interpretieren**

Bevor man einen literarischen Text interpretiert, muss man ihn genau analysieren (▶ Merkkasten S. 117). Je nach Aufgabenstellung untersucht ihr Handlung, Figuren, Sprache, Thema, Motive und (bei epischen Texten) die Erzähltechnik eines Textes.

- In der **Einleitung** nennt ihr den Namen des Autors/der Autorin, den Titel, die Textsorte (z. B. Kurzgeschichte, Erzählung) und das Thema bzw. die Kernaussage des Textes.
- Im **Hauptteil** legt ihr die Ergebnisse eurer Texterschließung dar und belegt sie mit Textbeispielen (▶ Zitieren, S. 350). Je nach Aufgabenstellung wird Folgendes entfaltet:
  – Inhalt und Aufbau der Geschichte (▶ S. 117),
  – Figuren und ihre Beziehungen zueinander (▶ S. 117),
  – Erzähler/Erzähltechnik (▶ S. 117), sprachlich-stilistische Gestaltung (▶ S. 117),
  – eventuell Besonderes im Hinblick auf die Textsorte (z. B. Kurzgeschichte, Parabel).
- Im **Schluss** könnt ihr kurz Stellung zum Text (z. B. zum Inhalt, zur Problemstellung) nehmen oder eine persönliche Bewertung des Textes abgeben.

Teste dich!

Eine Kurzgeschichte interpretieren

Sibylle Berg

Vera sitzt auf dem Balkon (1997)

Vera und Helge sind verheiratet. Schon lange. Wissen sie eigentlich gar nicht, warum.

Sie sitzen draußen, auf dem Balkon. Es ist ein Sommerabend. Die Luft ist fleischwarm und macht im Menschen das Gefühl, dass er was unternehmen müsste, in dieser Nacht, das ihr gerecht wird, in der Aufregung, die sie verursacht. Was kann ich machen, mit so einer schönen Nacht, denkt sich Vera und weiß keine Antwort. Und eigentlich auch keine Frage. So eine Nacht ist eben eine Nacht. Die will gar nichts gemacht kriegen. Vera sieht Helge an. Der sitzt neben ihr und ist tausend Gedanken entfernt.

Sie würde gerne rübergehen, zu ihm. Aber sie weiß nicht, wie. Sie schaut in den Himmel und sucht dort den Satz. Der alles ändert. Ein Satz nur. Himmel, schenk mir einen. Der Himmel bleibt stumm und schön, und Wunder gibt es eben nicht. Wunder muss es aber geben, denkt Vera und guckt stur in den Himmel. Und dann guckt sie zu Helge rüber und der guckt geradeaus. Helge trinkt Bier.

„Helge ..." Helge trinkt Bier.

„Ein schöner Abend."

Helge bleibt stumm und Vera könnte gut tot umfallen. So leer fühlt sie sich an und weiß gar nicht, warum sie noch hier sitzen soll, oder aufstehen, oder weiterleben. Der Himmel ist ein Verräter, und einen Gott gibt es nicht. Vera nimmt ihre Hand und legt sie auf die von Helge. Da liegt sie dann so. Helges Hand bewegt sich nicht.

Sie fühlt, dass ihre Hand weglaufen möchte. Sie mag das schwitzige Ding nicht anfassen müssen. Nichts ist peinlicher als eine Hand, die man anfasst und die sich nicht bewegt, denkt Veras Hand, sondern nur atmet. Vor lauter Widerwillen laut atmet. Das denkt sich Veras Hand so, und Vera selbst schämt sich und nimmt ihre Hand weg, um sich eine Strähne aus dem Gesicht zu wischen. Sie steht auf und geht in die Küche. Der Abwasch steht noch da. Vera bindet sich die Schürze um. Sie wäscht ab und überlegt sich, was sie morgen ins Büro anziehen soll. Dann fällt ihr ein, dass Nora bald Geburtstag hat, und sie schüttelt den Kopf. Es gibt doch wirklich wichtigere Sachen als so einen blöden, warmen Abend und eine Hand, die nicht von ihr angefasst werden will.

1　a Wähle einen der beiden möglichen Standpunkte und begründe ihn in einem Satz:
　　Als Titel wäre „Helge sitzt auf dem Balkon" auch passend/weniger passend, denn ...

　b Setze zwei der interpretierenden Aussagen (A, B, C) sinnvoll fort.

　　A *Zu Beginn der Geschichte (▸ Z.1–2) fällt der Satzbau auf, denn ... Dadurch wirken diese Aussagen ...*

　　B *Die gestörte Beziehung der beiden wird z.B. in ... (▸ Z. x) deutlich. Diese Sätze zeigen/wirken ...*

　　C *Das Besondere an der Formulierung „die Luft ist fleischwarm" (▸ Z.4) ist ... Dadurch wirkt ...*

　c Belege anhand von drei Merkmalen, dass der Text eine Kurzgeschichte ist.

2　Vergleicht eure Ergebnisse in Partnerarbeit.

6.2 Menschen in Beziehungen – Kommunikation in literarischen Texten untersuchen

Daniel Kehlmann

Kritik (1998)

Wagenbach ging langsam durch den Gang zwischen den Sitzreihen, fand seinen Platz, schob sich an den Knien seines Nachbarn vorbei und setzte sich. Er schloß sofort die Augen: Er würde sie nicht mehr öffnen, bis er in der Luft sein würde, in der ruhigen Sicherheit der Höhe, so machte er es immer; das und die Beruhigungstablette, die er vor einer halben Stunde geschluckt hatte, halfen ihm, mit seiner Angst fertigzuwerden. Er schloß den Gurt, ohne die Augen zu öffnen, inzwischen konnte er das. Dann hörte er den Lärm der Motoren und spürte die ungeheuren Kräfte, die ihn in seinen Sitz drückten und ihn in die Luft schleuderten, ins hohe, ausgespannte Blau. Erst als er keine Bewegung mehr fühlte, öffnete er die Augen. Der Himmel schien zu strahlen, die Sonne brannte im Westen, das Land lag grün und undeutlich, wie unter einem Schleier, in der Tiefe.

„Entschuldigung", sagte sein Nachbar und senkte die Zeitung, „sind Sie nicht Wagenbach?" Er war dicklich und hatte einen schwarzen Schnurrbart und dunkle Augen, stark vergrößert durch seine Brille.

„Ja."

„Ach so." Der Mann sah wieder in seine Zeitung. Wagenbach blickte aus dem Fenster. Die Helligkeit beunruhigte ihn. Er durfte sich nicht zuviel bewegen, er durfte nicht zuviel denken. Wenigstens war es nur ein Flug von einer Stunde.

Aber das bedeutete auch, daß es keinen Film geben würde und nichts zu essen, allenfalls ein weiches Sandwich.

„Ich habe Sie oft gesehen", sagte sein Nachbar. „Am Theater. Auch im Fernsehen. Diese Sendung, die Sie moderieren. *Musikzeit,* nicht?"

„*Musikstunde.*" Wagenbach vermied seinen Blick. Er wollte nicht mit ihm reden. Er wollte überhaupt nicht reden. Schon gar nicht mit einem Bewunderer.

„*Musikstunde,* natürlich. Meine Frau sieht das auch immer. Und erst vor zwei Wochen waren wir in *Wer hat Angst vor Virginia Woolf.* Das ist schon ein Zufall, nicht?"

„Wollen Sie ein Autogramm?" Es klang viel unfreundlicher, als er beabsichtigt hatte. Wie von selbst bewegte seine Hand sich zur Jacketttasche, zu den Autogrammkarten.

„Nein danke. Nein."

Wagenbach stockte.

„Wissen Sie", sagte der Mann, „ich bin kein Anhänger."

Wagenbach blickte aus dem Fenster und rührte sich nicht. Die Wolken bildeten längliche und bizarre Gebilde. Er war nicht sicher, ob er richtig gehört hatte.

„Eigentlich sammle ich Autogramme", sagte der Mann, „ich habe ein ganzes Album. Aber nein ... nein danke. Nicht Ihres. Sehr freundlich von Ihnen."

Er sah wieder in die Zeitung, dann blätterte er um. Wagenbach rieb sich die Augen. Es war zu hell.

„Also wenn Sie es wissen wollen", sagte der Mann, „in *Virginia Woolf* fand ich Sie sehr oberflächlich. Sie konnten mit der Rolle kaum etwas anfangen, oder? Ein paarmal sind Sie übrigens richtig gehangen, das hat man gemerkt! Und Ihre Gestik – wozu das Gefuchtel? Entschuldigen Sie!"

Er sah wieder in die Zeitung. Er leckte seine Lippen und blätterte um. Wagenbach rieb sich die Augen.

„Meine Frau fand das auch."

Wagenbach räusperte sich. Es klang merkwürdig. Die Motoren hatten ihre Tonlage verändert; für einen Augenblick stieg ein schwindelerregender Anfall von Angst in ihm auf; er atmete tief durch, es wurde besser. Er beschloß, nicht zu antworten.

Der Mann sah auf. „Entschuldigen Sie! Das war nicht höflich von mir!"

„Schon gut", sagte Wagenbach.

„Ich wollte Sie nicht kränken."

„Schon gut", sagte Wagenbach. „Jeder hat das Recht auf seinen Geschmack, nicht?"

Der Mann zuckte die Achseln und sah wieder in die Zeitung. Wagenbach schloß die Augen. Er fühlte sich eingeschlossen in warme Dunkelheit.

„Dilettantisch", sagte die Stimme neben ihm. Er zuckte zusammen.

„Dilettantisch", wiederholte die Stimme. „Vor zwei Monaten in *Wallenstein.* Mein Gott, Sie haben einen Clown aus ihm gemacht, wissen Sie das? Wie sind Sie auf diese Idee gekommen? Und Ihr Auftritt ...."

„Was ist damit?" rief Wagenbach. Er öffnete die Augen. Er war besonders stolz auf diesen Auftritt, er hatte ihn lange geprobt, er war dafür viel gelobt worden.

„Nichts", sagte der Mann, „nichts. Entschuldigen Sie." Er leckte sich die Lippen und blätterte um.

„Dieser Auftritt war einer meiner besten Momente! Ob Sie es glauben oder nicht!"

„Doch, das glaube ich schon."

„Was?"

„Daß es einer Ihrer besten Momente war. Das glaube ich Ihnen schon."

Wagenbach schloß die Augen. Er würde sich nicht mehr bewegen; er würde so tun, als wäre er eingeschlafen. Er wollte nicht diskutieren. Er wollte keinen Streit mit diesem Menschen, er wollte einfach den Flug überstehen. Seine Angst war stärker geworden. Ihm war schwindlig.

„Nach *Wallenstein* habe ich zu meiner Frau gesagt: ‚Siehst du?' Und sie hat geantwortet: ‚O ja!' Mehr war nicht nötig."

Wagenbach atmete gleichmäßig. Er rührte sich nicht. Er hörte sehr deutlich die Motorengeräusche, das Murmeln der Passagiere, die Stimme der Stewardeß.

„Mein Vater war auch dort, eine Woche später. Ich habe ihn angerufen und gefragt: Na? Und er hat gesagt ...“ Der Mann lachte. „Nein, das erzähle ich lieber nicht!“ Er räusperte sich. „Bitte entschuldigen Sie! Ich wollte Sie nicht stören.“ Wagenbach hörte das Rascheln von Papier und dann nichts mehr. Er öffnete einen Spaltbreit die Augen. Er sah seine beiden Schuhspitzen und zwischen ihnen den Boden des Flugzeugs. Plötzlich wurde ihm klar, daß darunter nichts war. Nichts. Zehn Kilometer tief: nur Luft und Helligkeit und Leere. Ein Anfall von Panik ließ ihn aufstöhnen. Er rieb sich die Schläfen.

„Ist Ihnen nicht gut?“

„Doch ... alles in Ordnung!“ Wagenbach drehte sich nach der Stewardeß um, er hätte gerne eine Tasse Kaffee gehabt oder auch etwas Stärkeres. Aber plötzlich war sie nirgendwo zu sehen.

„Soll ich Ihnen etwas zu trinken besorgen? Sie sehen schlecht aus.“

„Nein“, sagte Wagenbach, „es geht schon.“

„Wollen Sie eine Zeitschrift? Ich habe noch eine Newsweek.“

„Nein danke.“

Der Mann zuckte die Achseln. „Bitte. Wissen Sie, in der letzten Folge von *Melodiestunde* ...“

„*Musikstunde.*“

„ ... von *Musikstunde* sahen Sie auch schon etwas krank aus. Meine Frau sagte, ihm wird doch nichts fehlen, und ich sagte, keine Angst, dem nicht, aber jetzt, wo ich Sie aus der Nähe sehe, mache ich mir doch Sorgen!“

Wagenbach sah sich um. Wo war die Stewardeß?

„Was hat Sie eigentlich dazu gebracht, für diese Sendung zu unterschreiben? Ich meine, ein Schauspieler wie Sie, irgendwie sind Sie doch auch ein Schauspieler, nicht wahr, ich meine irgendwie, theoretisch ... Also warum? Wegen dem Geld?“

Wagenbach rieb sich die Augen. Jetzt fiel ihm das Atmen schwer. Er öffnete den Mund, aber seine Stimme gehorchte ihm nicht. Das Flugzeug schien sich zu neigen. Er spürte es ganz deutlich: Es neigte sich.

„Aber warum? Sie verdienen doch auch so genug. Viel zuviel, oder? Ich meine, wozu diese verdammte Raffgier, auf Kosten Ihrer Reputation[1], auf Kosten ... Wissen Sie, wie lächerlich Sie dort wirken? In dieser idiotischen Dekoration?“

„He!“ rief Wagenbach.

Die Stewardeß blieb stehen.

„Eine Tasse Kaffee!“

„Tut mir leid, aber wir sind schon im Landeanflug. Ich darf nichts mehr servieren.“

„Bitte“, sagte Wagenbach, „bringen Sie mir eine Tasse Kaffee!“

„Tut mir leid, das sind die Vorschriften.“

„Wissen Sie“, sagte Wagenbach heiser, „wer ich bin?“

„Nein.“ Sie drehte sich um und ging weiter.

„Hätten Sie es mir doch vorhin gesagt, als ich gefragt habe, da wäre noch Zeit gewesen. Statt dessen versuchen Sie, Stewardessen zu beeindrucken! Glauben Sie, die sieht *Musikstunde*? Glauben Sie, irgendwer sieht *Musikstunde*? Ich meine, diese Sendung wäre sogar ohne Sie schlecht!“

Wagenbach holte Luft. „Ich verbitte mir“, schrie er (aber es kam nicht als Schreien heraus, nur als ein seltsames Krächzen), „Ihre Beleidigungen, und ...“

„Entschuldigen Sie!“ sagte der Mann. „Sie haben völlig recht!“ Er blickte Wagenbach an und nahm seine Brille ab und faltete sie zusammen und sah plötzlich sehr bekümmert aus. „Da sitzen Sie im Flugzeug und wollen nicht reden und fühlen sich nicht gut, und nur weil ich kein Anhänger von Ihnen bin, nehme ich mir heraus ... Entschuldigen Sie!“

„Schon gut!“

„Nein, es ist nicht gut, es ist eine Unverschämtheit, es ist ...“

---

1 die Reputation: guter Ruf, hohes Ansehen

„Bitte", sagte Wagenbach leise, „lassen Sie mich in Ruhe!"

Über ihm leuchtete das Rauchverbotszeichen auf. Die Stewardeß ging sehr schnell vorbei. Zu schnell. Etwas schien nicht in Ordnung zu sein.

„Einmal fand ich Sie sogar gut. Ziemlich gut. Für Ihre Verhältnisse. Das war in *Nathan der Weise,* vor fünf Jahren, als Sie den Tempelherrn gespielt haben. Das war eine Rolle, die nicht einmal ... Soll ich Ihnen mit dem Gurt helfen? ... nicht einmal Sie verderben konnten."

Wagenbach tastete nach dem Gurt und schloß ihn. Er spürte, wie die Maschine sank; er sah, wie die Spielzeuglandschaft unter dem Fenster sich näherte; die Häuser wuchsen, nahmen kompliziertere Formen an; die Motoren schienen lauter zu werden; ein Hubschrauber raste unter ihnen vorbei; das Flugzeug schwankte. Die Angst schnürte ihm den Atem ab. „Nicht einmal ein dilettantischer, unbegabter, vollständig unbegabter, nicht einmal ein Laiendarsteller wie Sie, der ..."

Wagenbach beugte sich vor. Seine Stirn berührte die Sitzlehne vor ihm. Die Motoren brüllten. War das der Absturz?

„... nicht einmal seinen Text lernen kann, der nicht zwei Sätze, ach, was sage ich, nicht einmal ... Unbegabt wie ein Stein!"

Und dann spürte er einen Schlag von unten, gegen den Boden der Maschine, und ihm war, als wäre alles vorbei, alles, für immer.

„Und sogar zu blöd, um seinen Text zu lernen!

Früher habe ich abgeschaltet, wenn Sie im Fernsehen waren, jetzt schalte ich extra ein! Es ist so komisch! So komisch!"

Wagenbach sah aus dem Fenster; dort lief schon die Landebahn vorbei, die länglichen gelben Linien, und sie wurden langsamer, und das Flugzeug bremste und bremste stärker; er spürte die Kraft, die ihn aus seinem Sitz, in den Gurt drückte.

Und jetzt standen sie. Wagenbach rieb sich die Augen und begriff allmählich, daß es vorbei war. Daß sie standen. Daß er lebte. Er öffnete seinen Gurt, und dann, mit einem Ruck, stand er auf. Der Boden schien zu schwanken. Ihm war sehr schwindlig. Sein Nachbar sah zu ihm auf. Sein Schnurrbart glänzte feucht. Seine Haare sahen zerwühlt aus, seine Augen waren schwarz und rund. „Bitte", sagte er, „entschuldigen Sie!"

„Was?"

„Bitte entschuldigen Sie! Ich habe mich unmöglich benommen!"

„Lassen Sie mich durch", sagte Wagenbach. Er schob sich an ihm vorbei und ging zur Tür: Er war der erste, und sie war noch verschlossen, und er mußte warten.

„Tolle Landung", sagte die Stewardeß, „nicht wahr? Sanft wie im Lehrbuch!"

...

R

---

1 a In der vorliegenden Geschichte fehlt der Schluss. Lest sie bis auf das Ende durch.
  b Tauscht euch über euren ersten Leseeindruck aus: Welche Gedanken sind euch zum Verhalten der beiden Männer durch den Kopf gegangen?

2 a Wie könnte die Geschichte ausgehen?
    Erzählt sie zu Ende. Ihr könnt euch selbst einen Schluss überlegen oder eine der folgenden Ideen verwenden:
    – Wagenbach begegnet seinem Sitznachbarn noch einmal am Ausgang des Flughafens.
    – Vom Hotelzimmer aus ruft Wagenbach seinen Manager an.
  b Lest den tatsächlichen Schluss der Geschichte (▶ S. 364).
    Erklärt, wie ihr das Ende versteht und ob euch der Ausgang der Geschichte überrascht hat.

3 a Arbeitet im Team und haltet mit Hilfe einer Aktion-Reaktions-Kette fest, wie das Gespräch im Flugzeug verläuft.

> *Sitznachbar*
> – spricht W. höflich an (vgl. Z. 21–22) ⟶ *Wagenbach*
> – teilt W. mit, er habe W. am Theater ... ⟶ – regiert knapp
> – ...

b Könnt ihr verschiedene Gesprächsetappen und/oder einen Höhepunkt feststellen? Begründet eure Meinung anhand von Textbelegen.

4 Wählt einen besonders spannungsreichen Dialogausschnitt aus und bereitet ihn für einen gestaltenden Vortrag vor. Verfahrt so:

> **Nonverbale Ausdrucksmittel:**
> Gestik, Mimik, Körperhaltung
> **Paraverbale Ausdrucksmittel**
> Intonation (Betonung), Lautstärke, Sprechtempo, Pausen usw.

a Notiert: Welche Informationen liefert euch der Text über die beiden Dialogpartner? Wie stellt ihr euch die beiden Männer vor?

b Überlegt: Welche nonverbalen und paraverbalen Ausdrucksmittel könnt ihr nutzen, um die Stimmung und die Aussageabsicht der beiden deutlich zu machen?

c Tragt die Dialoge vor. Achtet besonders auf die Wirkung der nonverbalen und verbalen Ausdrucksmittel.
Gebt euch gegenseitig ein Feedback.

Alltagskommunikation analysieren

1 **Ältere Dame** *(zu einem kleinen Jungen)*: „Das ist ja toll, dass du schon ganz alleine fliegst! Wie heißt du denn?"

2 **Mann im Anzug** *(zu anderem Mann im Anzug)*: „Auch Konferenz in Schanghai?"

3 **Mann mittleren Alters** *(erfreut lächelnd)*: „Oh, da habe ich heute aber Glück mit meinem Sitzplatz!"
Attraktive junge Frau *(kurz von der Zeitung aufblickend)*: „Mmmh."

1 Notiert in einer Denkblase, was in den jeweiligen Äußerungen als **Beziehungshinweis** (▶ Merkkasten S. 131) mitschwingt.
Tipp: Beachtet auch die Regieanweisungen.

ältere Dame ○○○ (*Das ist ein lieber Junge. ...*)

2 Auch in Kehlmanns Geschichte „Kritik" (▶ S. 126–129) enthalten die Äußerungen der Gesprächspartner ein Paket von Botschaften.

a Erklärt, welche Botschaften (▶ Merkkasten unten) in der folgenden Äußerung des Mannes
stecken.

„Eigentlich sammle ich Autogramme", sagte der Mann, „ich habe ein ganzes Album. Aber nein …
nein danke. Nicht Ihres. Sehr freundlich von Ihnen." (▶ S. 127, Z. 59–62)

b Notiert, was die dominante Botschaft des Mannes gegenüber Wagenbach ist.

c Lest noch einmal den Textabschnitt Z. 141–160 auf Seite 128. Zeigt die Komplikationen und
Störungen in der Kommunikation auf. Erläutert sie auch mit Hilfe der Informationen im
Merkkasten unten.

3 a Sucht aus der Geschichte Kehlmanns Stellen heraus, in denen der Mann sein eigenes
(Gesprächs-)Verhalten gegenüber Wagenbach thematisiert, z. B.:

– *„Entschuldigen Sie! Das war nicht höflich von mir!"* (Z. 83f.)

– …

b Erläutert, warum dieses Verhalten nicht zu einer Verbesserung
der Kommunikation führt.

c Diskutiert, ob Metakommunikation prinzipiell dennoch ein
Mittel zur besseren Verständigung sein kann.

> **Metakommunikation:**
> Die Kommunikation selbst
> wird zum Thema der Kom-
> munikation.

4 Eine These des englischen Sprachwissenschaftlers Paul Grice (1913–1988) lautet:
„Mache deinen Gesprächsbeitrag jeweils so, wie es von dem akzeptierten Zweck oder der
akzeptierten Richtung des Gesprächs, an dem du teilnimmst, gerade verlangt wird."

a Erläutert dieses **Kooperationsprinzip** Grices anhand von Beispielen.

b Diskutiert, inwiefern die Konflikte und Kommunikationsstörungen in der Geschichte „Kritik"
(▶ S. 126–129) als Bruch mit diesem Kooperationsprinzip verstanden werden können.

5 Wie könnten die beiden Männer in der Geschichte Kehlmanns die Kommunikation in dieser
Situation verbessern? Sammelt Ideen.

Information   Verschiedene Botschaften einer Nachricht

Im Mittelpunkt einer Kommunikation steht die Nachricht, die der Sender an den Empfänger
sendet. Jede **Nachricht** ist ein **vielschichtiges Paket von Botschaften,** wodurch unsere Kommunikation störanfällig, aber auch komplex und spannend ist. Eine Äußerung wie z. B. *„Kannst du
mir bitte zehn Euro leihen?"* kann gleichzeitig vier Botschaften enthalten:

- eine reine **Sachinformation** (worüber ich informiere), z. B.: *Kannst du mir zehn Euro leihen?*
- eine **Selbstkundgabe** (was ich von mir zu erkennen gebe), z. B.: *Mir fehlt Geld, ich benötige
  zehn Euro.*
- einen **Beziehungshinweis** (was ich von dir halte und wie ich zu dir stehe), z. B.: *Wir sind
  befreundet, deshalb frage ich dich. Du bekommst es natürlich zurück.*
- einen **Appell** (was ich bei dir erreichen möchte): *Gib mir zehn Euro!*

Die non- und paraverbalen Ausdrucksmittel des Senders (z. B. Lautstärke, Sprechtempo, Mimik,
Gestik usw.) entscheiden oft darüber, wie eine Nachricht interpretiert wird. Je nach Situation
und Gesprächsteilnehmern kann eine der vier Botschaften dominieren.

Fordern und fördern – Kommunikation untersuchen

Daniel Kehlmann

Kritik (1998)

[...]
„He!" rief Wagenbach.
Die Stewardeß blieb stehen.
„Eine Tasse Kaffee!"
5 „Tut mir leid, aber wir sind schon im Landean-
flug. Ich darf nichts mehr servieren."
„Bitte", sagte Wagenbach, „bringen Sie mir
eine Tasse Kaffee!"
„Tut mir leid, das sind die Vorschriften."
„Wissen Sie", sagte Wagenbach heiser, „wer ich
10 bin?"
„Nein." Sie drehte sich um und ging weiter.
[...]   R

●●○○ **1** Überlegt, wo diese Szene aus Daniel Kehlmanns Geschichte „Kritik" steht.
Was ist ihr vorausgegangen? Ordnet sie knapp in den Handlungsverlauf ein.
Tipp: Überfliegt hierzu noch einmal die Geschichte (▶ S. 126–129).
▷ Hilfen zu dieser Aufgabe findet ihr auf Seite 133.

●●●○ **2** Untersucht die Kommunikation zwischen Wagenbach und der Stewardess.
Erläutert für jede Äußerung,
– welche Sachinformation sie enthält,
– was die Gesprächsteilnehmer von sich selbst zu erkennen geben (Selbstkundgabe),
– was Wagenbach bzw. die Stewardess erreichen möchte (Appell),
– was hinsichtlich der Beziehung zwischen den beiden deutlich wird (Beziehungsseite).
▷ Hilfen zu dieser Aufgabe findet ihr auf Seite 133.

●●●○ **3** Erläutert, inwiefern und warum die Kommunikation zwischen Wagenbach und der Stewardess
problematisch verläuft. Bedenkt dabei auch die Gesamtsituation, in der sich Wagenbach befindet.
▷ Hilfen zu dieser Aufgabe findet ihr auf Seite 133.

4 Gestaltet zu zweit den Dialog szenisch. Setzt nonverbale und paraverbale Ausdrucksmittel ein, um
die Stimmung und die Aussageabsicht der beiden deutlich zu machen.

Aufgabe 1 mit Hilfen

Ordnet die Szene aus Kehlmanns Geschichte „Kritik" in den Handlungszusammenhang ein.
Ihr findet sie im Abschnitt Z. 180–190 auf Seite 128. Überfliegt noch einmal die Geschichte und
macht euch klar, was vor dieser Szene passiert ist und was ihr folgt.

> *Vor der Szene*
> *Der Schauspieler Wagenbach hat aufgrund seiner Flugangst Beruhigungstabletten eingenommen und*
> *wünscht sich einen ruhigen Flug. Sein Sitznachbar erkennt ihn und verstrickt Wagenbach, der eigentlich*
> *seine Ruhe haben möchte, in ein Gespräch. In dessen Verlauf ...*

Aufgabe 2 mit Hilfen

Untersucht die Kommunikation zwischen Wagenbach und der Stewardess.
Erläutert für jede Äußerung,
– welche Sachinformation sie enthält,
– was die Gesprächsteilnehmer von sich selbst zu erkennen geben (Selbstkundgabe),
– was Wagenbach bzw. die Stewardess erreichen möchte (Appell),
– was hinsichtlich der Beziehung zwischen den beiden deutlich wird (Beziehungsseite).
Zum Beispiel:

> *Selbstkundgabe:*
> *Ich bin gerade nicht freundlich*
> *gestimmt. Ich muss etwas an*
> *meinem Zustand ändern.*

> *Sachinformation:*
> *Ich rufe Sie.*

„He!" rief Wagenbach.

> *Beziehung:*
> *Sie sind hier für den Service,*
> *also für mich zuständig.*

> *Appell:*
> *Kommen Sie her und kümmern*
> *Sie sich um mein Anliegen.*

Aufgabe 3 mit Hilfen

Erläutert, inwiefern und warum die Kommunikation zwischen Wagenbach und der Stewardess problematisch verläuft. Bedenkt auch die Gesamtsituation, in der sich Wagenbach befindet.
Nutzt für eure Zusammenfassung die folgenden Satzanfänge:

> *Als Wagenbach die Stewardess anspricht, ist er durch ... mit seinem Sitznachbarn bereits ...*
> *Außerdem fühlt Wagenbach gerade, dass eine Panikattacke ...*
> *In dieser Stresssituation spricht Wagenbach die Stewardess nicht gerade freundlich an und ...*

6.3 Fit in ... – Eine Kurzgeschichte interpretieren

Die Aufgabenstellung und die Kurzgeschichte verstehen

Stellt euch vor, ihr bekommt in der nächsten Klassenarbeit die folgende Aufgabe:

> Analysiere und interpretiere die Kurzgeschichte „Die Kirschen" von Wolfgang Borchert:
> 1. Fasse den Inhalt kurz zusammen.
> 2. Interpretiere dann die Geschichte, indem du
>   – die Figuren und ihre Beziehung zueinander darstellst,
>   – die Rolle der Kirschen erläuterst,
>   – auffallende erzählerische und sprachliche Mittel und ihre Wirkung beschreibst.
>   Belege wichtige interpretierende Aussagen mit passenden Textzitaten.
> 3. Erläutere knapp, warum es sich bei dem Text um eine typische Kurzgeschichte handelt.

Wolfgang Borchert

Die Kirschen (1947)

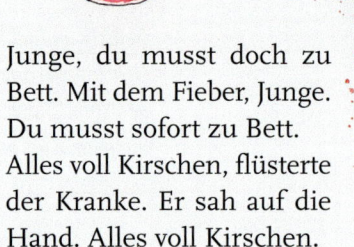

Nebenan klirrte ein Glas. Jetzt isst er die Kirschen auf, die für mich sind, dachte er. Dabei habe ich das Fieber. Sie hat die Kirschen extra vors Fenster gestellt, damit sie ganz kalt sind. Jetzt hat er das Glas hingeschmissen. Und ich hab das Fieber.

Der Kranke stand auf. Er schob sich die Wand entlang. Dann sah er durch die Tür, dass sein Vater auf der Erde saß. Er hatte die ganze Hand voll Kirschsaft.

Alles voll Kirschen, dachte der Kranke, alles voll Kirschen. Dabei sollte ich sie essen. Ich hab doch das Fieber. Er hat die ganze Hand voll Kirschsaft. Die waren sicher schön kalt. Sie hat sie doch extra vors Fenster gestellt für das Fieber. Und er isst mir die ganzen Kirschen auf. Jetzt sitzt er auf der Erde und hat die ganze Hand davon voll. Und ich hab das Fieber. Und er hat den kalten Kirschsaft auf der Hand. Den schönen kalten Kirschsaft. Er war bestimmt ganz kalt. Er stand doch extra vorm Fenster. Für das Fieber.

Er hielt sich am Türdrücker. Als der quietschte, sah der Vater auf.

Junge, du musst doch zu Bett. Mit dem Fieber, Junge. Du musst sofort zu Bett. Alles voll Kirschen, flüsterte der Kranke. Er sah auf die Hand. Alles voll Kirschen. Du musst sofort zu Bett, Junge. Der Vater versuchte aufzustehen und verzog das Gesicht. Es tropfte von seiner Hand.

Alles Kirschen, flüsterte der Kranke. Alles meine Kirschen. Waren sie kalt?, fragte er laut. Ja? Sie waren doch sicher schön kalt, wie? Sie hat sie doch extra vors Fenster gestellt, damit sie ganz kalt sind. Damit sie ganz kalt sind.

Der Vater sah ihn hilflos von unten an. Er lächelte etwas. Ich komme nicht wieder hoch, lächelte er und verzog das Gesicht. Das ist doch zu dumm, ich komme buchstäblich nicht wieder hoch.

Der Kranke hielt sich an der Tür. Die bewegte sich leise hin und her von seinem Schwanken. Waren sie schön kalt?, flüsterte er, ja?

Ich bin nämlich hingefallen, sagte der Vater. Aber es ist wohl nur der Schreck. Ich bin ganz lahm, lächelte er. Das kommt von dem Schreck. Es geht gleich wieder. Dann bring ich dich zu Bett. Du musst ganz schnell zu Bett. Der Kranke sah auf die Hand.

Ach, das ist nicht so schlimm. Das ist nur ein kleiner Schnitt. Das hört gleich auf. Das kommt von der Tasse, winkte der Vater ab. Er sah hoch und verzog das Gesicht. Hoffentlich schimpft sie nicht. Sie mochte gerade diese Tasse so gern. Jetzt hab ich sie kaputt gemacht. Ausgerechnet diese Tasse, die sie so gern mochte. Ich wollte sie ausspülen, da bin ich ausgerutscht. Ich wollte sie nur ein bisschen kalt ausspülen und deine Kirschen da hineintun. Aus dem Glas trinkt es sich doch so schlecht im Bett. Das weiß ich noch. Daraus trinkt es sich ganz schlecht im Bett.

Der Kranke sah auf die Hand. Die Kirschen, flüsterte er, meine Kirschen?

Der Vater versuchte noch einmal hochzukommen. Die bring ich dir gleich, sagte er. Gleich, Junge. Geh schnell zu Bett mit deinem Fieber. Ich bring sie dir gleich. Sie stehen noch vorm Fenster, damit sie schön kalt sind. Ich bring sie dir sofort.

Der Kranke schob sich an der Wand zurück zu seinem Bett. Als der Vater mit den Kirschen kam, hatte er den Kopf tief unter die Decke gesteckt.

1 Lest die Aufgabenstellung auf S. 134 aufmerksam. Besprecht dann in Partnerarbeit, was genau zur Textanalyse gehört und wie der Aufsatz aufgebaut ist, den ihr erarbeiten sollt.

Die Kurzgeschichte untersuchen und einen Schreibplan anlegen

2 Prüft, welche Aussagen zur Kurzgeschichte richtig sind. Schreibt diese in euer Heft:
 – Ein fieberkranker Junge verdächtigt seinen Vater, „seine" Kirschen gegessen zu haben.
 – Ein Vater nutzt die Situation seines kranken Sohnes aus, um dessen Kirschen zu essen.
 – Die Leser erfahren zu Beginn vor allem, was der Junge denkt und fühlt (innere Handlung).
 – Das Verhältnis von äußerer und innerer Handlung ist in der Geschichte ausgewogen.
 – Der Junge erkennt nicht, dass sein Vater verletzt und in einer hilflosen Lage ist.
 – Am Ende der Geschichte findet ein echter Austausch zwischen Vater und Sohn statt.
 – In der Geschichte wechseln lange Satzgefüge (hypotaktischer Satzbau) mit einfachen Hauptsätzen (parataktischer Satzbau) gleichmäßig ab.
 – Die Gier des fieberkranken Sohnes nach den kühlen Kirschen schlägt sich auch sprachlich in der Kurzgeschichte nieder.

3 a Wie deutet ihr das Verhalten des Sohnes, das im letzten Satz beschrieben wird?
 Notiert eure Überlegungen in Stichworten oder einem Satz.
 b Was erfährt man über die dritte Figur der Geschichte, „sie"? Welche Rolle spielt sie?
 Lest noch einmal genau im Text nach und haltet eure Überlegungen in Stichworten fest.

4 Untersucht anhand des Textes, welche Rolle die Kirschen im Text spielen, z. B.:
 Rolle der „Kirschen"
 – ziehen sich als … durch den ganzen Text
 – werden gleich im ersten Abschnitt … Mal erwähnt (vgl. Z. 2, 3 f.)
 – „Alles meine Kirschen" (Z. 35 f.) → das Possessivpronomen …

5 a Gliedert den Text in Handlungsabschnitte und fasst den Inhalt knapp zusammen, z. B.:
- *Fieberkranker Sohn hört nebenan das Klirren eines Glases (Z.1–6).*
- *Er vermutet, dass ...*
- *...*

b Analysiert die Kurzgeschichte. Berücksichtigt dabei die in der Aufgabenstellung geforderten Aspekte (▶ S.134). Haltet eure Ergebnisse in Stichworten fest.

Figuren und ihr Verhältnis
- *Figuren: fieberkranker Junge, Vater, „sie" (vgl. Z.3) → wahrscheinlich Mutter*
- *Figuren werden nicht näher charakterisiert*
- *Misstrauen: Junge/der Kranke verdächtigt ...*

Rolle der Kirschen
- *...*

Auffallende erzählerische und sprachliche Mittel
A) erzählerische Mittel: Zu Beginn Gedanken des Jungen dominant, dadurch nimmt Leser zunächst die Sicht des Jungen ein; erst ab Zeile 42 kommt der Vater zu Wort und ...
B) sprachliche Mittel: Wiederholungen, z.B.: ..., Ellipsen, z.B. ...

Typische Merkmale einer Kurzgeschichte
- *...*

Die Interpretation ausformulieren und überarbeiten

6 Verfasst auf der Grundlage eurer Ergebnisse aus Aufgabe 4 eure Interpretation. Geht so vor:
a Formuliert eine Einleitung. Bei der Themaformulierung helfen euch folgende Stichworte:
krisenhafte Situation • Missverständnis • Vater-Sohn-Beziehung • Glas Kirschen als Auslöser
b Fasst im Hauptteil den Inhalt knapp zusammen und stellt dann die Ergebnisse eurer Textuntersuchung dar. Führt zu allen wesentlichen Aussagen geeignete Textbelege an.
c Formuliert einen Schluss, indem ihr z. B. den Text bewertet oder kurz Stellung nehmt.

7 Überarbeitet eure Textinterpretation in Partnerarbeit. Nutzt auch die folgende Checkliste:

Checkliste

Eine Kurzgeschichte analysieren und interpretieren
Habt ihr ...
- eine **Einleitung** mit Angaben zu Textsorte, Autor/-in, Titel und Thema formuliert?
- im **Hauptteil** die Handlung in chronologischer Reihenfolge präzise zusammengefasst?
- die Interpretationsaufgaben in einem **zusammenhängenden Text** beantwortet?
- alle wesentlichen Aussagen **mit geeigneten Textbelegen** gestützt?
- bei Zitaten auf **korrekte Zitierweise**, Zeichensetzung und Zeilenangaben geachtet?
- euch fachlich angemessen ausgedrückt (Fachbegriffe verwendet, Analyse im Präsens)?
- zum **Schluss** z. B. Stellung zum Text/Thema genommen oder eine Bewertung abgegeben?
- eure **Rechtschreibung** und **Zeichensetzung** gründlich überprüft?

7 Lebenslust und Vergänglichkeit –
Gedichte des Barock interpretieren

Hans Baldung: Die drei Lebensalter (1510)

1 Sucht euch eines der Bilder aus und betrachtet es eine Minute lang intensiv. Schreibt auf, was euch durch den Kopf gegangen ist.

2 **a** Entwerft auf der Basis eurer Notizen ein kleines Gedicht.
b Vergleicht eure Gedichte. Habt ihr darin die Themen Lebenslust und Vergänglichkeit behandelt? Wenn ja, wie?

In diesem Kapitel …

– lernt ihr Motive und Formen der Barockdichtung kennen und gewinnt Einblicke in die Epoche des Barock,
– untersucht und vergleicht ihr Gedichte,
– verfasst ihr eine zusammenhängende Gedichtinterpretation.

7.1 Liebe, Schönheit, Tod – Gedichte vergleichen

Lieder der Liebe – Sprachliche Bilder untersuchen

Martin Opitz

Lied (1624)

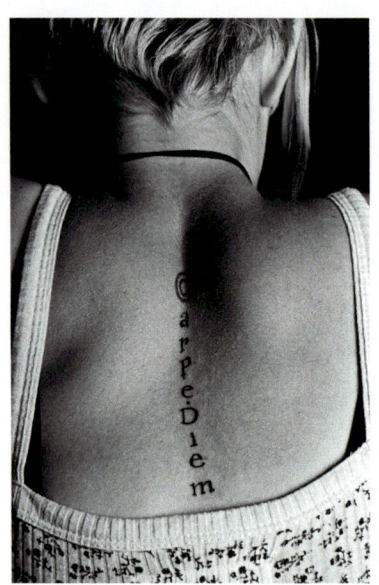

Ach Liebste, lass uns eilen,   Wir haben Zeit[1]:
Es schadet das Verweilen   Uns beiderseit.
Der edlen Schönheit Gaben   Fliehn Fuß für Fuß:
Dass alles, was wir haben,   Verschwinden muss.
5 Der Wangen Zier verbleichet,   Das Haar wird greis,
Der Äuglein Feuer weichet,   Die Flamm wird Eis.
Das Mündlein von Korallen   Wird ungestalt.
Die Händ als Schnee verfallen,   Und du wirst alt.
Drumb lass uns jetzt genießen   Der Jugend Frucht,
10 Eh dann wir folgen müssen   Der Jahre Flucht.
Wo du dich selber liebest,   So liebe mich,
Gib mir, dass, wann du gibest,   Verlier auch ich.

1 Wir haben Zeit: Wir haben die Gelegenheit.

1 Lest das Gedicht von Martin Opitz aus der Epoche des Barock.
Notiert erste Leseeindrücke und tauscht euch darüber aus.

2 Untersucht das Gedicht:
– Klärt, wer das lyrische Ich und das Du sind:
  Wer spricht, wer wird angesprochen?
– Welche Absicht verfolgt das lyrische Ich?
  Wählt aus den folgenden Vorschlägen aus und begründet eure Antwort.

> Angst machen • überzeugen • zum Nachdenken bringen • verführen • klagen

3 Das lyrische Ich argumentiert mit dem barocken Motto „Carpe diem" („Pflücke/genieße den Tag").
Untersucht den Argumentationsgang: These, Argumente, Beispiele, Fazit.

4 a Untersucht die Gedichte, die ihr zu den Bildern auf S. 137 geschrieben habt:
  Kommt hier der „Carpe-diem"-Gedanke vor? Wenn ja, wie?
  b Tauscht euch darüber aus, welche Bedeutung das „Carpe-diem"-Motto für euch selbst hat.
  Ihr könnt auch einen Bezug zum modernen „YOLO" („you only live once") herstellen.

Else Lasker-Schüler

Ein Liebeslied (1943)

Komm zu mir in der Nacht – wir schlafen eng verschlungen.
Müde bin ich sehr, vom Wachen einsam.
Ein fremder Vogel hat in dunkler Frühe schon gesungen,
Als noch mein Traum mit sich und mir gerungen.

5 Es öffnen Blumen sich vor allen Quellen
Und färben sich mit deiner Augen Immortellen[1] ...

Komm zu mir in der Nacht auf Siebensternenschuhen
Und Liebe eingehüllt spät in mein Zelt.
Es steigen Monde aus verstaubten Himmelstruhen.

10 Wir wollen wie zwei seltene Tiere liebesruhen
Im hohen Rohre hinter dieser Welt.

---

1 Immortellen: Strohblumen (franz. immortel: unsterblich)

Marc Chagall: Liebespaar mit Blumenstrauß (1949)

5 **a** Erläutert, wie das Gedicht auf euch wirkt und wie ihr
es versteht. Deutet insbesondere den Titel und rätselhafte Stellen, z. B.: „Ein fremder Vogel" (▶ V. 3),
„Es öffnen Blumen sich vor allen Quellen" (▶ V. 5),
„auf Siebensternenschuhen" (▶ V. 7), „wie zwei
seltene Tiere" (▶ V. 10).

b Untersucht das Gedicht. Verwendet dabei Fachbegriffe
zur formalen Beschreibung:
Satzbau – Vers – Strophe – Reimschema – Metrum (▶ S. 322 ff.) ...

c Erläutert, welche Zusammenhänge zwischen der Form und dem Inhalt des Gedichts bestehen.

6 Vergleicht das Gedicht von Lasker-Schüler mit dem von Opitz (▶ S. 138). Berücksichtigt die Entstehungszeit sowie Inhalt, formale Gestaltung und sprachliche Bilder (▶ Merkkasten).

Information **Sprachliche Bilder**

- **Vergleich:** Bei einem Vergleich werden zwei verschiedene Vorstellungen durch ein „wie" oder
  ein „als ob" miteinander verknüpft, z. B.: *Die Händ als Schnee (weiß wie Schnee).*
- **Metapher:** Bei einer Metapher wird ein Ausdruck nicht in einer wörtlichen, sondern in einer
  übertragenen (bildlichen) Bedeutung gebraucht. In der Metapher *die Stürme des Lebens* wird
  das Wetterereignis „Sturm" als Bild für den Lauf des menschlichen Lebens verwendet.
- **Personifikation:** Die Personifikation (Vermenschlichung) ist eine besondere Form der
  Metapher. Unbelebtem (Gegenständen, Begriffen oder der Natur) werden menschliche
  Verhaltensweisen oder Eigenschaften zugewiesen, z. B.: *Die Nacht wiegt uns in den Schlaf.*
- **Allegorie:** Die Allegorie ist die konkrete Darstellung eines abstrakten Begriffs, oft als
  Personifikation, z. B. der Tod als Skelett.

„Vollkommene Schönheit" – Das Sonett

Christian Hoffmann von Hoffmannswaldau

Beschreibung vollkommener Schönheit (1695)

Ein Haar, so kühnlich Trotz der Berenike[1] spricht,
Ein Mund, der Rosen führt und Perlen in sich heget,
Ein Zünglein, so ein Gift vor tausend Herzen träget,
Zwo Brüste, wo Rubin durch Alabaster[2] bricht,

5 Ein Hals, der Schwanenschnee weit, weit zurückesticht,
Zwei Wangen, wo die Pracht der Flora[3] sich beweget,
Ein Blick, der Blitze führt und Männer niederleget,
Zwei Arme, derer Kraft oft Leuen[4] hingericht't

Ein Herz, aus welchem nichts als mein Verderben quillet,
10 Ein Wort, so himmlisch ist und mich verdammen kann,
Zwei Hände, derer Grimm mich in den Bann getan

Und durch ein süßes Gift die Seele selbst umhüllet,
Ein Zierat[5], wie es scheint, im Paradies gemacht,
Hat mich um meinen Witz[6] und meine Freiheit bracht.

Peter Paul Rubens: Venus und Adonis (1610)

---

1 Berenike: für ihr schönes Haar berühmte Gattin eines altägyptischen Herrschers

2 Alabaster: helles, feines und durchscheinendes Gipsgestein

3 Flora: Göttin der bunt blühenden Pflanzenwelt

4 Leu: Löwe

5 Zierat: Zierde, die äußere Schönheit

6 Witz: Geist, Verstand

1 a „Beschreibung vollkommener Schönheit" – Welche Erwartungen weckt der Titel?
b Lest das Gedicht und diskutiert, inwiefern der Titel zur Aussage passt.

2 Untersucht die Strophen 1 bis 3: Wie geht das lyrische Ich vor, um die Schönheit der Frau zu beschreiben?
Vergleicht dabei auch mit Personenbeschreibungen, die ihr kennt.

3 a Beschreibt den formalen Aufbau des Sonetts, also Strophenform, Reimschema und Metrum.
Nutzt hierfür den Merkkasten oben auf S. 141.
b Untersucht den inhaltlichen Aufbau des Sonetts. Geht auch auf die Zäsur ein und beschreibt, worin sie besteht.
c Erläutert, wie die Sonettform zur Aussage und Wirkung des Gedichts beiträgt.

Das Sonett

Das Sonett ist ein streng gebautes Reimgedicht mit vier Strophen: Auf zwei **Quartette** (Vier-zeiler) folgen zwei **Terzette** (Dreizeiler). In den Quartetten liegt meist der umarmende Reim (abba) vor, in den Terzetten kann das Reimschema variieren. Die Reimfolge ccd eed kommt am häufigsten vor. Im Barock ist die Versform **Alexandriner** (sechshebiger Jambus mit Zäsur in der Mitte) vorherrschend. Oft findet man auch eine inhaltliche **Zäsur** (Einschnitt) nach den beiden Quartetten.

4 Arbeitet heraus, wie das Sonett sprachlich gestaltet ist. Der Merkkasten unten hilft euch dabei. Haltet eure Ergebnisse in dieser Form fest:

Satzbau	Sprachliche Bilder	Wortwahl / klangliche Mitte
V.1–3: „Ein Haar … / Ein Mund … / Ein Zünglein …": Anapher und Parallelismus → Merkmale werden aufgezählt, die Beschreibung wirkt geordnet.	V. 2: „Rosen" und „Perlen": Metaphern → stehen für rote Lippen und schimmernde Zähne V. 3: …	V. 5: „Schwanenschnee": Neologismus → Der Hals ist so weiß wie Schnee und so schlank wie der eines Schwans …

5 **a** Schreibt selbst ein Gedicht zum Thema „Schönheit" aus heutiger Perspektive. Verwendet dabei sprachliche Gestaltungsmittel, die zu eurer Aussage passen.

b Besprecht eure Gedichte und überarbeitet sie. Legt eine Gedichtsammlung an, in der ihr die besonders gelungenen Texte zusammenstellt.

Sprachliche Gestaltungsmittel in Gedichten

1 Satzbau:
- **Anapher:** Wiederholung eines oder mehrerer Wörter am Versanfang, z. B.:
  Der Jugend froher Mut, / der Jugend frischer Glanz.
- **Parallelismus:** paralleler Satzbau, z. B.: *Unser Leben:*
  Ein Wasserblas, so bald zerrinnt / Ein Regenbog, so bald verschwindt.
- **Ellipse:** Auslassung eines Satzteils oder Wortes, das leicht ergänzbar ist, z. B.:
  Auf Erden kaum ein Mensch, der ohne Gram und Furcht.
- **Klimax:** Steigerung von Ausdrücken, oft in drei Stufen, z. B.:
  des Lebens Angst, des Todes Qual, der Höllen Pein.
- **Rhetorische Frage:** Scheinfrage, die keine Antwort erwartet, z. B.:
  Liebste, lass uns eilen / Was ist das Verweilen?

2 Sprachliche Bilder wie Vergleich, Metapher, Personifikation (▶ S. 139)

3 Wortwahl und klangliche Mittel:
- **Alliteration:** Wiederholung des Anfangslauts benachbarter Wörter, z. B.: *rote Rosen.*
- **Häufung** von dunklen oder hellen Vokalen oder „harten" Konsonanten, z. B.:
  Schon kommt der dunkle Tod.
- **Neologismus:** Wortneuschöpfung, z. B.: *Schwanenschnee.*

„Die Türme stehn in Glut" – Gedichte zum Thema Krieg

Andreas Gryphius

Tränen des Vaterlandes, anno 1636[1]

Wir sind doch nunmehr ganz, ja mehr denn ganz verheeret!
Der frechen Völker Schar, die rasende Posaun,
Das vom Blut fette Schwert, die donnernde Kartaun[2]
Hat aller Schweiß und Fleiß und Vorrat aufgezehret.

5 Die Türme stehn in Glut, die Kirch ist umgekehret,
Das Rathaus liegt im Graus, die Starken sind zerhaun,
Die Jungfern sind geschänd't, und wo wir hin nur schaun,
Ist Feuer, Pest und Tod, der Herz und Geist durchfähret.

Hier durch die Schanz und Stadt rinnt allzeit frisches Blut.
10 Dreimal sind schon sechs Jahr, als unser Ströme Flut,
Von so viel Leichen schwer, sich langsam fortgedrungen.

Doch schweig ich noch von dem, was ärger als der Tod,
Was grimmer denn die Pest und Glut und Hungersnot,
Dass auch der Seelenschatz so vielen abgezwungen.

---

1 Das Gedicht ist während des Dreißigjährigen Krieges (1618–1648) entstanden,
dem durch Kampfhandlungen sowie Seuchen und Hungersnöte ca. 30 % der
Bevölkerung zum Opfer fielen.

2 Kartaune: Kanone

Ludwig Meidner: Apokalyptische Landschaft (1912)

August Stramm

Patrouille[1] (1915)

Die Steine feinden
Fenster grinst Verrat
Äste würgen
Berge Sträucher blättern raschlig
Gellen
Tod.

---

1 August Stramm (1874–1915) kämpfte und
fiel als Kompanieführer im Ersten Weltkrieg (1914–1918).

1
a „Tränen des Vaterlandes" – Erläutert den Titel des Gedichts und fasst jede Strophe in eigenen Worten zusammen.

b Welche der Begriffe im Wortspeicher rechts kennzeichnen die Grundaussage des Gedichts und die Stimmung des lyrischen Ichs am treffendsten? Begründet eure Auswahl.

> Hoffnungslosigkeit • Wut • Resignation •
> Todessehnsucht • Verzweiflung •
> Entsetzen • Wehklagen • Appell •
> Anklage • Rachsucht

2
a Lest das Gedicht von August Stramm und erklärt seinen Titel.

b Charakterisiert die Sprache des Gedichts und beschreibt ihre Wirkung.

c Schreibt das Gedicht ab und kommentiert die Verse.

Patrouille – Kontrollgang von Soldaten

Die Steine feinden – Soldat auf Kontrollgang durch ein feindliches Dorf; Furcht, dass hinter jeder Hausecke ein Feind lauern könnte ...

3 Untersucht die sprachliche Gestaltung beider Gedichte. Sucht Neologismen und sprachliche Bilder, z. B. Vergleiche, Metaphern und Personifikationen (▶ S.139), aus den Gedichten heraus und erläutert sie im Sinnzusammenhang, z. B.:

Tränen des Vaterlandes	Patrouille
V. 2: „die rasende Posaun": Metapher → steht für das feindliche Heer, das im Sturm über das Land herfällt *V. 4: ...*	*V.1: „Die Steine feinden": Neologismus (aus dem Nomen „Feind" wird ein Verb gemacht) → Alles ist feindlich und bedrohlich geworden, sogar die Steine, z.B. von Häusern, in denen sich Soldaten verstecken, die angreifen könnten.*

4 In beiden Gedichten geht es um das Thema Krieg.
Untersucht, wie das Thema jeweils behandelt wird, und erläutert Unterschiede und Gemeinsamkeiten.

5
a Welches der beiden Gedichte spricht euch stärker an? Begründet eure Meinung.

b Wählt eines der Gedichte und bereitet es für einen sinngestaltenden Vortrag vor (▶ Methodenkasten). Ihr könnt den Vortrag auf mehrere Sprecher verteilen, Textstellen gestisch und pantomimisch unterstreichen oder wiederholen.

c Tragt euer Gedicht in der Klasse vor. Vergleicht die unterschiedlichen Vortragsweisen und besprecht, inwiefern sie zu dem Gedicht passen.

Methode	Ein Gedicht sinngestaltend vortragen

In einem Gedichtvortrag bringt ihr euer eigenes Verständnis des Gedichts zum Ausdruck. Überlegt, wie ihr welche Textstelle sprechen wollt, und markiert den Text in einer Kopie mit entsprechenden **Betonungszeichen**, z. B.:

◀ (lauter)   → (schneller)   ‖ (lange Pause)   __ (Betonung)

▶ (leiser)   ∿→ (langsamer) | (kurze Pause)   ↗ (Zeilensprung)

Carpe diem und Memento mori – Motive des Barock

Simon Dach

Letzte Rede einer vormals stolzen und gleich jetzt sterbenden Jungfrauen (1638)

Ich armer Madensack! der ich vor wenig Wochen
Belebt, gerad und schön gleich einem Hirsche ging
Und hoch geehret ward und manchen Gruß empfing,
lieg hie nun hergestreckt und bin nur Haut und Knochen;

5 Die Glieder sterben mir, die Augen sind gebrochen.
War dieses, dass ich mich mit Golde so behing?
Ihr Freunde, haltet Mund und Nase zu, ich stink.
Ach Gott! So wird mein Pracht und Übermut gerochen[1]!

Ihr Jung- und Frauen kommt, kommt, spiegelt euch in mir!
10 Lernt hie, was Hochmut sei, was Stand, Gestalt und Zier!
Ihr seht, ich muss davon, mein Leben will sich schließen.

Lebt alle wohl, und habt euch stets in guter Acht!
Gedenkt, wie mich der Tod so scheußlich hat gemacht!
Ich tanze nur voran, ihr werdet folgen müssen.

1 gerochen: gerächt

---

1 Lest das Gedicht laut vor und tauscht euch über seine Wirkung aus.

2 a Untersucht das Gedicht und macht Notizen zu folgenden Aspekten:

> Titel • Situation • Handlung • Sprecherin • Anwesende • angesprochene Personen

   b Wie versteht ihr den Appell des lyrischen Ichs in den Strophen 3 und 4?
     Diskutiert die folgenden Deutungen:

> Seht zu, dass ihr gesund bleibt! • Carpe diem! • Hütet euch vor Hochmut! •
> Schönheit ist vergänglich: Besinnt euch auf innere Werte! • Glaubt an Gott!

3 a Informiert euch über die Entstehungszeit des Gedichts (▶ Merkkasten S. 145).
     Überprüft euer Textverständnis: Welche der Motive des Barock sind in dem Gedicht zu finden:
     Memento mori – Vanitas – Carpe diem?
   b Versetzt euch in die Lage einer Person, an die sich die Rede der sterbenden Jungfrau richtet.
     Haltet in einem inneren Monolog fest, was in euch vorgeht, z. B.:

> *Die Arme, was für ein Unglück! Ich mag gar nicht hinsehen. Ich will gar nicht hören, was sie sagt. Aber …*

4
a Beschreibt das Gemälde von Philippe de Champaigne: Bildaufbau, abgebildete Gegenstände, Farbgestaltung.
b Erläutert die symbolische Bedeutung der Gegenstände und den Titel des Bildes (Symbol, Allegorie ▶ S. 323, 139).

5 Untersucht alle Barockgedichte in diesem Kapitel: Welche der barocken Motive (▶ Merkkasten) finden sich darin wieder? Wie werden sie inhaltlich und formal gestaltet? Ihr könnt mit einer Tabelle wie der folgenden arbeiten.

Philippe de Champaigne: Vanitas, Allegorie der Vergänglichkeit (1650)

	Memento mori	Carpe diem	Vanitas
Martin Opitz: „Lied"	...	...	...
Chr. H. v. Hoffmannswaldau: ...	...	...	...
Andreas Gryphius: ...	...	...	...

6 „Barock ist immer."
Führt eine Diskussion zur Aktualität des Barock durch.
Stützt eure Argumentation auf die Barockgedichte in diesem Kapitel und bezieht die Informationen über die Epoche mit ein (▶ Merkkasten).

Information   Epochenüberblick Barock (ca. 1600–1720)

Das Zeitalter des Barock ist geprägt von den Erfahrungen des **Dreißigjährigen Krieges** (1618–1648), der mit seinen Verwüstungen, Seuchen und Hungersnöten zur völligen Verunsicherung der Menschen führte: Nichts war beständig, der Tod allgegenwärtig. Der Wiederaufbau förderte die Entwicklung zum **Absolutismus als Staatsform.** Vorbild der deutschen Fürsten waren der „Sonnenkönig" Ludwig XIV. (1638–1715) und sein prunkvoller Hof in Versailles.
Das Barock war eine Epoche extremer **Widersprüchlichkeit und Zerrissenheit** zwischen Lebenslust und Vergänglichkeit. **Gegensätze** prägten das Leben: Krieg – Frieden, Geist – Körper, Gut – Böse, Diesseits – Jenseits. Vor diesem Hintergrund entwickelten sich drei Leitgedanken und Schlüsselmotive des Barock: Das Motto **Memento mori** *(Bedenke, dass du sterben musst!)* führte zum Gedanken der **Vanitas** *(Eitelkeit* im Sinne von *Nichtigkeit alles Irdischen).* Als Folge konnte man sein Leben ganz auf Gott und das Jenseits ausrichten oder sich dem **Carpe diem** *(Pflücke den Tag!,* d. h. *Nutze/Genieße den Tag!)* hingeben. Bedeutende Dichter des Barock sind u. a. Andreas Gryphius, Martin Opitz, Paul Fleming und Christian Hoffmann von Hoffmannswaldau.

Teste dich!

Ein Barockgedicht untersuchen

Andreas Gryphius

Menschliches Elende (1637)

Was sind wir Menschen doch? Ein Wohnhaus grimmer Schmerzen,
Ein Ball des falschen Glücks, ein Irrlicht dieser Zeit,
Ein Schauplatz herber Angst, besetzt mit scharfem Leid,
Ein bald verschmelzter Schnee und abgebrannte Kerzen.

5 Dies Leben fleucht[1] davon wie ein Geschwätz und Scherzen.
Die vor uns abgelegt des schwachen Leibes Kleid
Und in das Totenbuch der großen Sterblichkeit
Längst eingeschrieben sind, sind uns aus Sinn und Herzen.

Gleich wie ein eitel Traum leicht aus der Acht[2] hinfällt
10 Und wie ein Strom verscheußt[3], den keine Macht aufhält,
So muss auch unser Nam, Lob, Ehr und Ruhm verschwinden.

Was itzund[4] Atem holt, muss mit der Luft entfliehn,
Was nach uns kommen wird, wird uns ins Grab nachziehn.
Was sag ich? Wir vergehn wie Rauch von starken Winden.

1 fleucht: flieht
2 Acht: Erinnerung
3 verscheußt: davonfließt
4 itzund: jetzt

1 a Das Gedicht von Andreas Gryphius ist ein Sonett. Welche formalen Merkmale sind für diese
Gedichtform charakteristisch? Notiere, welche der folgenden Angaben zutreffen:
  A unregelmäßiges Metrum   B 4 Strophen: zwei Quartette, zwei Terzette
  C Reimschema abba abba ccd eed   D lyrisches Ich
  b Untersuche den inhaltlichen Aufbau des Sonetts. Welche zusammenfassende Aussage passt zu
welcher Strophe? Ordne zu:
  A Alles vergeht, jetzt und in Zukunft.   B Das Leben ist qualvoll und flüchtig.
  C Die Toten verschwinden aus der Erinnerung.   D Selbst Nachruhm bleibt nicht lange lebendig.

2 a Erläutere die Metapher „Wohnhaus grimmer Schmerzen" (▶ V.1).
  b Wähle drei weitere Metaphern aus der ersten Strophe und erläutere, was sie aussagen.
  c Finde für folgende Stilmittel jeweils zwei Beispiele aus dem Gedicht und schreibe sie ins Heft:
Anapher, Parallelismus, rhetorische Frage, Klimax.

3 Carpe diem, Memento mori und Vanitas sind Leitmotive des Barock. Erkläre, welche der Motive
in dem Gedicht zu finden sind. Belege deine Antwort mit Textstellen (Zitate).

4 Vergleiche deine Lösungen aus den Aufgaben 1–3 mit dem Lösungsteil (▶ S.364 f.).

7.2 „Es ist Zeit, hinauszuschauen" – Ein Gedicht analysieren und interpretieren

Martin Opitz

Ich empfinde fast ein Grauen (1624)

Ich empfinde fast ein Grauen,
Dass ich, Plato[1], für und für
Bin gesessen über dir;
Es ist Zeit, hinauszuschauen
5 Und sich bei den frischen Quellen
In dem Grünen zu ergehn,
Wo die schönen Blumen stehn
Und die Fischer Netze stellen.

Wozu dienet das Studieren
10 Als zu lauter Ungemach?
Unterdessen läuft der Bach
Unsers Lebens, das wir führen,
Ehe wir es innewerden,
Auf sein letztes Ende hin.
15 Dann kömmt ohne Geist und Sinn
Dieses alles in die Erden.

Holla, Junger, geh und frage,
Wo der beste Trunk mag sein,
Nimm den Krug und fülle Wein!
20 Alles Trauren, Leid und Klage,
Wie wir Menschen täglich haben,
Eh uns Klotho[2] fortgerafft,
Will ich in den süßen Saft,
Den die Traube gibt, vergraben.

Caravaggio: Bacchus (Gott des Weines), 1593/94

25 Kaufe gleichfalls auch Melonen
Und vergiss des Zuckers nicht;
Schaue nur, dass nichts gebricht[3]!
Jener mag der Heller schonen,
Der bei seinem Gold und Schätzen
30 Tolle sich zu kränken pflegt
Und nicht satt zu Bette legt:
Ich will, weil[4] ich kann, mich letzen[5].

Bitte meine guten Brüder
Auf die Musik und ein Glas:
35 Kein Ding schickt sich, dünkt mich, bass[6]
Als ein Trunk und gute Lieder.
Lass ich schon nicht viel zu erben,
Ei, so hab ich edlen Wein,
Will mit andern lustig sein,
40 Wann ich gleich allein muss sterben.

1 Plato: antiker Philosoph – hier stellvertretend für das in
  Schule und Studium zu Lernende

2 Klotho: Schicksalsgöttin in der griechischen Mythologie

3 gebricht: fehlt, mangelt

4 weil: während, so lange

5 sich letzen: genießen

6 bass: besser

1 a Beim Interpretieren führt man eine Art Dialog mit dem Text, um ihn nach und nach besser zu verstehen. Lest das Gedicht aufmerksam durch und fasst in einem Satz zusammen, was es euch sagt.
Das Gedicht von Martin Opitz sagt mir als Leser/Leserin, ...
  b Sammelt eure Vorschläge an der Tafel.
  c Übt einen sinngestaltenden Vortrag (▶ S.143) des Gedichts und präsentiert ihn der Klasse.

2 Überprüft und vertieft euer erstes Textverständnis. Untersucht hierfür:
  – das lyrische Ich: Wer spricht? In welcher Situation? Zu wem? Wovon?,
  – den inhaltlichen Aufbau des Gedichts: Anfang und Ende, Gedankengang, Argumentation,
  – Motive: Carpe diem? Memento mori?
Notiert eure Ergebnisse, z.B.:

> *Es spricht ein lyrisches Ich, das ... Das lyrische Ich wendet sich an ... Ausgehend von ...*
> *(siehe 1. Strophe) entwickelt das lyrische Ich den Gedanken, dass ...*
> *Das für die Barockzeit charakteristische Motiv ...*

3 Verschafft euch einen Überblick über die formale Gestaltung des Gedichts: Strophen, Verse, Reimschema, Metrum. Schreibt eure Ergebnisse auf: *Formal besteht das Gedicht aus ...*

4 Ihr könnt das Gedicht Strophe für Strophe genauer analysieren, indem ihr auf einer Kopie Besonderheiten im Text markiert und Kommentare sowie Fragen festhaltet, z.B.:

Ich empfinde fast ein <u>Grauen</u>,	a	*Titel = erster Vers, lyr. Ich schildert seine Situation: Zeitvergeudung durch Lernen im Studierzimmer*
Dass ich, <u>Plato</u>, <u>für und für</u>	b	*Personifikation des Lernstoffs, Wiederholung betont: sehr oft, immer wieder, lange*
Bin gesessen über dir;	b	
Es ist Zeit, hinauszuschauen	a	*Schlussfolgerung, Entschluss, die Situation zu ändern*
Und sich bei den <mark>frischen Quellen</mark>	c	*Ziel: in die Natur hinausgehen* <mark>Wortwahl:</mark> *Denotation/Konnotationen positiv*
In dem <u>Grünen</u> zu ergehn,	d	
<u>Wo die <mark>schönen Blumen</mark> stehn</u>	d	*Parallelismus zwischen den Versen 7 und 8 Praktische Tätigkeit, die einen „Fang" einbringt –*
<u>Und die Fischer Netze stellen.</u>	c	*Gegensatz zum Studieren*

  a Erklärt euch gegenseitig, wie die Markierungen und Anmerkungen zusammenhängen.
  b Welche Anmerkungen überzeugen euch? Was würdet ihr ändern oder ergänzen? Begründet.
  c Untersucht auch die Strophen 2 bis 5 auf einer Kopie. Notiert in ähnlicher Weise eure Überlegungen zu Inhalt, Form und sprachlicher Gestaltung. Im Methodenkasten auf S.149 findet ihr Hilfe.

5 Legt eine Stoffsammlung für eine schriftliche Gedichtinterpretation an.
Haltet darin eure Untersuchungsergebnisse strukturiert fest. Formuliert in Stichworten, z. B.:

> <u>Inhalt</u>
> – Titel: düstere Stimmung des lyrischen Ichs
> – 1. Strophe: Beschreibung einer Situation, Frustration über das Studieren, Lust hinauszugehen
> – 2. Strophe: ...
> – ...
> <u>Sprecher und Adressat</u>
> – Sprecher des Gedichts: lyrisches Ich, das ...
> – Adressat: ...
> <u>Formaler Aufbau</u>
> – Regelmäßiger Strophenbau (5 Strophen zu je ...)
> – Reim: ...
> – Metrum: ...
> <u>Sprachliche Mittel</u>
> – Personifikation des Lernstoffs („Plato", V. 2) wirkt anschaulich, das Ich kann so den Lernstoff direkt ansprechen.
> – Wiederholung „für und für" (V. 2) betont die Frustration des Ichs über das ständige Lernen.
> – Wortwahl: „frischen", „Grünen", „schönen" (V. 5–7): Die Adjektive stehen für Leben und Genuss → Erlebnisse in der Natur im Gegensatz zum trockenen Lernen.
> – Parallelismus (V. 7/8) betont die Sehnsucht des Ichs nach dem Ausbrechen ins Freie.

Methode	Leitfragen für die Gedichtanalyse

1 Inhalt/Thema
 – Wird eine Handlung oder Situation/Szene beschrieben? Oder werden Gefühle, Eindrücke, Gedanken oder eine Stimmung dargestellt?
 – Wie ist der Titel des Gedichts zu verstehen?

2 Der Sprecher / die Sprecherin
 – Wird der Sprecher im Gedicht als lyrisches Ich greifbar (durch Pronomen wie „ich" oder „mein", „mir" usw.) oder tritt er ganz hinter dem Gesagten zurück?
 – Welche Haltung hat der Sprecher im Gedicht (begeistert, traurig, preisend, kritisch)?
 – Gibt es einen Adressaten (z. B. ein Du) oder spricht das lyrische Ich mit sich selbst?

3 Formaler Aufbau
 – Ist das Gedicht in Strophen (regelmäßig/unregelmäßig) gegliedert? Liegt eine besondere Gedichtform vor (z. B. Sonett)?
 – Ist das Gedicht gereimt? Weist es eine besondere Reimform auf?
 – Ist ein Metrum erkennbar? Gibt es Abweichungen?

4 Sprachliche Mittel
 – Welche Bilder (Metaphern, Personifikationen, Vergleiche) werden verwendet?
 – Gibt es besondere Stilmittel, z. B. Alliteration, Parallelismus oder Anapher (▶ S. 141)?
 – Welche Wörter fallen auf? Gibt es Neologismen? Werden bestimmte Wortarten bevorzugt?

Fordern und fördern – Eine Interpretation verfassen

●●● 1 Schreibt auf der Grundlage eurer Stoffsammlung
(▶ Aufgabe 5, S. 149) eine Gedichtinterpretation:

a Einleitung: Informiert über Textart, Titel,
Autor, Entstehungsjahr, Thema.

b Hauptteil: Stellt die Ergebnisse der Gedichtanalyse dar und belegt sie mit Zitaten aus
dem Gedicht (▶ Zitieren, S. 350).

c Schluss: Formuliert ein zusammenfassendes
Fazit oder einen Ausblick.

Ihr könnt die folgenden Formulierungsbausteine zu Hilfe nehmen:

Jan Davidsz de Heem: Stillleben mit Papagei (um 1650)

Inhalt	*Das Gedicht beginnt mit der Wiederholung des Titels: „Ich empfinde fast ein Grauen".* *Das lyrische Ich schildert ...* *In der zweiten Strophe fragt das lyrische Ich ... und erkennt, dass ...* *In den Strophen 3 und 4 wendet sich das lyrische Ich an ... Es fordert dazu auf, ...,* *denn ...* *Das Fazit in der Schlussstrophe lautet ...*
Formaler Aufbau	*Das Gedicht besteht aus ... Strophen mit jeweils ... Versen.* *Die Reimform ist ... Das Metrum ...*
Sprachliche Gestaltung mit Bezug zum Inhalt (funktionale Deutung)	*In den ersten Versen hält das lyrische Ich eine Art Monolog. Mit dem stark negativ konnotierten Nomen „Grauen" (vgl. Titel und V. 1) und mit ... macht es gleich zu Beginn des Gedichts deutlich, dass ... Einziger Ansprechpartner des lyrischen Ichs ist der Lernstoff, der ... Diese Situation wirkt ...* **Weitere Formulierungsbausteine** *Die sprachlichen Bilder ... veranschaulichen/verdeutlichen/betonen/wirken ...* *Typisch für die Epoche des Barock sind die Motive ...*

▷ Ausführlichere Hilfen zu dieser Aufgabe findet ihr auf Seite 151.

Information   **Ein Gedicht schriftlich interpretieren**

■ Nennt in der **Einleitung** die Textart sowie Titel, Autor/-in, Entstehungsjahr und Thema.

■ Stellt im **Hauptteil** die wichtigsten Ergebnisse der Analyse geordnet dar.
Beginnt mit einer **kurzen Inhaltsangabe** (Strophe für Strophe). Beschreibt dann den
formalen Aufbau (Strophen, Verse, Reimform, Metrum) und die **sprachlichen Gestaltungsmittel**. Erläutert deren Funktion und Wirkung, indem ihr einen **Bezug zum Inhalt** des
Gedichts herstellt. Belegt eure Aussagen mit Zitaten (▶ Zitieren, S. 350).

■ Fasst zum **Schluss** die wesentlichen Ergebnisse eurer Gedichtinterpretation zusammen oder
gebt einen Ausblick (z. B. zur Aktualität des Gedichts).

Aufgabe 1 mit Hilfen

Schreibt nun auf der Grundlage eurer Stoffsammlung (▶ Aufgabe 5, S. 149) eine
Gedichtinterpretation:

a Einleitung: Informiert über Textart, Titel, Autor, Entstehungsjahr, Thema.
  Ihr könnt die folgenden Formulierungsbausteine zu Hilfe nehmen:

> *Das Gedicht „....“ von ... aus dem Jahr ... beschreibt .../beschäftigt sich mit dem Thema .../*
> *handelt von ... / appelliert an ... •*
> *In Martin Opitz' Gedicht „....“ aus dem Jahr ... ... geht es um .../wird ... thematisiert ...*

b Hauptteil: Stellt die Ergebnisse der Gedichtanalyse dar und belegt sie mit Zitaten aus dem
  Gedicht (▶ Zitieren, S. 350).
  Folgende Formulierungsbausteine können euch helfen:

Inhalt	*Das Gedicht beginnt mit der Wiederholung des Titels: „Ich empfinde fast ein Grauen“. Das lyrische Ich schildert ...* *In der zweiten Strophe fragt das lyrische Ich ... und erkennt, dass ...* *In den Strophen 3 und 4 wendet sich das lyrische Ich an ... Es fordert dazu auf, ..., denn ...* *Das Fazit in der Schlussstrophe lautet ...*
Formaler Aufbau	*Das Gedicht besteht aus ... Strophen mit jeweils ... Versen.* *Die Reimform ist ... Das Metrum ist ein Trochäus, der ... wirkt.*
Sprachliche Gestaltung mit Bezug zum Inhalt (funktionale Deutung)	*In den ersten Versen hält das lyrische Ich eine Art Monolog. Mit dem stark negativ konnotierten Nomen „Grauen“ (vgl. Titel und V.1) und mit der Betonung der zeitlichen Dauer durch die Wiederholung „für und für“ (V. 2) macht es gleich zu Beginn des Gedichts deutlich, dass es sehr frustriert über ... ist. Einziger Ansprechpartner des lyrischen Ichs ist der Lernstoff, der durch den Namen des antiken Philosophen Plato (vgl. V. 2) personifiziert wird. Diese Situation wirkt zunächst trostlos, jedoch signalisieren die Wörter „frischen“, „Grünen“, ... und ... einen Wechsel der Stimmung hin zur Freude an der lebendigen Natur.* **Weitere Formulierungsbausteine** *Die sprachlichen Bilder ... veranschaulichen/verdeutlichen/betonen/wirken ... •* *Typisch für die Epoche des Barock sind die Motive ... •* *Die ... stehen im Gegensatz zu ...*

c Schluss: Formuliert ein zusammenfassendes Fazit oder einen Ausblick.

> – *Das barocke Gedicht von Martin Opitz führt vor Augen, ... •*
> – *Die genaue Analyse des Gedichts hat gezeigt, dass ... •*
> – *Dem heutigen Leser sagt das Gedicht ...*

7.3 Fit in ... – Ein Gedicht analysieren und interpretieren

Die Aufgabenstellung verstehen

In der nächsten Klassenarbeit könnte folgende Aufgabe gestellt werden:

1. Verfasse eine Interpretation zu Bertolt Brechts Gedicht „Entdeckung an einer jungen Frau".

   Gehe so vor:
   a Untersuche Inhalt, Form und sprachliche Gestaltungsmittel des Gedichts.
   Beachte dabei besonders, wie Brecht (1898–1956) die barocke Gedichtform Sonett aufgreift und an seine Zeit anpasst.
   b Verfasse auf der Grundlage deiner Ergebnisse eine Gedichtinterpretation.
   Achte auf eine Gliederung in Einleitung, Hauptteil und Schluss.

Bertolt Brecht

Entdeckung an einer jungen Frau (um 1925)

Des Morgens nüchterner Abschied, eine Frau
Kühl zwischen Tür und Angel, kühl besehn
Da sah ich: eine Strähn in ihrem Haar war grau
Ich konnt mich nicht entschließen mehr zu gehn

5 Stumm nahm ich ihre Brust, und als sie fragte
Warum ich, Nachtgast, nach Verlauf der Nacht
Nicht gehen wolle, denn so war's gedacht
Sah ich sie unumwunden an und sagte

Ist's nur noch eine Nacht, will ich noch bleiben
10 Doch nütze deine Zeit, das ist das Schlimme
Daß du so zwischen Tür und Angel stehst

Und laß uns die Gespräche rascher treiben
Denn wir vergaßen ganz, daß du vergehst
Und es verschlug Begierde mir die Stimme R

Albert Marquet: Frau in Blau (1928)

👥 1   Lest die Aufgabenstellung aufmerksam. Besprecht in Partnerarbeit, was zur Untersuchung des Gedichts gehört und wie ihr dabei vorgehen könnt.

👥 2   Lest das Gedicht mehrmals.
Klärt schwierige Textstellen mit einem Lernpartner / einer Lernpartnerin.

Ein Gedicht untersuchen und eine Stoffsammlung anlegen

3 a Überlegt, worum es in dem Gedicht geht. Stellt hierzu Fragen an das Gedicht, z. B.:
  – Wie ist der Titel zu verstehen?
  – Was wird in dem Gedicht dargestellt und beschrieben? Welche Motive kommen vor?
  – Wie wirkt das Gedicht? Welche Stimmung hinterlässt es? Woran liegt das?

  b Formuliert eure ersten Eindrücke und aktiviert euer Vorwissen, z. B.:
  – *Das Gedicht gefällt mir/gefällt mir nicht, weil ...*
  – *Es fällt besonders auf, dass ... Das liegt an ...*
  – *Die Sonettform kenne ich aus ...*

4 Bearbeitet den Gedichttext auf einer Kopie: Markiert Auffälligkeiten und notiert eure Überlegungen zu Inhalt, Form und sprachlicher Gestaltung. Geht so vor:
  – Markiert Wörter, die für die Aussage besonders wichtig sind.
  – Notiert Strophen- und Verszahl sowie Reimschema.
  – Haltet fest, was ihr über das lyrische Ich und die junge Frau erfahrt.
  – Markiert sprachliche Gestaltungsmittel und erklärt den Zusammenhang zwischen Sprache/Form und Inhalt/Aussage.
  – Vergleicht das Gedicht mit barocken Sonetten. Notiert inhaltliche und formale Ähnlichkeiten und Unterschiede.

Bertolt Brecht

Entdeckung an einer jungen Frau (um 1925)

Epoche: Moderne

Des Morgens nüchterner Abschied, eine Frau	a	*Ellipse, Enjambement*
Kühl zwischen Tür und Angel, kühl besehn	b	*emotionslose Stimmung (Wiederholung)*
Da sah ich: eine Strähn in ihrem Haar war grau	a	*Häufung Vokal ü (weder hell noch dunkel)*
Ich konnt mich nicht entschließen mehr zu gehn	b	*graue Haare: Alterung*
Stumm nahm ich ihre Brust, und als sie fragte	c	
Warum ich, Nachtgast, nach Verlauf der Nacht	d	*Hinweise auf sexuelle Beziehung*
Nicht gehen wolle, denn so war's gedacht	d	*umgangssprachliche Formulierung*
Sah ich sie unumwunden an und sagte	c	
Ist's nur noch eine Nacht, will ich noch bleiben	e	*Bedingungssatz*
Doch nütze deine Zeit, das ist das Schlimme	f	*Imperativ, Anrede der Frau, Carpe diem*
Daß du so zwischen Tür und Angel stehst	g	*Metapher*
Und laß uns die Gespräche rascher treiben	e	*Imperativ*
Denn wir vergaßen ganz, daß du vergehst	g	*Vergänglichkeit des Lebens*
Und es verschlug Begierde mir die Stimme	f	

– zwei Quartette und zwei ...
– schlichte, moderne Sprache, weniger Stilmittel als in Barocksonetten

Eine Gedichtinterpretation schreiben und überarbeiten

5 Verfasst auf der Grundlage eurer Ergebnisse eine Gedichtinterpretation.
Achtet auf eine Gliederung in Einleitung, Hauptteil und Schluss. Geht so vor:

Einleitung	*Das Gedicht ... von ... aus dem Jahr ... befasst sich mit dem Thema ...*
Hauptteil Inhalt	*In dem Gedicht berichtet das lyrische Ich von einer kurzen sexuellen Beziehung mit einer ihm fremden Frau. Die Beziehung wirkt sehr ... Am Morgen nach der gemeinsam verbrachten Nacht will das lyrische Ich ..., doch ...*
Form	*Das Gedicht ist ein Sonett, das heißt, es besteht aus zwei Quartetten und ..., die ein regelmäßiges Reimschema aufweisen: ... Das Metrum des Gedichts ist der ...*
Sprachliche Gestaltung Deutung/Bezug zum Inhalt	*Das moderne Sonett greift auf sprachliche Gestaltungsmittel zurück, die ... Dies lässt eine Atmosphäre entstehen, die bereits in den Versen 1 und 2 durch die Adjektive „nüchtern" und „kühl" (zweimal) beschrieben wird. Auch die Ellipse ...* *Im dritten Vers taucht der erste Hinweis auf das Vanitas-Motiv auf: Das lyrische Ich entdeckt eine graue Strähne im Haar der Frau und nimmt dieses Zeichen der Vergänglichkeit zum Anlass, ...* *In der zweiten Strophe wird erstmals klar, dass es sich um eine sexuelle Beziehung handelt, da das lyrische Ich ... Auch hier ist die Sprache sehr nüchtern und wirkt durch die Enjambements und durch die umgangssprachliche Formulierung „war's" (V. 7) wie ...*
Schluss	*– Das Gedicht hinterlässt insgesamt einen ... Eindruck, weil ...* *– Das Carpe-diem-Motiv wird ... verarbeitet, sodass ...* *– Das Gedicht wirkt auf mich ...*

6 Überarbeitet eure Texte in Partnerarbeit.
Die folgende Checkliste hilft euch dabei.

Checkliste

Ein Gedicht interpretieren

- **Einleitung:** Habt ihr Textart, Titel, Autor, Entstehungsjahr und Thema des Gedichts genannt?
- **Hauptteil:** Habt ihr die wichtigsten Untersuchungsergebnisse dargestellt und durch Zitate belegt?
  - Kurze Zusammenfassung des Inhalts?
  - Darstellung des formalen Aufbaus (Strophen/Verse, Reimform, Metrum)?
  - Beschreibung der sprachlichen Gestaltungsmittel und Erläuterung ihrer Wirkung? Erläuterung des Bezugs zum Inhalt (funktionale Deutung der Gestaltungsmittel)?
- **Schluss:** Habt ihr die Gesamtaussage des Gedichts in einem Fazit zusammengefasst und den Aufsatz mit einem persönlichen Gedanken abgerundet? Zum Beispiel: Wie wirkt das Gedicht auf euch? Warum hat es euch angesprochen / nicht angesprochen?

8 „Der Besuch der alten Dame" –
Ein modernes Drama untersuchen

Friedrich Dürrenmatt
Der Besuch der alten Dame
Eine tragische Komödie in drei Akten

Personen
Die Besucher
CLAIRE ZACHANASSIAN, geb. Wäscher,
Multimillionärin (Armenian-Oil)
IHRE GATTEN VII–IX
DER BUTLER
TOBY und ROBY (Kaugummi kauend)
KOBY und LOBY (blind)

Die Besuchten
ILL	Der Erste (Bürger)
SEINE FRAU	Der Zweite (Bürger)
SEINE TOCHTER	Der Dritte (Bürger)
SEIN SOHN	Der Vierte (Bürger)
DER BÜRGERMEISTER	Der Maler
DER PFARRER	Erste Frau
DER LEHRER	Zweite Frau
DER ARZT	Fräulein Luise
DER POLIZIST	[...]

Ort: Güllen, eine Kleinstadt

Zeit: Gegenwart

1 a Titel, Personenverzeichnis und Szenenfoto –
das findet man im Programmheft eines
Theaters, in dem Dürrenmatts „Der Besuch
der alten Dame" aufgeführt wird.
 – Was fällt euch daran auf, z. B. im Vergleich zu anderen Stücken, die ihr kennt?
 – Welche Erwartungen an das Stück ergeben sich, welche Fragen?
b Stellt Vermutungen an: Worum könnte es in dem Stück gehen?

2 a „Drama" – „Komödie" – „Tragödie" –
Was fällt euch zu diesen Theater-
Begriffen ein? Listet Stichworte auf
und erläutert sie.

b Dürrenmatt bezeichnet sein Stück
als „tragische Komödie". Erklärt, was
dieser Untertitel aussagt.

In diesem Kapitel ...

 – lernt ihr mit Dürrenmatts „Der Besuch
der alten Dame" eine neue Spielart
des Dramas kennen, die Tragikomödie,
 – untersucht ihr Handlung, Figuren und
Konflikte dieses Dramas,
 – erprobt ihr unterschiedliche Zugänge
zum Drama und entwickelt dabei
eigene Interpretationsansätze.

8.1 „... und kaufe mir dafür Gerechtigkeit" – Handlung und Figuren kennen lernen

„Sie lebe hoch, hoch, hoch!" – Die Exposition untersuchen

Friedrich Dürrenmatt

Der Besuch der alten Dame – Die Rede des Bürgermeisters (1. Akt)

In Güllen, einer kleinen, völlig verarmten Stadt, bereiten sich die Einwohner auf den Besuch von Claire Zachanassian vor. Sie hieß früher Klara Wäscher, wurde in Güllen geboren und kehrt heute nach 45 Jahren als Multimillionärin zurück. Neben ihrem siebten Ehemann und diversen Bediensteten bringt Claire auch einen Sarg mit. Die Bewohner und der Bürgermeister sind sehr aufgeregt. Sie erhoffen sich finanzielle Unterstützung durch den Besuch der Milliardärin. Die Güllener Gemeinde versammelt sich im Gasthaus „Zum Goldenen Apostel" zu einem Festbankett zu Ehren des Gastes. Claires ehemaliger Liebhaber Alfred Ill, inzwischen 70 Jahre alt, ist auch anwesend.

DER BÜRGERMEISTER: Gnädige Frau, meine lieben Güllener. Es sind jetzt fünfundvierzig Jahre her, daß Sie unser Städtchen verlassen haben, welches, vom Kurfürsten Hasso dem Noblen gegründet, so freundlich zwischen dem Kon-
5 radsweilerwald und der Niederung von Pückenried gebettet liegt. Fünfundvierzig Jahre, mehr als vier Jahrzehnte, eine Menge Zeit. Vieles hat sich inzwischen ereignet, viel Bitteres. Traurig ist es der Welt ergangen, traurig uns. 10 Doch haben wir Sie, gnädige Frau – unsere Kläri – *(Beifall)* – nie vergessen. Weder Sie noch Ihre Familie. Die prächtige, urgesunde Mutter, die ganz in ihrer Familie aufging – *(Ill flüstert ihm etwas zu)* – leider allzu früh entschwunden, 15 der volkstümliche Vater, der beim Bahnhof ein

von Fachkreisen und Laien stark besuchtes – *(Ill flüstert ihm etwas zu)* – stark beachtetes Gebäude errichtete, leben in Gedanken noch un-
20 ter uns, als unsere Besten, Wackersten. Und gar Sie, gnädige Frau – als blond – *(Ill flüstert ihm etwas zu)* – rotgelockter Wildfang tollten Sie durch unsere nun leider verlotterten Gassen – wer kannte Sie nicht. Schon damals spürte je-
25 der den Zauber Ihrer Persönlichkeit, ahnte den kommenden Aufstieg zu der schwindelnden Höhe der Menschheit. *(Er zieht das Notizbüchlein hervor.)* Unvergessen sind Sie geblieben. In der Tat. Ihre Leistung in der Schule wird noch
30 jetzt von der Lehrerschaft als Vorbild hingestellt, waren Sie doch besonders im wichtigsten Fach erstaunlich, in der Pflanzen- und Tierkunde, als Ausdruck Ihres Mitgefühls zu allem Kreatürlichen, Schutzbedürftigen. Ihre Gerechtigkeits-
35 liebe und Ihr Sinn für Wohltätigkeit erregten schon damals die Bewunderung weiter Kreise. *(Riesiger Beifall.)* Hatte doch unsere Kläri einer armen alten Witwe Nahrung verschafft, indem sie mit ihrem mühsam bei Nachbarn verdien-
40 ten Taschengeld Kartoffeln kaufte und sie so vor dem Hungertode bewahrte, um nur eine ihrer barmherzigen Handlungen zu erwähnen. *(Riesiger Beifall.)* Gnädige Frau, liebe Güllener, die zarten Keime so erfreulicher Anlagen
45 haben sich denn nun kräftig entwickelt, aus dem rotgelockten Wildfang wurde eine Dame, die die Welt mit ihrer Wohltätigkeit überschüttet, man denke nur an ihre Sozialwerke, an ihre Müttersanatorien und Suppenanstalten,
50 an ihre Künstlerhilfe und Kinderkrippen, und so möchte ich der nun Heimgefundenen zurufen: Sie lebe hoch, hoch, hoch!

(Beifall. Claire Zachanassian erhebt sich.)
CLAIRE ZACHANASSIAN: Bürgermeister, Gülle-
55 ner. Eure selbstlose Freude über meinen Besuch rührt mich. Ich war zwar ein etwas anderes Kind, als ich nun in der Rede des Bürgermeisters vorkomme, in der Schule wurde ich geprügelt, und die Kartoffeln für die Wit-
60 we Boll habe ich gestohlen, gemeinsam mit Ill, nicht um die alte Kupplerin vor dem Hungertode zu bewahren, sondern um mit Ill einmal in einem Bett zu liegen, wo es bequemer war als im Konradsweilerwald oder in der Peter-
65 schen Scheune. Um jedoch meinen Beitrag an eurer Freude zu leisten, will ich gleich erklären, dass ich bereit bin, Güllen eine Milliarde zu schenken. Fünfhundert Millionen der Stadt und fünfhundert Millionen verteilt auf alle Fa-
70 milien.

(Totenstille.)
DER BÜRGERMEISTER *(stotternd):* Eine Milliarde.
(Alle immer noch in Erstarrung.)
CLAIRE ZACHANASSIAN: Unter einer Bedingung.
75 *(Alle brechen in einen unbeschreiblichen Jubel aus. Tanzen herum, steigen auf die Stühle, der Turner turnt usw. Ill trommelt sich begeistert auf die Brust.)*
ILL: Die Klara! Goldig! Wunderbar! Zum Kugeln! Voll und ganz mein Zauberhexchen.
(Er küßt sie.) [R] 80

> Dramatische Texte sind Vorlagen für eine Aufführung. Zum **Haupttext** gehört alles, was die Figuren sprechen. Zum **Nebentext** gehören z. B. die Figurennamen vor dem Sprechtext und die kursiv gesetzten **Regieanweisungen** in Klammern (z. B. *Er küsst sie*). Der Nebentext wird in der Regel nicht gesprochen, sondern in Spiel umgesetzt.

1 Lest die Szene und achtet auch auf den Nebentext.

a Formuliert in einem Satz, welche Absicht der Bürgermeister mit seiner Begrüßungsrede verfolgt. Nennt passende Textstellen.

b Welches Bild von Klara entwirft der Bürgermeister in seiner Rede?
Erläutert es und berücksichtigt dabei, welche sprachlichen Mittel er verwendet und was diese bewirken sollen.

c Erklärt, wie Claire Zachanassian auf die Rede des Bürgermeisters reagiert.

2 Spielt Ausschnitte aus dem Text auf S. 156–157, die besonders komisch wirken, z. B. Z. 10–34. Überlegt, welche Mimik, Gestik und Sprechweise zu den Figuren passen könnten.
Sammelt auch Ideen, wie das Publikum – die Güllener und Claire Zachanassian – sich verhalten könnten (Mimik, Körpersprache, Handlungen).

3 Claire verspricht der Gemeinde Güllen eine Milliarde – „unter einer Bedingung" (▶ Z. 74).
Welche Bedingung könnte das sein? Stellt Vermutungen an und improvisiert den Fortgang der Szene: Claire formuliert ihre Bedingung.

Friedrich Dürrenmatt

Der Besuch der alten Dame – Die Bedingung Claires (1. Akt)

DER BÜRGERMEISTER: Unter einer Bedingung, haben gnädige Frau gesagt. Darf ich diese Bedingung wissen?

CLAIRE ZACHANASSIAN: Ich will die Bedingung
5 nennen. Ich gebe euch eine Milliarde und kaufe mir dafür die Gerechtigkeit.

(Totenstille)

DER BÜRGERMEISTER: Wie ist dies zu verstehen, gnädige Frau?

10 CLAIRE ZACHANASSIAN: Wie ich es sagte.

DER BÜRGERMEISTER: Die Gerechtigkeit kann man doch nicht kaufen!

CLAIRE ZACHANASSIAN: Man kann alles kaufen.

DER BÜRGERMEISTER: Ich verstehe immer noch
15 nicht.

[Alfred Ill und Claire (damals Klara Wäscher) waren ein Liebespaar, doch als Kläri schwanger wurde, bekannte sich Ill nicht zu ihr. Im Vaterschaftsprozess ließ er zwei falsche Zeugen (Koby und
20 *Loby) auftreten, der damalige Oberrichter Hofer fällte ein Fehlurteil.*
Claire, die nach 45 Jahren nach Güllen zurückkehrt, hat in ihrem Gefolge nicht nur den ehemaligen Oberrichter Hofer dabei, der jetzt als Butler
25 *für sie arbeitet, sondern auch Koby und Loby, die sich seinerzeit von Ill bestechen ließen.]*

DER BUTLER: Dies ist die Geschichte: Ein Richter, ein Angeklagter, zwei falsche Zeugen, ein Fehlurteil im Jahre 1910. Ist es nicht so, Klägerin?

30 *(Claire Zachanassian steht auf.)*

ILL *(stampft auf den Boden)*: Verjährt, alles verjährt! Eine alte, verrückte Geschichte.

DER BUTLER: Was geschah mit dem Kind, Klägerin?

35 CLAIRE ZACHANASSIAN *(leise):* Es lebte ein Jahr.

DER BUTLER: Was geschah mit Ihnen?

CLAIRE ZACHANASSIAN: Ich wurde eine Dirne.

DER BUTLER: Weshalb?

CLAIRE ZACHANASSIAN: Das Urteil des Gerichts

40 machte mich dazu.

DER BUTLER: Und nun wollen Sie Gerechtigkeit, Claire Zachanassian?

CLAIRE ZACHANASSIAN: Ich kann sie mir leisten. Eine Milliarde für Güllen, wenn jemand Alfred Ill tötet. R 45

1 Erläutert, wie die Vorgeschichte (▶ Z. 16–26) und die Handlung auf der Bühne zusammenhängen.

2 Verfasst Rollenbiografien für Ill und Claire. Erläutert darin, wie die Figuren so wurden, wie sie sind, z. B.:

Ich bin Alfred Ill, geboren in Güllen vor …
In meiner Jugend … Meine Familie …

> **Rollenbiografien** helfen dabei, sich eine lebendige Vorstellung von einer Figur zu machen. Grundlage sind die Informationen des Dramentextes (Figurenrede, Regieanweisungen), aber auch die Vorstellungen und Erfahrungen des Lesers.

3 Claire spricht in Bezug auf ihre Forderung von Gerechtigkeit. Nehmt dazu Stellung.

4 Der Bürgermeister lehnt das Angebot Claire Zachanassians unter großem Beifall der Güllener empört ab. Claire sagt daraufhin: „Ich warte." Damit endet der 1. Akt des Dramas.
Stellt Vermutungen an, wie die Güllener Bürger auf Claires Angebot reagieren werden, z. B. Alfred Ill, der Pfarrer, der Lehrer sowie die anderen Einwohner. Entwerft hierzu kleine Szenen.

5 **a** Erläutert, worin der in der Exposition angelegte zentrale Konflikt des Dramas besteht.
b Legt eine Figurenskizze an, in der die Positionen und Erwartungen der Figuren und Figurengruppen deutlich werden.

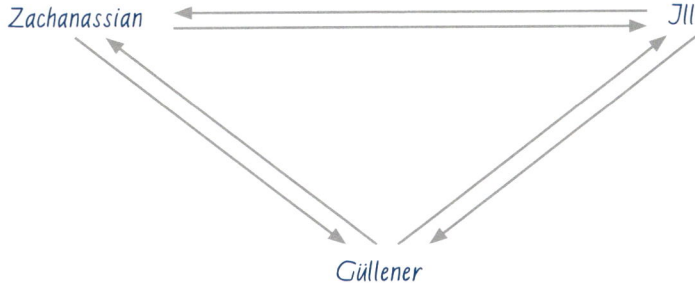

> **Information**   **Die Exposition**
>
> Die Exposition (lat. *expositio:* Darlegung) umfasst meist den ersten Akt eines Dramas. Sie führt in **Zeit, Ort** und **Handlung** des Dramas ein und klärt wichtige Voraussetzungen (Vorgeschichte). In der Exposition wird der **zentrale Konflikt** verdeutlicht, der die Handlung in Gang setzt, und die Zuschauer lernen die Hauptfiguren **(Protagonisten)** sowie ihre Gegenspieler **(Antagonisten)** kennen.

Der Konflikt spitzt sich zu – Dialoge analysieren

Friedrich Dürrenmatt

Der Besuch der alten Dame – Einkaufen bei Ill (2. Akt)

Claire wartet, wie angekündigt, und bereitet auf dem Balkon des Hotels „Zum Goldenen Apostel" die Hochzeit mit ihrem achten Gatten vor. In Ills Laden im Vordergrund der Bühne herrscht Hochbetrieb.

(Zwei Frauen kommen. Sie geben Ill die Milch-kessel.)

DIE ERSTE FRAU: Milch, Herr Ill.

DIE ZWEITE FRAU: Mein Kessel, Herr Ill.

5 ILL: Schönen guten Morgen. Einen Liter Milch für jede der Damen.

(Er öffnet einen Milchkessel und will Milch schöp-fen.)

DIE ERSTE FRAU: Vollmilch, Herr Ill.

10 DIE ZWEITE FRAU: Zwei Liter Vollmilch, Herr Ill.

ILL: Vollmilch. *(Er öffnet einen anderen Kessel und schöpft Milch.)*

[...]

DIE ERSTE FRAU: Und Butter. Zweihundert

15 Gramm.

DIE ZWEITE FRAU: Und Weißbrot. Zwei Kilo.

ILL: Wohl geerbt, die Damen, wohl geerbt.

DIE BEIDEN FRAUEN: Schreiben's auf.

ILL: Alle für einen, einer für alle.

20 DIE ERSTE FRAU: Noch Schokolade für zwei zwanzig.

DIE ZWEITE FRAU: Vier vierzig.

ILL: Auch aufschreiben?

DIE ERSTE FRAU: Auch.

25 DIE ZWEITE FRAU: Die essen wir hier, Herr Ill.

DIE ERSTE FRAU: Bei Ihnen ist es am schönsten, Herr Ill.

(Sie setzen sich in den Hintergrund des Ladens und essen Schokolade.)

30 [...]

(Ein zweiter Kunde kommt, verarmt und verris-sen, wie alle.)

DER ZWEITE: Guten Morgen. Wird heiß werden heute.

DER ERSTE: Die Schönwetterperiode dauert an. 35

ILL: Eine Kundschaft habe ich diesen Morgen. Sonst die ganze Zeit niemand, und nun strömt's seit einigen Tagen.

DER ERSTE: Wir stehen eben zu Ihnen. Zu un-serem Ill. Felsenfest. 40

DIE FRAUEN *(Schokolade essend)*: Felsenfest, Herr Ill, felsenfest.

DER ZWEITE: Du bist schließlich die beliebteste Persönlichkeit.

DER ERSTE: Die wichtigste. 45

DER ZWEITE: Wirst im Frühling zum Bürger-meister gewählt.

DER ERSTE: Todsicher.

DIE FRAUEN *(Schokolade essend)*: Todsicher, Herr Ill, todsicher. ☐R 50

---

1 Besprecht eure ersten Eindrücke von der Szene.

2 Untersucht den Dialog.
Erläutert, welche Figuren auftreten, worüber sie sprechen und wie sie sich verhalten.

3 Wählt eine der folgenden Aufgaben:

a Tragt die Szene mit verteilten Rollen vor. Probiert unterschiedliche Sprechhaltungen aus, z. B. staunend, zweifelnd, naiv, selbstsicher, gleichgültig, vertraulich, scheinheilig …

b Erfindet eine Szene, in der ein Reporter das Geschehen in Ills Laden live verfolgt, es zusammenfasst und kommentiert. Verwendet Verben, die Sprechakte bezeichnen, z. B.:
Gerade betreten zwei Frauen den Laden und verlangen Milch von Ill …

> **Sprechakte** sind Handlungen, die wir mit sprachlichen Äußerungen ausführen, z. B. *fordern, befehlen, fragen, schmeicheln, appellieren, beschwichtigen, versprechen, drohen …*

4 Welche Entwicklung der Handlung, welche Konflikte deuten sich an?
Sucht im Text nach Anspielungen und Doppeldeutigkeiten und erklärt sie.

Friedrich Dürrenmatt

Der Besuch der alten Dame – Ill bei der Polizei (2. Akt)

Ill wendet sich Hilfe suchend an den Polizisten.

DER POLIZIST: Was wünschen Sie, Ill? Nehmen Sie Platz.
(Ill bleibt stehen.)
DER POLIZIST: Sie zittern.
5 **ILL:** Ich verlange die Verhaftung der Claire Zachanassian.
DER POLIZIST *(stopft sich eine Pfeife, zündet sie gemächlich an):* Merkwürdig. Äußerst merkwürdig.
10 *(Der Butler serviert das Morgenessen, bringt die Post.)*
ILL: Ich verlange es als der zukünftige Bürgermeister.
DER POLIZIST *(Rauchwolken paffend):* Die Wahl
15 ist noch nicht vorgenommen.
ILL: Verhaften Sie die Dame auf der Stelle.
DER POLIZIST: Das heißt, Sie wollen die Dame anzeigen. Ob sie dann verhaftet wird, entscheidet die Polizei. Hat sie was verbrochen?
20 **ILL:** Anstiftung zum Mord.
DER POLIZIST: Passen Sie mal auf, Ill. Eine Anstiftung zum Mord liegt nur dann vor, wenn der Vorschlag, Sie zu ermorden, ernst gemeint ist. Das ist doch klar.

ILL: Meine ich auch. 25
DER POLIZIST: Eben. Nun kann der Vorschlag nicht ernst gemeint sein, weil der Preis von einer Milliarde übertrieben ist, das müssen Sie doch selber zugeben, für so was bietet man tausend oder vielleicht zweitausend, mehr be-30 stimmt nicht, da können Sie Gift drauf nehmen, was wiederum beweist, dass der Vorschlag nicht ernst gemeint war, und sollte er ernst gemeint sein, so kann die Polizei die Dame nicht ernst nehmen, weil sie dann verrückt ist: 35 Kapiert?
ILL: Der Vorschlag bedroht mich, Polizeiwachtmeister, ob die Dame nun verrückt ist oder nicht. Das ist doch logisch.
DER POLIZIST: Unlogisch. Sie können nicht 40 durch einen Vorschlag bedroht werden, sondern nur durch das Ausführen eines Vorschlags. Zeigen Sie mir einen wirklichen Versuch, diesen Vorschlag auszuführen, etwa einen Mann, der ein Gewehr auf Sie richtet, 45 und ich komme in Windeseile. Doch gerade diesen Vorschlag will ja niemand ausführen, im Gegenteil. Die Kundgebung im „Goldenen

161

Apostel" war äußerst eindrucksvoll. Ich muß
50 Ihnen nachträglich gratulieren. *(Er trinkt Bier.)*
ILL: Ich bin nicht ganz so sicher, Polizeiwachtmeister.

DER POLIZIST: Nicht ganz so sicher?

ILL: Meine Kunden kaufen bessere Milch, bes-
55 seres Brot, bessere Zigaretten.

DER POLIZIST: Freuen Sie sich doch! Ihr Ge-
schäft geht ja dann besser. *(Er trinkt Bier.)*
[...]

ILL: Meine Kunden, womit sollen die bezahlen?

60 DER POLIZIST: Das geht die Polizei nichts an.
*(Er steht auf und nimmt das Gewehr von der
Stuhllehne.)*

ILL: Aber mich geht's an. Denn mit mir werden
sie zahlen.

65 DER POLIZIST: Kein Mensch bedroht Sie. *(Er beginnt, das Gewehr zu laden.)*

ILL: Die Stadt macht Schulden. Mit den Schulden steigt der Wohlstand. Mit dem Wohlstand
die Notwendigkeit, mich zu töten. Und so
70 braucht die Dame nur auf ihrem Balkon zu sitzen, Kaffee zu trinken, Zigarren zu rauchen
und zu warten. Nur zu warten.

DER POLIZIST: Sie fabeln.

ILL: Ihr alle wartet. *(Er klopft auf den Tisch.)*

DER POLIZIST: Sie haben zu viel Schnaps ge-
75 trunken. *(Er hantiert am Gewehr.)* So, nun ist es
geladen. Sie können beruhigt sein. Die Polizei
ist da, den Gesetzen Respekt zu verschaffen,
für Ordnung zu sorgen, den Bürger zu schüt-
zen. Sie weiß, was ihre Pflicht ist. Sollte sich ir-
80 gendwo und von irgendeiner Seite der leiseste
Verdacht einer Bedrohung zeigen, wird sie ein-
schreiten, Herr Ill, darauf können Sie sich verlassen.

ILL *(leise)*: Warum haben Sie denn einen Gold-
85 zahn im Mund, Polizeiwachtmeister?

DER POLIZIST: He?

ILL: Einen neuen blitzenden Goldzahn.

DER POLIZIST: Wohl verrückt?

*(Nun sieht Ill, daß der Lauf des Gewehres auf ihn
90 gerichtet ist, und hebt langsam die Hände.)*

DER POLIZIST: Ich habe keine Zeit, über Ihre
Hirngespinste zu disputieren, Mann. Ich muß
gehen. Der verschrobenen Milliardärin ist das
Schoßhündchen fortgelaufen. Der schwarze
95 Panther. Ich muss ihn jagen. Das ganze Städtchen muss ihn jagen. *(Er geht nach hinten hinaus.)*

ILL: Mich jagt ihr, mich. [R]

1 Lest die Szene und betrachtet das Szenenfoto: Welcher Stelle der Handlung könnt ihr es zuordnen? Begründet.

2 Stellt das Szenenfoto nach. Sprecht aus eurer jeweiligen Rollenperspektive – Ill oder Polizist – einen Monolog (▶ S. 326): Was geht eurer Figur in diesem Moment durch den Kopf? Berücksichtigt dabei, welche Rolle das Gewehr spielt und welche Wirkung dieses Requisit hat.

3 Um eine Dramenszene besser zu verstehen, müsst ihr Dialoge und Monologe der Figuren genau analysieren. Dazu haltet ihr auf einer Kopie des Textes fest, was euch auffällt:

ILL: Verhaften Sie die Dame auf der Stelle.	*Forderung Ills: Verhaftung von*
DER POLIZIST: Das heißt, Sie wollen die Dame anzeigen. Ob sie dann verhaftet wird, entscheidet die Polizei. Hat sie was verbrochen?	*Claire Zachanassian*
ILL: Anstiftung zum Mord.	*Begründung*
DER POLIZIST: Passen Sie mal auf, Ill. Eine Anstiftung zum Mord liegt nur dann vor, wenn der Vorschlag, Sie zu ermorden, ernst gemeint ist. Das ist doch klar.	*abwertend, einschüchternd gegenüber Ill*
ILL: Meine ich auch.	
DER POLIZIST: Eben. Nun kann der Vorschlag nicht ernst gemeint sein, weil der Preis von einer Milliarde übertrieben ist, das müssen Sie doch selber zugeben, für so was bietet man tausend oder vielleicht zweitausend, mehr bestimmt nicht, da können Sie Gift drauf nehmen, was wiederum beweist, daß der Vorschlag nicht ernst gemeint war, und sollte er ernst gemeint sein, so kann die Polizei die Dame nicht ernst nehmen, weil sie dann verrückt ist: Kapiert?	*weist Ills Vorwurf zurück; ablenkende Scheinargumentation*
	abwertend gegenüber Ill

Zeilennummerierung: 5, 10, 15

a Begründet: Welche Notizen findet ihr hilfreich, welche nicht? Ergänzt oder ändert entsprechend.

b Untersucht das gesamte Gespräch zwischen Ill und dem Polizisten (▶ S. 161–162) in ähnlicher Weise. Die Hinweise im Kasten unten helfen euch dabei.

4 Fasst die Ergebnisse eurer Szenenanalyse knapp zusammen.
In der vorliegenden Szene sucht Ill den Polizisten auf und verlangt, ...
Während Ill zu Beginn des Gesprächs noch selbstbewusst ...
Der Polizist behandelt Ill ... Dies zeigt sich an ... Er weist die Zuständigkeit zurück und tut so, als ob Ill ...
Seine Argumentation ist ablenkend und scheinheilig, wenn er ...

Methode	**Figuren und ihr Gesprächsverhalten analysieren**

- **Was passiert** in der Szene und im Verlauf des Gesprächs? Welche Figuren treten auf?
- Welche **Absichten** verfolgen die Figuren? Welches **Ergebnis** steht am Ende?
- Verändert sich das **Verhalten der Figuren** im Laufe des Gesprächs? Gibt es Zuspitzungen?
- Wie sind die **Redeanteile** der Figuren verteilt? Wer ist initiativ, wer reagiert nur?
- Welche Sprechakte liegen vor (z. B. fragen, zustimmen, widersprechen, ankündigen, fordern ...)?
- Wie wirkt die **Sprache der Figuren?** (Wortwahl? Tonfall respektvoll/autoritär? ...)
- Welche Rolle spielen die **Regieanweisungen?**

Teste dich!

Eine Dramenszene verstehen

Friedrich Dürrenmatt

Der Besuch der alten Dame – Ill beim Bürgermeister (2. Akt)

ILL: Ich habe mit Ihnen zu reden, Bürgermeister.

DER BÜRGERMEISTER: Nehmen Sie Platz.

ILL: Von Mann zu Mann. Als Ihr Nachfolger.

5 DER BÜRGERMEISTER: Bitte.

(Ill bleibt stehen, blickt auf den Revolver.)

DER BÜRGERMEISTER: Der Panther der Frau Zachanassian ist los. Er klettert in der Kathedrale herum. Da muß man sich bewaffnen.

10 ILL: Gewiß.

DER BÜRGERMEISTER: Habe die Männer aufgeboten, die Gewehre besitzen. Die Kinder werden in der Schule zurückbehalten.

ILL *(mißtrauisch):* Ein etwas großer Aufwand.

15 DER BÜRGERMEISTER: Raubtierjagd.

[...]

ILL: Ich fürchte mich.

DER BÜRGERMEISTER: Fürchten?

ILL: Der Wohlstand steigt.

DER BÜRGERMEISTER: Das ist mir das Allerneu- 20 ste. Wäre erfreulich.

ILL: Ich verlange den Schutz der Behörde.

DER BÜRGERMEISTER: Ei. Wozu denn?

ILL: Das wissen der Herr Bürgermeister schon.

DER BÜRGERMEISTER: Mißtrauisch? 25

ILL: Für meinen Kopf ist eine Milliarde geboten.

DER BÜRGERMEISTER: Wenden Sie sich an die Polizei.

ILL: Ich war bei der Polizei. 30

[...]

DER BÜRGERMEISTER: Das Vorgehen der Dame ist weiß Gott nicht ganz so unverständlich. Sie haben schließlich zwei Burschen zu Meineid angestiftet und ein Mädchen ins nackte Elend 35 gestoßen. R

1 Welche der folgenden Aussagen sind zutreffend?
Begründe deine Auswahl mit Textbelegen.
A Der Bürgermeister bietet Ill seine Hilfe an.
B Der Bürgermeister will den verängstigten Ill beschwichtigen.
C Der Bürgermeister gesteht Ill ganz offen, dass man ihn töten will.
D Der Bürgermeister deutet an, dass das Vorgehen der alten Dame gerechtfertigt sein könnte.

2 Erkläre, welche Bedeutung die erste Regieanweisung für das Verhalten der Figuren hat.

3 Fasse die Szene knapp zusammen und erläutere, inwiefern sich Ills Situation am Ende des Dialogs
verändert hat. Ergänze hierzu folgende Sätze:
Ill sucht den Bürgermeister auf, weil ...
Der Bürgermeister zeigt sich gegenüber Ill ... und erklärt ...
Ills Versuch, Schutz und Hilfe zu erhalten, ...
Am Ende des Gesprächs äußert der Bürgermeister ...
Ill muss erkennen, dass ...

4 Überprüft eure Ergebnisse in Partnerarbeit.

„Sag doch, dass du Komödie spielst" –
Eine Tragikomödie kennen lernen

Friedrich Dürrenmatt

Der Besuch der alten Dame – Claire auf dem Balkon (2. Akt)

Die Güllener haben den entlaufenen Panther der alten Dame gejagt und erschossen. Nun stimmen sie einen Trauerchoral an. Ill kommt mit einem Gewehr dazu. Er geht davon aus, dass die Güllener den Choral bereits für seine eigene Ermordung einstudieren, und vertreibt die Leute. Ill wendet sich an Claire, die das Geschehen vom Balkon ihres Hotels aus verfolgt.

ILL: Klara. Sag doch, daß du Komödie spielst, daß dies alles nicht wahr ist, was du verlangst. Sag es doch!

CLAIRE ZACHANASSIAN: Wie seltsam, Alfred.
5 Diese Erinnerungen. Ich war auch auf einem Balkon, damals, als wir uns zum ersten Mal sahen, es war ein Herbstabend wie jetzt, die Luft ohne Bewegung, nur hin und wieder ein Rascheln in den Bäumen im Stadtpark, heiß, wie
10 es vielleicht jetzt auch heiß ist, aber mich friert es ja immer in der letzten Zeit. Und du standst da und du schautest hinauf zu mir, immerzu. Ich war verlegen und wußte nicht, was tun. Ich wollte hineingehen ins dunkle Zimmer und
15 konnte nicht hineingehen.

ILL: Ich bin verzweifelt. Ich bin zu allem fähig. Ich warne dich, Klara. Ich bin zu allem entschlossen, wenn du jetzt nicht sagst, daß alles nur ein Spaß ist, ein grausamer Spaß. *Er richtet*
20 *das Gewehr auf sie.*

CLAIRE ZACHANASSIAN: Und du gingst nicht weiter, unten auf der Straße. Du starrtest zu mir herauf, fast finster, fast böse, als wolltest du mir ein Leid antun, und dennoch waren dei-
25 ne Augen voll Liebe.

Ill läßt das Gewehr sinken.

CLAIRE ZACHANASSIAN: Und zwei Burschen standen neben dir, Koby und Loby. Sie grinsten, da sie sahen, wie du zu mir hinaufstarrtest.
30 Und dann verließ ich den Balkon und kam hinunter zu dir. Du hast mich nicht gegrüßt, du sagtest kein Wort zu mir, aber du hast meine Hand genommen, und so sind wir aus dem Städtchen gegangen, in die Felder hinein, und
35 hinter uns wie zwei Hunde Koby und Loby. Und dann hast du Steine genommen vom Boden und nach ihnen geworfen, und sie sind jaulend in die Stadt zurückgerannt, und wir waren allein.

Vorne rechts kommt der Butler.
40
CLAIRE ZACHANASSIAN: Führ mich in mein Zimmer, Boby. Ich habe dir zu diktieren. Muß schließlich eine Milliarde transferieren.

Sie wird vom Butler ins Zimmer geführt. Von hinten hüpfen Koby und Loby herein.
45
DIE BEIDEN: Der schwarze Panther ist tot, der schwarze Panther ist tot. ☐R

1 a Überlegt, welche Bedeutung es für die Szene (▶ S.165) hat, dass Claire den Dialog mit Ill von einem Balkon aus führt.

b Stellt einen Bezug zur berühmten Balkonszene in Shakespeares Tragödie „Romeo und Julia" her.

2 a Fasst zusammen, was vor und auf dem Balkon des „Goldenen Apostels" geschieht. Ergänzt hierzu folgende Satzanfänge:

Ill sucht das Gespräch mit Klara, weil ...

Er möchte erreichen, dass ...

Claire reagiert auf sein Anliegen ...

Am Ende des Gesprächs ...

b Untersucht den Dialog und das Gesprächsverhalten der Figuren genauer:
   – Worüber redet Ill, worüber redet Claire?
   – Wie reden sie? Miteinander? Zueinander? Nebeneinanderher?
     Aneinander vorbei?
   – Wie entwickelt sich die Handlung – für Ill, für die alte Dame?
     Beachtet auch die Regieanweisungen.

c Deutet die Szene: Bahnt sich ein tragischer oder ein komischer Fortgang der Handlung an? Nutzt die Informationen im Merkkasten unten und begründet eure Antwort.

3 a Bereitet in Kleingruppen eine Inszenierung des Dramenauszugs vor.
   Stellt Überlegungen zu folgenden Aspekten an:
   – Position der Figuren auf der Bühne, z. B. *stehend – sitzend, einander zugewandt – abgewandt ...*
   – Sprechweise: *laut – leise, überzeugt – unsicher, gefühlvoll – gefühlskalt ...*
   – Mimik und Gestik: z. B. *starr, lebendig ...*

b Übt die Szene und spielt sie der Klasse vor.

c Besprecht, welches Bild von den Figuren Ill und Claire ihr in dieser Szene gewinnt.

Information   Die Tragikomödie

Das europäische Theater hat seine Wurzeln in der griechischen Antike, aus der auch die Begriffe „Drama", „Tragödie" und „Komödie" stammen.

In der **Tragödie** (Trauerspiel) erlebt der Held oder die Heldin ein schweres, schicksalhaftes Leid, das beim Zuschauer Erschrecken und Mitempfinden auslösen soll. Die Tragödie endet meist mit dem Untergang der Hauptfigur. Diese erkennt ihre Schuld und übernimmt Verantwortung für ihre Taten. Der Tod des Helden oder der Heldin ist sinnvoll, weil durch ihn eine zuvor bedrohte Weltordnung wiederhergestellt wird.

Die **Komödie** (Lustspiel) will den Zuschauer zum Lachen bringen. Sie entlarvt menschliche Schwächen, indem sie diese übertrieben oder verzerrt darstellt. Konflikte zwischen den Figuren werden auf heitere Weise in einem Happy End gelöst.

Die **tragische Komödie** oder **Tragikomödie** ist eine Mischform aus Tragödie und Komödie. Der Zuschauer kann weder unbeschwert über die Schwächen der Hauptfigur lachen (wie in der Komödie) noch tiefes Mitleid mit ihr und ihrem Schicksal empfinden (wie in der Tragödie). Die Tragikomödie hat kein Happy End. Sie kann mit dem Tod des Helden enden, ohne dass damit die dargestellte Situation zum Guten gewendet wird.

8.2 „Niemand will Sie töten." – Eine Dramenszene analysieren und interpretieren

Friedrich Dürrenmatt

Der Besuch der alten Dame – Ill am Bahnhof (2. Akt, Schlussszene)

(Bahnhofsvorstand salutierend. Aus dem Hintergrund kommt Ill mit einem alten Köfferchen in der Hand, schaut sich um. Langsam, wie zufällig, kommen von allen Seiten Güllener hinzu. Ill zö-
5 *gert, bleibt stehen.)*
DER BÜRGERMEISTER: Grüß Gott, Ill.
ALLE: Grüß Gott!
ILL *(zögernd):* Grüß Gott.
DER LEHRER: Wo geht's denn hin mit dem Kof-
10 fer?
ALLE: Wo geht's denn hin?
ILL: Zum Bahnhof.
DER BÜRGERMEISTER: Wir begleiten Sie!
DER ERSTE: Wir begleiten Sie!
15 **DER ZWEITE:** Wir begleiten Sie!
(Immer mehr Güllener erscheinen.)
ILL: Das müßt ihr nicht, wirklich nicht. Es ist nicht der Rede wert.
DER BÜRGERMEISTER: Sie verreisen, Ill?
20 **ILL:** Ich verreise.
DER POLZIST: Wohin denn?

ILL: Ich weiß nicht. Nach Kalberstadt und dann weiter –
DER LEHRER: So – und dann weiter.
ILL: Nach Australien am liebsten. Irgendwie 25 werde ich das Geld schon auftreiben. *(Er geht wieder auf den Bahnhof zu.)*
DER DRITTE: Nach Australien!
DER VIERTE: Nach Australien!
DER MALER: Warum denn? 30
ILL *(verlegen):* Man kann schließlich nicht immer am gleichen Ort leben – jahraus, jahrein.
(Er beginnt zu rennen, erreicht den Bahnhof. Die andern rücken gemächlich nach, umgeben ihn.)
DER BÜRGERMEISTER: Nach Australien auswan- 35
dern. Das ist doch lächerlich.
DER ARZT: Und für Sie am gefährlichsten.
DER LEHRER: Einer der beiden kleinen Eunuchen[1] ist schließlich auch nach Australien ausgewandert. 40

---

1 Eunuch: kastrierter Mann. Gemeint sind hier Koby und Loby.

DER POLIZIST: Hier sind Sie am sichersten.

ALLE: Am sichersten, am sichersten.

(Ill schaut sich ängstlich um, wie ein gehetztes Tier.)

45 ILL *(leise)*: Ich schrieb dem Regierungsstatthalter nach Kaffigen.

DER BÜRGERMEISTER: Na und?

ILL: Keine Antwort.

DER LEHRER: Ihr Mißtrauen ist unbegreiflich.

50 DER ARZT: Niemand will Sie töten.

ALLE: Niemand, niemand.

ILL: Die Post schickte den Brief nicht ab.

DER MALER: Unmöglich.

DER BÜRGRMEISTER: Der Postbeamte ist Mit-
55 glied des Stadtrates.

DER LEHRER: Ein Ehrenmann.

DER ERSTE: Ein Ehrenmann!

DER ZWEITE: Ein Ehrenmann!

ILL: Hier. Ein Plakat: Reist nach dem Süden.

60 DER ARZT: Na und?

ILL: Besucht die Passionsspiele in Oberammer-
gau.

DER LEHRER: Na und?

ILL: Man baut!

65 DER BÜRGRMEISTER: Na und?

ILL: Immer reicher werdet ihr, immer wohlha-
bender!

ALLE: Na und?

(Glockenton)

DER LEHRER: Sie sehen ja, wie beliebt Sie sind. 70

DER BÜRGERMEISTER: Das ganze Städtchen begleitet Sie.

DER DRITTE: Das ganze Städtchen!

DER VIERTE: Das ganze Städtchen!

ILL: Ich habe euch nicht hergebeten. 75

DER ZWEITE: Wir werden doch noch von dir Abschied nehmen dürfen.

DER BÜRGERMEISTER: Als alte Freunde.

ALLE: Als alte Freunde! Als alte Freunde!

(Zuggeräusch. Der Bahnhofsvorstand nimmt die 80
Kelle. Links erscheint der Kondukteur, als wäre er
eben vom Zuge gesprungen.)

DER KONDUKTEUR *(mit langgezogenem Schrei)*:
Güllen!

DER BÜRGERMEISTER: Das ist Ihr Zug. 85

ALLE: Ihr Zug! Ihr Zug!

DER BÜRGERMEISTER: Nun, Ill, ich wünsche eine
gute Reise.

ALLE: Eine gute Reise, eine gute Reise!

DER ARZT: Ein schönes weiteres Leben! 90

ALLE: Ein schönes weiteres Leben!

(Die Güllener scharen sich um Ill.)

DER BÜRGERMEISTER: Es ist so weit. Besteigen
Sie nun in Gottes Namen den Personenzug
nach Kalberstadt. 95

DER POLIZIST: Und viel Glück in Australien!

ALLE: Viel Glück, viel Glück!

(Ill steht bewegungslos, starrt seine Mitbürger an.)

ILL *(leise):* Warum seid ihr alle hier?

100 **DER POLIZIST:** Was wollen Sie denn noch?

DER BAHNHOFSVORSTAND: Einsteigen!

ILL: Was schart ihr euch um mich?

DER BÜRGERMEISTER: Wir scharen uns doch gar nicht um Sie.

105 **ILL:** Macht Platz!

DER LEHRER: Aber wir haben doch Platz gemacht.

ALLE: Wir haben Platz gemacht, wir haben Platz gemacht!

110 **ILL:** Einer wird mich zurückhalten.

DER POLIZIST: Unsinn. Sie brauchen nur in den Zug zu steigen, um zu sehen, dass dies Unsinn ist.

ILL: Geht weg!

115 *(Niemand rührt sich. Einige stehen da, die Hände in den Hosentaschen.)*

DER BÜRGERMEISTER: Ich weiß nicht, was Sie wollen. Es ist an Ihnen, fortzugehen. Steigen Sie nun in den Zug.

120 **ILL:** Geht weg!

DER LEHRER: Ihre Furcht ist einfach lächerlich.

(Ill fällt auf die Knie.)

ILL: Warum seid ihr so nah bei mir!

DER ARZT: Der Mann ist verrückt geworden.

125 **ILL:** Ihr wollt mich zurückhalten.

DER BÜRGERMEISTER: Steigen Sie doch ein!

ALLE: Steigen Sie doch ein! Steigen Sie doch ein!

(Schweigen)

130 **ILL** *(leise):* Einer wird mich zurückhalten, wenn ich den Zug besteige.

ALLE *(beteuernd):* Niemand! Niemand!

ILL: Ich weiß es.

DER POLIZIST: Es ist höchste Zeit.

135 **DER LEHRER:** Besteigen Sie endlich den Zug, guter Mann.

ILL: Ich weiß es! Einer wird mich zurückhalten! Einer wird mich zurückhalten!

DER BAHNHOFSVORSTAND: Abfahrt!

140 *(Er hebt die Kelle, der Kondukteur markiert Aufspringen, und Ill bedeckt, zusammengebrochen, von den Güllenern umgeben, sein Gesicht mit den Händen.)*

DER POLIZIST: Sehen Sie! Da ist er Ihnen davon-

145 gerumpelt!

(Alle verlassen den zusammengebrochenen Ill, gehen nach hinten, langsam, verschwinden.)

ILL: Ich bin verloren! ⬜R

---

1 **a** Wo spielt die Szene? Was passiert? Welche Figuren treten auf? Besprecht eure Beobachtungen.

b Wer sagt was? Ordnet die folgenden Sätze den Figuren zu. Ergänzt, welche „Botschaft" Ill hört.

Die Figuren sagen …	Ill hört …
Wir begleiten Sie! (Bürgermeister, der Erste, der Zweite, Z. 13–15)	*Sie umzingeln mich!*
Ein schönes weiteres Leben! (…)	…
Besucht die Passionsspiele in Oberammergau. (…)	…
Es ist höchste Zeit. (…)	…
Abfahrt! (…)	…

c Erklärt, warum Ill fliehen will und wie sein Fluchtversuch verläuft. Nennt Textbelege.

2 **a** Beschreibt die Szenenfotos (Deutsches Theater, Berlin 2014): Wie wird Ills Lage veranschaulicht?

b Spielt die Szene und setzt dabei die Regieanweisungen und das chorische Sprechen („Alle") um. Ihr könnt Alltagsgegenstände als Requisiten und zur Ausstattung des Spielraums nutzen.

c Friert euer Spiel an drei Textstellen zu Standbildern ein, um die Entwicklung der Handlung zu verdeutlichen.

3 Macht euch anhand des folgenden Flussdiagramms den Handlungsverlauf des gesamten Dramas klar. Ordnet die Szene (▶ S. 167–169) in den Handlungsverlauf ein.
Ergänzt in eurem Heft, was der Szene vorausgeht.

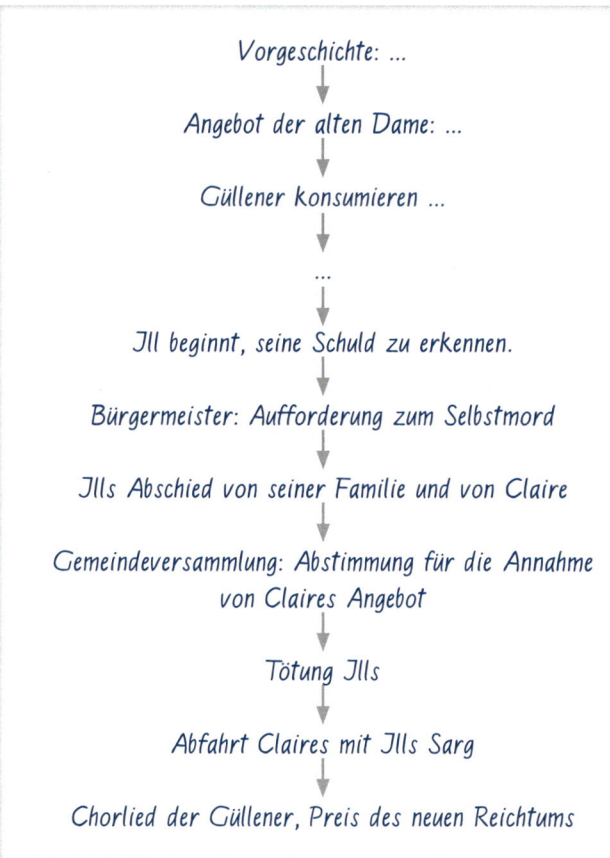

Vorgeschichte: …

↓

Angebot der alten Dame: …

↓

Güllener konsumieren …

↓

…

↓

Ill beginnt, seine Schuld zu erkennen.

↓

Bürgermeister: Aufforderung zum Selbstmord

↓

Ills Abschied von seiner Familie und von Claire

↓

Gemeindeversammlung: Abstimmung für die Annahme von Claires Angebot

↓

Tötung Ills

↓

Abfahrt Claires mit Ills Sarg

↓

Chorlied der Güllener, Preis des neuen Reichtums

4 Viele Theaterstücke folgen dem Aufbauschema des klassischen Dramas (▶ S. 326).
Erläutert das Schema und erklärt, an welcher Stelle ihr die Szene (▶ S. 167–169) einordnen würdet.

Peripetie (Höhe- und Wendepunkt)

steigende Handlung, Zuspitzung des Konflikts

fallende Handlung, retardierendes Moment

Exposition (Einführung)

Katastrophe (Auflösung)

5 a Was bedeutet die Szene für die Figuren und den weiteren Handlungsverlauf (▶ Flussdiagramm)?
Erläutert, inwiefern sich am Ende der Szene die Situation für die Güllener, für Ill und für die alte Dame verändert hat.

b Untersucht, mit welchen Mitteln die Isolation und die zunehmende Bedrohung Ills in der Szene dargestellt werden. Achtet hierbei auf die Figuren, ihr Verhalten und ihre Sprechweise.

6 Verfasst eine schriftliche Interpretation der Dramenszene (▶ S. 167–169). Rekapituliert dafür noch einmal, was ihr bereits erarbeitet habt (▶ Aufgaben 1–5), und orientiert euch beim Schreiben an nebenstehendem Schreibplan. Formulierungshilfen für die verschiedenen Teile eures Aufsatzes findet ihr nachfolgend.

> **A Einleitung**
> Information über den Autor, den Titel des Dramas und das Thema der Szene (knapp)
>
> **B Hauptteil** (je nach Aufgabenstellung)
> 1. Stellung der Szene im Handlungsverlauf
> 2. Inhalt und Thema der Szene
> 3. Figuren und Gesprächsanalyse (Verhalten, Konstellation, Sprache, Regieanweisungen)
>
> **C Schluss**
> Fazit/Bedeutung der Szene für das Drama

> In der vorliegenden Szene aus dem Drama „Der Besuch der alten Dame" von Friedrich Dürrenmatt geht es um/wird dargestellt, wie .../...
> Die zu interpretierende Szene steht am Schluss des 2. Akts und bildet damit den ...
> Ill, der anfangs noch an die Solidarität seiner Mitbürger glaubt, bemerkt ...
> Er sucht Hilfe bei ... und fordert ...
> Schließlich erscheint ihm die Flucht ..., aber ... „Das ganze Städtchen" (Z. 73 f.) ...
> In dieser Szene zeigt sich, dass Ill sich von den Güllenern zunehmend bedroht fühlt und von ihnen isoliert wird. So wird er beispielsweise in den Regieanweisungen als „ängstlich [...] wie ein gehetztes Tier" (Z. 43 f.) ...
> Dass die Güllener als Gruppe geschlossen gegen Ill stehen, wird z. B. durch ... verdeutlicht.
> Die Szene zeigt, wie/dass ...
> Dem Zuschauer oder Leser fällt auf, dass ...

| **Methode** | **Eine Dramenszene analysieren** |

1 Stellung der Szene im Handlungsverlauf (sofern das gesamte Drama bekannt ist)
Wo steht die Szene im Handlungsverlauf? Was ist ihr vorausgegangen, was folgt ihr?

2 Inhalt und Thema der Szene
Was geschieht in der Szene und im Verlauf des Gesprächs? Welche Figuren treten auf?

3 Figuren- und Gesprächsanalyse
 – Wie stehen die Figuren zueinander (Figurenkonstellation)?
 – Welche offensichtlichen und/oder verborgenen **Absichten** verfolgen die Figuren?
 – Wie verhalten sich die Figuren? Verändert sich ihr **Verhalten** im Laufe des Gesprächs?
 – Welche **Gedanken und Gefühle** werden deutlich? Achtet auch auf Regieanweisungen.
 – Welche **Redeanteile** haben die Figuren? Wer ist initiativ, wer reagiert?
 – Wie ist die **Sprache der einzelnen Figuren** zu beschreiben (Sprachstil und Wortwahl, Andeutungen, Argumente/Scheinargumente, Provokationen usw.)?
 – Welche **sprachlichen Mittel** verwenden die Figuren, z. B. rhetorische Fragen, Wiederholungen, Übertreibungen etc.?
 – Welche Rolle spielen die **Regieanweisungen?**

Fordern und fördern – Eine Dramenszene analysieren

Friedrich Dürrenmatt

Der Besuch der alten Dame – Gemeindeversammlung (3. Akt)

In einer Gemeindeversammlung soll über die Annahme einer Stiftung der Claire Zachanassian – also über die Tötung Ills – abgestimmt werden. Die ganze Presse ist anwesend, weiß jedoch nichts über die wahren Hintergründe der Abstimmung.

DER BÜRGERMEISTER: Ich schreite zur Abstimmung.
(Stille. Nur das Surren der Filmapparate, das Aufblitzen der Blitzlichter.)

5 **DER BÜRGERMEISTER:** Wer reinen Herzens die Gerechtigkeit verwirklichen will, erhebe die Hand.
(Alle außer Ill erheben die Hand.)
DER RADIOREPORTER: Andächtige Stille im Thea-
10 tersaal. Nichts als ein einziges Meer von erhobenen Händen, wie eine gewaltige Verschwörung für eine bessere, gerechtere Welt. Nur der alte Mann sitzt regungslos, vor Freude überwältigt. Sein Ziel ist erreicht, die Stiftung dank
15 der wohltätigen Jugendfreundin errichtet.
DER BÜRGERMEISTER: Die Stiftung der Claire Zachanassian ist angenommen. Einstimmig. Nicht des Geldes –
DIE GEMEINDE: Nicht des Geldes –
20 **DER BÜRGERMEISTER:** sondern der Gerechtigkeit wegen –
DIE GEMEINDE: sondern der Gerechtigkeit wegen –
DER BÜRGERMEISTER: und aus Gewissensnot.

DIE GEMEINDE: und aus Gewissensnot. 25
DER BÜRGERMEISTER: Denn wir können nicht leben, wenn wir ein Verbrechen unter uns dulden.
DIE GEMEINDE: Denn wir können nicht leben, wenn wir ein Verbrechen unter uns dulden – 30
DER BÜRGERMEISTER: welches wir ausrotten müssen.
DIE GEMEINDE: welches wir ausrotten müssen –
DER BÜRGERMEISTER: damit unsere Seelen nicht Schaden erleiden – 35
DIE GEMEINDE: damit unsere Seelen nicht Schaden erleiden –
DER BÜRGERMEISTER: und unsere heiligsten Güter.
DIE GEMEINDE: und unsere heiligsten Güter. 40
ILL *(schreit auf):* Mein Gott! R

 1 Untersucht, auf welche Weise das Todesurteil über Ill beschönigt und durch christliche Wertvorstellungen verschleiert wird. Berücksichtigt dabei auch die Bezeichnung der Güllener als Gemeinde und beachtet das chorische Sprechen. Geht so vor:

a Notiert in wenigen Stichworten, wovon die Szene handelt.
b Unterzieht die Szene einer genauen Figuren- und Gesprächsanalyse (▶ S. 171).
c Haltet die Ergebnisse eurer Analyse schriftlich fest. Belegt Aussagen mit Zitaten (▶ S. 350).

▷ Hilfe zu dieser Aufgabe findet ihr auf Seite 173.

●○○ **Aufgabe 1 mit Hilfen:**

Untersucht, auf welche Weise das Todesurteil über Ill beschönigt und durch christliche Wertvorstellungen verschleiert wird. Berücksichtigt dabei auch die Bezeichnung der Güllener als Gemeinde und beachtet das chorische Sprechen.

Geht so vor:

a Entscheidet, welcher der folgenden Sätze das Thema der Szene am besten zusammenfasst.

> **A** Unter dem Vorwand, die Milliardärin würde eine Stiftung für die Stadt Güllen gründen, wird auf einer Gemeindeversammlung über das Schicksal von Alfred Ill abgestimmt. Einstimmig beschließen die Güllener, „der Gerechtigkeit" (▶ Z. 20 f.) wegen ihren Mitbürger Alfred Ill umzubringen.
>
> **B** Auf einer Gemeindeversammlung bereitet der Bürgermeister den Mord an Alfred Ill vor, indem er die Güllener wie in einem religiösen Ritual auf die Tötung Ills einschwört. Der anwesende Alfred Ill bemerkt nicht, dass die Annahme der Stiftung gleichzeitig auch sein Todesurteil bedeutet, sondern ist „vor Freude überwältigt" (▶ Z. 13 f.).
>
> **C** Die Gemeindeversammlung und die Abstimmung über die Annahme der Stiftung wird nur für die Presse gespielt, damit die Weltöffentlichkeit nicht merkt, was die Güllener eigentlich vorhaben. Alfred Ill bemerkt zwar, dass mit der Annahme der Stiftung auch sein Tod beschlossen wurde, spielt das Spiel jedoch mit und lacht in die Kamera.

b Unterzieht die Szene einer genauen Figuren- und Gesprächsanalyse (▶ S. 171).
Auf welche Weise wird der Mord an Alfred Ill verschleiert und beschönigt?
  – Achtet besonders auf die Verwendung von positiven Begriffen wie „Gerechtigkeit", „reinen Herzens", „Gewissensnot" usw.
  – Nehmt auch den folgenden Lexikonartikel zum Stichwort „Religiöse Rituale" zu Hilfe.

> **Religiöse Rituale**, z. B. in christlichen Gottesdiensten: Der Priester/Pfarrer spricht absatzweise einen religiösen Text, der von der Kirchengemeinde im Chor wiederholt wird. Dadurch wird der Glaube an christliche Werte wie Nächstenliebe, Gerechtigkeit usw. zum Ausdruck gebracht.

c Haltet die Ergebnisse eurer Analyse schriftlich fest. Belegt eure Aussagen mit Zitaten (▶ S. 350). Ihr könnt die folgenden Formulierungsbausteine nutzen.

> In der vorliegenden Szene wird über … • Die Gemeindeversammlung gleicht einem feierlichen religiösen Ritual. Die Rollen sind dabei klar verteilt: Der Bürgermeister … • Die Güllener, die als „Gemeinde" … • Die Verlogenheit der Güllener wird deutlich, wenn der Bürgermeister vorgibt, im Namen der „Gerechtigkeit" (▶ Z. 6), mit „reinem Herzen" (▶ Z. 5) und aus „Gewissensnot" (▶ Z. 24) … • Die Sprache des Bürgermeister ist geprägt von … • Die Güllener rechtfertigen die Tötung Ills … • Am Ende schreit Ill die Worte „Mein Gott!" (▶ Z. 41). Dieser Ausruf greift die religiöse Wortwahl des Bürgermeisters und der Güllener auf, aber die Bedeutung dieser Worte …

8.3 Fit in ... – Eine Dramenszene interpretieren

Die Aufgabenstellung richtig verstehen

Stellt euch vor, euch wird in der nächsten Klassenarbeit die folgende Aufgabe gestellt:

> Verfasse eine schriftliche Interpretation der vorliegenden Szene aus dem Drama
> „Der Besuch der alten Dame" von Friedrich Dürrenmatt. Gehe so vor:
> a Analysiere die Szene (Handlung, Figuren, Dialoge, Gesprächsverhalten, Regieanweisungen).
> b Stelle die Ergebnisse deiner Analyse in einem Interpretationsaufsatz dar.
>   Gliedere deinen Aufsatz in Einleitung, Hauptteil und Schluss (▶ S. 327). Begründe im
>   Schlussteil, ob du Claires Aussage am Ende der Szene (▶ Z. 61–67) für überzeugend hältst.

Friedrich Dürrenmatt

Der Besuch der alten Dame – Ill und Claire (3. Akt)

Claire und Ill treffen ein letztes Mal im Konradsweilerwald aufeinander.

ILL: Du hattest – ich meine, wir hatten ein Kind?
CLAIRE: Gewiß.
ILL: War es ein Bub oder ein Mädchen?
5 CLAIRE ZACHANASSIAN: Ein Mädchen.
ILL: Und was hast du ihm für einen Namen gegeben?
CLAIRE ZACHANASSIAN: Geneviève.
ILL: Hübscher Name.
10 CLAIRE ZACHANASSIAN: Ich sah das Ding nur einmal. Bei der Geburt. Dann wurde es genommen. Von der christlichen Fürsorge.
ILL: Die Augen?
CLAIRE ZACHANASSIAN: Die waren noch nicht
15 offen.
ILL: Die Haare?
CLAIRE ZACHANASSIAN: Schwarz, glaube ich, doch das sind sie ja oft bei Neugeborenen.
ILL: Das ist wohl so.
20 *(Schweigen. Rauchen. Gitarre.)*
ILL: Bei wem ist es gestorben?
CLAIRE ZACHANASSIAN: Bei Leuten. Ich hab die Namen vergessen.
ILL: Woran?

CLAIRE ZACHANASSIAN: Hirnhautentzündung. 25
Vielleicht auch etwas anderes. Ich erhielt eine Karte von der Behörde.
ILL: Bei Todesfall kann man sich auf sie verlassen.
(Schweigen.) 30

CLAIRE ZACHANASSIAN: Ich erzählte dir von unserem Mädchen. Nun erzähl von mir.

ILL: Von dir?

CLAIRE ZACHANASSIAN: Wie ich war, als ich 35 siebzehn war, als du mich liebtest.

ILL: Mußte dich einmal lange suchen in der Peterschen Scheune, fand dich in der Droschke im bloßen Hemd mit einem langen Strohhalm zwischen den Lippen.

CLAIRE ZACHANASSIAN: Du warst stark und 40 mutig. Hast gegen den Eisenbähnler gekämpft, der mir nachstrich. Ich wischte dir das Blut aus dem Gesicht mit meinem roten Unterrock.

(Das Gitarrenspiel schweigt.) 45

CLAIRE ZACHANASSIAN: Die Ballade ist zu Ende.

ILL: Noch „O Heimat süß und hold".

CLAIRE ZACHANASSIAN: Kann Roby auch.

(Neues Gitarrenspiel.) 50

ILL: Nun ist es so weit. Wir sitzen hier zum letzten Mal in unserem schönen Wald voll Kuckuck und Windesrauschen.

(Die Bäume bewegen ihre Äste.)

ILL: Heute Abend versammelt sich die Ge- 55 meinde. Man wird mich zum Tode verurteilen, und einer wird mich töten. Ich weiß nicht, wer er sein wird und wo es geschehen

wird, ich weiß nur, daß ich ein sinnloses Leben beende. 60

CLAIRE ZACHANASSIAN: Ich liebte dich. Du hast mich verraten. Doch der Traum vom Leben, von Liebe, von Vertrauen, diesen einst wirklichen Traum habe ich nicht vergessen. Ich will ihn wieder errichten mit 65 meinen Milliarden, die Vergangenheit ändern, indem ich dich vernichte. R

---

1 **a** Lest die Aufgabenstellung auf Seite 174 aufmerksam durch.

b Besprecht in Partnerarbeit, was von euch verlangt wird. Schreibt dann die Buchstaben der zutreffenden Aussagen in euer Heft. Rückwärts gelesen, ergeben sie ein Lösungswort.

> Ich soll …
>
> **T** die Szene nacherzählen und begründen, ob ich die Verhaltensweise Claires nachvollziehen kann.
>
> **D** im Hauptteil den Inhalt der Szene knapp zusammenfassen.
>
> **R** meine interpretierenden Aussagen mit Zitaten aus dem Text belegen.
>
> **L** die Entwicklung Ills darstellen und diese Figur näher charakterisieren.
>
> **O** die Figuren und ihr Verhältnis näher beschreiben.
>
> **M** bewerten, ob mich Claires Motiv für ihre Rache überzeugt.
>
> **W** die Szene glaubwürdig weiterschreiben.

Die Dramenszene analysieren und eine Stoffsammlung anlegen

2 Lest die Szene mehrmals aufmerksam. Macht euch Stichworte zu den folgenden Fragen:
– Worüber sprechen die Figuren zu Beginn der Szene?
– Wie standen Ill und Claire zueinander, als sie jung waren?
– Woran lässt sich ablesen, dass Ill sterben wird?
– Welche Figur dominiert das Gespräch?

3 a Prüft, welche Aussagen zum Text richtig sind. Schreibt sie in euer Heft.

> – Ill und Claire sprechen über ihre gemeinsame Vergangenheit.
> – Ill hat immer noch die Hoffnung, dass Claire ihr Milliardenangebot zurückzieht.
> – Beiden ist klar, dass Ill sterben wird.
> – Claire hatte nie die Hoffnung, mit Ill glücklich zu werden.
> – In dieser Szene wird deutlich, dass Claire Alfred Ill aufrichtig geliebt hat.
> – Ill ist verbittert und interessiert sich nicht für die gemeinsame Vergangenheit.
> – Claire hat Ill früher bewundert.
> – Ill geht davon aus, dass er der Vater von Claires verstorbenem Kind ist.

b Belegt die Aussagen mit passenden Textstellen.

Den Text schreiben und überarbeiten

4 a Formuliert eine Einleitung, z. B.: *In der Szene aus dem 3. Akt des Dramas „Der Besuch der alten Dame" von Friedrich Dürrenmatt treffen Ill und Claire …*
b Fasst im Hauptteil den Inhalt der Szene knapp zusammen und stellt die Ergebnisse eurer Szenenanalyse dar, z. B.:
Claire und Ill, die einst ein Liebespaar gewesen sind, sprechen über … Es wird deutlich, dass …
c Begründet zum Schluss, ob ihr Claires Aussage am Ende der Szene überzeugend findet.

5 Überarbeitet eure Texte mit Hilfe der folgenden Checkliste.

Checkliste

Eine Dramenszene analysieren und interpretieren
■ Ist die **Einleitung** vollständig (Autor/-in, Titel, Thema der Szene)?
■ Habt ihr im **Hauptteil** den **Inhalt der Szene** knapp wiedergegeben und diese ggf. in den Handlungszusammenhang eingeordnet?
■ Habt ihr die **Analyseergebnisse zu den Figuren** (Verhalten, Beziehung, Redeanteile, Sprache und sprachliche Mittel) dargelegt und gedeutet?
■ Habt ihr eure Aussagen durch Zitate belegt (▶ Zitieren, S. 350)?
■ Habt ihr zum **Schluss** ein Fazit gezogen, die Szene beurteilt oder das Verhalten einer Figur bewertet?
Hinweis: Die Aufgabenstellung gibt oft eine Interpretationsfrage oder einen Analyseschwerpunkt vor.

Aktuelles vom Tag –
Zeitungstexte verstehen und gestalten

1 | Erläutert den Unterschied zwischen einer Zeitung, einer Zeitschrift und deren Online-Ausgaben.

2 | a Tragt zusammen: Welche Informationsmedien kann man nutzen, um auf dem Laufenden zu bleiben?
b Erklärt, wie ihr euch über aktuelle Themen informiert, z. B. über Sportereignisse, Veranstaltungen, Musikrichtungen, das politische Geschehen.

3 | Führt in eurer Klasse eine Umfrage durch:
– Wer von euch liest regelmäßig eine Zeitung oder eine Zeitschrift?
– Lest ihr diese in gedruckter Form oder im Internet?
– Warum lest ihr eine Zeitung/Zeitschrift? Warum lest ihr eventuell keine?

In diesem Kapitel ...

– erfahrt ihr, welche Zeitungstypen es gibt und wie eine Zeitung aufgebaut ist,
– lernt ihr die verschiedenen Textsorten einer Zeitung kennen,
– werdet ihr selbst zu Journalisten, recherchiert über ein Thema und erstellt eine Klassenzeitung.

9.1 Ereignisse, Meinungen, Unterhaltung – Journalistische Textsorten kennen lernen

Verschiedene Zeitungstypen

1 **a** Diese Zeitungen sind alle vom selben Tag. Vergleicht die Titelseiten der Zeitungen. Berücksichtigt hierbei die folgenden Fragen:
- Über welches Thema wird berichtet?
- Wie sind die einzelnen Titelseiten aufgebaut (Layout)? Beschreibt hierbei die Anordnung von Schlagzeile, Text und Foto, die Farbigkeit der Seite und das Verhältnis von Text und Fotos.
- Inwieweit unterscheiden sich die Schlagzeilen sprachlich und optisch? Welche Fotos werden gezeigt? Warum?

b Begründet, welche Titelseite euch am stärksten anspricht.

2 a Stellt fest, um welchen Zeitungstyp es sich jeweils handelt. Lest hierzu die Informationen im unten stehenden Merkkasten.

b Überlegt, welche Informationen ihr von der jeweiligen Zeitung erwartet. Begründet eure Einschätzung.

3 a Bringt verschiedene Zeitungen mit und untersucht die Titelseiten. Erstellt hierzu ein Layout-Raster nach dem nebenstehenden Muster.

b Vergleicht die Titelseiten der verschiedenen Zeitungen. Berücksichtigt hierbei die folgenden Fragen:
  – Welche Themen werden auf der Titelseite genannt?
  – Was ist der Aufmacher der Zeitung?
  – Wie hoch ist der Bildanteil im Vergleich zum Text?
  – Was zeigen die Bilder/Fotos?
  – Wie sind die Schlagzeilen sprachlich und optisch gestaltet?
  – Was wird farbig hervorgehoben?

4 Gestaltet selbst Titelseiten für eine regionale Tageszeitung und eine Boulevardzeitung. Wählt dafür Nachrichten von einem Tag aus.

a Überlegt euch für eure Titelseite ein Layout-Raster und ordnet die Beiträge ein.

b Stellt eure Titelseiten vor und begründet euer Layout sowie die Themenauswahl.

Information   Zeitungstypen

Zeitungen können z. B. unterschieden werden nach der Häufigkeit ihres Erscheinens (Tages- oder Wochenzeitung), nach dem Verbreitungsgebiet (regionale Zeitung oder überregionale Zeitung) und nach ihrem journalistischen Anspruch (seriöse Presse oder Boulevardzeitung).

- **Tageszeitung:** erscheint täglich; **Wochenzeitung:** erscheint wöchentlich
- **Regionale Zeitung** (Lokalzeitung): erscheint nur in einer bestimmten Gegend (Region). Oft wird das schon im Namen deutlich, z. B.: *Badische Zeitung*, *Berliner Zeitung* (regionale Tageszeitungen)
- **Überregionale Zeitung:** ist in ganz Deutschland erhältlich, z. B.: *Süddeutsche Zeitung* (überregionale Tageszeitung), *DIE ZEIT* (überregionale Wochenzeitung)
- **Boulevardzeitung:** sensationsorientierte Zeitung mit reißerischer Aufmachung (große, plakative Schlagzeile, hoher Bildanteil, auffällige Farben, wenig Text), z. B.: *BILD* (überregionale Tageszeitung), *EXPRESS* (regionale Tageszeitung)

Die Titelseite einer Zeitung

Die Titelseite soll die Leser/-innen **über den Inhalt der Zeitung informieren.** Damit möglichst viele Themen genannt werden können, werden die Texte oft nur angerissen; es folgen dann Seitenverweise auf eine genauere Darstellung im Innenteil der Zeitung. Jede Zeitung hat ihr eigenes Layout, jedoch finden sich in der Regel die folgenden Elemente auf der Titelseite: **Zeitungskopf** (Titel der Zeitung, Ausgabenummer, Datum, Preis), **Schlagzeilen** (auch Headlines genannt), **Titelbild, Aufmacher** (zentraler Artikel der Zeitung), **Nachrichten.**

Die Themengebiete einer Zeitung – Die Ressorts

Facebook wächst durch Smartphone-Werbung

Immer mehr Menschen nutzen Facebook über Smartphones oder Tablets und das zahlt sich für das soziale Netzwerk in barer Münze aus. Weil immer mehr Kunden ihre Werbeanzeigen auf den mobilen Geräten schalten, treibt das die Einnahmen des weltgrößten Online-Netzwerks in die Höhe. Zu Jahresanfang erzielte Facebook bereits 30 Prozent seiner Werbeerlöse auf Tablets und Smartphones – drei Monate zuvor waren es erst 23 Prozent. Der Umsatz kletterte auf 1,46 Milliarden Dollar …

Rafael Nadal fällt weiter aus

Der spanische Tennisprofi Rafael Nadal nimmt am letzten Grand-Slam-Turnier des Jahres nicht teil. Sein verletztes linkes Knie lässt nach wie vor keine Spiele zu. Bereits beim olympischen Tennisturnier …

Strohballen standen in Flammen

Auf einem Feld bei Ehningen sind am Samstagmorgen Dutzende von Strohballen in Flammen aufgegangen. Um 4:50 Uhr alarmierte ein Augenzeuge die Feuerwehr. Die Brandursache …

Bundespräsident Gauck in Wien

Bundespräsident Gauck fliegt heute zu einem Besuch nach Wien. In Gesprächen mit seinem Amtskollegen Fischer und dem Bundeskanzler Faymann wird vor allem die Eurokrise im Mittelpunkt stehen. Gemeinsam wollen …

1 a Ordnet die Artikelanfänge aus einer Zeitung den passenden Ressorts zu. Nehmt hierzu die Informationen im unten stehenden Merkkasten zu Hilfe.

   b Formuliert selbst Schlagzeilen bzw. Texte, die zu den einzelnen Ressorts passen, z. B.:
   FC Bayern erreicht Pokalfinale.

2 Seht euch verschiedene Zeitungen (möglichst verschiedene Zeitungstypen: Tageszeitungen, Wochenzeitungen … ▶ S. 179) an und beantwortet folgende Fragen:
   – Welche Ressorts gibt es und in welcher Reihenfolge sind sie angeordnet?
   – Gibt es Ressorts, die im Merkkasten unten nicht aufgeführt sind? Wenn ja: Welches Thema haben diese Ressorts?
   – Welchen Seitenumfang haben die einzelnen Ressorts? Was sagt dies über die thematische Schwerpunktsetzung der Zeitung aus?

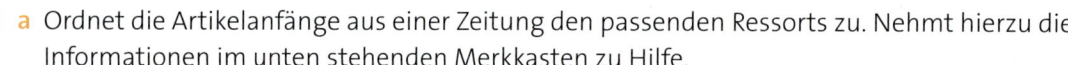

Information   **Die Ressorts (Themenbereiche) einer Zeitung**

Zeitungen sind in verschiedene Themenbereiche gegliedert, die man „Ressorts" nennt. Zu den wichtigsten Zeitungsressorts gehören: **Politik, Wirtschaft, Sport, Kultur** (auch „Feuilleton" genannt) und **Lokales.**
Die einzelnen Ressorts (Themengebiete) werden von unterschiedlichen Abteilungen der Zeitungsredaktion bearbeitet. Das heißt: Ein Redakteur spezialisiert sich auf das Thema „Sport", ein anderer auf das Thema „Politik", ein dritter schreibt über Kulturelles usw.
Beim Radio und Fernsehen werden die Ressorts auch „Programmbereiche" genannt.

Journalistische Textsorten unterscheiden

Der Bericht

Chaos durch Wirbelsturm

Hurrikan „Sandy" hinterlässt eine Schneise der Verwüstung

Washington, 30.10.2012. Wirbelsturm „Sandy" hat an der US-Ostküste ein Chaos von historischem Ausmaß hinterlassen. Mindestens 50 Menschen kamen nach Behördenangaben ums Leben, mehr als 8,2 Millionen Menschen waren ohne Strom. Experten schätzen den wirtschaftlichen Gesamtschaden auf bis zu 50 Milliarden Dollar.

5 Der Wirbelsturm „Sandy" hat in den Bevölkerungszentren an der Ostküste der USA eine Spur der Verwüstung hinterlassen. Nach inoffiziellen Regierungsangaben star-
ben mindestens 50 Menschen. In 18 Bun-
10 desstaaten hatten über acht Millionen Amerikaner in der Nacht zu Dienstag keinen Strom. Sie müssen möglicherweise noch bis zu einer Woche auf elektrisches Licht und warmes Wasser verzichten. Vielerorts
15 fielen die Mobilfunkdienste aus, das öffentliche Leben kam streckenweise zum Erliegen. Die Auswirkungen des Wirbelsturms waren bis weit ins Landesinnere zu spüren. Versicherungen beziffern die Schäden auf
20 bis zu 50 Milliarden Dollar (38,7 Milliarden Euro).
Wie Präsident Obama sagte, wird es noch Tage dauern, bis wieder Normalität einkehrt und etwa Verkehrsbetriebe wieder regulär
25 die Arbeit aufnehmen können. Katastrophenschützer rechnen mit weiter steigenden Opferzahlen, da etliche Menschen noch vermisst werden. Neben New York ist der angrenzende Bundesstaat New Jersey
30 schwer betroffen. Dort traf das in der Karibik entstandene Sturmtief am Montagabend mit Windgeschwindigkeiten von bis

zu 130 km/h zuerst auf die Küste und überschwemmte die Kasino-Stadt Atlantic City.
Im New Yorker Stadtteil Manhattan muss-
35 ten 400 000 Menschen ihre Häuser und Wohnungen verlassen, weil der Sturm den Wasserpegel auf die Rekordhöhe von über vier Metern hatte steigen lassen. Allein in New York fielen mindestens zehn Men-
40 schen dem Sturm zum Opfer. 750 000 Menschen waren nach Angaben des New Yorker Bürgermeisters Michael Bloomberg auch gestern noch ohne Strom und Heizung. Das U-Bahn-System wurde so schwer be-
45 schädigt wie nie zuvor in seiner 108-jährigen Geschichte. Zum ersten Mal seit Jahrzehnten blieb die Börse im Finanzdistrikt Wall Street wetterbedingt zwei Tage hintereinander geschlossen.
50

1 Erklärt in einem Satz, über welches Ereignis berichtet wird. Überlegt: Welcher Textabschnitt hilft euch dabei besonders?

2 Ein Zeitungsbericht beantwortet die wichtigsten W-Fragen.

a Schreibt W-Fragen in euer Heft und beantwortet sie mit Hilfe des Textes in Stichworten.

b Untersucht:

– Welche W-Fragen werden schon am Anfang des Textes beantwortet?

– Welche W-Frage wird in dem Bericht ausführlicher beantwortet? Überlegt, warum.

3 a Kürzt den Zeitungsbericht von hinten nach vorne so, dass die zentralen Informationen erhalten bleiben. Wie weit ist das Kürzen eurer Meinung nach möglich?

b Beschreibt die sprachliche Gestaltung des Textes (Satzbau, Sprachstil) und die Wirkung.

c Erklärt, welche Funktion der Text hat.

4 Zeitungsberichte wie der vorliegende sind alle ähnlich aufgebaut. Beschreibt den Aufbau des Textes, indem ihr die nebenstehenden Begriffe den einzelnen Teilen des Berichts zuordnet. Erklärt auch, welche Funktion die jeweiligen Textteile haben.

> Haupttext • Untertitel • Schlagzeile • Vorspann (Lead)

5 Wenn ihr den Vorspann (Lead) mit dem übrigen Text vergleicht, könnt ihr einige Wiederholungen von Informationen feststellen. Überlegt, warum das so ist.

6 Die Nachricht (Meldung) ist die kürzeste journalistische Textsorte.

a Formuliert eine Nachricht über den Wirbelsturm „Sandy", indem ihr äußerst knapp die wichtigsten Informationen zu den W-Fragen beantwortet.

b Vergleicht eure Nachrichten. Wer hat möglichst kurz möglichst viele W-Fragen beantwortet?

Information	**Der Bericht**

Ein Zeitungsbericht **informiert knapp und sachlich über ein aktuelles Ereignis.** Er beantwortet zu Beginn die wichtigsten W-Fragen und berichtet dann über die näheren Einzelheiten des Ereignisses (z. B. über Hintergründe, Zusammenhänge oder die Vorgeschichte). Diesen Aufbau nennt man **Lead-Stil,** d. h.: Die **wichtigsten Informationen stehen am Textanfang** (Vorspann oder Lead), dann folgen weitere Detailinformationen.

Ein Zeitungsbericht kann Zitate von Experten oder Betroffenen wiedergeben, die dann namentlich genannt werden. Sie sollen die Glaubwürdigkeit einer Aussage unterstreichen und/oder den Bericht lebendiger gestalten.

Die Nachricht

Die Nachricht oder Meldung ist die „kleine Schwester" des Berichts. Sie informiert – wie der Bericht – sachlich und knapp über ein Ereignis und beantwortet die wichtigsten W-Fragen. Im Unterschied zum Bericht verzichtet sie aber auf weiterführende Detailinformationen. Auch Nachrichten sind im Lead-Stil verfasst.

Die Reportage

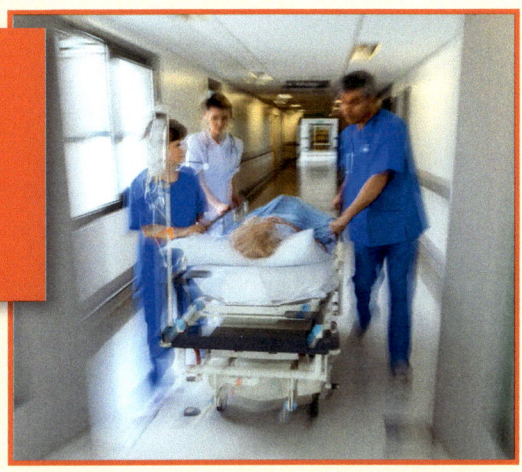

Auf Leben und Tod in der Notaufnahme

**Georg Welty leitet die Ambulanz des Marien-
hospitals. Täglich muss sein Team Hunderten
von Patienten helfen.**

Von Matthias Rech

Düsseldorf. Es ist „Primetime"[1] in der Notaufnahme. So zumindest nennt Dr. Georg Welty die
Zeit gegen elf Uhr an diesem Sonntagvormittag.
Welty ist der Leiter der Abteilung im Kranken-
5 haus, in der es manchmal ums nackte Überleben geht. Jetzt stehen vier Krankenwagen
auf dem Hof des Marienhospitals und warten
darauf, zum überdachten Eingang der Notfallambulanz vorfahren zu können. Wochenenden
10 sind immer besonders heftig, es ist Stau.
Auch im Wartezimmer knubbeln sich jetzt die
Patienten mit ihren großen und kleinen Weh-
wehchen. Ein Bauarbeiter stützt einen hum-
pelnden Kollegen, schon von Weitem ist klar:
15 Verletzung im Sprunggelenk – sicher nicht
lebensbedrohlich. Wenn Georg Welty durch den
Wartebereich läuft, zieht sein weißer Kittel die
sehnsüchtigen Blicke der Menschen auf sich
wie ein Magnet. Welty weiß noch nicht, was
20 jedem dieser Patienten fehlt. Genau das ist die
große Herausforderung der Notfallambulanz:
Wer muss dringend behandelt werden? Wen
kann man noch warten lassen? Kranke sichten,
Notfälle selektieren[2], rechtzeitig Leben retten
25 und Schmerzen lindern – das ist der Idealfall in
der Notaufnahme.
Jeder, der in die Ambulanz kommt, muss sich
anmelden. Gerade reicht eine alte Frau der
Empfangsdame ihre Krankenkassenkarte durch
30 das Sprechloch. Ein, zwei Nachfragen später
sagt die Arzthelferin: „Nehmen Sie bitte noch
im Wartebereich Platz."
Die Notfallambulanz ist mit drei Ärzten aus den
Fachbereichen Innere Medizin, Chirurgie und

Neurologie[3] besetzt, dazu kommen zwei Pflege- 35
kräfte und eventuell Schüler oder Praktikanten.
„Wir können auf der gesamten medizinischen
Klaviatur spielen", sagt Welty. Bedrohliche Notfälle seien natürlich vorrangig, aber ein Großteil
der Patienten komme mit „Bagatelltraumata"[4]. 40
So nennt der Mediziner zum Beispiel Verletzungen von gestürzten Fahrradfahrern, die sich
in Straßenbahngleisen verheddert haben, oder
Schnittverletzungen. Hinter einem angeblich
harmlosen Schwindelgefühl kann sich aber 45
auch eine Hirnblutung oder ein Schlaganfall
verbergen. „Gerade deswegen ist es so wichtig,
immer wachsam zu sein", sagt Welty. Eine
solche Bedrohung für den Patienten zu über-
sehen ist die Horrorvorstellung eines jeden 50
Mediziners. „Wir sind ja hier nicht in der Toastbrotfabrik und machen Toastbrot mit Toastbrotmaschinen", sagt Welty. Moderne Technik wie
Computertomografie oder Ultraschall könne bei
der Diagnose zwar helfen, aber den Arzt nie 55
ersetzen.

---

1 Primetime: eigentlich Hauptsendezeit im Hörfunk und
  im Fernsehen; hier: Zeit des größten Andrangs

2 selektieren: auswählen

3 Neurologie: Lehre von den Erkrankungen des Nerven-
  systems

4 Bagatelltraumata: unbedeutende Verletzungen (Baga-
  telle: unbedeutende Kleinigkeit; Trauma: Verletzung,
  Wunde)

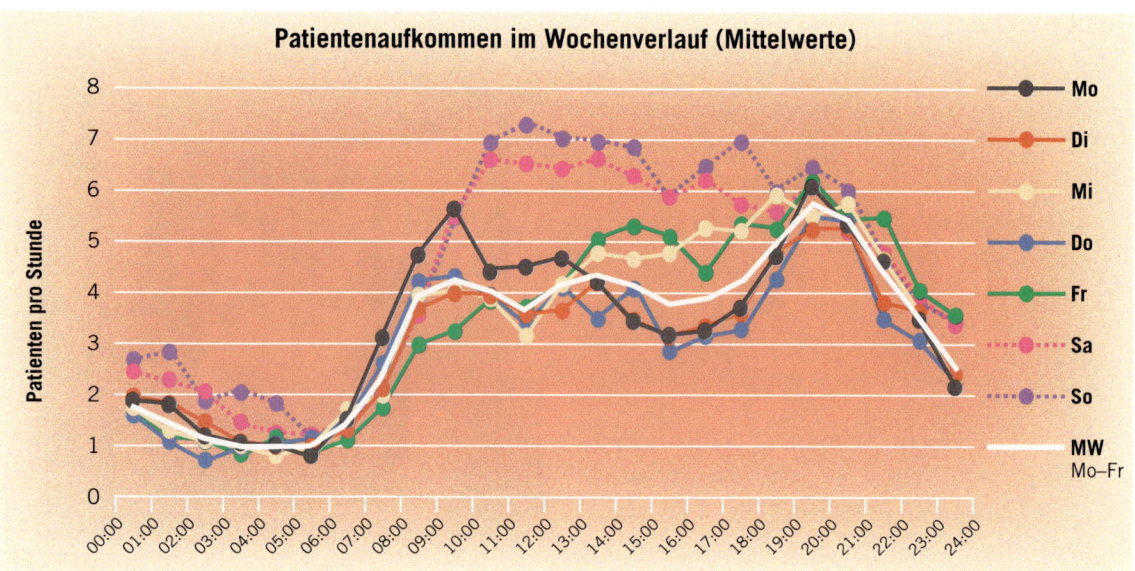

Patientenaufkommen im Wochenverlauf (Mittelwerte)

Im Schockraum zeigen Markierungen den richtigen Standort an

Mittag. Die rote Alarmlampe im Flur der Ambulanz leuchtet auf. Das Telefon darunter schellt.
Eine Voranmeldung. Ein Notarztteam kündigt
der Ambulanz einen Schwerverletzten oder einen anderen Notfall an. Ärzte und Pfleger bereiten sich vor. Das ist das große Spiel. Wie auf
einer Taktiktafel kleben auf dem Boden des
Schockraumes Markierungen, damit jeder weiß,
wo er zu stehen hat – vom Anästhesisten[5] bis
zur OP[6]-Schwester.

Bei diesem Finale um Leben und Tod steht
Welty aber nicht zwingend selbst auf dem Platz.
Der ärztliche Leiter sieht sich auch in der Rolle
des Trainers: „Jürgen Klopp hat in Dortmund ja
auch nicht mitgespielt, aber er hat sein Team
jeden Tag trainiert." So hält es auch der gelernte
Chirurg Welty: In Trainingseinheiten mit simu-
lierten Fällen werden die lebensrettenden Hand-
griffe und das Zusammenspiel der Fachabtei-
lungen einstudiert.

Jetzt wird der Chef an anderer Stelle gebraucht.
Ärzte und Pflegerinnen sehen ihn ratlos an, sie
wissen nicht mehr, wohin mit den Kranken:
„Wir haben Abflussstau und kriegen eine Voranmeldung nach der anderen." Der Blick geht
zurück. Auf dem Flur stehen schon drei belegte

Betten, auf den regulären Krankenhausstatio-
nen ist kein Platz. In einem kleinen Büro in der
hintersten Ecke der Ambulanz glühen die Dräh-
te. Zwei Mitarbeiter versuchen, die Patienten
unterzubringen – ohne Erfolg.

Notfallpatienten haben Priorität bei der Zuteilung der Betten

Der Chef muss ran. Notfallpatienten haben Prio-
rität bei der Bettenzuteilung. Einige deutliche
Worte später gibt Welty Rückmeldung ans Betten-
management: „Der Herr mit dem Hirninfarkt
kann auf die 1B. Die anderen zunächst auf den
Flur, bis die Entlassungen erfolgt sind."
Um 13 Uhr hat das Ambulanzteam sämtliche Staus vor und im Krankenhaus abgearbei-
tet. Ein erfolgreicher Vormittag für Welty? „Das
kommt immer darauf an, wie viele Menschen
wir dem Teufel von der Schippe geholt haben."
Seine Bilanz von 10 bis 13 Uhr: 100 Patienten,
von denen 22 stationär aufgenommen wurden.
Ein ganz normaler Sonntag am Marienhospital.

Quelle: Westdeutsche Zeitung

5 Anästhesist: Spezialist, der für die sachgerechte
Betäubung (etwa bei Operationen) zuständig ist

6 OP: Abkürzung für Operation

1. Schritt: Einen Sachtext analysieren und zusammenfassen

1
a Verschafft euch zunächst einen Überblick über die vorliegende Reportage: Lest nur die im Druckbild hervorgehobenen Teile (Überschrift, Vorspann, Zwischenüberschriften) und betrachtet die Grafik.
b Besprecht, worum es in dem Zeitungsartikel gehen könnte.
c Lest den gesamten Text zügig. Wie wirkt dieser Zeitungsartikel auf euch: spannend, informativ, abenteuerlich, lehrreich ...? Begründet eure Meinung mit Textstellen.

2
a Lest den Zeitungsartikel noch einmal genau. Notiert Fragen zu Einzelheiten oder Textstellen, die euch nach dem Lesen noch unklar geblieben sind.
b Klärt die Bedeutung der unbekannten Wörter oder Textstellen.

3
a Erklärt, was die folgenden Sätze im Text bedeuten. Lest hierzu noch einmal genau nach.
– „Jürgen Klopp hat in Dortmund ja auch nicht mitgespielt, aber er hat sein Team jeden Tag trainiert" (▶ Z. 72–74).
– „Wir sind ja hier nicht in der Toastbrotfabrik und machen Toastbrot mit Toastbrotmaschinen", sagt Welty (▶ Z. 51–53).
– „Wir haben Abflussstau und kriegen eine Voranmeldung nach der anderen" (▶ Z. 82–83).
b Erläutert, worin die „große Herausforderung der Notfallambulanz" besteht (▶ Z. 20).

4 Schreibt eine Textzusammenfassung, in der ihr die zentralen Informationen der Reportage knapp und sachlich wiedergebt.
Geht so vor:
a Gliedert den Text in Sinnabschnitte und fasst jeden Abschnitt in Stichworten oder kurzen Sätzen zusammen. Formuliert für jeden Abschnitt eine treffende Überschrift.
b Notiert alle Informationen, die für die Einleitung der Textzusammenfassung wichtig sind:
Autor, Titel des Textes, Textsorte, Quelle (Fundort, wo der Text erschienen ist) sowie Thema des Textes.
c Verfasst mit Hilfe eurer Vorarbeiten aus den Aufgaben 4 a und b die Textzusammenfassung.
– Formuliert eine Einleitung, z. B.:

> *1. Abschnitt Z. x–y:*
> *Sonntagvormittag in der*
> *Notaufnahme*
> *– An Sonntagvormittagen*
> *herrscht in der Notaufnahme* 5
> *des Marienhospitals in*
> *Düsseldorf starker Andrang.*
> *Laut Georg Welty, dem*
> *Leiter der Ambulanz, besteht*
> *die größte Herausforderung* 10
> *darin, ...*

> *In der Reportage „...", die in der ... erschienen ist, beschreibt der Autor ... einen Sonntagvormittag in ...*

– Fasst im Hauptteil die wichtigsten Textinformationen knapp, sachlich und in eigenen Worten zusammen. Formuliert im Präsens (bei Vorzeitigkeit im Perfekt) und verwendet keine wörtliche Rede. Macht Zusammenhänge durch Satzverknüpfungen und Satzanfänge deutlich.

5 Überarbeitet eure Textzusammenfassungen in Partnerarbeit.

2. Schritt: Diagramme auswerten

6 a Betrachtet das Diagramm (▶ S. 184). Zu welcher Textpassage liefert es genauere Informationen?

b Wertet das Diagramm aus und beschreibt es mit eigenen Worten (▶ Diagramme auswerten, S. 328). Beantwortet dabei die folgenden Fragen: Worüber informiert das Diagramm? Welche Angaben werden gemacht? Was lässt sich ablesen?

3. Schritt: Die Textsorte erschließen

7 Überlegt: Was unterscheidet den ersten Absatz der Reportage (▶ S. 183, Z. 1–10) von dem Anfang eines möglichen Berichts (▶ S. 182)?

8 a Eine Reportage enthält sachliche Informationen, gibt aber auch die persönliche Sichtweise des Verfassers wieder. Sucht Textstellen heraus, die beides zeigen.

b Reporter geben Lesern das Gefühl, live (mit allen Sinnen) am Ort des Geschehens zu sein. Durch welche sprachlichen Gestaltungsmittel gelingt dies? Sammelt Beispiele.
Tipp: Achtet dabei auch auf ausdrucksstarke Verben und Adjektive sowie sprachliche Bilder.

9 Macht euch die sprachlichen Besonderheiten der Reportage durch Umformulierungen bewusst:
— Setzt die Zeilen 59–68 ins Präteritum. Vergleicht mit dem Originaltext.
— Formuliert den letzten Absatz (▶ Z. 98–105) in einen Berichtsstil um, indem ihr knapp und sachlich die Fakten wiedergebt. Vergleicht die Wirkung eures Satzes mit dem Original.

10 Überlegt, auf welchen Sachverhalt die vorliegende Reportage hinweisen möchte.

11 Weist mit Hilfe der Informationen im Merkkasten nach, dass es sich bei dem Zeitungsartikel um eine Reportage handelt. Führt hierzu für jedes Merkmal eine passende Textstelle an.

Information   Die Reportage

Eine Reportage **informiert in besonders anschaulicher und lebendiger Weise über ein Ereignis** und greift dabei meist auch ein grundsätzliches Problem oder eine allgemeine Fragestellung auf. Bei einer Reportage schreibt ein Reporter aus seiner subjektiven Sicht über ein Geschehen, das er selbst als Augenzeuge miterlebt hat. Er gibt dabei auch seine persönlichen Eindrücke und meist auch seine Empfindungen wieder.

- Reportagen **führen direkt in eine interessante Szene ein** (szenischer Einstieg, Schilderung einer Situation), sodass die Neugier der Leser geweckt wird.
- Eine Reportage enthält **sachliche Informationen** (Beantwortung der W-Fragen), gibt aber auch die **Eindrücke und die persönliche Sichtweise des Verfassers** wieder.
- Die Reportage will den Lesern das Gefühl geben, dass sie live (mit allen Sinnen) bei dem Geschehen dabei sind. Deshalb beschreibt der Reporter anschaulich die **Atmosphäre und Stimmung vor Ort und schildert seine Wahrnehmungen.** Zitate von Personen und eine bildhafte Sprache (ausdrucksstarke Verben, Adjektive sowie sprachliche Bilder) sorgen für **Anschaulichkeit.**
- Die Zeitformen wechseln; häufig wird das Präsens verwendet, um dem Leser den Eindruck zu vermitteln, direkt vor Ort dabei zu sein.

Fordern und fördern – Eine Reportage untersuchen

Die fliegende Intensivstation
Von Jan Schmidt

Bremen. Plötzlich ein schriller Ton: Alarm! Andreas Neulinger blickt auf seinen Pieper. „Kind nicht ansprechbar, Fieber, Bremen-Huchting." Noch während er liest, begibt sich der Notarzt zum Rettungs-
5 hubschrauber. Er geht zügig, setzt sich nebenbei einen Helm auf. Dicht hinter ihm läuft Jochen Bokemeyer, Rettungsassistent. Vom Krankenhaus sind es nur wenige Meter. Rüdiger Engler, der Pilot, hat schon den Motor angelassen.
10 Unter den rasselnden Rotorblättern klettern die Ärzte in die Kabine. Sie ziehen ihre Sicherheitsgurte fest – dann hebt „Christoph 6" ab. „Christoph 6" ist einer von zwei Rettungshubschraubern für den Großraum Bremen. Seine Besatzung startet täglich
15 vom „Klinikum Links der Weser" zu etwa fünf Einsätzen.

Es dröhnt, es wackelt. Binnen Sekunden schwebt der Helikopter in 150 Metern Höhe. Rüdiger Engler kontrolliert die Instrumente, Jochen Bokemeyer
20 funkt neben ihm mit der Polizei. Ein Treffpunkt wird vereinbart – wie so oft bei Einsätzen in Wohngebieten. Wegen der dichten Besiedelung wäre eine Landung vor Ort zu riskant, deshalb steuert Engler Sportplätze, Grünanlagen oder ähnliche Plätze in
25 der Nähe an. Von dort fährt eine Polizeistreife die Ärzte zur Wohnung des Patienten.

„Sicher am Boden", meldet Engler. „Ihr könnt raus!" Die beiden Ärzte greifen nach ihren Arzt-

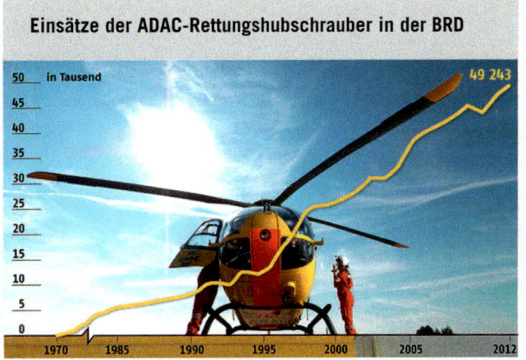

Einsätze der ADAC-Rettungshubschrauber in der BRD

koffern, drücken gegen die Tür und springen auf den Rasen. In kurzer Entfernung wartet ein Polizei-
30 auto. Sie zwängen sich auf die Rückbank, sofort gibt der Beamte Gas. Reifen quietschen. Blaulicht, Sirene …

Obwohl der Helikopter einer fliegenden Intensivstation gleicht, transportiert er nur selten Patienten.
35 Bei fast allen Einsätzen von „Christoph 6" fordert die Rettungsleitstelle gleichzeitig einen Krankenwagen an, der die Patienten ins nächste Krankenhaus transportieren kann. Rüdiger Engler nimmt deshalb auf dem Rückflug meist nur den Notarzt und
40 den Assistenten wieder mit an Bord. Quasi per Lufttaxi geht es zum Einsatzort und damit sind die fliegenden Notärzte schneller bei den Patienten als die Rettungsärzte am Boden. Richtig spektakuläre Notfälle, wie man sie beispielsweise aus dem Fern-
45 sehen kennt, gibt es eher selten.

Quelle: Kreiszeitung

---

1 a Fasst in einem Satz zusammen, worum es in dem Zeitungsartikel geht.
   b Beantwortet die folgenden Fragen zum Text:
   – Warum vereinbart Jochen Bokemeyer, der Rettungsassistent, mit der Polizei einen Treffpunkt?
   – Warum werden Rettungshubschrauber eingesetzt, wenn sie nur selten Patienten aufnehmen?
   ▷ Hilfen auf Seite 188.

2 Beschreibt das Diagramm und erklärt, was es darstellt.   ▷ Hilfen auf Seite 188.

3 Weist anhand von drei Merkmalen nach, dass der Text eine Reportage ist.
Sucht für jedes Textsortenmerkmal eine passende Textstelle.   ▷ Hilfen auf Seite 188.

4 Schreibt eine Textzusammenfassung mit Einleitung und Hauptteil.   ▷ Hilfen auf Seite 188.

●●○ **1** **Aufgabe 1 mit Hilfen**

a Fasst in einem Satz zusammen, worum es in dem Zeitungsartikel geht. Die nebenstehenden Stichworte aus dem Text helfen euch dabei.

b Beantwortet die folgenden Fragen zum Text:
   – Warum vereinbart Jochen Bokemeyer, der Rettungsassistent, mit der Polizei einen Treffpunkt?
   – Warum werden Rettungshubschrauber eingesetzt, wenn sie nur selten Patienten aufnehmen? Lest hierzu noch einmal die Zeilen 34–46.

> Einsatz • Rettungshubschrauber • „Christoph 6" • Bremen

●●○ **2** **Aufgabe 2 mit Hilfen**

Beschreibt das Diagramm und erklärt, was es darstellt. Geht so vor:
– Lest die Überschrift und betrachtet die Zahlen auf der x- und der y-Achse.
– Vergleicht die Angaben miteinander (höchster, niedrigster Wert). Welche Entwicklung wird aufgezeigt?

Das Diagramm zeigt die Entwicklung von ... zwischen den Jahren ... und ...
Insgesamt ist zu beobachten, dass die ...
Während zum Beispiel im Jahr ... nur ... Einsätze geflogen wurden, waren es ...

●●○ **3** **Aufgabe 3 mit Hilfen**

Weist anhand von drei Merkmalen nach, dass der Text eine Reportage ist. Wählt drei Textsorten-merkmale aus der linken Spalte der Tabelle aus und sucht jeweils eine passende Textstelle, mit der ihr eure Aussage belegen könnt (▶ Zitieren, S. 350).

Merkmale einer Reportage	Beispiele aus dem Text
– *szenischer Einstieg (Schilderung einer Situation)*	...
– *sachliche Informationen*	...
– *persönliche Wahrnehmung, schildernde Textpassagen*	...
– *Zitate, um die Situation anschaulich zu machen*	...

●●○ **4** **Aufgabe 4 mit Hilfen**

Schreibt eine Textzusammenfassung mit Einleitung und Hauptteil. Geht so vor:

a Gliedert den Text in Sinnabschnitte und fasst jeden Abschnitt in Stichworten oder kurzen Sätzen zusammen.
   – *Sobald ein Notruf im Krankenhaus eingeht, begeben sich der Notarzt ...*
   – *„Christoph 6" ist einer von zwei Rettungshubschraubern, am „Klinikum Links der Weser" in Bremen stationiert und fliegt täglich ca. fünf Einsätze*
   – *...*

b Notiert alle Informationen, die für die Einleitung der Textzusammenfassung wichtig sind: Autor, Titel des Textes, Textsorte, Quelle sowie Thema des Textes.

c Verfasst mit Hilfe eurer Vorarbeiten die Zusammenfassung.
   – Formuliert eine Einleitung, z.B.:
     In der Reportage „...", die in der ... erschienen ist, beschreibt der Autor ...
   – Fasst im Hauptteil die wichtigsten Textinformationen knapp, sachlich und in eigenen Worten zusammen. Formuliert im Präsens und verwendet keine wörtliche Rede.

Der Kommentar

Marslandung

Curiosity – Forschen für die nächste Generation

Die Erforschung des Mars hat keine Auswirkungen auf das heutige Leben.
Dennoch ist der kulturelle Wert der NASA-Mission gewaltig.

Von Norbert Lossau

Die geglückte Landung des Mars-Rovers „Curiosity" ist eine fantastische Leistung – ein technisches Meisterwerk, das den Wissenschaftlern ganz neue Möglichkeiten der Erforschung des Roten Planeten eröffnet. Der Name des Forschungsrovers ist Programm. „Curiosity" bedeutet Neugier – und es ist die unersättliche Neugier des Menschen, die mit dieser Mission ein Stück weit gestillt werden kann.

Gab es auf dem Mars einst Flüsse und Meere? Gab es auf dem heute unwirtlichen Planeten einmal Lebensformen? Existieren vielleicht in ökologischen Nischen noch heute exotische Bakterien? Es liegt in der Natur des Menschen zu fragen – und, wenn technisch irgend möglich, auch Antworten auf diese Fragen zu finden.

Wer suchet, der findet: Der gesamte wissenschaftlich-technische Fortschritt basiert letztlich auf diesem Prinzip. Natürlich werden in diesen Tagen viele kritisieren, dass die von „Curiosity" zu erwartenden Erkenntnisse für das konkrete Leben der Menschen keine Relevanz[1] hätten.

Doch wer so argumentiert, verkennt die Mechanismen des wissenschaftlichen Fortschritts. Grundlagenerkenntnisse lassen sich in aller Regel nicht sofort in der Praxis nutzen. Doch ohne dieses Basiswissen sind technische Innovationen[2] eben nicht möglich.

Kein Zeitgenosse von Albert Einstein – und auch er selber nicht – hat vorausgesehen, dass die abstrakten Formeln der Relativitätstheorie[3] einmal benötigt werden würden, um Navigationssysteme für Autos bauen zu können. Bei vielen Innovationen dieser Tage profitieren wir noch von den Forschungsleistungen der Großvätergeneration.

Daran sollte man denken, wenn man über die Fördermittel für heutige Grundlagenforschung[4] diskutiert. Denn auch ohne

---

1 die Relevanz: Bedeutung

2 die Innovation: Neuerung, Erfindung

3 Relativitätstheorie: eine von Albert Einstein entwickelte Theorie, die zu den wichtigsten Grundlagen der heutigen Physik gehört

4 Grundlagenforschung will „nur" die Grundlage für weitergehende Forschungen legen und hebt sich damit von der angewandten Forschung ab, die nach praktisch umsetzbaren Ergebnissen bzw. Erkenntnissen sucht.

45 unmittelbaren technologischen Nutzen hat die NASA-Mission einen kulturellen Wert. Das Woher, Warum und Wohin des Universums und des Lebens verstehen zu wollen, gehört zum Masterplan des Menschen. Wenn der Mensch diese Neugier verlieren 50 sollte, wäre dies das Ende seiner Evolution.

1 a Lest den Kommentar von Norbert Lossau aufmerksam durch. Zu welchem aktuellen Thema äußert sich der Autor? Erklärt in eigenen Worten, welche Meinung er vertritt.

b Überlegt: Wie wirkt dieser Zeitungsartikel auf euch: spannend, informativ, urteilend, abwägend, lehrreich ...?
Was überwiegt? Begründet eure Meinung mit Textstellen.

2 a Erklärt, was die folgenden Wörter und Ausdrücke im Text bedeuten.
Tipp: Lest hierzu noch einmal die Sätze, in denen diese Wörter/Ausdrücke vorkommen. Sie geben oft Hinweise darauf, wie das Wort zu verstehen ist (= Textzusammenhang).

> fantastische (▶ Z. 2) • unersättliche Neugier (▶ Z. 8) • basiert (▶ Z. 20) •
> Mechanismen (▶ Z. 27) • abstrakten Formeln (▶ Z. 35) •
> Masterplan des Menschen (▶ Z. 49) • Evolution (▶ Z. 51)

b Klärt weitere Wörter oder Textpassagen, die euch unklar sind.

3 Untersucht, wie Norbert Lossau seine Position vertritt.

a Sucht Argumente und Beispiele aus dem Text heraus, mit denen er seine Meinung begründet.

b Der Autor nennt in seiner Argumentation auch ein Gegenargument.
Sucht es heraus und erklärt, auf welche Weise der Autor es entkräftet.

4 Diskutiert darüber, ob ihr die Argumentation des Verfassers überzeugend findet.
Formuliert eine mögliche Gegenposition und sammelt auch dazu Argumente und Beispiele.

5 a Erklärt, inwieweit sich der vorliegende Kommentar im Aufbau und in der Sprache von einem Bericht unterscheidet. Belegt eure Äußerungen anhand des Textes.

b Überlegt: Welche Funktion hat ein Kommentar im Vergleich zum Bericht?

Information	**Der Kommentar**

Ein Kommentar ist ein **wertender Text, in dem ein Autor** zu einem aktuellen Thema Stellung bezieht und **seine persönliche Meinung äußert.**
Der Autor informiert über das Thema, erläutert seine Bedeutung, erklärt dem Leser die Zusammenhänge und setzt sich mit unterschiedlichen Meinungen auseinander. In einem Kommentar begründet der Autor seine Meinung mit Argumenten und Beispielen. Ziel des Kommentars ist es, den Leser dazu anzuregen, sich eine eigene Meinung zum Thema zu bilden.
Der Autor / die Autorin eines Kommentars wird immer mit Namen genannt.

Die Glosse

Ballern statt Büffeln?

Von David Froitzheim

Ich spiele Killerspiele. Und das ist gut so. Denn so schlimm das klingt, negative Folgen habe ich bisher weder bei mir noch bei meinen Freunden und Freundinnen feststellen können. O Schreck, genau, es gibt auch Mädels, die das brutal-blutrünstige Geballer toll finden. Trotzdem, o Wunder, sind wir alle ganz normal geblieben. Komisch, oder? Vor allem weil das Gros der Politiker mit seinem Bemutterungsinstinkt der Meinung ist, genau zu wissen, was wir tun und vor allem lassen sollen. Das scheint irgendwie genetisch bedingt zu sein. Oder wählerbedingt, schließlich ist das ja ein Thema, bei dem man leicht Punkte machen kann. Und Eltern, die wissen in den meisten Fällen noch nicht mal, worum es sich bei „Counterstrike", „Unreal" oder „Quake" handelt. Ist auch einfacher … Denn wovon man nichts weiß, darüber muss man auch nicht nachdenken, sich keine Meinung bilden, sich nicht mit dem Thema beschäftigen. Stattdessen kann man Allgemeinplätze äußern, sich möglichst genau der Mehrheitsmeinung anpassen, und alles ist im Lot. Dafür wird einen auch nie jemand schief ansehen. Doch aus unserer Perspektive ist das, Entschuldigung, gequirlter Mist. Hey, wir sind inzwischen in dem Alter, in dem wir zumindest von Gesetzes wegen eigene Entscheidungen treffen sollten und vor allem dürfen.

Und mir von so genannten Experten irgendwelcher Medienkommissionen sagen zu lassen, was für meine weitere Entwicklung förderlich ist, habe ich satt. Deshalb: Mund zu. Wenn ihr euch äußern wollt, dann bitte zu Themen, von denen wir nicht mehr Ahnung haben als ihr. So viel Mündigkeit müsst ihr uns schon lassen, ob ihr es wollt oder nicht. Denn das ist es, wozu man uns in Elternhaus, Schule und Studium erzieht.

---

1   a   Wie wirkt der Text „Ballern statt Büffeln" auf euch: spannend, informativ, urteilend, abwägend, lehrreich, lustig? Begründet eure Meinung mit Textstellen.

    b   Erläutert, welches Thema behandelt wird und welche Meinung der Autor vertritt. An wen wendet sich der Schreiber? Was kritisiert er? Belegt eure Ausführungen anhand des Textes.

2   a   Eine Glosse darf übertreiben und provozieren. Nennt Textstellen, die dies belegen.

    b   Untersucht, mit welchen sprachlichen Mitteln der Autor arbeitet. Beachtet vor allem die Wortwahl und die Art, wie die Leser angesprochen werden.

3   Beschreibt mit Hilfe des Merkkastens Unterschiede und Gemeinsamkeiten von Glosse und Kommentar (▸ S. 190).

Information	Die Glosse

Die Glosse ist ein **kurzer, pointierter** (zugespitzter) **Meinungsbeitrag** zu einem Thema. Im Unterschied zum Kommentar (▸ S. 190) verzichtet die Glosse bewusst auf eine ausgewogene Argumentation und ist betont subjektiv. Ihre Sprache ist **humorvoll, spöttisch, ironisch;** ein beliebtes **Stilmittel** ist die **Übertreibung.** Eine Glosse darf provozieren, denn sie will den Leser wachrütteln, zum Schmunzeln bringen, aber auch zum Nachdenken anregen.

Der Leserbrief

Leserbrief zur Glosse „Ballern statt Büffeln" (▶ S. 191)

> Mit großer Verwunderung habe ich in der gestrigen Ausgabe Ihrer Zeitung die Glosse mit dem Titel „Ballern statt Büffeln" gelesen. Mich verwundert, dass Sie so einer unernsten, locker formulierten Meinungsäußerung so viel Raum geben. Viele Sätze klingen in meinen Ohren, als wolle der Verfasser Argumente durch einen derben Sprachgebrauch ersetzen. Zum Beispiel
> 5 bombardiert er die Kritiker von PC-Ballerspielen mit Sätzen wie: „Doch aus unserer Perspektive ist das [...] gequirlter Mist." Von einer seriösen Tageszeitung hätte ich mir mehr Niveau, sowohl inhaltlich als auch sprachlich, gewünscht. Überhaupt verwundert der jugendliche Stil des Beitrags, der mir als Leser sogar ein „Mund zu" verpasst, offensichtlich ein nur leicht abgemildertes „Maul halten", das aus jeder Zeile des Beitrags quillt. Leider arbeitet der Text auch mit vielen
> 10 Vorurteilen, z. B. der Meinung, dass Eltern keine Ahnung hätten, was ihre Kinder spielen. Andererseits prangert der Autor Vorurteile bei den Kritikern an. Vorurteile mit Vorurteilen zu bekämpfen, mag zwar für Unterhaltung sorgen, muss aber sachlich scheitern.
> Ich würde mir von Ihrer Zeitung wünschen, dass in den kommenden Glossen wieder das von Ihrem Blatt zu erwartende Niveau erreicht wird.
>
> Max Maier, Stuttgart

1 Der oben stehende Ausschnitt aus einem Leserbrief wurde in der Zeitung wiedergegeben. Lest ihn und nennt Gründe, warum Zeitungen Leserbriefe veröffentlichen.

2 a Erläutert, welche Intention der Brief von Max Maier hat.
b Sammelt weitere mögliche Intentionen von Leserbriefen.

3 Untersucht den Leserbrief auf folgende Gesichtspunkte hin:
– Was kritisiert der Verfasser an der Glosse?
– Was fordert er von der Tageszeitung?
– Wie ist der Leserbrief sprachlich gestaltet?
Der Leserbrief von Max Maier kritisiert sowohl den Inhalt als auch den Stil von David Froitzheims Glosse: Inhaltlich bemängelt der Verfasser ...

4 Stimmt ihr der Stellungnahme im Leserbrief zu? Verfasst einen eigenen Leserbrief zu der Glosse auf S. 191, in dem ihr auch auf die Kritikpunkte von Max Maier eingeht.

Information   **Der Leserbrief**

Der Leserbrief nimmt Bezug auf eine Veröffentlichung, z. B. in einer Zeitung oder Zeitschrift oder in einem Blog im Internet. Leserbriefe argumentieren meist für die Meinung des Verfassers oder der Verfasserin. Die Intention des Briefs kann z. B. sein, einem Beitrag zuzustimmen oder ihm zu widersprechen, weitere Informationen zu vermitteln und/oder zu einem bestimmten Verhalten aufzufordern (Appell).

Informationsvermittlung in Online-Zeitungen, Fernsehen und Radio

1 Dieser Screenshot zeigt die Online-Ausgabe einer überregionalen Tageszeitung. Untersucht, wie die Titelseite dieser Online-Zeitung aufgebaut ist:
- Wo findet ihr die klassischen Ressorts (▶ Themengebiete, S. 180) der Zeitung?
- Welche zusätzlichen Funktionen bietet die Online-Zeitung als multimediales Medium?
- Welche Möglichkeiten bietet die Suchfunktion? Stellt Vermutungen an.

2 Eine Online-Zeitung kann jederzeit aktualisiert werden. Überlegt, was dies für die Redakteure und die Leser bedeutet.

3 Vergleicht die Printausgabe einer Zeitung mit ihrer Online-Ausgabe.
- Wie sind die Titelseiten jeweils aufgebaut? Wie hoch ist der Anteil an Werbung?
- Wie gut könnt ihr euch in der Printausgabe orientieren, wie gut in der Online-Zeitung?
- Welche Vor- und Nachteile haben Print- und Online-Zeitung?

Tipp: Unter www.zeitung.de findet ihr eine Liste von Online-Zeitungen.

Neben der Zeitung und dem Internet sind das Radio und das Fernsehen Medien, die Information und Unterhaltung bieten. Nachrichten, Berichte, Kommentare und Reportagen gehören auch hier zum Standardangebot.

4 Verschafft euch einen Überblick über die Nachrichtensendungen, die im Radio und im Fernsehen laufen, z. B. mit Hilfe einer Fernseh- und Radiozeitschrift oder des Internets.
Haltet eure Ergebnisse in Form einer Tabelle fest:

	Sender	Name der Nachrichtensendung	Uhrzeit
TV	*ARD*	*Tagesschau*	*20:00 Uhr*
	...	...	...
Radio	...	...	...

5 a Teilt die Nachrichtensendungen unter euch auf: Jede Gruppe wählt eine Sendung, die sie genauer untersuchen möchte.
Tipp: Einigt euch auf einen Tag, damit ihr eure Ergebnisse anschließend vergleichen könnt.
b Überlegt, worauf ihr achten solltet, und erstellt eine Liste, z. B.:
– *Themen: Auswahl, Reihenfolge, Umfang*
– *Einspielungen: Originalton (Radio), Filmsequenzen (Fernsehen)*

6 Haltet die wichtigsten Ergebnisse aus Aufgabe 5, getrennt nach Sendern, fest.

7 Stellt eure Ergebnisse vor und vergleicht sie:
– Welche Themen werden wie ausführlich behandelt? Fehlen evtl. für euch wichtige Themen?
– Wie werden die Themen präsentiert, z. B. verständlich, unverständlich, informativ, sachlich, reißerisch ...?
– Wie erklärt ihr euch die Unterschiede?
Wie beurteilt ihr die einzelnen Nachrichtensendungen?

Information   Die Online-Zeitung (Internetzeitung)

Die meisten Zeitungen unterhalten heute neben der Printausgabe (der gedruckten Ausgabe) auch eine Online-Ausgabe. Das Ziel ist prinzipiell dasselbe wie bei der Printausgabe: die Leser zu informieren.
Daneben weisen Online-Zeitungen folgende Besonderheiten auf:
- sie **können ständig aktualisiert werden,** auch mehrmals am Tag,
- sie können ihre Artikel um **multimediale Inhalte** (Film- und Tonbeiträge) ergänzen,
- sie sind **interaktiv,** d. h., die Leser können z. B. per E-Mail Leserbriefe schreiben bzw. Artikel kommentieren oder mit anderen Lesern in Chats oder Foren kommunizieren,
- sie haben eine **Such- und Archivfunktion,** sodass die Leser gezielt auf Artikel zu einem Thema (auch aus zurückliegenden Ausgaben der Zeitung) zugreifen können.

Projekt Mediengeschichte

Aktuelles vom Tage erfährt man heute aus ganz unterschiedlichen Medien: Tageszeitung, Radio, Fernsehen, Internet, soziale Netzwerke, Kurznachrichtendienste usw.
Erforscht die Geschichte der Medien in Projekten.

Die Zeitung – Daten zur Geschichte eines Mediums

1450 — Johannes Gutenberg erfindet den Buchdruck.

1488 — Flugblätter werden als Kommunikationsmittel genutzt.

Flugblätter in Berlin nach der Reichspräsidentenwahl 1932

1802 — Die erste überregionale Tageszeitung Deutschlands erscheint, die „Kölnische Zeitung".

1990er-Jahre — Die ersten Online-Zeitungen und -Zeitschriften erscheinen.

Kölnische Zeitung vom 12. 7. 1870

1 Betrachtet die Daten und Bilder. Welche Informationen über die Geschichte der Zeitung könnt ihr ihnen entnehmen? Was möchtet ihr noch darüber wissen? Macht Notizen.

2 a Bildet Projektgruppen, die zur Geschichte folgender Medien recherchieren:

| Tageszeitung | Radio | Fernsehen | Internet | Online-Zeitung | soziale Netzwerke | ? |

b Legt einen Projektfahrplan an:
- Wer recherchiert zu welchen Fragen und Themen?
- Wie sollen die Recherche-Ergebnisse innerhalb der Projektgruppe mitgeteilt werden?
- Was soll der Klasse präsentiert werden?
- Welche Medien werden für die Präsentation genutzt?

c Erstellt einen Zeitplan für eure Arbeit und führt euer Projekt durch.

3 Bereitet eure Präsentation vor und übt sie. Achtet darauf, dass alle Gruppenmitglieder an der Präsentation mitwirken. Setzt passende Medien ein.

Teste dich!

Rund um die Zeitung

---

1 Flugzeug muss notlanden

Linz – Eine Boeing mit 264 Passagieren an Bord musste gestern in Österreich notlanden. Der Pilot hatte kurz vor München Rauch bemerkt, wie die Polizei in Linz mitteilte. Auf dem Blue Danube Airport setzte das Flugzeug kurz nach 16 Uhr sicher auf. Die Passagiere verließen die Boeing unverletzt. Was zu der Rauchentwicklung geführt hatte, …

---

2 In New York ist alles möglich

Die heiße Juli-Luft ist vor Feuchtigkeit so dick wie Suppe. Eine Stunde muss man mit der Bahn aus New York herausfahren, um sich einigermaßen Linderung zu verschaffen. Hier, auf der Halbinsel Far Rockaway, dem einzigen Surfstrand am Rande von New York, bremst die Meeresbrise die stete Schwüle ein wenig. Matt surft seit 20 Jahren hier. Als er anfing, kam noch niemand aus New York zum Surfen hier raus. „Morgens um fünf", sagt er, „ist das Surfen hier am schönsten." Nachmittags …

---

3 Droge Internet?

Leider gibt es tatsächlich zunehmend Berichte über Internetsucht. Manche Nutzer finden keine Grenze beim Spielen und „versumpfen" vor dem PC. Aber sollte man deshalb gleich das Internet verteufeln? Das wäre völlig überzogen. Eher soll darüber nachgedacht werden, …

---

1 Bestimme bei jedem Text, um welche journalistische Textsorte es sich handelt.

2 Ordne den Begriffen in der linken Spalte die richtigen Beschreibungen zu. Schreibe die Ziffern und Buchstaben in der richtigen Zuordnung in dein Heft. Notiere so: *1 + …; 2 + … usw.*

1 Reportage	**A** die wichtigsten Informationen stehen am Textanfang
2 überregionale Zeitung	**B** kurzer, pointierter Meinungsbeitrag, dessen Sprache humorvoll-spöttisch ist.
3 Lead-Stil	**C** Text, der anschaulich und lebendig über ein Ereignis informiert
4 Glosse	**D** Themengebiete einer Zeitung, z. B. Politik, Wirtschaft …
5 Ressorts	**E** Zeitung, die in ganz Deutschland erhältlich ist

3 Von den folgenden Aussagen sind nur zwei richtig. Welche? Schreibe die Buchstaben auf.
A Das Feuilleton ist der Teil einer Zeitung, in dem es um Kultur, also z. B. um Kunst und Musik, geht.
B Eine Nachricht ist ausführlicher als ein Bericht.
C Der Vorspann (Lead) ist das, was auf der ersten Seite einer Zeitung steht.
D Online-Zeitungen können ständig aktualisiert werden.

4 Vergleicht eure Ergebnisse aus den Aufgaben 1 bis 3 in Partnerarbeit.

9.2 Was ist los? – Projekt „Zeitungsmacher"

Im Folgenden erfahrt ihr, wie ihr selbst Schritt für Schritt eine Klassenzeitung erstellen könnt.

1. Schritt: Was ist denn angesagt? – Themen sammeln und ordnen

1

a Überlegt, über welche Themen ihr in eurer Klassenzeitung schreiben wollt. Was interessiert euch, was eure Leser/-innen? Schreibt eure Themenvorschläge auf Blätter und klebt sie an die Tafel.

b Ordnet eure Themen nach Ressorts (Themenbereichen, ▶ S. 180), z. B.:

Neuigkeiten aus der Schule
– Das Angebot in der Mensa
– Infos und Tipps zum Schüler-
austausch
_– ..._

2 Bildet zu den Ressorts Redaktionsteams und verteilt die einzelnen Themen.

2. Schritt: Sich über ein Thema informieren – Die Recherche

3 Erstellt einen Rechercheplan und sucht dann nach geeignetem Informationsmaterial (auch Fotos, evtl. Grafiken usw.) zu eurem Thema. Je nach Thema könnt ihr
– vor Ort recherchieren (Umfragen und Interviews mit Personen durchführen, Fotos erstellen),
– euch in Bibliotheken informieren,
– Zeitungen und Zeitschriften studieren,
– im Internet suchen (Informationen, Fotos, Grafiken etc.).
Tipp: Mehr zur Informationsrecherche findet ihr auf S. 361–362.

Rechercheplan zum Thema „Infos und Tipps zum Schüleraustausch"

Fragen zum Thema	Informationsquelle	Bildmaterial (Fotos, Bilder, Grafiken)	Wer?
Was ist ein Schüleraustausch? _Welche Erfahrungen ...?_ _..._	_Internet_ _Interview mit ..._	_..._ _Fotos von ... erstellen_	_Lukas_ _Ruth, Florian_

3. Schritt: Von der Recherche zum Schreiben – Textsorten festlegen

4 **a** Entscheidet, welche Textsorte für euer Thema und eure Absicht besonders geeignet ist.
Die folgende Übersicht kann euch hierbei helfen:

Absicht			Textsorte
informieren	sachlich und nüchtern	→	Bericht (▶ S. 182)
	lebendig	→	Reportage (▶ S. 186)
Meinung äußern	sachlich und nüchtern	→	Kommentar (▶ S. 190)
	humorvoll und ironisch	→	Glosse (▶ S. 191)
Unterhaltung • Übersicht • …			Quiz • Rätsel • Fotostory • Veranstaltungskalender • Interview

b Wertet euer Informationsmaterial aus.
Was das konkret bedeutet, hängt davon ab, für
welche Textsorte ihr euch entschieden habt.
Ein Interview könnt ihr z. B. fast im Originalton
wiedergeben. Bei einer Glosse kommt es sehr
darauf an, einen witzig-spöttischen Ton zu
treffen. Sichtet, ordnet und ergänzt euer
Material mit Hilfe des folgenden
Bearbeitungsbogens:

Material	Weiterarbeit
Fotos Bilder Grafiken	– aussagekräftige Fotos/Bilder/Grafiken aussuchen oder erstellen – Bildunterschriften formulieren; bei einer Grafik Überschrift, Angaben und Erklärungen überprüfen oder ergänzen

Texte	**1 Material auswerten**
	  – wichtige Informationen auf einer Kopie markieren; am Textrand notieren,
	    zu welchen Fragen oder Teilthemen die markierten Informationen gehören
	  – Informationen auswählen: Welche Informationen braucht der Leser, um
	    das Thema zu verstehen? Welche Zusatz- oder Hintergrundinformationen
	    gehören in den Text?
	2 Material ergänzen
	  – je nach Textsorte, z. B.: schildernde Textteile (Reportage), Beantwortung
	    weiterer W-Fragen (Bericht), witzige, ironische Formulierungen (Glosse) usw.

5 Verfasst die Texte für eure Klassenzeitung. Schreibt sie möglichst mit Hilfe des Computers.
Beachtet auch die folgenden Hinweise:
– Findet aussagekräftige Schlagzeilen für eure Artikel.
– Wählt Fotos, Bilder oder Grafiken für eure Texte aus.

4. Schritt: Die Texte überarbeiten und das Layout erstellen

6 Auch Schreibprofis wie Zeitungsjournalisten stellen ihre Texte zur Diskussion und überarbeiten sie.

a Führt eine Schreibkonferenz durch, in der ihr eure Entwürfe sichtet und überarbeitet. Die Tipps unten helfen euch dabei.
- Macht mit einem Bleistift Anmerkungen am Rand, z.B.: ein Fragezeichen, wo euch etwas unklar ist; Stichworte mit Tipps für Ergänzungen, Änderungsvorschläge für die Ausdrucksweise usw.
- Seid kritisch, aber wohlwollend und konstruktiv: Bedenkt das gemeinsame Ziel, eine Zeitung für die Klasse zu erstellen.

b Überarbeitet eure eigenen Texte. Klärt Fragen im gemeinsamen Gespräch.

7 Jede Zeitung hat ihr eigenes Layout. Damit der Leser sich gut orientieren kann und Lust zum Lesen bekommt, muss es übersichtlich und ansprechend sein.
Überlegt, wie ihr die einzelnen Beiträge und die Titelseite eurer Zeitung gestalten wollt. Probiert die Gestaltungsmöglichkeiten mit dem Computer aus und entwerft verschiedene Layout-Raster, z.B.:

Seitenränder und Spalten
- Rand (oben, unten, rechts, links)
- Spalten (ein-, zwei-, dreispaltig)

Schriftgröße
- Schlagzeile
- Untertitel
- ...

Zeilenabstand
- ...

Platzierung der Bilder/Fotos/Grafiken
- ...

8 Entscheidet, in welcher Reihenfolge ihr die Beiträge bzw. die Ressorts anordnen wollt.

Information	Tipps zur Überarbeitung von Zeitungsartikeln

- Die **Schlagzeile** muss die Leser „packen". Sie sollte kurz und präzise sein.
- Der **Einstieg in das Thema** entscheidet, ob die Leser weiterlesen. Der erste Satz sollte die Leser neugierig auf das Thema machen oder wichtige und interessante Informationen bieten.
- Der **Gedankengang** sollte schlüssig und ohne Nachfrage **verständlich** sein. Prüft, ob zum Textverständnis weitere Informationen fehlen oder ob Sätze bzw. Formulierungen unklar sind.
- **Vermeidet** unnötige inhaltliche **Wiederholungen** oder Wortwiederholungen.
- Überprüft die **Rechtschreibung** und die **Zeichensetzung**.

5. Schritt: Rechte beachten

Eure Klassenzeitung wird so gut, dass ihr beschließt, sie nicht nur in der Klasse zu verteilen, sondern auch im Internet für alle zugänglich zu veröffentlichen – spätestens jetzt müsst ihr prüfen, ob ihr wirklich alles so veröffentlichen dürft, wie ihr es gerne würdet.

Pressefreiheit

Der Begriff Pressefreiheit bezeichnet das Recht von Rundfunk, Presse und anderen Medien auf freie Ausübung ihrer Tätigkeit, vor allem das unzensierte Veröffentlichen von Informationen und Meinungen. In Deutschland gewährleistet das Grundgesetz die Pressefreiheit zusammen mit der Meinungsfreiheit, der Rundfunkfreiheit und der Informationsfreiheit.

Grundgesetz Artikel 5

(1) Jeder hat das Recht, seine Meinung in Wort, Schrift und Bild frei zu äußern und zu verbreiten und sich aus allgemein zugänglichen Quellen ungehindert zu unterrichten. Die Pressefreiheit und die Freiheit der Berichterstattung durch Rundfunk und Film werden gewährleistet. Eine Zensur findet nicht statt.

(2) Diese Rechte finden ihre Schranken in den Vorschriften der allgemeinen Gesetze, den gesetzlichen Bestimmungen zum Schutze der Jugend und in dem Recht der persönlichen Ehre.

1 Lest den oben stehenden Informationstext zum Thema Pressefreiheit. Erläutert, welche Bedeutung das zitierte Gesetz für die Veröffentlichung einer Schülerzeitschrift hat.

Die Klasse 9 b bereitet voller Tatendrang die Online-Ausgabe ihrer Schülerzeitung vor. Hannah will im Ressort „Klatsch und Tratsch" über das Hollywood-Paar „Brangelina" berichten. Sie hat für ihren Artikel ein Foto ausgewählt, das sie im Internet gefunden hat.

Max hat die Idee, den Bericht über „Brangelina" mit einigen Informationen über das Klassenpärchen Helen und Johannes zu ergänzen. Als Blickfang wählt er ein Foto der beiden, das er auf dem letzten Klassenausflug geschossen hat.

Tom ist für das Ressort Politik zuständig. In der Lokalzeitung hat er eine Reportage über den neuen Bürgermeister gelesen und beschließt, diese einfach abzuschreiben. Dazu stellt er ein Foto, das er selbst von Bürgermeister Schmidt gemacht hat.

2 a Lest die Informationen über die Aktivitäten der 9 b auf S. 200 und die Informationen im Merkkasten unten auf dieser Seite.

b Erklärt den Sinn der im Merkkasten genannten Regelungen zum Urheber- und Persönlichkeitsrecht.

c Erläutert, welche Probleme sich bei den Plänen von Hannah, Max und Tom ergeben. Schlagt mögliche Lösungen vor.

3 Besprecht, welche Texte und Bilder eurer Klassenzeitung rechtlich geklärt sind und welche problematisch sein könnten. Findet Lösungen.

4 Hannah hat sich nun über eine Fotoagentur ein Bild von „Brangelina" besorgt. Bevor sie das Foto nutzen darf, muss sie den AGB (allgemeinen Geschäftsbedingungen) der Agentur zustimmen. Diese enthalten den unten wiedergegebenen Absatz. Erläutert den Sinn dieser AGB und beschreibt, um welche Art von Text es sich handelt. Ihr könnt dazu passende Begriffe aus dem Wortspeicher rechts wählen.

> informieren • appellieren •
> regulieren • unterhalten •
> überzeugen • Info-Text •
> Kommentar • Gesetz •
> Vertrag

> Werke dürfen nur in Übereinstimmung mit diesen Nutzungsbedingungen von unserer Website heruntergeladen werden. Die Verwendung, Vervielfältigung oder Verbreitung von Werken, die auf dieser Website erscheinen, ist nur mit einem Vertrag gestattet und auch dann nur in dem ausdrücklich zugelassenen Umfang.
>
> Es erfolgt keine Übertragung von Eigentumsrechten an Werken und kein Verkauf von Werken. Wir und unsere Lizenzgeber behalten sämtliche Eigentumsrechte an den Werken.
>
> ☐ Ich habe die ABG gelesen und erkläre mich einverstanden. Bitte ankreuzen.

Information   **Urheberrecht und Persönlichkeitsrecht**

Urheberrecht
Die Urheber von Werken der Literatur, Wissenschaft und Kunst genießen für ihr „geistiges Eigentum" Schutz. So darf man z. B. in eigenen Veröffentlichungen Texte und Fotos anderer nicht ohne Genehmigung des Urhebers oder des Rechteinhabers verwenden. Auch Computerprogramme, Musik oder Zeichnungen dürfen ohne eine solche Genehmigung nicht weiterverbreitet werden.
Fotos mit geklärten Rechten findet man z. B. bei Bildagenturen im Internet. Oft sind diese Fotos kostenpflichtig und der Urheber muss genannt werden. Bei Texten hat man die Möglichkeit, unter Angabe der Quelle Textausschnitte zu zitieren.

Persönlichkeitsrecht
Zu den Persönlichkeitsrechten gehört das Recht am eigenen Bild. Fotos einer Person darf man grundsätzlich nur mit deren Einwilligung verbreiten oder zur Schau stellen. Ausnahmen sind unter anderem Fotos von Personen der Zeitgeschichte, wie z. B. von Politikern, bekannten Sportlern, Schauspielern oder Künstlern.

9.3 Fit in ... – Einen Zeitungstext untersuchen

Die Aufgabenstellung verstehen

Stellt euch vor, ihr bekommt in der nächsten Klassenarbeit folgende Aufgabe:

Untersuche die Reportage „Schmuggel in Hamburg: So arbeiten die Ermittler":

1. a Fasse die wichtigsten Informationen des Textes zusammen. Schreibe eine Zusammenfassung mit Einleitung und Hauptteil.
   b Weise anhand von zwei Merkmalen nach, dass der Text eine Reportage ist. Suche für jedes Textsortenmerkmal eine passende Textstelle.
2. Erkläre, wieso die Männer der „Schwarzen Gang" eigentlich „einen völlig unmöglichen Job" haben (▶ Z. 56 f.). Was macht ihre Arbeit so schwierig?

Schmuggel in Hamburg: So arbeiten die Ermittler

Hamburger Hafenzöllner haben eigentlich keine Chance, doch das kann ihren Ehrgeiz nicht bremsen.

Von Bernhard Honnigfort

Es muss fix gehen. Die Besatzung der „Oevelgönne" ist schon an Bord, die beiden Zwölf-Zylinder-Dieselmotoren des Zollbootes sind vorgeheizt, das 17-Meter-Boot schaukelt leicht glucksend am Ponton[1] bei den Landungsbrücken im Hamburger Hafen. Gleich geht es los. Der „Kommissar" fehlt noch. Ein kalter und windiger Herbsttag, früh am Morgen, die Elbe im Hafen ist leicht kabbelig[2], es fängt an zu regnen. Da kommt „der Kommissar", steigt an Bord, Leinen los, Kapitän Tobias Wilfling gibt Gas, die „Schwarze Gang", Hamburgs Hafenzöllner, bricht auf. Mal sehen, was wird.

Der „Kommissar", das ist Torsten Ahrens, 48 Jahre alt, ein sportlicher, freundlicher Mann. „Kommissar" nennen sie ihn an Bord, weil sein wahrer Titel unaussprechlich ist: Zolloberamtsrat – Leiter Kontrollraum 2 (Wasser). „Auf geht's", sagt er. Das Ziel heute ist ein alter, leicht rostiger Bananendampfer. Er ist aus Brasilien gekommen, machte Stopp in Dover und liegt seit einigen Stunden im Hansahafen, wo das Obst ausgeladen wird.

Sobald das Schiff leer ist, kann die Schwarze Gang loslegen. Die „Oevelgönne" hat angelegt, der „Kommissar" und seine fünf Kollegen gehen über eine Leiter an Bord, verteilen sich, versuchen, einen Überblick zu bekommen. Vielleicht sieht ja jemand verdächtig aus, vielleicht wirft jemand nervös etwas ins Hafenbecken.

Schwarze Gang? Niemand an Bord weiß, warum sie so genannt werden. 43 Hafenzöllner hat Hamburg. Sie tragen blaue Uniformen und suchen mit ihren fünf Booten den Hafen und die Unterelbe ab. Sie heißen überall so, Schwarze Gang, Zwarte Gang, Black Gang, in Deutschland, Holland, in England.

Der Kran hebt die letzten Kartons mit Bananen aus dem Schiffsrumpf. Die Hafenarbeiter ziehen ab, die Schwarze Gang steigt die wackeli-

---

1 der Ponton: fest verankerter Schwimmkörper; hier als schwimmende Schiffsanlegestelle genutzt

2 kabbelig: unruhig

gen Leitern hinab in die Stauräume. Das Schiff ist 150 Meter lang, jedes der vier Decks so groß wie eine Turnhalle. Es gibt Zwischenräume, Laufgänge, den Maschinenraum, die Unterbauten der Kräne, die Kombüse usw. Vor allem gibt es überall Hohlräume, dunkle Ecken, Winkel, Nischen, Holzböden, die sich entfernen lassen. „Ein Schiff, hunderttausend Verstecke", sagt Ahrens. Er läuft mit seiner Taschenlampe durchs unterste Deck und leuchtet unter die Lattenroste am Boden, durch die im beladenen Schiff Stickstoff oder kalte Luft zirkulieren kann, damit die Früchte nicht vergammeln.

Die Männer der Schwarzen Gang haben eigentlich einen völlig unmöglichen Job. Sie wissen das, sagen es aber nicht. Sie sind 43 Leute, arbeiten in drei Schichten, sieben Tage die Woche. Das ist die Suchmannschaft. Und das ist das Spielfeld: Hamburg ist Deutschlands größter Hafen, 87 Quadratkilometer Fläche, Nummer drei in Europa, 320 Liegeplätze.

Etwa 10 000 Schiffe kommen jedes Jahr an. Rund neun Millionen Standardcontainer werden ausgeladen, umgeladen, eingeladen, auf Eisenbahnen, kleinere Schiffe oder Lastwagen gepackt. Und in dem wohlorganisierten Durcheinander fährt der Hafenzoll mit seinen Booten herum, hält die Augen auf, sucht nach Drogen,

Waffen, Zigaretten, nach exotischen Tieren und Elfenbein, nach gefälschten T-Shirts und Armbanduhren. Es ist so, als wollte die Schwarze Gang jeden Tag mit einem Spielzeugeimerchen einen See leer schöpfen.

Ahrens ist mit der Durchsuchung des unteren Laderaums fertig. Alles gecheckt, alles sauber. Jetzt geht es in den Maschinenraum und in die engen Gänge unter den Schiffskränen. Ahrens und ein Kollege rollen eine Plane auseinander, die in einer Ecke steht, dann untersuchen sie einen Müllsack. Nichts.

14 Uhr, das war es. Die Schwarze Gang klettert auf ihr Zollboot, die „Oevelgönne" brummt Richtung Containerhafen. Der Weg zurück zum Ponton an den Landungsbrücken führt vorbei an einem kleinen Containerschiff, das am Burkhardkai liegt. Ein altes Schiff, orange gestrichen, rostig, unauffällig. Die „Oevelgönne" wird langsamer, Ahrens steht am Bug des Zollbootes und sieht sich den Frachter genau an, der gerade entladen wird. Kräne hieven eilig Container aus dem Schiffsrumpf. „Das ist unser Kunde", sagt er. Der Frachter passt ins Beuteschema der Zöllner. Alle Mann an Bord sind plötzlich wieder sehr munter.

Quelle: Kölner Stadtanzeiger

---

1 Lest die Aufgabe auf Seite 202 aufmerksam durch. Besprecht dann in Partnerarbeit,
- was die einzelnen Aufgaben von euch verlangen und
- wie ihr bei der Bearbeitung der einzelnen Aufgaben vorgeht und worauf ihr achten müsst.

Den Text verstehen

2 a Lest den Zeitungsartikel (▶ S. 202–203) zweimal sorgfältig durch.
  b Welche Aussagen zum Text sind richtig? Schreibt sie in euer Heft:
  - Die „Schwarze Gang" sind die Hafenzöllner.
  - Insgesamt gibt es 43 Hafenzöllner, die im Hamburger Hafen arbeiten.
  - Die Hafenzöllner kontrollieren Schiffe, die noch nicht entladen sind.
  - Das Schiff, das die Hafenzöllner kontrollieren, ist ein Frachtschiff aus Brasilien.
  - Die Zollbeamten suchen nur nach Drogen und Waffen.
  - Das Frachtschiff, das die Hafenzöllner kontrollieren, hat Schmuggelware an Bord.
  - Der Hamburger Hafen ist Deutschlands größter Hafen.

Die Aufgaben zum Text beantworten und den Text überarbeiten

3 Bearbeitet die Aufgaben 1 und 2 von Seite 202. Geht Schritt für Schritt vor.

Aufgabe 1a:

Schreibt eine Textzusammenfassung mit Einleitung und Hauptteil. Geht so vor:

a Gliedert den Text in Sinnabschnitte und fasst jeden Abschnitt in Stichworten oder kurzen Sätzen zusammen.

  – *Eine Gruppe von fünf Hafenzöllnern („Schwarze Gang" genannt) fährt an einem Herbstmorgen mit dem Zollboot namens „Oevelgönne" zu einem Frachtschiff, das aus ...*

  – *...*

b Notiert alle Informationen, die für die Einleitung der Textzusammenfassung wichtig sind: Autor, Titel des Textes, Textsorte, Quelle sowie Thema des Textes.

c Verfasst mit Hilfe eurer Vorarbeiten die Zusammenfassung.

  – Formuliert eine Einleitung, z. B.: *In der Reportage „..."*, *die im ... erschienen ist, beschreibt der Autor ...*

  – Fasst im Hauptteil die wichtigsten Textinformationen knapp, sachlich und in eigenen Worten zusammen. Formuliert im Präsens und verwendet keine wörtliche Rede.

Aufgabe 1b:

Führt euch noch einmal vor Augen, welche Merkmale eine Reportage hat. Wählt dann zwei Textsortenmerkmale aus, die der vorliegende Zeitungsartikel aufweist, und sucht für diese jeweils eine passende Textstelle, mit der ihr eure Aussage belegen könnt (▶ Zitieren, S. 350).

> *Merkmale einer Reportage:*
>
> *szenischer Einstieg (Schilderung einer Situation); sachliche Informationen; persönliche Wahrnehmung; schildernde Textpassagen; Zitate von Personen, um die Situation anschaulich zu machen; ...*

Aufgabe 2:

Es sind zwei Gründe, die die Aufgabe der Hafenzöllner so schwierig machen. Der eine hat etwas mit dem Bau der Schiffe zu tun, der andere mit der Anzahl der Schiffe und Container, die im Hamburger Hafen unterwegs sind.

Lest zur Beantwortung der Aufgabe noch einmal die Zeilen 45–75.

4 Überarbeitet euren Text in Partnerarbeit. Die folgende Checkliste hilft euch dabei.

Checkliste

Einen Zeitungstext untersuchen

Aufgabe 1a (▶ S. 202):
- Ist die **Einleitung** eurer Textzusammenfassung vollständig (Autor, Titel des Textes, Textsorte, Quelle, Thema des Textes)?
- Habt ihr im **Hauptteil** die wichtigsten Informationen knapp, sachlich und in eigenen Worten zusammengefasst?

Aufgabe 1b (▶ S. 202):
- Habt ihr zwei Merkmale der Reportage genannt und hierfür Belege aus dem vorliegenden Text angeführt (▶ Zitieren, S. 350)?

Aufgabe 2 (▶ S. 202):
- Habt ihr erklärt, was die Arbeit der Zollbeamten so schwierig macht? Habt ihr zwei Gründe angeführt?

10 „Sonnenallee" –
Roman und Film untersuchen und vergleichen

Thomas Brussig
Am kürzeren Ende
der Sonnenallee

Szene aus dem Film „Sonnenallee" von Leander Haußmann, 1999

1 Kennt ihr den Roman „Am kürzeren Ende der Sonnenallee" oder den Film „Sonnenallee"?

2 **a** Vergleicht das Buchcover und das Filmbild: Welche Hinweise auf Themen des Romans bzw. des Films findet ihr?
Welche Gemeinsamkeiten könnt ihr feststellen?

   b Überlegt: Was erwartet ihr von einem Roman bzw. einem Film, in dem davon erzählt wird, wie Jugendliche in der DDR lebten?

3 Was wisst ihr über die deutsche Teilung und über die DDR? Berichtet.

In diesem Kapitel ...

– vergleicht ihr einen pointenreichen Film mit einem Roman,
– untersucht ihr die Figuren, die Handlung und den Erzähler eines Romans,
– wendet ihr wichtige Begriffe der Roman- und Filmanalyse an,
– untersucht und verfasst ihr Rezensionen.

10.1 „Am kürzeren Ende der Sonnenallee" – Einen Roman analysieren

Die Sonnenallee – Historische Hintergründe kennen lernen

Thomas Brussig

Am kürzeren Ende der Sonnenallee (1)

Es gibt im Leben zahllose Gelegenheiten, die eigene Adresse preiszugeben, und Michael Kuppisch, der in Berlin in der Sonnenallee wohnte, erlebte immer wieder, dass die Son-
5 nenallee friedfertige, ja sogar sentimentale Regungen auszulösen vermochte. Nach Michael Kuppischs Erfahrung wirkt Sonnenallee gerade in unsicheren Momenten und sogar in gespannten Situationen. Selbst feindselige Sach-
10 sen wurden fast immer freundlich, wenn sie erfuhren, dass sie es hier mit einem Berliner zu tun hatten, der in der Sonnenallee wohnt. Michael Kuppisch konnte sich gut vorstellen, dass auch auf der Potsdamer Konferenz im
15 Sommer 1945, als Josef Stalin, Harry S. Truman und Winston Churchill die ehemalige Reichshauptstadt in Sektoren aufteilten, die Erwähnung der Sonnenallee etwas bewirkte.[1] Vor allem bei Stalin; Diktatoren und Despoten[2]
20 sind bekanntlich prädestiniert[3] dafür, poetischem Raunen anheimzufallen. Die Straße mit dem so schönen Namen Sonnenallee wollte Stalin nicht den Amerikanern überlassen, zumindest nicht ganz. So hat er bei Harry S.
25 Truman einen Anspruch auf die Sonnenallee erhoben – den der natürlich abwies. Doch Stalin ließ nicht locker, und schnell drohte es handgreiflich zu werden. Als sich Stalins und Trumans Nasenspitzen fast berührten, drängte
30 sich der britische Premier zwischen die beiden, brachte sie auseinander und trat selbst vor die Berlin-Karte. Er sah auf den ersten Blick, dass die Sonnenallee über vier Kilometer lang ist. Churchill stand traditionell auf Seiten der
35 Amerikaner, und jeder im Raum hielt es für

ausgeschlossen, dass er Stalin die Sonnenallee zusprechen würde. Und wie man Churchill kannte, würde er an seiner Zigarre ziehen, einen Moment nachdenken, dann den Rauch ausblasen, den Kopf schütteln und zum nächs-
40 ten Verhandlungspunkt übergehen. Doch als Churchill an seinem Stumpen zog, bemerkte er zu seinem Missvergnügen, dass der schon wieder kalt war. Stalin war so zuvorkommend, ihm Feuer zu geben, und während Churchill
45

---

1 Auf der Potsdamer Konferenz (17. Juli bis 2. August 1945) versammelten sich nach der Kapitulation Deutschlands 1945 die Siegermächte des Zweiten Weltkrieges, um über die politische und geografische Neuordnung Deutschlands zu entscheiden. Zu den Teilnehmern gehörten der US-amerikanische Präsident Harry S. Truman, der russische Generalsekretär Josef Stalin und der britische Premierminister Winston Churchill.

2 der Despot: Gewaltherrscher, tyrannischer Mensch

3 prädestiniert: für etwas besonders geeignet sein

seinen ersten Zug auskostete und sich über die Berlin-Karte beugte, überlegte er, wie sich Stalins Geste adäquat erwidern ließe. Als Churchill den Rauch wieder ausblies, gab er Stalin einen Zipfel von sechzig Metern Sonnenallee und wechselte das Thema.

So muss es gewesen sein, dachte Michael Kuppisch. Wie sonst konnte eine so lange Straße so kurz vor dem Ende noch geteilt worden sein? Und manchmal dachte er auch: Wenn der blöde Churchill auf seine Zigarre aufgepasst hätte, würden wir heute im Westen leben.

Michael Kuppisch suchte immer nach Erklärungen, denn viel zu oft sah er sich mit Dingen konfrontiert, die ihm nicht normal vorkamen. Dass er in einer Straße wohnte, deren niedrigste Hausnummer die 379 war – darüber könnte er sich immer wieder wundern. Genauso wenig gewöhnte er sich an die tägliche Demütigung, die darin bestand, mit Hohnlachen vom Aussichtsturm auf der Westseite begrüßt zu werden, wenn er aus seinem Haus trat – ganze Schulklassen johlten, pfiffen und riefen: „Guckt mal, 'n echter Zoni[4]!", oder „Zoni, mach mal winke, winke, wir wolln dich knipsen!" Aber alle diese Absonderlichkeiten waren nichts gegen die schier unglaubliche Erfahrung, dass sein erster Liebesbrief vom Wind in den Todesstreifen getragen wurde und dort liegen blieb – bevor er ihn gelesen hatte.

Michael Kuppisch, den alle Micha nannten (außer seine Mutter, die ihn von einem Tag auf den anderen Mischa nannte) und der nicht nur eine Theorie darüber hatte, wieso es ein kürzeres Ende der Sonnenallee gab, hatte auch eine Theorie darüber, warum *seine* Jahre die interessanteste Zeit wären, die es je am kürzeren Ende der Sonnenallee gab oder geben würde:

Die einzigen Häuser, die am kürzeren Ende der Sonnenallee standen, waren die legendären Q3A-Bauten[5] mit ihren winzigen, engen Wohnungen. Die einzigen Leute, die bereit waren, dort einzuziehen, waren Jungvermählte, von dem Wunsch beseelt, endlich gemeinsam unter einem Dach zu leben. Doch die Jungvermählten kriegten bald Kinder – und so wurde es in den engen Wohnungen noch enger. An eine größere Wohnung war jedoch nicht zu denken; die Behörden zählten nur die Zimmer und erklärten die Familien für „versorgt". Zum Glück passierte das in fast allen Haushalten, und als Micha begann, sein Leben auf die Straße auszudehnen, weil er es in der engen Wohnung nicht mehr aushielt, traf er genügend andere, denen es im Grunde so ging wie ihm. Und weil fast überall am kürzeren Ende der Sonnenallee fast dasselbe passierte, fühlte sich Micha als Teil eines Potenzials. Wenn seine Freunde meinten: „Wir sind eine Clique", sagte Micha: „Wir sind ein Potenzial." Was er damit meinte, wusste er selbst nicht genau, aber er fühlte, dass es was zu bedeuten hatte, wenn alle aus der gleichen Q3A-Enge kamen, sich jeden Tag trafen, in den gleichen Klamotten zeigten, dieselbe Musik hörten, dieselbe Sehnsucht spürten und sich mit jedem Tag deutlicher erstarken fühlten – um, wenn sie endlich erwachsen sind, alles, alles anders zu machen. Micha hielt es sogar für ein hoffnungsvolles Zeichen, dass alle dasselbe Mädchen liebten.

---

4 Zoni: abwertende Bezeichnung für DDR-Bürger; der Begriff leitet sich von der sowjetischen Besatzungszone in Deutschland ab, die als „Ostzone" oder nur als „Zone" bezeichnet wurde.

5 Q3A-Bauten: Wohnungstyp in der DDR, der vom Staat gebaut und vermietet wurde

---

1 Diskutiert: Wie wirkt dieser Romananfang auf euch?
Beschreibt eure ersten Leseeindrücke und belegt sie anhand von Textstellen.

2 a Beschreibt das Leben von Micha und seiner Clique in der Sonnenallee, z. B. Wohnbedingungen, Alltag, Bedeutung der Clique, Aussehen, Vorlieben.
b Erläutert Michas Theorie, „warum *seine* Jahre die interessanteste Zeit wären, die es je am kürzeren Ende der Sonnenallee gab oder geben würde" (▶ Z. 81–83).

3 a Micha sagt: „Wenn der blöde Churchill auf seine Zigarre aufgepasst hätte, würden wir heute im Westen leben" (▶ S. 207, Z. 55–57). Erklärt, was Micha mit seiner Behauptung meint.

Die deutsche Teilung

Besucher auf einer Aussichtsplattform beim Blick über die Mauer nach Osten (1982).

Nach dem Ende des Zweiten Weltkriegs (1939–1945) legten die Siegermächte Großbritannien, Frankreich, die USA und die Sowjetunion die Nachkriegsordnung für Deutschland
5 fest. Die Regierungschefs der Sowjetunion, Josef Stalin, der USA, Harry Truman, und Großbritanniens, Winston Churchill, einigten sich auf der Potsdamer Konferenz (17. Juli bis 2. August 1945) auf eine Aufteilung des be-
10 siegten Deutschland in vier Besatzungszonen, die jeweils einer der Siegermächte zugeordnet waren. Berlin, mitten in der sowjetischen Besatzungszone gelegen, erhielt als ehemalige Hauptstadt einen Sonderstatus und wurde
15 selbst in vier „Sektoren" eingeteilt.
Während sich die drei Westzonen im Laufe der Jahre immer weiter annäherten, wurden die Spannungen mit der sowjetischen Zone immer größer. Sie gipfelten 1949 in der Teilung
20 Deutschlands in die BRD, die sich zu den liberal-demokratischen Werten des Westens bekannte, und der kommunistischen DDR, die unter dem Herrschaftsbereich der Sowjetunion stand.
25 Die DDR war eine Diktatur unter der Führung der SED (Sozialistische Einheitspartei Deutschlands). Freie Wahlen gab es nicht, ebenso keine Presse-, Meinungs- oder Reisefreiheit. Formen und Inhalte der Kultur, wie z. B. der
30 bildenden Kunst und der Literatur, standen unter der Kontrolle der SED und konnten zensiert werden, wenn sie der Parteilinie widersprachen. Mit Hilfe eines weit verzweigten Netzes von Agenten spionierte die Staatssicherheit (Stasi) das öffentliche und private Leben sei- 35 ner Bürger aus. Jede Opposition gegen den SED-Staat sollte auf diese Weise entdeckt und ausgeschaltet werden.
Mit dem Bau der Berliner Mauer am 13. August 1961 schottete sich die DDR weitgehend 40 von der BRD und dem westlichen Ausland ab und zementierte die deutsche Teilung für drei Jahrzehnte. Entlang der Berliner Mauer und der gesamten Grenze zwischen BRD und DDR gab es seitdem einen so genannten „Todes- 45 streifen", der mit elektrischem Stacheldraht, Wachtürmen und Selbstschussanlagen abgesichert war. Bei Fluchtversuchen durften die Grenzsoldaten auch von ihrer Schusswaffe Gebrauch machen. Auf Republikflucht stan- 50 den hohe Haftstrafen.
In den Jahren 1989/1990 endete für Deutschland die Teilung in zwei Staaten: Mit ihrer friedlichen Revolution brachten die Menschen in der DDR am 9. November 1989 die Mauer 55 zu Fall. Nur ein Jahr später waren beide Teile Deutschlands „wiedervereinigt".

b Erläutert mit Hilfe der Informationen aus dem Text „Die deutsche Teilung", was an Michas Theorie über die Teilung der Sonnenallee (▶ Z. 21–51) Fantasie ist bzw. der historischen Wirklichkeit entspricht.

c Erklärt, inwiefern sich die bekannte Redewendung „den Kürzeren ziehen" auch auf den Romantitel beziehen lässt.

4 a Vergleicht die Darstellung des im Roman beschriebenen Lebens in der Sonnenallee mit den Informationen im Sachtext: Wo seht ihr Gemeinsamkeiten, wo Unterschiede?

b Erklärt, wie der Autor Fiktion (ausgedachte Handlung) und historische Fakten miteinander verbindet.

Michas Clique – Die Hauptfiguren untersuchen

Thomas Brussig

Am kürzeren Ende der Sonnenallee (2)

Sie trafen sich immer auf einem verwaisten Spielplatz – die Kinder, die auf diesem Spielplatz spielen sollten, waren sie selbst gewesen, aber nach ihnen kamen keine Kinder mehr.
5 Weil kein Fünfzehnjähriger der Welt sagen kann, dass er auf den Spielplatz geht, nannten sie es „am Platz rumhängen", was viel subversiver[1] klang. Dann hörten sie Musik, am liebsten das, was verboten war. Meistens war es Mi-
10 cha, der neue Songs mitbrachte – kaum hatte er sie im SFBeat[2] aufgenommen, spielte er sie am Platz. Allerdings waren sie da noch zu neu, um schon verboten zu sein. Ein Song wurde ungeheuer aufgewertet, wenn es hieß, dass er
15 verboten war. *Hiroshima* war verboten, ebenso wie *Je t'aime* oder die „Rolling Stones", die von vorne bis hinten verboten waren. Am verbotensten von allem war *Moscow, Moscow* von „Wonderland". Keiner wusste, wer die Songs
20 verbietet, und erst recht nicht, aus welchem Grund.
Moscow, Moscow wurde immer in einer Art autistischer Blues-Ekstase gehört – also in wiegenden Bewegungen und mit zusammengekniffenen
25 Augen, die Zähne in die Unterlippen gekrallt.

Es ging darum, das ultimative Blues-Feeling zu ergründen und auch nicht zu verbergen, wie weit man es darin schon gebracht hat. Außer der Musik und den eigenen Bewegungen gab es nichts, und so bemerkten die vom Platz es 30 erst viel zu spät, dass der ABV[3] plötzlich neben ihnen stand, und zwar in dem Moment, als Michas Freund Mario inbrünstig ausrief: „O Mann, ist das verboten! Total verboten!" und der ABV den Rekorder ausschaltete, um trium- 35 phierend zu fragen: „Was ist verboten?"
Mario tat ganz unschuldig. „Verboten? Wieso verboten? Hat hier jemand verboten gesagt?" Er merkte schnell, dass er damit nicht durchkommen würde. „Ach, *verboten* meinen Sie", 40 sagte Micha erleichtert. „Das ist doch Jugendsprache." „Der Ausdruck *verboten* findet in der Jugendsprache Anwendung, wenn die noch nicht volljährigen Sprecher ihrer Begeisterung Ausdruck verleihen wollen", sagte Brille, der 45

---

1 subversiv: rebellisch, aufrührerisch

2 SFBeat: Radiosendung des Senders Freies Berlin (Westberlin)

3 ABV: Abschnittsbevollmächtigter; für eine Gemeinde oder einen Stadtteil zuständiger Polizist in der DDR

schon so viel gelesen hatte, dass er sich nicht nur die Augen verdorben hatte, sondern auch mühelos arrogant lange Sätze sprechen konnte. „*Verboten* ist demnach ein Wort, das Zustim-
50 mung ausdrückt."

„So wie *dufte* oder *prima*", meinte Wuschel, der so genannt wurde, weil er aussah wie Jimi Hendrix.

„Sehr beliebt in der Jugendsprache sind auch
55 die Ausdrücke *urst* oder *fetzig*", sagte Brille.

„Die aber auch nur dasselbe meinen, wie *stark, geil, irre* oder eben – *verboten*", erklärte der Dicke. Alle nickten eifrig und warteten ab, was der ABV dazu sagen würde.

60 „Jungs, ihr wollt mich wohl für dumm verkaufen", sagte der. „Ich glaube eher, dass ihr euch darüber unterhalten habt, dass es total verboten ist, einen Reisepass, den eine Bürgerin der BRD verloren hat, nicht abzugeben, wenn man
65 ihn findet." „Nein", sagte Micha. „Das heißt, ja – also wir wissen natürlich, dass es total verboten ist, einen Reisepass, den man findet, nicht abzugeben. Aber darüber haben wir uns nicht unterhalten, Herr Wachtmeister."

70 „*Obermeister!*", belehrte der ABV streng. „Ich bin kein Wachtmeister, sondern Obermeister. Das ist ein Unterführungsdienstgrad. Erst ist man Oberwachtmeister, dann Hauptwachtmeister, Meister und Obermeister. Aber nächs-
75 te Woche werde ich Unterleutnant. Das ist ein Offiziersdienstgrad."

„Das ist ja interessant. Herzlichen Glückwunsch!", sagte Micha, der erleichtert war, dass der ABV vergessen hatte, weshalb er ei-
80 gentlich auf dem Platz war. Anstatt dem *Verbotenen* nachzugehen, deklarierte er Dienstgrade herunter.

„Nach Unterleutnant kommt Leutnant, Oberleutnant, Hauptmann, Major, Oberst – alles
85 Offiziersdienstgräder." Micha haute Brille in die Seite, der ausgerechnet jetzt, als sich die Laune des ABV besserte, Luft holte, um dessen Pluralbildung zu korrigieren.

„Dann die Generaldienstgräder: Generalmajor,
90 Generaloberst, Generalleutnant, Armeegeneral – fällt euch was auf?"

„Es gibt 'ne ganze Menge Dienstgräder", sagte Wuschel, der sich so wenig wie die anderen für Dienstgrade interessierte. „Aber Ihrer scheint noch ziemlich weit unten zu sein." 95

„Sie haben in Ihrer Karriere das Schönste noch vor sich", vermutete der Dicke, der Wuschels Gedanken aufgriff und freundlicher formulierte.

„Nee, Jungs! Wenn ihr besser aufgepasst hät- 100 tet, dann hättet ihr selbst bemerkt, dass bei den Offizieren der Leutnant weit *unterm* Major ist, obwohl dann bei den Generälen der Generalleutnant *überm* Generalmajor steht."

„Wie ist denn das möglich?", fragte Mario un- 105 gläubig.

„Die Letzten werden die Ersten sein", sagte Brille. „Das steht ..." Er sprach nicht weiter, weil ihn Micha wieder in die Seite haute.

„Nächste Woche werde ich Unterleutnant, und 110 dann wird hier durchgegriffen", sagte der ABV entschlossen. „Und was war das vorhin für ein Lied?", fragte er lauernd, suchte die Starttaste des Rekorders, und *Moscow, Moscow* begann von Neuem. Micha rutschte das Herz in die 115 Hose. Der verbotenste der verbotenen Songs! Der ABV hörte zu und nickte schließlich mit Kennermiene.

„Wessen Tonträger?", fragte der ABV. „Na? Wem seine Kassette ist das?" 120

„Eigentlich ist das meine", sagte Micha.

„Aha! Die nehm ich mal mit. Ich leg nämlich selbst auch ganz gerne auf, im Kreise der Kollegen." Micha schloss vor Entsetzen die Augen, als er sich *das* vorstellte. Er hörte nur noch, wie 125 der ABV im Gehen munter rief: „Na, Jungs, so ein Hobby hättet ihr mir bestimmt nicht zugetraut, oder?"

Nach einer Woche war der ABV nicht vom Obermeister zum Unterleutnant befördert, 130 sondern zum Meister degradiert worden. Und er begann, Micha zu schikanieren, indem er sich von ihm immer den Personalausweis zeigen ließ. Wann immer Micha ihm über den Weg lief, hieß es: „Guten Tag, Meister Horke- 135 feld, Fahndungskontrolle. Ihren Personalausweis bitte."

Die ersten Male nahm Micha das Wort *Fahndungskontrolle* sehr ernst und vermutete, dass
140 *Moscow, Moscow*-Hörer früher oder später auf die Fahndungslisten kommen. Später reimte er sich zusammen, dass der ABV tatsächlich *Moscow, Moscow* im Kreise der Kollegen gespielt hatte, vermutlich sogar auf dem großen
145 Polizeiball anlässlich der Beförderungen. Und da *Moscow, Moscow* unbeschreiblich verboten war, musste es im Festsaal einen Riesenskandal gegeben haben. Micha konnte sich die Szene gut vorstellen: Der Polizeipräsident persön-
150 lich wird nach vorne gestürmt sein, um mit einem Gummiknüppel auf die Lautsprecherboxen einzuschlagen, während der Innenminister seine Dienstwaffe gezogen haben wird, um mitten im Lied den Kassettenrekorder zu
155 zerschießen. Dann werden beide gleichzeitig dem ABV die beiden nagelneuen Unterleut-

nant-Schulterstücke wieder heruntergerissen haben. Dass es sich so, wenn nicht noch schlimmer, abgespielt hatte, musste Micha ver-
160 muten, nachdem er viele Male erlebte, wie grimmig ihn der ABV bei den Ausweiskontrollen behandelte.

Wenn der ABV die Kassette mit *Moscow, Moscow* nicht an sich genommen hätte, dann wäre Michas erster Liebesbrief auch nicht in
165 den Todesstreifen geflattert. Die Angelegenheit war kompliziert und ist demnach nicht leicht zu erklären, aber mit *Moscow, Moscow* hatte es im weitesten Sinne zu tun. Micha konnte sich nicht mal sicher sein, ob dieser
170 Brief überhaupt an ihn war, und er konnte sich auch nicht sicher sein, ob dieser Brief von dem Mädchen war, von dem er für sein Leben gern einen Liebesbrief bekommen hätte.

1 Diskutiert, wie die im Text beschriebene Szene auf euch wirkt. Welche Passagen findet ihr lustig? Nennt Beispiele. Erklärt, wodurch diese Komik entsteht.

2 Im vorliegenden Text spielt das Adjektiv „verboten" eine wichtige Rolle.
  a Stellt euch vor, die Jugendlichen fragen den ABV, warum bestimmte Musik, z. B. westliche Rockmusik, in der DDR verboten ist. Formuliert mögliche Antworten des ABV, z. B.:
  Diese Musik kann für den Staat gefährlich sein, wenn …
  b Erläutert, welche Bedeutung das Hören „verbotener Musik" für Micha und seine Clique hat.

3 Erklärt, wie die Jugendlichen auf den ABV reagieren. Welchen Eindruck wollen sie bei ihm wecken? Belegt eure Aussagen mit passenden Textstellen.

4 **a** Stellt szenisch dar, was die Jugendlichen denken könnten, während sie mit dem ABV sprechen. Geht so vor:
  – Einer liest eine Passage aus dem Gespräch der Clique mit dem ABV vor (▶ Z. 36–128).
  – Ein anderer spricht aus, was die Jugendlichen wirklich gedacht haben könnten.

> „Der Ausdruck *verboten* findet in der Jugendsprache Anwendung, wenn die noch nicht volljährigen Sprecher ihrer Begeisterung Ausdruck verleihen wollen. *Verboten* ist demnach ein Wort, das Zustimmung ausdrückt." (▶ Z. 42–50)

> Zustimmung ist immer gut! Wenn der ABV das Wort „Zustimmung" hört, wird sein Misstrauen nachlassen. Hoffentlich nimmt er mir den Quatsch ab!

  b Charakterisiert das Verhalten der Jugendlichen gegenüber dem AVB. Ihr könnt aus den folgenden Begriffen auswählen: *ängstlich, mutig, widerspenstig, provokativ, angepasst, respektlos, sorglos, anbiedernd, naiv, schlagfertig, humorvoll.*

5　a Der Polizist, der ABV, ist offizieller Vertreter des Staates. Beschreibt, wie die Staatsmacht in diesem Textauszug dargestellt wird. Belegt eure Aussagen durch Zitate.

　b Lest die Informationen zur Satire. Diskutiert, welche Mittel satirischer Gestaltung ihr finden könnt und was damit kritisiert werden soll.

Information　Satire

Die Satire ist eine Darstellungsform, die durch Übertreibung, Ironie und beißenden Spott Kritik an Personen oder gesellschaftlichen Zuständen übt. Sie zieht ihre Gegenstände ins Lächerliche, entlarvt Missstände, zeigt das Auseinanderklaffen von Anspruch und Realität und zielt somit auf Veränderung ab.

„Sie war das Ereignis der Sonnenallee" – Eine Figur charakterisieren

Thomas Brussig

Am kürzeren Ende der Sonnenallee (3)

Dieses Mädchen hieß Miriam, ging in die Parallelklasse und war ganz offensichtlich die Schulschönste. (Für Micha war sie natürlich auch die *Welt*schönste.) Sie war *das* Ereignis

5　der Sonnenallee. Wenn sie auf die Straße trat, setzte ein ganz anderer Rhythmus ein. Die Straßenbauer ließen ihre Presslufthämmer fallen, die Westautos, die aus dem Grenzübergang gefahren kamen, stoppten und ließen

10　Miriam vor sich über die Straße gehen, auf dem Wachturm im Todesstreifen rissen die Grenzsoldaten ihre Ferngläser herum und das Lachen der westdeutschen Abiturklassen vom Aussichtsturm erstarb und wurde durch ein

15　ehrfürchtiges Raunen abgelöst.

Miriam war noch nicht lange an der Schule, in die auch Micha, Mario und die anderen gingen. Niemand wusste etwas Genaues über sie. Miriam war für alle die fremde, schöne, rätselhafte Frau.

20　*[Weil Miriam auf der Schuldisko einen westdeutschen Jungen geküsst hat, muss sie als Strafe einen selbstkritischen Vortrag auf der Schulversammlung halten. Dort trifft sie Micha.]*

Die Begegnung der beiden fand im Dunkeln statt, hinter der Bühne der Aula. Miriam war, 25 wie immer, zu spät, die Versammlung lief schon eine ganze Weile. Die Petze hielt einen endlos langen Rechenschaftsbericht, der von Prozentangaben nur so strotzte. Als die Petze anfing, auch die Beteiligung bei der Pau- 30 senmilchversorgung in Prozenten darzulegen („Siebzehn Komma vier Prozent der Schüler in Klassenstufe neun trinken Vollmilch mit zwei Komma acht Prozent Fett, das ist ein Anstieg von zwei Komma zwei Prozent ..."), schliefen die Ersten ein. Der Einzige, der bei dieser Rede nicht mit dem Schlaf kämpfen musste, war Micha – aber der wartete hinter der Bühne.

Dann kam Miriam, kichernd und ohne FDJ[1]-Hemd, und flüsterte: „Auweia, ich bin spät, ich bin spät. Bin ich hier überhaupt richtig?"

Micha war so überwältigt, dass er ihr sagen wollte, sie sei überall richtig, doch da er vor Aufregung kaum sprechen konnte, hauchte er nur: „Ja. Richtig."

Es war dunkel und eng. Noch nie war er ihr so nah. Miriam sah Micha einen Moment an, drehte ihm dann den Rücken zu und zog sich das T-Shirt aus. Sie hatte nichts drunter.

„Nicht schmulen!", flüsterte sie kichernd und Micha vergaß zu atmen, so gebannt war er. Miriam zog ihre FDJ-Bluse aus einer Tüte und streifte sie über. Sie hatte noch nicht alle Knöpfe geschlossen, als sie sich wieder zu Micha umdrehte. Der war noch immer wie gelähmt.

„Und", flüsterte Miriam, „hast du auch was ausgefressen?"

„Wie?", fragte Micha, der nicht verstand, was sie meinte.

„Na, wegen irgendwas werden sie dich doch verdonnert haben."

„Ach so, ja, natürlich!", sagte Micha, wobei er plötzlich nicht mehr flüsterte, sondern so laut sprach, dass ihn jeder im Saal hören konnte, der ein bisschen die Ohren spitzte. „Ich habe Lenin angegriffen, dazu auch noch die Arbeiterklasse und die Partei. Kannst dir ja vorstellen, was da los war." Je mehr Micha versuchte, sich bei Miriam in Szene zu setzen, desto ge-

langweilter schien sie zu reagieren. „Sooo ein Fass haben die aufgemacht und beinahe hätten sie mich sogar ..."

„Die im Westen küssen ganz anders", unterbrach sie ihn mit einem romantischen Timbre in der Stimme und Micha schluckte und verstummte. „Ich würd's ja gern mal jemandem zeigen", flüsterte sie und kicherte. Dann hörte sie auf zu kichern – als wäre ihr eben eine Idee gekommen. Micha ahnte, welche Idee ihr gekommen war. Hinter der Bühne war es so eng, dass Micha keinen Fußbreit mehr zurückweichen konnte. In der Dunkelheit sah er ihre vollen Lippen feucht glänzen. Sie näherten sich ihm langsam, er spürte, dass sich in der FDJ-Bluse zwei aufregend volle Brüste hoben und senkten, und er roch ihren sanften, blumigen Geruch. Er schloss die Augen und dachte: *Das glaubt mir keiner ...*

Ausgerechnet in diesem Augenblick wurde die Petze mit ihrer Rede fertig und Miriam ans Rednerpult gerufen. Zwar war es dunkel hinter der Bühne, aber nicht so dunkel, dass Miriam nicht Michas entgeisterten Blick wahrnehmen konnte. „Irgendwann zeig ich's dir!", sagte sie mit einem letzten Kichern, ging auf die Bühne und hielt eine Rede, in der sie bekannte, dass sie besonders jene Jungs für männlich hält, die drei Jahre zur Armee gehen. Einem solchen Mann würde sie natürlich auch drei Jahre treu bleiben. Erdmute Löffeling *[Michas Klassenlehrerin]* wiegte wohlwollend den Kopf. Nur Micha konnte sehen, dass Miriam hinterm Rücken die Finger gekreuzt hatte.

---

1 FDJ: Freie Deutsche Jugend (Jugendverband der DDR)

1 Überlegt: Welches der beiden Mädchen passt besser zu der im Romanausschnitt beschriebenen Miriam? Begründet eure Entscheidung mit entsprechenden Textstellen.

2 Macht euch ein Bild von Miriam und charakterisiert sie so genau wie möglich.
Lest noch einmal im Text nach und haltet alle wichtigen Informationen in Stichpunkten fest.

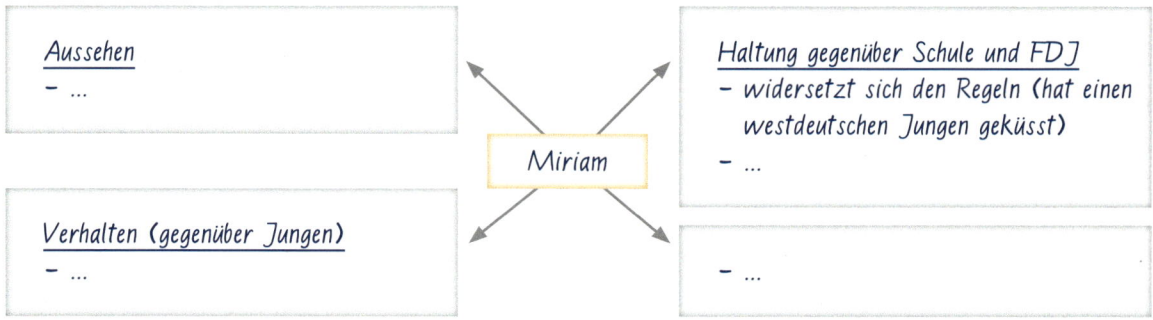

3 Beschreibt die Beziehung zwischen Micha und Miriam.
Beruht die Zuneigung zwischen den beiden auf Gegenseitigkeit? Begründet eure Meinung.

4 Welcher der beiden Einschätzungen stimmt ihr zu bzw. eher zu?
Begründet eure Meinung mit Hilfe von Textbelegen.

> **A** Miriam ist eine egoistische junge Frau, die nur darauf aus ist, in ihrer Umgebung Aufmerksamkeit zu bekommen, ohne auf die Gefühle anderer Rücksicht zu nehmen.
>
> **B** Miriam ist eine junge Frau, die versucht, sich in einer starr geregelten, engen Ordnung eigene Freiräume zu schaffen, um sich so ihre Individualität zu erhalten.

5 Charakterisiert Miriam in einem zusammenhängenden Text. Belegt wichtige Aussagen mit Zitaten aus dem Text. Ihr könnt die folgenden Formulierungsbausteine verwenden:
Miriam wohnt …
Sie ist das Mädchen, in das sich alle Jungen verlieben. Sie wird als „fremde, schöne, rätselhafte Frau"
(Z.19) beschrieben, die …
Miriam ist eine junge Frau, die sich ihrer Wirkung bewusst ist, denn …
Ihre Haltung gegenüber der Schule und der FDJ wirkt …

Information	**Eine literarische Figur charakterisieren**

1. Schritt: Die Charakterisierung vorbereiten
Sammelt Informationen über die Figur, z.B. Aussehen, Lebensumstände, Verhaltensweisen, Eigenschaften, Gefühle, Gedanken und ihr Verhältnis zu anderen Figuren.

2. Schritt: Die Charakterisierung schreiben
- Einleitung: Nennt allgemeine Informationen zur Figur, z.B.: Name, Alter, Aussehen.
- Hauptteil: Beschreibt wichtige Eigenschaften und Verhaltensweisen der Figur sowie ihr Verhältnis zu anderen Figuren.
- Schluss: Erklärt in einer persönlichen Stellungnahme, wie die Figur auf euch wirkt.

Verwendet als Tempus das Präsens. Formuliert sachlich und anschaulich. Belegt die Aussagen, die ihr über die Figur macht, anhand des Textes durch Zitate (▶ S. 350).

Verhaftung im Grenzgebiet –
Erzähler und Erzählweise untersuchen

Thomas Brussig

Am kürzeren Ende der Sonnenallee (4)

Auch Micha wurde mal im Grenzgebiet verhaftet. Das war an dem Abend, als Familie Kuppisch endlich Telefon bekam. Sie saßen stolz um den Apparat herum und fühlten sich wie bei der letzten Bescherung. Und plötzlich klingelte das Ding! Herr Kuppisch wagte es, den Hörer abzunehmen. Er musste ihn aber an Micha weitergeben, für den der Anruf war.

„'n Mädchen", klärte Herr Kuppisch die neugierige Familie auf.

Es war Miriam. Micha wurde ganz verlegen und seine Leute nahmen überhaupt keine Rücksicht.

„Kannst du sie verstehen?", fragte Frau Kuppisch.

„Und frag mal, ob sie dich versteht!", rief Herr Kuppisch.

Weil alle zuhörten, sagte Micha nur „mmh", „jo", „klar" und „tschüss", was Miriam natürlich überhaupt nicht verstand. Sie hatte sich ein bisschen mehr davon versprochen, wenn sie Micha mal anruft.

Als sie sich das letzte Mal auf der Straße trafen, erzählte ihm Miriam, dass sie den AWO-Fahrer[1] nicht mehr sehen wird, weil der für drei Jahre zur Armee gegangen ist. Ob Micha ihr Zeuge sein würde, wenn es um den Nachweis geht, dass ihr Versprechen kein Versprechen war, weil sie die Finger kreuzte, als sie sagte, sie wird ihrem Freund auch treu bleiben, wenn er drei Jahre geht.

Micha rannte, nachdem er aufgelegt hatte, sofort aus der Wohnung, ohne Jacke und alles. Von der nächsten Telefonzelle aus rief er sofort Miriam an.

---

1 AWO: ein in der DDR gebautes Motorradmodell

„Es tut mir leid", sagte er keuchend, „aber alle haben zugehört ..."

Miriam beruhigte ihn. „Macht nichts, ich dachte, dass du mal rumkommst[2]", sagte sie, aber
40 Micha entschuldigte sich weiter. „... verstehst du, da konnte ich doch nichts sagen ..."

„Klar", sagte Miriam, „aber willst du mal rumkommen?"

Micha kapierte immer noch nicht. „Wir haben
45 nämlich erst heute Telefon gekriegt, und du warst die Erste, die anrief, da waren alle ..."

„Und willst du jetzt rumkommen?", fragte Miriam zum dritten Mal.

Micha glaubte, er höre nicht richtig. „Wie bit-
50 te?", fragte er.

„Ich wollte nur wissen, ob du mal rumkommen willst", sagte Miriam mit Engelsgeduld.

„Bis gleich!", rief Micha, hängte den Hörer ein und rannte aus der Telefonzelle, dem ABV di-
55 rekt in die Arme.

„Ausweis!" Micha erschrak, weil er bemerkte, dass er den Ausweis in seiner Jacke gelassen hatte, und die Jacke hing in seiner Wohnung.

„Ich hol ihn!", rief Micha und wollte ent-
60 wischen, aber der ABV hielt ihn fest. Micha versuchte, sich loszumachen, er kämpfte und schlug um sich, aber der ABV war einfach kräftiger. Micha holte sich eine blutige Nase.

Der ABV wusste, dass es bei Micha in dieser
65 Nacht um alles ging, aber er hatte ja mit ihm noch ein Ding zu laufen, denn er war noch immer nicht befördert worden. Natürlich ging es nicht darum, wer Micha ist, wo er wohnt und wann er geboren wurde, das wusste der ABV
70 mittlerweile besser als Michas Mutter. Micha wurde mit der Begründung: „Wer ohne Personaldokument im Grenzgebiet aufgegriffen wird, dem seine Personalien müssen andernorts festgestellt werden" aufs Revier gebracht.
75 Im Laufe der Nacht nahm der ABV dann ein

Protokoll auf, in das er schrieb, dass eine männliche Person, die nicht in Besitz eines gültigen Personaldokuments war, gegen 22 Uhr rennend im Grenzgebiet aufgegriffen wurde und sich der polizeilichen Identitätsüberprü- 80 fung durch Flucht entziehen wollte. Der ABV wollte Micha damit nur beweisen, dass er auch bösartig werden kann, aber Micha interessierte sich nicht für derartige Feinheiten. Jetzt war ihm alles egal, er kam nicht zu Miriam, obwohl 85 sie ihn viermal dazu aufgefordert hatte.

Der ABV ließ Micha erst am nächsten Morgen wieder laufen, und die beiden waren quitt: Jeder hat dem anderen mal gründlich die Tour vermasselt. 90

2 rumkommen: vorbeikommen, kurz zu Besuch kommen

---

1 a Tauscht euch aus: Wie würdet ihr euch an Michas Stelle fühlen und reagieren, wenn euch die Polizei für eine Nacht festnähme?

b Beurteilt das Verhalten des ABV (Polizisten).

c Im letzten Satz heißt es: „... die beiden waren quitt. Jeder hat dem anderen mal gründlich die Tour vermasselt" (▶ Z. 88–90). Erklärt diese Aussage.

2 Das Kapitel beginnt mit „Auch Micha wurde mal im Grenzgebiet verhaftet" (▶ S. 215, Z. 1–2).

   a Beschreibt, welche Wirkung diese Formulierung auf euch als Leser/-innen hat.

   b Erklärt, was dieser Kapitelanfang über das Wissen des Erzählers verdeutlicht.

3 Beschreibt den Erzähler und seine Erzählweise anhand von zwei Textauszügen möglichst genau:
▶ S. 215, Z. 14–22, und S. 216, Z. 64–70. Achtet auch darauf, wie der Erzähler zum Erzählten steht.
Die Informationen im Merkkasten unten helfen euch dabei.

4 Formt die folgende Textpassage so um, dass der Erzähler eine andere Haltung zu dem Geschehen
einnimmt. Erklärt, was ihr verändert habt und wie die veränderte Passage wirkt.
„Der ABV ließ Micha erst am nächsten Morgen wieder laufen, und die beiden waren quitt: Jeder hat
dem anderen mal gründlich die Tour vermasselt." (▶ Z. 87–90)

5 Die beiden folgenden Textpassagen finden sich an anderer Stelle des Romans.
Untersucht und erläutert die hier deutlich werdende Erzählform und ihre Wirkung.

> Wir hatten ja keine Reisepässe, wir mussten immer mit dem Personalausweis und einem Zettel, „Reiseanlage zum visafreien Reiseverkehr" geheißen, vor die Ostblock-Grenzer treten.

> Es ging nicht nur darum, Sprachen zu lernen, sondern auch, Kontakte mit allen zu kriegen, die dort wohnten, wo wir nicht hinfahren durften.

6 Stellt Vermutungen an, wie sich die Beziehung zwischen Micha und Miriam entwickelt.

Information   **Erzählform und Erzählverhalten**

Die Handlung einer Geschichte wird von einem Erzähler / einer Erzählerin vermittelt, der/die nicht mit dem Autor gleichgesetzt werden darf. Um sich ein möglichst genaues Bild vom Erzähler und der Erzählweise zu machen, können folgende Aspekte berücksichtigt werden:

1 Erzählform
- **Ich-Erzähler/Ich-Erzählerin:** Der Erzähler/die Erzählerin erscheint gleichzeitig als erlebende und erzählende Figur. Dabei kann er/sie unmittelbar aus der Situation heraus oder mit einem zeitlichen Abstand erzählen.
- **Er-/Sie-Erzähler:** Der Erzähler tritt als Figur ganz in den Hintergrund und ist nicht am Geschehen beteiligt. Er erzählt von allen Figuren in der Er- bzw. Sie-Form.

2 Erzählverhalten
- **auktoriales Erzählverhalten:** Der Erzähler steht außerhalb der Handlung, überblickt das komplette Geschehen und kennt alle Figuren, ihre Gedanken und Gefühle. Er kann durch Kommentare oder Wertungen unterschiedliche Haltungen gegenüber dem Erzählten ausdrücken, z. B. zustimmend, kritisch, humorvoll oder satirisch. Ebenso kann er die weitere Handlung andeuten oder den Leser direkt ansprechen.
- **personales Erzählverhalten:** Der Erzähler erzählt nur aus der Sicht einer Figur oder wechselnd aus der Sicht mehrerer Figuren. Hierbei tritt der Erzähler nicht unmittelbar auf, kommentiert und urteilt nicht, sondern bleibt in der Sichtweise der Figur bzw. der Figuren verhaftet.

Teste dich!

Erzählweisen untersuchen

Thomas Brussig

Am kürzeren Ende der Sonnenallee (5)

Micha versucht herauszufinden, ob sein Nachbar für die Staatssicherheit (Stasi)[1] arbeitet.

Einmal hat Micha seinen Nachbarn im Treppenhaus sogar direkt gefragt, wo er arbeitet. Der Nachbar sah Micha an und gab ihm das Gefühl, eine unanständige Frage gestellt zu haben. Micha tat ganz unschuldig und rechtfertigte sich: „Ich frage doch nur wegen meiner Berufsentscheidung. Wenn jemand erst um halb neun aus dem Haus geht und seine Frau den ganzen Tag zu Hause bleibt ... Verstehen Sie: Ausschlafen, und trotzdem reicht's für zwei – so was interessiert mich!" Er bekam natürlich keine Antwort. Micha wusste tatsächlich nicht, was er werden sollte. Wenn er am Platz rumhing, hörte er Brille und Mario über ihr neues Lieblingsthema diskutieren. Brille war aufgefallen, dass es allem Anschein nach keine unpolitische Studienrichtung gibt – und wozu lohnt sich das Abitur, wenn es keine unpolitische Studienrichtung gibt? Mario: „Was ist mit Architektur?" Brille: „Um Häuser zu bauen, die so aussehen, wie's die SED[2] will?" Brille wusste sogar, dass das Studium der Ur- und Frühgeschichte nicht unpolitisch ist. Da lernt man auch nur, wie die sich schon damals nach der SED gesehnt haben. Aber diese Diskussionen fanden meist ein Ende, wenn ein Touristenbus über die Grenze in den Osten gerollt kam. Dann rannten Mario und Micha auf den Bus zu, streckten die Hände bettelnd vor, rissen die Augen auf und riefen: „Hunger! Hunger!" Die Touristen waren schockiert über die Zustände, die hinter dem Eisernen Vorhang[3] herrschten, und schossen Fotos, und wenn der Bus verschwunden war, lachten sich Mario und Micha halb tot und stellten sich vor, wie in Pittsburgh, Osaka oder Barcelona ihre Bilder rumgezeigt werden. Die anderen vom Platz hatten keine Lust mitzumachen. Mario und Micha hingegen wurden in ihren Darstellungen immer übertriebener und theatralischer – sie krümmten sich, wühlten verzweifelt in Papierkörben, imitierten Zusammenbrüche oder balgten sich um ein Salatblatt, das vor dem Gemüseladen lag. Natürlich hofften sie, bei ihrer *Hunger! Hunger!*-Show von Miriam gesehen zu werden und sie zum Lachen zu bringen oder sogar etwas Bewunderung in ihr wachzurufen ..., aber Miriam war nie in der Nähe, wenn ein Touristenbus über die Grenze gerollt kam.

---

1 Stasi: Das Ministerium für Staatssicherheit (umgangssprachlich Stasi) war der Geheimdienst der DDR und zugleich das Unterdrückungs- und Überwachungsinstrument der Staatspartei (SED) gegenüber der DDR-Bevölkerung.

2 SED: Sozialistische Einheitspartei Deutschlands, die Staatspartei der DDR, die allein regierte

3 hinter dem Eisernen Vorhang: hinter der Grenze (zwischen der Bundesrepublik Deutschland und der DDR)

1　a Verdeutliche anhand von zwei Textstellen den satirischen Charakter des Textauszugs.

　　b Erkläre, auf welchen Missstand die satirische Darstellung aufmerksam macht.

2　Beschreibe die Erzählform und das Erzählverhalten im vorliegenden Textauszug.

3　Vergleicht eure Ergebnisse aus den Aufgaben 1 und 2 in Partnerarbeit.

„Aber schön war's doch!?" – Rezensionen schreiben

Aber schön war's doch!?

Schönheit liegt bekanntlich im Auge des Betrachters. Das gilt auch für den Blick auf das Land, das Thomas Brussig in seinem 1999 erschienenen Roman „Am kürzeren Ende der Sonnenallee" beschreibt. Ein Land, in dem – wie der Titel bereits andeutet – die Menschen nur das kürzere Ende der Wurst bekommen haben, in dem westliche Musik verboten wird, ein Möchtegern-Sheriff tölpelhaft durch das Wohnviertel zieht und scheinbar harmlos pubertierende Jugendliche kontrolliert oder sogar festnimmt. Brussig erzählt auf 157 Seiten von den jugendlichen Helden, die im Vergleich zu den Westdeutschen den Kürzeren gezogen haben: Micha und Mario, Wuschel und Brille und all die anderen in den Q3A-Bauten haben echte Probleme mit Lehrern und mit dem ABV, dem Abschnittsbevollmächtigten, und nicht zuletzt mit den Westlern, die von einer Aussichtsplattform „Zonis" gucken. Der Roman erzählt über das Leben junger Menschen mitten in ihrer Pubertät und über ihre Suche nach der großen Liebe. Er führt also mitten ins Herz – auch ins Herz der DDR, zu ihren Menschen, die damit leben müssen, dass um sie herum eine kalte Betonmauer gezogen worden ist, damit sie aus dem Paradies auf Erden nicht abhauen können. Und dennoch hört man manchen Leser sagen: Aber schön war's doch! Woran liegt das? Die verschiedenen Episoden des Romans wirken so, als wäre die DDR ein Abenteuerspielplatz, auf dem sich vertrottelte Alte und pfiffige Junge zupfen, kneifen und necken. Auf unterhaltsame und leichte Art wird eine DDR-Geschichte in Geschichten erzählt, und trotz der milden Betrachtung versteht der Leser am Ende, warum dieses Land untergehen musste. Ja, zugegeben, es macht sogar Spaß, einen Roman über das Leben in der DDR zu lesen, denn wer die Nase voll hat von dem dämonischen Bild der DDR, der darf sich mit Brussigs Roman amüsieren. Manchmal erliegt Brussig einer Tendenz, die DDR allzu positiv romantisch darzustellen, und mancher Leser möchte vielleicht gerne einstimmen in den alten Schunkelschlager: „So schön, schön war die Zeit." Selbst die Todesschüsse an der Mauer wirken in Brussigs Roman irgendwie putzig. „Alles halb so wild gewesen!", scheint die Botschaft an den Leser zu sein. Stimmt das wirklich? Genau darin liegt die Stärke – oder Schwäche – des Romans: Er überlässt es dem mündigen und kritischen Leser, selbst zu beurteilen, wie schön die Zeit wirklich war. Allein für diese Frage lohnt es sich, den Roman zu lesen. Denn: Schönheit liegt bekanntlich im Auge des Betrachters!

1 a Erklärt, worum es in dem vorliegenden Text geht. Stellt Vermutungen an, zu welchem Zweck solche Texte, so genannte Rezensionen, geschrieben werden.
 b Empfiehlt der Rezensent den Roman oder nicht? Sucht Textstellen, die eure Meinung belegen.

2 Untersucht den Aufbau und den Gedankengang der Buchbesprechung (Rezension). Gliedert hierzu den Text in Sinnabschnitte und notiert knapp Inhalt und Funktion der einzelnen Abschnitte, z.B.:

> Z.1–5: Einleitung: bekannte Redewendung, Informationen über Autor, Titel, Erscheinungsjahr
> Z. x–y: ...

3 a Stellt zusammen, welche Aspekte des Romans positiv bzw. kritisch bewertet werden, z. B.:

Positive Bewertung	Kritische Bewertung
– unterhaltsame Geschichte über die Verhältnisse in der DDR (Z. x–y)	– zu positive Darstellung der Lebenssituation in der DDR (Z. x–y)

  b Begründet: Welchen Bewertungen stimmt ihr zu, welchen nicht?
  c Ergänzt eigene Wertungen: Was hat euch am Roman gefallen, was nicht?

4 a Untersucht die sprachliche Gestaltung des Textabschnitts S. 219, Z. 22–27.
    Welche Gestaltungsmittel erkennt ihr und wie wirken sie?
  b Findet weitere auffällige Gestaltungsmittel in der Rezension und beschreibt deren Wirkung.

5 Verfasst eine eigene Rezension zum Roman „Am kürzeren Ende der Sonnenallee":
  a Notiert alle wichtigen Informationen über den Roman: Autor, Titel. Erscheinungsjahr, Inhalt.
  b Überlegt, was genau ihr positiv oder negativ bewerten wollt. Führt Beispiele für euer Urteil an.
  c Schreibt eure Rezension. Formuliert einen interessanten Einstieg, der die Leser/-innen zum
    Weiterlesen motiviert. Ihr könnt die folgenden Wortbausteine verwenden:
    – *Der Roman erzählt von ... • Die Geschichte spielt in ...*
    – *Der Roman ist ein spannendes/lustiges/nachdenkliches Buch, denn ...*
    – *Diese Mischung macht das Buch ... • Schwierig/Spannend wird es, wenn ...*
    – *Dennoch macht es Spaß ... • Der Autor schafft es ... • Dem Autor gelingt eine ...*
    – *Nicht immer fällt es dem Leser leicht ...*
    – *Der Roman ist ein wichtiges Buch, weil ...*
    – *Zum einen lernt man etwas über ... • Zum anderen erfährt man auch ...*
    – *Es ist amüsant/berührend, wenn ... • Es lohnt sich auf jeden Fall ...*

6 Überarbeitet eure Rezension im Team. Findet dann eine treffende Überschrift.

Information   **Die Rezension (Besprechung)**

In einer Rezension (Besprechung) setzt sich ein Rezensent kritisch mit einem Buch oder Film auseinander und legt begründet dar, warum er ein Werk empfiehlt oder nicht.

- Eine Rezension informiert über Autor/-in (Regisseur/-in), Titel, Erscheinungsjahr sowie Inhalt bzw. Thema des Buches/Films und bewertet dann das Werk. Bei der **Bewertung** kann der Rezensent **unterschiedliche Aspekte** in den Blick nehmen, z. B.: die Umsetzung eines Themas, den Handlungsaufbau, die Figurendarstellung oder die erzählerischen Gestaltungsmittel (beim Film: filmischen Gestaltungsmittel).
- Beim Schreiben einer Rezension ist zu beachten: sich vorstellen, welche Informationen der Leser braucht, damit er weiß, worum es geht; die eigene Position klar begründen; bestimmte Aspekte bewerten und Beispiele zur Veranschaulichung anführen.
- Wie beim Kommentar ist die **sprachliche Gestaltung** einer Rezension sehr individuell. Man kann z. B. wertende Adjektive und Adverbien verwenden *(unausgereift, langweilig, wenig überzeugend)* und andere rhetorische Mittel wie sprachliche Bilder, Anspielungen, Redewendungen, Appelle oder rhetorische Fragen nutzen.

10.2 „Sonnenallee" – Einen Film und seine Sprache untersuchen

Die Exposition betrachten

Der Film „Sonnenallee" war unter der Regie von Leander Haußmann bereits 1998 – also ein Jahr **vor** dem Roman – fertiggestellt und kam am 7. Oktober 1999, dem 50. Jahrestag der Gründung der DDR, in die Kinos. Thomas Brussig verarbeitete später in seinem Roman zahlreiche Ideen, die im Film nicht verwendet wurden.

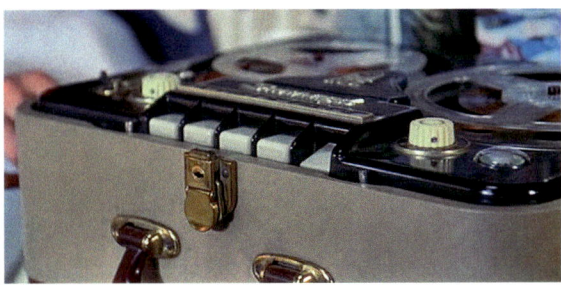

1 Diese Bilder stammen aus der ersten Szene (▶ S. 333) des Films „Sonnenallee".
Schaut euch die Bilder genau an. Beschreibt, in welcher Situation sich Micha befindet.
Worum scheint es zu Beginn des Films zu gehen?

2 a Die erste Filmsequenz (▶ S. 333) gibt als Exposition wichtige Hinweise auf den gesamten Film.
Erklärt, welche Themen sich bereits abzeichnen. Achtet dabei auch auf Details.
   b Vergleicht die Filmbilder mit dem Beginn des Romans (▶ S. 206/207): Welche Themen werden sowohl im Romananfang als auch in den ersten Filmbildern deutlich?

3 Beschreibt die Einstellungsgrößen (▶ S. 332) der Bilder und ihre Wirkung.

4 a Sammelt Ideen: Wie könnte man den Zuschauern Informationen und Stimmungen vermitteln, um sie in den Film „Sonnenallee" einzuführen? Denkt neben weiteren Filmbildern auch an passende Musik, Ton etc.
   b Schaut euch nun den Anfang des Filmes aufmerksam an (00:00−4:09) und untersucht die dort eingesetzten filmischen Mittel.

Information	Exposition

Die ersten Szenen eines Films werden wie bei einem Drama „Exposition" genannt. Die Exposition soll das Interesse der Zuschauer wecken und in die Grundstimmung, das Thema, die Handlung, die Zeit oder den Ort der Handlung einführen. Meist werden auch die Figuren vorgestellt.

221

Einstellungsgröße, Kameraperspektive, Schnitt

Im Roman „Am kürzeren Ende der Sonnenallee" heißt es:

„Genauso wenig gewöhnte er [Micha] sich an die tägliche Demütigung, die darin bestand, mit Hohnlachen vom Aussichtsturm auf der Westseite begrüßt zu werden, wenn er aus seinem Haus trat – ganze Schulklassen johlten, pfiffen und riefen: ‚Guckt mal, 'n echter Zoni!', oder: ‚Zoni, mach mal winke, winke, wir wolln dich knipsen!'"

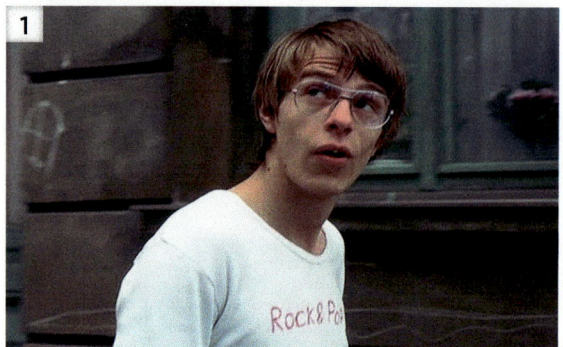

Schnitte

1 Äußert euch spontan: Was fällt euch beim Betrachten dieser Filmbilder auf?

2 Untersucht, mit welchen filmischen Mitteln die Szene umgesetzt wurde.

   a Erstellt eine Art Filmprotokoll, indem ihr jedes einzelne Bild beschreibt (Einstellungsgröße, Kameraperspektive, Farbgebung), und erklärt, welche Wirkung jeweils erzielt wird. Vergleicht jeweils mit der Textstelle. (▶ Informationen zu Einstellungsgrößen und Kameraperspektiven, S. 332 f.)

Bild	Einstellungsgröße, Kameraperspektive, Farbgebung	Wirkung
1	Halbnah, Normalperspektive …	Michas Unwohlsein wird deutlich.

   b Erläutert, welche Wirkung durch die Schnitte (Verknüpfung zweier Einstellungen) erzielt wird. (▶ Informationen zu Schnitt und Montage, S. 333)

3 Erklärt, wie das Verhältnis zwischen west- und ostdeutschen Jugendlichen sowohl im Roman als auch im Film beschrieben wird.

Kamerabewegung

Michas Weg über die Sonnenallee: Kamerafahrt entlang der Mauer

Kameraschwenk: Obst- und Gemüsegeschäft in der Sonnenallee

1 Am Anfang des Films (03:05–03:40) lernen die Zuschauer die Sonnenallee kennen, indem die Kamera Michas Weg begleitet. Beschreibt, welche Situationen auf den Filmbildern dargestellt sind.

2 a Erklärt die Wirkung und die Funktion der Kamerabewegung. Warum wurden die oberen Bilder als Kamerafahrt aufgenommen? Welche Wirkung wird dadurch beim Zuschauer erzeugt?
b Überlegt: Was soll durch die Kameraschwenks in der unteren Szene deutlich werden? Warum eignet sich für diese Szene der Kameraschwenk besonders gut?

3 Begründet, warum bei der ersten Begegnung mit der Sonnenallee die Kamerabewegung ein entscheidendes filmisches Gestaltungsmittel ist. Der Merkkasten gibt euch Hinweise.

Information   Kamerabewegung

Bei der Kamerabewegung unterscheidet man Kameraschwenk und Kamerafahrt. Beim **Kamera-schwenk** steht die Kamera fest (z. B. auf einem Stativ) und dreht oder neigt sich – ähnlich der Kopfbewegung – um einen fixen Punkt. Im Gegensatz dazu bewegt sich die Kamera bei der **Kamerafahrt** durch den Raum, z. B. auf ein Objekt zu oder weg oder parallel zu einem sich bewegenden Objekt (Parallelfahrt).

Mise en Scène

Wuschel glaubt, endlich die Originalpressung der Platte „Exile on Main Street" von den Rolling Stones zu haben. Micha und Wuschel legen die Platte auf, drehen bei offener Tür den Verstärker voll auf und tanzen Luftgitarre spielend durch die Wohnung bis auf den Balkon. Nach und nach versammeln sich die Bewohner der Sonnenallee, bis der ganze Grenzstreifen voller tanzender Menschen ist.

1 a Tauscht euch aus: Wie wirken die Filmbilder auf euch? Was fällt euch besonders auf?

  b Formuliert Sätze, die Micha und Wuschel auf dem Balkon rufen könnten.

2 Beschreibt die Komposition der beiden Filmbilder (Mise en Scène) genau. Arbeitet im Team oder in Kleingruppen. Die Informationen im Merkkasten unten helfen euch.

3 Am Ende des Romans schreibt Thomas Brussig:

„Mensch, was haben wir die Luft bewegt [...]. Es wäre ewig so weitergegangen. Es war von vorn bis hinten *zum Kotzen,* aber wir haben uns prächtig amüsiert. Wir waren alle so klug, so interessiert, aber eigentlich war es idiotisch. Wir stürmten in die Zukunft, aber wir waren so was von gestern."

  a Erklärt, wie Micha im Rückblick sein Leben am kürzeren Ende der Sonnenallee bewertet.

  b Vergleicht die Romanstelle mit den Filmbildern.

  Begründet, ob bzw. inwiefern sie zueinander passen.

Information **Mise en Scène**

Der Begriff „Mise en Scène" (frz. „in Szene setzen") beschreibt die Komposition einer Filmszene, bei der verschiedene Gestaltungselemente ineinandergreifen. Um die Gestaltung eines Filmbildes zu beschreiben, können folgende Aspekte untersucht werden:

- **Kamera:** Kameraeinstellung/-perspektive und die jeweilige Wirkung
- **Location** (Schauplatz) und ihre (symbolische) Bedeutung
- **Bildaufbau/Komposition:** Was fällt zuerst ins Auge (Eyecatcher)? Wie sind Figuren und Gegenstände angeordnet?
- **Beleuchtung/Lichtverhältnisse** (Verhältnis von Licht und Schatten)
- **Farbgestaltung:** Haben die Farben eine bestimmte Wirkung oder symbolische Bedeutung?

Tipp: Beschreibt, welche **Stimmung** bzw. **Wirkung** durch die Bildinszenierung erreicht wird.

Fordern und fördern – Eine Filmszene untersuchen

Miriam ist die Schulschönste und „*das* Ereignis der Sonnenallee".

●●● **1** Untersucht die filmische Gestaltung dieser Szene und ihre Wirkung. Geht so vor:

a Seht euch die einzelnen Filmbilder genau an. Beschreibt den Inhalt der Szene (Bild 1 bis 4), z. B.:
  Als Miriam aus der Haustür tritt, sehen Micha und seine Freunde sie, wie sie die Treppe …

b Beschreibt, wie die folgenden Sätze aus dem Roman filmisch umgesetzt werden.
  1 „Dieses Mädchen hieß Miriam und war offensichtlich die Schulschönste."
  2 „Für Micha war sie natürlich auch die *Welt*schönste."
  3 „Sie war *das* Ereignis der Sonnenallee."

  1) „Dieses Mädchen hieß Miriam und war offensichtlich die Schulschönste."
  Zunächst wird Miriam aus der Halbtotalen gezeigt (Filmbild 1). Dadurch werden ihre ganze Schönheit und ihr graziöses Hinabschreiten der Treppe besonders betont. Der Hintergrund ist grau und trostlos, sodass sie noch …

  ▷ Hilfen zu dieser Aufgabe: Seite 226.

●●● **2** Die Szene wird von dem Song „Stay" von Lars Vegas untermalt. Erläutert, inwieweit die nebenstehende Textpassage zur filmischen Gestaltung passt:

▷ Hilfen zu dieser Aufgabe: Seite 226.

> Stay, please stay, it is all I say to you
> Because you are my dream come true
> Oh don't turn around. Can't you be my lovely angel
> And never never go away?

Aufgabe 1 mit Hilfen

Untersucht die filmische Gestaltung dieser Szene und ihre Wirkung.

Geht so vor:

a Seht euch die einzelnen Filmbilder genau an. Beschreibt den Inhalt der Szene (Bild 1 bis 4), z. B.:

> *Als Miriam aus der Haustür tritt, sehen Micha und seine Freunde sie, wie sie die Treppe hinabschreitet. Micha ist fasziniert von ihrem Anblick und starrt ...*
>
> *Miriam kommt ...*
>
> *Ein Autofahrer hält an und ...*
>
> *Sie blickt ...*

b Beschreibt, wie die folgenden Sätze aus dem Roman filmisch umgesetzt werden.
1 „Dieses Mädchen hieß Miriam und war offensichtlich die Schulschönste."
2 „Für Micha war sie natürlich auch die *Welt*schönste."
3 „Sie war *das* Ereignis der Sonnenallee."

> *1) „Dieses Mädchen hieß Miriam und war offensichtlich die Schulschönste."*
> *Zunächst wird Miriam aus der Halbtotalen gezeigt (Filmbild 1). Dadurch werden ihre ganze Schönheit und ihr graziöses Hinabschreiten der Treppe besonders betont. Der Hintergrund ist grau und trostlos, sodass sie noch strahlender und schöner wirkt. Durch den Wechsel der Kameraeinstellung von Halbnah (Filmbild 4) zu ...*
>
> *2) „Für Micha war sie natürlich die Weltschönste."*
> *Michas Bewunderung wird durch die Einstellungen Nah (Filmbild 2) und Groß (Filmbild 3) besonders betont. Sein Gesichtsausdruck ist erkennbar ...*
>
> *3) „Sie war das Ereignis der Sonnenallee."*
> *Die Bewunderung der anderen Passanten der Sonnenallee wird ...*

Aufgabe 2 mit Hilfen

Die Szene wird von dem Song „Stay" von Lars Vegas untermalt. Erläutert, inwieweit die nebenstehende Textpassage zur filmischen Gestaltung passt:

> Stay, please stay, it is all I say to you
> Because you are my dream come true
> Oh don't turn around. Can't you be my lovely angel
> And never never go away?

> *In dem Liedtext wird die Bitte ausgedrückt, dass die geliebte Person bleiben soll. Diese Sehnsucht spüren in der Szene auch ...*
> *Miriam erscheint wie ein Traum (dream), denn ...*
> *Ebenso ist im Lied die Rede von einem Engel (angel) ... Auch Miriam ...*

10.3 Projekt – Jugend und Jugendkultur in der DDR

1. Schritt: Planung – Themen für die Ausstellung finden

Ausstellung „Too much future – Punk in der DDR", Halle 2008

Die Jugendlichen in der DDR arrangierten sich einerseits mit dem System, in dem sie lebten, andererseits schufen sie sich auch eine kulturelle Parallelwelt. Sie hörten z. B. so genannte West-Musik, wie Punk oder Rock.

1 a Bereitet gemeinsam eine Ausstellung zum Thema „Jugend und Jugendkultur in der DDR" vor.
  – Was interessiert euch am Thema „Jugend und Jugendkultur in der DDR"?
  – Über welche Themenbereiche wollt ihr in eurer Ausstellung informieren?
  Sammelt eure Ideen und Themenvorschläge, z. B. auf Blättern, und klebt sie an die Tafel.
  Tipp: Um Ideen für eure Ausstellung zu finden, könnt ihr auch im Internet recherchieren, z. B. unter den Stichworten „Jugend + Jugendkultur + DDR".

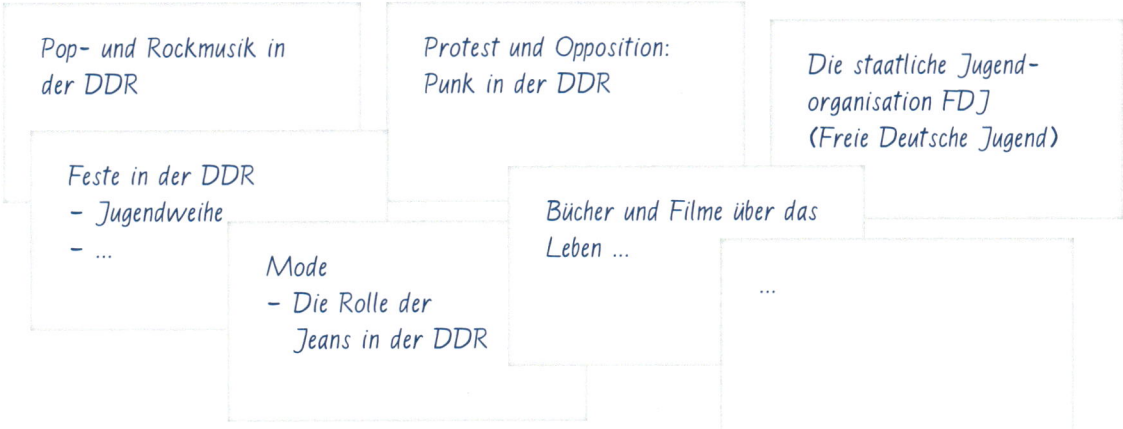

b Ordnet eure Ideen nach Themenbereichen. Bildet Kleingruppen und verteilt die einzelnen Themen auf die Teams.

2. Schritt: Durchführung – Materialien recherchieren und auswerten

 2 Sucht nach geeignetem Material zu eurem Themenbereich:

- Denkt daran, für eure Ausstellung auch Objekte wie Fotos, Bilder, Plakate, Musik, Filmausschnitte usw. zu suchen.
- Prüft, ob es in eurer Umgebung Menschen gibt, die als Jugendliche in der DDR gelebt haben (so genannte Zeitzeugen). Sie können euch in einem Gespräch oder Interview von ihren persönlichen Erlebnissen und Erfahrungen berichten.
- Überlegt, wie ihr eure Ergebnisse präsentieren wollt, z. B. als Plakat, Video etc.
- Verteilt die Aufgaben in eurem Team und achtet dabei auf individuelle Stärken (z. B. technisches Know-how, gestalterisch-kreative Fähigkeit).

Material recherchieren	**Material auswerten und präsentieren**
– in Bibliotheken und im Internet recherchieren – Organisationen anschreiben – Interviews führen (und aufnehmen) – Texte auswerten – Schaubilder und Statistiken suchen – Fotos, Plakate, Bilder recherchieren – Fernsehbeiträge, Filme, Hörfunkbeiträge aufnehmen	– Plakate oder Wandzeitungen mit Informationen und Bildmaterial gestalten – Filme, Fernsehbeiträge zusammenstellen und über Laptop/Beamer präsentieren – Hörbeispiele (Radiobeiträge, Interviewbeiträge etc.) präsentieren – mediengestützten Vortrag erstellen

Tipp: Mehr zur Informationsrecherche findet ihr auf den Seiten 361–362.

3. Schritt: Präsentation – Die Ausstellung gestalten

3 a Führt die Einzelergebnisse der Gruppen in einer Gesamtausstellung zusammen.
Klärt auch organisatorische Fragen, z. B. räumliche und technische Möglichkeiten.
Beachtet:

- Sind die Ausstellungsobjekte und Präsentationen für die Besucher verständlich?
- Ist die Ausstellung insgesamt nicht zu textlastig? Habt ihr ausreichend viele Anschauungsobjekte (Plakate, Bilder, Fotos, Filme, Hörbeispiele etc.)?
- Gibt es Eyecatcher, die ein besonderes Interesse wecken?

b Überlegt, wen ihr zu eurer Ausstellung einladen wollt (andere Klassen/Schulen, örtliche Medien etc.). Erstellt Einladungen, Flyer und Plakate und informiert die Öffentlichkeit.
c Überlegt, wie ihr eure Ausstellung eröffnen wollt: Begrüßung, Einführung in die Ausstellung, musikalische Untermalung etc.

4 Gebt euch gegenseitig ein Feedback: Was ist besonders gut gelungen? Was könnte verbessert werden? Welche Probleme gab es? Wie könnte man diese zukünftig vermeiden?

11 In aller Munde –
Sprachgebrauch, Sprachwandel, Sprachkritik

1 **a** Auf dem Bild sind einige Beispiele für heutigen Sprachgebrauch zu sehen.
    Sucht nach sprachlichen Erscheinungen, die es vor zehn Jahren vermutlich noch nicht gab.
   b Überlegt, warum es wohl zu diesen
    sprachlichen Neuerungen kam.
   c Welche weiteren sprachlichen
    Veränderungen habt ihr in den
    letzten Jahren beobachtet?

In diesem Kapitel ...

– untersucht ihr Anglizismen, Dialekte
 und Sprache im Netz,
– lernt ihr Bereiche kennen, in denen
 Sprache sich wandelt,
– setzt ihr euch mit politischer
 Korrektheit in der deutschen Sprache
 auseinander,
– entwickelt ihr eigene Positionen zum
 aktuellen Sprachgebrauch.

2 Beurteilt die Neuerungen:
   Nennt sprachliche Erscheinungen,
   die ihr akzeptiert oder sogar gut findet,
   und solche, die ihr ablehnt.
   Begründet eure Position.

11.1 Denglisch, Dialekt, Digitaldeutsch – Sprachvarietäten und Sprachgebrauch

Sprachtrends – Anglizismen

Maxim Leo

Oldenburger Bacon, geslict

Gestern habe ich bei Rewe im Kühlfach eine Packung „Oldenburger Bacon, geslict" gefunden. Das hat mich ein bisschen verstört. Ich meine, ich kann verstehen, wenn zum Beispiel Jeans-Verkäufer den Cashflow in ihren Stores ein wenig pushen, indem sie englische Wörter benutzen, die sie cool und stylish erscheinen lassen. Aber ehrlich gesagt, zählte für mich der geschnittene Oldenburger Landschinken in der 150-Gramm-Packung bislang zu den Dingen im Leben, die so etwas gar nicht nötig haben. Ich finde sogar, Oldenburger Landschinken, vor allem der geschnittene, sollte nicht cool sein. Er sollte seinen bodenständigen Charakter bewahren. Man würde ja auch nicht Filzpantoffeln, Wärmedecken oder Herpes-Creme als Lifestyle-Equipment vermarkten. Das dachte ich zumindest, bis ich kürzlich vor dem Orthopädiegeschäft bei uns in der Straße stand und die hautfarbenen Stützstrümpfe gegen Krampfadern im Schaufenster sah, die hier „Skin-colored Surgical Socks" hießen. Ich muss ja zugeben, das klingt besser als hautfarbene Stützstrümpfe, vor allem für Leute wie mich, die nicht so besonders gut Englisch sprechen. Das ist übrigens interessant am Englischen, dass es umso cooler wirkt, je weniger man versteht. Selbst die hässlichsten und ekligsten Sachen sind dann gar nicht mehr schlimm.

Die meisten Verkäufer können sich jetzt noch an die deutschen Bezeichnungen ihrer Produkte erinnern. Aber wie lange wird das so sein? Und wie funktioniert das dann künftig mit dem Einkaufen? Was muss ich zum Beispiel sagen, wenn ich in zehn Jahren mal ein Päckchen Hühneraugen-Pflaster erstehen möchte? „Einmal Chicken-Eye-Tapes bitte." Oder „eine Foot-Mushroom-Cream bitte", wenn ich, was Gott bewahren möge, eines Tages Fußpilz bekomme.

Damit hier keine Missverständnisse aufkommen, ich bin keiner von diesen aggressiven Sprachraumverteidigern. Ich habe überhaupt nichts dagegen, englische Wörter zu benutzen, es darf nur nicht allzu bescheuert sein.

1 a Macht an zwei gegensätzlichen Beispielen deutlich, welche Art von Anglizismen der Autor ablehnt und welche er akzeptabel findet.

b Begründet eure Haltung: Nennt Anglizismen, die ihr nutzt, und solche, die euch stören.

c Untersucht die sprachliche Gestaltung des Textes: Nennt eine Stelle, an der ihr geschmunzelt habt, und beschreibt, wie diese Wirkung erreicht wird.

Checke dein **Denglisch**

1 **Chief Executive Officer**
- **a** Vorstandsvorsitzender
- **b** Henker
- **c** Gerichtsvollzieher

2 **Primetime**
- **a** Erwachsenensendung
- **b** Urzeit
- **c** Haupteinschaltzeit

3 **Wakeboard**
- **a** Nachttisch
- **b** Wassersportgerät
- **c** Aufwachzeit

4 **Joint Venture**
- **a** Drogenerfahrung
- **b** Gemeinschaftsunternehmen
- **c** künstliches Gelenk

5 **Shitstorm**
- **a** Regen aus Vogelausscheidungen
- **b** Massenentrüstung im Netz
- **c** Durchfallerkrankung

6 **Eyecatcher**
- **a** Blickfang
- **b** Künstliches Auge
- **c** Kampfsport

7 **Screenshot**
- **a** Bildausfall
- **b** Bildschirmkopie
- **c** Hinweispfeile

8 **Sneakers**
- **a** Schokoriegel
- **b** Sportschuhe
- **c** Billardstöcke

9 **Facility Manager**
- **a** Fakultätsleiter
- **b** Hausverwalter
- **c** Gesichtschirurg

2 **a** Bearbeitet den obigen Test „Checke dein Denglisch". Notiert eure Antworten im Heft und vergleicht sie anschließend mit denen eures Nachbarn bzw. eurer Nachbarin.
b Diskutiert: Welche der Bezeichnungen erscheinen euch sinnvoll, z. B. als Fachbegriff aus einer Fachsprache? Welche Bezeichnungen findet ihr unsinnig oder unnötig?

3 **a** Ordnet die Anglizismen aus dem Text (Aufgabe 2) nach Bereichen, aus denen sie stammen.
Anglizismen kommen häufig in den folgenden Bereichen vor:
– Beruf/Wirtschaft, z.B.: Joint Venture, ...
– ...
b Ergänzt weitere Bereiche, in denen nach eurer Ansicht viele Anglizismen verwendet werden.
c Überlegt: Welche Gründe könnte es dafür geben, dass gerade in diesen Bereichen besonders viele Anglizismen in Gebrauch sind?

4 Im aktuellen Duden sind 3,7 Prozent der Einträge Anglizismen, ähnlich viele stammen aus dem Französischen (Gallizismen) und 5,6 Prozent der Wörter haben lateinische Wurzeln (Latinismen).
a Prüft, aus welchen Sprachen die Fremdwörter rechts stammen.
b In welchen Bereichen werden eurer Einschätzung nach französische und in welchen lateinische Fremdwörter häufig verwendet? Begründet.
c Während die Nutzung von Anglizismen kritisiert wird, werden etwa Latinismen meist nicht hinterfragt. Stellt Vermutungen an, woran das liegt.

> Labor • Boutique •
> Brasserie •
> Praktikant •
> Diplomand • Karriere

Information　　**Anglizismen** (Singular: Anglizismus)

Anglizismen sind aus dem britischen oder amerikanischen Englisch in andere Sprachen übertragene Spracheigenheiten, z. B. auf der Wortebene *(Show, Sound, Service)* oder auf der Satzebene *(das macht Sinn)*. Das mit dem Englischen vermischte Deutsch wird von vielen – meist abwertend – **Denglisch** genannt.

Rudolf Hoberg (Sprachwissenschaftler)

Für mehr Gelassenheit

Ich kenne kein einziges deutsches Wort, das durch ein englisches verdrängt worden wäre. Es werden nur Bedeutungen weiter differenziert. Das häufig gehörte Wort „Kids" verdrängt zum Beispiel nicht
5 das Wort „Kinder". Dreizehn-, Vierzehnjährige werden Kids genannt, meistens von Älteren. Die Kinder selbst nennen sich nicht so, denn es ist eine ironische Bewertung. Niemand würde hingegen im Gespräch fragen: „Wie viele Kids haben Sie?" Sol-
10 che Differenzierungen könnte man natürlich auch mit deutschen Wörtern vornehmen. Doch das Englische kommt uns zuvor, da mit einer Sichtweise oder einem Sachverhalt aus dem englischsprachigen Kulturraum gleich das Wort mit herüberkommt.

Bastian Sick
Englische Fremdwörter und was man stattdessen sagen könnte

ausloggen	abmelden
Basement	Untergeschoss
Community	Gemeinschaft, Gemeinde
covern	neu einspielen, neu aufnehmen
Display	Anzeige, Sichtfeld, Bildschirm
Jogging	Dauerlauf
Laptop	Klapprechner
Posting	Mitteilung

1 a Lest die Übersetzungsvorschläge des bekannten Sprachkritikers Bastian Sick und die Stellungnahme des Sprachwissenschaftlers Rudolf Hoberg.

b Diskutiert zuerst im Team und stimmt dann in der Klasse ab: In welchen Fällen scheinen euch die Übersetzungsvorschläge Sicks sinnvoll und präzise zu sein? In welchen Fällen stimmt Hobergs Einschätzung, dass Bedeutungen differenziert werden? Begründet eure Einschätzungen.

2 a Erklärt den Unterschied zwischen Anglizismus und Übersetzung anhand der Wörter „Kids" und „Kinder". Verwendet hierbei die Begriffe „denotative" und „konnotative Bedeutung" (▶ Merkkasten), z. B.:
Zwar haben „Kids" und „Kinder" eine ähnliche denotative Bedeutung, aber …
„Kinder" ist eine neutrale Bezeichnung, „Kids" dagegen …

b Sucht Beispiele aus der Liste Sicks, in denen die Übersetzung eine andere konnotative Bedeutung hat als der Anglizismus. Beschreibt die Unterschiede bei den Nebenbedeutungen.

Information   **Denotation und Konnotation eines Wortes**

- **Denotation:** Die Denotation eines Wortes (lat. *denotare* = bezeichnen) ist die klar definierte Grundbedeutung eines Wortes, die man im Wörterbuch oder Lexikon nachschlagen kann.
- **Konnotation:** Die Konnotation (lat. *con* = mit, *notatio* = Bezeichnung, Anmerkung) bezeichnet die Nebenbedeutung eines Wortes, d.h. die Vorstellungen, Erfahrungen, Empfindungen und Assoziationen, die wir mit einem Wort verbinden.

Beispiel:	Denotative Bedeutung	Konnotative Bedeutung
Nacht	*Zeitraum zwischen Sonnenuntergang und Sonnenaufgang*	*z. B. unheimlich, romantisch, geheimnisvoll …*

Vielerlei Deutsch – Dialekte

Ick brauch 'n richtijen Mann, keene uffjewärmte Leiche.

Et hätt noch immer jot jejange.

Dat löpt, as wenn de Düvel Törf fohrt.

Nit z'litzel und nit z'viel!

Der, wo die Aaweid erfunne hot, muss nix zu duun gehabbd hawwe.

Dumm deaf ma scho sei, bloß zhärfa muaß ma se wissen.

DIALEKTE in der Bundesrepublik Deutschland

pink/lila = Niederdeutsch
Grüntöne = Mitteldeutsch
Blautöne = Oberdeutsch

1 a Versucht, die Redensarten ins Hochdeutsche zu übersetzen.
  Erklärt, wie ihr sie versteht. In welchen Zusammenhang passen sie?
 b Ordnet die Redensarten den folgenden Dialekten zu: *Ripuarisch (Kölsch), Alemannisch, Bairisch, Hessisch, Berlinisch/Brandenburgisch, Nordniedersächsisch (Plattdeutsch).*
 c Bestimmt mit Hilfe der Karte, welche dieser Dialekte zum Niederdeutschen, welche zum Mitteldeutschen und welche zum Oberdeutschen gehören.

2 a Lest die Tabelle zur Lautverschiebung. Übersetzt die folgenden niederdeutschen Wörter ins Hochdeutsche: *Solt, Melk, slapen, Panne.*
 b Sucht Beispiele aus den obigen Redensarten heraus, die zu der Lautverschiebung passen.

Niederdeutsch	p (seipe)	t (water)	k (koken)
Hochdeutsch	f/pf (Seife)	s/ss/tz/z (Wasser)	ch (kochen)

3 Fragt in eurer Umgebung nach Redensarten und Sprichwörtern im Dialekt. Klärt die Bedeutung der Sprüche und ordnet die Dialekte, die ihr kennt, in die Karte ein.

Information	Dialekte

Dialekte (Mundarten) sind Sprachvarianten, die an bestimmte geografische Regionen gebunden sind und von der Standardsprache (auch Hochdeutsch genannt) abweichen.

SMS und E-Mails – Öffentlicher und privater Sprachgebrauch

1 **a** Lest die nebenstehenden SMS.
Entziffert, soweit möglich, die Kürzel.
b Begründet:
Welche SMS ist privat, welche eher offiziell?

2 Beim Simsen oder Chatten wird Mündlichkeit simuliert, d. h., der Schreiber tut so, als würde er sprechen.
Nennt Beispiele für diese Aussage.

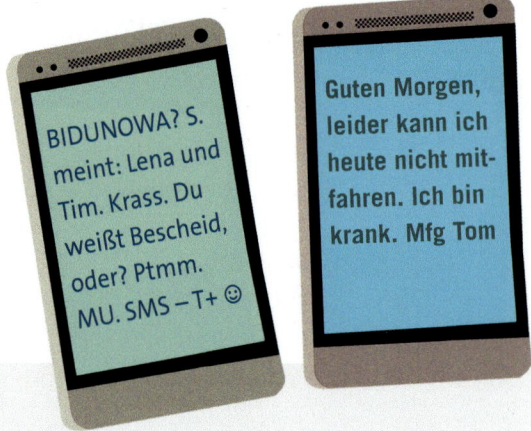

BIDUNOWA? S. meint: Lena und Tim. Krass. Du weißt Bescheid, oder? Ptmm. MU. SMS – T+ ☺

Guten Morgen, leider kann ich heute nicht mitfahren. Ich bin krank. Mfg Tom

8ung SMS   *Von Mirjam Hauck*

Zerstören SMS-Tipper wie Angela Merkel unsere Sprache? Der Linguist David Crystal hat die Kurzkommunikation untersucht und kommt zu einem erstaunlichen Ergebnis.

5 Die Gegner der SMS führen vor allem die große Zahl an Abkürzungen und die begrenzte Anzahl der Zeichen als Beleg für die Sprachverhunzung ins Feld. In SMS wimmele es nur so von Kürzeln wie *2g4u, lamito* oder *3st.* Doch nach
10 Crystals Untersuchung, für die er jugendliche und erwachsene SMS-Schreiber befragte und deren Nachrichten auswertete, ist diese Annahme schlicht falsch. 90 Prozent aller in Kurznachrichten verwendeten Wörter sehen aus wie
15 aus dem Wörterbuch entsprungen. Zudem sind viele der verwendeten Abkürzungen keine Erfindung der SMS-Tipper: *Mfg, uawg* oder *Gute N8* wurden schon geschrieben, bevor das erste Handy im 20. Jahrhundert das Licht der Welt
20 erblickte.

Der SMS wird zudem gerne unterstellt, sie sei der Schreibfähigkeit gerade bei Kindern und Jugendlichen abträglich, weil sie eher der gesprochenen als der Schriftsprache ähnele. Tatsächlich ist es laut Sprachforscher so, dass bei 25 Kurznachrichtensätzen häufig wie im Mündlichen das Subjektpronomen wie „ich" wegfalle und damit das Verb an die erste Stelle rückt: „Komme heute nicht. Bin krank" oder „Bin wach! Melde dich einfach." Die deutschen 30 Sprachforscher werden bei dieser Beobachtung geradezu nostalgisch: Hier habe die Kommunikationsform des Telegramms überlebt.

3 **a** Die SMS-Sprache gilt vielen als Beispiel des Sprachverfalls.
Welche Position wird im Text vertreten und wie wird sie begründet?
b Listet die im Text genannten Merkmale der SMS-Sprache mit den angeführten Beispielen auf.
Wie bewertet der Linguist David Crystal die SMS-Sprache?
c Ergänzt die Liste.
Notiert weitere Merkmale der SMS-Sprache sowie Beispiele.

4 Diskutiert über das Thema „SMS- und Chat-Sprache: Gefahren und Chancen".

E-Mails von Studenten

„Hallöchen, Herr Professor"   Von Inge Kutter

Warum schreiben Studenten so unhöfliche E-Mails? Weil sie es nicht besser wissen.

Über die Korrespondenz mit ihren Studenten hört man Professoren oft klagen. Beim Öffnen ihrer Mailbox sähen sich Hochschuldozenten mit einem schockierenden Dschungel aus „Pseudo-Anbiederei, Jugendslang und Hybris[1]" konfrontiert, schrieb der Münsteraner Juraprofessor Thomas Hoeren. Studenten übertrügen den ungezwungenen Ton aus Chatrooms eins zu eins in ihre Mails, schimpfte sein Gießener Kollege Martin Gutzeit. Jan Seifert, Dozent für Sprachwissenschaft an der Universität Bonn, erklärt die Fehler mit der Unwissenheit der Studenten. Die E-Mail an den Dozenten sei für Studenten oft eine der ersten Situationen, in der sie offiziell und asymmetrisch – mit einem Höhergestellten – kommunizieren müssten. Dieser Herausforderung seien die wenigsten gewachsen. „Guten Abend", schrieb einer von Seiferts Studenten. „Haben Sie von meiner Freundin die nachricht bekommen dass mein zug ausgefallen ist? Ich stand grade im wald mit dem ollen ding. Ich hoffe Sie haben mich heute nicht zu sehr vermisst ;) wenn sie brauchen kann ich ihnen einen attest besorgen. aber eigentlich war ich nicht krank."
Was Seiferts Kollegen als grobe Verletzung jeglicher Höflichkeitsregeln empfinden, wertet der Sprachwissenschaftler als schlichte Unkenntnis sprachlicher Normen. Aus Unwissenheit habe der Student auf den umgangssprachlichen Duktus zurückgegriffen, der ihm aus dem Mailkontakt mit Freunden gebräuchlich war, inklusive einer gewissen Lockerheit bei der Beachtung von Rechtschreibregeln. Ebenso traf Seifert auf Bemühungen, besonders förmlich zu klingen: „Aufgrund einiger Komplikationen bei der Modulbelegung wollte ich in Erfahrung bringen, ob ich ohne Probleme einen Gruppenwechsel vollziehen kann?"
Dass Studenten Probleme haben, den richtigen Ton zu treffen, liegt allerdings auch daran, dass dieser bislang noch unzureichend definiert ist und bei verschiedenen Adressaten oft ganz unterschiedlich ankommt. So gilt etwa die Anrede „Hallo" dem Duden zufolge als in E-Mails „weit verbreitet" und „weitgehend akzeptiert" – eine Online-Befragung der Greifswalder Sprachwissenschaftlerin Jana Kiesendahl 2009 ergab aber, dass nur etwas mehr als die Hälfte der Lehrenden diese angemessen fand. Der Jurist Martin Gutzeit ist rigoros. Auf seiner Institutshomepage ist zu lesen: „Wir weisen höflich darauf hin, dass E-Mails, bei denen die Form nicht gewahrt ist (unsäglich: ‚Hi', ‚Hallo', ‚Servus'), nicht beantwortet werden."

---

1 die Hybris: Überheblichkeit

---

1 a Untersucht, welche Typen von sprachlichen Fehlgriffen im Text genannt werden, z. B.:
– *Verwendung von Umgangssprache (Z. x–…)*
b Erläutert, wie der Sprachwissenschaftler Jan Seifert diese Kommunikationsfehler erklärt.
c Untersucht den Textabschnitt Z. 20–27.
Erklärt, was hier inhaltlich und formal unangemessen für eine offizielle E-Mail ist.
d Formuliert die E-Mail in Z. 20–27 so um, dass sie euch inhaltlich und formal angemessen scheint.
Achtet auch auf eine korrekte Rechtschreibung.

2 a Diskutiert: Könnten euch selbst ähnliche Fehler in E-Mails passieren?
b Formuliert Tipps für Studenten und Schüler/-innen, z. B. *Wenn du an … schreibst, beachte Folgendes:*

Fordern und fördern – Netzsprache untersuchen

TOXIc Registriert seit: 24.04.2012 Beiträge: 538

Konzert: God Is An Astronaut, Stuttgart.
Wer kommt? Ich bin da 😉

Zycle09 Registriert seit: 05.07.2014 Beiträge: 112

GIAA Hörer ... hier?
kewle Sache
BTT: 'n bisschen weit :<

lebend_besungen Registriert seit: 04.12.2014 Beiträge: 346

HALLO?
Awas, für gude Musik is nix zu weit!!!

LaVerdad_1 Registriert seit: 22.08.2011 Beiträge: 159

GIAA ist n gutes Stück geil.
Aber Stuttgart ist
a) im bösen Westen
b) weit weg und ich bin
c) ein armer Schüler

ISTA00 Registriert seit: 17.06.2014 Beiträge: 345

Ich schließe mich Zycle09 an.
Und wir Hessen sin leider arme Menschen. :<

●○○ **1** Die Sprache in Foren (Netzsprache) unterscheidet sich – genauso wie die SMS-Sprache – in vielen Dingen von der Standardsprache (Hochsprache).
  a Sucht drei Beispiele aus den Beiträgen heraus, die von der schriftlichen Standardsprache abweichen.
  b Formuliert die Beispiele in Standardsprache um.

●●○ **2** Das Auffälligste an der Kommunikation im Netz ist, dass dort ein mündlicher Ton herrscht.
  a Sucht zwei Beispiele aus den Beiträgen heraus, in denen Merkmale der mündlichen Kommunikation zu finden sind. Formuliert sie in schriftliche Standardsprache um.
  b Erläutert, warum im Netz häufig Mündlichkeit simuliert wird.

●●● **3** **a** Nennt drei Merkmale, die typisch für die Netzsprache sind.
    Sucht zu jedem Merkmal ein passendes Beispiel aus den Forenbeiträgen heraus.
  b Erläutert, warum im Netz häufig die Rechtschreibung ignoriert wird.

Teste dich!

Sprachgebrauch, Sprachwandel, Sprachkritik

Miro Jennerjahn

Rede des Abgeordneten Miro Jennerjahn im Sächsischen Landtag zu einem Antrag „Deutsch statt Denglisch":

Sehr geehrter Herr Präsident, liebe Kolleginnen und Kollegen!

Es wurde von einer Partei in diesem Hause der Antrag gestellt, auf Anglizismen, insbesondere aus den letzten Jahren und Jahrzehnten, zu verzichten und zu diesem Zwecke für die Verwaltung ein Handbuch erstellen zu lassen. Es lohnt sich eine nähere Betrachtung dieser wirklich wichtigen

5   kulturellen Frage: Das heute gebräuchliche Deutsch ist ein Sprachenbastard[1] erster Güte. Es hat lateinische Lehnwörter[2] in seiner Frühphase wie *Fenster, Pforte* und *Tafel* aus *fenestra, porta* und *tabula* aufgenommen. Es hat französische Lehnwörter in seiner Kulturphase wie *goutieren, regieren, filetieren, tranchieren* und *musizieren* aufgenommen. Dazu kommen neuere Anglizismen: *Computer* ist ein allgemein gebräuchliches Wort geworden. Kein Mensch sagt „Zusammenzähler",

10   wie man es wohl eindeutschen müsste. Wer Anglizismen wie *download* aus germanischem Pflichtbewusstsein abscheulich findet, muss sich vor Augen führen, dass wir es hier mit ursächsischer Sprachpflege zu tun haben, denn das Wort *down* stammt vom altsächsischen *of dune* = „vom Hügel, der Düne herab" und auch das Wort *load* ist urgermanisch, stammt es doch vom altsächsischen *leite* = „Weg" oder „Last". Download ist also urgermanische Sprachpflege vom Feinsten und

15   verrät den gebildeten Traditionalisten.

---

1 der Bastard: in der Biologie Mischung aus verschiedenen Arten

2 Lehnwörter: Wörter aus fremden Sprachen, die sich in Aussprache und Schreibweise schon vollständig an die deutsche Sprache angepasst haben, sodass sie als deutsche Wörter betrachtet werden, z. B. Fenster (von lat. *fenestra*).

1 Lest den Text aufmerksam. Bearbeitet im Team den folgenden Fragebogen. Wechselt euch nach jeder Frage ab und prüft die Antworten mit Hilfe der Lösungen auf Seite 365 f.

Fragebogen

1 Begründet, warum Miro Jennerjahn den Antrag auf Verzicht von Anglizismen für absurd hält. Setzt hierzu den folgenden Satz fort: *Jennerjahn hält den Antrag für absurd, weil …*

2 Erläutert, inwiefern Jennerjahn die deutsche Sprache als Bastard bezeichnet.

3 Erklärt, wieso der Anglizismus „Computer" und die deutsche Übersetzung „Zusammenzähler" unterschiedliche denotative Bedeutungen haben.

4 Erläutert, inwiefern der Anglizismus „Computer" und die deutsche Übersetzung „Zusammenzähler" unterschiedliche konnotative Bedeutungen haben.

5 Ein Vater wirft seinem Sohn vor, er verbringe „tau väl Tied am Reekner". Begründet: Kommt der Vater aus Nord- oder Süddeutschland?

6 Im Englischen gibt es die Wörter „apple" und „water". Begründet: Mit welcher Dialektgruppe des Deutschen ist das Englische verwandt?

11.2 Unser Wortschatz – Sprache im Wandel

„Toll" – Ein Wort wandelt seine Bedeutung

Das Wort „toll" heute

Nach dem tollen Fallrückzieher-Tor Zlatan Ibrahimovics gegen England schwelgt die internationale Presse in Superlativen. „Ibrahimovic katapultiert sich in die vierte Dimension", schreibt „L'Equipe".

Das Wort „toll" im Jahr 1668

In dem Roman „Der abenteuerliche Simplicissimus Teutsch" von Grimmelshausen erzählt der Held „Simplicissimus" seine abenteuerliche Lebensgeschichte. Als er einen Hexentanz beobachtet, äußert er Folgendes: „Und wie dieser Tanz bald aus war, fing die ganze höllische Gesellschaft an zu rasen, zu rufen, zu rauschen, zu brausen, zu heulen, zu wüten und zu toben, als ob sie alle toll und töricht gewesen wären. Da kann jeder gedenken, in was Schrecken und Furcht ich gesteckt."

1
a Lest die beiden Texte. Erschließt aus dem Zusammenhang, welche Bedeutung das Wort „toll" 1668 hatte, und nennt die Unterschiede zur heutigen Bedeutung.
b „Du bist toll!" – Erläutert, was der Satz 1668 bedeutete und was man heute damit aussagt.

2 Der nebenstehende Text zum Stichwort „Tollkirsche" stammt aus einem Herkunftswörterbuch.
a Erklärt mit Hilfe des Lexikonartikels die Herkunft und die Bedeutung des Wortes „Tollkirsche".
b Überlegt, was die Wörter „Tollwut" und „herumtollen" mit dem Adjektiv „toll" zu tun haben. Erklärt dann die Bedeutung dieser Wörter.

> **Tollkirsche** (17. Jh.): vom Adjektiv *toll* (vernebelt, töricht) abgeleitet, wegen der Erregung und Verwirrtheit, die der Genuss der mit Kirschen verglichenen Beeren beim Menschen hervorrufen.

3 „Tollpatsch kommt von toll!" – Erklärt mit Hilfe des nebenstehenden Lexikonartikels, warum diese Behauptung falsch ist.

> **Tollpatsch:** „ungeschickter Mensch; Tölpel". Ursprünglich ein Neckname für ungarische Fußsoldaten, wurde aus ung. *talpas* = „breitfüßig, breiter Fuß, Infanterist, Bär" entlehnt.

4 Klärt, z. B. mit Hilfe eines Herkunftswörterbuchs, die Bedeutung der folgenden Wörter: Tölpel, tolerieren, Tolle (Haartolle).

Information	Bedeutungswandel

Im Laufe der Zeit haben sich nicht nur die Schreibweise und die Aussprache der Wörter verändert, auch die Bedeutung vieler Wörter hat sich gewandelt. Will man wissen, welche Bedeutung ein Wort ursprünglich hatte, nimmt man ein Herkunftswörterbuch (etymologisches Wörterbuch) zu Hilfe. Die Etymologie (griech. *étymos* = wahr; *logos* = Wort) gehört zur Sprachwissenschaft und befasst sich mit der Herkunft und der Geschichte unserer Wörter.

App statt Adrema – Der Wortschatz ändert sich

Aufgehende Wörter
(Neue Einträge im Duden, 26. Auflage)

App • Arabellion • bespaßen • Bufdi • Crossdressing • Digital Native • E-Book-Reader • Enkeltrick • E-Zigarette • Finanztransaktionssteuer • Flashmob • hartzen • Inklusion • Laubbläser • Rabaukin • Vorständin

Untergehende Wörter
(Gestrichene Einträge im Duden, 26. Auflage)

Adrema • Diskkamera • Manggetreide • Schnatz • Mohammedanismus • Stickhusten • vetterlich

Gefährdete Wörter
(Lt. Schwarzbuch 2007)

Backfisch • Bandsalat • Fernschreiber • Hagestolz • Leumund • Ostzone • Trottoir

1 Lest die Wortlisten und äußert euch spontan: Welche Wörter sind euch unbekannt? Woran könnte das liegen?

2 **a** Lest den Eintrag zum Stichwort „Adrema" aus einem älteren Duden. Formuliert dann selbst einen Wörterbucheintrag zu einem untergehenden oder gefährdeten Wort.
b Überprüft eure Einträge, z. B. mit Hilfe eines alten Dudens oder mit Hilfe des Internets.

Ad|re|ma®, die; -, -s (Kurzwort für eine Adressiermaschine); **ad|re|mie|ren** (veraltet für *mit einer Adrema beschriften*)

3 **a** Geht die Liste der aufgehenden Wörter durch und klärt deren Bedeutung. Schlagt gegebenenfalls im Duden oder im Internet nach.
b Teilt die aufgehenden Wörter in folgende Gruppen ein:
  – *Bezeichnung für neue Dinge, z. B.: App, ...*
  – *Ableitungen aus Nomen, z. B.: bespaßen, ...*
  – *weibliche Formen bekannter Bezeichnungen, z. B.: ...*

4 Entwickelt selbst eine Theorie darüber, wie dieser Sprachwandel zu erklären ist. Warum entstehen neue Wörter und gehen alte unter?

5 Der Anteil von Anglizismen in der deutschen Sprache liegt seit Jahren bei ca. 3,5 Prozent. Diskutiert: Wie ist es zu erklären, dass trotz dieser Konstanz viele Menschen glauben, unsere Sprache werde immer mehr von Anglizismen geprägt?

Kiezdeutsch – Verarmung oder Bereicherung der Sprache?

1 **a** Übertragt die beiden Dialoge ins Hochdeutsche.

Kiezdeutsch	Hochdeutsch
Ey, rockst du, Lan?	*Hallo, geht es dir gut, Junge/Kerl?*
...	...

b Erläutert jeweils, wie sich die Äußerungen in Kiezdeutsch vom Hochdeutschen sprachlich unterscheiden. Achtet auf Besonderheiten in der Grammatik und bei der Wortwahl.

Isch mach disch Messer
Von Martin Klesmann

Heike Wiese, 45, ist Germanistikprofessorin an der Universität Potsdam. Die Sprachwissenschaftlerin, die in Kreuzberg lebt, forscht über die Jugendsprache in Stadtbezirken, in denen viele Menschen unterschiedlicher Herkunft leben.

Frau Professor Wiese, was heißt: „Machst du rote Ampel"?
Der Satz stammt aus einer unserer Studien. Dort hatte ihn ein Jugendlicher gesagt, der seinen Freund davor warnte, bei Rot über die Straße zu gehen. Das nenne ich Kiezdeutsch.
Was ist Kiezdeutsch für eine Sprache? Ein Jugendslang, der in Berliner Innenstadtbezirken gesprochen wird?
Nein, Kiezdeutsch wird nicht nur in Berlin gesprochen, sondern generell in mehrsprachigen Wohngebieten in deutschen Städten. Kiezdeutsch könnte man als neuen deutschen Dialekt bezeichnen, mit dialektalen Eigenarten in Aussprache, Wortschatz, Grammatik. „Ich" wird zum Beispiel häufig zu „isch" wie in „Isch geh jetzt Viktoriapark". Gleichzeitig wird der Wortschatz erweitert, und zwar nicht nur mit Wörtern aus dem Englischen. Ein Satz wird dann mit „wallah" im Sinne von „echt" abgeschlossen. Das kommt aus dem Arabischen und heißt wörtlich „bei Allah", so wie wir „Gott sei Dank" sagen. Oder „Lan", das kommt aus dem Türkischen und bedeutet „Kerl". In der Jugendsprache heißt das dann: „Komm mal her, Lan!". Aber natürlich auch „Komm mal her, Alter!".

Wer spricht Kiezdeutsch?
Es ist keine Mischung aus Deutsch und Türkisch. Oder Deutsch und Arabisch. Jugendliche unterschiedlicher Herkunft sprechen das untereinander im gemeinsamen Alltag.
Wieso sprechen auch Jugendliche, die ausschließlich Deutsch als Muttersprache haben, diesen seltsamen Dialekt?
Diese Jugendlichen leben in mehrsprachigen Wohngebieten, haben dort Freunde. Ich denke nicht, dass türkischstämmige Jugendliche mit Kiezdeutsch angefangen und andere das nachgemacht haben. Das war von Anfang an ein Gemeinschaftsprojekt. Fast alle Jugendlichen, die Kiezdeutsch sprechen, sind in Deutschland geboren. Sie sprechen mit ihren Eltern vielleicht noch zusätzlich Türkisch, Kurdisch oder Arabisch oder eben Deutsch. Mehrsprachige Jugendliche sind offener für Sprachspielereien und sprachliche Veränderungen, deshalb ist Kiezdeutsch so etwas wie ein Turbo-Dialekt, in dem grammatisch besonders viel passiert. Aber dieser neue Dialekt ist fest im Deutschen verankert.

1 **a** Formuliert in zwei oder drei Sätzen eine Definition des Begriffs „Kiezdeutsch".
b Der türkischstämmige deutsche Schriftsteller Feridun Zaimoglu veröffentlichte 1995 das Buch „Kanak-Sprak" und prägte damit einen Begriff, der heute synonym mit der Bezeichnung „Kiezdeutsch" verwendet wird. Wie bewertet ihr diesen Begriff? Begründet eure Beurteilung.

2 Nehmt Stellung zur Frage, ob Kiezdeutsch die deutsche Sprache ärmer oder reicher macht. Begründet eure Einschätzung.

Der Begriff „Freundschaft" früher und heute

Freundschaft (in ihrer Vollkommenheit betrachtet) ist die Vereinigung zweier Personen durch gleiche wechselseitige Liebe und Achtung. *(Immanuel Kant, 1797)*

DIE TOTEN HOSEN
FREUNDE (2005)

Mit 15 schrieben wir noch Parolen an die Wand,
die keiner von uns damals so ganz genau verstand.
Wir waren mit 20 klar dagegen, egal, was es grad war,
Hauptsache zusammen und mit dem Kopf durch die Wand.

5 Das Leben kam oft anders und selten wie gedacht,
doch wir haben all die Kompromisse nie mit uns gemacht.
Wir würden füreinander lügen, notfalls auch vor Gott.
Wir haben nie drüber geredet, doch wir halten unser Wort.

Alles, weil wir Freunde sind,
10 weil wir Freunde sind.

1
a Lest die Definition des Philosophen Immanuel Kant und den Songtext „Freunde". Betrachtet auch den Screenshot rechts.
b Vergleicht, wie der Begriff „Freund" jeweils verstanden wird.
c Begründet: Welchem Verständnis könnt ihr euch am ehesten anschließen?
Was macht für euch einen Freund oder eine Freundin aus?

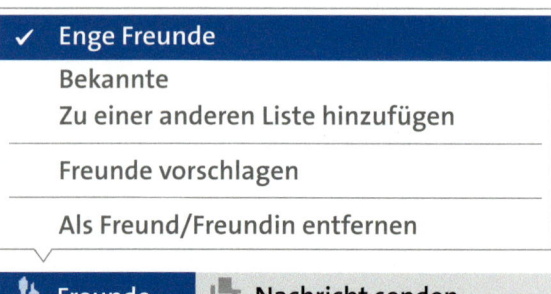

2 Das Wort „Freund" stammt von dem gotischen Verb „frijon" (= lieben) ab. Prüft, inwiefern sich diese Bedeutung in den drei Texten noch findet.

3 Auf den Vorwurf, er habe durch Facebook den Begriff der Freundschaft ruiniert, erwiderte der Facebook-Gründer: „Wer glaubt, dass jeder Facebook-Kontakt ein Freund ist, der weiß nicht, was Freundschaft bedeutet."
a Erläutert den Satz des Facebook-Gründers Mark Zuckerberg.
b Tauscht euch aus: Was schätzt ihr, wie hoch bei Jugendlichen in eurem Alter der Anteil „echter" Freunde unter den Freundschaftskontakten in sozialen Netzwerken ist?
c Begründet: Haltet ihr es für legitim, dass soziale Netzwerke den Begriff „Freund" verwenden?

Die Maus im Büro – Mehrdeutige Wörter

– Ich war gestern bei meinem Chef und seiner
  Frau zum Essen eingeladen.
– Wie war denn bei denen die Küche?
– Weiß ich nicht, ich war nur im Esszimmer.

> Der Glasermeister zum Kunden: Nehmen Sie
> die Scheibe so mit oder soll ich sie einschla-
> gen?

> Im Prinzip kann man alles kaufen. – Toll, dann
> gehe ich da auch mal hin.

> Tobias, was hatten wir denn gestern auf? –
> Ich gar nichts und Sie eine Badekappe.

1 a Erläutert jeweils, wie die Pointe der Witze zustande kommt.
   b Untersucht die Witze in sprachlicher Hinsicht genauer. Vervollständigt dazu folgende Tabelle:

Pointe beruht auf: *Wort (Wortart)*	Bedeutung 1	Bedeutung 2
Küche (Nomen)	…	…

2 a Die folgenden Wörter haben jeweils mindestens zwei Bedeutungen. Bildet zu jedem Wort zwei
   Sätze, in denen ihr das Wort mit unterschiedlicher Bedeutung verwendet.

> Bremse • Ball • Ton • Veilchen • Pflaster • Becken • Maus • Laster • Gericht

   b Klärt mit Hilfe eines (Herkunfts-)Wörterbuchs, ob es sich bei den Begriffen „Nagel,“ „Veilchen"
   und „Ball" um ein Homonym oder ein Polysem handelt (⬆ Merkkasten).

Information **Mehrdeutige Wörter**

Bei mehrdeutigen Wörtern kann man zwischen Homonymie und Polysemie unterscheiden:
Handelt es sich sprachgeschichtlich um **ein** Wort, zu dem sich verschiedene Bedeutungen
gebildet haben, spricht man von **Polysemie** (griech. für „Vieldeutigkeit"), z. B.: *Maus* (Tier) –
Maus (PC-Hardware).
Handelt es sich sprachgeschichtlich um zwei verschiedene Wörter, nennt man dies
Homonymie (griech. für „Gleichnamigkeit"), z. B.: *Kiefer* (von althochdeutsch *kienforha*):
Baumart – *Kiefer* (von mittelhochdeutsch *kiver*): Körperteil.

Teste dich!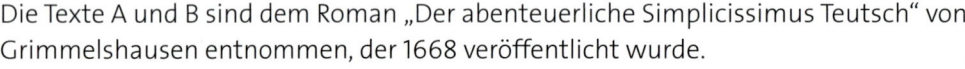

Wortbedeutungen im Wandel

1 Die Texte A und B sind dem Roman „Der abenteuerliche Simplicissimus Teutsch" von Grimmelshausen entnommen, der 1668 veröffentlicht wurde.

a Notiere bei jeder Frage den Buchstaben der zutreffenden Antwort.

b In der richtigen Reihenfolge ergeben die Buchstaben ein Wort aus dem Grimmelshausen-Text.

> **A** Weil er mich denn nun für den Teufel selbst hielt, so gedachte ich, es wäre **billig**, dass ich auch wie der Teufel täte, dass ich mich mit Lügen behülfe, antwortet derowegen: „Ich bin der Teufel und will dir und deiner Köchin die Häls umdrehen!"

> **B** „Obschon im Krieg der Adel, wie **billig**, dem **gemeinen** Mann vorgezogen wird, so kommen doch viel aus verächtlichem Stand zu hohen Ehren."

1 Welche der folgenden Bedeutungen hat das Wort „billig" im Textbeispiel A?

  U preiswert   **N** angemessen   **Z** minderwertig

2 Wie wird im Text B die Tatsache eingeschätzt, dass im Krieg der Adel vorgezogen wird?

  E Das wird kritisiert.

  O Das wird für normal gehalten.

  B Dazu wird keine Meinung geäußert.

3 Zur damaligen Zeit wäre die Formulierung „billige Äpfel" unsinnig gewesen. Warum?

  I ..., weil Äpfel damals ein teurer Luxus waren.

  H ..., weil Handlungen, nicht aber Äpfel angemessen sein können.

  W ..., weil die Formulierung eine unangemessene Kritik ausgedrückt hätte.

4 Heute gibt es die Formulierung „ich missbillige dein Verhalten".
Welcher der folgenden Sätze ist <u>falsch</u>?

  I In dem Verb „missbilligen" lebt die alte Bedeutung von „billig" weiter.

  C Das Verb „missbilligen" knüpft an die heutige Bedeutung von „billig" an.

  E Der Satz drückt die Einschätzung aus, ein Verhalten sei nicht angemessen.

5 Welche Bedeutung hat das Wort „gemein" im Text B?

  M hinterhältig/niederträchtig   **B** gewöhnlich/einfach   **K** verächtlich

6 Heute kennen wir das Wort „allgemein". Wie hängt es mit dem Wort „gemein" zusammen?

  O Es knüpft an das frühere „gemein" (= allen gemeinsam, gewöhnlich) an.

  T Es knüpft an das heutige „gemein" (niederträchtig) an.

  V Es hat mit beidem nichts zu tun.

7 Was versteht man unter Etymologie?

  T Die Etymologie untersucht, wie Menschen die Bedeutung von Wörtern verstehen.

  E Die Etymologie ist die Lehre von den fremdsprachlichen Einflüssen auf das Deutsche.

  S Die Etymologie erklärt, wie sich die Bedeutung und die Form eines Wortes gewandelt haben.

11.3 „Political Correctness"? – Fairer Sprachgebrauch

„PC" – Geschlechtergerechte Sprache

Eher akzeptabel?	Eher unakzeptabel?

A Unter den 200 Generalinnen gibt es allerdings nur eine Frau.

B Unter den 300 Schülern sind nur fünf Jungen.

C Wenn Schülerinnen und Schüler mit ihren Lehrerinnen oder Lehrern über ihre Freundinnen und Freunde sprechen, so wundern sich Klassenkameradinnen und Klassenkameraden oft.

D Liebe Schüler der Klasse 9 b!

E Alle Professor/-innen und ihre Partner/-innen sind herzlich willkommen.

F Du findest Frau Müller im Lehrerinnen- und Lehrerzimmer.

G Wir suchen: Teamassistentin (m/w) für unsere Niederlassung in …

1

a Eher akzeptabel oder eher unakzeptabel? Bewertet die Äußerungen A bis G und notiert bei jedem Beispiel, wie ihr es einschätzt, z. B.:
völlig akzeptabel – umständlich, aber angemessen – unangemessen und umständlich – unakzeptabel
Begründet eure Bewertungen.

b Stellt eure Ergebnisse vor. Prüft, ob die Einschätzungen von Jungen und Mädchen auseinandergehen.

c Formuliert Prinzipien, die eurer Einschätzung zugrunde liegen: Wann sollte man nur männliche Formen nutzen, wann nur weibliche, wann männliche und weibliche?

2 Nebenstehend findet ihr einen Vorschlag für Regeln für eine geschlechtergerechte Sprache.

a Prüft, an welchen Stellen in den obigen Zitaten gegen eine der Regeln verstoßen wird.

b Formuliert einige Beispiele nach den Regeln um. Versucht, dabei die Regeln auf möglichst elegante Weise zu erfüllen.

Regeln für eine geschlechtergerechte Sprache

1. Verwenden Sie immer die vollständig ausformulierte Form, wenn Frauen und Männer gemeint sind: *Wir suchen eine Schülerin oder einen Schüler, die bzw. der …*

2. Wenn es um Einzelpersonen geht, setzen Sie die präzise Form ein, z. B. *die Klassensprecherin Antje Schmitt …*

3. Vereinfachen Sie Doppelformen durch nominalisierte Partizipien, z. B. *Studierende,* oder nutzen Sie neutrale Bezeichnungen, z. B. *Fachkraft.*

„Was ist denn so schlimm an dem Wort ‚Arzthelferin'?" *Von Harald Martenstein*

Vor ein paar Wochen habe ich geschrieben, dass man zu den früheren Sprechstundenhilfen inzwischen „Arzthelferin" sagt, damit sie sich nicht diskriminiert oder herabgesetzt fühlen.
5 Dies war ein Irrtum. Ärzte haben mich darüber aufgeklärt, dass man das Wort „Arzthelferin" mittlerweile ebenfalls als unangemessen empfindet. Jetzt heißt es „medizinische Fachangestellte". Das neue Wort ist natürlich ziemlich
10 lang. Als Arzt hätte ich, besonders in kritischen Situationen, Angst, dass mir der Patient stirbt, bis ich das Wort „medizinische Fachangestellte" ausgesprochen habe.

Ich habe mich gefragt, was an „Arzthelferin"
15 schlimm war. Jemandem zu helfen, ist doch nichts Ehrenrühriges. Nun, das Wort ist nicht gut, weil es ja auch sehr viele Ärztinnen gibt und ein paar männliche Arzthelfer. Korrekt müsste der Beruf also heißen: „Ärztinnen- und Arzthel-
20 ferinnen und Ärztinnen- und Arzthelfer". Da ist die „medizinische Fachangestellte" vermutlich wirklich die Lösung, bei der in kritischen Situationen etwas mehr Patientinnen und Patienten

überleben. Kürzlich traf ich mich mit einer Therapeutin. Sie sagte, das Wort „Behinderte" sei 25 in ihren Kreisen inzwischen verboten, obwohl es ursprünglich ein politisch korrektes Wort gewesen ist. Jetzt heißt es: „Mensch mit Behinderung", weil man ansonsten den Menschen, wenn man ihn einen Behinderten nennt, auf 30 seine Behinderung reduziert. Jede Person hat ja zweifellos auch noch andere Eigenschaften als ihre Behinderung. Ich kapiere das nicht. Zum Beispiel sagt man auch: Jude. Das ist okay, meines Wissens. Oder Hobbygärtner. Ob- 35 wohl jeder Jude bestimmt noch andere Eigenschaften hat, vielleicht ist er Chemiker, Münchner, womöglich Hobbygärtner. Da müsste man also nach der gleichen Logik, um ihn nicht zu reduzieren, sagen: Mensch mit jüdischer Reli- 40 gion. Besser gesagt, Mensch mit jüdischer Religion, der in seiner Freizeit gärtnert und sich bei einem Gartenunfall einen Finger abgeschnitten hat, was ihn dann zu einem Menschen mit jüdischer Religion und Beeinträchtigung und ei- 45 nem Faible für Gartenbau macht.

1 a Wie wirkt dieser Text auf euch: informativ, urteilend, lustig …? Begründet mit Textstellen.
b Weist am Text nach, welche der beiden Aussagen stimmt.
  A Martenstein hält politisch korrekte Bezeichnungen grundsätzlich für lächerlich.
  B Martenstein hält manche politisch korrekte Bezeichnung für übertrieben.

2 a Diskutiert die Berechtigung von Martensteins Kritik: Inwieweit haltet ihr die Forderung für berechtigt, statt von „Behinderten" von „Menschen mit Behinderung" zu sprechen? Gäbe es ähnliche Bezeichnungen, die ihr für euch selbst unakzeptabel fändet?
b Schreibt einen Leserbrief zum Artikel, in dem ihr eure Position zu Aufgabe a darlegt.

Information	**Political Correctness (politisch korrekter Sprachgebrauch)**

Der Begriff der „Political Correctness" (PC) bezeichnet das Bestreben, Menschen in unserer Sprache nicht aufgrund ihres Geschlechts, ihrer Herkunft, ihrer sexuellen Orientierung oder ihrer Behinderung zu diskriminieren, z. B. durch geschlechtergerechte Formulierungen (z. B. *Schülerinnen und Schüler*), Verwendung von Eigenbezeichnungen bei Angehörigen bestimmter Ethnien (z. B. *Inuit* statt *Eskimo*), Verwendung von neutralen oder positiven Ausdrücken (z. B. *Menschen mit Behinderung* statt *Behinderte*).

Neighbour, Nachbar, Nachbarin – Sprachen vergleichen

Guy Deutscher

Wie die Sprache unser Denken prägt

Wenn ich auf Englisch sage „I spent yesterday evening with a neighbour", dann können Sie sich durchaus die Frage stellen, ob ich mit einem Mann oder mit einer Frau ausgegangen bin. Aber ich habe das Recht, Ihnen höflich zu erklären, dass Sie das nichts angeht. Wenn wir aber Deutsch sprechen, dann verfüge ich nicht über das Privileg, die Dinge im Unklaren zu lassen, denn ich werde von der Sprache dazu gezwungen, mich zwischen „Nachbar" oder „Nachbarin" zu entscheiden.

Deutsch zwingt mich also, Sie über das Geschlecht des Menschen, der mich begleitet hat, zu informieren – ob ich nun der Meinung wäre, dass Sie das etwas angeht oder nicht. Das bedeutet natürlich nicht, dass Englischsprecher die Unterschiede zwischen Abenden, die man mit Nachbarn, und solchen, die man mit Nachbarinnen verbringt, nicht wahrnehmen. Ebenso wenig bedeutet es, dass Englischspre-

cher den Unterschied nicht ausdrücken können, falls sie das wünschen sollten. Es bedeutet nur, dass Englischsprecher nicht verpflichtet sind, das Geschlecht anzugeben, jedes Mal, wenn von dem Menschen aus dem Nachbarhaus die Rede ist, während diese Verpflichtung für die Sprecher mancher Sprachen gewohnheitsmäßig besteht.

1
a Erläutert die Überlegungen von Guy Deutscher am Beispiel von Berufsbezeichnungen im Englischen und im Deutschen, z. B.: *Teacher – …*
b Welche Konsequenzen haben die englischen Berufsbezeichnungen für eine geschlechtergerechte Sprache?

2
a Vergleicht die Bezeichnung für „Ministerin" in verschiedenen Sprachen. Wie wird die weibliche Form sprachlich gekennzeichnet?

	männlich	weiblich	Kennzeichnung ♀
Deutsch	*der Minister*	*die Ministerin*	*Suffix „-in"*
Englisch	*the minister*	*the minister*	
Französisch	*le ministre*	*Madame le ministre*	
Spanisch	*el ministro*	*la ministra*	

b Nennt weitere Beispiele für geschlechterneutrale oder geschlechtsspezifische Berufsbezeichnungen in verschiedenen Sprachen.

„PC" – Eigenbezeichnungen statt Fremdbezeichnungen?

Petra Rosenberg, *Interessenvertreterin deutscher Sinti und Roma*

Sinti und Roma oder Zigeuner?

Da kommen dann ganz schlaue Leute daher und sagen uns, wie wir uns zu nennen haben und wie wir uns eigentlich immer schon nannten. Man meint, wir seien schon immer Zigeuner gewesen. […] Nein, wir nannten uns schon immer Sinti oder Roma. Und ich empfinde die Bezeichnung „Zigeuner" als abfällig. Ich gebe ein Beispiel: Wenn mir jemand sagt: „Mein Name ist Claudia." Und ich sage: „Ich nenne dich Katrin." Und sie sagt mir wieder: „Ich heiße aber Claudia." Und ich sage wieder „Katrin", weil ich meine: „Für mich warst du schon immer Katrin. Ich habe dich immer als Katrin betrachtet. Du warst Katrin und du bist Katrin." Das ist doch eine Nichtachtung diesem Menschen gegenüber!

1 Erläutert, warum laut Rosenberg „Sinti und Roma" mit diesem Namen bezeichnet werden sollen. Stellt Vermutungen an, warum die Autorin die Bezeichnung „Zigeuner" ablehnt.

Otfried Preußler: Die kleine Hexe (1957)
Aber die beiden Negerlein waren nicht vom Zirkus und ebenso wenig die Türken und Indianer. Auch die kleinen Chinesinnen und der Menschenfresser, die Eskimofrauen, der Wüstenscheich und der Hottentottenhäuptling stammten nicht aus der Schaubude. Nein, es war Fastnacht im Dorf!

Politisch korrekte Neufassung
Aber die beiden Messerwerfer waren nicht vom Zirkus und ebenso wenig die Cowboys und Indianer. Auch die kleinen Chinesinnen und der Menschenfresser, die Indianerinnen, der Wüstenscheich und der Seeräuber stammten nicht aus der Schaubude. Nein, es war Fastnacht im Dorf!

Erklärung des Thienemann Verlags zu Sprachanpassungen bei Preußler-Texten
Die kolorierte Neuausgabe von „Die kleine Hexe" hat den Thienemann Verlag veranlasst, das Wort „Neger" in „Die kleine Hexe" zu streichen und auch eine Modernisierung des Textes bezüglich anderer, im heutigen Sprachgebrauch nicht mehr üblicher Begriffe vorzunehmen. […] Die Bücher von Otfried Preußler werden häufig schon von Kindern allein gelesen und es ist nicht selbstverständlich davon auszugehen, dass ein Erwachsener dem lesenden Kind Begriffe erklärt oder die Umstände der Entstehung kennt. […] Deshalb sollte ein Text für Kinder möglichst nicht falsch verstanden werden können. Sprache beeinflusst das Bewusstsein, und wo ein diskriminierender Begriff vermieden werden kann, halten wir es für vernünftig, ihn wegzulassen.

2 Um 2013 entbrannte eine Diskussion, ob Wörter wie „Neger" in Kinderbüchern zu dulden seien. Welche Argumente nennt der Verlag? Welche Gegenargumente könnte es geben? Wie ist eure Position?

Als Wowereit „Ich bin schwul" sagte

Und das war auch gut so

Der historische Satz aus dem Munde des Klaus Wowereit stammt aus dem Jahr 2001 und lautet: „Ich bin schwul, und das ist auch gut so." Gesagt hatte er diesen Satz auf dem Landesparteitag der SPD – als Spitzenkandidat seiner Partei für die anstehende Bürgermeisterwahl. Ein Satz, den er nicht ganz freiwillig sagte: Im Vorfeld der Wahlen waren „Gerüchte" über ihn aufgekommen, es stand zu befürchten, dass Wowereit Opfer einer Kampagne der Boulevardpresse geworden wäre. Wowereit hat mit seinem Satz alle Drohkulissen in sich zusammensacken lassen. „Ich bin schwul, und das ist auch gut so" wurde zum Leitsatz einer Dekade, in der vieles besser wurde für Schwule und Lesben. Und Klaus Wowereit wurde zu Recht ein Vorbild, denn er hat gezeigt, wie es geht: Wer selbstbewusst auftritt, hat nichts zu befürchten.

Diskriminierung

„Schwul" ist für viele Schüler ein Schimpfwort

62 Prozent der Berliner Sechstklässler verwenden die Begriffe „Schwuchtel" und „schwul" als Schimpfwort. Das hat eine als repräsentativ bezeichnete Studie der Humboldt-Universität herausgefunden. Die Forscher kamen zu dem Ergebnis, dass die Schüler umso negativer über Homo- oder Bisexuelle denken, je weniger ihre Lehrer im Unterricht über das Thema sprechen und gleichgeschlechtliche oder geschlechtsuntypische Lebensweisen als Normalität behandeln. Auch macht es einen messbaren Unterschied, wenn Schulen in ihrem Leitbild Mobbing generell ächten. „Jugendliche zeigen eine höhere Akzeptanz sexueller Vielfalt, je häufiger ihre Lehrkräfte Lesbisch- und Schwulsein im Unterricht thematisiert haben", sagt der Psychologe Ulrich Klocke, der die Untersuchung geleitet hat.

1 Untersucht den Text „Und das war auch gut so".

a Überlegt, inwiefern der Satz von Klaus Wowereit eine historische Bedeutung hat. Macht deutlich, was genau Wowereit 2001 befürchten musste.

b Stimmt ihr dem letzten Satz des Artikels zu?

c Stellt einen Bezug her zwischen Wowereits Satz und der Geusenwort-Strategie (▶ Merkkasten). Inwiefern ist sein Satz ein Beispiel für die Geusenwort-Strategie, inwiefern nicht?

d Erklärt den Zusammenhang der Geusenwort-Strategie mit einem Freiheitskampf.

2 **a** Lest den Text „‚Schwul' ist für viele Schüler ein Schimpfwort". Erklärt, warum viele Menschen dies als nicht zu akzeptierende Diskriminierung Homosexueller empfinden.

Tipp: Überlegt auch, in welchen Kontexten das Wort gebraucht wird.

b In der Studie wird auch berichtet, dass Schüler/-innen der Klasse 10 viel seltener als Sechstklässler „schwul" als Abwertungswort nutzen. Nennt mögliche Erklärungen dafür.

c Erläutert, welcher Einfluss den Lehrkräften zugeschrieben wird. Wie erklärt ihr euch dies?

Information   **Geusenwort-Strategie**

Als Geusenwörter oder Trotzwörter bezeichnet man ursprünglich als Schimpfwörter gemeinte Bezeichnungen, die die Gemeinten als Selbstbezeichnung übernommen haben, um der Beleidigung ihre Kraft zu nehmen, z. B.: *Krüppelbewegung* als Selbstbezeichnung der Bewegung der Menschen mit Behinderung. *Geuzen* ist der Name, den sich die niederländischen Freiheitskämpfer gaben.

Projekt „Bewusster Sprachgebrauch"

Führt in Gruppen oder im Team eigene Sprachuntersuchungen durch. Geht so vor:

1. Schritt: Planung

1 **a** Sucht einen Sprachbereich, den ihr in eurem Projekt genauer untersuchen wollt, z. B.:
  - SMS- und Netzsprache,
  - politisch korrekter Sprachgebrauch (z. B. Wandel von Bezeichnungen für „behinderte Menschen", „Schwarze"),
  - sprachliche Gleichbehandlung von Frauen und Männern,
  - aktuelle Geusenwörter, z. B.: die Selbstbezeichnung „Nerd" in der Jugendsprache.
  b Sammelt Ideen und Fragestellungen zum Thema, z. B.:
  - *Wie schaffen User neue Wörter, Zeichen und Abkürzungen in der SMS- und Netzsprache?*
  - *Wo gibt es in unserer Schule männlich geprägte Sprache?*
  - *...*
  c Überlegt: Wie soll eure Informationsrecherche aussehen, z. B. Internetrecherche, Durchführung von Interviews (▶ S. 312) und Umfragen? Wie wollt ihr eure Ergebnisse präsentieren, z. B. Erstellen eines mediengestützten Vortrags, eines Kurzfilms, z. B. über eure Umfrage oder das Interview ...
  d Plant die notwendigen Schritte und den zeitlichen Ablauf. Erstellt z. B. einen Arbeitsplan.

2. Schritt: Durchführung

2 **a** Führt eure Recherchen durch. Seid bei euren Interviews und Umfragen präzise, z. B.:
  - **Auswahl der Befragten:** Welche Gruppen wollt ihr befragen, z. B. ausschließlich 15-jährige Gymnasiasten oder Schüler/-innen jedes Alters und jeder Schulform?
  - **Fragetechnik:** Stellt konkrete Fragen, die auszuwerten sind, z. B.:
    Statt *„Verwendest du Emoticons?"* besser *„Wie viele Emoticons hast du in der letzten SMS an deinen besten Freund/deine beste Freundin verwendet?"*
  - **Erfassen der Antworten:** Wie erfasst ihr eure Ergebnisse, z. B. Aufzeichnung per Kamera oder Aufnahmegerät, Mitschrift ...?
  b Wertet euer Material mit Blick auf eure Fragestellung und eure Präsentation aus. Betrachtet dazu eure Rechercheergebnisse auch aus Sicht eurer Adressaten. Was interessiert sie?
  c Erstellt euer Produkt bzw. eure Präsentation. Unterscheidet zwischen Information (Wiedergabe von Fakten) und Bewertung (z. B. Sprachkritik). Verwendet konkrete Beispiele zum Sprachgebrauch.
  d Unterzieht euer Produkt bzw. eure Präsentation einer kritischen Prüfung: Zeigt es Profis, holt ein Feedback ein und überarbeitet es anschließend.

3. Schritt: Präsentation

3 **a** Präsentiert die Projektergebnisse.
  b Klärt Fragen, die noch offengeblieben sind. Wertet eure Projekte aus, z. B.:
  - Welche Präsentation fandet ihr besonders gut? Warum?
  - Welche Informationen fandet ihr besonders interessant, überraschend?

Hier darf keine Werbung,
Prospekte, Flyer und Gutscheine
eingeworfen werden!
Da diese Warnung nicht ernst
genommen wird, wird auch
keine Haftung vor den bissigen
Hund übernommen!

1 **a** Erklärt: Welche Verstöße gegen die sprachliche Richtigkeit und Logik finden sich in
den beiden Sätzen auf dem Plakat?
b Formuliert den Text grammatisch korrekt und verständlich.
Probiert dabei verschiedene
Möglichkeiten aus.

2 **a** In manchen Werbeslogans sind
bewusst grammatische Fehler
eingebaut. Nennt Beispiele.
b Erläutert die Intention solcher
bewussten Verstöße gegen die
Grammatik.

In diesem Kapitel ...

– wiederholt und vertieft ihr eure
grammatischen Kenntnisse,
– lernt ihr, Texte rund um die Themen
„Beruf" und „Bewerbung" treffend zu
formulieren,
– überarbeitet ihr Bewerbungsschreiben
so, dass die Vorgaben für diese Textsorte erfüllt sind.

12.1 Gutes Benehmen ist in? – Grammatik sicher anwenden

Rund ums Nomen – Auf den Kasus achten

Tischregeln im Mittelalter

Schon im 13. Jahrhundert gab es Regeln, wie sich die Teilnehmer bei einem Essen am Hof benehmen sollten.

1. Die adligen Teilnehmer sollen sich bei ein ? festlich ? Gelage vor ? gemeinsam ? Essen die Hände waschen.

5   2. Jedem Gast, adlig ? Männer ? und Frauen, ist es strikt verboten, mit verlaust ? Kleider ? an ? gedeckt ? Tafel zu erscheinen.

3. Man darf auch nicht mit lang ? , ungepflegt ? Fingernägeln zu Tisch gehen, da man sich dadurch mit der Krätze, ? besonders unangenehm ? und stark juckend ? Hautkrankheit, anstecken kann.

10   4. Sich mit ? Messer ? , ? einzig ? Tischbesteck ? neben ? Löffel, in den Zähnen herumzustochern, ist höchst unschicklich.

5. Wegen ? damit verbunden ? Spucken ? und wegen ? mangelnd ? Hygiene darf man die heißen Speisen während ? Mahl ? nicht durch Pusten kühlen.

6. Wer ein ? abgenagt ? Knochen ? zurück in die Schüssel legt, verhält sich unan-

15   ständig. Für Knochen wie für all ? ander ? Abfälle ? steht ein Korb bereit – oder man wirft sie einfach auf ? Boden.

7. Die Sitzordnung wird anhand ? Stand ? , ? Ansehen ? und ? Alter ? festgelegt: ? Hausherr ? und sein ? Gemahlin ? ist die obere Seite des Tisches vorbehalten. Links und rechts sitzen die Gäste nach ihr ? Rangfolge ? .

20   8. Wer sich trotz dieser eindeutig ? Tischregel ? nicht ? Rülpsen ? enthält, wer sich vor ? Hausherr ? auf ? Essen ? stürzt und nicht rechtzeitig mit dem Trinken aufhört, schadet sein ? Ruf ? . Die mittelalterliche Gesellschaft schloss von ? Verhalten bei Tisch auch auf ? Charakter eines Menschen.

1 In dem Text fehlen einige Wortendungen und Artikel (bestimmte und unbestimmte).
Lest den Text laut vor und ergänzt dabei die Lücken.
Achtet auf den richtigen Kasus, z. B.:
Die adligen Teilnehmer sollen sich bei einem festlichen Gelage ... **(Dativ)**
Tipp: Die Informationen im Merkkasten unten sowie im Tippkasten rechts helfen euch.

> Die **Apposition** steht im gleichen Kasus wie ihr Bezugswort, z. B.:
> *Ich habe mit Herrn Müller, einem Historiker, gesprochen.*

2 **a** Erläutert: Auf welche Lebensumstände im Mittelalter lassen die Ess- und Benimmregeln schließen?
b Diskutiert: Welche Regeln gelten heute noch?
Haltet ihr sie für sinnvoll?

3 **a** Arbeitet im Team.
Entwerft selbst einen Text mit Benimm- und Essregeln, z. B. für den Besuch eines Fast-Food-Restaurants.
Verwendet hierbei möglichst viele der Präpositionen rechts, z. B.:
Trotz des grellen Neonlichts und der Hektik sollte man auch in einem Fast-Food-Restaurant bestimmte Regeln beachten:
1. Während ...

> trotz • aufgrund • seitens • während • bei • mit • zu • unter • hinter • neben

b Lest eure Texte vor.
Kontrolliert besonders die korrekte Kasusverwendung in Abhängigkeit von Präpositionen und Verben.

Information   Kasus bei Präpositionen und Verben

Kasus bei Präpositionen
- **Präpositionen fordern** in der Regel **einen bestimmten Kasus,** d. h.: Das der Präposition folgende Wort oder die nachfolgende Wortgruppe (meist ein Nomen mit Nomenbegleitern) muss in einem bestimmten Kasus stehen, z. B.:
bei kaltem Schnee (Dativ), ***wegen** des Gewitters* (Genitiv), ***durch** den Wald* (Akkusativ).
- Achtung: Einige Präpositionen, die in der **Umgangssprache** mit dem **Dativ** verwendet werden, stehen in der **Hochsprache** (Standardsprache) **mit** dem **Genitiv,** z. B.:
wegen, während, trotz, anhand, infolge.
- Einige Präpositionen stehen je nach Bedeutung mit Dativ oder Akkusativ. Sie werden auch **Wechselpräpositionen** genannt, z. B.:
an, auf, hinter, in, neben, über, unter, vor, zwischen.
  - Bei der Frage „Wo ...?" steht der Dativ, z. B.:
  Das Bild hängt an der Wand.
  - Bei der Frage „Wohin ...?" steht der Akkusativ, z. B.:
  Sie hängt das Bild an die Wand.

Kasus bei Verben
Auch **Verben bestimmen,** in welchem **Kasus** die von ihnen abhängigen Wörter stehen, z. B.:
Sie hilft ihm (Dativ). *Er repariert das Auto* (Akkusativ). *Er enthält sich der Stimme* (Genitiv).
Sie schenkt ihm (Dativ) *ein Buch* (Akkusativ).

Rund ums Verb – Die Tempora im Blick haben

Knigge: Ein Name fürs gute Benehmen?

1 Den Namen Knigge wird fast jeder kennen. **2** Als Adolph Freiherr Knigge 1788, ein Jahr vor der Französischen Revolution, sein Buch „Über den Umgang mit Menschen" veröffentlichte, schuf er damit einen Dauerbrenner der Ratgeberliteratur. **3** Heute, knapp 230 Jahre und Millionen verkaufter Exemplare später, erinnert sich jeder an diesen Namen, wenn es um gutes Benehmen geht. **4** Dabei war Knigge gar kein kleinkarierter Manierenpapst. **5** „Knigge hat keinen Benimmratgeber geschrieben und nicht darüber philosophiert, mit welcher Gabel man welche Speise isst", sagt der Historiker Marc Lang. **6** Knigge ging es vielmehr um ein konfliktfreies Miteinander und er wollte den unteren Schichten eine Orientierungshilfe geben, damit sie sich am Fürstenhof für ihre Belange einsetzen konnten. **7** Emanzipation und Aufklärung sind die Themen Knigges, nicht Gefälligkeit und Unterwürfigkeit. **8** Nachdem Knigge 1796 gestorben war, fügte man bei jeder Auflage seines Buches neue Anstandsregeln hinzu. **9** Heute gibt es für jede Lebenslage einen Knigge: für Berufseinsteiger, für Chinareisende, für Software-Architekten, für Weintrinker usw. **10** „Bevor Knigge wieder beachtet wurde, war er lange Zeit als verstaubt abgetan worden", so Marc Lang. **11** „Ich denke, dass es auch in Zukunft eine Nachfrage nach solcher Ratgeberliteratur geben wird."

1
a Sucht aus dem Text alle Prädikate heraus und bestimmt das jeweilige Tempus.
b Erklärt, warum in den Sätzen 3 und 7 das Präsens verwendet wird.
c Formuliert Satz 1 ins Präsens um und erläutert, warum im Text das Futur verwendet wird.
d Formuliert weitere Vermutungen im modalen Futur.
Es wird wohl auch einen Knigge für Schüler geben, …

> **Modales Futur**
> Das Futur kann neben der Zukünftigkeit auch eine Vermutung ausdrücken, z. B.: *Er wird sich geirrt haben.*

2
a Bestimmt das Zeitverhältnis in den Sätzen 2, 8 und 10 und erläutert den Tempusgebrauch.
b Verbindet die folgenden Hauptsätze zu Satzgefügen, in denen Vorzeitigkeit ausgedrückt wird.

Der Gastgeber eröffnete die Tafel.	Die Gäste begannen zu essen.
Man darf das Essen nachwürzen.	Man probiert es.
Herr Meier nahm sich eine neue Scheibe Brot.	Er bot den anderen den Brotkorb an.

Information **Wiedergabe von Vorzeitigkeit: Auf die Tempora achten**

Zur Wiedergabe von Vorzeitigkeit gibt es verschiedene Möglichkeiten, je nachdem, welches Tempus im Hauptsatz verwendet wird.
- **Präsens:** *Ich <u>kaufe</u> mir eine neue Kinokarte,*
- **Präteritum:** *Ich <u>setzte</u> mich an den Tisch,*
- **Perfekt:** *nachdem ich die Karte nicht <u>gefunden habe</u>.*
- **Plusquamperfekt:** *nachdem ich mir die Hände <u>gewaschen hatte</u>.*

Der Modus der Verben – Konjunktiv und Indikativ

Der erste Eindruck entscheidet

Der erste Eindruck hat mehr Einfluss auf unsere Entscheidungen, als uns oftmals bewusst ist. Nicht umsonst gibt es das Sprichwort: „Es gibt keine zweite Chance für den ersten Eindruck."
Ein Großteil der Arbeitgeber entscheide bei einem Bewerbungsgespräch schon in den ersten Minuten, ob ein Bewerber eine Chance auf die Stelle besitze, meint Bertold Rust, Personalchef einer deutschen Großbank. „Bereits die Begrüßung mit einem wohl dosierten Händedruck sendet deutliche Signale aus", so Rust. Augenkontakt verrate Selbstsicherheit, signalisiere aber auch Interesse am Gespräch und am Gesprächspartner. „Nervosität ist verständlich, soll sich aber nicht durch umherschweifende Blicke, Wippen oder Fingertrommeln äußern", betont Rust. Ein „No-Go" sei aber auch eine unangemessene Kleidung. „Bei der Vorstellung in einer Bank sind Anzug und Krawatte bzw. ein Kostüm eine Selbstverständlichkeit. Bei einem Bewerbungsgespräch in einer hippen Werbeagentur ist ein legerer Kleidungsstil sicherlich angebrachter", meint der Personalchef. Als Faustregel könne gelten: angepasst, aber individuell. Abschließend schärft Rust jedem Jobsuchenden ein: „Wer zu einem Gespräch zu spät kommt, darf sich nicht wundern, wenn er sofort aussortiert wird."

1 Kennt ihr weitere „No-Gos" bei Bewerbungen? Berichtet darüber.

2 a Sucht die Sätze, in denen die indirekte Rede im Konjunktiv verwendet wird, aus dem Text heraus. Erläutert, warum der Verfasser des Textes die indirekte Rede verwendet.
b Formt die Sätze in wörtlicher Rede in indirekte Rede im Konjunktiv um (▶ Merkkasten).

3 a Schreibt eine Fortsetzung des Textes und legt dem Personalchef weitere Tipps für ein Vorstellungsgespräch in den Mund, z. B. zur Sitzhaltung, zum Kommunikationsverhalten usw. Verwendet dabei durchgehend die indirekte Rede (▶ Merkkasten).
b Prüft eure Texte in Partnerarbeit. Achtet vor allem auf die Konjunktivformen.

4 Was wünscht ihr euch für euer späteres Arbeitsleben? Formuliert drei bis fünf Sätze im Konjunktiv II (▶ S. 341), mit denen ihr einen Wunsch oder etwas Unwirkliches oder Mögliches ausdrückt, z. B.:
Wenn ich mehr Geduld hätte, würde ich Goldschmied werden.

Information	Indirekte Rede (Konjunktiv I)

Verben haben einen Modus: Indikativ oder Konjunktiv. Bei der indirekten Rede steht das Verb im Konjunktiv I, z. B.: *Ida sagt, sie habe ein Vorstellungsgespräch.*
Wenn der Konjunktiv I (im Textzusammenhang) nicht vom Indikativ Präsens zu unterscheiden ist, wird der Konjunktiv II oder die würde-Ersatzform verwendet, z. B.:

Indikativ	⟶	Konjunktiv I	⟶	Konjunktiv II	⟶	würde-Ersatzform
Er sagt: „Sie machen Urlaub."		*Er sagt, sie machen Urlaub.*		*Er sagt, sie machten Urlaub.*		*Er sagt, sie würden Urlaub machen.*

Aktiv und Passiv der Verben

China: Blumen nur im Todesfall

1 Gutes Benehmen wird in allen asiatischen Ländern großgeschrieben. **2** Man achtet darauf, sowohl das eigene Gesicht als auch das des Gegenübers zu wahren. **3** Deshalb gelten in China Diskretion und Zurückhaltung als oberstes Gebot. **4** Chinareisende sollten also lautes Sprechen und ausholende Gesten vermeiden. **5** Die Bewohner Chinas pflegten auch schon immer andere Begrüßungssitten. **6** Umarmungen werden von allen Asiaten als sehr unhöflich empfunden. **7** Mit Verbeugungen wird die Achtung gegenüber dem Gast ausgedrückt. **8** Die Chinesen praktizieren zwar den Händedruck, aber sie schütteln sich nie fest und lange die Hände. **9** Beim chinesischen Händedruck legen sie die Hände nur ineinander und deuten eine Verbeugung an. **10** Ein nahe liegendes Missverständnis ist unbedingt zu vermeiden: **11** Chinesen verschenken Blumen nur im Todesfall. **12** Einen Blumenstrauß als Gastgeschenk deutet jeder Chinese als Symbol des Todes.

1
a Welche der asiatischen Benimmregeln überrascht euch?
b Untersucht die Verbformen im Text. Unterscheidet dabei zwischen Aktiv und Passiv.
c Erläutert, wie die Passivformen gebildet werden.

2
a Formuliert die Aktivsätze 4, 5, 8, 9, 11 und 12 in Passivsätze um.
b Vergleicht eure Passivsätze mit den Aktivsätzen aus dem Text. Erklärt, was bei der Umformung jeweils mit dem Subjekt und dem Objekt des Aktivsatzes geschieht.
c Versucht, den Satz 3 ins Passiv zu verwandeln. Was stellt ihr fest? Erläutert.

3 In einem Text sind zu viele Passivformen unschön. Man kann diese Wiederholungen vermeiden, indem man so genannte Passiv-Ersatzformen verwendet.
a Erklärt anhand der Sätze 2 und 10, was Passiv-Ersatzformen sind. Vergleicht anschließend mit dem Orientierungswissen auf Seite 340.
b Ersetzt die Passivsätze 1, 6 und 7 durch Passiv-Ersatzformen.

| **Information** | **Aktiv und Passiv** | (▸ mehr zu Aktiv und Passiv, S. 339 f.) |

In **Passivsätzen** wird die **Handlung** oder der **Vorgang** betont, nicht der Handelnde, z. B.:
Umarmungen <u>werden</u> bei der Begrüßung <u>vermieden</u>.

- Im Passivsatz kann der Handlungsträger ergänzt werden, z. B.:
Umarmungen werden <u>von den Chinesen</u> bei der Begrüßung vermieden.
- Bei der Umwandlung eines Aktivsatzes in einen Passivsatz wird das **Akkusativobjekt** des Aktivsatzes zum **Subjekt** des Passivsatzes, z. B.:
Aktiv: *Peter überreicht <u>ein Geschenk</u>.* → Passiv: *<u>Das Geschenk</u> wird (von Peter) überreicht.*
               Akkusativobjekt   Subjekt

Fordern und fördern – Rund ums Verb

Stirbt der Konjunktiv aus?

1 Von vielen Sprachkritikern wird der zunehmende Verzicht auf den Konjunktivgebrauch in der deutschen Sprache beklagt. **2** „Der Konjunktiv wird in naher Zukunft aussterben", prophezeit denn auch der österreichische Journalist Robert Sedlaczek. **3** Aber die Schuld sieht der Autor zum Teil in den Wörtern selbst. **4** In einem Interview mit der Wiener Zeitung erklärt er: „Viele Zeitwörter verweigern sich dem Konjunktiv. Bei manchen Verben ist der Konjunktiv II (‚ich liebte sie') identisch mit dem Indikativ Präteritum (‚ich liebte sie'). **5** Bei anderen Verben klingt der Konjunktiv II (‚ich sähe ihn') genauso wie der Indikativ Präsens (‚ich sehe ihn'), es sei denn, wir unterstreichen die Verwendung des Konjunktivs II mit einem ganz offenen (und ganz hässlichen) Ä-Laut. **6** Das alles ist nicht wirklich praktikabel. **7** Und dann gibt es noch Verben, bei denen der Konjunktiv II altertümlich klingt. **8** Wer sagt heute zum Beispiel noch, er flöhe gerne aus der Stadt, die Hoffnung schwände zuletzt oder aber er hülfe jederzeit?"

9 Zu Recht beklagt man allerdings in den Medien eine zunehmende Missachtung des Kon-

junktivgebrauchs. **10** So meinte ein Fußballspieler nach einer 1:2-Niederlage seines Teams in einem Interview: **11** „Wenn der Schäfer durchgeht, dann steht es 2:2 und wir gewinnen das Spiel."

---

1 **a** Bestimmt die Tempusformen in den Sätzen 1 bis 3. Stehen die Verben im Aktiv oder im Passiv?
  b Ersetzt die altertümlichen Konjunktivformen in Satz 8 durch gebräuchlichere Ersatzformen.
  c Formuliert die Sätze 9 und 10 in Passivsätze um. Erläutert, wodurch sich die Passiv- von den Aktivsätzen unterscheiden.
  d Kontrolliert eure Lösungen in Partnerarbeit.

2 **a** Formt die wörtliche Rede in den Sätzen 4–8 (▶ Z. 7–23) in indirekte Rede um.
  b Kontrolliert eure Lösungen in Partnerarbeit.

3 **a** Korrigiert die Aussage des Fußballspielers in Satz 11. Lest hierzu die Sätze 10 und 11 im Zusammenhang. Überlegt: Wie muss der Satz 11 richtig lauten? Korrigiert ihn.
  b Begründet, warum der Satz 11 im Textzusammenhang falsch ist.
  c Kontrolliert eure Lösungen in Partnerarbeit.

Satzbau – Grammatisch richtig formulieren

„Weniger schmückt mehr"

1 Gerade für Jugendlichen ist modische Kleidung und ein besondere Outfit wichtig, weil sie zeigt viel über die Identität der Träger und derer Lebenseinstellung.   **2** Eine Flut von Ratgeberliteratur, die auf den Markt drängen, geben oft Empfehlungen, wo man sich häufig fragt, wie sinnvoll solche Hilfen sind.   **3** Da heißt es zum Beispiel in einem Modemagazin für junge Männern sinngemäß: Tragen Sie nie mehr wie drei Farben, die zueinanderpassen.   **4** Wenn Sie Schmuck tragen wollen, nehmen Sie nur einige wenigen Stücke und verzichten Sie auf allzu „lustige" T-Shirts.   **5** Achten Sie auf saubere Schuhe, weil junge Frauen sehen auch auf das Äußere, trotzdem sie sich dies nicht unbedingt anmerken lassen.   **6** Socken und Sandalen wirkt ausgesprochen unsexy.   **7** Außerdem sollten Sie vermeiden, dass, wenn Sie Socken anziehen, diese auch noch weiß sind.   **8** Auch für junge Frauen mit ausgeprägten Modebewusstsein gibt es für die Sommersaison einige Must-haves.   **9** Ein Kleid im Asiastil, Hosen mit Glanzeffekt, transparente Stoffe oder Sandalen gilt als geeignetes Mittel, damit das Spielerische betont wird.   **10** Für alle, die mit puristischen Design der 60er-Jahre glänzen wollen, ist geometrisches Muster und Schwarz-Weiß-Look die Garantie für perfekte Eleganz.   **11** Modedesigner raten jungen Leuten aber zu Recht zu Individualität, um sich mit ihren eigenen Kreationen zu verwirklichen.

1 Der Text enthält zahlreiche Grammatikfehler. Arbeitet mit einer Kopie des Textes.
a Lest den Text Satz für Satz und markiert alle Fehlerstellen.
b Berichtigt die fehlerhaften Textstellen und Sätze. Erläutert, wo jeweils das grammatische Problem liegt. Nutzt hierzu auch die Checkliste auf Seite 259, z. B.:

Satz	Richtig	Kommentar
1	*für Jugendliche*	*falscher Kasus: nicht Dativ, sondern Akkusativ*
1	*sind* (…) *Kleidung und* (…) *Outfit …*	*…*

2 Bildet zum Thema „Mode" komplexe, aber verständliche Satzgefüge. Nutzt den Wortspeicher.

Unterordnende Konjunktionen (Subjunktionen)

weil • obwohl • damit • nachdem • indem • wenn • wodurch • wenngleich

---

Checkliste ✔

Grammatikfehler vermeiden

1 Auf Kongruenz achten
– Achtet auf **Kongruenz zwischen Subjekt und Verb:** Die Verbform (das flektierte Verb) muss sich im Numerus an das Subjekt anpassen. Wenn das Subjekt aus mehreren Teilen besteht, die mit „und" verbunden sind, steht das Verb in der Regel im Plural, z. B.: *Die Hose hängt über dem Stuhl. Die Jacke und die Hose hängen über dem Stuhl.*
– Achtet auf **Kongruenz** (Numerus und Kasus) **innerhalb einer Nominalphrase,** z. B.: *Der erfahrene Modedesigner bemerkte sofort die Trendwende. Dem erfahrenen Modedesigner fiel diese Trendwende sofort auf.*

2 Auf den Kasus achten (▶ Mehr hierzu auf Seite 253)
Beachtet: **Präpositionen bestimmen den Kasus** des folgenden Nomens oder Pronomens, z. B.: *bei bunten Hosen* (Dativ), *für junge Frauen* (Akkusativ), *trotz der guten Passform* (Genitiv).

3 Verbstellung in Nebensätzen
Beachtet: Im Nebensatz (Verbletztsatz) steht die **Personalform des Verbs** immer an letzter Satzgliedstelle, z. B.: *Ich richte mich nicht nach Modetrends, weil Kleidung nicht so wichtig ist.* (Falsch: *Ich richte mich nicht nach Modetrends, weil Kleidung ist nicht so wichtig.*)

4 Falsche Satzverknüpfungen vermeiden
– **wo:** Das Adverb „wo" wird in Relativsätzen in der Regel nur in räumlicher Bedeutung verwendet, z. B.: *Heimat ist überall dort, wo man sich zu Hause fühlt.* (Falsch: *Ich lese Bücher, wo ich mich frage, ob die Handlung realistisch ist.*) Richtig: *Ich lese Bücher, bei denen ich mich frage, ob die Handlung realistisch ist.*
– **um ... zu/damit:** Wenn das Subjekt in Haupt- und Nebensatz identisch ist, benutzt man „um ... zu". Handelt es sich um zwei verschiedene Subjekte, verwendet man die unterordnende Konjunktion „damit", z. B.: *Er rät den Jungen zu Wintermänteln, damit sie nicht frieren.* (Falsch: *Er rät den Jungen zu Wintermänteln, um nicht zu frieren.*)
– **obwohl/trotzdem – weil/denn:** Die unterordnenden Konjunktionen (Subjunktionen) *obwohl* und *weil* leiten Nebensätze (Verbletztsätze) ein, z. B. *... obwohl/weil die Mode sich ändert.* Das Wort *trotzdem* und die nebenordnende Konjunktion *denn* hingegen eröffnen Hauptsätze (Verbzweitsätze), z. B.: *Trotzdem ändert sich die Mode ... Denn* (Konjunktion) *die Mode ändert sich.*

5 Vergleiche mit „wie" und „als"
– Vergleiche mit dem Positiv (Grundform eines Adjektivs) werden mit „wie" gebildet, z. B.: *Dein T-Shirt ist genauso bunt wie meins.*
– Vergleiche mit dem Komparativ (1. Steigerungsstufe eines Adjektivs) werden mit dem Vergleichswort „als" gebildet, z. B.: *Meine Jacke ist kleiner als deine.*

Satzbau – Klar und verständlich formulieren

BITTE
ÜBERARBEITEN!

Dresscode – Sinn und Zweck von Kleiderregeln

1 Als „Dresscode" bezeichnet man eine ausdrückliche oder nicht-ausdrückliche Kleiderordnung. Diese macht Vorschriften. Sie sagt etwas über die angemessene Kleidung zu bestimmten Anlässen.

2 In größeren Firmen gibt es oft einen ungeschriebenen Dresscode. Frauen dürfen an heißen Tagen meist auch leichte Kleider tragen. Männern sind Shorts in der Regel nicht gestattet. Allzu legere Kleidung wird nicht gern gesehen. Zum Beispiel ein Kundenberater in Shorts könnte unprofessionell wirken.

3 In Unternehmen sagt die Kleidung oft etwas über die Position ihres Trägers oder ihrer Trägerin aus. Einen Anzug mit Krawatte sieht man als angemessene Kleidung für eine männliche Führungskraft, nicht jedoch für einen Praktikanten an.

4 In früheren Jahrhunderten behielt sich der Adel ausdrücklich das Tragen bestimmter aufwändiger Kleidungsstücke, wie z. B. Marderpelz, vor, sodass einfache Leute sich mit Fuchs- oder Schaffell begnügen mussten.

5 Obwohl bei vielen gesellschaftlichen Anlässen nicht genau klar ist, welche Kleiderordnung gilt, weiß in der Regel jeder, dass z. B. bei einem Opernbesuch eine Kleidung, die festlich ist, erwartet wird, während man im Fußballstadion anzieht, was einem gefällt.

1 Lest den oben stehenden Entwurf für einen Informationstext zum Thema „Dresscode". Welche Dresscodes spielen in eurem Leben eine Rolle? Sammelt Beispiele und diskutiert, wie ihr dazu steht.

2 Auf der Basis dieses Entwurfs soll ein Informationstext in der Schülerzeitschrift verfasst werden. Prüft, wie die Informationen 1 bis 5 formuliert sind: Sind sie jeweils schnell und einfach zu verstehen oder gibt es Verbesserungsmöglichkeiten? Begründet eure Einschätzung.

3 Die Klasse 9 b hat in einer Schreibkonferenz Überarbeitungshinweise gesammelt. Erläutert die Tipps A bis E auf S. 261 und ordnet sie den Textabschnitten 1 bis 5 zu. Begründet eure Zuordnung.

A Übertragt den zweiten Satz dieses Textabschnitts in eine Satzklammertabelle.
  Prüft, wie das Mittelfeld entlastet und das Nachfeld genutzt werden kann.
  Oder: Ersetzt das zweiteilige Prädikat durch ein einteiliges.
B Formuliert hypotaktisch. Verwendet dabei einen Relativsatz.
C Formuliert vorwiegend parataktisch.
D Schreibt den Hauptsatz (Verbzweitsatz) des Satzgefüges in eine Satzklammertabelle.
  Formuliert um, indem ihr auch das Nachfeld besetzt.
  Oder: Verwendet ein anderes Prädikat. Ihr könnt auch andere Wörter ersetzen.
E Verwendet auch Hypotaxen mit unterordnenden Konjunktionen, z. B.: *während, damit, weil* oder *obwohl*.

4 a Überarbeitet den Textentwurf auf S. 260, indem ihr die oben stehenden Tipps nutzt.
  b Ergänzt den Text mit Informationen zum Dresscode an Schulen. Formuliert klar und verständlich.

Information **Satzbau – Klar und verständlich formulieren**

Um dem Adressaten das Verständnis zu erleichtern, müssen Sätze übersichtlich gebaut sein und, wo nötig, Zusammenhänge verdeutlichen.

Texte, die aus kurzen Hauptsätzen (Verbzweitsätzen) bestehen, sind meist leicht zu erfassen. Solche Verbindungen von Sätzen zu **Satzreihen** nennt man **parataktisch** (griech. *nebenordnend;* **Parataxe:** *Nebenordnung*). Beispiel: *Ein Dresscode wird oft als lästiger Zwang empfunden. Er schreibt das Tragen unbequemer Kleidung vor.*

Um gedankliche Zusammenhänge zu verdeutlichen, verwendet man oft **Satzgefüge.** In solchen **hypotaktischen** (griech. *unterordnenden*) Verbindungen aus Haupt- und Nebensätzen wird der Nebensatz (Verbletztsatz) oft durch eine **unterordnende Konjunktion (Subjunktion)** eingeleitet, die den Zusammenhang zwischen Haupt- und Nebensatz klärt. Beispiel: *Ein Dresscode wird oft als lästiger Zwang empfunden, weil er das Tragen unbequemer Kleidung vorschreibt.*

Viele Sätze werden durch eine Satzklammer strukturiert. Dabei darf das Mittelfeld nicht überfrachtet werden. Eine Umformulierung, die auch das Nachfeld nutzt, macht den Satz oft übersichtlicher:

Vorfeld	linke Satz-klammer	Mittelfeld	rechte Satz-klammer	Nachfeld
Eveline	*fällt*	*durch ihre besonders feine Kleidung, die sie sogar zuhause trägt,*	*auf.*	—

Besser:

Vorfeld	linke Satz-klammer	Mittelfeld	rechte Satz-klammer	Nachfeld
Eveline	*fällt*	*durch ihre besonders feine Kleidung*	*auf,*	*die sie sogar zuhause trägt.*

Fordern und fördern – Texte überarbeiten

Wellness im Raucherzimmer?

1 Carolin und Jan haben ein Hotel gebucht, <u>wo</u> Entspannung und Erholung pur angesagt <u>ist</u>: ein Wellness-Wochenende in Dänemark im schicken Hotel „Cleopatra" mit frischer Luft am Meer. **2** Als die beiden <u>ankommen in ihrem Zimmer</u>, stinkt es nach abgestandenem Zigarettenqualm. **3** Ihr Vorgänger hatte sich offensichtlich um das Rauchverbot nicht geschert, sodass es fast schlechter <u>wie</u> in einer Kneipe riecht. **4** Carolin will sich sofort beim Hoteldirektor beschweren, weil Jan <u>leidet</u> zu allem Überfluss auch noch an einem <u>leichtem</u> Asthma.

5 Der Concierge und auch der Hoteldirektor erklärt sich aber außer Stande, ihnen ein anderes, frisch gereinigtes Zimmer anzubieten, um doch noch ihre wohlverdiente Erholung finden zu können. **6** Wegen dem Sonderangebot, wo nur ein klassisches Doppelzimmer mit Frühstück und einer Wellness-Massage inbegriffen ist, könne man den beiden keine Alternative anbieten. **7** Sollten sie jedoch bereit sein, mehr wie den günstigem Sparpreis zu zahlen, hätten man auch noch eine De-luxe-Suite im Angebot, so der Hoteldirektor. **8** Trotzdem Carolin und Jan drohen, sich beim Reiseveranstalter zu beschweren, haben sie mit ihrer berechtigter Reklamation kein Erfolg. **9** Erst als sich der Reiseunternehmer selbst einschaltet und deutlich macht, dass infolge dem Nichtraucherschutzgesetz jeder Gast Anspruch auf ein Nichtraucherzimmer hat, wird dem Direktor des erstklassigem, mit fünf Sterne ausgezeichneten Luxushotel klar, dass er handeln muss. **10** Ein kostenloses Upgrade in die De-luxe-Suite werden Carolin und Jan vorgeschlagen, ein Angebot, wo beide gern akzeptieren.

● ○ ○ **1**   **a** Überarbeitet die Sätze 1 bis 4 und schreibt eine verbesserte Version in euer Heft. Die fehlerhaften Textpassagen sind bei diesen Sätzen schon unterstrichen.

  b Vergleicht eure Lösungen in Partnerarbeit.

● ● ○ **2**   **a** Überarbeitet die Sätze 5 bis 10, indem ihr alle grammatikalischen Fehler (auch Satzbaufehler) korrigiert. Schreibt eine verbesserte Version in euer Heft.

  b Vergleicht eure Lösungen in Partnerarbeit.

● ● ● **3**   **a** Begründet,
  – warum das Verb „ist" in Satz 1 falsch ist,
  – warum das Vergleichswort „wie" in Satz 3 falsch ist,
  – warum der Infinitivsatz mit „um" in Satz 5 falsch ist.

  b Vergleicht eure Lösungen in Partnerarbeit.

Teste dich!

Grammatikkenntnisse sicher anwenden

1 „Gutes Benehmen öffnet Türen, erobert Herzen und hilft im Supermarkt, wenn man es einmal eilig hat und vorgelassen werden will", sagt Moritz von Knigge, Nachfahre des berühmten Freiherrn.

2 Als besonders wichtig wird gutes Benehmen bei Tisch angesehen, weil hier der menschliche Kontakt besonders eng ist, aber auch weil das Essen zu den menschlichen Grundverrichtungen gehört.

3 Nicht zufällig werden Bewerber für Führungsposten, bei denen es immer auch um Repräsentation geht, zu einem Essen eingeladen, damit ihre Tischmanieren wie auch ihre Kommunikationsfähigkeit begutachtet werden kann.

4 Arbeitgeber beurteilen Bewerber und Bewerberinnen oft nach ihrem Auftreten, wobei sie höfliches und korrektes Verhalten bei Tisch als wichtigen Pluspunkt werten.

5 So mancher Bewerber wird an dieser Hürde schon gescheitert sein.

6 Moritz von Knigge empfiehlt: „Man soll aber nicht stur auswendig gelernte Regeln anwenden. Es ist wichtig nachzudenken, welches Verhalten der konkreten Situation entspricht."

1 Gib die Zitate in den Sätzen 1 und 6 in indirekter Rede im Konjunktiv wieder.

2
a In Satz 3 stimmt eine Verbform nicht. Erläutere, worin der Fehler besteht, und korrigiere ihn.
b Forme den Satz in einen Aktivsatz um. (Tipp: Ergänze ein sinnvolles Subjekt.)
c Schreibe den Satz 4 so um, dass er durchgehend im Passiv steht.

3
a Bestimme die Tempusform in Satz 5.
Erkläre, was mit dieser Zeitform hier ausgedrückt wird.
b Formuliere das in Satz 5 Gemeinte möglichst genau mit Hilfe einer anderen Zeitform.
c Erläutere, warum der Text fast durchgehend im Präsens formuliert ist.

4
a Schreibe aus dem Text die unterordnenden Konjunktionen (Subjunktionen) heraus.
b Ist der Text insgesamt eher parataktisch oder eher hypotaktisch formuliert? Begründe.

5 Vergleiche deine Ergebnisse mit dem Lösungsteil (► S. 366).

12.2 Die Bewerbung – Treffend formulieren

Texte überarbeiten

Sabine Rath
Grafenmühlenweg 12
70173 Stuttgart
Tel.: 0711/123 …
E-Mail: langschlaefer@bmx.de

Deutsches Rotes Kreuz
Kreisverband Stuttgart
Frau Meyer
Oskar-Jäger-Straße 103–105
70173 Stuttgart

Bewerbung um ein Schülerpraktikum

Hallo, Frau Meyer,

über Ihre Internetseite habe ich erfahren,
dass Sie Praktikumsplätze für Schülerinnen
und Schüler für das von der Schule vorgesehene Schülerpraktikum anbieten, weswegen
ich mich hiermit in Ihrem Unternehmen um
einen Praktikumsplatz in der Zeit vom 17. 4.
bis zum 26. 4. 2017 bewerbe.
Mein Interesse am Deutschen Roten Kreuz
wurde durch einen Erste-Hilfe-Lehrgang,
den …

Sehr geehrte Frau Meyer,

ich habe gehört, dass man bei Ihnen ein
Praktikum absolvieren kann. Es wäre so
toll, wenn ich bei Ihnen anfangen könnte,
weil Rettungssanitäter mein absoluter
Traumjob ist. (…)

Liebe Frau Meyer,

mit großem Interesse habe ich im „Allgemeinen Anzeiger" gelesen, dass Sie Praktikums-
stellen im Bereich der Behindertenhilfe anbieten.
Weil ich mich sehr für soziale Fragen interes-
siere und mich auch die Arbeit mit Menschen
mit Behinderung sehr interessiert, möchte
ich mich bei Ihnen um ein Praktikum (…)

1 a Vergleicht diese Ausschnitte aus verschiedenen Bewerbungsschreiben. Wie werden sie auf ihre
Adressaten wirken? Begründet.
b Tauscht euch kurz aus: Worauf muss man bei einem Bewerbungsschreiben achten?

2 Untersucht die einzelnen Anschreiben genau. Erläutert, was gelungen ist und welche Fehler bzw.
Mängel vorliegen. Achtet auf
– Sprache, z. B.: umständliche/präzise Formulierungen – abwechslungsreiche Sprache / Wieder-
holungen – Standardsprache/Umgangssprache – korrekte Anrede,
– Inhalt, z. B.: Werden treffende Gründe für die Bewerbung genannt?

3 Wählt ein Anschreiben aus und überarbeitet den Anfang so, dass eure Bewerbung eine ernsthafte Chance hat, weitergelesen zu werden.

4 **a** Die äußere Form des Bewerbungsschreibens ist wichtig. Wie könnt ihr aber euren Arbeitgeber überzeugen, dass genau ihr geeignet seid für die Stelle? Lest die beiden folgenden Beispiele für eine Begründung der Berufswahl und erläutert, welche Mängel sie aufweisen.

> Ich glaube, dass ich für die Arbeit beim Deutschen Roten Kreuz gute Voraussetzungen mitbringe. Ich habe bereits in einem Krankenhaus gearbeitet. Ich habe außerdem keine körperlichen Berührungsängste im Umgang mit kranken, verletzten oder älteren Menschen. Ich kann psychische Belastungen gut aushalten. Ich konnte beim Schülernotdienst gut mit den Problemen und Ängsten meiner Mitschüler umgehen. Ich möchte einen Einblick in die Berufswelt des Deutschen Roten Kreuzes erhalten. Ich würde mich freuen, bei Ihnen ein Praktikum machen zu können.

> Den Job der Tourismuskauffrau finde ich super, weil ich es echt klasse finde, Reisen zu organisieren, und ich auch Geografie mag. In diesem Jahr hatte ich einen vierwöchigen Auslandsaufenthalt in England, wodurch ich jetzt schon ein bisschen weiß, was in einer anderen Kultur los ist. Außerdem kann ich jetzt viel besser Englisch sprechen. Französisch liegt mir auch. Den Umgang mit Menschen finde ich super und ich bin durch meinen Ferienjob in einem Büro auch fit im Umgang mit Kundenanfragen, Verwaltungsaufgaben und dem Computer, besonders mit den Programmen Word, Excel und PowerPoint. Ich würde mich freuen, in Ihrem Reisebüro ein Praktikum machen zu dürfen.

b Entscheidet euch für einen der Texte und überarbeitet ihn. Ihr könnt die folgenden Formulierungshilfen nutzen.

> sich interessieren für • in der Lage sein • einen Einblick bekommen • Erfahrungen sammeln • besonderes Interesse haben • über gute Kenntnisse in ... verfügen • ... bereitet mir Freude • seine Kenntnisse verbessern/vertiefen • der Umgang mit ... ist mir vertraut • Aus diesem Grund • außerdem • darüber hinaus • zudem

Texte stilistisch überarbeiten
- Achtet auf sprachliche Richtigkeit (▶ Checkliste S. 259).
- Formuliert Satzgefüge aus Haupt- und Nebensätzen, die Zusammenhänge deutlich machen (z. B. durch passende nebenordnende und unterordnende Konjunktionen) und flüssig zu lesen sind.
- Verwendet ein angemessenes Sprachniveau, vermeidet floskelhafte, aber auch umgangssprachliche Wendungen, z. B. statt: *Den Job der Tourismuskauffrau ...* → *Den Beruf der Tourismuskauffrau ...*
- Formuliert in Wortwahl und Satzbau abwechslungsreich.

Nominal- und Verbalstil

> Sehr geehrte Frau Pauli,
>
> nach dem Besuch Ihres Innenarchitekturbüros im Zuge unserer Projektwoche und dem Kennenlernen einiger von Ihnen betreuter Projekte habe ich den Wunsch, in Ihrem Unternehmen ein Praktikum zu absolvieren.
> Mein Interesse für das Gebiet der Innenarchitektur wurde durch eine Unterrichtsreihe im Fach Kunst geweckt, in der das selbstständige Entwerfen kleinerer Planungsskizzen zur Anwendung kam. Kreativität und Experimentierfreudigkeit sowie gute Mathematikkenntnisse zeichnen mich aus. Wegen meiner Vorliebe für das Entwerfen und Gestalten eigener Möbelstücke am Computer sehe ich auch im Bedienen von Programmen zur Raumgestaltung ein interessantes Aufgabengebiet.
> Ich hoffe, dass Sie mir die Möglichkeit zum Absolvieren eines Praktikums in Ihrem Büro geben.
>
> Mit freundlichen Grüßen
>
> Isabelle Klein

1 a Erläutert, wie dieses Anschreiben stilistisch auf euch wirkt.
  b Überlegt, in welchen Medien bzw. Textsorten dieser Nominalstil häufig auftaucht.

2 a Überarbeitet den Text und formuliert ihn im Verbalstil. Arbeitet im Team.
  b Vergleicht eure Textfassung mit der vorliegenden im Nominalstil. Welche Vor- und Nachteile haben die Stile?

3 Schreibt selbst ein Bewerbungsanschreiben für einen Beruf eurer Wahl. Wechselt dabei sinnvoll zwischen Nominal- und Verbalstil. Nutzt die Formulierungsbausteine auf Seite 265.

Information	**Nominalstil und Verbalstil**

- Unter **Nominalstil** versteht man eine Ausdrucksweise, die besonders viele Nomen und Nominalisierungen verwendet und entsprechend weniger Verben, z. B.: *Zur Vertiefung von Fremdsprachenkenntnissen ist ein Auslandsaufenthalt von Vorteil.*
  Der Nominalstil ist vor allem in wissenschaftlichen, behördlichen und fachsprachlichen Texten verbreitet.
- Im Gegensatz dazu zeichnet sich der **Verbalstil** durch die Verwendung relativ vieler Verben aus, z. B.: *Um seine Fremdsprachenkenntnisse zu vertiefen, ist ein Auslandsaufenthalt zu empfehlen.*

Eine Häufung von Nomen und Nominalisierungen macht einen Text stilistisch schwerfällig und den Inhalt des Textes abstrakt und schwer verständlich. Am besten ist es, beide Stile (Nominal- und Verbalstil) zu mischen.

12.3 Fit in ... – Einen Text überarbeiten

Stellt euch vor, ihr bekommt in der nächsten Klassenarbeit folgende Aufgabe:

An folgendem Brief muss noch gearbeitet werden. Überarbeite den Brief und schreibe eine verbesserte Version in dein Heft. Korrigiere dabei alle grammatikalischen Fehler und überarbeite den Brief auch stilistisch, indem du Sätze flüssiger oder verständlicher formulierst, ohne den Inhalt zu verändern.

Tipp: Für die ersten Sätze findest du Hilfen in der Randspalte. Die Fehler sind <u>rot unterstrichen</u>, die stilistischen Überarbeitungsvorschläge <mark>gelb markiert</mark>.

Nina Stürmer
Birkenallee 6
70681 Hasslich

Reisebüro Sonnenschein
Frau Günter
Regenloch 7
70681 Hasslich

15.06.2017

Praktikum in Ihrem Reisebüro

Liebe Frau Günter,

im April dieses Jahres <u>habe</u> ich und mein Mitschüler Klaus Schulze in Ihrem <u>modernem</u> Reisebüro ein vierwöchiges Praktikum absolviert.

<mark>In dieser Zeit wurden viele interessante Tätigkeiten von mir ausgeführt und meine Kenntnisse im Umgang mit Kundenanfragen und organisatorischen Aufgaben wurden vertieft.</mark>

Sie sagten ja schon in der ersten Woche meines Praktikums, ich <u>baue</u> sehr schnell einen guten Kontakt zu den Kunden <u>auf</u>. Das hat mich sehr gefreut und zur Weiterarbeit motiviert!

Zudem erklärten Sie, der Beruf der Tourismuskauffrau ist interessant, aber auch nicht immer einfach, weil viele Kunden ausgefallene Reisewünsche haben, wo sich nur schwer realisieren lassen. Diese Informationen waren sehr hilfreich für mich, weil ich mich dadurch besser auf die Kundenwünsche einstellen konnte. Trotzdem ich keinerlei Erfahrung im Umgang mit der Buchung von Reisen hatte, durfte ich schon am ersten Tag Kundengespräche führen

Numerus falsch
Kasus falsch

Stil: besser Passiv in Aktiv umformen

Modus falsch: Konjunktiv verwenden

und eine Reisebuchung vorbereiten. Wegen der Übertragung verantwortungsvoller Aufgaben und der Möglichkeit des selbstständigen Arbeitens habe ich mich bei Ihnen sehr wohl gefühlt.

30 Für die interessanten Einblicke und die gute Betreuung während meinem Praktikums möchte ich mich herzlich bedanken.

Mit besten Grüßen

Nina Stürmer

35 PS: Nachdem ich einige Wochen in Ihrem Unternehmen mitarbeitete, konnte ich mir sogar vorstellen, in der Tourismusbranche zu arbeiten.

1 **a** Lest euch die Aufgabenstellung auf Seite 267 und den Briefentwurf mit den Anmerkungen sorgfältig durch.

b Besprecht gemeinsam mit eurer Banknachbarin oder eurem Banknachbarn, in welcher Form ihr den Text überarbeiten sollt.

2 Überarbeitet den Brief. Geht so vor:

a Verbessert die ersten Sätze des Briefes (▶ Z. 11–19), indem ihr die Überarbeitungsvorschläge in der Randspalte umsetzt.

b Geht bei der weiteren Überarbeitung Satz für Satz vor. Nehmt die Checkliste unten zu Hilfe.

3 Kontrolliert eure Texte im Team. Prüft, ob Grammatik, Rechtschreibung und Zeichensetzung korrekt sind, danach, ob der Text verständlich und abwechslungsreich formuliert ist.

Checkliste

Checkliste zur Textüberarbeitung

- **Grammatik:** Ist der Text grammatikalisch korrekt? Beachtet z. B.:
  - **Kasus,** z. B.: *bei lautem Fluglärm* → Dativ
  - **Numerus,** z. B.: Subjekt und Prädikat müssen im Numerus übereinstimmen, z. B.: *Nina schreibt an Frau Günter. Nina und Klaus schreiben an Frau Günter.*
  - **Modus,** z. B.: bei der indirekten Rede auf Konjunktiv achten: *Sie glaubt, er fände* …
  - **Tempora:** Achtet auf korrekte Tempora, vor allem bei Vorzeitigkeit.
  - **Satzverknüpfungen/Satzbau,** z. B.: logisch richtige Konjunktionen, Relativpronomen beim Relativsatz, Personalform des Verbs im Nebensatz an letzter Satzgliedstelle?
- **Stil:** Kann der Text stilistisch verbessert werden? Beachtet z. B.:
  - **Schachtelsätze:** Löst verschachtelte Satzgefüge in mehrere kürzere Sätze auf.
  - **Aktiv oder Passiv:** Ersetzt unschöne Passivformulierungen durch das Aktiv.
  - **Nominalstil/Verbalstil:** Wenn sich Nomen/Nominalisierungen häufen, ersetzt sie durch Verben, z. B.: *Zur Aufklärung des Falls …* → *Um den Fall aufzuklären …*
  - Vermeidet Wortwiederholungen und eintönige Satzanfänge (Ersatz- und Umstellprobe).
- Sind **Rechtschreibung** und **Zeichensetzung** korrekt?

1
a Erklärt, über welche Rechtschreibprobleme die Schülerinnen und Schüler nachdenken.
b Schreibt die Wortgruppen aus den Gedankenblasen korrekt in euer Heft.
c Vergleicht eure Ergebnisse und nennt die jeweilige Regel, die euch bei der Suche nach der richtigen Schreibweise geholfen hat.

2 Wie geht ihr vor, um in Klassenarbeiten Rechtschreib- und Kommafehler zu vermeiden?

In diesem Kapitel ...

– wiederholt ihr Regeln zur Groß- und Kleinschreibung sowie zur Getrennt- und Zusammenschreibung,
– übt ihr, Fremdwörter richtig zu schreiben,
– trainiert ihr, Kommas und andere Satzzeichen richtig zu setzen.

13.1 So ist es richtig! – Rechtschreibung festigen

Groß- und Kleinschreibung

Nominalisierungen

Auszug aus der Klassenarbeit (1)

Johannes Schneider geht in seinem Artikel „Medienkritik – unser digitales Gedächtnis" aus dem Jahr 2012 der Frage nach, was jeder einzelne angesichts des Internets heute überhaupt noch wissen und erinnern muss. Um deutlich zu machen, dass Medienkritik nichts neues ist, zeichnet er das auf und ab der Medienkritik von der Antike bis in die Gegenwart nach. Diese beginnt mit dem kritisieren der Kulturtechnik des schreibens. Danach wird das erfinden des Buchdrucks angeführt, der damals auf viele Bedenken stieß. Und heute, im hier und jetzt, wird das Internet verteufelt. Schneider erklärt, dass man die Kritik an den Medien zwar im großen und ganzen ernst nehmen, aber nicht überbewerten sollte.

1 Dies ist die Einleitung zu einer Sachtextanalyse.
Erklärt, worum es in dem Sachtext von Schneider geht und was ihr über das Thema bereits wisst.

2 In der Einleitung des Aufsatzes finden sich zahlreiche Fehler aus dem Bereich der Groß- und Kleinschreibung. Sucht drei Beispiele für Fehler heraus und erklärt, worin der Rechtschreibfehler jeweils besteht. Formuliert hierfür die Regel, an der ihr euch beim Schreiben orientieren könnt.

3 a Übertragt den Text in euer Heft und berichtigt dabei die Fehler. Umkreist die Nominalisierungen und unterstreicht die Begleitwörter, an denen ihr sie erkannt habt.
b Findet drei eigene Beispiele für Nominalisierungen mit unterschiedlichen Begleitwörtern, z. B.:
Artikel + Nominalisierung: das Letzte; Pronomen + Nominalisierung: …
c Formuliert drei Sätze mit Nominalisierungen, die nicht durch Begleitwörter angekündigt werden.

Information   **Nominalisierungen**

Verben, Adjektive, Adverbien und Wörter anderer Wortarten können als Nomen gebraucht werden. Dann schreibt man sie in der Regel **groß**, z. B.: *das Spielen* (Verb), *das Neue* (Adjektiv). Ihr könnt solche **Nominalisierungen** meist an ihren **Begleitwörtern** erkennen, z. B.:

- ein **Artikel,** z. B. *der* Alte, *das* Schreiben,
- ein **Pronomen,** z. B. *dieses* Denken, *etwas* Neues,
- ein **Adjektiv,** z. B. *sorgfältiges* Recherchieren, *langes* Hin und Her,
- eine **Präposition,** die mit einem Artikel verschmolzen sein kann, z. B. *beim* (= bei dem) Schreiben, *im* Allgemeinen.

Tipp: Nicht jedes nominalisierte Wort wird durch einen Nomenbegleiter angekündigt. Macht die Probe: Wenn ihr einen **Nomenbegleiter** (z. B. einen Artikel) **ergänzen** könnt, schreibt ihr groß, z. B.: *Allerdings erfordert (das) Recherchieren im Internet keine Gedächtnisleistung.*

Schreibung von Eigennamen und Herkunftsbezeichnungen

Auszug aus der Klassenarbeit (2)

In seinem Beitrag geht Schneider auf die Positionen verschiedener berühmter Medienkritiker von früher und heute ein. So meinte z. B. der A/athener Philosoph Sokrates, dass die Schrift kein Ersatz dafür sei, sich Wichtiges zu merken. Der S/spontheimer Abt Johannes Trithemius hingegen lobte später die S/schreibenden Mönche. Dafür kritisierte er aber den neu erfundenen Buchdruck mit B/beweglichen Lettern. Außerdem geht Schneider auf den T/tschechoslowakischen Medienphilosophen Vilém Flusser ein. Dieser beschrieb 1987 die negativen Folgen der Erfindung der Schrift, des Buchdrucks und schließlich des Computers.

Schneider erwähnt außerdem Frank Schirrmacher, den ehemaligen Herausgeber der F/frankfurter A/allgemeinen Z/zeitung.

1
a Groß oder klein? Schreibt die markierten Wortgruppen in der richtigen Schreibweise in euer Heft.
b Vergleicht eure Ergebnisse in Partnerarbeit und erklärt euch gegenseitig mit Hilfe des Merkkastens, welche Regel ihr jeweils angewendet habt.

2 Begründet die Schreibweise bei den folgenden Beispielpaaren:

das Rote Kreuz das rote Sofa	der Zweite Weltkrieg der zweite Besucher
Frankfurter Buchmesse ein spannender Roman	ein sächsischer Dichter die Sächsische Schweiz

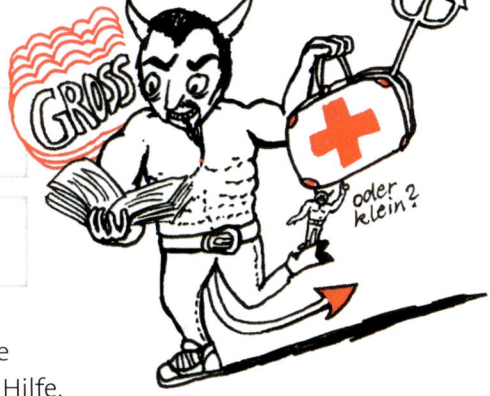

3 Findet für jede Regel aus dem Merkkasten drei weitere Beispiele und schreibt sie auf. Nehmt gegebenenfalls ein Wörterbuch zu Hilfe.

Information   **Schreibung von Eigennamen und Herkunftsbezeichnungen**

- **Eigennamen,** z. B. Personennamen, Städte-, Länder- und Flüssenamen, Namen von Institutionen und Einrichtungen, schreibt man **groß.** In mehrteiligen Eigennamen schreibt man alle Wörter groß mit Ausnahme der Artikel, Konjunktionen und Präpositionen, z. B.:
  die Vereinigten Staaten, Peter der Große, das Rote Kreuz, der Kleine Bär (Sternbild), die Französische Revolution, Gasthof zur Alten Post, die Sächsische Schweiz.
  Tipp: Es gibt Wortgruppen (feste Verbindungen), die keine Eigennamen sind, obwohl sie oft als Namen angesehen werden. Hier schreibt man die Adjektive klein, z. B.: *das neue Jahr, die schöne Bescherung, die graue Maus, die höhere Mathematik.*
- **Herkunftsbezeichnungen:**
  – Die von geografischen Namen abgeleiteten **Wörter auf *-er*** schreibt man immer **groß,** z. B. *der Berliner Journalist.*
  – Die von geografischen Namen abgeleiteten **Adjektive auf *-isch*** werden **kleingeschrieben,** z. B. *der griechische Philosoph.*

Fremdwörter und Fachbegriffe

> **Auszug aus der Klassenarbeit (3)**
>
> Schneider macht in seiner Darstellung der Geschichte der Medienkritik deutlich, dass neue Erfindungen immer erst einmal kritisiert werden. Das trifft auf die Erfindung der Schrift und des Buchdrucks in gleicher Weise zu wie auf die Erfindung des Smart Computing, auch wenn die gesellschaftlichen, philosophischen und theologischen Rahmenbedingungen ganz unterschiedlich waren.
>
> Zu Smart Communication, also dem mobilen Internet auf Handys, sagt Schneider, dass dadurch alle Informationen jederzeit verfügbar seien. Darum müsse man sich an nichts mehr erinnern und sich nichts mehr merken. Er erklärt, dass auch Symposien oder Workshops zu diesem Thema nicht darüber hinwegtäuschen könnten, dass eine Recherche im Internet wenig Niveau habe.

1 **a** Lest den Auszug aus der Klassenarbeit. Beschreibt, wie der Text auf euch wirkt.

   b Klärt im Gespräch unbekannte Fremdwörter oder andere Begriffe, die ihr nicht versteht.

2 Erklärt anhand der folgenden Einträge aus einem Fremdwörterbuch, welche Angaben in einem solchen Wörterbuch gemacht werden.

> **Work|shop** [ˈwəːkʃɔp] *<engl.: „Werkstatt“> der;* -s, -s: Kurs, Seminar o. Ä., in dem in freier Diskussion bestimmte Probleme erarbeitet werden, ein Erfahrungsaustausch stattfindet

> **The|o|lo|ge** *der;* -n, -n: *<gr.-lat.>:* jmd., der sich wissenschaftlich mit der Theologie beschäftigt. **The|o|lo|gie** *die;* -, ...ien: wissenschaftliche Lehre von einer als wahr vorausgesetzten [christlichen] Religion, ihrer Offenbarung, Überlieferung und Geschichte. **The|o|lo|gin** *die;* -, -nen: weibliche Form zu → Theologe. **the|o|lo|gisch:** die Theologie betreffend

3 **a** Übertragt die Tabelle in euer Heft und ordnet die markierten Fremdwörter aus dem Text ein. Nehmt hierzu ein Wörterbuch zu Hilfe.

Fremdwörter	Beispiele aus dem Text
aus dem Griechischen	...
aus dem Lateinischen	...
aus dem Französischen	...
aus dem Englischen	...

   b Sucht für jede Tabellenzeile drei weitere Fremdwörter. Verwendet dabei ein Wörterbuch.

4 Überlegt, inwiefern es sinnvoll ist, in der Klassenarbeit Fremdwörter zu verwenden, bzw. wann Fremdwörter möglicherweise auch verzichtbar sind. Nennt Beispiele aus dem Text.

Auszug aus der Klassenarbeit (4)

Schneider argumentiert, dass ein Gang in die
Biblio `?` ek oder ein Griff ins eigene Bücherregal nicht
mehr notwendig seien. Außerdem habe man kaum
mehr eine Chan `?` , sich aktiv zu erinnern. Dieses
5 Argument stützt Schneider mit zwei Beispielen. Die
Frage nach der Mutter der Musen in der griechischen
M `?` ologie werde bei einem Gespräch im Caf `?`
ganz c `?` l mit einer s `?` stematischen Recherche im
Smartpho `?` gelöst. Dies gelte auch, wenn man am
10 Abendbrottisch in entspannter Atmos `?` äre über das
Finale des Europapokals im Jahr 1966 `?` iloso `?` iert.

5
a Ergänzt bei den Fremdwörtern die fehlenden Buchstaben und schreibt sie auf, z. B.: *Bibliothek.*
b Überprüft eure Ergebnisse mit Hilfe des Fremdwörterbuches.

6
a Übertragt die Fremdwörter in Lautschrift in eine normale Schreibweise.

[fotograˈfiː] • [ˌfilozoˈfiː] • [pɔrtmɔˈneː] • [ˈjoːɡʊʁt] • [majɔˈnɛːzə] • [fantaˈziː] •
[ˈʁʏtmʊs] • [ʁeʔakˈt͡sioːn]

b Prüft, ob es eine eingedeutschte Variante der Wörter gibt, und markiert sie.

7 Fremdwörter, die als Fachbegriffe verwendet werden,
werden nicht eingedeutscht.
a Schreibt die nebenstehenden Wörter mit ihren
Artikeln untereinander in euer Heft und ergänzt
dabei die fehlenden Buchstaben.
b Notiert hinter den Wörtern jeweils ihre Bedeutung.
Nutzt, wo nötig, ein Wörterbuch, Lexikon oder das
Internet.

`?` e `?` orische Frage •
S `?` non `?` m • Anti `?` ese •
Meta `?` er • Ana `?` er •
H `?` perbel • Katastro `?` e •
Stro `?` e • S `?` mbol • `?` ema •
L `?` rik • `?` eaterbühne

Information   Fremdwörter

Fremdwörter sind **Wörter, die aus anderen Sprachen** kommen, z. B.: *Gymnastik* (griech.),
diskutieren (lat.), *Garage* (frz.), *Spaghetti* (ital.), *Snowboard* (engl.). Meist erkennt man sie an der
Aussprache und der Schreibung, wenn sie den Regeln ihrer Herkunftssprache folgen. (Für die
Groß- und Kleinschreibung gelten allerdings immer die Regeln der deutschen Rechtschreibung,
z. B. *Snowboard* – statt engl. *snowboard*.)
Häufig gebrauchte Fremdwörter werden **eingedeutscht,** d. h. in ihrer Schreibweise dem Deut-
schen angeglichen. In diesen Fällen ist sowohl die eingedeutschte als auch die fremdsprachige
Schreibung korrekt, z. B.: *Photographie/Fotografie; Portemonnaie/Portmonee.*
Fremdwörter, die als **Fachbegriffe** verwendet werden, werden **nicht eingedeutscht.** Dies gilt
auch für Fachbegriffe aus dem Deutschunterricht, z. B.: *Apposition, Metapher, Strophe.*

Getrennt- und Zusammenschreibung

Auszug aus der Klassenarbeit (5)

Am Schluss seiner Ausführungen zum Thema „Medienkritik" beschreibt Schneider, was man im Zeitalter des Internets vergessen/kann und was man lernen/sollte. So würde er den Vorschlag Flussers, dass man mittlerweile das Alphabet aus seinem Gedächtnis löschen/könne, eventuell gut/heißen. Man müsse sich nämlich klar/machen, dass Programmierkodes heutzutage die
5   wirklich wichtige Sprache seien. Diese Kodes würden allerdings nur wenige beherrschen. Deshalb könne man nicht vorher/sagen, ob diese Kodes unsere Schrift einmal ab/lösen werden. Schneider weist abschließend darauf hin, dass uns die Informationsbeschaffung mit Hilfe des Internets sehr leicht/falle und auch schnell/gehe. Dadurch hätten wir z.B. mehr Zeit, um in Ruhe nach/denken zu können. Allerdings könne er nicht beurteilen, ob es genauso viel
10 S/spaß/mache, Informationen in einem Smartphone oder Tablet-PC auf/zu/finden, wie eine Bibliothek zu besuchen.

1 Lest den Auszug aus der Klassenarbeit. Diskutiert, was ihr von Schneiders Aussagen haltet.

2 **a** Getrennt oder zusammen? Schreibt die markierten Wortgruppen richtig in euer Heft.
b Erklärt, an welchen Regeln ihr euch beim Schreiben der Wortgruppen orientiert habt. Nutzt dazu gegebenenfalls die Informationen im Merkkasten (▶ S. 275).

3 Entscheidet jeweils, ob die folgenden Wortgruppen aus Adjektiv und Verb getrennt oder zusammengeschrieben werden. Schreibt sie dann richtig in euer Heft.

- Vor der Klassenarbeit sollte man sich noch einmal alle Rechtschreibregeln klar/machen.
- Die Regeln, die einem besonders schwer/fallen, kann man sich auf Lernkarten sauber/notieren, damit sie sich besser/ein/prägen.
- Man sollte sich bei einer Klassenarbeit die Zeit gut/einteilen.
- Dann kann man den Text noch einmal gründlich/lesen und dabei auch die Rechtschreibung kritisch/betrachten.
- Manchen Schülern ist eine Klassenarbeit so wichtig, dass sie diese auch krank/mitschreiben.
- In einem solchen Fall sollte man sich aber besser vom Arzt krank/schreiben lassen und zu Hause bleiben.
- Das heißt aber nicht, dass man blau/machen sollte, weil man keine Lust auf die Klassenarbeit hat.

4 Schreibt die folgenden Sätze in euer Heft. Prüft dabei mit Hilfe der Informationen im Merkkasten, ob die Wortgruppen aus Adverb und Verb getrennt oder zusammengeschrieben werden.

- Häufig weiß man intuitiv, ob man eine Wortgruppe getrennt/ schreiben oder zusammen/schreiben muss.
- Aber was ist mit den Zweifelsfällen? Wenn man keine Fehler dabei/machen möchte, muss man sich gründlich mit den Regeln auseinander/setzen.
- Es hilft oft, wenn man vor der Klassenarbeit mit seinen Mitschülern zusammen/lernt.
- Denn wenn man die Regeln miteinander/bespricht, prägen sie sich stärker ein und man kann sich in der Klassenarbeit besser wieder/erinnern.

5 Übt in Partnerarbeit die Getrennt- oder Zusammenschreibung von Adjektiv + Verb und Adverb + Verb. Geht so vor:

a Jeder von euch schreibt fünf Sätze mit Wortgruppen aus Adjektiv + Verb oder Adverb + Verb auf einen Zettel. Trennt dabei die Wortgruppen durch einen Schrägstrich, z. B.:
Freunde sollten immer zusammen/halten.

b Tauscht die Zettel mit eurem Lernpartner oder eurer Lernpartnerin aus. Schreibt dann die Sätze jeweils in der richtigen Schreibweise in euer Heft.

c Kontrolliert gemeinsam, ob ihr alle Sätze richtig geschrieben habt.

Information	Getrennt- und Zusammenschreibung

- Wortgruppen aus **Nomen und Verb** und Wortgruppen mit **sein** werden immer getrennt geschrieben, z. B.: *Computer spielen, reich sein, da sein.*
- Wortgruppen aus **Verb und Verb** können immer getrennt geschrieben werden, z. B.: *kennen lernen, einkaufen gehen, gelobt werden.*
- Wortgruppen aus **Adjektiv und Verb** werden meist getrennt geschrieben, z. B.: *lange warten, gut arbeiten, schnell reden.*
  Aber: Entsteht durch die Verbindung von Adjektiv und Verb ein Wort mit einer neuen Gesamtbedeutung, schreibt man zusammen, z. B.: *blaumachen* (schwänzen).
- Verbindungen aus **Präposition und Verb** schreibt man in der Regel zusammen. Die Hauptbetonung liegt bei der Zusammenschreibung auf der Präposition, z. B.: *nachdenken, mitkommen, umkehren.*
- Verbindungen aus **Adverb und Verb** werden in der Regel
  - zusammengeschrieben, wenn die Hauptbetonung auf dem Adverb liegt, z. B.: *Wir müssen zusammenhalten.*
  - getrennt geschrieben, wenn Adverb und Verb gleich betont werden, z. B.: *Wollen wir das schwere Regalbrett zusammen tragen?*

  Tipp: Macht die Erweiterungsprobe. Wenn ihr ein Wort oder eine Wortgruppe zwischen Adverb und Verb einfügen könnt, schreibt ihr getrennt, z. B.: *Wollen wir das Regal zusammen (in die Küche) tragen?*

Richtig schreiben – Strategien anwenden

Auszug aus der Klassenarbeit (6)

Meiner Meinung nach kann man Schneiders Position, die er zum The-ma „Medienkritik" vertritt, zum Teil durchaus zustimmen. So hat er na-türlich <u>Recht</u>, wenn er darauf hinweist, dass Smartphones und Tablet-PCs zur Folge haben, dass bestimmte Erinnerungs- und Gedächtnisleistun-gen nicht mehr notwendig sind und das Beschaffen von Informationen enorm beschleunigt wird. Dies ist meiner Ansicht nach aber ein großer Vorteil der Medien. Das räumt auch Schneider am Schluss seines Textes ein, sodass wir in diesem Punkt durchaus <u>überein stimmen</u>.
Seine Befürchtungen, <u>dass</u> man sich wegen des Internets nichts mehr merken müsse, kann ich jedoch nicht teilen. Schließlich bin ich selbst dafür <u>zustendig</u> zu entscheiden, was ich mir merke und was nicht. So muss und kann ich z. B. immer noch Vokabeln lernen, wenn ich eine Fremdsprache erlernen möchte. Folglich habe ich keine Sorge, dass die Bedeutung des Internets eines Tages <u>überhand nehmen</u> wird.
Auch Schneiders Meinung, dass er noch nicht <u>endgültig</u> beurteilen kön-ne, ob eine Internetrecherche möglicherweise weniger Spaß macht als die Recherche in der Bibliothek, kann ich aus eigenen Erfahrungen nicht nachvollziehen.

5

10

15

1 Recht haben /
recht haben?

2 überein stimmen /
übereinstimmen?

3 das/dass?

4 zustendig/
zuständig?

5 überhand nehmen /
überhandnehmen?

6 endgültig/
entgültig?

1 In diesem Text hat ein Schüler seine eigene Meinung zum Thema „Medienkritik" formuliert. Erläutert, in welchen Punkten ihr seiner Meinung seid oder eine andere Ansicht vertretet.

2 An einigen Stellen im Text (▶ rote Schlangenlinien) ist sich der Schreiber bei der Rechtschreibung nicht sicher und hat entsprechende Fragen am Rand notiert. Besprecht: Mit welchen Strategien könnte er die korrekte Schreibweise ermitteln?

3 a Entscheidet, welche Schreibweise für die folgenden Wörter aus dem Schüleraufsatz richtig ist. Die Proben aus dem Merkkasten (▶ S. 277) könnt ihr als Strategien einsetzen.
  – zustendig/zuständig?   – endgültig/entgültig?

  b Klärt die Schreibung der folgenden Wörter mit Hilfe der Verlängerungs- oder Ableitungsprobe.
  – e/ä – eu/äu   unt ? tig • geh ? ssig • kr ? ftig • ? ßerlich • verschw ? nden
  – b/p – d/t – g/k   gel ? • Partizi ? • die En ? scheidung • das En ? ergebnis •
                       weni ? • schlan ?
  – s/ß   sie lie ? t • ich hei ? e • das Lo ? • er ra ? t • er grü ? t • das Gla ?

4 a das oder dass? Klärt die Schreibweise im Aufsatz oben (▶ Z. 9) mit Hilfe der Ersatzprobe
  (▶ Merkkasten, S. 277).
  b Schreibt die folgenden Sätze korrekt in euer Heft und ergänzt *das* oder *dass*.
  – Glauben Sie, ? ? Buch, ? er ihr geschenkt hat, spannend ist?
  – Sie hat mir erklärt, ? sie viel zu tun habe.
  – ? du ? tatsächlich so meinst, war uns nicht klar.

5 **a** Recht haben oder recht haben? Entscheidet die Schreibweise mit Hilfe des folgenden Eintrags aus dem Wörterbuch:

recht/Recht	
Kleinschreibung	– etwas für Recht erkennen
	– nach Recht und Gewissen
– ein rechter Winkel	– Recht finden, Recht sprechen; sein Recht suchen,
– der rechte Ort; der rechte Zeitpunkt	bekommen; das Recht anwenden, vertreten, verlet-
– zur rechten Hand, rechter Hand (rechts); jmds. rechte	zen, beugen
Hand sein *(übertr.)*	– sein Recht fordern; auf sein Recht pochen; zu sei-
– jetzt erst recht	nem Recht kommen
– so ist es recht; das ist [mir] durchaus, ganz, völlig	– zu Recht; zu Recht bestehen, erkennen; sie ist zu
recht; es soll mir recht sein	Recht auf den zweiten Platz gekommen, *aber* sie ist
– das geschieht ihm recht	allein gut zurechtgekommen, kommt allein gut zu-
– das ist nicht recht von dir; es ist [nur] recht und billig;	recht
alles, was recht ist	*Vgl. auch* rechtens *u.* zurechtbiegen, zurechtfinden
– man kann ihm nichts recht machen	usw.
– gehe ich recht in der Annahme, dass …	
Großschreibung	*Groß- oder Kleinschreibung*
– das Recht, des Recht[e]s, die Rechte	– du hast recht od. Recht daran getan
– bürgerliches Recht, öffentliches Recht	– recht od. Recht haben; wie recht sie hat; du hast ja so
– im Recht sein	recht!
– von Rechts wegen	– recht od. Recht behalten; recht od. Recht bekommen
– mit Recht, ohne Recht	– jmdm. recht od. Recht geben

b Schlagt im Wörterbuch nach, wie die folgenden Wendungen geschrieben werden:
etwas zum besten geben / etwas zum Besten geben; mithilfe dessen / mit Hilfe dessen;
soweit wie möglich / so weit wie möglich?

6 **a** Klärt die Fragen **2** und **5** (▶ Aufsatz, S. 276) mit der nebenstehenden Rechtschreibregel.
  b Sucht im Wörterbuch die Regel, die euch bei der Schreibweise der folgenden Wendungen bzw. Wörter hilft.
  – Mißverständnis / Missverständnis? • Gruß / Gruss
  – am schönsten / am Schönsten? • am besten / am Besten

> **K 51**
> Zusammenschreibung gilt in der Regel, wenn der erste Bestandteil als frei vorkommendes Wort ungebräuchlich ist (§ 34 [1.3]).
>
> ■ abhandenkommen
> ■ anheimstellen
> ■ einhergehen
> ■ übereinstimmen
> ■ zunichtemachen
> ■ zuteilwerden

Information **Strategien zum Rechtschreiben**

1 Stammprinzip (Ableitungsprobe): Wenn ihr unsicher seid, wie ein Wort geschrieben wird, hilft fast immer die Suche nach einem verwandten Wort. Der Wortstamm wird in allen verwandten Wörtern gleich oder ähnlich geschrieben, z. B.: *abgereist – reisen; träumen – Traum; Gläser – Glas; platzieren – Platz.*

2 Verlängerungsprobe: Verlängert das Wort, wenn ihr **unsicher seid,** ob am Wort- oder Silbenende **d** oder **t, g** oder **k, b** oder **p, ß** oder **s** geschrieben wird, z. B.: *Land – Länder, Tag – Tage.*

3 *das/dass?* (Ersatzprobe): Die Konjunktion „dass" kann nicht durch „dieses", „jenes", „welches" ersetzt werden, z. B.: *Das Buch, das (welches) du liest …; Ich sage, dass ich gehe.*

4 Im Wörterbuch nachschlagen: Schlagt unbekannte Wörter im Wörterbuch nach oder bestimmte Rechtschreibregeln im Regelteil eines Rechtschreibwörterbuchs.

Fordern und fördern – Rechtschreibung

VORSICHT
FEHLER!

Horst Haider Munske

Lob der Rechtschreibung

1 *Der Erlanger Sprachwissenschaftler Horst Haider Munske findet lobende Worte für die deutsche Rechtschreibung:*

Die deutsche Orthografie ist lobenswert für die vielen guten Eigenschaften, die das Lesen erleichtern, ohne dass sie das Schreiben besonders schwermachen. Darin übertrifft sie viele andere Sprachen. Zu loben ist sie vor allem für ihre Einheitlichkeit, die in langer Tradition gewachsen ist und vor über hundert Jahren einvernehmlich besiegelt wurde. Sie hat sich in ihrer Geschichte durch eine große Fähigkeit zur Anpassung an die Sprachentwicklung und an die Bedürfnisse ihrer Benutzer hervorgetan.

2 Und ich lobe sie auch für ihr Alter, für die Züge kontinuierlicher Entwicklung und geschichtlicher Herkunft, die sie nicht verbirgt. Ihre Kindheit liegt im F/frühen Mittelalter bei christlich frommen Menschen, die das kunstvolle S/schreiben mit L/lateinischen Buchstaben in den Schriften der Kirchenväter kennen/lernen konnten. Unser Lob kann sich allerdings nicht darauf beschränken, dass wir V/vertrautes und G/geschätztes hervor/heben. Zu loben sind auch die Regeln, die sich in Jahrhunderten heraus/gebildet haben und die ihre Bewährungsprobe immer wieder/bestanden haben. Man kann sich damit klar/machen, welche Leistungen in unserer Orthografie stecken.

3 Als Mängel unserer Rechtschreibung werden häufig die komplizierten Regeln hervor gehoben, die der Bezeichnung der Vokalkürze und der Vokallänge im deutschen Wortschatz dienen. Diese Eigenart der Deutschen Orthografie hat bereits einer der ersten Kritiker und Reformer der deutschen Rechtschreibung, der Barockdichter Philipp Von Zesen, dar gelegt. Seitdem gehört das systematische vereinfachen in diesem Bereich zum festen Bestandteil aller Reformprogramme. Es gehört zum Lob unserer Rechtschreibung, zu erklären, warum das verändern solcher Eigenarten so schwer fällt, warum gerade diese Eigenarten als unveräußerlicher Ausdruck der Identität unserer Sprache gelten.

●○○ **1** Begründet die Groß- und Klein- sowie die Zusammen- und Getrenntschreibung der markierten Wörter aus dem ersten Textabsatz (▶ Z. 1–15) mit Hilfe der jeweils passenden Regel.

●●○ **2** Groß oder klein? Zusammen oder getrennt? Schreibt die markierten Wörter und Wortgruppen aus dem zweiten Textabsatz (▶ Z. 16–32) in der richtigen Schreibweise in euer Heft.

●●● **3** Im dritten Textabsatz (▶ Z. 33–49) finden sich sieben Fehler, die die Groß- und Kleinschreibung und Zusammen- und Getrenntschreibung betreffen. Findet die Fehler und schreibt die Wörter und Wortgruppen (mit Zeilenangaben) richtig in euer Heft.

Teste dich!

Rechtschreibung

1 Auf den Karteikarten sind wichtige Rechtschreibregeln notiert. Allerdings sind darunter auch fehlerhafte Regeln.

a Schreibe die Buchstaben der korrekten Regeln in dein Heft.

b Mit den richtigen Buchstaben kannst du den Namen eines bekannten Wörterbuchs bilden. Notiere ihn.

2 **a** Korrigiere die falschen Rechtschreibregeln und schreibe sie richtig in dein Heft.

b Vergleicht euer Ergebnis in Partnerarbeit. Schlagt die Regeln gegebenenfalls auch noch einmal im Anhang des Buches nach (▶ S. 351–356).

Nominalisierungen   S

Wenn ein nominalisiertes Wort nicht durch einen Nomenbegleiter angekündigt wird, schreibt man es klein.

Wortgruppen mit Verb   D

Wortgruppen aus Verb und Verb können immer getrennt geschrieben werden. Wortgruppen aus Nomen und Verb und Wortgruppen mit „sein" müssen immer getrennt geschrieben werden.

Geografische Namen   E

Von geografischen Namen abgeleitete Wörter auf -er schreibt man groß. Von geografischen Namen abgeleitete Adjektive auf -isch schreibt man klein.

Adjektiv und Nomen   N

Wenn ein Adjektiv mit einem Nomen eine feste Verbindung eingeht, schreibt man das Adjektiv klein, außer wenn die Verbindung eine neue Bedeutung hat.

Adjektiv + Verb   U

Adjektiv und Verb schreibt man meist getrennt, außer wenn durch die Verbindung aus Adjektiv und Verb ein Wort mit neuer Gesamtbedeutung entsteht.

Mehrteilige Eigennamen   R

In mehrteiligen Eigennamen schreibt man nur die Nomen groß.

Adverb + Verb   L

Adverb und Verb schreibt man immer zusammen.

Fremdwörter   O

Fremdwörter sind mittlerweile alle der deutschen Schreibweise angeglichen.

Ableiten und verlängern   D

Wenn man sich nicht sicher ist, wie ein Wort geschrieben wird, hilft häufig die Ableitungs- oder die Verlängerungsprobe.

13.2 Zeichen setzen – Satzzeichen richtig verwenden

Das Komma in Satzreihe und Satzgefüge

HIER FEHLEN
KOMMAS!

Einleitung

Man sieht, wenn man sich auf Schulhöfen umschaut, dass die Schülerinnen und Schüler sehr unterschiedlich gekleidet sind. Während einige teure Markenkleidung tragen legen andere darauf weniger Wert oder können sich Markenklamotten einfach nicht leisten. Die Frage ob man Markenkleidung kaufen und tragen sollte ist nicht so leicht zu beantworten. Bevor man sich über diese Frage ein Urteil bildet sollte man zunächst das Für und Wider abwägen.

5

Schluss

10

Es ist deutlich geworden dass die positiven Gesichtspunkte von Markenkleidung die negativen überwiegen. Gleichwohl ist mit den Markenprodukten ein Problem verbunden das man nicht aus dem Blick verlieren sollte: Man muss sich klarmachen dass sich viele Schülerinnen und Schüler die teure Kleidung gar nicht leisten

15

können.

1 Erklärt, was das Thema der Klassenarbeit ist. Diskutiert dann, ob ihr die Position des Schülers teilt.

2 Nur im ersten Satz sind Kommas gesetzt, im übrigen Text fehlen sie.
 a Zeichnet zum ersten Satz (▶ Z. 2–3) einen Satzbauplan. Berücksichtigt dabei auch die Kommas.
 b Vergleicht eure Ergebnisse und formuliert eine Regel zur Kommasetzung in Satzgefügen.
 c Überprüft eure Regeln mit Hilfe der Informationen im Merkkasten auf Seite 281.

3 a Schreibt den Text ab Zeile 3 ab und setzt dabei die fehlenden Kommas.
  Tipp: Achtet auf die Grenzen zwischen den Teilsätzen. Nebensätze (Verbletztsätze) könnt ihr an Einleitungswörtern (Konjunktionen, Relativpronomen, Fragewörter) erkennen. Sie werden mit Komma vom Hauptsatz (Verbzweitsatz) und von anderen Nebensätzen getrennt.
 b Sucht den Relativsatz unter den Nebensätzen. Umkreist das einleitende Relativpronomen und kennzeichnet mit einem Pfeil, auf welches Nomen es sich bezieht.
 c Tauscht eure Hefte aus und prüft, ob alle Kommas richtig gesetzt wurden.

4 a Formuliert selbst einen Schlussteil zum Thema „Markenklamotten – ja oder nein?" Achtet dabei auf die Kommasetzung. Ihr könnt die folgenden Formulierungsbausteine verwenden.
  – *Wenn man bedenkt, ..., würde ich mir wünschen, dass ...*
  – *Falls ..., könnte ich mir vorstellen, dass ...*
  – *Es ist deutlich geworden, dass ...*
  – *Wenn ich die Argumente für und gegen ... abwäge, komme ich ...*
 b Prüft im Team, ob ihr alle Kommas richtig gesetzt habt.

5 **a** Schreibt die folgenden Sätze in euer Heft.

Setzt dabei alle fehlenden Kommas und ergänzt „das" oder „dass".

Tipp: Lest hierzu auch die Informationen aus dem Merkkasten.

- Abschließend kann man sagen ❓ es offensichtlich gute Gründe für und gegen den Kauf von Markenkleidung gibt.
- ❓ Argument ❓ meiner Ansicht nach am stärksten gegen Markenkleidung spricht ist ❓ Problem ❓ diese Luxusartikel
5 sehr teuer sind.
- Auch ist deutlich geworden ❓ es den meisten Jugendlichen am wichtigsten ist ❓ sie sich in ihrer Kleidung wohlfühlen.
- ❓ hierfür Fantasie und Geschmack wichtiger sind als Markenklamotten ist auch deutlich geworden.
10 - Ich persönlich fühle mich sehr wohl wenn ich ein Markenprodukt ❓ mir besonders gut gefällt mit No-Name-Produkten kombiniere.
- Ich kann es aber auf gar keinen Fall tolerieren ❓ Jugendliche aufgrund der Tatsache ❓ sie gar keine Markenkleidung
15 tragen gemobbt werden.

b Prüft eure Ergebnisse in Partnerarbeit.

| **Information** | **Die Kommasetzung in Satzreihe und Satzgefüge** |

- Eine **Satzreihe** besteht aus Hauptsätzen (Verbzweitsätzen). Diese werden durch Kommas voneinander abgegrenzt, z. B.: *Peter kauft Markenklamotten, Philipp bevorzugt No-Name-Kleidung.* Nur vor den Konjunktionen *und* bzw. *oder* darf das Komma wegfallen, z. B.: *Peter kauft Markenklamotten und Philipp bevorzugt No-Name-Kleidung.*
- **Satzgefüge** bestehen aus Hauptsatz (Verbzweitsatz) und Nebensatz (Verbletztsatz). Der Nebensatz wird immer durch ein Komma vom Hauptsatz abgegrenzt, z. B.: *Weil ich Geld sparen möchte, kaufe ich No-Name-Produkte.* Ein Satzgefüge kann mehrere Nebensätze enthalten, die alle mit Kommas abgetrennt werden, z. B.: *Die Frage, ob man Markenkleidung tragen sollte, ist nicht leicht zu beantworten, weil es gute Gründe gibt, die dafür und dagegen sprechen.*

dass oder *das*?

- Die **Konjunktion *dass*** leitet einen Nebensatz ein, der durch Komma abgetrennt wird, z. B.: *Es ist deutlich geworden, dass es mehr Kontra-Argumente gibt.*
- Das **Relativpronomen *das*** leitet einen Relativsatz ein, der sich auf ein Bezugswort im Hauptsatz bezieht, z. B.: *Der hohe Preis ist ein Problem, das man nicht vergessen sollte.*
  Macht die Probe: Nur das Relativpronomen *das* kann man durch *welches* ersetzen, z. B.: *Der Preis ist ein Problem, das (welches) man nicht vergessen sollte.*
  Tipp: Das Wort *das* kann auch **sächlicher Artikel** sein *(Sie hoffte, das T-Shirt bald kaufen zu können)* oder **Demonstrativpronomen** *(Das habe ich nicht gewollt)*. In beiden Fällen lässt es sich in der Regel durch *dieses* ersetzen.

281

Das Komma bei Infinitiv- und Partizipialgruppen

Markenkleidung: Was spricht dafür, was dagegen?

Viele Jugendliche kaufen Markenkleidung [?] um modisch auszusehen. Als Argument für das Kaufen von Markenkleidung führen sie an, dass es den Herstellern von No-Name-Produkten nicht gelingt [?] rechtzeitig aktuelle Trends in ihre Kollektionen aufzunehmen. Besondere Modetrends zu tragen [?] macht aber nur Spaß, wenn sie tatsächlich aktuell sind. In der Hoff-
5 nung [?] immer auf dem neuesten Stand der Mode zu sein [?] kauft man zum Beispiel auch Markenkleidung.

Als weiteres Argument für Markenkleidung wird häufig angeführt, dass diese Produkte meist ihren Preis wert seien. Den höheren Preis in Kauf nehmend erwarten viele Kunden auch eine bessere Qualität. Diese Annahme [?] obwohl häufig gar nicht einwandfrei nachgewiesen [?] recht-
10 fertigt für viele Verbraucher den hohen Preis. Die Hersteller von Markenkleidung werben den Wunsch der Kunden nach Qualität erkennend mit der Echtheit und Einzigartigkeit ihrer Produkte.

1 **a** Schreibt den ersten Absatz des Textes (▸ Z. 1–6) ab. Unterstreicht die Infinitivgruppen und trennt sie durch Kommas vom Hauptsatz ab. Klammert Kommas ein, die auch weggelassen werden können.

b Prüft, ob man beim folgenden Satz ein Komma setzen muss, um ein Missverständnis zu vermeiden: *Ich wünsche mir manchmal Markenkleidung zu tragen.*

2 **a** Beschreibt, wie der zweite Textabschnitt (▸ Z. 7–11) stilistisch wirkt. Nennt Beispiele.

b Schreibt den zweiten Absatz (▸ Z. 7–11) ab. Unterstreicht die Partizipialgruppen und umkreist jeweils das Partizip. Entscheidet, ob ein Komma gesetzt werden muss oder nicht.

Information   **Komma bei Infinitivgruppen und Partizipialgruppen**

1 Infinitivgruppen darf man immer durch Komma vom Hauptsatz abgrenzen.
Ein Komma **muss** stehen,
– wenn die Infinitivgruppe durch *um, ohne, statt, anstatt, außer, als* eingeleitet wird, z. B.:
  Viele tragen Markenkleidung, __um cool zu sein__.
– wenn die Infinitivgruppe von einem Nomen oder einem hinweisenden Wort wie *dazu, daran, darauf* oder *es* im Hauptsatz abhängt, z. B.: *Ich habe den Plan, eine neue Hose zu kaufen. Käufer von Markenkleidung legen Wert darauf, den neuesten Trends zu folgen.*
Bei einfachen Infinitiven (*zu* + Infinitiv) kann man das Komma weglassen, sofern dadurch keine Missverständnisse entstehen, z. B.: *Wir haben Lust (,) zu sparen.*
Tipp: Bei Infinitivgruppen empfiehlt es sich, immer ein Komma zu setzen, weil sie die Gliederung eines Satzes verdeutlichen und niemals falsch sind.
2 Partizipialgruppen darf man immer durch Kommas vom Hauptsatz abgrenzen.
Ein Komma **muss** stehen,
– wenn durch ein hinweisendes Wort auf die Partizipialgruppe Bezug genommen wird, z. B.:
  Ausgestattet mit teurer Markenkleidung, so fühlen sich viele cool und modebewusst.
– wenn die Partizipialgruppe eine nachgestellte Erläuterung ist, z. B.:
  Jens, noch immer verärgert, gab mir seine Hand.

Das Komma bei Appositionen und nachgestellten Erläuterungen

HIER FEHLEN KOMMAS!

Markenkleidung: Was spricht dafür, was dagegen?

Ein Argument gegen den Kauf von Markenkleidung ist das schlechte Preis-Leistungs-Verhältnis. Denn die Behauptung, dass bei No-Name-Produkten häufiger Mängel nämlich gelöste Nähte und ausgewaschene Farben zu beklagen sind, ist so nicht haltbar. Vielmehr haben diese Textilien z. B. Jeans, Kleider, Hoodies, Jacken und Mäntel eine mit Markenkleidung vergleichbare
5 Qualität. Der höhere Preis kommt durch andere Faktoren vor allem durch die höheren Werbekosten für die Markenkleidung zu Stande.

Auch das häufig angeführte Argument, dass Markenprodukte unter besseren Bedingungen und zwar für einen höheren Lohn und zu besseren Arbeits- oder Umweltbedingungen produziert werden, ist so nicht in jedem Fall haltbar. Schließlich wurde kürzlich über die Medien be-
10 kannt, dass eine berühmte Sportartikelfirma ihre Produkte teure Sportschuhe und modische Freizeitbekleidung in mehreren Ländern z. B. in Südamerika und China unter katastrophalen Arbeitsbedingungen produzieren lässt.

1 Nennt die Argumente, die der Schüler gegen Markenkleidung anführt. Findet ihr weitere Argumente?

2 Schreibt den Text ab. Unterstreicht die Appositionen und die nachgestellten Erläuterungen in unterschiedlichen Farben und setzt die fehlenden Kommas.

3 Schreibt die folgenden Sätze ab. Fügt dabei in die Lücken jeweils eine passende Ergänzung als Apposition oder nachgestellte Erläuterung ein. Nutzt hierzu den Wortspeicher unten.
Tipp: Achtet auf den richtigen Kasus und die Kommasetzung.

– Ein kleiner Schriftzug **?** bestimmt häufig den Preis von Markenkleidung.
– Das Geld, das wir für Markenkleidung zahlen, fließt häufig nicht in deren Qualität **?** sondern in die Werbung.
– Modische Kleidung kann man auch in anderen Geschäften **?** kaufen.
– No-Name-Produkte **?** sind auch modisch.
– Man sollte sich bei der Wahl seiner Kleidung nicht von der Marke, sondern von deren Aussehen **?** inspirieren lassen.

> vor allem von Farbe und Schnitt •
> das Logo • zum Beispiel von H & M •
> zum Beispiel in hochwertige Materialien •
> vor allem in Secondhandläden

Information	Das Komma bei Appositionen und nachgestellten Erläuterungen

1 Die **Apposition** ist eine besondere Form des Attributs und besteht in der Regel aus einem Nomen oder einer Nomengruppe. Sie folgt ihrem Bezugswort, steht im gleichen Kasus wie ihr Bezugswort und wird **durch Kommas abgetrennt,** z. B.: *Man muss den wichtigsten Kostenfaktor, die Werbekosten, berücksichtigen.*

2 Die **nachgestellte Erläuterung** wird oft mit Wörtern wie *nämlich, und zwar, vor allem, das heißt (d. h.), zum Beispiel (z. B.)* eingeleitet. Sie wird **durch Kommas abgetrennt,** z. B.: *Modische Schuhe, z. B. Sneakers, kann man auch preiswert erwerben.*

Zeichensetzung bei Zitaten

Der Berliner Soziologe Frithjof Hager beschreibt im Interview mit der „Berliner Morgenpost", dass auch jüngere Schülerinnen und Schüler anhand von Kleidung sehr schnell erkennen können, welches Geld im Hintergrund ist. Auf die Frage Wie gehen Kinder damit um, weist er darauf hin, dass Schule für Kinder ein[e] Art Zwangsgemeinschaft sei, weil sie ihre Klasse [...] nicht selbst gewählt haben In dieser Gemeinschaft müssten sie sich Kicker- oder Tratsch-Freundschaften unbedingt erhalten. Ein kleiner Junge müsse zum Beispiel dafür sorgen, dass seine Schuhe von einer bestimmten Marke sind, weil er nur dadurch seine Gruppenzugehörigkeit deutlich machen könne. Das sind Abzeichen, ähnlich wie beim Militär, erklärt Hager.

1 Erklärt, warum es sinnvoll sein kann, Äußerungen von Experten zu zitieren, z. B. in einer Argumentation.

2 Im Text sind die wörtlich wiedergegebenen Textstellen (Zitate) aus dem Interview markiert.
a Erklärt, was die eckigen Klammern im Text bedeuten.
b Schreibt den Text ab und setzt dabei alle fehlenden Zeichen (Anführungszeichen, Komma, Punkt, Frage- und Ausrufezeichen). Nutzt dazu die Informationen aus dem Merkkasten unten.
c Überlegt: An welchen Stellen könnten die Zitate auch durch eigene Formulierungen ersetzt werden, wo sind sie besonders sinnvoll?

3 Fasst den Inhalt des folgenden Auszugs aus dem Interview zusammen. Überlegt dabei, welche Stellen man wörtlich zitieren sollte. Achtet auf die richtige Zeichensetzung.

Berliner Morgenpost: Müssen Jugendliche jede Mode mitmachen?
Frithjof Hager: Es gibt immer auch Abweichler und Außenseiter. Manche leiden darunter, andere suchen sich dann einen eigenen Stil. Und wenn sie Glück haben, ist der ein paar Monate später plötzlich wieder in. Mode verändert sich zum Glück.

Information	**Zeichensetzung bei Zitaten**

Wörtlich wiedergegebene Textstellen (Zitate) müssen durch **Anführungszeichen** gekennzeichnet werden. Innerhalb des durch Anführungszeichen gekennzeichneten Zitats darf der **Originaltext nicht verändert** werden. Auslassungen im Zitat werden durch [...] gekennzeichnet, geringfügige Änderungen werden in eckige Klammern gesetzt, z. B.:
Original: *Das Markenbewusstsein führt ...* Zitat: *Wegen des „Markenbewusstsein[s]" wird ...*
Treffen **Punkt, Frage- oder Ausrufezeichen** mit den Anführungszeichen zusammen, stehen die Satzschlusszeichen
- **außerhalb** der Anführungszeichen, wenn sie nicht zu der zitierten Äußerung gehören, z. B.: *Müssen Schüler wirklich durch Markenkleidung zeigen, „wohin sie gehören"?*
- **innerhalb** der Anführungszeichen, wenn sie zu der wiedergegebenen Äußerung gehören, z. B. *„Wie gehen Kinder damit um?", fragt der Interviewer.*
Bei einem angeführten Satz lässt man den **Schlusspunkt** weg, wenn er am Anfang oder im Innern des Ganzsatzes steht, z. B.: *„Das sind natürlich Spiele", erklärt Hager.*

Fordern und fördern – Kommasetzung

1 Zeichensetzung vor allem die Kommasetzung ist keine leichte Aufgabe. **2** Häufig ist man sich nicht sicher wo Kommas hingehören. **3** Manchmal neigen wir dazu zu viele Kommas zu setzen. **4** Und manchmal stimmt zwar die Zahl der Kommas aber man hat sie an die falschen Stellen gesetzt. **5** Die Kommaregeln obwohl in der Schule gelernt werden dabei ignoriert.

○○ 1 **a** Schreibt die Sätze ab und setzt dabei alle fehlenden Kommas.
b Begründet die Kommasetzung bei jedem Satz mit der zutreffenden Regel.

1 Die Aufgabe Kommas richtig zu setzen gelingt uns meistens nicht wenn wir uns dabei nur auf unser Gefühl verlassen. **2** Dann passiert es nämlich häufig dass man Kommas an die falschen Stellen vor allem hinter adverbiale Bestimmungen setzt. **3** Häufig als längere Wortgruppen auftretend werden diese nämlich gern mit Nebensätzen verwechselt. **4** Je länger der Satz insgesamt ist desto eher neigt man dann dazu irgendwo Kommas zu setzen obwohl dort keine hingehören. **5** Anstatt diesem Gefühl nachzugeben sollte man sich besser auf die Kommaregeln besinnen.

●○ 2 **a** Schreibt die Sätze ab und setzt dabei alle fehlenden Kommas, die gesetzt werden müssen.
Tragt die Kommas, die man setzen kann, in Klammern ein.
b Begründet jedes Komma mit einer Regel.

Der Fortbestand der frei lebenden sibirischen Tiger ist weniger bedroht als der Fortbestand des korrekt gesetzten deutschen Kommas erklärt der Kolumnist Harald Martenstein Er berichtet dass er bei seiner Lehrtätigkeit an der Universität festgestellt habe dass viele Studenten die Germanistik studieren die
5 Kommaregeln nicht kennen würden Schreiben und Rechnen sind im Alltag immer noch hilfreich oder irre ich mich da fragt Martenstein weiter Er erklärt dass die Studenten ihrer Ansicht nach Kommas nicht mehr richtig setzen können weil es im In-
10 ternet nicht wichtig sei auf Rechtschreibregeln zum Beispiel zur Zeichensetzung oder zur Groß- und Kleinschreibung zu achten

●● 3 In dem Text fehlen Kommas, Anführungszeichen und Satzschlusszeichen.
Schreibt den Text ab und ergänzt dabei alle fehlenden Zeichen.
Tipp: Die Zitate sind im Text markiert.

Teste dich!

Zeichensetzung

Markus Reiter

HIER FEHLEN KOMMAS!

Das langsame Sterben des Kommas

Dem Komma droht das Verschwinden. Noch hält es sich hier und da vor allem bei professionellen Texten obgleich es oft schon nicht mehr nach festen Regeln, sondern nur noch nach dem Zufallsprinzip gesetzt zu werden scheint. Aber in der privaten Kommunikation die im Internet allerdings immer auch eine öffentliche ist haben allzu viele Autoren vor den Kommaregeln kapituliert und verzichten deshalb lieber ganz auf dieses Satzzeichen.

Nun sollte man in so rasant sich wandelnden Zeiten wie den unseren nicht allem hinterhertrauern weil man es für ein wertvolles Kulturgut hält. Aber dem Komma sei doch ein Nachruf gegönnt.

Im Mittelalter kannten Autoren und Leser keine Kommas. Schlimmer noch, sie hielten es noch nicht einmal für notwendig **1** beim Schreiben zwischen den einzelnen Wörtern Abstand zu lassen. Weil bis ins Hochmittelalter die Autoren auf Satzzeichen und Wortabstände verzichteten **2** neigten die Leser dazu **3** laut zu lesen **4** um die Sinneinheiten schneller zu erfassen. An ihren Pulten murmelnd lesend **5** sorgten die Mönche für eine erhebliche Geräuschkulisse in den Bibliotheken. Im Laufe des zwölften Jahrhunderts begannen die Schreibermönche

6 grammatische Einheiten wie Sätze und Nebensätze mit Satzzeichen zu gliedern. Um 1260 erfand Petrus Lombardus **7** ein Gelehrter **8** die Anführungszeichen **9** um zitierten Text deutlich zu machen.

Was heißt es für unsere Kommunikation **10** dass nach über 800 Jahren seines Erfolges das Komma nun einen langsamen Rückzug antritt? Offenbar ist im Internetzeitalter der Kipppunkt erreicht **11** an dem sich unser Schreiben und Lesen wieder zur schriftlichen Mündlichkeit wandelt. Das Komma ist nur das erste Opfer. Sein Verlust fällt uns besonders auf **12** weil er sich bereits in Texte schleicht **13** die in ihrem Selbstverständnis noch der Schriftlichkeit verpflichtet sind **14** und zwar in Briefe, Schulaufsätze und Hausarbeiten an Hochschulen.

---

1 Schreibe den ersten Teil des Textes (▶ Z. 1–15) ab und setze dabei die fehlenden Kommas.

2 **a** Notiere die Zahlen und begründe jeweils die Kommasetzung, z. B.:
1 = Komma wegen Infinitivgruppe mit hinweisendem Wort
2 = …
b Markiere alle Zahlen, die eine Textstelle bezeichnen, an der das Komma auch entfallen könnte.

3 Vergleicht eure Ergebnisse in Partnerarbeit.

13.3 Fit in … – Richtig schreiben

Mit diesem Kapitel könnt ihr testen, wie fit ihr bereits in der Rechtschreibung seid und wie gut ihr die Zeichensetzung beherrscht. Ihr geht so vor:

1 **Textüberarbeitung:** Zuerst überarbeitet ihr einen Fehlertext.
2 **Fehlerschwerpunkte finden:** Danach wertet ihr euer Ergebnis aus und stellt fest, in welchen Bereichen ihr noch Probleme habt.
3 **Training an Stationen:** Auf den Seiten 290–294 übt ihr die Bereiche der Rechtschreibung und Zeichensetzung, in denen ihr euch noch verbessern müsst.

VORSICHT FEHLER!

Der hamburger Journalist Andreas Grieß stellt in seinem Artikel „Einfluss von Social Media" der am 1. Oktober 2010 bei Spiegel online erschien die These auf das das mitteilen wichtiger Informationen über das Web 2.0 bisher noch nicht in allen
5 Lebensbereichen an gekommen sei.
Er räumt ein das wichtige Ereignisse z. B. Proteste im Iran oder die Notlandung eines Passagierflugzeugs selbstverständlich über soziale Netzwerke vor allem über Twitter verbreitet würden. Die Einflüsse dieses Mediums wären aber nicht so groß wie
10 häufig vermutet wird sodas es bislang schwer fällt, von einer "veränderten Kommunikationsstruktur" zu sprechen.
Um seine These zu stützen führt Grieß eine Studie aus den vereinigten Staaten an nach der in Social-Media-Beiträgen am häufigsten die Begriffe „social", „media", „Twitter" und „Face-
15 book" vor kämen. Die Funktion von sozialen Medien bestehe demzufolge vor allem darin über sich selbst zu diskutieren. Außerdem betont er das die großen sozialen Netzwerke d. h. Twitter und Facebook mehr Follower bzw. Fans haben, als gängige Nachrichtenseiten im allgemeinen vorweisenkönnen. […]
20 Ein weiteres Argument dass Grieß anführt betrifft die geringe Bedeutung von Sport in den sozialen Medien. Eine Ausnahme stelle Christiano Ronaldo der Portugiesische Fußballer dar der sich durch besonders viele Facebook-Fans aus der Masse heraus hebt. „Doch böse formuliert, ist auch Ronaldo eher Popstar als Sportler.", erklärt Grieß jedoch weiter. Die einzigen die in den sozialen Medien tatsächlich Fußfassen konnten seien nämlich die
25 Amerikanischen Celebrities z. B. Lady Gaga, Justin Bieber oder Katy Perry. „Gossip geht halt immer," betont Grieß. Das berühmteste Beispiel dafür seien die Proteste im Iran. Diese seien obwohl bei Twitter intensiv diskutiert vom Tod von Michael Jackson rasch ab gelöst worden. „Das alles muss nicht so bleiben, aber es wird wohl noch Zeitbrauchen, bis die digitale Welt ein Abbild der realen Welt wird.", stellt Grieß abschließend in seinem durchaus positiven Fazit fest.

1 Der vorliegende Text ist ein Auszug aus einer Klassenarbeit: Schreibt den Text ab und korrigiert dabei die Fehler bei der Getrennt- und Zusammenschreibung, der Groß- und Kleinschreibung und der Zeichensetzung.

Die eigenen Fehlerschwerpunkte finden

1 Überprüft in Partnerarbeit, ob ihr alle Rechtschreib- und Zeichensetzungsfehler verbessert habt. Vergleicht hierzu euren Text mit den Lösungen auf Seite 367. Prüft jedes Wort und jedes Satzzeichen und markiert alle Fehler, die ihr gemacht habt.

2 Findet eure Fehlerschwerpunkte. Geht so vor:

a Alle Fehler, die ihr gemacht habt, markiert ihr auf einer Kopie des folgenden Fehlerbogens.

b Zählt, wie viele Fehler ihr in jedem Kästchen gemacht habt. Tragt eure Fehlerzahl in die mittlere Spalte ein.

c In der rechten Spalte der Tabelle mit dem Namen „Trainingsstationen" seht ihr, bei welchen Stationen ihr üben solltet. Markiert diese Stationen und die entsprechenden Seitenzahlen.

3 Übt eure Rechtschreibung an euren Trainingsstationen.

Fehlerschwerpunkte	Fehlerzahl	Trainingsstationen
Groß- und Kleinschreibung ■ der Hamburger Journalist (▶ Z. 1) ■ das Mitteilen (▶ Z. 3) ■ aus den Vereinigten Staaten (▶ Z. 13) ■ im Allgemeinen (▶ Z. 18) ■ der portugiesische Fußballer (▶ Z. 21) ■ die Einzigen (▶ Z. 24) ■ die amerikanischen Celebrities (▶ Z. 25)		Mehr als zwei Fehler gemacht: ▶ Training an der Station 1, S. 290 ▶ Hilfen im Buch: S. 354–355
Getrennt- und Zusammenschreibung ■ angekommen sei (▶ Z. 5) ■ Fuß fassen konnten (▶ Z. 24) ■ schwerfällt (▶ Z. 10) ■ vorkämen (▶ Z. 15) ■ abgelöst worden (▶ Z. 27) ■ vorweisen können (▶ Z. 18) ■ heraushebt (▶ Z. 22) ■ Zeit brauchen (▶ Z. 28)		Mehr als zwei Fehler gemacht: ▶ Training an der Station 2, S. 291 ▶ Hilfen im Buch: S. 356
Kommasetzung bei Satzgefüge (auch *das/dass*, Infinitiv- und Partizipialgruppen) ■ von Social Media", der am 1. Oktober 2010 bei Spiegel online erschien, ... (▶ Z. 2–3) ■ die These auf, dass ... (▶ Z. 3) ■ Er räumt ein, dass ... (▶ Z. 6) ■ nicht so groß, wie häufig ... (▶ Z. 9–10) ■ vermutet wird, sodass ... (▶ Z. 10) ■ aus den Vereinigten Staaten an, nach der in Social-Media-Beiträgen ... (▶ Z. 13) ■ Außerdem betont er, dass ... (▶ Z. 17) ■ Argument, das Grieß anführt, betrifft ... (▶ Z. 20)		Mehr als drei Fehler gemacht: ▶ Training an der Station 3, S. 292 ▶ Hilfen im Buch: S. 348–349, 350

Fehlerschwerpunkte	Fehlerzahl	Trainingsstationen
■ es bislang schwerfällt, von … (► Z. 10) ■ Um seine These zu stützen, … (► Z. 12) ■ vor allem darin, über sich selbst zu diskutieren (► Z. 16) ■ Christiano Ronaldo […] dar, der … (► Z. 21–22) ■ Die Einzigen, die in in den sozialen Medien tatsächlich Fuß fassen konnten, seien … (► Z. 24) ■ Diese seien, obwohl bei Twitter intensiv diskutiert, vom Tod … (► Z. 26–27).		
Apposition und nachgestellte Erläuterung ■ Ereignisse, z. B. Proteste im Iran oder die Notlandung eines Passagierflugzeugs, selbstverständlich … (► Z. 6–7) ■ über soziale Netzwerke, vor allem über Twitter, verbreitet … (► Z. 8) ■ die großen sozialen Netzwerke, d. h. Twitter und Facebook, mehr … (► Z. 17) ■ Christiano Ronaldo, der portugiesische Fußballer, dar … (► Z. 21) ■ die amerikanischen Celebrities, z. B. Lady Gaga, Justin Bieber oder Katy Perry. (► Z. 24–25)		Ab einem Fehler: ► Training an der Station 4, S. 293 ► Hilfen im Buch: S. 349
Zeichensetzung bei Zitaten ■ von einer „veränderten Kommunikationsstruktur" zu sprechen … (► Z. 10–11) ■ „Doch böse formuliert, ist auch Ronaldo eher Popstar als Sportler", erklärt Grieß jedoch weiter. (► Z. 22–23) ■ „Gossip geht halt immer", betont Grieß. (► Z. 25–26) ■ „Das alles muss nicht so bleiben, aber es wird wohl noch Zeit brauchen, bis die digitale Welt ein Abbild der realen Welt wird", stellt Grieß abschließend … (► Z. 28–29)		Ab einem Fehler: ► Training an der Station 5, S. 294 ► Hilfen im Buch: S. 350
Andere Fehler:		Sprecht mit eurer Lehrkraft über diese Fehler. Sie gibt euch Tipps und Übungen für diese Fehlerbereiche.
Fehler insgesamt:		

Keine oder nur ganz wenige Fehler gemacht?
Bearbeitet an den Stationen die Aufgaben „Für Experten".

Training an Stationen

Station 1: Groß- und Kleinschreibung

Horst Haider Munske

Wie ist die Groß- und Kleinschreibung entstanden?

Das verwenden von Groß- und Kleinbuchstaben in jedem Text ist keineswegs so selbstverständlich, wie es uns heute erscheint. Heute machen alle Schriftsysteme auf der Basis LATEINISCHER BUCHSTABEN davon Ge-

5 brauch. Groß- und Kleinbuchstaben haben ihren Ursprung in UNTERSCHIEDLICHEN VERWENDUNGSWEISEN der Schrift. Der Prototyp der Großbuchstaben ist die RÖMISCHE KAPITAL- oder MONUMENTALSCHRIFT, die vor allem für Inschriften auf Stein, Ton oder Metall ver-

10 wendet wurde. Kleinbuchstaben haben dagegen ihren Ursprung in einer Gebrauchsschrift, die von RÖMISCHEN SCHREIBERN beim schreiben mit einem Griffel auf Wachstäfelchen verwendet wurde. Eine BEDEUTENDE ROLLE in der EUROPÄISCHEN SCHRIFTGESCHICHTE

15 spielt die so genannte KAROLINGISCHE MINUSKEL, die im Rückgriff auf ANTIKE VORBILDER am AACHENER HOF von KARL DEM GROSSEN entwickelt und weit verbreitet wurde.

Früher hatten Großbuchstaben im allgemeinen die Funktion, Buchstaben in Überschriften, Absätzen und Versanfängen auszuschmücken. Im GOLDENEN ZEITALTER des Buchdrucks geschah etwas neues: Es entwickelte sich das großschreiben von Eigennamen, Personenbezeichnungen

20 und Fremdwörtern. Bereits die WITTENBERGER BIBEL von 1543 zeigt einen Gebrauch von Groß-buchstaben, der unserer Substantivgroßschreibung sehr ähnlich ist.

1 Im Text findet ihr fünf Nominalisierungen, die **nicht** großgeschrieben wurden. Findet sie und schreibt sie in der korrekten Schreibweise mit ihren Begleitwörtern in euer Heft.

2 Groß oder klein? Entscheidet, wie die markierten Wörter geschrieben werden, und schreibt sie – geordnet nach ihrer Schreibweise – in euer Heft:
– *Adjektiv + Nomen (keine neue Gesamtbedeutung):* ...
– *Adjektiv + Nomen (neue Gesamtbedeutung):* ...
– *Eigenname:* ...
– *Herkunftsbezeichnung (Ableitungen auf -er):* ...
– *Herkunftsbezeichnung (Ableitungen auf -isch):* ...

3 Für Experten: Bildet einen Satz,
– in dem das „gelbe Trikot" kleingeschrieben werden muss,
– in dem das „Gelbe Trikot" großgeschrieben werden darf.

Station 2: Getrennt- und Zusammenschreibung

Horst Haider Munske

Getrennt oder zusammen?

Ob Wörter getrennt oder zusammengeschrieben werden, ist eine wichtige und
komplizierte Frage, die nicht immer leicht zu
beantworten ist.

5   In allen Verbformen bilden Präposition und
Verb eine zusammengeschriebene Einheit:
*Er über/setzt das Buch. Er wird in Hamburg
an/kommen.*
Ein Rechtschreibproblem kann auftreten,
10 wo das Verb durch Elemente wie Adverbien
oder Adjektive erweitert wird, die auch frei
vor einem Verb **stehen können.**
Da stellt sich z. B. die Frage, ob das Wort
„zusammen" in den folgenden beiden Sätzen die gleiche **Rolle spielt:**

15 *Wir wollen morgen früh hier wieder zusammen/kommen. – Ihr sollt einzeln, nicht zusammen/
kommen.*
Bedeutung, Betonung und mögliche Erweiterbarkeit erklären die Schreibung solcher trennbarer
Verben. Das zeigen auch die Sätze:
Du musst deine Rede frei/halten. – Können Sie mir den Platz frei/halten?
20 Nach diesem Muster werden auch die folgenden Verbindungen mit Verb unterschieden: *sich etwas
bewusst/machen* (zum Bewusstsein bringen) und *etwas bewusst/machen* (wissentlich machen);
etwas hoch/spielen (übertrieben darstellen) und *hoch/spielen* (mit hohem Einsatz spielen).
Greifen wir zwei Beispiele für die Verbindung von Adjektiv und Verb heraus, die **doppeldeutig sind:**
blau/machen (schwänzen) und *blau/machen* (etwas blau färben); *krank/machen* (krankfeiern) und
25 *krank/machen* (jemanden krank werden lassen). Hier wird ein Bemühen sichtbar, Bedeutungsunterschiede in der Schreibung zum Ausdruck zu bringen.

1   **a** Begründet mit der passenden Rechtschreibregel, warum die drei fett gedruckten Wortgruppen
(▶ Z. 12, 14, 23) getrennt geschrieben werden.
b Notiert zu jeder Wortgruppe bzw. zu jeder Rechtschreibregel drei weitere Beispiele.

2   Getrennt oder zusammen? Entscheidet, wie die markierten Wortgruppen geschrieben werden.
Schreibt dann die kursiv gedruckten Textpassagen richtig in euer Heft.

3   Für Experten: Erläutert, was mit den folgenden Sätzen aus dem Text oben gemeint ist:
– „Bedeutung, Betonung und mögliche Erweiterbarkeit erklären die Schreibung solcher trennbarer
Verben" (▶ Z. 17–18).
– „Hier wird ein Bemühen sichtbar, Bedeutungsunterschiede in der Schreibung zum Ausdruck zu
bringen" (▶ Z. 25–26).

Station 3: Kommasetzung in Satzgefügen

Komma darf künftig hinter jedes Wort gesetzt werden

Mit dem folgenden Artikel erlaubte sich eine Online-Zeitung einen Scherz:

Seit Jahrzehnten haben die Deutschen große Probleme damit Kommas richtig zu setzen. Viele wissen nicht wann es wo gesetzt werden darf. Um dieses Problem zu lösen hat die Bundesregierung eine Satzzeichen-Reform be-
5 schlossen die besagt da ? ab dem 1. Januar 2013 hinter jedes Wort ein Komma eingefügt werden darf.
Wie aus einer repräsentativen Umfrage hervorgeht ist das Komma bei den Deutschen das Satzzeichen da ? am unbeliebtesten ist. Dies liegt vor allem daran da ? viele nicht wissen an welche Stelle es gesetzt werden muss. Die Kommaregeln weitgehend ignorierend setzen sie mal ein
10 Komma zu viel und mal eines zu wenig.
Um dieses Problem auf unkomplizierte Weise zu lösen wurde Folgendes entschieden: Wie heute bekannt gegeben wurde soll die Kommaregel radikal vereinfacht werden. „Die Zeiten in denen ein Komma beispielsweise nur zur Trennung von Nebensätzen oder nach Aufzählungen gesetzt werden durfte sind damit vorbei", heißt es in einer offiziellen Erklärung aus dem Bundestag. Ab
15 dem 1. Januar 2013 sollen Kommata dann regulär hinter jedes Wort eingefügt werden dürfen ohne da ? man sich länger fragen müsse ob es an dieser Stelle nun richtig sei oder nicht. Da ? unter der neuen Kommaregel eventuell auch die Aussprache und Betonung leiden könnten wird indes nicht angenommen.
Dem Wunsch vieler Bürger das ungeliebte Satzzeichen komplett abzuschaffen konnte der Bun-
20 destag dagegen nicht nachkommen. „Das Komma obwohl bei den Deutschen so unbeliebt steht seit 1852 offiziell unter Satzzeichenschutz. Es ganz abzuschaffen ist demnach leider nicht möglich", heißt es in einer Erklärung.

1 a Schreibt den Text ab. Setzt dabei alle fehlenden Kommas und entscheidet, ob ihr „das" oder „dass" schreiben müsst.
Tipp: Trennt <u>alle</u> Infinitiv- und Partizipialgruppen durch Komma ab.
b Umkreist in den Satzgefügen alle Wörter, mit denen die Nebensätze eingeleitet werden: unterordnende Konjunktionen (Subjunktionen), Relativpronomen, Fragepronomen.

2 a Unterstreicht die Infinitivgruppen <u>rot</u>. Sucht die Sätze heraus, bei denen das Komma gesetzt werden muss, nummeriert sie und begründet jeweils die Kommasetzung.
Satz 1: Das Komma <u>muss</u> gesetzt werden, weil die Infinitivgruppe von einem Verweiswort …
b Unterstreicht die Partizipialgruppen <u>grün</u>. An welcher Stelle muss ein Komma gesetzt werden? Begründet mit der entsprechenden Regel.

3 Für Experten: Setzt bei dem folgenden Satz das Komma an unterschiedliche Stellen und erklärt, wie sich die Bedeutung des Satzes dadurch ändert.
Die Bundesregierung beschließt morgen eine neue Kommaregel einzuführen.

Station 4: Kommasetzung bei Appositionen und nachgestellten Erläuterungen

Horst Haider Munske

Das Komma – ein schwieriges Satzzeichen

HIER FEHLEN KOMMAS!

1 Satzzeichen nämlich Kommas, Punkte, Fragezeichen und Ausrufezeichen sind tatsächlich „Satz-Zeichen". Sie dienen der Abgrenzung von Sätzen in einem Text und der Abbildung grammatischer Beziehungen innerhalb von Sätzen.   **2** Der erste Fall die Abgrenzung ist sehr einfach.   **3** Uns stehen dafür drei Satzschlusszeichen Punkt, Fragezeichen und Ausrufezeichen zur Verfügung. Der Punkt, welcher ihnen gemeinsam ist, markiert das Ende des Satzes.   **4** Die Schlinge oder der Strich darüber geben zusätzliche semantische Informationen über die Satzart d. h. über Frage, Wunsch, Ausruf. Der einfache Punkt ist den Aussagesätzen vorbehalten.

Kommaregeln hingegen sind in keiner Sprache so detailliert und so eindeutig syntaktisch motiviert wie im Deutschen.   **5** In deutschen Texten soll das Komma dem Leser vor allem signalisieren, welche Wörter oder Teilsätze nebengeordnet d. h. gereiht oder einander untergeordnet sind. Deshalb ist dies für viele ein schwieriges Satzzeichen.

6 Ich habe bei der Korrektur von Hausarbeiten die Beobachtung gemacht, dass die allermeisten das Wesentliche nämlich die Grundregeln der Kommasetzung gut beherrschen. Die wenigen aber, die Fehler machen, bringen oft alles durcheinander: Kommas, wo sie nicht hingehören, und fehlende Kommas, wo sie stehen müssten.   **7** Offenbar haben manche die Zeichensetzungsregeln vor allem die Kommaregeln niemals richtig kennen gelernt.

1 **a** Schreibt die Sätze 1 bis 7 in euer Heft und setzt dabei alle fehlenden Kommas.
b Unterstreicht in euren Sätzen die Appositionen <u>grün</u> und die nachgestellten Erläuterungen <u>rot</u>.

2 Überarbeitet die folgenden Sätze und wandelt dabei die markierten Passagen in eine Apposition oder eine nachgestellte Erläuterung um.

> **1** Das Setzen einiger Satzzeichen, wozu vor allem Punkte, Fragezeichen und Ausrufezeichen gehören, ist für die meisten kein Problem.
> **2** Das Komma ist ein schwieriges Satzzeichen und wird häufig falsch gesetzt.
> **3** In einigen Fällen, zu denen Appositionen und nachgestellte Erläuterungen gehören, sind die Kommaregeln besonders kompliziert.
> **4** Man kann Kommaregeln in Nachschlagewerken wie dem Duden nachlesen.

3 Für Experten: Schreibt selbst einen kurzen Text über schwierige Kommaregeln bzw. über die Schwierigkeit, unsere Satzzeichen richtig zu setzen. Verwendet darin Appositionen und nachgestellte Erläuterungen.
Tipp: Euer Text kann auch lustig bzw. satirisch sein.

Station 5: Zeichensetzung bei Zitaten

SMS, E-Mail, Chatroom – Das Ende der Rechtschreibung?

Von Sibrand Siegert und Lena Wundenberg

<u>Hi leutz, komm späta. fanta, lg p.</u> Es muss schnell gehen und darf nicht viel Platz kosten: Moderne Kommunikationswege per SMS oder Chat erfordern eine verkürzte Sprache. <u>Drohen Rechtschreibung und Grammatik der</u>
5 <u>Verfall</u> fragen wir uns. Experten geben Entwarnung. <u>Dafür sind viele Faktoren verantwortlich, nicht nur SMS und E-Mails. Die Schüler lesen vor allem weniger als früher. Darunter leidet ihr Sprachgefühl</u> beobachtet der Präsident des Deutschen Lehrerverbandes.

10 So sorgte vor drei Jahren in Großbritannien ein Schulaufsatz für Schlagzeilen. Ein Mädchen hatte seinen Text mit zahlreichen Abkürzungen aus dem Einmaleins der Handysprache dekoriert. Vom SMS-Wahn und dem Verfall der Rechtschreibung war daraufhin zu lesen. <u>Doch es ist nicht so, dass wir früher eine glasklare Sprache hatten und die Technik dann alles kaputt gemacht hätte</u> sagt der Sprachwissen-
15 schaftler Michael Tewes. <u>Durch die Sprache in SMS und E-Mail fand sogar eine Bereicherung statt</u> meint er.
Smileys beispielsweise ermöglichen, beim Schreiben Gefühle zu zeigen. Ironie, Trauer, Freude – die Mimik des Smileys verrät die eigene Gefühlslage. Und die fänden sich jetzt auch schon in handgeschriebenen Briefen, beobachtet Tewes.
20 Sprachwissenschaftler Tewes: <u>Die Technik hat nicht alles kaputt gemacht</u> Kurz und knapp geht es auch in Chatrooms zu. Ganze Satzteile werden in einem Wort zusammengefasst. „N8" heißt „Nacht", *liebevollknuddel* steht für „Ich knuddel dich liebevoll". Auch Satzzeichen werden weggelassen, Großschreibung kostet zu viel Zeit. <u>Einige Leute schreiben seitdem auch in E-Mails radikal alles klein. Es wäre interessant zu untersuchen, ob das auch Einfluss auf das Briefeschreiben</u>
25 <u>hat</u>, sagt Tewes.
Im Moment können die meisten Menschen aber durchaus unterscheiden, ob sie gerade einen offiziellen Brief oder eine SMS schreiben. Daran passen sie an, ob sie auf Rechtschreibung, Grammatik und Ausdruck achten oder schreiben, wie es ihnen gerade in den Sinn kommt. Aus der SMS <u>Hi leutz, komm späta. fanta, lg p.</u> würde im Brief <u>Liebe Freunde, ich komme etwas später. Ich</u>
30 <u>fahre noch tanken. Liebe Grüße von Peter</u>.

1 Bei den unterstrichenen Textpassagen handelt es sich um wörtliche Zitate. Schreibt die markierten Sätze ab und setzt dabei alle fehlenden Zeichen. Achtet auf Anführungszeichen, Komma, Punkt, Frage- und Ausrufezeichen.

2 Für Experten: Wie beurteilt ihr den Einfluss von SMS und E-Mails auf die Sprache? Formuliert einen kurzen Zeitungsartikel, in den ihr Zitate von euch selbst einfügt. Achtet auf die richtige Zeichensetzung.

14 Auf den Punkt gebracht –
Recherchieren und Präsentieren

1 a Erläutert anhand der Abbildung, welche Möglichkeiten es bei der Recherche und
der Präsentation von Informationen gibt.

b Begründet, welche der Tätigkeiten ihr am liebsten ausführt und zu welcher ihr euch
überwinden müsst.

2 Erinnert euch an Projekte, die ihr
erarbeitet habt.
Sammelt Tipps: Was sollte man bei
den oben abgebildeten Recherche-
und Präsentationstätigkeiten
berücksichtigen?

In diesem Kapitel ...

– recherchiert ihr zum Thema „Körpersprache" und wertet das Informationsmaterial systematisch aus,

– übt ihr, euren Vortrag zu strukturieren
und mit Folien zu stützen,

– trainiert ihr das sichere und lebendige
Präsentieren.

14.1 Körpersprache – Zu einem Thema recherchieren

Im Internet recherchieren

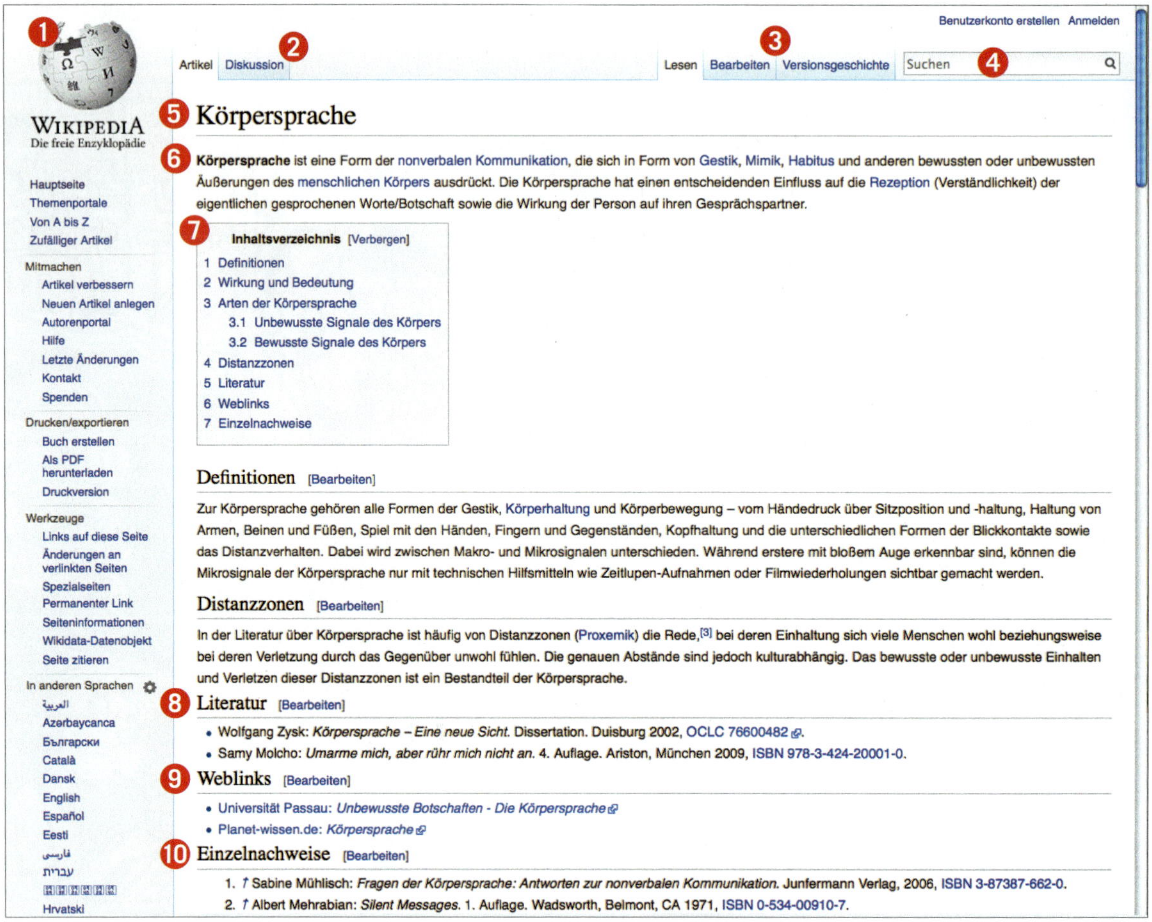

❶ ❷ Artikel Diskussion

Benutzerkonto erstellen Anmelden

Lesen Bearbeiten Versionsgeschichte ❸ Suchen ❹ 🔍

WIKIPEDIA
Die freie Enzyklopädie

Hauptseite
Themenportale
Von A bis Z
Zufälliger Artikel

Mitmachen
Artikel verbessern
Neuen Artikel anlegen
Autorenportal
Hilfe
Letzte Änderungen
Kontakt
Spenden

Drucken/exportieren
Buch erstellen
Als PDF
herunterladen
Druckversion

Werkzeuge
Links auf diese Seite
Änderungen an
verlinkten Seiten
Spezialseiten
Permanenter Link
Seiteninformationen
Wikidata-Datenobjekt
Seite zitieren

In anderen Sprachen ⚙
العربية
Azərbaycanca
Български
Català
Dansk
English
Español
Eesti
فارسی
עברית
‪한국어‬
Hrvatski

❺ **Körpersprache**

❻ **Körpersprache** ist eine Form der nonverbalen Kommunikation, die sich in Form von Gestik, Mimik, Habitus und anderen bewussten oder unbewussten Äußerungen des menschlichen Körpers ausdrückt. Die Körpersprache hat einen entscheidenden Einfluss auf die Rezeption (Verständlichkeit) der eigentlichen gesprochenen Worte/Botschaft sowie die Wirkung der Person auf ihren Gesprächspartner.

❼
Inhaltsverzeichnis [Verbergen]

1 Definitionen
2 Wirkung und Bedeutung
3 Arten der Körpersprache
   3.1 Unbewusste Signale des Körpers
   3.2 Bewusste Signale des Körpers
4 Distanzzonen
5 Literatur
6 Weblinks
7 Einzelnachweise

Definitionen [Bearbeiten]

Zur Körpersprache gehören alle Formen der Gestik, Körperhaltung und Körperbewegung – vom Händedruck über Sitzposition und -haltung, Haltung von Armen, Beinen und Füßen, Spiel mit den Händen, Fingern und Gegenständen, Kopfhaltung und die unterschiedlichen Formen der Blickkontakte sowie das Distanzverhalten. Dabei wird zwischen Makro- und Mikrosignalen unterschieden. Während erstere mit bloßem Auge erkennbar sind, können die Mikrosignale der Körpersprache nur mit technischen Hilfsmitteln wie Zeitlupen-Aufnahmen oder Filmwiederholungen sichtbar gemacht werden.

Distanzzonen [Bearbeiten]

In der Literatur über Körpersprache ist häufig von Distanzzonen (Proxemik) die Rede,[3] bei deren Einhaltung sich viele Menschen wohl beziehungsweise bei deren Verletzung durch das Gegenüber unwohl fühlen. Die genauen Abstände sind jedoch kulturabhängig. Das bewusste oder unbewusste Einhalten und Verletzen dieser Distanzzonen ist ein Bestandteil der Körpersprache.

❽ **Literatur** [Bearbeiten]

- Wolfgang Zysk: *Körpersprache – Eine neue Sicht*. Dissertation. Duisburg 2002, OCLC 76600482 ☒.
- Samy Molcho: *Umarme mich, aber rühr mich nicht an*. 4. Auflage. Ariston, München 2009, ISBN 978-3-424-20001-0.

❾ **Weblinks** [Bearbeiten]

- Universität Passau: *Unbewusste Botschaften - Die Körpersprache* ☒
- Planet-wissen.de: *Körpersprache* ☒

❿ **Einzelnachweise** [Bearbeiten]

1. ↑ Sabine Mühlisch: *Fragen der Körpersprache: Antworten zur nonverbalen Kommunikation*. Junfermann Verlag, 2006, ISBN 3-87387-662-0.
2. ↑ Albert Mehrabian: *Silent Messages*. 1. Auflage. Wadsworth, Belmont, CA 1971, ISBN 0-534-00910-7.

Quelle: https://de.wikipedia.org/wiki/K%C3%B6rpersprache,
abgewandelter Artikel „Körpersprache" aus der freien Enzyklopädie Wikipedia, in der eine Liste der Autoren verfügbar ist

1 a Berichtet darüber, aus welchem Anlass und zu welchen Themen ihr schon bei Wikipedia recherchiert habt. Wie hilfreich waren die Informationen für euch?
   b Welche Informationen auf der Wikipedia-Seite über das Thema „Körpersprache" sind neu für euch?

2 Beschreibt den Aufbau des Wikipedia-Artikels, indem ihr die nummerierten Elemente mit Hilfe der folgenden Stichworte erklärt.

> Fenster zur Eingabe von Suchbegriffen • Erläuterung des Suchbegriffs •
> Artikelüberschrift (= Suchbegriff) • weiterführende Websites • Logo •
> weiterführende Literaturhinweise (z. B. Bücher) • Quellenangaben zum Artikel •
> Inhaltsverzeichnis (Links zu den Überschriften des Artikels) • Link zur Diskussionsseite •
> Links zum Bearbeiten des Artikels und zum Sichten älterer Artikelversionen

3 **a** Erläutert, welche Elemente auf der Wikipedia-Seite (▶ S. 296) für eine weitere Recherche wichtig sind.

 b Überlegt, warum es oft sinnvoll ist, seine Recherche mit Wikipedia zu beginnen.

 c Begründet, weshalb noch weitere Quellen herangezogen werden sollten.

4 Führt selbst eine Wikipedia-Recherche durch. Wählt ein interessantes Thema und sucht nach geeigneten Schlagwörtern (Suchbegriffen) zu eurem Thema, die ihr dann in Wikipedia nachschlagt.

5 Ein Schüler hat mit Hilfe der Suchmaschine „Google" zum Thema „Körpersprache in verschiedenen Kulturen" recherchiert.

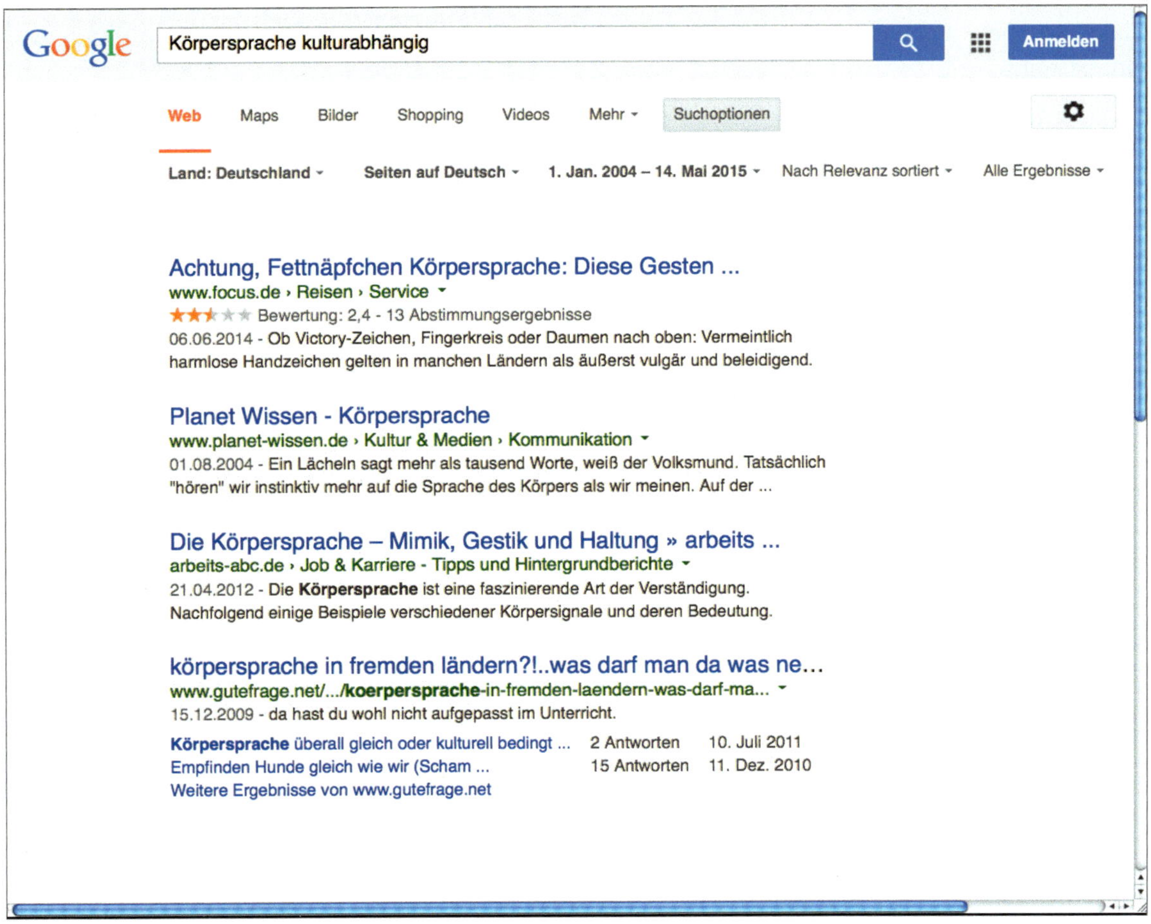

Google — Körpersprache kulturabhängig

Web | Maps | Bilder | Shopping | Videos | Mehr ▾ | Suchoptionen

Land: Deutschland ▾   Seiten auf Deutsch ▾   1. Jan. 2004 – 14. Mai 2015 ▾   Nach Relevanz sortiert ▾   Alle Ergebnisse ▾

Achtung, Fettnäpfchen Körpersprache: Diese Gesten ...
www.focus.de › Reisen › Service ▾
★★☆☆☆ Bewertung: 2,4 - 13 Abstimmungsergebnisse
06.06.2014 - Ob Victory-Zeichen, Fingerkreis oder Daumen nach oben: Vermeintlich harmlose Handzeichen gelten in manchen Ländern als äußerst vulgär und beleidigend.

Planet Wissen - Körpersprache
www.planet-wissen.de › Kultur & Medien › Kommunikation ▾
01.08.2004 - Ein Lächeln sagt mehr als tausend Worte, weiß der Volksmund. Tatsächlich "hören" wir instinktiv mehr auf die Sprache des Körpers als wir meinen. Auf der ...

Die Körpersprache – Mimik, Gestik und Haltung » arbeits ...
arbeits-abc.de › Job & Karriere - Tipps und Hintergrundberichte ▾
21.04.2012 - Die **Körpersprache** ist eine faszinierende Art der Verständigung. Nachfolgend einige Beispiele verschiedener Körpersignale und deren Bedeutung.

körpersprache in fremden ländern?!..was darf man da was ne...
www.gutefrage.net/.../**koerpersprache**-in-fremden-laendern-was-darf-ma... ▾
15.12.2009 - da hast du wohl nicht aufgepasst im Unterricht.
Körpersprache überall gleich oder kulturell bedingt ...   2 Antworten   10. Juli 2011
Empfinden Hunde gleich wie wir (Scham ...   15 Antworten   11. Dez. 2010
Weitere Ergebnisse von www.gutefrage.net

 a Erklärt, wie er bei seiner Recherche vorgegangen ist, indem ihr die folgenden Aufgaben bearbeitet:
 – Begründet, ob die hier verwendeten Suchbegriffe sinnvoll sind.
 – Erklärt, wie und warum der Zeitraum für diese Suche eingeschränkt wurde.
 – Beschreibt, welche Informationen sich bei den einzelnen Suchergebnissen ablesen lassen.

 b Erläutert, wie der Schüler vorgehen müsste, um Bilder zu seinem Thema zu finden.

6 Prüft und beurteilt die einzelnen Suchergebnisse: Welche der hier abgebildeten Internetseiten (Links) könnte zuverlässige und geeignete Informationen zum Thema „Körpersprache in verschiedenen Kulturen" enthalten?

7 Erklärt, warum Informationen aus Blogs, sozialen Netzwerken oder Hausaufgabenportalen häufig nicht besonders zuverlässig sind.

8 a Recherchiert nach Alternativen zur bekannten Suchmaschine Google und testet sie anhand von identischen Suchbegriffen. Könnt ihr Unterschiede in den Suchergebnissen feststellen? Wenn ja, welche?

b Eine Suchmaschine wird mit dem Slogan beworben: „Die Suchmaschine, die Sie nicht verfolgt". Erläutert diese Aussage und sprecht über eure Erfahrungen mit Datenspeicherung und -weitergabe durch Internetnutzung.

9 Bildet Gruppen und einigt euch auf ein Thema, zu dem ihr eine Internetrecherche durchführen wollt. Geht so vor:

a Notiert zu eurem Thema geeignete Suchbegriffe (auch Stichwortkombinationen).

b Ruft im Internet eine Suchmaschine, z. B. Google, auf und führt mit Hilfe eurer Suchbegriffe eine Recherche durch. Entscheidet euch für fünf Seiten, die eurer Ansicht nach wichtige Informationen zu eurem Thema enthalten. Prüft dabei auch die Zuverlässigkeit der Seiten.

c Speichert die fünf besten Seiten. Informationen hierzu findet ihr im Merkkasten unten.

d Sucht nach Bildern und Grafiken zu eurem Thema und speichert diese ebenfalls.

Methode	Schritt für Schritt im Internet recherchieren

1 Basisrecherche mit Wikipedia
- Notiert **treffende Suchbegriffe** (Schlagwörter) zu eurem Thema und recherchiert diese im Online-Lexikon Wikipedia.
- Der Wikipedia-Artikel erläutert das Schlagwort und liefert hilfreiche **Zusatzinformationen,** die ihr für die weitere Recherche mit Suchmaschinen verwenden könnt. Meist gibt der Artikel auch **Hinweise auf weiterführende Webseiten** (Weblinks) und **Literatur,** z. B. Bücher.

2 Feinrecherche mit Suchmaschinen
- Besonders gute Ergebnisse erhält man bei der Recherche mit Suchmaschinen (z. B. Google, Bing, DuckDuckGo), wenn man **Suchbegriffe miteinander kombiniert** und dadurch die Suche filtert bzw. einschränkt, z. B.: *Körpersprache + kulturabhängig.*
- Man kann die Suchergebnisse weiter filtern, indem man sie z. B. auf einen bestimmten **Zeitraum** oder eine **bestimmte Sprache** einschränkt.
- Wenn ihr Bilder oder Grafiken benötigt, nutzt ihr die **Bildersuche.**

3 Suchergebnisse beurteilen
Suchergebnisse sind besonders **zuverlässig,**
- wenn die Webseite von einer **Redaktion** (z. B. *DIE ZEIT, Spiegel*) oder **Organisation** (z. B. Bundeszentrale für politische Bildung) stammt, die die Richtigkeit der veröffentlichten Informationen überprüft,
- wenn es für die Informationen **möglichst viele seriöse Internetquellen** gibt.

Tipp: Veröffentlichungen in Blogs, sozialen Netzwerken oder Hausaufgabenportalen sollten durch weitere Quellen überprüft werden.

4 Internetseiten speichern
Geeignete Internetseiten lassen sich **speichern,** indem man sie zu den **Favoriten** hinzufügt oder ein **Lesezeichen** setzt (▶ mehr hierzu S. 362).

Im Internet nach Büchern recherchieren

Suche	Bücher	gefühle lesen	Los

BÜCHER eBooks Hörbuch Musik Film Software

Blättern im Buch ↓

Paul Ekman

Gefühle lesen

Wie Sie Emotionen erkennen und richtig interpretieren
Übers. v. Susanne Kuhlmann-Krieg u. Matthias Reiss

Produktbeschreibung

In „Gefühle lesen" fasst Paul Ekman, der weltberühmte Psychologe und Experte für nonverbale Kommunikation, vierzig Jahre bahnbrechender Forschungsarbeiten zu einer aufschlussreichen, faszinierenden und praktisch anwendbaren Lektüre zusammen. Er beschreibt, wann und wie wir emotional werden und was dabei geschieht – von den physiologischen Veränderungen in unserem Körper bis zu den Signalen, die wir mittels unserer Körpersprache, unserer Stimme und unserer Mimik aussenden. Gerade Letztere ist von einer immensen Vielfalt gekennzeichnet: Feinste Muskelbewegungen in unseren Gesichtern lassen sich in mehr als 10 000 Kombinationen zusammenbringen. Manche dieser Kombinationen haben einen ausgeprägten Signalcharakter und geben bestimmten Gefühlszuständen wie etwa Trauer, Wut oder Angst einen unverwechselbaren und universalen (also kulturunabhängigen) Ausdruck. In Ekmans spannendem und erhellendem Buch geht es um Fragen wie: Welches sind die häufigsten Auslöser von Emotionen, und inwieweit kann man sie bewusst kontrollieren? Warum überreagieren wir manchmal oder erleben eine emotionale Antwort, die der Situation unangemessen ist? Und können wir in solchen Fällen gegensteuern? Wieso sind manche Menschen so gut in der Lage, ihre Gefühle zu verbergen, während andere ihre Emotionen stets offen zu Markte tragen? „Gefühle lesen" enthält einen Test, mit dem Sie feststellen können, wie gut Sie Gefühle zu erkennen vermögen, und bietet Hilfen für die Wahrnehmung und Interpretation sehr subtiler emotionaler Signale bei sich und anderen. Kleine Übungen erhöhen Ihre Aufmerksamkeit für die körperlichen Empfindungen, die durch Gefühle hervorgerufen werden. Und so erwächst aus dem spannenden Bericht über die Wissenschaft der Emotionen eine Perspektive für die Anwendung dieser Kenntnisse im Alltag – schließlich können wir ohne Gefühle nicht leben, aber dieses Buch zeigt Wege auf, um besser und bewusster mit ihnen zu leben.

Produktbewertungen

★★★★☆ **Nonverbale wKommunikation verständlich erklärt**
VON Mittern8 am 4. April 2008

Eigentlich sollte es doch einfach sein, aus der Mimik, also dem Blick, Augen, Stirnrunzeln oder verzogenen Mund eines Mitmenschen, dessen augenblickliches Gefühl abzuleiten. Dass dies aber nicht so ist, stellt man bei der Lektüre von Paul Ekmans Buch fest: Obwohl spontane Emotionen sofort im Gesicht mimisch sichtbar werden, ähneln manche Gesichtsausdrücke einander.
In dem Buch gibt es zahlreiche Fotos, die dazu anleiten, menschliche Gesichtsausdrücke zu interpretieren. Ekman, der sehr genau untersucht hat, welche Muskelpartien für die einzelnen Aspekte der Mimik zuständig sind, fotografierte sie und fertigte sogar Fotomontagen an. Den mimischen Abbildungen steht immer ein „neutrales" Foto gegenüber, sodass man sehr gut vergleichen kann. Eingeleitet werden die Kapitel durch ausdrucksstarke Pressefotos, die unmittelbares, authentisches Erleben zeigen. So wird im Kapitel „Trauer und Verzweiflung" das Foto einer Mutter gezeigt, die die Leiche ihres ermordeten Sohnes zeigt. Und im Kapitel „Ärger und Zorn" sieht man zwei Demonstranten, die einen Polizisten attackieren. **Lesen Sie weiter … ›**

★★★★★ **Sehr interessant, gut anwendbar**
von Jogimann54 am 13. August 2011

Die Sprache in dem Buch sehr wissenschaftlich, also eher lange Sätze und viele Fremdwörter und Fachbegriffe, die man eventuell nachschlagen muss. Aber: Es ist das interessanteste Sachbuch, das ich gelesen habe.
Das Buch umfasst zwei Teile: Der erste Teil führt in die menschliche Gefühlswelt ein. Es wird unter anderem beschrieben, wie viele unserer emotionalen Reaktionen evolutionär und wie viele kulturell bedingt sind. Im zweiten Teil ist den verschiedenen Kategorien von Emotionen je ein eigenes Kapitel gewidmet. In diesen wird erklärt, wann Menschen welche Emotionen fühlen und wie sich diese mimisch und gestisch ausdrücken. Im Anhang findet sich ein Test zum Thema „Gesichter lesen" mit Bildern verschiedener Ausdrücke.

---

1 Bei der Recherche zum Thema „Körpersprache" stößt man auch auf den Namen Paul Ekman.
Bei einem Online-Buchhändler findet man unter seinem Namen unter anderem dieses Buch.

a Erläutert, welche Informationen ihr über das Buch erhaltet. Inwiefern können Kundenrezensionen wichtige Informationen liefern?

b Prüft, ob bzw. inwiefern das Buch für einen Vortrag zum Thema „Körpersprache in verschiedenen Kulturen" hilfreich ist.

Online-Katalog der Stadtbücherei ············

Ekman, Paul
Gefühle lesen

Dbm Ekman

Gefühle lesen: Wie Sie Emotionen erkennen und richtig interpretieren / Paul Ekman.
Aus dem Engl. übers. von Susanne Kuhlmann-Krieg und Matthias Reiss, 2. Aufl. Heidelberg: Spektrum, Akad. Verl., 2010 XIX, 389 S. [Ill.]
[...]
ISBN 978-3-8274-2568-3
kart. : EUR 14.95, sfr 22.00 (freier Pr.)
[...]

Bestand
Zentralbibliothek
Freihand/Ausleihbereich **Dbm Ekman** B15 119 205 5 **Verfügbar**
Freihand/Ausleihbereich **Dbm Ekman** B15 119 204 3 **Entliehen**

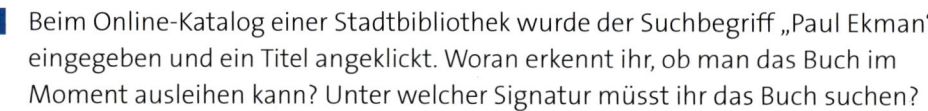

2 Beim Online-Katalog einer Stadtbibliothek wurde der Suchbegriff „Paul Ekman" eingegeben und ein Titel angeklickt. Woran erkennt ihr, ob man das Buch im Moment ausleihen kann? Unter welcher Signatur müsst ihr das Buch suchen?

3 Recherchiert selbst im Internet nach Büchern zum Thema „Körpersprache in verschiedenen Kulturen" oder zu einem anderen Thema. Geht so vor:
a Ermittelt Buchtitel und Namen von Autoren, die für euer Thema relevant sein könnten. Nutzt hierfür z. B. Suchmaschinen.
b Verschafft euch nähere Informationen zu den Buchtiteln, indem ihr diese bei einem Online-Buchhändler sucht.
c Prüft im Online-Katalog eurer Stadtbücherei, ob die Bücher zu bekommen sind. Notiert die Signaturen der Titel.

Methode	**Im Internet nach Büchern recherchieren**

1 Im Online-Buchhandel recherchieren
Wenn ihr den Namen des Autors (z. B. *Paul Ekman*) oder den Titel des Buches (z. B. *Gefühle lesen*) kennt, könnt ihr bei Online-Buchhändlern (z. B. buch.de, buecher.de, amazon.de) recherchieren. Anhand der **Kurzbeschreibung** und der **Leserkommentare** kann man oft beurteilen, ob das Buch geeignet ist. Zudem liegen häufig **Auszüge aus dem Buch** vor (Blick ins Buch), die sich online durchstöbern lassen.

2 Im Online-Katalog einer Bibliothek recherchieren
Geeignete Bücher könnt ihr möglicherweise in eurer Stadtbibliothek ausleihen. Die meisten Bibliotheken verfügen über einen Online-Katalog (OPAC), der sich per Internet abfragen lässt. Ermittelt die Web-Adresse eurer Stadtbibliothek, z. B. mit Hilfe einer Suchmaschine, und gebt in die Suchmaske der jeweiligen Bibliothek den Autorennamen und/oder Buchtitel ein.

Informationsmaterial auswerten

Stellt euch vor, ihr sollt einen Vortrag über das Thema „Körpersprache in verschiedenen Kulturen"
halten. Als Informationsgrundlage habt ihr folgende Materialien (▶ S. 301–302) recherchiert.

Körpersprache
Von Julia Lohrmann

Weil wir das körperliche Verhalten schwerer kontrollieren und beherrschen können als die verbalen Aussagen, gilt die Körpersprache als wahrer und echter.   *Bedeutung der*
Aber lauern da nicht viele Missverständnisse? Stimmt unser Eindruck? Sind   *Körpersprache*
unsere Botschaften eindeutig und werden wir verstanden? Die Wissenschaft
5   geht davon aus, dass bestimmte Basisgefühle wie Angst, Furcht, Glück, Trauer,
Überraschung und Abscheu bei allen Menschen bestimmte nonverbale Aus-   *Gemeinsamkeiten:*
drucksformen hervorrufen. So gilt beispielsweise das Stirnrunzeln in so gut wie   *Mimik*
allen menschlichen Kulturen als Zeichen von Ärger. Das Lächeln wird ebenfalls
weltweit als positives Signal und Sympathiezeichen eingesetzt. Auch die Deu-
10   tung solcher Signale ist universell, sie werden überall verstanden.
Es gibt aber auch viele Körpersignale, die sich kulturell entwickelt haben und
so missverständlich sind wie die verschiedenen Wortsprachen. So kann eine
Geste wie der emporgereckte Daumen in unterschiedlichen Kulturkreisen genau das Gegenteil bedeuten oder eine für uns normale Haltung in anderen
15   Teilen der Welt Empörung hervorrufen. Zum Beispiel ist das Übereinander-   *Unterschiede:*
schlagen der Beine für einen Araber eine Beleidigung, denn die Fußsohle gilt   *Gesten*
im arabischen Kulturkreis als unrein. Gruppen von Menschen, Gesellschaften
und Kulturen entwickeln ein eigenes System von nonverbalen Botschaften,
einen eigenen Kode. Nur wenn man mit diesem Kode aufgewachsen ist, kann
20   man ihn richtig verstehen und benutzen.

Blickkontakt als ein Zeichen von Ehrlichkeit
Von Monika Matsching

„Er konnte mir nicht mal in die Augen sehen",
dieser Spruch wird vorwiegend von Europäern
gesagt. Wir lernen schon als Kind: „Schau mir
in die Augen." In Nordeuropa, Nordamerika
5   zeigt Augenkontakt Offenheit, Aufrichtigkeit
und Integrität. Westliche Kulturen sehen jemandem in die Augen und entscheiden sich, ob sie
ihr Gegenüber als aufrichtig empfinden oder
nicht. Arabische Kulturen verwenden einen in-
10   tensiven Blickkontakt. Sie wollen mit ihrem
Blick die wahren Absichten ihres Gegenübers
erforschen. Sie leben mit der Überzeugung:
„Augen können nicht lügen." Damit sie die Augen deutlicher erkennen, tendieren sie dazu, in
die Intimsphäre einzudringen – Nicht-Araber   15
fühlen sich durch das Eindringen bedrängt und
unwohl. In Japan jemandem direkt in die Augen
zu sehen, ist unhöflich. Die Japaner sitzen in
ihrem Büro eng nebeneinander, doch es ist ein
unausgesprochener Kode, „jemandem nicht in   20
die Augen zu sehen" und so seine Privatsphäre
zu tolerieren.

Paul Ekmann

Gefühle lesen

In meiner ersten Untersuchung zeigte ich Personen aus fünf Ländern (Chile, Argentinien, Brasilien, Japan und den USA) Fotografien und bat sie, zu beurteilen, was für ein Gefühl jeder einzelne Gesichtsausdruck repräsentiere. Quer durch alle fünf Kulturkreise war sich die Mehrheit in ihrem Urteil einig, und das legte den Verdacht nahe, dass Mimik tatsächlich universal sein könnte. Carroll Izard, ein weiterer von Silvan Tomkins[1] betreuter Psychologe, der mit anderen Kulturkreisen arbeitete, unternahm ein fast identisches Experiment und kam zu demselben Schluss. Tomkins hatte keinem von uns etwas vom jeweils anderen erzählt, und so waren Izard und ich zunächst einmal verärgert, als wir feststellen mussten, dass wir diese Arbeit nicht allein durchführten. Für unsere Wissenschaft aber war es besser, dass zwei Forscher zum selben Ergebnis kamen, und es sah ganz so aus, als hätte Darwin[2] recht gehabt.

---

1 Silvan Tomkins (1911–1991): US-amerikanischer Psychologe und Philosoph; Paul Ekman und Carroll Izard waren Schüler Tomkins' und bauten auf dessen Konzepte auf.

2 Die von Ekman als elementar beschriebenen Gesichtsausdrücke sind nicht kulturell erlernt, sondern genetisch bedingt. Damit steht er in der Tradition von Charles Darwin (1809–1882), einem britischen Natur- und Evolutionsforscher.

Wovon hängt die Wirkung einer Rede ab?

Inhalt 7 %

Körpersprache 55 %

Stimme 38 %

Die sieben Basisemotionen
nach Paul Ekman

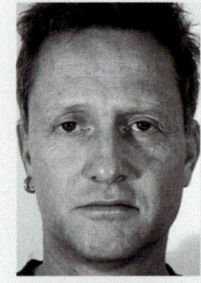

Traurigkeit

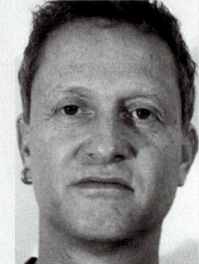

Verachtung

Freude

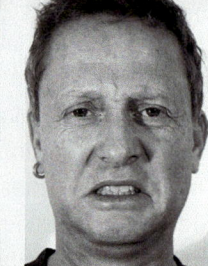

Ekel

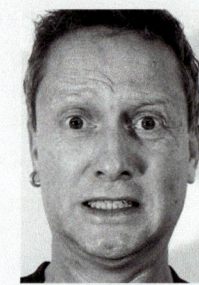

Angst

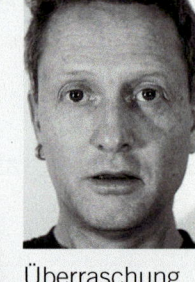

Überraschung

Wut

1 **a** Lest die Texte auf den Seiten 301–302 und äußert euch spontan:
Worum geht es in den einzelnen Texten? Was hat euch erstaunt, was wusstet ihr schon?
b Klärt schwierige Textstellen oder Begriffe, die ihr nicht versteht.

2 **a** Lest die folgende Aufgabenstellung sorgfältig:

> Erstellt auf der Grundlage der Materialien (▸ S. 301–302) einen Vortrag über das Thema „Körpersprache in verschiedenen Kulturen". Geht in eurem Vortrag auf folgende Aspekte ein:
> – die allgemeine Bedeutung von Körpersprache,
> – Gemeinsamkeiten und Unterschiede zwischen verschiedenen Kulturen.

b Beschreibt, wie der erste Text mit Blick auf die Aufgabenstellung bearbeitet wurde.
c Bearbeitet nun das gesamte Material (▸ S. 301–302) auf einer Kopie in ähnlicher Weise.
d Tauscht euch im Team aus: Zu welchem Aspekt des Vortrags passt die Grafik (▸ S. 302)? Welcher Teil des Vortrags kann durch die Fotos (▸ S. 302) besonders gut illustriert werden?

3 Fasst die wichtigsten Informationen aus den Materialien, geordnet nach den einzelnen Aspekten, zusammen.

Bedeutung von Körpersprache
– gilt als wahrer und echter, weil ...
– 55 % ...

Gemeinsamkeiten zwischen verschiedenen Kulturen
– ...

Unterschiede zwischen verschiedenen Kulturen
– ...

4 **a** Überlegt in Partnerarbeit, zu welchen Aspekten eures Vortrags ihr weiteres Material recherchieren müsst.
b Recherchiert dieses Zusatzmaterial und wertet es aus:
– Druckt geeignete Texte aus oder kopiert die entsprechenden Seiten aus Büchern.
– Verseht die Texte mit Markierungen und Randbemerkungen. Behaltet dabei die für euer Thema relevanten Aspekte im Blick.
c Fasst die wichtigsten Informationen – nach Aspekten geordnet – in Stichpunkten zusammen.

Methode	Materialien auswerten

- Wenn ihr Materialien für ein bestimmtes Thema auswertet, solltet ihr euch zunächst einmal klarmachen, **zu welchen Gesichtspunkten** ihr **Informationen** benötigt, z. B. zu den Aspekten „Gestik", „Mimik" und zum Thema „Körpersprache".
- Dann solltet ihr **die wichtigsten Informationen** auf einer Kopie oder einem Textausdruck **markieren** und am Rand notieren, zu welchen Aspekten die markierten Textstellen gehören. **Tipp:** Beachtet, dass ihr für euer Thema nicht unbedingt alle Informationen aus den Materialien benötigt.
- **Fasst** das Wichtigste – geordnet nach den einzelnen Themen und Aspekten – **in Stichpunkten zusammen.**

14.2 Überzeugend präsentieren

Den Vortrag strukturieren

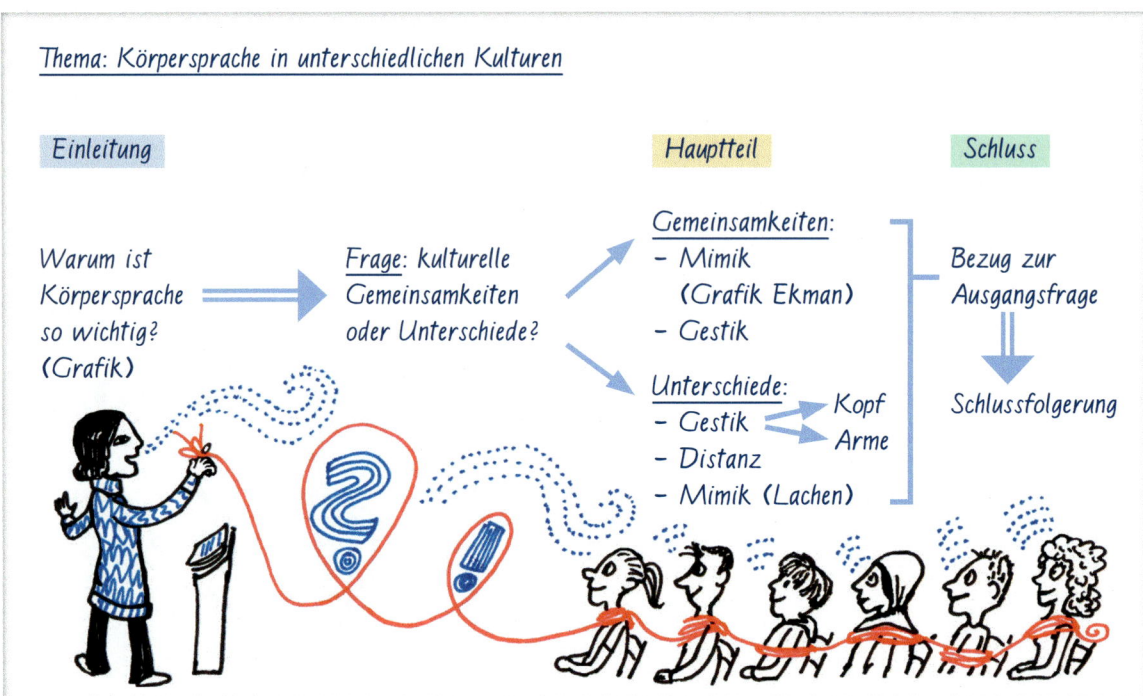

Thema: Körpersprache in unterschiedlichen Kulturen

Einleitung

Warum ist Körpersprache so wichtig? (Grafik)

Frage: kulturelle Gemeinsamkeiten oder Unterschiede?

Hauptteil

Gemeinsamkeiten:
– Mimik (Grafik Ekman)
– Gestik

Unterschiede:
– Gestik → Kopf Arme
– Distanz
– Mimik (Lachen)

Schluss

Bezug zur Ausgangsfrage

Schlussfolgerung

1 a Betrachtet die Skizze und erläutert, was dargestellt ist.

b Erklärt, auf welche Aspekte sich der Vortrag konzentriert und welcher logischen Struktur er folgt.

c Diskutiert, inwiefern eine solche Skizze euch auch während eines Vortrags bzw. einer Präsentation unterstützen kann.

2 Skizziert selbst einen solchen Strukturplan für einen Vortrag zum Thema „Körpersprache in unterschiedlichen Kulturen" oder zu einem anderen Thema. Achtet darauf, euch auf die wichtigsten Fakten zu beschränken und diese in eine logische Reihenfolge zu bringen.

Methode	Vorträge mit Skizzen planen

- Eine gute Präsentation reiht nicht nur Informationen aneinander, sondern hat – ähnlich wie eine spannende Geschichte – einen durchdachten Aufbau. Es gibt eine **Einleitung,** einen **Hauptteil** und einen **Schluss.**
- Struktur, Ablauf und Inhalt der Präsentation lassen sich mit Hilfe einfacher Skizzen planen und darstellen. Diese bringen die **wichtigsten Fakten in eine** für das Publikum **nachvollziehbare logische Struktur,** sodass der Vortrag einem **„roten Faden"** folgt.
- Solche Skizzen unterstützen euch auch während des Vortragens, weil ihr die Struktur bildlich vor Augen habt.

1 Statt mit Skizzen (► S. 304) könnt ihr euren Vortrag auch mit Haftnotizen strukturieren.
   a Betrachtet die Notizzettel und erklärt dann den Aufbau des so strukturierten Vortrags.
   b Vergleicht beide Methoden (► Skizze und Haftnotizen). Welche Vorteile kann es haben, den Vortrag mit Haftnotizzetteln zu strukturieren?

2 Probiert selbst, den Vortrag zum Thema „Körpersprache in unterschiedlichen Kulturen" mit Haftnotizzetteln zu strukturieren. Geht so vor:
   a Schreibt die vorliegenden Notizzettel ab, indem ihr sie auf einzelne Haftnotizzettel übertragt.
   b Erprobt selbst unterschiedliche Strukturierungsmöglichkeiten, z. B.:
     – Stellt einzelne Teile innerhalb der Einleitung oder innerhalb des Hauptteils um.
     – Lasst einzelne Zettel weg oder ergänzt selbst weitere Haftnotizzettel.
    Überlegt, welche Vor- und Nachteile die jeweiligen Strukturen haben, und einigt euch auf die eurer Ansicht nach sinnvollste Struktur.
   c Präsentiert eure Ergebnisse. Gebt euch gegenseitig ein Feedback darüber, ob die Struktur des Vortrags für die Zuhörer/-innen nachvollziehbar ist.

3 **a** Plant mit Hilfe von Haftnotizzetteln einen Vortrag zu einem anderen Thema.
   b Präsentiert eure Ergebnisse. Lasst euch eine Rückmeldung geben, ob die Struktur eures Vortrags logisch und nachvollziehbar ist.

Methode	**Vorträge mit Haftnotizen strukturieren**

- Struktur und Ablauf eines Vortrags bzw. einer Präsentation lassen sich mit Skizzen planen (► S. 304). Ihr könnt aber auch **mit beschrifteten Haftnotizen** arbeiten. Der Vorteil dieser Methode ist, dass man **unterschiedliche Strukturierungsmöglichkeiten ausprobieren** kann, indem man Zettel verschiebt, weglässt, neue hinzufügt usw.
- Das Erstellen einer Grundstruktur fällt leichter, wenn man schon weiß,
  – welche Fragen oder Teilaspekte im Hauptteil behandelt werden sollen,
  – wie man beginnen möchte (Einleitung) und auf welchen Schluss der Vortrag zielt.

Folien für die Bildschirmpräsentation gestalten

Kulturelle Unterschiede: Gestik

- **Kopfbewegungen**

- **Blickkontakt**

- **Armbewegungen**

- **Fingergesten**

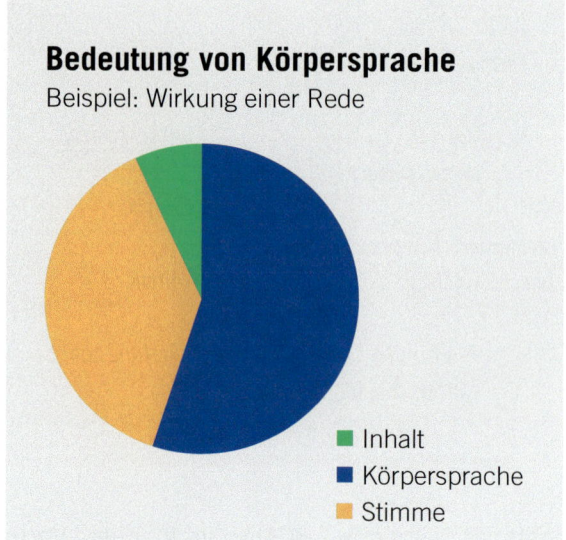

Bedeutung von Körpersprache
Beispiel: Wirkung einer Rede

- Inhalt
- Körpersprache
- Stimme

Kulturelle Unterschiede: Mimik

In Amerika wird viel gelacht, was für Europäer häufig aufgesetzt wirkt.
In Japan lachen Männer nicht in der Öffentlichkeit und Frauen zeigen beim Lachen nicht ihre Zähne.
Das Lachen der Deutschen wird von vielen anderen Kulturen als unehrlich empfunden.
Asiaten lachen auch, wenn sie sich unwohl fühlen.
In arabischen Kulturen und Lateinamerika ist das Lachen häufig mit expressiven Gesten und Berührungen verbunden.

Sieben Basisemotionen

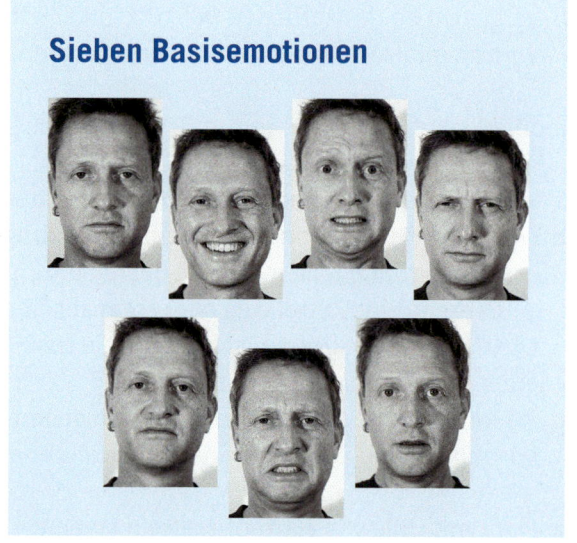

1
a Sicherlich habt ihr schon einmal einen Vortrag gehört, der durch eine Bildschirmpräsentation unterstützt wurde. Tauscht euch darüber aus, was eine gelungene Präsentation ausmacht.
b Berichtet, wie ihr vorgeht, wenn ihr selbst eine Bildschirmpräsentation erstellt.

2
a Erklärt mit Hilfe der Abbildungen, wann es sinnvoll ist, an Stelle von Texten Bilder oder Grafiken auf die Folien zu bringen.
b Erläutert anhand der – gelungenen und weniger gelungenen – Beispiele, was man bei der Gestaltung einer Folie beachten sollte. Berücksichtigt dabei
– Textmenge,
– Schriftgröße und Schriftart und
– farbliche Gestaltung.
c Erklärt genau, was ihr an den weniger gelungenen Folien verbessern würdet.

Mit dieser Folie soll das Publikum einbezogen werden: Es soll diskutiert werden, welcher Gesichtsausdruck welche Basisemotion ausdrückt.

Diese Folie soll einen Überblick darüber geben, dass die Mimik in den einzelnen Kulturen unterschiedlich eingesetzt und wahrgenommen wird.

Diese Folie soll …

3 Bei einer Folie sollte man sich immer klarmachen, welche Funktion sie im Vortrag hat.
a Ordnet die ersten beiden Gedankenblasen jeweils einer Folie von Seite 306 zu.
b Erläutert die Funktion der anderen beiden Folien (▶ S. 306). Nutzt hierzu auch das Merkwissen unten.

4 Erstellt in Gruppen- oder Teamarbeit selbst eine Bildschirmpräsentation für euren Vortrag. Geht so vor:
a Überlegt, an welchen Stellen ihr euren Vortrag durch Folien unterstützen wollt.
 – Welche Inhalte lassen sich durch Grafiken oder Bilder visualisieren?
 – Wo wollt ihr Wichtiges in Stichpunkten zusammenfassen?
b Gestaltet die Folien und achtet dabei auf Übersichtlichkeit und Lesbarkeit.

5 Präsentiert eure Folien und gebt euch ein Feedback: Ist die Folie übersichtlich und lesbar gestaltet? Ist die Folie geeignet, im Vortrag die jeweilige Funktion zu erfüllen?

Methode   **Folien für die Bildschirmpräsentation gestalten**

■ Nur der Vortragende – nicht die Folie – kann eine Geschichte erzählen. Folien dienen nur zur Unterstützung des Vortrags. Sie eignen sich z. B., **um Inhalte durch Grafiken und Bilder zu visualisieren,** um **Wichtiges in wenigen Stichpunkten** unter einer Überschrift zusammenzufassen oder um das **Publikum zu aktivieren,** indem man eine Frage einblendet, durch ein Foto oder ein Zitat provoziert oder überrascht usw.

■ Bei der **Foliengestaltung** (Layout) sollte man sich auf das Wesentliche beschränken.
 – Vortragsfolien sollen gut lesbar sein. Deshalb **verzichtet** man am besten **auf mehrfarbige** oder **ablenkende Hintergründe** (z. B. Fotos).
 – Nehmt eine **gut lesbare Schrift** (z. B. Arial). Die **Schriftgröße** solltet ihr so wählen, dass jeder im Raum die Stichpunkte mühelos lesen kann (mindestens 22 Punkt). Achtet bei der Auswahl der **Schriftfarbe** auf einen guten Kontrast zum Hintergrund.
 – **Tabellen, Bilder** und andere Abbildungen müssen klar erkennbar bzw. **gut lesbar** sein.

Tipp: Lest die Folien bzw. eure Notizen nicht einfach ab, sondern erläutert die Stichpunkte durch einen lebendigen Vortrag.

Ein Handout erstellen

Referent: Jan Ebert, Klasse: 9 c
Datum: 11. 11. 2015
Fach: Deutsch

Körpersprache in verschiedenen Kulturen

1 Warum ist Körpersprache wichtig?
 – 7 % ...
 – ...

2 Gibt es bei der Körpersprache kulturelle Unterschiede?
 2.1 Gemeinsamkeiten
  – Mimik: sieben Basisemotionen (Traurigkeit, Freude, ...)
  – ...

 2.2 Unterschiede
  – Mimik: ...
  – ...

3 Fazit
 – ...

4 Quellenangaben
 – Paul Ekman: Gefühle lesen: Wie Sie Emotionen erkennen und richtig interpretieren.
  Spektrum, Akademischer Verlag, Heidelberg 2010, S. 4.
 – http://www.planet-wissen.de/kultur_medien/kommunikation/ koerpersprache/
  (Stand: 14. 05. 2015)
 – ...

1 **a** Betrachtet das Handout. Erklärt dann, welche Funktionen ein Handout hat und welche Informationen es enthalten sollte.
  b Nennt alle Elemente, die eine Quellenangabe (Buch und Internet) enthalten sollte. Welche Funktionen haben Quellenangaben, z. B. auch für das Publikum?

2 Erstellt selbst ein Handout für euren Vortrag. Orientiert euch dabei am Methodenkasten.

Methode	Ein Handout erstellen

Ein Handout gibt den Aufbau und die zentralen Informationen eines Vortrags knapp und übersichtlich wieder (möglichst auf einer DIN-A4-Seite).
■ **Kopfzeile:** Name, Klasse, Datum, Fach und Thema des Vortrags.
■ **Hauptteil:** Überblick über die wichtigsten Informationen, geordnet nach den Abschnitten (Gliederung) des Vortrags.
■ **Quellenangaben:** Anführen der verwendeten Materialien (► Quellenangaben machen, S. 362):
 – Bücher: Autor/-in, Titel, Verlag, Ort, Jahr, Seitenangabe.
 – Internet: Internetadresse und Datum, an dem ihr die Seite gefunden habt.

14.3 Sicher auftreten – Lebendig vortragen

1 a Diskutiert: Mit welcher Frage kann man das Publikum besonders gut aktivieren?
Welche ist eher ungeeignet?

b Überlegt, welche Fragen ihr bei eurem Vortrag wann stellen könntet, um das Publikum
einzubeziehen. Notiert eure Ideen.

2 Testet die Wirkung eurer Körpersprache auf das Publikum.

a Lasst euch von den Mitschülern ein Stichwort geben und sprecht darüber spontan und frei eine
Minute lang vor der Klasse. Achtet auf eure Körpersprache. Ihr müsst den Inhalt des Vortrags
nicht allzu ernst nehmen.

b Holt Feedback ein zu eurer Gestik, Mimik, Körperhaltung und zum Stimmeinsatz. Schreibt euch
selbst einen Merkzettel, auf dem ihr festhaltet, worauf ihr in Zukunft achten wollt.

3 Bereitet die Präsentation eures Vortrags vor:

– Druckt die Folien, die ihr für die Bildschirmpräsentation erstellt habt, aus oder haltet das
Wichtigste auf Moderationskarten fest.

– Macht euch gegebenenfalls auf den Folien weitere Notizen als Gedankenstütze.

– Notiert, wann ihr welche Folie einsetzen wollt.

4 Erstellt gemeinsam einen Beobachtungsbogen zur Bewertung eurer Vorträge.

5 Übt euren Vortrag zunächst allein. Nutzt dabei eure Folien und Notizen und berücksichtigt die
Kriterien auf dem Beobachtungsbogen.

Beobachtungsbogen: Einen Vortrag bewerten	☺	☺	☹	☹
Wurden alle wichtigen Informationen zum Thema genannt?				
War der Vortrag gut strukturiert?				
...				

6 **a** Übt euren Vortrag in einer kleineren Gruppe. Verteilt die Beobachtungspunkte (▶ S. 309) so, dass jedes Gruppenmitglied nur ein bis zwei Punkte bewerten und im Auge behalten muss.

b Lasst euch anschließend von den einzelnen Gruppenmitgliedern eine Rückmeldung geben, was gelungen ist und was verbessert werden kann.

7 Prüft mit Hilfe der folgenden Fragen, ob ihr für euren Vortrag alles vorbereitet habt:
– Sind die Handouts kopiert?
– Funktionieren Beamer und Notebook?
– Ist die Präsentation auf dem USB-Stick gespeichert und läuft sie auf dem Notebook?
– Ist der Beamer so eingestellt, dass die Folien auch von hinten im Raum gut lesbar sind?

8 **a** Tragt eure Vorträge in der Klasse vor. Das Publikum hört „aktiv" zu, d. h., es zeigt dem Redner oder der Rednerin, dass es den Vortrag aufmerksam verfolgt:
– Haltet Blickkontakt mit dem Sprecher oder der Sprecherin.
– Unterbrecht den Vortrag nicht voreilig durch Fragen, sondern notiert eure Fragen, damit ihr sie nach dem Vortrag oder an geeigneter Stelle einbringen könnt.

b Klärt nach jedem Vortrag Fragen, die noch offengeblieben sind.

c Gebt mit Hilfe eures Feedback-Bogens aus Aufgabe 4 eine Rückmeldung, was besonders gelungen ist und was man noch verbessern könnte.

9 Wertet die Vorträge in der Klasse aus. Begründet, welcher Vortrag euch besonders gut gefallen hat. Nennt inhaltliche Aspekte, die ihr sehr interessant fandet.

| **Methode** | **Ansprechend vortragen und präsentieren** |

Bei eurem Vortrag solltet ihr Folgendes beachten:

- Kopiert vor dem Vortrag die **Handouts** und prüft, ob die benötigte **Technik** funktioniert.
- Lest keinen vorformulierten Text ab, sondern nutzt die ausgedruckten Folien als Gedankenstütze für einen **freien Vortrag.**
- Verwendet eine **einfache, klare Sprache** mit möglichst kurzen Sätzen. Versucht, **halb so schnell** und **doppelt so deutlich** zu sprechen, wie ihr es gewöhnlich tut.
- Haltet **Blickkontakt** zum Publikum. Dann seht ihr auch, ob es Zwischenfragen gibt.
- Versucht, das **Publikum zu aktivieren,** indem ihr z. B. Fragen stellt oder Probleme benennt, die zum Diskutieren anregen.

Orientierungswissen

Sprechen und Zuhören

Argumentieren

▶ S. 36–37

Beim Argumentieren versucht man, seine Meinung überzeugend zu begründen. Man formuliert eine These (Behauptung, Meinung, Wunsch, Forderung), die man mit Argumenten untermauert. Die Argumente kann man durch Stützungen (Beispiele, Erläuterungen, Belege, Zitate …) noch überzeugender machen, z. B.:

- **These (Meinung):**
  Ein Leben ohne digitale Medien ist heute nicht mehr denkbar.
- **Argument:**
  …, weil die moderne Welt den schnellen Zugang zu Informationen und auch die digitale Kommunikation verlangt.
- **Stützung:**
  Zum Beispiel gehört bei der Vorbereitung eines Referats die Internetrecherche selbstverständlich dazu.

Überzeugende Stützungen können sein:

- ein **Beispiel** aus dem eigenen Erfahrungsbereich, z. B.:
  In unserer Schule haben wir eine Medien-AG, in der wir einen Kurzfilm erstellt haben. Für ein solches Projekt braucht man zum Beispiel auch den Computer, mit dem man das Film- und Audiomaterial bearbeiten kann.
- eine **Erläuterung:**
  Um informiert zu kommunizieren, nutzen fast alle das Internet, oft auch mit mobilen Geräten wie Laptop, Smartphone oder Tablet.
- ein **Beleg,** z. B. eine Statistik:
  Statistiken zeigen, dass über 90 % der Jugendlichen über 12 Jahre in Deutschland regelmäßig digitale Medien nutzen.
- ein **Zitat von einer Expertin / einem Experten,** z. B.:
  Der Medienpädagoge Thomas Welsch hat die Erfahrung gemacht, dass Medien Jugendliche zum Mitdenken anregen, die Kreativität fördern und sogar aufnahmefähiger machen können.

So kann man ein Gegenargument (Einwand) entkräften oder widerlegen:

Beim Argumentieren überzeugt man noch mehr, wenn man auch auf ein Argument eingeht, das gegen die eigene These spricht (Gegenargument), und dieses entkräftet. Man erklärt zum Beispiel, warum einen das Argument nicht überzeugt, und nennt ein Argument, das für die eigene These spricht, z. B.:

Es ist zwar nachvollziehbar, wenn …, aber viel entscheidender ist doch … Gegen … spricht, dass …

Pro-und-Kontra-Debatte führen ▶ S. 38–40

Phase 1: Eröffnungsrunde (2 Minuten pro Statement)
Zu Beginn verdeutlicht jeder Teilnehmer seine Position in einem zweiminütigen Statement.

Phase 2: Freie Aussprache (6 Minuten)
Die Debattanten der Pro- und der Kontra-Gruppe diskutieren miteinander (Zeitvorgabe: 6 Minuten). Sie nennen ihre Argumente und entkräften die Argumente der Gegenposition.

Phase 3: Schlussrunde (1 Minute pro Statement)
In der Schlussrunde hat jeder Teilnehmer noch einmal eine Minute Zeit, die Streitfrage ein zweites Mal zu beantworten – jetzt im Licht der Argumente, die er während der freien Aussprache gehört hat. Dabei darf er seine Meinung ändern.

Formulierungshilfen
- Ein Argument, das für/gegen ... • Besonders wichtig ist ...
- Wenn man sich vorstellt, dass ... • Damit meine ich zum Beispiel, dass ...;
- Darunter verstehe ich ... • Das heißt, dass ...
- Sicherlich kann man einwenden, dass ... Dennoch habe ich die Erfahrung gemacht, dass ...
- Viele meinen zwar, dass ... Aber das ist aus meiner Sicht ..., weil ...
- Ich kann zwar verstehen, dass ... Dagegen möchte ich jedoch einwenden, dass ...
- Es ist zwar nachvollziehbar, wenn ... Aber viel entscheidender ist doch, dass ...
- ... hat recht, wenn er sagt, dass ... Aber ...

Ein Interview führen ▶ S. 61

Bei einem Interview handelt es sich um die Befragung einer oder mehrerer Personen mit dem Ziel, persönliche Informationen (Personeninterview) und/oder Sachinformationen zu einem bestimmten Thema (Experteninterview) zu erhalten.
Die Art der Fragen beeinflusst die Antwortbereitschaft und die Ausführlichkeit der Antworten. Grundsätzlich sollten die Fragen kurz und präzise formuliert sein.

- **Aufforderungs-/Erzählfragen:** Sie geben einen starken Redeimpuls, die Art der Antwort lässt sich aber schwer steuern, z. B.:
  Sie haben in Ihrem Beruf viel erlebt. Erzählen Sie davon.
- **Offene Fragen:** Sie lassen dem Interviewpartner viele Antwortmöglichkeiten offen und beginnen meist mit einem Fragepronomen *(Warum ...? Wie ...?)*. Im Unterschied zu den geschlossenen Fragen können sie nicht mit Ja oder Nein beantwortet werden, z. B.:
  Warum haben Sie diesen Beruf gewählt?
- **Verständnisfragen:** Diese Nachfragen haben den Zweck, Missverständnisse auszuschließen, z. B.:
  Habe ich Sie richtig verstanden, dass ...?
- **Geschlossene Fragen:** Diese Fragen sind hilfreich, wenn man den Interviewpartner festnageln möchte, denn man kann sie nur mit Ja oder Nein beantworten, z. B.:
  Haben Sie mit Ihrer Firma schon viel Geld verdient?
- **Suggestivfragen:** Hier wird die erwünschte Antwort schon in der Frage mitgeliefert, z. B.:
  Sind Sie nicht auch der Meinung, dass ...?

Schreiben

Eine Streitfrage pro und kontra erörtern ▶ S. 41–45

Bei einer dialektischen Erörterung (Pro-und-Kontra-Erörterung) stellt ihr eure Position zu einer Streitfrage (z. B. *Soll es an unserer Schule eine einheitliche Schulkleidung geben?*) dar. Ihr zeigt, auf welchem Wege ihr zu einem Urteil (Fazit) gekommen seid, indem ihr Pro- und Kontra-Argumente darstellt und gegeneinander abwägt.

Einleitung: Die Einleitung soll den Leser in das Thema einführen und zum Hauptteil überleiten. Um einen interessanten Einstieg in das Thema zu finden, kann man z. B. anknüpfen an ein persönliches Erlebnis, das Zitat eines Experten / einer Expertin oder an eine allgemeine Feststellung (z. B. Umfrageergebnis, Trend), z. B.: *In Amerika, England und Frankreich gehört einheitliche Schulkleidung schon lange zum Alltag. Aber auch in Deutschland gibt es immer mehr Schulen ... Was spricht eigentlich für und was gegen eine einheitliche Schulkleidung?*

Hauptteil: Im Hauptteil führt ihr **Pro- und Kontra-Argumente** (mit Stützungen) an und zieht dann ein **Fazit,** in dem ihr euren Standpunkt deutlich formuliert.
- Bei eurem Fazit könnt ihr euch eindeutig für (pro) oder gegen (kontra) ein Thema aussprechen oder ihr formuliert eine Einschränkung, Bedingung oder Voraussetzung, unter der ihr euch für ein Pro oder Kontra entscheidet, z. B.: *Obwohl man zugeben muss, dass ..., bin ich dennoch der Meinung, dass ...*
- Die Argumente für (pro) und gegen (kontra) die eigene Position können entweder in Blöcken gegenübergestellt werden (Sanduhrprinzip) oder fortlaufend im Wechsel angeführt werden (Pingpong-Prinzip). ▶ Mehr Informationen hierzu auf Seite 43.

Schluss: Der Schluss rundet das Thema ab und darf keine neuen Argumente enthalten. Ihr könnt einen weiterführenden Gedanken formulieren, z. B. einen Wunsch, Vorschlag oder eine Empfehlung zum weiteren Umgang mit dem Thema oder einen Ausblick auf zukünftige Entwicklungen. Der Schluss kann auch den Einleitungsgedanken wieder aufgreifen, z. B.: *Die Entscheidung, ob eine einheitliche Schulkleidung eingeführt wird, sollte den Schülern selbst überlassen werden. Am besten wäre es natürlich, wenn ...*

Setzt für die Übersichtlichkeit Absätze zwischen Einleitung, Hauptteil und Schluss.

Formulierungen für die Argumentation
- Ein Argument für/gegen ... • Ein weiterer Gesichtspunkt ist ... • Hinzu kommt, dass ...
- Dass ..., zeigt sich auch darin, dass ... • Untersuchungen/Umfrageergebnisse zeigen, dass ...
- Genauer gesagt • Dies bedeutet • Dafür spricht • Als Beispiel/Beleg lässt sich anführen ...
- Das heißt, dass ... Darunter verstehe ich ... • Wenn man sich vorstellt, dass ...
- Dagegen möchte ich einwenden ... • Viele meinen zwar, ... Aber aus meiner Sicht ..., weil ...
- Es ist zwar nachvollziehbar, wenn ... Aber viel entscheidender ist doch ...
- Den positiven/negativen Aspekten steht jedoch eine ganze Reihe ... gegenüber.
- Den Vorteilen von ... sind aber folgende Nachteile gegenüberzustellen:

Erörterung im Anschluss an einen Text ▶ S. 47–54

1. Die Aufgabenstellung erfassen

Jeder Erörterung im Anschluss an einen Text liegt eine konkrete Aufgabenstellung zu Grunde, die angibt, unter welchen Gesichtspunkten ihr euch mit der Textvorlage auseinandersetzen sollt, z. B.:
Stellt die Kerngedanken des Interviews „Faire Kleidung erkennt man nicht am Preis" dar. Erörtert dann Chancen und Probleme von fair gehandelten Produkten und sprecht eine Empfehlung aus.

2. Die Textvorlage analysieren

Die Erörterung im Anschluss an einen Text verlangt eine gründliche Auseinandersetzung mit dem Text (Textanalyse). Erst dann ist eine fundierte Stellungnahme möglich.
Die folgenden Leitfragen helfen euch, den Text zu erschließen:
- Um welches Thema geht es? Welche Standpunkte (Thesen, Argumente) werden vertreten?
- Ist die Argumentation überzeugend? Mit welchen Beispielen wird die Argumentation veranschaulicht? Werden Gegenargumente genannt?
- Werden auffällige sprachliche Gestaltungsmittel verwendet? Was bewirken sie?
- Welche Absicht verfolgt der Text?

3. Eine Stoffsammlung anlegen

Legt euch eine Stoffsammlung zur Bearbeitung der Aufgabenstellung an.
- Textanalyse: Haltet die Ergebnisse eurer Textanalyse fest.
- Erörterung: Setzt euch mit den Positionen des Textes kritisch auseinander, notiert hierzu Ideen.

4. Die Erörterung im Anschluss an einen Text schreiben

Die Erörterung im Anschluss an einen Text (textgebundene Erörterung) entsteht in Anlehnung an eine Textvorlage (z. B. Zeitungstext), in der eine strittige Frage behandelt oder ein Problem angesprochen wird.
Einleitung:
In der Einleitung macht ihr Angaben zur Textvorlage (Titel und Thema des Textes, Autor/-in und Textquelle).
Hauptteil:
Im Hauptteil beantwortet ihr die konkrete Aufgabenstellung, die angibt, unter welchen Gesichtspunkten ihr euch mit dem vorgegebenen Text auseinandersetzen sollt. In der Regel besteht der Hauptteil aus zwei Schritten: Textanalyse und Erörterung.
- **Textanalyse:** Zusammenfassung der zentralen Gedanken und Positionen, Darstellung der Intention des Textes und evtl. auch der sprachlichen Mittel.
- **Erörterung:** Stellungnahme zu den Hauptargumenten des Textes (Zustimmung, Widerspruch oder teilweise Zustimmung begründet darlegen).
Schluss:
Fasst eure Position zusammen und zieht ein Fazit, das ihr nach der Auseinandersetzung mit der Textvorlage gewonnen habt.

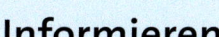

Informieren

Einen Informationstext verfassen

▶ S. 17–22; 32–34

In einem Informationstext erklärt und beschreibt ihr Sachverhalte in einer gut verständlichen Weise. Dabei wählt ihr wichtige Informationen aus verschiedenen Materialien aus und verfasst auf dieser Grundlage einen neuen, zusammenhängenden Text.

Beim Verfassen eines Informationstextes könnt ihr so vorgehen:

1 Die Aufgabenstellung verstehen

- Klärt, was die Aufgabenstellung von euch verlangt. So bekommt ihr Anhaltspunkte, worauf ihr beim Auswerten der Materialien achten müsst.

2 Die Materialien erschließen

- Verschafft euch einen ersten Überblick über die Materialien, indem ihr sie zügig lest.
- Klärt unbekannte Wörter und Textstellen durch Nachdenken oder Nachschlagen.
- Lest die Materialien mit einem Stift in der Hand. Macht nach jedem Sinnabschnitt eine kurze Pause und fragt euch: Was steht in diesem Abschnitt? Was ist für die Bearbeitung der Aufgabe wichtig, was überflüssig?
- Unterstreicht wichtige Informationen und notiert am Textrand Stichpunkte.

3 Die Gliederung erstellen

- Entwerft eine Gliederung für euren Informationstext. Beachtet bei der Gliederung eures Textes die Struktur der Aufgabenstellung. Die Abfolge der Teilaufgaben gibt euch den Textaufbau schon vor.

4 Den Informationstext schreiben

- Nutzt eigene Worte und formuliert sachlich.
- Achtet darauf, dass euer Text der Gliederung folgt, also eine klare gedankliche Struktur hat.
- Macht Zusammenhänge auch sprachlich deutlich, z. B. durch Satzverknüpfungen und Überleitungen *(weil, obwohl, daher, ein anderer Punkt …)*.
- Schreibt vorwiegend im Präsens und verwendet – wenn nötig – die indirekte Rede (▶ S. 340).

Ein Protokoll anfertigen

Das Protokoll ist eine Sonderform des Berichts. Es gibt knapp und sachlich das Wichtigste einer Unterrichtsstunde, einer Diskussion, einer Sitzung oder eines Versuchs wieder.

Protokolle haben eine feste äußere Form:

1 Protokollkopf: Der Protokollkopf enthält folgende Angaben: Anlass (Titel der Veranstaltung), Datum/Zeit, Ort, Anwesende/Abwesende, Name des Protokollanten/der Protokollantin, Thema (z. B. der Unterrichtsstunde) oder Auflistung der Tagesordnungspunkte (TOPs).

2 Hauptteil: Im Hauptteil werden die wichtigsten Informationen sachlich, knapp und übersichtlich wiedergegeben.

3 Schluss: Der Schluss des Protokolls enthält Ort und Datum der Abfassung sowie die Unterschrift des Protokollanten/der Protokollantin.

Das Tempus des Protokolls ist in der Regel das Präsens. Wichtige Gesprächsbeiträge einzelner Teilnehmer/-innen werden in der indirekten Rede (▶ S. 340) mit Angabe des Namens der Sprecherin oder des Sprechers wiedergegeben.

Lesen – Umgang mit Texten und Medien

Erzählende Texte (Epik) ▶ S. 84–89; 93–112; 113–136; 206–218

Die erzählenden Texte (Epik) sind neben den Gedichten (Lyrik) und den dramatischen Texten (Dramatik) eine der drei Gattungen der Dichtung (Epik, Lyrik, Dramatik). Erzählende Texte gliedern sich in eine Vielzahl von Textsorten auf, z. B.: Märchen, Fabel, Novelle, Kurzgeschichte (▶ S. 113–136), Anekdote, Parabel (▶ S. 84–89), Roman (▶ S. 93–112; 206–218) usw. Folgende Elemente sind für erzählende Texte kennzeichnend:

Der Erzähler ▶ S. 217

Das **wesentliche Merkmal** für einen erzählenden (epischen) Text **ist der Erzähler,** der nicht mit dem Autor gleichgesetzt werden darf. Ein erwachsener Autor kann zum Beispiel eine Geschichte von einem Kind, ein männlicher Autor eine Geschichte von einer Frau erzählen lassen oder umgekehrt. Immer ist der Erzähler eine vom Autor erfundene Figur und gehört zur Welt der erzählten Geschichte.

Erzählform ▶ S. 217

- **Der Ich-Erzähler / die Ich-Erzählerin** erscheint **gleichzeitig als erlebende und erzählende Figur.** Dabei kann der Erzähler unmittelbar aus der Situation heraus erzählen oder mit einem zeitlichen Abstand auf die Situation zurückblicken.
- **Der Er-/Sie-Erzähler** erzählt von allen Figuren in der Er-Form bzw. in der Sie-Form. Der Er-/Sie-Erzähler tritt als Figur oft ganz in den Hintergrund. Meist ist er nicht am Geschehen beteiligt.

Erzählverhalten ▶ S. 217

Der Erzähler kann seine Geschichte auf ganz unterschiedliche Weise vermitteln.
- **Auktoriales Erzählverhalten:** Der Erzähler erscheint als freier Schöpfer der erzählten Welt und **steht außerhalb der Handlung.** Er kennt die Gedanken und Gefühle aller Figuren und greift mit Kommentaren, Vorausdeutungen, Urteilen über die Figuren oder Ansprachen an den Leser in den Erzählvorgang ein.
- **Personales Erzählverhalten:** Der Erzähler erzählt **aus der Sicht einer Figur oder** wechselnd aus der Sicht **mehrerer Figuren.** Hierbei tritt der Erzähler nicht unmittelbar auf, kommentiert nicht, sondern bleibt in der Sichtweise der Figur bzw. der Figuren verhaftet.
- **Neutrales Erzählverhalten:** Der Erzähler stellt die Geschehnisse sachlich, ohne eigene Wertung dar. Auch Gespräche zwischen den Figuren werden nicht kommentiert. Sie können auch ganz ohne Zwischenbemerkungen des Erzählers, wie protokolliert, wiedergegeben werden (szenisches Erzählen).

Figurenrede ▶ S. 77

- Wenn der Erzähler die Figuren zu Wort kommen lässt, hat er verschiedene Möglichkeiten.
- Die Figuren kommen zu Wort durch **direkte Rede** (*„Hör auf, du siehst doch, dass …"*) und **indirekte Rede** (*Er erklärte mit lauter Stimme, ich solle doch …*).
- Bei personalem Erzählverhalten werden die Figurengedanken in Form der **erlebten Rede** oder des **inneren Monologs** wiedergegeben. Die erlebte Rede bringt Gedachtes in der 3. Person (Er-/Sie-Form) und im Präteritum zur Sprache, z. B.: *Vielleicht sollte er einfach gehen?* Der innere Monolog steht in der ersten Person (Ich-Form) Präsens oder Perfekt, z. B.: *Das glaube ich nicht! Nein!*

Zeit und Zeitgestaltung ▶ S. 122

A Chronologie (Rückblenden, Vorausdeutungen)

Der Erzähler kann sich streng an die zeitliche Reihenfolge der Ereignisse halten, also **chronologisch erzählen.** Er kann aber auch die aktuelle Handlung unterbrechen und **in Rückblenden** von vergangenen Ereignissen erzählen oder in **Vorausdeutungen** Ereignisse vorwegnehmen. Jede Rückblende oder Vorausdeutung unterbricht den linearen (chronologischen) Erzählfluss. Die Rückblende liefert z. B. Informationen, die zum Verständnis der Handlung wichtig sind oder diese in einem neuen Licht erscheinen lassen. Die Vorausdeutung kann die Spannung steigern, indem zukünftige Geschehnisse gezeigt werden.

B Erzählzeit und erzählte Zeit

In erzählenden Texten kann die Zeit ganz unterschiedlich gestaltet werden. Das **Erzähltempo** ergibt sich aus dem **Verhältnis von Erzählzeit** (Zeitspanne, die der Leser für die Lektüre eines Textes braucht) **und erzählter Zeit** (Zeitraum, über den erzählt wird bzw. über den sich die Handlung erstreckt). Es gibt drei Möglichkeiten der Zeitgestaltung:

1 **Zeitdehnung:**

Das **Geschehen** / die Handlung wird **gedehnt** und läuft quasi in **Zeitlupe** ab bzw. kommt fast zum Stillstand (= Zeitlupenaufnahmen im Film). Zeitdehnung erfolgt durch die ausführliche Schilderung von Wahrnehmungen, Gedanken und Gefühlen während eines Geschehens, z. B.: ausführliche Beschreibung, wie ein Glas zerbricht.

Bei der Zeitdehnung ist die Erzählzeit länger als die erzählte Zeit.

2 **Zeitraffung:**

Das **Geschehen** / die Handlung wird **gerafft,** indem längere Zeiträume zusammengefasst werden (= Zeitrafferaufnahmen im Film), z. B.: Ein über Jahre dauernder Vorgang wird in einem Satz wiedergegeben. (*Vier Jahre lang ging er jeden Morgen zur Arbeit.*)

Die extremste Form der Zeitraffung ist der **Zeitsprung** (*Zehn Jahre später …*).

Bei der Zeitraffung ist die Erzählzeit kürzer als die erzählte Zeit.

3 **Zeitdeckung:**

Erzählzeit und erzählte Zeit sind identisch (gleich lang), z. B. bei der Wiedergabe von Dialogen.

Leitmotive in literarischen Texten ▶ S. 117

Als Leitmotiv bezeichnet man einen **Baustein** (z. B. eine einprägsame Aussage/Wendung oder ein Sprachbild, einen besonderen Ort, ein Handlungselement, einen Gegenstand oder eine Farbe), **der in einem literarischen Text wiederkehrt** und dadurch eine besondere Bedeutung erhält. Ein Leitmotiv stellt inhaltliche Verknüpfungen her, indem es dem Leser bestimmte Ereignisse, Situationen oder Figuren wieder ins Gedächtnis ruft.

Die Figuren einer Geschichte

Die **Personen,** die **in einer Geschichte** vorkommen bzw. handeln, **nennt man Figuren.** Sie haben ein bestimmtes Aussehen, bestimmte Eigenschaften, Gefühle, Gedanken und Absichten. In vielen Geschichten gibt es eine **Hauptfigur,** über die der Leser besonders viel erfährt. Um eine Geschichte zu verstehen, solltet ihr euch ein klares Bild von den einzelnen Figuren machen.

Die **Merkmale und Eigenschaften einer Figur** können im Text direkt genannt werden, sie können aber auch indirekt dargestellt werden, sodass der Leser sie selbst erschließen muss.

- **Direkt charakterisiert** wird eine Figur durch Textstellen, in denen sie Aussagen über sich selbst macht oder in denen andere Figuren oder der Erzähler ihre Ansichten über diese Figur zur Sprache bringen, z. B.: *„Er war mittelgroß [...]."*
- **Indirekt charakterisiert** wird eine Figur z. B. durch die Art und Weise, wie sie spricht, fühlt, denkt und handelt, z. B.: *„Sie zuckte zusammen." → Figur ist verunsichert, ängstlich.*

Tipp: Auch Tiere können handelnde Figuren in Erzähltexten sein, z. B. in einem Märchen.

Eine literarische Figur charakterisieren ▶ S. 214

1. Schritt: Die Charakterisierung vorbereiten

Sammelt Informationen über die Figur, z. B. Aussehen, Lebensumstände, Verhaltensweisen, Eigenschaften, Gefühle, Gedanken und ihr Verhältnis zu anderen Figuren.

Notiert Textstellen, die direkt etwas über die Figuren aussagen oder die indirekt Rückschlüsse auf ihren Charakter erlauben.

2. Schritt: Die Charakterisierung schreiben

- **Einleitung:** Nennt allgemeine Informationen zur Figur, z. B.: Name, Alter, Aussehen.
- **Hauptteil:** Beschreibt wichtige Eigenschaften und Verhaltensweisen der Figur sowie ihr Verhältnis zu anderen Figuren.
- **Schluss:** Erklärt in einer persönlichen Stellungnahme, wie die Figur auf euch wirkt.

Verwendet als Tempus das **Präsens.** Formuliert **sachlich und anschaulich. Belegt** die **Aussagen,** die ihr über die Figur macht, anhand des Textes durch **Zitate** (▶ S. 350).

Äußere und innere Handlung

In einer Geschichte wird nicht nur die äußere Handlung (das, was geschieht; das, was man von außen sehen kann) dargestellt, sondern es wird vor allem erzählt, **was die Figuren in einer Situation denken und fühlen (innere Handlung).** So können sich die Leser besser in die Figuren hineinversetzen und erhalten einen Einblick, was in einer Figur vorgeht, z. B. Angst, Wut, Freude, Verzweiflung.

- Beispiel für äußere Handlung: *Während die halbe Klasse auf dem Gang versammelt war, schrie Klaus aus dem Klassenraum um Hilfe.*
- Beispiel für innere Handlung: *Als ich Klaus' Hilfeschrei hörte, drehte sich mir der Magen um. Wie sollte ich Klaus bloß helfen?*

Literarische Textsorten

Erzählende Texte (▶ S. 316–318) gliedern sich in eine Vielzahl von Textsorten auf, z. B.: Kurzgeschichte, Novelle, Anekdote, Parabel, Roman usw.

Anekdote

Eine Anekdote ist eine kurze Geschichte über eine bekannte Persönlichkeit. Auf humorvolle Weise verdeutlicht sie das Verhalten oder die Eigenarten dieses Menschen. Wie der Witz enthält die Anekdote am Ende eine Pointe (überraschende Wendung).
Das erzählte Geschehen kann sich wirklich so zugetragen haben oder aber erfunden sein.

Epos

Das Epos (von griechisch: Erzählung, Gedicht) ist eine **Großform der erzählenden Literatur.**
Die berühmten Epen des griechischen Sängers Homer, die „Ilias" und die Odyssee", stammen aus dem 8. Jh. v. Chr.
Das **höfische Epos** ist die Hauptform der erzählenden Literatur im Mittelalter. Die meisten Epen entstanden zwischen 1170 und 1250 n. Chr. Die in Versen verfassten Werke wurden an den europäischen Höfen mündlich vorgetragen. Wichtige Stoffe sind die Sagenkreise um König Artus, Tristan und Isolde oder die Nibelungen. Epen erzählen von Kämpfen der Helden und vermitteln oft Ideale von richtigem Denken und Handeln.

Erzählung

„Erzählung" ist ein **Sammelbegriff für unterschiedliche Kurzformen des Erzählens,** die nicht genauer durch bestimmte Textmerkmale gekennzeichnet sind. Im Unterschied zum Roman ist die Erzählung knapper und überschaubarer.

Kurzgeschichte
▶ S. 114–125

Die Kurzgeschichte ist eine **knappe, moderne Erzählung,** die **eine Momentaufnahme,** einen krisenhaften Ausschnitt oder eine **wichtige Episode aus dem Alltagsleben** eines oder mehrerer Menschen zeigt. Kurzgeschichten haben meist folgende Merkmale:
- geringer Umfang
- Ausschnitt aus einem alltäglichen Geschehen, der für die dargestellten Figuren von besonderer Bedeutung ist
- **unmittelbarer Einstieg** in das Geschehen, der schlagartig eine Situation aufreißt
- zielstrebiger Handlungsverlauf hin zu einem **Höhe- oder Wendepunkt**
- **offener Schluss,** der viele Deutungsmöglichkeiten zulässt
- meist Alltagssprache mit einfachem Satzbau und umgangssprachlichen Elementen in der direkten Rede (passend zur alltäglichen Thematik der Kurzgeschichte)

Die ersten deutschen Kurzgeschichten, die sich an dem Vorbild der amerikanischen „short story" orientierten, entstanden nach dem Zweiten Weltkrieg (1939–1945) und behandelten Themen der Kriegs- und Nachkriegszeit. Später kamen andere, aus dem Alltagsleben entnommene Themen hinzu.

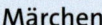

Märchen

Märchen sind frei erfundene Geschichten, die über viele Jahre mündlich weitererzählt wurden. Erst zu Beginn des 19. Jahrhunderts begann man, die Volksmärchen zu sammeln und aufzuschreiben. Die bekanntesten deutschen Märchensammler waren die **Brüder Jacob Grimm** (1785 –1863) und **Wilhelm Grimm** (1786 –1859).

Volksmärchen haben bestimmte Merkmale, an denen man sie gut erkennen kann: Es treten **typische Märchenfiguren** auf *(die gute Fee, die böse Hexe),* Ort und Zeitpunkt der Handlung sind nicht näher bestimmt *(vor langer Zeit ...),* der **Handlungsablauf** folgt in der Regel einem festen **Muster:** Der Held oder die Heldin muss eine Reihe von Prüfungen bestehen (häufig sind es drei) und erhält am Ende eine Belohnung. Hierbei spielen häufig fantastische Wesen oder magische Gegenstände eine wichtige Rolle.

Novelle

Die Novelle (ital. „novella" = Neuigkeit) ist eine **Erzählung,** in deren Mittelpunkt eine **„unerhörte Begebenheit"** (Johann Wolfgang Goethe) steht, deren Handlung also außergewöhnlich ist. Die Novelle ähnelt einem Drama darin, dass die Handlung um einen **zentralen Konflikt** kreist und sich **gradlinig auf einen Höhe- und Wendepunkt hin zuspitzt.** Häufig wird die Novelle in eine **Rahmenhandlung (Rahmenerzählung)** eingebettet. Wie in einer Geschichte in der Geschichte wird zuerst von einer Situation erzählt, in der es dann zum Erzählen der eigentlichen Geschichte kommt.

Parabel ▶ S. 84 – 89

Eine **Parabel** (von griech. parabole = Gleichnis) ist eine kurze, meist lehrhafte **Gleichniserzählung,** die einen Sachverhalt bzw. eine Erkenntnis (z. B. eine Lebensweisheit, eine allgemeine Wahrheit) bildhaft darstellt. Ähnlich wie in der Fabel soll auch bei der Parabel das Erzählte nicht im wörtlichen, sondern im übertragenen Sinne verstanden werden. Die Sprache der Parabel ist meist nüchtern und ihr Ende offen.

Die Parabel bietet zwar häufig Vergleichsansätze an, aber sie verbindet das Erzählte (Bildbereich) nicht durch einen direkten Hinweis mit dem Gemeinten (Sachbereich). Weil dieser Übertragungsprozess dem Leser selbst überlassen bleibt, sind Parabeln vieldeutig, häufig wirken sie auch rätselhaft und sind schwer zu entschlüsseln.

Roman ▶ S. 93 – 112; 206 – 218

Der Roman gehört neben dem Epos zu den Großformen der Epik. Von den epischen Kleinformen wie der Kurzgeschichte oder der Erzählung unterscheidet sich der Roman durch seinen **großen Umfang (epische Breite)** und die **komplexe Gestaltung der Handlung** (z. B. mehrere Handlungsstränge oder Episoden).

Es gibt eine **Vielzahl von Möglichkeiten, die Gattung „Roman" einzuteilen.** Einteilungen sind z. B. möglich nach der Erzählperspektive (Ich-Roman usw.), dem erzählenden Subjekt oder dem Thema, z. B.: Zeitroman (Roman, der versucht, die Lebensbedingungen und die Gesellschaft der jeweiligen Zeit darzustellen), Bildungs-und Entwicklungsroman (Roman, der die Entwicklung, Erfahrungen und Erlebnisse einer Hauptfigur schildert), Reiseroman, Schauerroman, Familienchronik usw. Man kann Romane auch nach ihrem Stil (satirischer Roman, realistischer Roman) oder auch nach dem literarischen Genre (Kriminalroman, Science-Fiction-Roman [▶ S. 93 – 112], Abenteuerroman) einteilen.

Einen Erzähltext erschließen und interpretieren ▶ S. 113–125; 134–136

Thema/Inhalt:
- Was ist das Thema des Textes? Gibt es zentrale Motive?

Aufbau der Handlung:
- Wie sind Ausgangssituation und Schluss (offen/geschlossen) gestaltet?
- Gibt es einen Höhe- bzw. Wendepunkt (Pointe)? Wird Spannung erzeugt?
- Wird linear (fortlaufend) erzählt oder gibt es Rückblenden und/oder Vorausdeutungen?

Figuren:
- Welche Figuren kommen vor? Werden sie charakterisiert? In welcher Beziehung stehen sie? Erfahrt ihr etwas über die Gedanken und Gefühle (innere Handlung) der Figuren oder liegt der Schwerpunkt auf der Darstellung der äußeren Handlung?

Erzähler:
- Welche Erzählform (Ich-Erzähler/-in oder Er-/Sie-Erzähler/-in) liegt vor? Wie wirkt dies?
- Welches Erzählverhalten liegt vor (auktorial, personal, neutral)? Wie wirkt dies?

Sprachlich-stilistische Auffälligkeiten:
- Gibt es Besonderheiten im **Satzbau,** z. B. einfache, kurze Sätze (Parataxe) oder längere Satzgefüge (Hypotaxe)?
- Werden Sätze oder Wörter **wiederholt?** Gibt es ein **Leitmotiv** (▶ S. 117)?
- Gibt es Besonderheiten bei der **Sprache/Wortwahl** (Jugendsprache, sachliche Sprache)?
- Werden **sprachliche Bilder** (Personifikationen, Metaphern, Vergleiche) gebraucht?
- Gibt es Textstellen, die **Andeutungen** enthalten, **Fragen** aufwerfen? Welche Fragen bleiben ungeklärt? Welche **Deutungsmöglichkeiten** ergeben sich daraus?

Tipp: Beschreibt nicht nur, sondern erklärt Wirkung und Funktion der erfassten Merkmale.

Einen literarischen Text interpretieren

Bevor man einen literarischen Text interpretiert, muss man ihn genau erschließen (▶ Einen Erzähltext erschließen, s. oben). Je nach Aufgabenstellung untersucht ihr Handlung, Figuren, Sprache, Thema/Motiv und (bei epischen Texten) die Erzähltechnik eines Textes.

- In der **Einleitung** nennt ihr den Namen des Autors/der Autorin, den Titel, die Textsorte (z. B. Kurzgeschichte, Erzählung) und das Thema bzw. die Kernaussage des Textes.
- Im **Hauptteil** legt ihr die Ergebnisse eurer Texterschließung dar und belegt sie mit Textbeispielen (▶ Zitieren, S. 350). Je nach Aufgabenstellung wird Folgendes entfaltet:
  - Inhalt und Aufbau der Geschichte,
  - Figuren und ihre Beziehungen zueinander (▶ S. 318),
  - Erzähler/Erzähltechnik (▶ S. 316), sprachlich-stilistische Gestaltung (▶ s. oben),
  - evtl. Besonderes im Hinblick auf die Textsorte (z. B. Kurzgeschichte, Parabel).
- Im **Schluss** könnt ihr kurz Stellung zum Text (z. B. zum Inhalt, zur Problemstellung) nehmen oder eine persönliche Bewertung des Textes abgeben.

Gedichte (Lyrik)

▶ S.137–154

Die Gedichte (Lyrik) sind neben den erzählenden Texten (Epik) und den dramatischen Texten (Dramatik) eine der drei Gattungen der Dichtung (Lyrik, Epik, Dramatik).
Folgende Gestaltungsmittel sind häufig kennzeichnend für Gedichte:

Der lyrische Sprecher (das lyrische Ich)

▶ S.149

Wie zu jedem Erzähltext ein Erzähler oder eine Erzählerin gehört, so gehört auch zu jedem Gedicht ein **Sprecher oder eine Sprecherin,** der/die nicht mit dem Autor oder der Autorin gleichzusetzen ist. Oft stellt sich dieser Sprecher als ein „Ich" – das so genannte **lyrische Ich** – vor, das seine **Gefühle, Beobachtungen und Gedanken** mitteilt. Der Leser kann so mitempfinden und mitdenken. Deutlich wird dies an den Pronomen (*ich, mein, mir* usw.).
Manchmal geht der Sprecher in einem „Wir" auf, das in dem Gedicht spricht. Oder der Sprecher tritt überhaupt nicht in Erscheinung, sondern es wird etwas beobachtet, beschrieben oder über etwas nachgedacht. In einigen Gedichten wendet sich der Sprecher direkt an ein „Du", hier wird also ein Adressat / eine Adressatin in das Gedicht einbezogen.

Vers: Die Zeilen eines Gedichts heißen Verse.

Strophe: Eine Strophe ist ein Gedichtabschnitt, der aus mehreren Versen besteht. Die einzelnen Strophen eines Gedichts sind durch eine Leerzeile voneinander getrennt. Häufig bestehen Gedichte aus mehreren gleich langen Strophen.

Reim

Oft werden die einzelnen Verse (Gedichtzeilen) durch einen Reim miteinander verbunden.
Zwei Wörter reimen sich, wenn sie vom letzten betonten Vokal an gleich klingen, z. B.:
Haus – Maus, singen – entspringen.
Die regelmäßige Abfolge von Endreimen ergibt verschiedene Reimformen. Dabei werden Verse, die sich reimen, mit den gleichen Kleinbuchstaben gekennzeichnet, z. B.:

- **Paarreim:** Wenn sich zwei aufeinanderfolgende Verse reimen, sprechen wir von einem Paarreim (aa bb):
  - … Katertier   a
  - … Kavalier   a
  - … Garten   b
  - … erwarten   b
- **Kreuzreim:** Reimen sich – über Kreuz – der 1. und der 3. sowie der 2. und der 4. Vers, dann nennt man das Kreuzreim (a b a b):
  - … verschieden   a
  - … Bauch   b
  - … zufrieden   a
  - … auch   b
- **umarmender Reim:** Wird ein Paarreim von zwei Versen umschlossen (umarmt), die sich ebenfalls reimen, heißt dies umarmender Reim (a bb a):
  - … springen   a
  - … Traum   b
  - … Raum   b
  - … singen   a

Metrum (Versmaß):

In den Versen (Zeilen) eines Gedichts wechseln sich häufig betonte (X́) und unbetonte Silben (X) regelmäßig ab. Wenn diese **Abfolge von Hebungen und Senkungen** einem bestimmten Muster folgt, nennt man dies **Metrum** (Versmaß). Die wichtigsten Versmaße sind:

Jambus (X X́):   X   X́ X   X́   X   X́ X   X́

Die Mitternacht zog näher schon (Heinrich Heine)

Trochäus (X́ X):   X́ X   X́ X X́   X   X́ X

O du Ausgeburt der Hölle! (Johann Wolfgang Goethe)

Daktylus (X́ X X):   X́   X   X   X́ X X X́   X   X X́   X

Pfingsten, das liebliche Fest, war gekommen (Johann Wolfgang Goethe)

Anapäst (X X X́):   X   X   X́   X   X   X́

Wie mein Glück, ist mein Lied (Friedrich Hölderlin)

Beim Vortrag beachtet man die Abfolge von betonten und unbetonten Silben, vermeidet es aber zu leiern. Wie in der Musik entsteht beim Vortragen eines Gedichts ein Rhythmus.

Kadenz, Enjambement ▶ S. 153

Kadenz: Ende des Verses. Endet der Vers mit einer oder mehreren Senkungen, spricht man von einer „klingenden" oder „weiblichen" Kadenz, z. B.: „[...] – *wir schláfen éng verschlúngen.*"
Endet der Vers mit einer Hebung, liegt eine „stumpfe" bzw. „männliche" Kadenz vor:
„[...] *hínter díeser Wélt.*"

Enjambement (Zeilensprung): Beim Enjambement trennt das Versende einen zusammenhängenden Satzbaustein oder eine Sinneinheit, z. B.: „*Des Morgens nüchterner Abschied, eine Frau / kühl zwischen Tür und Angel [...]*"

Stilmittel in Gedichten ▶ S. 139, 145

Sprachliche Bilder

- **Vergleich:** Bei einem Vergleich werden zwei verschiedene Vorstellungen durch ein „wie" oder ein „als ob" miteinander verknüpft, z. B.: *weiß wie Schnee; so heiß, als ob Sommer wäre.*
- **Metapher:** Bei einer Metapher wird ein Wort nicht wörtlich, sondern in einer übertragenen (bildlichen) Bedeutung gebraucht, z. B.: *Die Stürme des Lebens* für die schicksalhaften Veränderungen in einem Lebenslauf. Man verwendet Metaphern, weil sich zwei Dinge aufgrund einer Eigenschaft ähnlich sind. Im Unterschied zum direkten Vergleich fehlt bei der Metapher das Vergleichswort „wie", z. B.: *Das Schiff verschwand hinter riesigen Wellenbergen* für: *Das Schiff verschwand hinter Wellen, die so riesig wie Berge waren.*
- **Personifikation:** Die Personifikation (Vermenschlichung) ist eine besondere Form der Metapher. Leblose Gegenstände, Begriffe oder die Natur werden vermenschlicht, das heißt, ihnen werden menschliche Verhaltensweisen und Eigenschaften zugesprochen, z. B.: *Der Alltag zeigte sein mürrisches Gesicht; die Stadt schlief noch fest.*
- **Symbol:** Ein Symbol ist die Verbildlichung einer Idee oder eines Begriffs für Nicht-Gegenständliches, z. B.: *rote Rose → Liebe, Taube → Frieden, Krone → Herrschaft.*
- **Allegorie:** In einer Allegorie wird ein abstrakter Begriff als konkrete Figur oder anschaulicher Gegenstand dargestellt, z. B. die Gerechtigkeit als Frau mit einer Waage, der Tod als Skelett, der Frühling als eine junge Frau mit einem Blumenkranz im Haar usw. Allegorien gibt es sowohl in der bildenden Kunst (Gemälde, Zeichnungen, Skulpturen) als auch in der Literatur.

Satzbau (vor allem Wiederholungen):

- **Anapher:** Wiederholung eines oder mehrerer Wörter an Satz- oder Versanfängen, z. B.: *Er schaut nicht auf die Felsenriffe / Er schaut nur hinauf …*
- **Parallelismus:** paralleler Satzbau, z. B.: *das Schifflein fliegt / der Webstuhl kracht.*
- **Rhetorische Frage:** Scheinfrage, auf die keine Antwort erwartet wird und die dazu dient, eine Aussage zu betonen, z. B.: *Ist das dein Ernst?*
- **Klimax:** dreigliedrige Steigerung, z. B.: *Er sei mein Freund, mein Engel, mein Gott.*

Wortwahl und klangliche Mittel:

- **Neologismus:** Wortneuschöpfung, z. B.: *Lebenssturmträume.*
- **Alliteration:** Wiederholung der Anfangsbuchstaben bei Wörtern, z. B.: *dunkle Dinge.*
- Häufung von dunklen/hellen Vokalen oder „harten" Konsonanten.

Gedichtformen

Neben den thematischen Schwerpunkten, die es in der Lyrik gibt (z. B. Liebeslyrik, Naturlyrik), haben sich im Laufe der Zeit auch verschiedene Gedichtformen (Gedichtarten) entwickelt, die sich in ihren Gestaltungselementen voneinander unterscheiden, z. B.:

Die Ballade

Die Ballade ist meist ein längeres Gedicht über ein ungewöhnliches oder spannendes Ereignis. Dieses Ereignis kann erfunden oder wirklich passiert sein. Im Mittelpunkt der Ballade steht oft eine Figur, die eine gefahrvolle Situation meistern muss.

- Wie andere Gedichte sind auch Balladen meist in **Strophen** (▸ S. 322) gegliedert, besitzen eine **Reimform** (▸ S. 322) und haben ein bestimmtes **Metrum** (▸ S. 323).
- Viele Balladen haben einen Aufbau, den man mit Hilfe einer **Spannungskurve** darstellen kann: Nach der Einleitung spitzt sich die **Handlung dramatisch** bis zum **Höhepunkt** zu, zum Schluss folgt die Auflösung.
- Balladen enthalten oft **wörtliche Rede** der Figuren (Monologe, Dialoge), die an die Szenen eines Theaterstücks erinnert.

In ihrer Wirkung setzen Balladen auf Spannung, sie können aber auch belehrend oder lustig sein.

Das Sonett   ▸ S. 140–142

Das Sonett ist eine vierstrophige Gedichtform, die aus zwei Quartetten (zwei vierzeiligen Strophen) und zwei Terzetten (zwei dreizeiligen Strophen) besteht. Während in den Quartetten der umarmende Reim (abba) vorherrscht, variiert in den Terzetten das Reimschema.
Häufig gibt es auch eine inhaltliche Zäsur (Einschnitt) zwischen den Quartetten und den Terzetten, also zwischen dem achten und dem neunten Vers.

Der Song

Eine oft politisch aktuelle, zeitkritische bzw. **lehrhafte Liedgattung** ist der Song, im angloamerikanischen Sprachgebrauch gleichbedeutend mit „Lied" (Folksong, Protestsong usw.). Typisch sind der **Aufbau aus Strophe und Refrain** sowie die Aufnahme von Elementen aus Bänkelsang, Moritat, Schlager, Jazz usw.

Ein Gedicht untersuchen
▶ S. 138–154

Leitfragen für die Gedichtanalyse

1 Inhalt/Thema
- Wird eine Handlung oder Situation/Szene beschrieben? Oder werden Gefühle, Eindrücke, Gedanken oder eine Stimmung dargestellt?
- Was bedeutet der Titel des Gedichts? Welchen Bezug hat er zum Gedicht?

2 Der Sprecher/die Sprecherin (▶ das lyrische Ich, S. 322)
- Gibt es ein lyrisches Ich/Wir oder einen Sprecher, der im Text nicht direkt greifbar ist?
- Welche Haltung hat das lyrische Ich (begeistert, traurig, preisend, kritisch)?
- Gibt es einen Adressaten (Du/Ihr) oder spricht das lyrische Ich mit sich selbst?

3 Formaler Aufbau (▶ S. 322–324)
- Ist das Gedicht in Strophen (regelmäßig/unregelmäßig) gegliedert? Liegt eine besondere Gedichtform (z. B. Sonett) vor (▶ S. 324)?
- Ist das Gedicht gereimt? Liegt eine besondere Reimform (▶ S. 322) vor?
- Ist ein Metrum (▶ S. 323) erkennbar? Gibt es Abweichungen?

4 Sprachliche Mittel (▶ S. 323–324)
- Welche Bilder (Metaphern, Personifikationen, Vergleiche) werden verwendet?
- Liegen andere Stilfiguren vor, z. B. Alliteration (Wiederholung von Anfangsbuchstaben), Parallelismus (paralleler Satzbau) oder Anapher (Wiederholung von Wörtern am Versanfang)?
- Welche Wörter fallen auf? Gibt es Neologismen (Wortneuschöpfungen)? Werden bestimmte Wortarten bevorzugt?
- Klingen die Wörter vokalreich und klangvoll oder eher hart? Liegt eine Häufung von hellen/dunklen Vokalen oder „harten" Konsonanten vor?

Ein Gedicht schriftlich interpretieren
▶ S. 147–154

- In der **Einleitung** nennt ihr die Art des Textes, den Titel, den Namen des Autors/der Autorin, das Entstehungsjahr und das Thema des Textes, z. B.:
  In dem Gedicht mit dem Titel ... von ... aus dem Jahr ... wird beschrieben, wie ...
- Im **Hauptteil** fasst ihr die wichtigsten Ergebnisse eurer Analyse in einer geordneten Reihenfolge zusammen: Beginnt mit einer **kurzen Inhaltsangabe** (am besten strophenweise). Beschreibt dann den **formalen Aufbau** des Gedichts (Strophe, Verse, Reimform, Metrum) und die **sprachlichen Gestaltungsmittel.** Erläutert die Funktion und die Wirkung der Gestaltungsmittel und stellt immer wieder einen Bezug zum Inhalt und zur Aussage des Gedichts her, z. B.:
  In dem Gedicht beschreibt das lyrische Ich voller Begeisterung den anbrechenden Frühling.
  Der Aufbruch in den Frühlingstag wird gleichzeitig als ein Aufbruch in ein neues ...
  Das Gedicht besitzt eine regelmäßige Struktur. Es besteht aus ...
  Das Metrum des Gedichts ist der ...
  Bereits der Titel des Gedichts „Frische Fahrt" macht eine Aufbruchstimmung deutlich, die durch die Alliteration klanglich ...
  Belegt eure Untersuchungsergebnisse mit Zitaten (▶ Zitieren, S. 350).
- Fasst zum **Schluss** die wesentlichen Ergebnisse eurer Gedichtanalyse zusammen oder nehmt Stellung zum Gedicht, z. B.:
  Insgesamt wirkt das Gedicht auf den Leser fröhlich und ...

Drama (Theater)

▶ S. 155–176

Die dramatischen Texte (Theater/Drama) sind neben den Gedichten (Lyrik) und den erzählenden Texten (Epik) eine der drei Gattungen der Dichtung (Lyrik, Epik, Dramatik).

In einem Theaterstück gibt es Rollen, die von Schauspielerinnen und Schauspielern gespielt werden. Die Handlung wird durch die Gespräche zwischen den Personen auf der Bühne (Dialoge) oder durch das Selbstgespräch (Monolog) einer Figur ausgedrückt. Im Theater sprechen die Schauspieler aber nicht nur ihren Text, sie gebrauchen auch ihre Stimme (Sprechweise und Betonung), ihre Körpersprache (Gestik) und ihren Gesichtsausdruck (Mimik), um Gefühle und Stimmungen auszudrücken. Wichtige Theaterbegriffe:

- **Akt:** Hauptabschnitt eines Dramas, dessen Schluss früher durch das Fallen des Vorhangs angezeigt wurde (auch Aufzug genannt, weil bei Beginn eines neuen Aktes der Bühnenvorhang wieder aufgezogen wurde). Ein Akt ist eine geschlossene Handlungseinheit, die meist aus mehreren Szenen besteht.
- **Dialog:** Gespräch von zwei oder mehr Figuren. Sein Gegensatz ist der Monolog.
- **Exposition:** Die Exposition umfasst im klassischen Drama meist den ersten Akt und ist eine Art Einleitung, die in die Handlung einführt. Hier wird der Zuschauer über Zeit und Ort des Geschehens informiert und lernt die Hauptfiguren (Protagonisten) kennen. Gleichzeitig wird der zentrale Konflikt des Dramas angekündigt.
- **Monolog:** Selbstgespräch einer Figur (im Gegensatz zum Dialog).
- **Regieanweisungen:** Von der Autorin / vom Autor im Dramentext zusätzlich zu den Rollentexten bereits mitgelieferte Anregungen, wie sich die Figuren bewegen, wie sie schauen und sprechen sollten und wie die Handlung auf der Bühne dargestellt werden sollte.
- **Rolle:** Rolle nennt man die Figur, die eine Schauspielerin oder ein Schauspieler in einem Theaterstück verkörpert, z. B. die Rolle der Julia, die Rolle des Fürsten usw.
- **Szene:** Eine Szene ist ein kurzer, abgeschlossener Teil eines Theaterstücks. Eine Szene endet, wenn neue Figuren auftreten und/oder Figuren abtreten. Meistens erlischt am Ende einer Szene auch die Bühnenbeleuchtung.

Aufbau des klassischen Dramas

▶ S. 170

Die klassische Form des Dramas, die bis zum Ende des 18. Jahrhunderts eine große Rolle spielte, weist einen strengen Aufbau auf (Fünf-Akt-Schema):

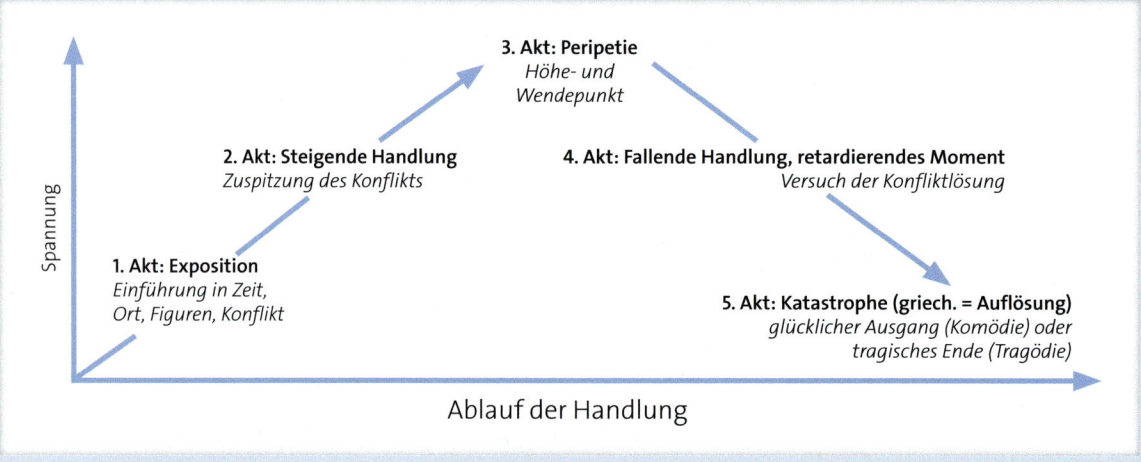

Eine Dramenszene analysieren ▶ S. 167–176

1 Stellung der Szene im Handlungsverlauf (sofern das gesamte Drama bekannt ist)
- Wo steht die Szene im Handlungsverlauf? Was ist ihr vorausgegangen, was folgt ihr?

2 Inhalt und Thema der Szene
- Was geschieht in der Szene und im Verlauf des Gesprächs? Welche Figuren treten auf?

3 Figuren- und Gesprächsanalyse
- Welche Figuren treten auf? Wie stehen sie zueinander (Figurenkonstellation)?
- Welche offensichtlichen und/oder verborgenen **Absichten** verfolgen die Figuren?
- Wie verhalten sich die Figuren? Verändert sich ihr **Verhalten** im Laufe des Gesprächs?
- Welche **Gedanken und Gefühle** werden deutlich? Achtet auch auf Regieanweisungen.
- Wie sind die **Redeanteile** der Figuren verteilt? Wer ist initiativ, wer reagiert?
- Wie ist die **Sprache der einzelnen Figuren** zu beschreiben (Sprachstil und Wortwahl, Andeutungen, Argumente/Scheinargumente, Provokationen usw.)?
- Welche **sprachlichen Mittel** verwenden die Figuren, z. B. rhetorische Fragen, Wiederholungen, Übertreibungen etc.?
- Welche Rolle spielen die **Regieanweisungen?**

Eine Dramenszene schriftlich interpretieren ▶ S. 167–176

- Formuliert eine **Einleitung,** in der ihr über den Autor, den Titel des Dramas und das Thema der vorliegenden Szene informiert, z. B.:
In der vorliegenden Szene aus dem Drama „Der Besuch der alten Dame" von Friedrich Dürrenmatt geht es um …

- Fasst im **Hauptteil** den Inhalt der Szene knapp zusammen und stellt die Ergebnisse eurer Szenenanalyse dar. Belegt eure interpretierenden Aussagen mit Zitaten aus dem Text (▶ Textbelege zitieren, S. 350), z. B.:
Die zu analysierende Szene ist die Schlussszene des 2. Aktes und bildet damit den …
Ill, der anfangs glaubt, sich auf seine Mitbürger verlassen zu können, bemerkt …
Er sucht Hilfe beim Polizisten und beantragt …
Ill fühlt sich durch die Güllener bedroht und will fliehen. Auf dem Weg zum Bahnhof …
In dieser Szene wird die zunehmende Bedrohung Ills durch die Güllener und seine Isolation …
durch verschiedene Mittel deutlich gemacht. Ängstlich „wie ein gehetztes Tier" (Z. 38–39) …
Dass sich die Güllener als Gruppe geschlossen gegen Ill wenden, wird z. B. durch das chorische Sprechen der Güllener deutlich gemacht (vgl. Z. 19–40). Wie eine Mauer …

- Schreibt einen **Schluss,** in dem ihr ein Fazit zieht oder die Bedeutung der Szene erläutert, z. B.:
In der Szene wird deutlich …

> **A Einleitung**
> *Autor/-in, Titel, Thema der Szene (knapp)*
>
> **B Hauptteil** *(je nach Aufgabenstellung)*
> *1. Stellung der Szene im Handlungsverlauf*
> *2. Inhalt und Thema der Szene*
> *3. Figuren und Gesprächsanalyse (Verhalten, Konstellation, Sprache, rhetorische Mittel, Regieanweisungen)*
>
> **C Schluss**
> *Fazit/Bedeutung der Szene für …*

Sachtexte ▶ S. 177–204

Sachtexte unterscheiden sich von literarischen Texten (z. B. einer Erzählung oder einem Gedicht) dadurch, dass sie sich vorwiegend mit wirklichen (realen) Ereignissen und Vorgängen beschäftigen und informieren wollen. Es gibt verschiedene Formen von Sachtexten, z. B.: Lexikonartikel, Zeitungstexte und Zeitschriftenartikel. Häufig findet man in Sachtexten auch Tabellen oder Grafiken (z. B. Landkarte, Balkendiagramm), Fotos oder andere Abbildungen.

Einen Sachtext erschließen (Fünf-Schritt-Lesemethode)

1. Schritt: Lest die Überschrift(en), hervorgehobene Wörter und die ersten Zeilen des Textes, betrachtet die Abbildungen.
2. Schritt: Arbeitet mit einer Kopie des Textes: Lest den gesamten Text zügig durch und kreist unbekannte Wörter ein. Macht euch klar, was das Thema des Textes ist.
3. Schritt: Klärt unbekannte Wörter und Textstellen durch Nachdenken oder Nachschlagen.
4. Schritt: Lest den Text sorgfältig. Markiert die Schlüsselwörter farbig, gliedert den Text in Sinnabschnitte, notiert Fragen am Rand, wenn euch etwas unklar ist.
5. Schritt: Fasst die Informationen des Textes zusammen.
Tipp: Häufig ist es sinnvoll, die aus Texten gewonnenen **Informationen grafisch** zu **strukturieren,** z. B. in Form eines Flussdiagramms oder einer Mind-Map. Ein Flussdiagramm eignet sich besonders gut, um Abläufe darzustellen.

Grafiken entschlüsseln

Beim Entschlüsseln einer Grafik könnt ihr so vorgehen:
1 Stellt fest, worum es in der Grafik geht. Hierbei hilft euch die Überschrift, wenn es eine gibt.
2 Untersucht, was in der Grafik dargestellt wird: Erklärt sie einen Vorgang, den Aufbau oder die Funktion von etwas oder verdeutlicht sie eine Lage, wie z. B. eine Landkarte?
3 Prüft, ob die Grafik Farben, Beschriftungen oder Symbole enthält, die erklärt werden.
4 Schreibt auf, worüber die Grafik informiert.

Diagramme verstehen und auswerten

Ein Diagramm ist eine anschauliche Darstellung von Daten und Informationen. Um ein Diagramm auszuwerten, geht ihr so vor:
- Schaut euch das Diagramm genau an. Lest die Überschrift und die übrigen Angaben und Erklärungen.
- Stellt fest, worüber das Diagramm informiert. Welche Maßeinheiten werden verwendet, z. B. Prozent (%), Kilo (kg), Euro (€)?
- Vergleicht die Angaben miteinander (höchster und niedrigster Wert, gleiche Werte).
- Fasst zusammen, was im Diagramm gezeigt wird. Was lässt sich ablesen?

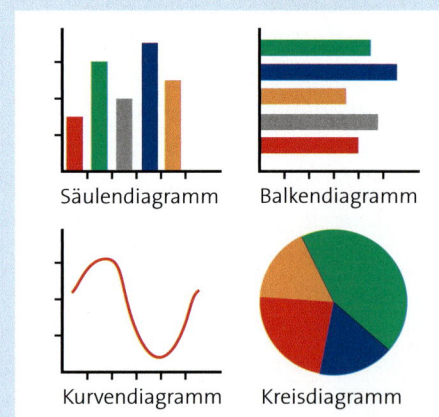

Säulendiagramm   Balkendiagramm

Kurvendiagramm   Kreisdiagramm

Journalistische Textsorten/Zeitungstexte

Der Bericht ▶ S. 181–182

Ein Zeitungsbericht informiert knapp und sachlich über ein aktuelles Ereignis. Er beantwortet zu Beginn die wichtigsten W-Fragen und berichtet dann über die näheren Einzelheiten des Ereignisses (z. B. über Hintergründe, Zusammenhänge oder die Vorgeschichte). Diesen Aufbau nennt man Lead-Stil, d. h.: Die wichtigsten Informationen stehen am Textanfang (Vorspann oder Lead), dann folgen weitere Detailinformationen. Ein Zeitungsbericht kann Zitate von Experten oder Betroffenen wiedergeben, die dann namentlich genannt werden. Sie sollen die Glaubwürdigkeit einer Aussage unterstreichen und/oder den Bericht lebendiger gestalten.

Die Reportage ▶ S. 183–188

Eine Reportage **informiert in besonders anschaulicher und lebendiger Weise über ein Ereignis.** Sie ist ein **Erlebnisbericht,** denn bei einer Reportage schreibt ein Reporter über ein Geschehen, das er selbst als Augenzeuge miterlebt hat.

- Reportagen **führen direkt in eine interessante Szene ein** (szenischer Einstieg, Schilderung einer Situation), sodass die Neugier der Leser geweckt wird.
- Eine Reportage enthält **sachliche Informationen** (Beantwortung der W-Fragen), gibt aber auch die **Eindrücke und die persönliche Sichtweise des Verfassers** wieder.
- Die Reportage will den Lesern das Gefühl geben, dass sie live (mit allen Sinnen) bei dem Geschehen dabei sind. Deshalb beschreibt der Reporter anschaulich die **Atmosphäre und Stimmung vor Ort und schildert seine Wahrnehmungen.** Zitate von Personen und eine bildhafte Sprache (ausdrucksstarke Verben, Adjektive sowie sprachliche Bilder) sorgen für **Anschaulichkeit.**
- Die Zeitformen wechseln; häufig wird das Präsens verwendet, um dem Leser den Eindruck zu vermitteln, direkt vor Ort dabei zu sein.

Der Kommentar ▶ S. 189–190

Ein Kommentar ist ein **wertender Text, in dem ein Autor** zu einem aktuellen Thema Stellung bezieht und **seine persönliche Meinung äußert.** Der Autor informiert über das Thema, erläutert seine Bedeutung, erklärt dem Leser die Zusammenhänge und setzt sich mit unterschiedlichen Meinungen auseinander. In einem Kommentar begründet der Autor seine Meinung mit Argumenten und Beispielen. Ziel des Kommentars ist es, den Leser dazu anzuregen, sich eine eigene Meinung zum Thema zu bilden. Der Autor / die Autorin eines Kommentars wird immer mit Namen genannt.

Die Glosse ▶ S. 191

Die Glosse ist ein **kurzer, pointierter** (zugespitzter) **Meinungsbeitrag** zu einem Thema. Im Unterschied zum Kommentar verzichtet die Glosse bewusst auf eine ausgewogene Argumentation und ist betont subjektiv. Ihre Sprache ist **humorvoll, spöttisch, ironisch;** ein beliebtes **Stilmittel** ist die **Übertreibung.** Eine Glosse darf provozieren, denn sie will den Leser wachrütteln, zum Schmunzeln bringen, aber auch zum Nachdenken anregen.

Einen Sachtext analysieren

1 Inhalt und Gedankengang (Argumentationsaufbau)
- Was ist das Thema des Textes? Welche Thesen/Standpunkte werden genannt?
- Welche Gründe/Argumente werden genannt? Ist die Argumentation überzeugend?
- Werden Gegenargumente genannt bzw. wird die Gegenposition berücksichtigt?
- Enthält der Text eine Schlussfolgerung (Empfehlung)?

2 Aussageabsicht (Intention) des Textes
- Will der Autor/die Autorin zu einem Thema Stellung nehmen und die Meinung des Lesers beeinflussen?
- Will er/sie über einen Sachverhalt aufklären und/oder zum Nachdenken anregen?
- Soll der Leser zu einer bestimmten Handlung veranlasst werden?

Die jeweils vorherrschende Aussageabsicht wird durch den Inhalt/Gedankengang des Textes, aber auch durch die Wahl der sprachlichen Mittel erkennbar.

3 Sprachliche Besonderheiten und ihre Wirkung
Die Wahl der sprachlichen Mittel gibt Aufschluss über die Aussageabsicht des Textes (▶ S. 331) und seine Zugehörigkeit zu einer Textsorte (▶ S. 329). Untersucht werden können z. B.:
- **Wortwahl/Wortschatz,** z. B. auf- oder abwertende Formulierungen, Anglizismen,
- **Sprachstil,** z. B. sachlich, provokant, viele Fachbegriffe/Fremdwörter,
- **rhetorische Stilmittel:** Vergleiche, Wiederholungen, rhetorische Fragen, Personifikationen, Übertreibungen (▶ mehr hierzu, S. 331).

Eine Sachtextanalyse ausarbeiten

Die Sachtextanalyse ist eine schriftliche Form der Textanalyse, die – je nach Aufgabenstellung – den Inhalt, den Gedankengang (Argumentationsaufbau), die Sprache und die Intention eines Textes untersucht (▶ Analyseaspekte, oben).

- In der **Einleitung** nennt ihr den Titel und den Namen des Autors/der Autorin und macht Angaben zum Thema bzw. zur Kernaussage des Textes, z. B.:
  In dem Zeitungsartikel „Die neue Ego-Jugend" vertreten die Verfasser Sandra Schäfer und Alexander Mohr die These, dass ...

- Im **Hauptteil** fasst ihr die wesentlichen Aussagen des Textes knapp zusammen, legt die Ergebnisse eurer Textanalyse dar und belegt sie mit Textbeispielen (▶ Zitieren, S. 350), z. B.:
  Als Beleg für ihre Einschätzung führen die Autoren verschiedene Studien an: ...
  Eröffnet wird der Artikel mit einem Beispiel für die Konsumorientierung Jugendlicher ...
  Der Text verzichtet weitgehend auf offene Wertung. Durch die Berufung auf Studien und die häufige Angabe von Zahlen wird der Eindruck von Objektivität erweckt ...
  Kritik und Appell werden besonders im Schlusssatz deutlich ...

- Zum **Schluss** nehmt ihr Stellung zu dem im Text genannten Thema bzw. Problem, äußert einen weiterführenden Gedanken oder zieht ein Fazit, z. B.:
  Schäfers und Mohrs Charakterisierung der Jugend kann ich nur mit Einschränkungen zustimmen. Man muss auch berücksichtigen, dass ...

Radio

Sachtexte und ihre Aussageabsicht (Intention)

Sachtexte verfolgen in der Regel eine bestimmte Aussageabsicht (Intention).
Sie wollen ihre Leser/Adressaten z. B. informieren, beeinflussen, unterhalten, sie zu etwas aufrufen (appellieren) oder zu etwas verpflichten (regulieren). Je nach vorherrschender Aussageabsicht lassen sich verschiedene Arten von Sachtexten unterscheiden, z. B.:

Arten von Sachtexten	Aussageabsicht (Intention)
Bericht	sachlich informieren
Kommentar, Rede, Glosse	werten, kommentieren, beeinflussen, unterhalten, appellieren (zu etwas aufrufen)
Reportage	informieren und unterhalten
Vertrag, Gesetz	regulieren

Das Hörspiel

Beim Hörspiel wird der zu Grunde liegende Text wie ein Bühnenstück dramatisiert (d. h. durch Sprechtexte dargestellt). Im Unterschied zu einem Bühnenstück erfahren die Zuhörerinnen und Zuhörer nur das, was zu hören ist. Durch die Dialoge (Gespräche) und die Monologe (Selbstgespräche) der Figuren, durch den Erzähler sowie durch Geräusche (z. B. Glockenschlag, Ausrufe oder Stimmengewirr) erhalten die Hörer/-innen alle notwendigen Informationen, um der Handlung folgen zu können. Die Figuren in einem Hörspiel können auch laut überlegen, fragen oder laut beobachten, um die Situation für die Hörer verständlich zu machen.

Das Radio-Feature

Ein Radio-Feature (englisch: „Aufmachung") ist eine **lebendig gestaltete, nicht fiktionale Hörfunksendung.** Ein Feature behandelt ein Thema möglichst fassettenreich und besteht daher aus **verschiedenen Elementen** wie eingesprochenen Texten (z. B. Beschreibungen, Berichte), Originaltönen (z. B. Interviews, Umfragen, Geräusche) und Musik.

Film ▶ S. 221–226

Die Einstellungsgrößen ▶ S. 222

Die Einstellungsgröße legt die Größe des Bildausschnitts fest. Je kleiner der Bildausschnitt ist, desto näher scheint der Betrachter am Geschehen zu sein. Je nachdem, wie nah die Kamera an das Geschehen heranführt oder wie weit sie entfernt bleibt, entstehen unterschiedliche Wirkungen.

Weit/Panorama: Einstellung, bei der der Handlungsort aus großer Entfernung weiträumig erfasst wird

Totale: Der Zuschauer erhält einen guten Überblick über den Handlungsort. Die einzelnen Personen bleiben dem Handlungsort untergeordnet.

Halbtotale: Eine Person oder Personengruppe wird in ihrem Umfeld erfasst.

Halbnah: Die Darsteller werden bildfüllend oder unten leicht angeschnitten gezeigt.

Amerikanisch: Die Person wird vom Scheitel bis zur Hüfte gezeigt (im amerikanischen Western: bis zum Revolvergürtel).

Nah: Man sieht Kopf und Schultern einer Person und kann gut deren Mimik erkennen.

Groß: Nur der Kopf einer Person wird gezeigt, man erkennt Feinheiten der Mimik.

Detail: Nur ein Ausschnitt eines Gesichts oder Gegenstands ist zu sehen, das Detail wird intensiv wahrgenommen.

Die Kameraperspektive ▶ S. 222

Der Standpunkt der Kamera und – damit verbunden – ihr Blickwinkel wird als Kameraperspektive bezeichnet. Man unterscheidet:

Vogelperspektive   Normalperspektive   Froschperspektive

- **Vogelperspektive** (Aufsicht): Kamera von oben
- **Normalperspektive** (Normalsicht): Kamera auf Augenhöhe
- **Froschperspektive** (Untersicht): Kamera von unten

Einstellung, Szene, Sequenz ▶ S. 221–222

Einstellung: zusammenhängend aufgenommene Abfolge von Filmbildern, ohne Schnitt
Szene: zeitlich oder räumlich kontinuierlich zusammenhängender Abschnitt der Filmhandlung (z. B.: die Hauptfigur macht in ihrem Zimmer eine Tonbandaufnahme). Oft setzt sich eine Szene aus mehreren Einstellungen zusammen.
Sequenz: Folge von Szenen, die eine Phase in der Entwicklung des Films (der Geschichte, die der Film erzählt) wiedergibt. Beispiel: Anhand mehrerer Szenen wird ein Eindruck von der Kindheit der inzwischen jugendlichen Hauptfigur vermittelt.

Schnitt, Montage und Kamerabewegung ▶ S. 223

Ein **Schnitt** bezeichnet die Verknüpfung von zwei Einstellungen. Man kann z. B. Handlungen, die zeitgleich an verschiedenen Orten spielen, gleichzeitig zeigen, indem man zwischen den Szenen hin- und herspringt (Parallelmontage), in einer Rückblende ein Ereignis aus der Vergangenheit zeigen oder zwischen den Figuren, z. B. in einer Dialogsituation, hin- und herspringen (Schuss-Gegenschuss-Technik).
Montage meint das Zusammenfügen von Bild- und Tonelementen zum gesamten Film.
Bei der **Kamerabewegung** unterscheidet man Kameraschwenk und Kamerafahrt. Beim **Kameraschwenk** steht die Kamera fest (z. B. auf einem Stativ) und dreht oder neigt sich – ähnlich der Kopfbewegung – um einen fixen Punkt. Im Gegensatz dazu bewegt sich die Kamera bei der **Kamerafahrt** durch den Raum, z. B. auf ein Objekt zu oder von ihm weg oder parallel zu einem sich bewegenden Objekt (Parallelfahrt).

Mise en Scène ▶ S. 224

Der Begriff „Mise en Scène" (frz. „in Szene setzen") beschreibt die **Inszenierung einer Filmszene,** bei der **verschiedene Gestaltungselemente** ineinandergreifen. Um die Gestaltung eines Filmbildes zu beschreiben, können – wie bei der Beschreibung eines Fotos oder eines Gemäldes – folgende Aspekte untersucht werden: **Kameraeinstellung** und **-perspektive, Location** (Schauplatz), **Beleuchtung** (Licht und Schatten), **Farbgestaltung** (haben die Farben eine bestimmte Wirkung oder eine symbolische Bedeutung?) und **Bildaufbau** (was fällt zuerst ins Auge, wie sind Figuren und Gegenstände angeordnet?).
Wichtig ist es, zu beschreiben, welche **Wirkung** durch die Bildinszenierung erreicht wird.

Sprachgebrauch und Sprachreflexion

Wortarten

Das Nomen (Plural: die Nomen)

Die meisten Wörter in unserer Sprache sind Nomen (auch: Hauptwörter, Substantive).
Nomen bezeichnen:

- Lebewesen/Eigennamen, z. B.: *Frosch, Baum, Susanne,*
- Gegenstände, z. B.: *Haus, Schreibtisch, MP3-Player,*
- Begriffe (Gedanken, Gefühle, Zustände ...), z. B.: *Angst, Mut, Freude, Ferien, Freundschaft.*

Nomen werden immer **großgeschrieben.**
Sie werden häufig von **Wörtern begleitet,** an denen wir sie erkennen können, z. B. einem **Artikel**
(*der* Hase, *eine* Uhr) oder einem **Adjektiv** (*blauer* Himmel, *fröhliche* Menschen).

Genus (grammatisches Geschlecht; Plural: die Genera)

Jedes Nomen hat ein Genus (ein grammatisches Geschlecht), das man **an** seinem **Artikel erkennen**
kann. Ein Nomen ist entweder

- ein **Maskulinum** (männliches Nomen), z. B.: *der Stift, der Regen, der Hund,*
- ein **Femininum** (weibliches Nomen), z. B.: *die Uhr, die Sonne, die Katze,* oder
- ein **Neutrum** (sächliches Nomen), z. B.: *das Buch, das Eis, das Kind.*

Das **grammatische Geschlecht** eines Nomens stimmt **nicht immer** mit dem **natürlichen Geschlecht**
überein, z. B.: *das Mädchen, das Kind.*

Numerus (Anzahl; Plural: die Numeri)

Nomen haben einen Numerus, d. h. eine Anzahl. Sie stehen entweder im

- **Singular** (Einzahl), z. B.: *der Wald, die Jacke, das Haus,* oder im
- **Plural** (Mehrzahl), z. B.: *die Wälder, die Jacken, die Häuser.*

Der Kasus (Fall; Plural: die Kasus, mit langem u gesprochen)

In Sätzen erscheinen Nomen immer in einem bestimmten Kasus, das heißt in einem grammatischen Fall. **Im Deutschen gibt es vier Kasus.** Nach dem Kasus richten sich die Form des Artikels und
die Endung des Nomens. Man kann den **Kasus** eines Nomens **durch Fragen ermitteln:**

Kasus	Kasusfrage	Beispiele
1. Fall: **Nominativ**	*Wer oder was ...?*	*Der Junge liest ein Buch.*
2. Fall: **Genitiv**	*Wessen ...?*	*Das Buch des Jungen ist spannend.*
3. Fall: **Dativ**	*Wem ...?*	*Ein Mädchen schaut dem Jungen zu.*
4. Fall: **Akkusativ**	*Wen oder was ...?*	*Sie beobachtet den Jungen genau.*

Meist ist der Kasus am veränderten Artikel des Nomens erkennbar, manchmal auch an der
Endung des Nomens, z. B.: *des Mannes, des Mädchens, den Kindern.*
Wenn man ein Nomen in einen Kasus setzt, nennt man das **deklinieren** (beugen).

Der Artikel (Plural: die Artikel)

Das Nomen wird häufig von einem Artikel begleitet. Man unterscheidet zwischen dem bestimmten Artikel *(der, die, das)* und dem unbestimmten Artikel *(ein, eine, ein)*, z. B.:

	bestimmter Artikel	unbestimmter Artikel
männlich	*der Stift*	*ein Stift*
weiblich	*die Uhr*	*eine Uhr*
sächlich	*das Buch*	*ein Buch*

Das Pronomen (Fürwort; Plural: die Pronomen)

Das Pronomen ist ein **Stellvertreter oder Begleiter; es vertritt oder begleitet ein Nomen.**
Es gibt verschiedene Arten von Pronomen.

- **Das Personalpronomen** (persönliches Fürwort)
  Mit den **Personalpronomen** *(ich, du, er, sie, es, wir, ihr, sie)* kann man **Nomen und Namen ersetzen,** z. B.:
  Die Katze möchte ins Haus. Sie miaut. Schnell lassen wir sie herein.

  Paul rennt zum Bus. Er hat verschlafen und weiß, dass der Busfahrer nicht auf ihn wartet.

Personalpronomen werden wie die Nomen dekliniert (gebeugt):

Kasus	Singular			Plural		
	1. Pers.	2. Pers.	3. Pers.	1. Pers.	2. Pers.	3. Pers.
1. Fall: **Nominativ**	*ich*	*du*	*er/sie/es*	*wir*	*ihr*	*sie*
2. Fall: **Genitiv**	*meiner*	*deiner*	*seiner/ihrer/seiner*	*unser*	*euer*	*ihrer*
3. Fall: **Dativ**	*mir*	*dir*	*ihm/ihr/ihm*	*uns*	*euch*	*ihnen*
4. Fall: **Akkusativ**	*mich*	*dich*	*ihn/sie/es*	*uns*	*euch*	*sie*

- **Das Possessivpronomen** (besitzanzeigendes Fürwort)
  Possessivpronomen *(mein/meine – dein/deine – sein/seine, ihr/ihre – unser/unsere – euer/eure – ihr/ihre)* **geben an, zu wem etwas gehört,** z. B.: *mein Buch, deine Tasche, unsere Lehrerin.*
  Possessivpronomen begleiten meist Nomen und stehen dann in dem gleichen Kasus (Fall) wie das dazugehörige Nomen, z. B.: *Ich gebe meinen Freunden eine Einladungskarte.* (Wem? → Dativ)
- **Das Demonstrativpronomen** (hinweisendes Fürwort)
  Demonstrativpronomen *(der, die, das / dieser, diese, dieses / jener, jene, jenes / solcher, solche, solches / derselbe, dieselbe, dasselbe)* **weisen besonders deutlich auf eine Person oder Sache hin,** z. B.:
  Von allen Jacken gefällt mir diese am besten. Demonstrativpronomen können als Begleiter oder als Stellvertreter eines Nomens verwendet werden.
- **Das Indefinitpronomen** (unbestimmtes Fürwort)
  Indefinitpronomen sind Wörter, mit denen man **eine ungefähre Menge oder Anzahl** angibt, z. B.: *etwas, manches, alles, nichts, einige, kein, viel, (ein) paar.* Indefinitpronomen **stehen häufig vor nominalisierten Adjektiven,** z. B.: *etwas Neues, viel Witziges, alles Gute, nichts Sinnvolles.*

Das Adjektiv (das Eigenschaftswort; Plural: die Adjektive)

Adjektive drücken aus, wie etwas ist. Mit Adjektiven können wir die **Eigenschaften** von Lebewesen, Dingen, Vorgängen, Gefühlen und Vorstellungen genauer beschreiben, z. B.:
der starke Wind, der schwache Wind, der eiskalte Wind.
Adjektive werden **kleingeschrieben.** Adjektive, die vor einem Nomen stehen, haben den gleichen Kasus wie das Nomen: *der kalte See, des kalten Sees, den kalten Seen.*

■ **Steigerung der Adjektive**
Adjektive kann man steigern (z. B.: *schön – schöner – am schönsten*). So kann man z. B. Dinge oder Lebewesen miteinander vergleichen. Es gibt eine Grundform und zwei Steigerungsstufen:

Positiv (Grundform)	Komparativ (1. Steigerungsstufe)	Superlativ (2. Steigerungsstufe)
Lars ist groß.	*Stefan ist größer.*	*Fabian ist am größten.*

■ **Vergleiche mit *wie* und *als:***
Vergleiche mit dem Positiv werden mit *wie* gebildet, z. B.: *Tim ist genauso groß wie Yvonne.*
Vergleiche mit dem Komparativ werden mit dem Vergleichswort *als* gebildet, z. B.: *Meine Schuhe sind kleiner als deine.*

Die Präposition (das Verhältniswort; Plural: die Präpositionen)

Präpositionen wie *in, auf, unter* drücken **Verhältnisse und Beziehungen** von Gegenständen, Personen oder anderem aus. Oft beschreiben sie ein **örtliches** Verhältnis *(auf dem Dach)* oder ein **zeitliches** Verhältnis *(bis Mitternacht).* Sie können aber auch einen **Grund** *(wegen der Hitze)* angeben oder die **Art und Weise** *(mit viel Energie)* bezeichnen.
Beispiele:

■ örtliches Verhältnis   *auf, in, hinter, neben, unter, vor, über, zwischen*
■ zeitliches Verhältnis   *nach, vor, seit, um, während, bis, in*
■ Angabe des Grundes   *wegen, trotz, aufgrund/auf Grund*
■ Angabe der Art und Weise   *ohne, mit*

Präpositionen sind nicht flektierbar (nicht veränderbar). Die Präposition steht in der Regel vor einem Nomen (mit oder ohne Begleiter) oder Pronomen. Sie bestimmt den Kasus des nachfolgenden Wortes (oder der nachfolgenden Wortgruppe), z. B.: *mit dir, wegen des Regens, bei dem Schnee.*

Die Konjunktion (das Bindewort; Plural: die Konjunktionen)

Konjunktionen **verbinden Satzteile oder Teilsätze** miteinander. Man unterscheidet zwischen **nebenordnenden Konjunktionen** und **unterordnenden Konjunktionen (Subjunktionen).** Nebenordnende Konjunktionen (*und, sowie, oder* usw.) verbinden Satzteile oder Teilsätze, die gleichrangig nebeneinanderstehen, z. B.: *Es gab Donner und Blitz.* Unterordnende Konjunktionen (*weil, da, nachdem, obwohl* usw.) leiten Nebensätze ein, die einem anderen Teilsatz untergeordnet sind, z. B.: *Er konnte nicht an der Wanderung teilnehmen, weil er sich den Fuß verstaucht hatte.*

Das Verb (das Tätigkeitswort; Plural: die Verben)

Mit Verben gibt man an, **was jemand tut** (z. B. *laufen, reden, lachen*), **was geschieht** (z. B. *regnen, brennen*) oder was ist (z. B. *haben, sein, bleiben*). Verben werden kleingeschrieben.

- Der **Infinitiv** (die Grundform) eines Verbs endet auf *-en* oder *-n*, z. B.: *rennen, sagen, antworten*.
- Wenn man ein Verb in einem Satz verwendet, bildet man **die Personalform des Verbs.** Das nennt man **konjugieren (beugen),** z. B.: *such-en* (Infinitiv) → *Ich such-e den Schlüssel* (1. Person Singular). Die Personalform des Verbs wird aus dem Infinitiv des Verbs gebildet. An den Stamm des Verbs wird dabei die passende Personalendung gehängt, z. B.: *sprech-en* (Infinitiv) → *ich sprech-e* (1. Person Singular), *du sprich-st* (2. Person Singular) usw.

Der Imperativ (Befehlsform des Verbs; Plural: die Imperative)

Die Aufforderungsform oder **Befehlsform eines Verbs** nennt man Imperativ. Man kann eine Aufforderung oder einen Befehl an eine Person oder an mehrere Personen richten. Dementsprechend gibt es den Imperativ Singular (*„Bitte komm!", „Lauf weg!"*) und den Imperativ Plural (*„Bitte kommt!", „Lauft weg!"*).

- Der **Imperativ Singular** besteht aus dem Verbstamm *(schreiben → schreib!)*, manchmal wird die Endung *-e* angehängt *(reden → rede!)* oder der Stammvokal ändert sich von *e* zu *i* *(geben → gib!)*.
- Der **Imperativ Plural** wird in der Regel durch den Stamm des Verbs mit der Endung *-t* oder *-et* gebildet *(schreiben → schreibt!, lesen → lest!, reden → redet!)*.

Die Tempora (Zeitformen) der Verben ► S. 254

Verben kann man in verschiedenen Zeitformen (Tempora; Sg.: das Tempus) verwenden, z. B. im Präsens, im Präteritum, im Futur. Die Zeitformen der Verben sagen uns, wann etwas passiert, z. B. in der Gegenwart, in der Vergangenheit oder in der Zukunft.

- **Das Präsens** (die Gegenwartsform)
  - Das Präsens wird verwendet, wenn etwas in der **Gegenwart** (in diesem Augenblick) geschieht, z. B.: *Er schreibt gerade einen Brief.* (Es geschieht in diesem Augenblick.)
  - Im Präsens stehen auch **Aussagen, die immer gelten,** z. B.: *Suppe isst man mit dem Löffel.* (Es ist immer gültig.)
  - Man kann das Präsens auch verwenden, **um etwas Zukünftiges auszudrücken.** Meist verwendet man dann eine Zeitangabe, die auf die Zukunft verweist, z. B.: *Morgen gehe ich ins Kino.*
  Das Präsens wird gebildet mit dem Stamm des Verbs und den entsprechenden Personalendungen, z. B.: *ich schreib-e, du schreib-st …*
- **Das Futur** (die Zukunftsform)
  - Das **Futur I** wird verwendet, um ein zukünftiges Geschehen auszudrücken, z. B.: *In den Sommerferien werde ich häufig ins Freibad gehen.*
  Das Futur I wird gebildet mit der Personalform von *werden* im Präsens und dem Infinitiv des Verbs, z. B.: *Ich werde anrufen, du wirst anrufen …*
  - Das **Futur II** drückt aus, dass etwas zu einem bestimmten Zeitpunkt in der Zukunft abgeschlossen sein wird, z. B.: *In zwanzig Jahren werden die Menschen sämtliches Bargeld abgeschafft haben.* Das Futur II wird gebildet mit einer Personalform von *werden* im Präsens, dem Partizip II des Verbs (► S. 338) und dem Verb *haben* oder *sein*, z. B.: *Ich werde abgeschafft haben, du wirst geflogen sein …*

- **Das Perfekt**

  Wenn man mündlich von etwas Vergangenem erzählt oder berichtet, verwendet man häufig das Perfekt, z. B.: *Ich habe gerade etwas gegessen. Er ist nach Hause gekommen.*

  Das Perfekt ist eine **zusammengesetzte Vergangenheitsform,** weil es mit einer Form von **„haben"** oder **„sein"** im Präsens (z. B. *hast, sind*) und dem **Partizip II des Verbs** *(gesehen, aufgebrochen)* gebildet wird.

  - Das Partizip II beginnt meist mit *ge-,* z. B.: *lachen → gelacht; gehen → gegangen.*
  - Wenn das Verb schon eine Vorsilbe hat *(ge-, be- oder ver-),* bekommt das Partizip II keine mehr, z. B.: *gelingen → gelungen; beschweren → beschwert; verlieren → verloren.*

- **Das Präteritum**

  Das Präteritum ist eine **einfache Zeitform der Vergangenheit.** Diese Zeitform wird vor allem in schriftlichen Erzählungen (z. B. in Märchen, in Geschichten) und in Berichten verwendet, z. B.: *Sie lief schnell nach Hause, denn es regnete in Strömen.* Man unterscheidet:

  - **regelmäßige (schwache) Verben:** bei den regelmäßigen Verben ändert sich der Vokal *(a, e, i, o, u)* im Verbstamm nicht, wenn das Verb ins Präteritum gesetzt wird, z. B.: *ich lache* (Präsens) *→ ich lachte* (Präteritum),
  - **unregelmäßige (starke) Verben:** bei den unregelmäßigen Verben ändert sich im Präteritum der Vokal *(a, e, i, o, u)* im Verbstamm, z. B.: *ich singe* (Präsens) *→ ich sang* (Präteritum); *ich laufe* (Präsens) *→ ich lief* (Präteritum).

- **Das Plusquamperfekt**

  Wenn etwas vor dem passiert, wovon im Präteritum oder im Perfekt erzählt wird, verwendet man das Plusquamperfekt. Das Plusquamperfekt wird deshalb auch **Vorvergangenheit** genannt, z. B.: *Nachdem sie mit dem Fallschirm sicher gelandet war, jubelten die Menschen.*

  Das Plusquamperfekt ist wie das Perfekt eine **zusammengesetzte Vergangenheitsform,** weil es mit einer Form von **„haben"** oder **„sein"** im Präteritum (z. B. *hatte, war*) und dem **Partizip II des Verbs** (z. B. *gelesen, aufgebrochen*) gebildet wird, z. B.: *Nachdem wir etwas gegessen hatten, gingen wir in den Zoo. Nachdem wir alle pünktlich angekommen waren, ging es los.*

  Tipp: Die Konjunktion *nachdem* leitet oft einen Satz im Plusquamperfekt ein.

Partizip I und II

Das **Partizip I** (Partizip Präsens) setzt sich aus **Verbstamm + (e)nd** zusammen, z. B.: *gehend, zitternd, singend.*

- Mit Hilfe des Partizips I können **gleichzeitig ablaufende Handlungen** beschrieben werden, z. B.: *Die Frau sitzt lesend im Sessel.*
- Das Partizip I kann vor einem Nomen wie ein Adjektiv verwendet werden. Es passt sich dann in Genus, Numerus und Kasus an das Nomen an, das es begleitet, z. B.: *Die lesende Frau sitzt im Sessel. Ein dampfender Tee steht neben ihr auf dem Tisch.*

Das **Partizip II** (Partizip Perfekt) setzt sich zusammen aus **ge + Verbstamm + (e)t oder en,** z. B.: *gezittert, gelaufen.*

- Das Partizip II wird für die **Bildung von zusammengesetzten Zeitformen (Perfekt und Plusquamperfekt)** verwendet, z. B.: *ich habe gelacht* (Perfekt), *ich bin angekommen* (Perfekt); *ich hatte gelacht* (Plusquamperfekt), *ich war angekommen* (Plusquamperfekt).
- Viele Perfektpartizipien können vor einem Nomen wie ein Adjektiv verwendet werden. Sie passen sich dann in Genus, Numerus und Kasus an das Nomen an, das sie begleiten, z. B.: *Die verblühten Rosen stehen auf dem Tisch.*

Aktiv und Passiv ▶ S. 256

- **Aktiv und Passiv der Verben**
  - Das Aktiv und das Passiv sind zwei Verbformen, die man bei der Darstellung von Handlungen und Vorgängen unterscheidet. Man kann aus zwei Perspektiven schauen:
  - **Aktiv:** Der Handlungsträger (Handelnde) wird betont, z. B.: *Der Zauberer hält einen Kochlöffel in der Hand.*
  - **Passiv:** Die Handlung / der Vorgang wird betont, z. B.: *Der Kochlöffel wird in der Hand gehalten.*
  - Im **Aktiv** ist wichtig, **wer** handelt / etwas tut. Im **Passiv** wird betont, **was geschieht.**
  - Das **Passiv** wird meist mit einer Form von **„werden"** und dem **Partizip II des Verbs** (▶ S. 338) gebildet, z. B.: *wird gehalten; werden aufgeteilt.*
  - Im Passivsatz kann der Handlungsträger ergänzt werden, z. B.: *Der Kochlöffel wird von dem Zauberer in der Hand gehalten.*

  Sätze, in denen der Handlungsträger als Subjekt des Satzes erscheint, stehen in der Verbform Aktiv. Bei der Umwandlung eines Aktivsatzes in einen Passivsatz wird das **Akkusativobjekt** des Aktivsatzes zum **Subjekt** des Passivsatzes, z. B.:

  Aktiv: *Silke führt einen Zaubertrick vor.* → Passiv: *Der Zaubertrick wird (von Silke) vorgeführt.*

  Akkusativobjekt   Subjekt

- **Passiv aus Informationsmangel / als Informationsriegel**
  - In einem Passivsatz kann der Handlungsträger ergänzt werden, z. B.: *Die Schüler wurden von Herrn Schweppenstette zur Stellungnahme aufgefordert.*
  - In einem **Passivsatz** kann der **Handlungsträger** aber auch **völlig weggelassen werden,** z. B.
    - wenn er unbekannt ist (Passiv aus Informationsmangel): *Mein Fahrrad wurde gestohlen.*
    - wenn der Handelnde aus bestimmten Gründen nicht genannt werden soll (Passiv als Informationsriegel), zum Beispiel um eine betroffene Person zu schützen oder die verantwortlichen Personen oder Täter zu verschleiern: *Beim Fußballspiel wurde ein Fenster beschädigt.*

- **Zustands- und Vorgangspassiv**
  Während das Vorgangspassiv den Ablauf eines Vorgangs beschreibt, drückt das Zustandspassiv das Ergebnis eines Vorgangs aus.
  1 Das **Zustandspassiv** (*sein*-Passiv) wird durch eine Personalform von „sein" und das **Partizip II des Verbs** gebildet, z. B.: *Die Tür ist geschlossen.*
  2 Das **Vorgangspassiv** (*werden*-Passiv) wird durch eine Personalform von „werden" und das **Partizip II des Verbs** gebildet, z. B.: *Die Tür wird geschlossen.*

- **Zeitformen im Aktiv und Passiv**

	Aktiv: Verb *(bewundern)* in der entsprechenden Tempusform	**Passiv:** „werden" in der entsprechenden Tempusform + Partizip II des Verbs *(bewundern)*
Präsens	*Jens bewundert den Zauberer.*	*Der Zauberer wird bewundert.*
Futur I	*Jens wird … bewundern.*	*… wird bewundert werden.*
Präteritum	*Jens bewunderte …*	*… wurde bewundert.*
Perfekt	*Jens hat … bewundert.*	*… ist bewundert worden.*
Plusquamperfekt	*Jens hatte … bewundert.*	*… war bewundert worden.*

● **Ersatzformen für das Passiv**

Um Passivformen in Texten zu vermeiden, stehen die so genannten Passiv-Ersatzformen zur Verfügung. Sie haben mit dem Passiv gemeinsam, dass der Handlungsträger nicht genannt wird. Im Unterschied zum Passiv handelt es sich bei den Ersatzformen jedoch um aktive Verbformen. Die wichtigsten Ersatzformen für das Passiv sind:

Ersatzformen für das Passiv	Beispiele
■ man-Form ■ Sie-Form/Du-Form ■ Imperativform ■ Personalform von „lassen" + sich + Infinitiv ■ Verbform von „sein" + Infinitiv mit „zu" ■ Verbform von „sein" + Adjektiv mit der Endung „-bar", „-lich", „-fähig"	■ *Man löst die Schlaufe des Seils.* ■ *Sie lösen / Du löst die Schlaufe des Seils.* ■ *Lösen Sie / Löse die Schlaufe des Seils.* ■ *Die Schlaufe des Seils lässt sich lösen.* ■ *Die Schlaufe des Seils ist zu lösen.* ■ *Die Schlaufe des Seils ist lösbar.*

Die Aussageweisen des Verbs: Indikativ und Konjunktiv ► S. 255

Verben haben einen Modus. Indikativ und Konjunktiv sind zwei Aussageweisen. Der Modus zeigt an, wie wirklich und sicher eine Aussage ist.

● **Konjunktiv I in der indirekten Rede** ► S. 255

Wenn man wiedergeben möchte, was jemand gesagt hat, verwendet man **die indirekte Rede.** Das Verb steht dann im **Konjunktiv I,** z. B.: *Christoph sagt, das Gewitter tobe sich über Berlin aus.*

Bildung des Konjunktivs I

Der Konjunktiv I wird durch den Stamm des Verbs (Infinitiv ohne -*en*) und die entsprechende Personalendung gebildet, z. B.:

Indikativ Präsens	Konjunktiv I	Indikativ Präsens	Konjunktiv I
ich komm-e	*ich komm-e*	*wir komm-en*	*wir komm-en*
du komm-st	*du komm-est*	*ihr komm-t*	*ihr komm-et*
er/sie/es komm-t	*er/sie/es komm-e*	*sie komm-en*	*sie komm-en*

Wenn der Konjunktiv I nicht vom Indikativ Präsens zu unterscheiden ist, wird der **Konjunktiv II** oder die **würde-Ersatzform** verwendet, z. B.:

Konjunktiv I = Indikativ Präsens	*~~Er sagt, viele wissen kaum etwas über Tornados.~~*
Konjunktiv II als Ersatzform	*Er sagt, viele wüssten kaum etwas über Tornados.*
Umschreibung mit „würde" als Ersatzform	*Er sagt, viele würden kaum etwas über Tornados wissen.*

- **Konjunktiv II (Irrealis)**

Wenn man eine Aussage als **unwirklich (irreal),** nur vorgestellt, unwahrscheinlich oder gewünscht kennzeichnen möchte, verwendet man den Konjunktiv II. Man bezeichnet den Konjunktiv II daher auch als **Irrealis.**

Bildung des Konjunktivs II

Der Konjunktiv II wird in der Regel abgeleitet vom Präteritum Indikativ. Bei unregelmäßigen Verben werden **a, o, u** im Wortstamm zu **ä, ö, ü.**

Indikativ Präteritum	er sah	er war	er hatte	er stand
Konjunktiv II	er sähe	er wäre	er hätte	er stände

An Stelle des Konjunktivs II wird die **würde-Ersatzform** verwendet, wenn
- der Konjunktiv II (im Textzusammenhang) **nicht vom Indikativ Präteritum zu unterscheiden** ist, z. B.: *Zusammen mit Freunden machte er diese Reise.* (Konjunktiv II)
  Zusammen mit Freunden würde er diese Reise machen. (würde-Ersatzform)
- die Konjunktiv-II-Form als besonders **ungebräuchlich** oder **unschön** empfunden wird, vor allem im mündlichen Sprachgebrauch, z. B.: *ich empfähle → ich würde empfehlen.*

Modalverben

Mit Modalverben verändert man den Aussagewert des Vollverbs. Man zeigt an, ob man z. B. etwas darf oder muss, z. B.: *Hunde müssen draußen bleiben.*
- *können* (Möglichkeit, Fähigkeit), z. B.: *Sie können nebenan parken. Sie kann einparken.*
- *sollen* (Vorschrift, Empfehlung), z. B.: *Besucher sollen auf Parkplatz C parken.*
- *müssen* (Gebot, Zwang), z. B.: *Fahrzeuge müssen die Fahrbahn benutzen.*
- *dürfen* (Erlaubnis, Möglichkeit), z. B.: *Gäste dürfen hier parken.*
- *wollen* (Absicht, Bereitschaft), z. B.: *Wir wollen die Hose umtauschen.*
- *mögen* (Wunsch, Möglichkeit), z. B.: *Wir möchten Sie bitten ...*

Das Adverb (Umstandswort; Plural: die Adverbien)

Adverbien (z. B. *dort, oben, hier, jetzt, kürzlich, heute, kaum, sehr, vergebens, gern, leider, deshalb, nämlich*) **machen nähere Angaben zu einem Geschehen.** Sie erklären genauer, **wo, wann, wie und warum** etwas geschieht, z. B.: *Hier sitze ich gern. Dieser Platz gefällt mir nämlich am besten.*
- Adverbien werden **kleingeschrieben.**
- Die Wortart des Adverbs kann man leicht mit dem Adjektiv verwechseln. Das **Adverb** ist aber im Gegensatz zum Adjektiv **nicht veränderbar** (nicht flektierbar).

Satzglieder

Das Prädikat (Plural: die Prädikate), die Satzklammer, die Satzglieder

Der **Kern des Satzes** ist das Prädikat (Satzaussage). Prädikate werden durch Verben gebildet. In einem Aussagesatz steht die Personalform des Verbs (der gebeugte Teil) **an zweiter Satzgliedstelle.**

Oft ist das Prädikat zweiteilig und bildet eine **Satzklammer.**

Die Piraten	haben	reiche Beute	gemacht	auf ihren Raubzügen.
Vorfeld	**linke Satzklammer**	**Mittelfeld**	**rechte Satzklammer**	**Nachfeld**

Durch die Satzklammer ergeben sich drei Felder, in denen die Satzglieder stehen können:
- Im **Vorfeld** steht im Aussagesatz ein Satzglied. Häufig ist es das Subjekt.
- Im **Mittelfeld** können mehrere Satzglieder stehen.
- Im **Nachfeld** steht in der Regel nicht mehr als ein Satzglied.
- Vorfeld und linke Verbklammer müssen in selbstständigen Sätzen immer besetzt sein. Die anderen Felder können auch frei bleiben.

Vorfeld	linke Satzklammer	Mittelfeld	rechte Satzklammer	Nachfeld
Die Piraten	plünderten	das Schiff	aus.	–
Sie	vergruben	den Schatz.	–	–
Das Schiff	strandete.	–	–	–

Satzglieder nennt man die Wörter oder Wortgruppen, die beim Umstellen des Satzes (Umstellprobe) immer zusammenbleiben und die im Vorfeld des Satzes (vor dem finiten Verb) stehen können.

Das Subjekt (Plural: die Subjekte)

Das Satzglied, das in einem Satz angibt, wer oder was handelt, etwas tut, veranlasst ..., heißt Subjekt (Satzgegenstand), z. B.: *Der Pirat versteckt auf der Insel einen Schatz.*
- Ihr könnt das Subjekt mit der **Frage „Wer oder was …?"** ermitteln.
  Der Pirat versteckt auf der Insel einen Schatz. → *Wer oder was versteckt auf der Insel einen Schatz?*
- Das Subjekt eines Satzes kann aus einem oder aus mehreren Wörtern bestehen, z. B.:
  Die alte, verwitterte Schatztruhe liegt unter der Erde. → *Wer oder was liegt unter der Erde?*
- Das Subjekt eines Satzes **steht immer im Nominativ (1. Fall, ▶ S. 334).**

Die Objekte

- **Akkusativobjekt:** Das Objekt, das im Akkusativ steht, heißt Akkusativobjekt. Ihr ermittelt es mit der Frage: **Wen oder was ...?,** z. B.: _Wen oder was suchen die Piraten?_ → _Die Piraten suchen den Schatz._
- **Dativobjekt:** Das Objekt, das im Dativ steht, heißt Dativobjekt. Ihr ermittelt es mit der Frage: **Wem ...?,** z. B.: _Wem stehlen die Piraten den Schatz?_ → _Die Piraten stehlen ihren Opfern den Schatz._
- **Genitivobjekt:** Das Genitivobjekt ist ein Satzglied, das man mit der Frage **Wessen ...?** ermittelt, z. B.: _Er wird des Diebstahls angeklagt._ → _Wessen wird er angeklagt?_
  Das Genitivobjekt wird heute nur noch selten verwendet. Es gibt nur wenige Verben, die ein Genitivobjekt fordern, z. B.: _gedenken (der Toten gedenken), sich rühmen (sich des Sieges rühmen)._
- **Präpositionalobjekt:** Das Präpositionalobjekt steht nach Verben, die fest mit einer Präposition verbunden sind, z. B.: _lachen über, achten auf, denken an, warten auf._
  Diese Präposition ist auch im Fragewort enthalten, z. B.:
  Die Einbrecher hoffen **auf** eine reiche Beute. → _Wor**auf** hoffen die Einbrecher?_
  Sie fürchten sich **vor** der Polizei. → _Wo**vor** fürchten sie sich?_
  Nach den Präpositionalobjekten fragt man z. B. mit: Wofür ...? Wonach ...? Womit ...? Wovon ...?

Das Prädikativ

Das Verb _sein_ verlangt neben dem Subjekt ein weiteres Satzglied, das Prädikativ. Das Prädikativ kann ein **Nomen** oder ein **Adjektiv** sein, z. B.: _Er ist der Klassensprecher. Ich bin sportlich._
Das Prädikativ ergänzt das Prädikat (Verb) und bezieht sich zugleich auf das Subjekt des Satzes.
Weitere Verben, die häufig ein Prädikativ verlangen, sind: _bleiben, werden, heißen._

Die adverbialen Bestimmungen (auch: Adverbialien)

- Adverbiale Bestimmungen (Umstandsbestimmungen) sind Satzglieder, die man z. B. mit den Fragen **Wann ...?, Wo ...?, Warum ...?, Wie ...?** ermittelt. Sie liefern **Informationen** zu den genaueren Umständen.

Frageprobe	Satzglied	Beispiel
Wo? Wohin? Woher?	**adverbiale Bestimmung des Ortes**	_Wo liegt der Schatz?_ _Der Schatz liegt hinter der Holzhütte._
Wann? Wie lange? Seit wann?	**adverbiale Bestimmung der Zeit**	_Wann wurde der Schatz versteckt?_ _Der Schatz wurde vor 200 Jahren versteckt._
Warum? Weshalb?	**adverbiale Bestimmung des Grundes**	_Warum brachen sie die Schatzsuche ab?_ _Wegen der Dunkelheit brachen sie die Schatzsuche ab._
Wie? Auf welche Weise? Womit?	**adverbiale Bestimmung der Art und Weise**	_Wie werden sie die Schatztruhe öffnen?_ _Sie werden die Schatztruhe gewaltsam öffnen._

Die Attribute (Beifügungen)

Attribute **bestimmen ein Bezugswort** (meist ein Nomen) **näher.** Sie sind **immer Teil eines Satzglieds** und bleiben bei der Umstellprobe fest mit ihrem Bezugswort verbunden, z. B.:

Der große Mann / stiehlt / die Tasche.
Die Tasche / stiehlt / der große Mann.

              Attribut   Bezugswort

Attribute stehen **vor oder nach** ihrem **Bezugswort.**
Man kann sie mit „**Was für …?**" erfragen.

Was für ein Mann? → *ein großer Mann*   → *ein Mann mit schwarzen Haaren*

          Attribut   Bezugswort   Bezugswort   Attribut

Formen des Attributs

Es gibt verschiedene Formen des Attributs:

- **Adjektivattribut,** z. B.: *die große Tasche*
- **Partizipialattribut,** z. B.: *der verhaftete Dieb*
- **präpositionales Attribut,** z. B.: *das Versteck hinter dem Baum*
- **Genitivattribut,** z. B.: *der Komplize des Erpressers*
- **Apposition** (nachgestelltes Nomen im gleichen Kasus wie das Bezugswort), z. B.:
  Herr Schummel, der Geldfälscher, tauchte unter.
- **Relativsatz,** z. B.: *Die Polizei fasste den Dieb, der die Tat gestand.*

Proben

- **Umstellprobe: Satzanfänge abwechslungsreich gestalten**
  Durch die Umstellprobe könnt ihr eure Texte abwechslungsreicher gestalten. Ihr stellt z. B. die Satzglieder so um, dass die Satzanfänge nicht immer gleich sind, z. B.:
  Ich habe mir heute eine Überraschung ausgedacht. Ich will eine Schatzsuche veranstalten.
  → *Heute habe ich mir eine Überraschung ausgedacht. Ich will eine Schatzsuche veranstalten.*
- **Ersatzprobe: Wortwiederholungen vermeiden**
  Mit der Ersatzprobe könnt ihr Satzglieder, die sich in eurem Text häufig wiederholen, durch andere Wörter ersetzen, z. B.:
  Ich kenne ein Spiel. ~~*Das Spiel*~~ *(→ Es) kommt aus Indien.*
  Zuerst zeichnet man ein Spielbrett. Danach ~~*zeichnet*~~ *(→ erstellt) man die Spielsteine.*
- **Weglassprobe: Texte straffen, Wiederholungen vermeiden**
  Mit der Weglassprobe könnt ihr prüfen, welche Wörter in einem Text gestrichen werden sollten, weil sie überflüssig sind oder umständlich klingen, z. B.:
  Als wir den Schatz fanden, jubelten wir vor Freude ~~*über den gefundenen Schatz*~~*.*
- **Erweiterungsprobe: Genau und anschaulich schreiben**
  Mit der Erweiterungsprobe könnt ihr prüfen, ob eine Aussage genau genug oder anschaulich genug ist oder ob ihr noch etwas ergänzen solltet, z. B.:
  ✓ *Ich wünsche mir ein Buch* ✓ *. → Zum Geburtstag wünsche ich mir ein Buch über Piraten.*
    Wann?   Worüber?

Sätze

Satzarten

Je nachdem, ob wir etwas aussagen, fragen oder jemanden auffordern wollen, verwenden wir unterschiedliche Satzarten: Aussagesatz, Fragesatz und Aufforderungssatz. In der gesprochenen Sprache erkennen wir die verschiedenen Satzarten oft an der Stimmführung, in der geschriebenen Sprache an den unterschiedlichen Satzschlusszeichen: Punkt, Fragezeichen und Ausrufezeichen.

- Nach einem **Aussagesatz** steht ein **Punkt,** z. B.: *Ich gehe jetzt ins Schwimmbad.*
- Nach einem **Fragesatz** steht ein **Fragezeichen,** z. B.: *Hast du heute Nachmittag Zeit?*
- Nach einem **Ausrufe- oder Aufforderungssatz** steht meist ein **Ausrufezeichen,** z. B.: *Vergiss die Sonnencreme nicht! Beeilt euch!*

Die Satzreihe: Hauptsatz + Hauptsatz

- Ein **Hauptsatz** ist ein selbstständiger Satz. Er enthält mindestens zwei Satzglieder, nämlich Subjekt und Prädikat, z. B.: *Peter schwimmt.*
  Die Personalform des Verbs (das gebeugte Verb) steht im Hauptsatz an zweiter Satzgliedstelle (Verbzweitsatz), z. B.: *Peter schwimmt im See.*
- Ein **Satz,** der **aus zwei oder mehr Hauptsätzen** besteht, wird **Satzreihe** genannt. Die einzelnen Hauptsätze einer Satzreihe werden durch ein **Komma** voneinander getrennt, z. B.: *Peter schwimmt im See, Philipp kauft sich ein Eis.*
- Häufig werden die Hauptsätze durch die nebenordnenden **Konjunktionen** (Bindewörter) *und, oder, aber, sondern, denn, doch* verbunden, z. B.: *Peter schwimmt im See, denn es ist sehr heiß.* Nur vor den Konjunktionen *und* bzw. *oder* darf das Komma wegfallen, z. B.: *Peter schwimmt im See und Philipp kauft sich ein Eis.*

Satzgefüge: Hauptsatz + Nebensatz   ▶ S. 280–281

Einen Satz, der aus mindestens einem **Hauptsatz und** mindestens einem **Nebensatz** besteht, nennt man **Satzgefüge.** Zwischen Hauptsatz und Nebensatz muss **immer ein Komma** stehen, z. B.:

Weil die Sonne scheint, gehen wir heute ins Schwimmbad.
    Nebensatz   Hauptsatz

Der Regen, der seit Stunden fällt, war nach der Hitze nötig.
 Hauptsatz   Nebensatz   Hauptsatz (Fortsetzung)

Nebensätze (Verbletztsätze) haben folgende Kennzeichen:
- Ein Nebensatz kann **nicht ohne** einen **Hauptsatz** stehen.
- Der Nebensatz **ist dem Hauptsatz untergeordnet.**
- Nebensätze werden **durch** eine unterordnende **Konjunktion** (z. B. *weil, da, obwohl, damit, dass, sodass, nachdem, während*) oder ein **Relativpronomen** *(der, die, das, welcher, welche, welches)* **eingeleitet.**
- Die **Personalform des Verbs** (das gebeugte Verb) steht im Nebensatz immer **an letzter Stelle** (Verbletztsatz).

Formen von Nebensätzen

Der Relativsatz

Relativsätze sind Nebensätze, die ein vorausgehendes Bezugswort (Nomen oder Pronomen) näher erklären. Sie werden mit einem **Relativpronomen** eingeleitet, z. B.:
der, die, das oder *welcher, welche, welches.*
Ein Relativsatz wird **immer** durch ein **Komma** vom Hauptsatz abgetrennt. Wird er in einen Hauptsatz eingeschoben, dann setzt man vor und hinter den Relativsatz ein Komma.
Daniel Düsentrieb ist eine Comicfigur, die von Carl Barks erfunden wurde.

Relativsätze nehmen im Satz die **Rolle eines Attributs ein** und werden deshalb auch Attributsätze genannt.

Adverbialsätze

Adverbialsätze sind Gliedsätze, weil sie die Stelle einer adverbialen Bestimmung einnehmen.
Sie werden mit einer **Konjunktion** eingeleitet und durch Komma vom Hauptsatz getrennt.
Wie die adverbialen Bestimmungen können sie mit Hilfe der Frageprobe näher bestimmt werden:

Adverbialsatz	Frageprobe	Konjunktionen	Beispiel
Kausalsatz (Grund, Ursache)	Warum ...? Aus welchem Grund ...?	da, weil	*Ich nutze das Navi, weil ich beim Fahren keine Karte lesen kann.*
Konditionalsatz (Bedingung)	Unter welcher Bedingung ...?	wenn, falls, sofern	*Wir werden bald da sein, sofern das Navi uns richtig führt.*
Finalsatz (Ziel, Absicht)	Wozu ...? Mit welcher Absicht ...?	damit, dass	*Fahr schneller, damit wir pünktlich sind.*
Konsekutivsatz (Folge, Wirkung)	Mit welcher Folge ...?	sodass (auch: so ..., dass)	*Die Ampel war rot, sodass ich anhalten musste.*
Konzessivsatz (Einräumung)	Trotz welcher Umstände ...?	obwohl, obgleich, obschon, auch wenn	*Obwohl ich die Stadt kannte, habe ich das Navi genutzt.*
Temporalsatz (Zeitpunkt/-dauer)	Wann ...? Seit/Bis wann ...? Wie lange ...?	nachdem, als, während, bis, bevor, solange, sobald ...	*Nachdem das Navi mich in die Irre geführt hatte, schaltete ich es ab.*
Modalsatz (Art und Weise)	Wie ...?	indem, dadurch dass, als (ob) ...	*Ich kam zum Ziel, indem ich einen Passanten fragte.*
Adversativsatz (Gegenüberstellung)	Was passiert im Gegensatz zu ...?	wohingegen, während	*Ich fahre mit dem Navi, wohingegen mein Freund eine Landkarte nutzt.*

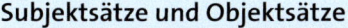

Subjektsätze und Objektsätze

Subjektsätze und Objektsätze sind Gliedsätze, weil sie die **Rolle der Satzglieder Subjekt bzw. Objekt** für den Hauptsatz übernehmen. Sie lassen sich wie das Subjekt oder das Objekt mit Hilfe der Frageproben ermitteln.

- **Subjektsatz:** Das Subjekt eines Satzes kann von einem Nebensatz gebildet werden, z.B.:
  Wer eine Reise bucht, muss mit vielem rechnen. *Dass wir verlieren*, war allen klar.
  Satzgliedfrage: Wer oder was muss mit vielem rechnen? (→ Subjektsatz)
- **Objektsatz:** Das Objekt eines Satzes kann von einem Nebensatz gebildet werden, z.B.:
  Man erlebt, was man nicht für möglich hielt. Ich glaube, dass wir verlieren.
  Satzgliedfrage: Wen oder was erlebt man? (→ Objektsatz)

Infinitivgruppen ▶ S. 282

Obwohl Infinitivgruppen kein Verb in der Personalform besitzen, können sie im Satz die Funktion von Nebensätzen übernehmen (z.B. die Stelle von Subjekt-, Objekt- oder Adverbialsätzen). Wie Nebensätze können sie im Vor-, Mittel- und Nachfeld stehen.
Eine **Infinitivgruppe** besteht aus einem Infinitiv mit „zu" und mindestens einem weiteren Wort,
z.B.: *Ich habe vor, heute eine Beschwerde zu schreiben.*
Infinitivgruppen <u>darf</u> man immer durch **Komma** vom Hauptsatz trennen. Ein Komma <u>muss</u> stehen,

1. wenn die Infinitivgruppe durch *um, ohne, statt, anstatt, außer, als* eingeleitet wird, z.B.:
   *Ich komme, **um** mich zu beschweren. **Statt** zu klagen, sollte man eine Lösung suchen.*
2. wenn die Infinitivgruppe von einem Nomen oder einem hinweisenden Wort wie *daran, darauf* oder *es* im Hauptsatz abhängt, z.B.: *Ich habe die Absicht, mich zu beschweren.*
   Ich bedaure es, mich beschweren zu müssen.

Bei einfachen Infinitiven (zu + Infinitiv) kann man das Komma weglassen, sofern dadurch keine Missverständnisse entstehen, z.B.: *Wir denken daran(,) zu klagen.*

Tipp: Bei Infinitivgruppen empfiehlt es sich, immer Kommas zu setzen, weil sie die Gliederung eines Satzes verdeutlichen und niemals falsch sind.

Partizipialgruppen ▶ S. 282

Eine Partizipialgruppe wird mit einem Partizip I (Partizip Präsens: *gehend*) oder einem Partizip II (Partizip Perfekt: *gegangen*) gebildet.
Partizipialgruppen sind attributive Bestimmungen des Satzsubjekts. Sie können im Vor-, Mittel- und Nachfeld stehen, z.B.: *Den Kopf in den Nacken **legend**, genießt er den Fahrtwind.* Oder: *Er genießt den Fahrtwind, den Kopf in den Nacken legend.* Als nachgestellte Erläuterung des Subjekts sind sie Teil des Satzgliedes, z.B. *Er, den Kopf in den Nacken legend, genießt den Fahrtwind.*
Partizipialgruppen **darf** man immer durch **Komma** vom Hauptsatz trennen.
Ein Komma **muss** stehen,

1. wenn durch ein hinweisendes Wort auf die Partizipialgruppe Bezug genommen wird, z.B.:
   Den Kopf in den Nacken legend, so genießt er den Fahrtwind.
2. wenn die Partizipialgruppe eine nachgestellte Erläuterung zu einem Nomen oder Pronomen ist,
   z.B.: *Er, den Kopf in den Nacken gelegt, genoss den Fahrtwind.*

Zeichensetzung

Satzschlusszeichen

- Nach einem **Aussagesatz** steht ein **Punkt,** z. B.:
  Ich gehe jetzt ins Schwimmbad.
- Nach einem **Fragesatz** steht ein **Fragezeichen,** z. B.:
  Hast du heute Nachmittag Zeit?
- Nach einem **Ausrufe- oder Aufforderungssatz** steht meist ein **Ausrufezeichen,** z. B.:
  Vergiss die Sonnencreme nicht! Beeilt euch!

Das Komma zwischen Sätzen ▶ S. 280–282

Die einzelnen **Hauptsätze einer Satzreihe** werden durch ein **Komma** voneinander getrennt, z. B.:
Peter schwimmt im See, Philipp kauft sich ein Eis.
Nur vor den Konjunktionen *und* bzw. *oder* darf das Komma wegfallen, z. B.:
Peter schwimmt im See und Philipp kauft sich ein Eis.
Zwischen Hauptsatz und Nebensatz (Satzgefüge) muss **immer ein Komma** stehen, z. B.:
Wir gehen heute ins Schwimmbad, weil die Sonne scheint.

Der Nebensatz kann vor, zwischen oder nach dem Hauptsatz stehen. Zwischen Hauptsatz und Nebensatz muss **immer ein Komma** stehen, z. B.:
Wenn wir verreisen, möchte ich nicht allzu lange im Auto sitzen.
Die Sommerferien, die ich in diesem Jahr zu Hause verbracht habe, waren schön.

Ein **Satzgefüge kann mehrere Nebensätze** enthalten. Alle Nebensätze werden mit einem **Komma** abgetrennt, z. B.:
Weil ich gerne reise, fahre ich weg, wann immer es geht.
Ich glaube, dass man auch zu Hause schöne Urlaubstage verbringen kann, weil ich zu den Leuten gehöre, die gerne lesen und ins Freibad gehen.

Folgende Wörter können Nebensätze einleiten:

unterordnende **Konjunktionen** (Subjunktionen)	nachdem, wenn, obwohl, weil, dass, indem …	*Weil die Sonne scheint, gehen wir ins Freibad.*
Fragewörter und **ob**	wann, woher, warum, weshalb, wie, wo, ob …	*Ich weiß nicht genau, wann er kommen wird.*
Relativpronomen	der, die, das, welcher, welche, welches	*Der Junge, der dort vorne steht, heißt Peter.*

Komma bei Infinitivgruppen

▶ S. 282

Infinitivgruppen **darf** man immer durch **Komma** vom Hauptsatz trennen.
Ein Komma **muss** stehen,

- wenn die Infinitivgruppe durch *um, ohne, statt, anstatt, außer, als* eingeleitet wird, z. B.:
  *Verwenden Sie das Gerät nicht, **ohne** die Bedienungsanleitung gelesen zu haben.*
- wenn die Infinitivgruppe von einem Nomen oder einem hinweisenden Wort wie *dazu, daran, darauf* oder *es* im Hauptsatz abhängt, z. B.: *Der Knopf dient dazu, das Gerät einzuschalten.*

Bei einfachen Infinitiven (zu + Infinitiv) kann man das Komma weglassen, sofern dadurch keine Missverständnisse entstehen, z. B.: *Wir zweifeln nicht daran(,) zu gewinnen.*
Tipp: Bei Infinitivgruppen empfiehlt es sich, immer Kommas zu setzen, weil sie die Gliederung eines Satzes verdeutlichen und niemals falsch sind.

Komma in Partizipialgruppen

▶ S. 282

Partizipialgruppen **darf** man immer durch **Kommas** vom Hauptsatz trennen.
Ein Komma **muss** stehen,

- wenn durch ein hinweisendes Wort auf die Partizipialgruppe Bezug genommen wird, z. B.:
  Jedes Wort einzeln übersetzt, so nützen Bedienungsanweisungen nichts.
- wenn die Partizipialgruppe eine nachgestellte Erläuterung ist, z. B.:
  Jens, aus vollem Halse lachend, reichte mir die Bedienungsanleitung.

Das Komma bei Aufzählungen

Wörter und Wortgruppen in Aufzählungen werden **durch Kommas abgetrennt,** z. B.:
Mit Wolle, Garn, Stoffen, Perlen kann man immer etwas anfangen.
Dies gilt auch, wenn das Wort oder die Wortgruppe durch eine einschränkende Konjunktion wie *aber, jedoch, sondern, doch* eingeleitet wird, z. B.: *Dieses Spiel ist kurz, aber sehr lustig.*
Achtung: Kein Komma steht vor den nebenordnenden Konjunktionen *und, oder, sowie, entweder … oder, sowohl … als auch, weder … noch,* z. B.: *Hier gibt es sowohl Sportkleidung als auch Sportgeräte.*

Das Komma bei Appositionen und nachgestellten Erläuterungen

▶ S. 283

1 Die **Apposition** ist eine besondere Form des Attributs und besteht in der Regel aus einem Nomen oder einer Nomengruppe. Sie folgt ihrem Bezugswort (meist ein Nomen) und wird **durch Kommas abgetrennt,** z. B.:
   Berlin, unsere Hauptstadt, ist ein beliebtes Reiseziel für Schulklassen.
   Die Apposition steht im gleichen Kasus wie ihr Bezugswort (hier: Nominativ).
2 Die **nachgestellte Erläuterung** wird oft mit Wörtern wie *nämlich, und zwar, vor allem, das heißt (d. h.), zum Beispiel (z. B.)* eingeleitet. Sie wird **durch Kommas abgetrennt,** z. B.:
   Das Reichstagsgebäude, also der Sitz des Bundestags, besitzt eine Kuppel aus Glas.

Das Komma bei Anreden, Ausrufen und Bekräftigungen

- Eine **Anrede** wird durch Komma vom übrigen Satz abgetrennt, z. B.: *Henry, fahr bitte langsamer.*
- **Ausrufe, kommentierende Äußerungen** und **Bekräftigungen** werden durch Komma abgetrennt,
  z. B.: *Ach, das ist aber schade! Wie eklig, igitt! Sie hatte keine Zeit, leider!*
  Das Komma entfällt jedoch, wenn keine Hervorhebung gewollt ist, z. B.:
  Ach das ist aber schade. Sie hatte leider keine Zeit für uns.
  Vor allem kurze, zweiteilige Äußerungen oder Floskeln stehen meist ohne Komma:
  Ach ja. O nein! Na gut.

Zeichensetzung bei der wörtlichen Rede

Die wörtliche Rede steht in einem Text in Anführungszeichen. Die Satzzeichen ändern sich, je
nachdem, ob der Redebegleitsatz vor, nach oder zwischen der wörtlichen Rede steht.
- Der **Redebegleitsatz vor der wörtlichen Rede** wird durch einen Doppelpunkt von der wörtlichen
  Rede abgetrennt, z. B.: *Ich fragte: „Wohin sollen wir verreisen?"*
- Der **Redebegleitsatz nach der wörtlichen Rede** wird durch ein Komma von der wörtlichen Rede
  abgetrennt, z. B.: *„Ich würde gerne ans Meer fahren!", rief Jana. „Sollen wir ans Meer fahren?", fragte
  Jana. „Ich möchte ans Meer", sagte Jana.*
  In der wörtlichen Rede entfällt der Punkt; Frage- und Ausrufezeichen bleiben aber erhalten.
- Der **Redebegleitsatz zwischen der wörtlichen Rede** wird durch Kommas von der wörtlichen Rede
  abgetrennt, z. B.: *„O weh", rief Tina, „der Papagei!"*

Zeichensetzung bei Zitaten ▶ S. 284

Wörtlich wiedergegebene Textstellen (Zitate) müssen durch **Anführungszeichen** gekennzeichnet
werden. Innerhalb des durch Anführungszeichen gekennzeichneten Zitats darf der **Originaltext
nicht verändert** werden.
Auslassungen im Zitat werden durch [...] gekennzeichnet, z. B.:
Original: *Körpersprache, z. B. Mimik und Gestik, ist für unsere Kommunikation zentral.*
Zitat: *„Körpersprache [...] ist für unsere Kommunikation zentral."*
Geringfügige Änderungen, z. B. grammatische Anpassungen an den eigenen Text oder Zusätze,
die dem Leser klarmachen, wovon im Zitat die Rede ist, werden in eckige Klammern gesetzt, z. B.:
Original: *Sie wurden noch vor der geplanten Reise verfasst.*
Zitat: *„Sie [die fünf Gedichte] wurden noch vor der geplanten Reise verfasst."*
Original: *Das chorische Sprechen ...* Zitat: *Wegen des „chorische[n] Sprechen[s] ..."*
Treffen **Punkt, Frage- oder Ausrufezeichen** mit den Anführungszeichen zusammen, stehen die
Satzschlusszeichen
- **außerhalb** der Anführungszeichen, wenn sie nicht zu der zitierten Äußerung gehören, z. B.
  Müssen Schüler wirklich durch Markenkleidung zeigen, „wohin sie gehören"?,
- **innerhalb** der Anführungszeichen, wenn sie zu der wiedergegebenen Äußerung gehören, z. B.
  „Wie gehen Kinder damit um?", fragt der Interviewer.
Bei einem angeführten Satz lässt man den **Schlusspunkt** weg, wenn er am Anfang oder im Innern
des Ganzsatzes steht, z. B. *„Das sind natürlich Spiele", erklärt Hager.*

Tipps zum Rechtschreiben

Verwandte Wörter suchen (Ableitungsprobe) ► S. 276–277

- Wenn ihr unsicher seid, wie ein Wort geschrieben wird, hilft fast immer die Suche nach einem verwandten Wort. Der Wortstamm (= Grundbaustein) wird in allen verwandten Wörtern gleich oder ähnlich geschrieben, z. B.: *reisen: abgereist, verreisen, die Reise.*
- Ihr schreibt ein Wort mit **ä** oder **äu,** wenn es ein verwandtes Wort mit **a** oder **au** gibt, z. B.:
  - **e** oder **ä**? → *Gläser* → *Glas*
  - **eu** oder **äu**? → *Träume* → *Traum*

  Gibt es kein verwandtes Wort mit **a** oder **au,** schreibt man das Wort meist mit **e** oder **eu.**

Wörter verlängern (Verlängerungsprobe) ► S. 276–277

Am Wortende klingt **b** wie **p** *(das Lob),* **g** wie **k** *(der Tag)* und **d** wie **t** *(der Hund).* Wenn ihr die Wörter verlängert, hört ihr, welchen Buchstaben ihr schreiben müsst. So könnt ihr Wörter verlängern:
- Bildet bei Nomen den Plural, z. B.: *der Tag* → *die Tage,* oder ein Adjektiv, z. B.: *der Sand* → *sandig.*
- Steigert die Adjektive oder ergänzt ein Nomen, z. B.: *wild* → *wilder; ein wildes Tier.*
- Bildet bei Verben den Infinitiv oder die Wir-Form, z. B.: *er lobt* → *loben; wir loben.*

Im Wörterbuch nachschlagen ► S. 276–277

- Die Wörter sind **nach dem Alphabet sortiert.** Wenn der erste, zweite … Buchstabe gleich ist, wird die Reihenfolge nach dem zweiten, dritten … Buchstaben entschieden, z. B.: *Flamme, Fleiß, Floß.*
- Die Wörter sind im Wörterbuch in ihrer **Grundform** verzeichnet.
  - **Verben** findet ihr **im Infinitiv** (Grundform), z. B.: *ich habe gewusst* → *wissen.*
  - **Nomen** findet ihr **im Nominativ Singular** (1. Fall, Einzahl), z. B.: *die Hände* → *Hand.*

dass oder das? ► S. 281

Ein Fehlerproblem ist die korrekte Schreibweise von „das" und „dass".
- Die **Konjunktion** *dass* leitet einen Nebensatz ein, der durch Komma abgetrennt wird, z. B.:
  Es ist deutlich geworden, dass es mehr Kontra-Argumente gibt.
- Das **Relativpronomen** *das* leitet einen Relativsatz ein, der sich auf ein Bezugswort im Hauptsatz bezieht, z. B.: *Der hohe Preis ist ein Problem, das man nicht vergessen sollte.*
  Macht die Probe: Lässt sich „das" durch „welches" ersetzen, handelt es sich um das Relativpronomen *das,* z. B.: *Der Preis ist ein Problem, das (welches) man nicht vergessen sollte.*
  Tipp: Ebenfalls mit nur einem **s** schreibt man den **sächlichen Artikel** *das (Sie hoffte, das T-Shirt bald kaufen zu können.)* und das **Demonstrativpronomen** *das (Das habe ich nicht gewollt).*
  In beiden Fällen lässt sich *das* in der Regel durch *dieses* ersetzen.

Rechtschreibregeln

Kurze Vokale – doppelte Konsonanten

Nach einem **betonten kurzen Vokal** (Selbstlaut) folgen fast immer **zwei** oder mehr Konsonanten. Beim deutlichen Sprechen könnt ihr sie meist gut unterscheiden, z. B.: *kalt, Pflanze, trinken*. Wenn ihr bei einem Wort mit einem betonten kurzen Vokal nur einen **Konsonanten** hört, dann wird er in der Regel **verdoppelt**, z. B.: *Tasse, Schiff, wissen, treffen, sonnig, satt*. Beachtet: Statt kk schreibt man **ck** und statt zz schreibt man **tz**, z. B.: *verstecken, Decke, Katze, verletzen*.

Lange Vokale (a, e, i, o, u)

- **Lange Vokale als einfache Vokale**
  In den meisten Wörtern ist der betonte lange Vokal ein einfacher Vokal. Danach folgt meist nur ein Konsonant, z. B.:
  die Flöte, die Hose, der Besen, geben, tragen, er kam.
  Das gilt besonders für einsilbige Wörter:
  zu, los, so, wen.

- **Lange Vokale mit h**
  Das **h** nach einem **langen Vokal** steht besonders häufig vor den Konsonanten **l, m, n, r**.
  Beispiele: *kahl, nehmen, wohnen, bohren*. Man hört dieses h nicht.

- **h am Silbenanfang**
  Bei manchen Wörtern steht am Anfang der Silbe ein **h,** z. B.: *ge-hen*. Dieses **h** könnt ihr hören. Das **h** bleibt in verwandten Wörtern erhalten. Verlängert einsilbige Wörter, dann hört ihr dieses **h,** z. B.: *er geht → gehen.*

- **Wörter mit Doppelvokal**
  Es gibt nur wenige Wörter, in denen der lang gesprochene Vokal durch die Verdopplung gekennzeichnet ist. Merkt sie euch gut.
  - **aa:** *der Aal, das Haar, paar, das Paar, der Saal, die Saat, der Staat, die Waage.*
  - **ee:** *die Beere, das Beet, die Fee, das Heer, der Klee, das Meer, der Schnee, der See.*
  - **oo:** *das Boot, doof, das Moor, das Moos, der Zoo.*
  Die Vokale **i** und **u** werden nie verdoppelt.

- **Wörter mit langem i**
  - **Wörter mit ie:** Mehr als drei Viertel aller Wörter mit lang gesprochenem **i** werden mit **ie** geschrieben. Das ist also die häufigste Schreibweise.
    Beispiele: *das Tier, lieb, siegen, viel, hier.*
  - **Wörter mit i:** Manchmal wird das lang gesprochene **i** durch den Einzelbuchstaben **i** wiedergegeben.
    Beispiele: *mir, dir, wir, der Igel, das Klima, das Kino, der Biber.*
  - **Wörter mit ih:** Nur in den folgenden Wörtern wird der lange **i**-Laut als **ih** geschrieben:
    ihr, ihm, ihn, ihnen, ihre usw.

Das stimmhafte s und das stimmlose s

- **Das stimmhafte s (= weicher, gesummter s-Laut):**
  Manchmal spricht man das **s** weich und summend wie in *Sonne, tausend* oder *seltsam*. Dann nennt man das **s** stimmhaft.
- **Das stimmlose s (= harter, gezischter s-Laut):**
  Manchmal spricht man das **s** hart und zischend wie in *Gras* oder *küssen* oder *schließen*. Dann nennt man das **s** stimmlos.

Die Schreibung des s-Lautes: s, ss oder ß?

- Das **stimmhafte s wird immer mit einfachem s** geschrieben, z. B.:
  eisig, Riese, Sonne.
- Das **stimmlose s** wird **mit einfachem s** geschrieben, **wenn sich beim Verlängern** des Wortes
  (▶ S. 351) **ein stimmhaftes s ergibt**, z. B.:
  das Gras → die Gräser; uns → unser.
  Für einige Wörter mit einfachem **s** am Wortende gibt es keine Verlängerungsmöglichkeit.
  Es sind also Merkwörter: *als, aus, bis, es, was, etwas, niemals, alles, anders, morgens.*
- **Doppel-s nach kurzem Vokal**
  Der stimmlose s-Laut wird **nach einem kurzen betonten Vokal** mit **ss** geschrieben, z. B.:
  essen, die Klasse, wissen.
- **ß nach langem Vokal oder Diphthong**
  Der stimmlose s-Laut wird **nach einem langen Vokal oder Diphthong** (ei, ai, au, äu, eu) mit **ß** geschrieben, wenn er bei der Verlängerungsprobe stimmlos bleibt, z. B.:
  heiß → heißer; der Kloß → die Klöße.

Großschreibung

Großgeschrieben werden

- alle Satzanfänge, z. B.: *Er tanzt gern.*
- alle Nomen und nominalisierten Wörter, z. B.: *die Liebe, der Buchhändler, das Schwimmbad, etwas Neues, gutes Zuhören …*
- die Höflichkeitsanrede (z. B. in einem Brief) *Sie, Ihnen* usw.

Nomen und Nomenmerkmale

- **Nomen** werden **großgeschrieben.** Wörter, die auf *-heit, -keit, -nis, -schaft, -tum, -in, -ung* enden, sind immer Nomen, z. B.: *Gesundheit, Tapferkeit, Ereignis, Verwandtschaft, Irrtum, Sängerin, Handlung.*
- **Nomen kann man meist an ihren Begleitwörtern (Nomensignalen) erkennen,** die den Nomen vorausgehen. Begleitwörter sind:
  - **Artikel** (bestimmter/unbestimmter), z. B.: *der Hund, ein Hund.*
  - **Pronomen,** z. B.: *unser Hund, dieser Hund.*
  - **Präpositionen,** die mit einem Artikel verschmolzen sein können, z. B.: *bei Nacht, am (= an dem) Fluss.*
  - **Adjektive,** z. B.: *große Hunde.*
  - **Zahlwörter,** z. B.: *zwei Tage, drei Stunden.*

Nominalisierungen ▶ S. 270

Verben, Adjektive, Adverbien und **Wörter anderer Wortarten** schreibt man in der Regel **groß,** wenn sie im Satz **als Nomen gebraucht** werden, z. B.: *das Spielen* (Verb), *das Neue* (Adjektiv). Diesen Vorgang nennt man **Nominalisierung.** Ihr könnt solche Nominalisierungen genau wie alle anderen Nomen meist an ihren **Begleitwörtern** erkennen, z. B.:

- ein **Artikel,** z. B.: *das Spielen, ein Gutes,*
- ein **Adjektiv,** z. B.: *fröhliches Lachen, langes Hin und Her,*
- eine **Präposition,** die mit einem Artikel verschmolzen sein kann, z. B.: *vor Lachen, bei Rot, beim (bei dem) Spielen, im (in dem) Großen und Ganzen,*
- ein **Pronomen,** z. B.: *dieses Laufen* (Demonstrativpronomen), *unser Bestes* (Possessivpronomen), *etwas Neues, alles Gute* (Indefinitpronomen).

Weil Verbindungen von Indefinitpronomen und nominalisierten Adjektiven häufig vorkommen (z. B.: *etwas Neues, alles Gute*), lernt ihr diese Pronomen am besten als Nomensignale auswendig, z. B.: *etwas, manches, alles, nichts, einige, kein, viel, (ein) paar.*

Tipp: Nicht immer wird ein nominalisiertes Wort durch einen Nomenbegleiter angekündigt. Macht die Probe: Wenn ihr einen Nomenbegleiter (z. B. einen Artikel) ergänzen könnt, schreibt ihr groß, z. B.: *Nicht nur (das) Rätseln ist ein schöner Zeitvertreib.*

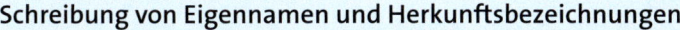
Schreibung von Eigennamen und Herkunftsbezeichnungen ▶ S. 271

- **Eigennamen** schreibt man **groß.** In mehrteiligen Eigennamen schreibt man alle Wörter groß mit Ausnahme der Artikel, Konjunktionen und Präpositionen, z. B.: *das Optische Museum Jena, das Gasthaus zum Goldenen Schwan, Karl der Große, der Erste Mai.*
  Zusammensetzungen aus mehreren oder mehrteiligen Eigennamen schreibt man mit **Bindestrich,** z. B.: *Otto-Lilienthal-Museum, Rheinland-Pfalz.*
- Für die Schreibung von **Straßennamen,** Plätzen, Brücken usw. gelten dieselben Regeln wie für Eigennamen, z. B.: *Frankfurter Straße, Carl-Maria-von-Weber-Allee.*
- **Herkunftsbezeichnungen:**
  - Die von geografischen Namen abgeleiteten **Wörter auf -er schreibt man** immer **groß,** z. B.: *das Sinsheimer Automuseum, das Berliner Olympiastadion.*
  - Die von geografischen Namen abgeleiteten **Adjektive auf -isch werden kleingeschrieben,** z. B.: *das speyerische Technikmuseum, niedersächsische Städte.*

Tageszeiten und Wochentage

- **Tageszeiten und Wochentage** werden **großgeschrieben,** wenn sie **Nomen** sind. Ihr erkennt sie häufig an den üblichen Nomensignalen, z. B. *am Nachmittag, mitten in der Nacht, eines Tages; am Montag, diesen Dienstag, jeden Mittwoch.*
- **Tageszeiten und Wochentage** werden **kleingeschrieben,** wenn sie **Adverbien** sind, z. B.: *heute, morgen, gestern, nachmittags, abends, freitags.*
- Bei **kombinierten Angaben** schreibt man die **Adverbien klein** und die **Nomen groß,** z. B.: *heute Abend, gestern Nacht, morgen Mittag.*
- Auch für **zusammengesetzte Zeitangaben** aus Wochentag und Tageszeit gilt: Sie werden groß-geschrieben, wenn sie Nomen sind, und kleingeschrieben, wenn sie Adverbien sind, z. B.: *der Montagnachmittag, am Mittwochabend, montagnachmittags, mittwochabends.*

Die Schreibung von Fremdwörtern ▶ S. 272–273

Fremdwörter

Fremdwörter sind **Wörter,** die aus **anderen Sprachen** kommen, z. B.: *Gymnastik* (griech.), *diskutieren* (lat.), *Garage* (frz.), *Spaghetti* (ital.), *Snowboard* (engl.). Meist erkennt man sie an der Aussprache und der Schreibung, wenn sie den Regeln ihrer Herkunftssprache folgen.

Häufig gebrauchte **Fremdwörter** werden **eingedeutscht,** d. h. in ihrer Schreibweise dem Deutschen angeglichen. In diesen Fällen ist sowohl die eingedeutschte als auch die fremdsprachige Schreibung korrekt, z. B.: *Photographie/Fotografie; Portemonnaie/Portmonee.*

Fremdwörter, die als **Fachbegriffe** verwendet werden, werden **nicht eingedeutscht.** Dies gilt auch für Fachbegriffe aus dem Deutschunterricht, z. B.: *Apposition, Metapher, Strophe.*

Getrennt- und Zusammenschreibung

▶ S. 274, 275

Wortgruppen aus Nomen und Verb

Wortgruppen aus **Nomen und Verb** werden in der Regel **getrennt** geschrieben, z. B.:
Rad fahren, Handball spielen, Schlange stehen.
Achtung: Werden sie nominalisiert, schreibt man sie zusammen und groß, z. B.:
Ich hole dich zum Fußballspielen ab. Das Radfahren macht mir Spaß.

Wortgruppen aus Verb und Verb

Wortgruppen aus **Verb und Verb** können immer **getrennt geschrieben** werden, z. B.:
kennen lernen, einkaufen gehen, liegen lassen, gesagt bekommen, gelobt werden.
Achtung: Werden sie nominalisiert, schreibt man sie zusammen und groß, z. B.:
Das Spazierengehen im Wald ist eine schöne Abwechslung.

Wortgruppen mit „sein"

Wortgruppen mit **sein** werden immer getrennt geschrieben, z. B.:
froh sein, zufrieden sein, zusammen sein, vorhanden sein.

Wortgruppen aus Adjektiv und Verb

Wortgruppen aus Adjektiv und Verb werden **meist getrennt geschrieben,** z. B.:
laut singen, schnell rennen, bequem sitzen.
Aber: Entsteht durch die Verbindung von Adjektiv und Verb ein **Wort mit einer neuen Gesamt-bedeutung, schreibt man zusammen,** z. B.:
schwarzfahren (= ohne Fahrschein fahren), *schwerfallen* (= Mühe bereiten),
blaumachen (= schwänzen).

Wortgruppen aus Adverb und Verb, Präposition und Verb

- Wenn **Adverb und Verb zusammengeschrieben werden,** liegt die **Hauptbetonung** in der Regel **auf dem Adverb,** z. B.:
  Wir müssen zusammenhalten.
  Bei der **Getrenntschreibung** werden **Adverb und Verb in der Regel gleich betont,** z. B.:
  Ich wohne in dem Haus, das du gegenüber siehst.
  Tipp: Macht die Erweiterungsprobe. Wenn ihr ein Wort oder eine Wortgruppe zwischen Adverb und Verb einfügen könnt, schreibt ihr getrennt, z. B.:
  Wollen wir das Regal zusammen (in die Küche) tragen?

- **Verbindungen aus Präposition und Verb** schreibt man in der Regel **zusammen.**
  Die Hauptbetonung liegt bei der Zusammenschreibung auf der Präposition, z. B.:
  Können wir umkehren? Möchtest du mitkommen?

Wortbildung

Umgang mit Begriffen

Ober- und Unterbegriffe unterscheiden
Ein **Oberbegriff** fasst mehrere Gegenstände, Eigenschaften, Begriffe zusammen, die gemeinsame Merkmale haben, z. B.: **Oberbegriff:** *Wassersportarten*
Unterbegriffe: *Schwimmen, Tauchen, Surfen, Rudern, Segeln ...*
Oft lassen sich die Unterbegriffe weiter unterteilen. └─────→ *Regattasegeln, Fahrtensegeln ...*
Die Über- und Unterordnung von Begriffen kann man zum Beispiel in einer Mind-Map darstellen. Von einem Ast (Oberbegriff) können mehrere Zweige (Unterbegriffe) abgehen.

Wortbildung: Zusammensetzung und Ableitung

Wortzusammensetzungen

Die **Wortzusammensetzung** ist in der deutschen Sprache eine wichtige **Methode, um neue Wörter zu bilden.** Mit Hilfe dieser neu gebildeten Wörter kann man Dinge und Sachverhalte genauer und oft auch unkompliziert beschreiben, z. B.:
Kupfer + Kessel = Kupferkessel (Nomen + Nomen),   *tief + rot = tiefrot* (Adjektiv + Adjektiv),
bunt + Specht = Buntspecht (Adjektiv + Nomen),   *schneiden + Brett = Schneidebrett* (Verb + Nomen).
Blitz + schnell = blitzschnell (Nomen + Adjektiv),
Die Teile einer **Zusammensetzung** heißen **Grundwort** und **Bestimmungswort.** Das Grundwort steht immer an letzter Stelle, z. B.: *Suppen<u>löffel</u>, Tee<u>löffel</u>, Rühr<u>löffel</u>.* Das Grundwort wird durch das Bestimmungswort näher beschrieben. **Die Wortart** der Zusammensetzung wird durch das **Grundwort bestimmt.**

Ableitungen

Mit Präfixen (Vorsilben) und **Suffixen** (Nachsilben) kann man aus vorhandenen Wörtern **neue Wörter** ableiten. Diese neuen Wörter haben auch eine **neue Bedeutung** und helfen daher dabei, sich genau auszudrücken.
- **Neue Verben** bildet man z. B. mit den Präfixen *be-, ent-, er-, ge-, miss-, ver-, zer-.*
- **Neue Adjektive** bildet man z. B. mit den Suffixen *-ig, -bar, -lich, -sam, -isch.*
- **Neue Nomen** bildet man z. B. mit den Suffixen *-nis, -heit, -keit, -ung, -schaft, -tum.*
Achtung: Die Suffixe bestimmen die Wortart. Die Groß- und Kleinschreibung kann sich daher ändern.

Wortfamilie

Wörter, die den **gleichen Wortstamm** (Grundbaustein) haben, gehören zu einer **Wortfamilie,** z. B.: *<u>fahr</u>en, <u>Fahr</u>bahn, be<u>fahr</u>en, ver<u>fahr</u>en.* Wörter einer Wortfamilie werden durch Ableitungen *(be<u>fah</u>ren, <u>fahr</u>bar)* und Zusammensetzungen *(<u>Fahr</u>bahn)* gebildet.
Der Wortstamm wird in allen verwandten Wörtern gleich oder ähnlich geschrieben, z. B.:
<u>reis</u>en → abge<u>reis</u>t, ver<u>reis</u>en, die <u>Reis</u>e.

Wortbedeutung

Synonyme und Antonyme

Synonyme: Wörter mit **(fast) gleicher Bedeutung** bezeichnet man als Synonyme. Mit Hilfe von Synonymen können wir **Wiederholungen** (z. B. in einem Text) **vermeiden,** indem wir ein anderes, ähnliches Wort verwenden, z. B.: statt *sagen: reden, mitteilen, sprechen.*
Antonyme: Wörter, die in ihrer Bedeutung **gegensätzlich** sind, nennt man Antonyme, z. B.: *groß – klein, stark – schwach.*

Wortfeld

Wörter oder Wendungen, die eine **ähnliche Bedeutung** haben, bilden ein Wortfeld. Je mehr Wörter eines Wortfeldes man kennt, desto größer ist der eigene Sprachschatz.

Mehrdeutigkeit: Homonymie und Polysemie ▶ S. 243

Bei mehrdeutigen Wörtern kann man zwischen Homonymie und Polysemie unterscheiden: Handelt es sich sprachgeschichtlich um ein Wort, zu dem sich verschiedene Bedeutungen gebildet haben, spricht man von **Polysemie** (griech. für **Vieldeutigkeit**), z. B. *Maus* (Tier) – *Maus* (PC-Hardware). Handelt es sich sprachgeschichtlich um zwei verschiedene Wörter, nennt man dies **Homonymie** (griech. für **Gleichnamigkeit**), z. B. *Kiefer* (von althochdeutsch *kienforha*): Baumart – *Kiefer* (von mittelhochdeutsch *kiver*): Körperteil.

Denotation und Konnotation eines Wortes ▶ S. 232

- **Denotation:** Die Denotation eines Wortes (lat. *denotare* = bezeichnen) ist die klar definierte Grundbedeutung eines Wortes, die man im Wörterbuch oder Lexikon nachschlagen kann.
- **Konnotation:** Die Konnotation (lat. *con* = mit, *notatio* = Bezeichnung, Anmerkung) bezeichnet die Nebenbedeutung eines Wortes, d. h. die Vorstellungen, Erfahrungen, Empfindungen und Assoziationen, die wir mit einem Wort verbinden, z. B.: *Nacht:*
  denotative Bedeutung: Zeit zwischen Sonnenuntergang und -aufgang
  konnotative Bedeutung: Dunkelheit, Angst, Stille, Schlaf, Party, Einsamkeit usw.

Bedeutungswandel ▶ S. 238

Im Laufe der Zeit haben sich nicht nur die Schreibweise und die Aussprache der Wörter verändert, sondern häufig auch deren Bedeutung. Verändert ein Wort im Laufe seiner Geschichte seine Bedeutung, nennt man das **Bedeutungswandel.** Will man wissen, welche Bedeutung ein Wort ursprünglich hatte, nimmt man ein Herkunftswörterbuch (etymologisches Wörterbuch) zu Hilfe. Die Etymologie (griech. *étymos* = wahr; *logos* = Wort) gehört zur Sprachwissenschaft und befasst sich mit der Herkunft und der Geschichte unserer Wörter.

Die Bedeutung eines Wortes kann sich in unterschiedlicher Weise verändern:

Mittelhochdeutsch	Frühere Bedeutung	Heutige Bedeutung	Bedeutungswandel
Muos (Mus)	alle Arten von Speisen	breiartige Speisen	Bedeutungs**verengung**
Horn (Horn)	Horn des Tieres	Horn des Tieres, Musikinstrument	Bedeutungs-**erweiterung**
marschalc (Marschall)	Pferdeknecht	hoher militärischer Rang	Bedeutungs-**verbesserung**
mehre (Mähre)	Pferd	altes, abgemagertes Pferd	Bedeutungs-**verschlechterung**

Sprachvarianten

In einer Sprachgemeinschaft werden neben der Hochsprache (= Standardsprache) unterschiedliche Sprachvarianten verwendet.

Standardsprache und Umgangssprache

- Die **Hochsprache** (auch: Standardsprache) ist die allgemein verbindliche Form unserer Sprache, wie sie in der Öffentlichkeit (besonders im Schriftlichen), z. B. in der Schule, verwendet wird.
- Die **Umgangssprache** ist die Sprache, die wir bei unserer alltäglichen mündlichen Kommunikation verwenden. Sie orientiert sich an der Hochsprache, wendet deren Regeln und Normen aber nicht streng an. Typisch für die Umgangssprache sind z. B.: unvollständige Sätze (Ellipsen), z. B.: *Du auch?*; umgangssprachliche Wörter und Wendungen, z. B.: *doof.*

Jugendsprache

Die **Jugendsprache** unterscheidet sich durch bestimmte Wörter, Wendungen oder den Satzbau von der **Standardsprache**, z. B.: *fett* (Jugendsprache) = *gut* (Standardsprache).
Sie ist sehr unterschiedlich, denn je nach Jugendgruppe finden sich ganz verschiedene Äußerungsformen, z. B.: *die Sprache der Computerfreaks, der Raver, der Skater* usw.
Zudem ist die Jugendsprache sehr schnelllebig und verändert sich oft innerhalb weniger Jahre oder Monate.
Die Jugendsprache ist häufig durch bestimmte **sprachliche Merkmale** geprägt, z. B.:
- Anglizismen (Übernahmen aus dem Englischen), z. B.: *chillen, Connections,*
- Metaphern / bildhafte Ausdrücke, z. B.: *ätzend, null Bock haben,*
- Neologismen (Wortneubildungen), z. B.: *Achselmoped (Deoroller),*
- Abkürzungen, z. B.: *Spezi* (für *Spezialist*),
- Wortverstärker/Übertreibungen, z. B.: *krass, fett.*

Dialekte
► S. 233

Dialekte (auch Mundarten genannt) sind Sprachvarianten, die an eine bestimmte geografische Region gebunden sind und von der **Standardsprache** (auch Hochdeutsch genannt) unterschieden werden.

Man teilt die Dialekte grob in das **Niederdeutsche** (Dialekte in Norddeutschland, auch „Plattdeutsch" genannt), das **Mitteldeutsche** (Dialekte in Mitteldeutschland) und das **Oberdeutsche** (Dialekte in Süddeutschland) ein.

Sprache im Wandel (Lautverschiebung)
► S. 238

Das Deutsche hat sich, wie auch viele andere Sprachen, im Laufe der Jahrhunderte in seiner Lautung (und auch Schreibweise) gewandelt. Diesen **Sprachwandel** (Lautverschiebung) haben die **einzelnen Dialekte in unterschiedlicher Weise mitgemacht.** Das **Niederdeutsche** (Dialekte in Norddeutschland) hat diese Lautverschiebung im Unterschied zum Mittel- und Oberdeutschen (Dialekte in Mittel- und Süddeutschland) **nicht vollzogen.**

Lautverschiebung, z. B.:	Beispiele: Niederdeutsch (keine Lautverschiebung)	Hochdeutsch (Lautverschiebung)
p → f/pf	slopen/slapen, Perd	schlafen, Pferd
t → s/ss/tz/z	dat, eten	das, essen
k → ch	maken	machen
d → t	Dag	Tag

Kommunikation und Sprachfunktion

Verschiedene Botschaften einer Nachricht
► S. 130 f.

Im Mittelpunkt einer Kommunikation steht die Nachricht, die der Sender an den Empfänger sendet. Jede **Nachricht** ist ein **vielschichtiges Paket von Botschaften,** wodurch unsere Kommunikation störanfällig, aber auch komplex und spannend ist. Eine Äußerung wie z. B. *„Kannst du mir bitte 10 Euro leihen?"* kann gleichzeitig vier Botschaften enthalten:

- eine reine **Sachinformation** (worüber ich informiere), z. B.: *Kannst du mir 10 Euro leihen?*
- eine **Selbstkundgabe** (was ich von mir zu erkennen gebe), z. B.: *Mir fehlt Geld, ich benötige 10 Euro.*
- einen **Beziehungshinweis** (was ich von dir halte und wie ich zu dir stehe), z. B.: *Wir sind befreundet, deshalb frage ich dich. Du bekommst es natürlich zurück.*
- einen **Appell** (was ich bei dir erreichen möchte). *Gib mir 10 Euro.*

Die non- und paraverbalen Ausdrucksmittel des Senders (z. B. Lautstärke, Sprechtempo, Mimik, Gestik usw.) entscheiden oft darüber, wie eine Nachricht interpretiert wird. Je nach Situation und Gesprächsteilnehmern kann eine der vier Botschaften dominieren.

Arbeitstechniken und Methoden

Informationen beschaffen ▶ S. 296–300

Wenn ihr Informationen über ein bestimmtes Thema sucht oder etwas nachschlagen wollt, stehen euch verschiedene Informationsquellen zur Verfügung.
Die wichtigsten **Informationsquellen** sind **Bücher** (Lexika, Sach- oder Fachbücher), **Zeitschriften** und das **Internet.**

Im Internet recherchieren ▶ S. 296–300

1 Basisrecherche mit Wikipedia
- Notiert **treffende Suchbegriffe** (Schlagwörter) zu eurem Thema und recherchiert diese im Online-Lexikon Wikipedia.
- Der Wikipedia-Artikel erläutert das Schlagwort und liefert hilfreiche **Zusatzinformationen,** die ihr für die weitere Recherche mit Suchmaschinen verwenden könnt. Meist gibt der Artikel auch **Hinweise auf weiterführende Webseiten** (Weblinks) und **Literatur,** z. B. Bücher (Literatur).

2 Feinrecherche mit Suchmaschinen
- Besonders gute Ergebnisse erhält man bei der Recherche mit Suchmaschine (z. B. Google, Bing), wenn man **Suchbegriffe miteinander kombiniert** und dadadurch die Suche filtert bzw. einschränkt, z. B.: *Körpersprache + kulturabhängig.*
- Man kann die Suchergebnisse weiter filtern, indem man sie z. B. auf einen bestimmten **Zeitraum** oder eine **bestimmte Sprache** einschränkt.
- Wenn ihr Bilder oder Grafiken benötigt, nutzt ihr die **Bildersuche.**

Im Internet nach Büchern recherchieren ▶ S. 299–300

1 Im Online-Buchhandel recherchieren
Wenn ihr den Namen des Autors (z. B. *Paul Ekman*) oder den Titel des Buches (z. B. *Gefühle lesen*) kennt, könnt ihr bei Online-Buchhändlern (z. B. buch.de, buecher.de, amazon.de) recherchieren. Anhand der **Kurzbeschreibung** und der **Leserkommentare** kann man oft beurteilen, ob das Buch geeignet ist. Zudem liegen häufig **Auszüge aus dem Buch** vor (Blick ins Buch), die sich online durchstöbern lassen.

2 Im Online-Katalog einer Bibliothek recherchieren
Geeignete Bücher könnt ihr möglicherweise in eurer Stadtbibliothek ausleihen. Die meisten Bibliotheken verfügen über einen Online-Katalog (OPAC), der sich per Internet abfragen lässt. Ermittelt die Web-Adresse eurer Stadtbibliothek, z. B. mit Hilfe einer Suchmaschine, und gebt in die Suchmaske der jeweiligen Bibliothek Autorenname und/oder Buchtitel ein.

Suchergebnisse beurteilen ▶ S. 297–298

Suchergebnisse sind besonders **zuverlässig,** ....

- wenn die Webseite von einer **Redaktion** (z. B. *Die ZEIT, Spiegel*) oder **Organisation** (z. B. Bundeszentrale für politische Bildung) stammt, die die Richtigkeit der veröffentlichten Informationen überprüft,
- wenn es für die Informationen **möglichst viele seriöse Internetquellen** gibt.

Tipp: Veröffentlichungen in Blogs, sozialen Netzwerken oder Hausaufgabenportalen sollten durch weitere Quellen überprüft werden.

Internetseiten speichern: Lesezeichen oder Favoriten anlegen

Wenn ihr eine Internetseite gefunden habt, die ihr später noch einmal aufrufen möchtet, legt ihr sie als Lesezeichen oder Favoriten ab. Geht so vor:

1 **Klickt oben im Browser auf „Favoriten" oder „Lesezeichen".**
2 Hier findet ihr die Funktion „Zu Favoriten hinzufügen" (beim Browser Internet Explorer) oder „Lesezeichen hinzufügen" (beim Browser Mozilla Firefox).
  - **Lesezeichen hinzufügen:** Klickt auf den Pfeil neben dem Fenster Ordner → dann auf „Wählen" → „Neuer Ordner". Gebt dem Ordner einen aussagekräftigen Namen, z. B.: *Klimaschutz Maßnahmen,* und klickt dann auf „Fertig".
  - **Zu Favoriten hinzufügen:** Klickt auf „Neuer Ordner" und gebt dem Ordner einen aussagekräftigen Namen, z. B.: *Klimaschutz Maßnahmen*. Klickt dann auf „Erstellen", danach auf „Hinzufügen".

Quellenangaben machen ▶ S. 308

Es ist wichtig, zu allen Materialien Quellenangaben zu machen, damit man die Informationen noch einmal nachlesen oder überprüfen kann:

- **Buch:** Autor/-in, Buchtitel, Seitenangabe, z. B.: *Edwin Klein: Die Olympischen Spiele, Aron Verlag, Berlin 1988, S. 33.*
- **Zeitung/Zeitschrift:** Verfasser/-in, Titel des Textes, Name der Zeitschrift/Zeitung, Ausgabe (z. B. *Nr. 2/2013*), Seitenangabe, z. B.: *Felix Muster: Zwischenfälle bei den Olympischen Spielen. In: Olympiade heute, Nr. 33/2012, S. 33–36.*
- **Internet:** Internetadresse und Datum, an dem ihr die Seite aufgerufen habt, z. B.: *www.helles-koepfchen.de/artikel/2673.html (15. 3. 2013)*

Material auswerten ▶ S. 301–303

- Wenn ihr Materialien für ein bestimmtes Thema auswertet, solltet ihr euch zunächst einmal klarmachen, **zu welchen Aspekten ihr Informationen benötigt,** z. B. *die Apekte Gestik, Mimik und Distanz zum Thema Körpersprache.*
- Dann solltet ihr **die wichtigsten Informationen** auf einer Kopie oder einem Textausdruck **markieren** und am Rand notieren, zu welchen Aspekten die markierten Informationen gehören.
  Tipp: Beachtet, dass ihr für euer Thema nicht unbedingt alle Informationen aus den Materialien benötigt.
- **Fasst** die wichtigsten Informationen – geordnet nach den Aspekten – **in Stichpunkten zusammen.**

Ein Referat / einen Vortrag planen und halten ▸ S. 304–310

1 Das Referat vorbereiten

Ein gelungenes Referat muss gut vorbereitet werden:

- Ordnet die Informationen für euer Referat, z. B. nach Unterthemen, und bringt sie in eine sinnvolle Reihenfolge.
- Notiert zu jedem Unterthema wichtige Stichworte, z. B. auf Karteikarten.
- Nummeriert die Karteikarten in der entsprechenden Reihenfolge.
- Überlegt, zu welchen Informationen eures Vortrags ihr welches Anschauungsmaterial zeigen könnt, und sucht nach geeignetem Material, z. B.: Bilder, Fotos, Grafiken.

2 Das Referat gliedern

Gliedert die Informationen. Diese Struktur ist der rote Faden eures Referats.

- **Einleitung:** Weckt das Interesse eurer Zuhörerinnen und Zuhörer und führt in das Thema ein, z. B. durch Bilder/Fotos, treffende Zitate oder persönliche Bemerkungen zum Thema. Gebt einen Überblick über die Gliederung.
- **Hauptteil:** Den Hauptteil solltet ihr besonders sorgfältig planen. Ordnet eure Informationen nach sachlichen Gesichtspunkten. Legt Oberbegriffe und Unterpunkte fest. Streicht überflüssige Informationen, die vom Thema wegführen.
- **Schluss:** Der Schluss rundet das Referat ab. Ihr könnt wichtige Informationen zusammenfassen, eure persönliche Meinung zum Thema formulieren oder einen Ausblick auf weitere Entwicklungen geben.

Schreibkonferenz durchführen

- Setzt euch in kleinen Gruppen (höchstens zu viert) zusammen.
- Einer liest seinen Text vor, die anderen hören gut zu.
- Anschließend geben die anderen eine Rückmeldung, was ihnen besonders gut gefallen hat.
- Nun wird der Text in der Gruppe Satz für Satz besprochen. Die Überarbeitungsvorschläge werden abgestimmt und schriftlich festgehalten.
- Korrigiert auch die Rechtschreibung und die Zeichensetzung.
- Zum Schluss überarbeitet die Verfasserin oder der Verfasser den eigenen Text.

Vortragen / sinngestaltendes Vorlesen ▸ S. 143

Vortragen oder sinngestaltendes Vorlesen bedeutet, dass ihr einen Text (z. B. eine Geschichte, ein Theaterstück oder ein Gedicht) ausdrucksvoll vortragt und eure Stimme dem Geschehen anpasst. Überlegt, wie ihr welche Textstelle sprechen wollt, welche Wörter ihr besonders betonen wollt und wo es sinnvoll ist, eine Pause zu machen. Markiert dann den Text mit entsprechenden Betonungszeichen.

Betonungszeichen

| ◀ (lauter) | → (schneller) | ‖ (lange Pause) | __ (Betonung) |
| ▶ (leiser) | ⤳ (langsamer) | ⎮ (kurze Pause) | ⤷ (Zeilensprung) |

Lösungen zu einzelnen Aufgaben

Seite 111

1 **b** Die Buchstaben der folgenden Sätze treffen zu: A, D, E, F.

Seite 129

2 **b** So lautet das Ende der Geschichte „Kritik" von Daniel Kehlmann:

Dann öffnete sich die Tür, und er konnte hinaus. Ihm war immer noch schwindlig. Er atmete tief ein und aus, und er ging, so schnell er konnte. Durch einen, durch noch einen
5 Gang, durch die spiegelnden Hallen, zur Gepäckausgabe. Das Förderband trug einen fremden Koffer nach dem anderen vorbei. Und da war seiner; er griff zu, riß ihn an sich und ging auf den Ausgang zu. Die zwei Tür-
10 flügel öffneten sich automatisch.
Jemand legte ihm die Hand auf die Schulter; er fuhr herum. Sein Nachbar aus dem Flugzeug.
„Wissen Sie", sagte er, „es ist die Angst. Die
15 Flugangst. Sie ist fürchterlich. Ich weiß überhaupt nicht, was ich tun soll, ich ... Und da mache ich eben manchmal ... Verstehen Sie?"
„Nehmen Sie", sagte Wagenbach, „Ihre Hand weg!"
20 Der Mann trat einen Schritt zurück. „Und im Grunde finde ich Sie gar nicht schlecht. Nicht so schlecht. Zum Beispiel in *Virginia Woolf*. Auch nicht direkt gut natürlich, aber immerhin ... Also im zweiten Akt waren Sie nicht so
25 übel! Obwohl ..."
Wagenbach drehte sich um und hob die Hand. Aber kein Taxi hielt. Ihm war heiß, er schwitzte.
„Obwohl Sie zwei- oder dreimal in die falsche
30 Textpassage gekommen sind, und als Sie es

dann korrigieren wollten ... Das war lustig."
Und da hielt doch ein Taxi. Er riß die Tür auf, sprang ins Auto und nannte den Namen seines Hotels. Sie fuhren los; Wagenbach unterdrückte den Wunsch, sich umzudrehen. 35
Er rieb sich die Stirn. Er hatte Kopfschmerzen. Am Straßenrand waren Gebäude, aber sie sahen alle gleich aus und fremd und uninteressant. Das Hotelzimmer kam ihm klein und unbequem vor. Er stellte den Koffer 40
ab, überlegte und griff nach dem Telefonhörer. Er zögerte ein paar Sekunden, dann wählte er, auswendig, die Nummer seines Agenten.
„Hallo", sagte er, „ich bin es. Ich bin angekom- 45
men. Also, was haben wir für Termine?"
Eine Minute lang hörte er zu. Eine erregte, elektrisch verzerrte Stimme sprach auf ihn ein. Er senkte den Hörer und sah aus dem Fenster. Am Straßenrand stand ein Baum, 50
und ein einzelnes, dickes Kind spielte unbeholfen mit einem Fußball.
„Ja", sagte er dann, „ich verstehe. Ich verstehe. Eine Frage." Das Kind trat gegen den Ball, er rollte davon, prallte gegen den Baum und 55
blieb liegen; das Kind starrte ihn hilflos an. Ein Taxi fuhr vor und hielt, jemand stieg aus; Wagenbach wandte sich schnell ab.
„Eine Frage. Können wir noch absagen?"

R

Seite 146

1 **a** Zutreffend sind B und C.
   b Erstes Quartett: B, zweites Quartett: C, erstes Terzett: D, zweites Terzett: A

2 a „Wohnhaus grimmer Schmerzen" (V.1): Der menschliche Körper ist empfindlich und leidet viel.

b – „Ein Ball des falschen Glücks" (V.2): Das irdische Glück ist unbeständig und trügerisch. Der Mensch ist ihm ausgeliefert.
 – „ein Irrlicht dieser Zeit" (V.2): Das Leben ist wie ein kurzes Aufflackern: nicht greifbar, unbeständig, schnell vorbei.
 – „Ein Schauplatz herber Angst" (V.3): Im Menschen machen sich Ängste breit, die er nicht beherrschen kann.
 – „Ein bald verschmelzter Schnee" (V.4): Das Leben ist kurz und verschwindet spurlos.
 – „abgebrannte Kerzen" (V.4): Die Lebenszeit des Menschen ist ähnlich kurz wie die Verwendungsdauer einer Kerze.

c **Anapher:**
 – „Ein Ball [...], / Ein Schauplatz [...], / Ein bald verschmelzter Schnee [...]" (V.2–4)
 – „Was itzund Atem holt [...], / Was nach uns [...], / Was sag ich? [...]" (V.12–14)

Parallelismus:
 – „[...] Ein Wohnhaus grimmer Schmerzen, / Ein Ball des falschen Glücks, ein Irrlicht dieser Zeit, / Ein Schauplatz herber Angst, besetzt mit scharfem Leid, / Ein bald verschmelzter Schnee" (V.1–4)
 – „Was itzund Atem holt, muss mit der Luft entfliehn, / Was nach uns kommen wird, wird uns ins Grab nachziehn." (V.12–13)

Rhetorische Frage:
 – „Was sind wir Menschen doch?" (V.1)
 – „Was sag ich?" (V.14)

Klimax:
 – „Nam, Lob, Ehr und Ruhm" (V.11)
 – Sowohl die erste als auch die letzte Strophe sind nach dem Prinzip der Steigerung aufgebaut:
 1. Strophe: Auf Bilder für körperliches Leiden (V.1), für die Unbeständigkeit des Lebens (V.2) und seelisches Leiden (V.3) folgen zusammenfassende Bilder für die Nichtigkeit menschlicher Existenz (V.4).
 4. Strophe: Nicht nur die Existenz der jetzt Lebenden wird nicht von Dauer sein (V.12), darüber hinaus sind auch alle zukünftig Geborenen Todgeweihte (V.13). Der Gedankengang gipfelt in einem drastischen Bild völliger Auflösung (V.14).

3 Beispiel:

Das Gedicht ist vor allem vom Motiv der Vanitas geprägt, das auch im letzten Satz des Gedichts mit einem Bild zusammenfassend formuliert wird: „Wir vergehn wie Rauch von starken Winden." (V.14) Damit verknüpft ist das Motiv des Memento mori: Zum Beispiel die Verse 12 und 13 erinnern ausdrücklich an unsere Sterblichkeit: „Was itzund Atem holt, muss mit der Luft entfliehn, / Was nach uns kommen wird, wird uns ins Grab nachziehn."

Seite 237

1 Jennerjahn hält den Antrag für absurd, weil die gesamte deutsche Sprache ohnehin von fremdsprachlichen Einflüssen durchzogen ist.

2 Die deutsche Sprache hat viele Wörter aus anderen Sprachen, z.B. dem Lateinischen, Französischen und dem Englischen, übernommen.

3 Ein Computer ist nicht allein ein Zusammenzähler, da er weit mehr leistet, als zusammenzuzählen.

4 Etwa: „Zusammenzähler" erzeugt die Assoziation, dass man mit den Fingern zählt. Es klingt nach einem banalen Hilfsmittel. „Computer" wirkt dagegen viel komplexer und anspruchsvoller.

5 Der Vater kommt aus dem Norden, da er Niederdeutsch spricht.

Niederdeutsch	t (z. B.: tau väl, Tied)	k (z. B.: Reekner)
Hochdeutsch	s/ss/tz/z (z. B.: zu viel, Zeit)	ch (z. B.: Rechner)

6 Das Englische ist mit dem Niederdeutschen verwandt: apple → Apfel (Lautverschiebung p → pf/f); water → Wasser (Lautverschiebung t → s/ss/tz/z).

Seite 263

1 Gutes Benehmen öffne Türen, erobere Herzen und helfe im Supermarkt, wenn man es einmal eilig habe und vorgelassen werden wolle, sagt Moritz von Knigge, Nachfahre des berühmten Freiherrn. Moritz von Knigge empfiehlt, man solle aber nicht stur auswendig gelernte Regeln anwenden. Es sei wichtig, nachzudenken, welches Verhalten der konkreten Situation entspreche.

2 a **Korrektur:** ... damit ihre Tischmanieren wie auch ihre Kommunikationsfähigkeit begutachtet werden <u>können</u>.
Erläuterung: Das finite Verb bezieht sich auf das Subjekt des Nebensatzes „ihre Tischmanieren wie auch ihre Kommunikationsfähigkeit" und muss sich im Numerus angleichen. Deshalb muss das Verb im Plural stehen.
b Nicht zufällig lädt man Bewerber für Führungsposten, bei denen es immer auch um Repräsentation geht, zu einem Essen ein, damit man ihre Tischmanieren wie auch ihre Kommunikationsfähigkeit begutachten kann.
c Bewerber und Bewerberinnen werden von Arbeitgebern oft nach ihrem Auftreten beurteilt, wobei höfliches und korrektes Verhalten bei Tisch als wichtiger Pluspunkt gewertet werden.

3 a Futur II. Es handelt sich hier um modales Futur, das eine Vermutung ausdrückt.
b So mancher Bewerber ist an dieser Hürde wohl schon gescheitert (Zeitform Perfekt).
c Der Text ist vorwiegend im Präsens formuliert, weil es nicht um einen Bericht über vergangene oder zukünftige Ereignisse geht, sondern um Informationen und Regeln, die „zeitlos" – für einen längeren Zeitraum in Vergangenheit, Gegenwart und Zukunft – gelten.

4 a wenn, weil (2x), damit, wobei
b Der Text ist vorwiegend hypotaktisch formuliert. Er enthält folgende Satzgefüge: Zitat in Satz 1 (mit Konjunktionalsatz), Satz 2 (enthält zwei mit *weil* eingeleitete Konjunktionalsätze), Satz 3 (mit Relativsatz und Konjunktionalsatz), Satz 4 (mit Konjunktionalsatz), Satz 6 (mit indirektem Fragesatz im Zitat).

Seite 288

1 Hier findet ihr den Text in der richtigen Schreibweise:

Der Hamburger Journalist Andreas Grieß stellt in seinem Artikel „Einfluss von Social Media", der am 1. Oktober 2010 bei Spiegel online erschien, die These auf, dass das Mitteilen wichtiger Informationen über das Web 2.0 bisher noch nicht in allen Lebensbereichen angekommen sei. Er räumt ein, dass wichtige Ereignisse, z. B. Proteste im Iran oder die Notlandung eines Passagierflugzeugs, selbstverständlich über soziale Netzwerke, vor allem über Twitter, verbreitet würden. Die Einflüsse dieses Mediums wären aber nicht so groß, wie häufig vermutet wird, sodass es bislang schwerfällt, von einer „veränderten Kommunikationsstruktur" zu sprechen.

Um seine These zu stützen, führt Grieß eine Studie aus den Vereinigten Staaten an, nach der in Social-Media-Beiträgen am häufigsten die Begriffe „social", „media", „Twitter" und „Facebook" vorkämen. Die Funktion von sozialen Medien bestehe demzufolge vor allem darin, über sich selbst zu diskutieren. Außerdem betont er, dass die großen sozialen Netzwerke, d. h. Twitter und Facebook, mehr Follower bzw. Fans haben, als gängige Nachrichtenseiten im Allgemeinen vorweisen können.
[...]

Ein weiteres Argument, das Grieß anführt, betrifft die geringe Bedeutung von Sport in den sozialen Medien. Eine Ausnahme stelle Christiano Ronaldo, der portugiesische Fußballer, dar, der sich durch besonders viele Facebook-Fans aus der Masse heraushebt. „Doch böse formuliert, ist auch Ronaldo eher Popstar als Sportler", erklärt Grieß jedoch weiter.

Die Einzigen, die in den sozialen Medien tatsächlich Fuß fassen konnten, seien nämlich die amerikanischen Celebrities, z. B. Lady Gaga, Justin Bieber oder Katy Perry. „Gossip geht halt immer", betont Grieß. Das berühmteste Beispiel dafür seien die Proteste im Iran. Diese seien, obwohl bei Twitter intensiv diskutiert, vom Tod von Michael Jackson rasch abgelöst worden. „Das alles muss nicht so bleiben, aber es wird wohl noch Zeit brauchen, bis die digitale Welt ein Abbild der realen Welt wird", stellt Grieß abschließend in seinem durchaus positiven Fazit fest.

Textartenverzeichnis

Bericht
Chaos durch Wirbelsturm 181

Diagramme/Grafiken/Landkarten
Blickpunkt Jugend 37
Dialekte in der Bundesrepublik
    Deutschland 233
Gesamtzahl der Freiwilligen nach
    Region 23
Konsumfreudige Jugend 38
Lernen, wie man woanders lebt 33
Moderne Drittkultur-Kinder (TCKs) 19
Patientenaufkommen pro Stunde im
    Wochenverlauf 184
Wovon hängt die Wirkung einer
    Rede ab? 302

Dramentexte
Dürrenmatt, Friedrich:
    Der Besuch der alten Dame 156

Gedichte/Songs
Brecht, Bertolt: Entdeckung an einer
    jungen Frau 152
Dach, Simon: Rede einer vormals
    stolzen und gleich jetzt sterbenden
    Jungfrauen 144
Die Toten Hosen: Freunde 242
Gryphius, Andreas: Tränen des Vater-
    landes, anno 1636 142
    Menschliches Elende 146
Hoffmann von Hoffmannswaldau,
    Christian: Beschreibung vollkomme-
    ner Schönheit 140
Lasker-Schüler, Else: Ein Liebeslied 139
Opitz, Martin:
    Ich empfinde fast ein Grauen 147
Stramm, August: Patrouille 142

Glosse
Froitzheim, David:
    Ballern statt Büffeln? 191
Leo, Maxim:
    Oldenburger Bacon, geslict 230
Martenstein, Harald:
    Was ist denn so schlimm an dem
    Wort „Arzthelferin"? 246

Internet-Website (Screenshot)
Google-Screenshot 297
Wikipedia-Artikel 296

Interviews
Hagen, Hans von der: Faire Produktion
    erkennt man nicht am Preis 47
Heimat ist für mich ein Gefühl 17
Klesmann, Martin:
    Isch mach' disch Messer 241

Kommentar
Lossau, Norbert: Marslandung 189
Schäfer, Sandra / Mohr, Alexander:
    Shoppen statt Engagement.
    Die neue Ego-Jugend 36
Ullrich, Wolfgang: Wer cool sein will,
    muss jobben gehen 38

Kurzgeschichten/Kurze Geschichten
Berg, Sibylle: Hauptsache weit 24
    Vera sitzt auf dem Balkon 125
Borchert, Wolfgang: Die Kirschen 134
Cortázar, Julio: Familienbande 114
Kehlmann, Daniel: Kritik 126
Koeppen, Wolfgang:
    Klas sieht seinen Vater 115
Röder, Marlene:
    Wie man ein Klavier loswird 118

Lexikonartikel
Third Culture Kids (TCK) 19

Parabeln
Brecht, Bertolt:
    Das Wiedersehen 85
    Gespräche 85
    Warten 84
Kafka, Franz: Gib's auf 86
Schnurre, Wolfdietrich:
    Der Absprung 88
Strauß, Botho: Rückkehr 89

Reportagen
Honnigfort, Bernhard:
    Schmuggel in Hamburg 202
Rech, Matthias: Auf Leben und Tod in
    der Notaufnahme 183
Schmidt, Jan: Die fliegende
    Intensivstation 187
Rede von Miro Jennerjahn 237

Rezension
Aber schön war's doch 219

Romanauszüge
Brussig, Thomas:
    Am kürzeren Ende der Sonnen-
    allee 206, 209, 212, 215, 218
Eschbach, Andreas:
    Die blauen Türme 96
Huxley, Aldous: Schöne neue Welt 99
Orwell, George: 1984 104, 107, 110
Plenzdorf, Ulrich:
    Die neuen Leiden des jungen W. 26
Wells, Herbert George:
    Der Krieg der Welten 94, 103

Sachtexte (▶ Bericht, Glosse, Interview, Kommentar, Lexikonartikel, Reportage)
Behrendt, Viola:
    Jeans sind eine Einstellung und
    keine Hose 29
Die deutsche Teilung 208
Freiwillige vor! 23
Fröhlich, Christoph:
    Fairphone – Das Smartphone fürs
    gute Gewissen 52
Gundlach: Alice:
    Einheitliche Pullis sind gut fürs
    Schulklima 41
Hauck, Mirjam: 8ung SMS 234
Kutter, Inge:
    Hallöchen, Herr Professor 235
Menzel, Rebecca:
    Die Jeans erobert den Osten 30
    Rock 'n' Roll und Nietenhosen 29
Pachmann, Ina: Urlauber vom Dienst 15
Rampas, Martina:
    Seltsame Seelenverwandtschaft 20
Vries, Emmi de:
    Herausforderung Amerika 32

Satirische Texte
Oswald, Georg M.: Mit Menschen 64
Walser, Robert: Das Stellengesuch 66

Wörterbucheintrag
recht/Recht 277
Theologe 272
Workshop 272

Autoren- und Quellenverzeichnis

ACKERSON, DUANE (*1942)
93 Sign at the End of the Universe
aus: 100 Science Fiction Short Stories.
Hg. von Isaac Asimov, New York 1980,
S. 162

BEHRENDT, VIOLA
29 Jeans sind eine Einstellung und
keine Hose (gekürzt)
nach: http://www.ddr-museum.de/
de/blog/museumsnews/vom-
tieferen-sinn-einer-freizeithose

BERG, SIBYLLE (*1962)
24 Hauptsache weit
aus: Das Unerfreuliche zuerst.
Herrengeschichten. Kiepenheuer &
Witsch, Köln 2001
125 Vera sitzt auf dem Balkon
aus: Ein paar Leute suchen das Glück
und lachen sich tot. Reclam, Stuttgart
2008

BORCHERT, WOLFGANG (1921–1947)
134 Die Kirschen
aus: ders., Die traurigen Geranien und
andere Geschichten aus dem Nachlass. Hg. von Peter Rühmkorf. Rowohlt
Verlag, Reinbek bei Hamburg 1967,
S. 13–15

BRECHT, BERTOLT (1898–1956)
84 Warten
85 Das Wiedersehen
85 Gespräche
aus: ders., Kalendergeschichten.
Rowohlt Verlag, Hamburg 1953
152 Entdeckung an einer jungen Frau
aus: Werke. Große kommentierte Berliner und Frankfurter Ausgabe, Bd. 13,
Aufbau/Suhrkamp 1988, S. 312

BRUSSIG, THOMAS (*1964)
206 Am kürzeren Ende der
Sonnenallee
aus: ders., Am kürzeren Ende der
Sonnenallee. Verlag Volk & Welt,
Berlin 1999

CORTÁZAR, JULIO (1914–1984)
114 Familienbande
aus: ders., Die Erzählungen. Aus dem
Spanischen von Fritz Rudolf Fries,
Wolfgang Promies, Rudolf Wittkopf.
Suhrkamp, Frankfurt a. M. 1998,
S. 1006

DACH, SIMON (1605–1659)
144 Rede einer vormals stolzen und
gleich jetzt sterbenden Jungfrauen
aus: Gedichte. Bd. 3. Geistliche Lieder,
Trostgedichte. Erster Teil. Niemeyer,
Halle/Saale 1937, S. 67

DEUTSCHER, GUY (*1969)
247 Wie die Sprache unser
Denken prägt
nach: http://stifterverband.info/mei-
nung_und_debatte/2011/deutscher_
sprache_denken/guy_deutscher_fest-
rede.pdf , S. 6 (Stand: 15. 01. 2016)

DIE TOTEN HOSEN
242 Freunde
nach: http://www.dietotenhosen.de/
diskographie/musik/die-00er/2005/
freunde (Stand: 22. 09. 2014)

DÜRRENMATT, FRIEDRICH (1921–1990)
155 Der Besuch der alten Dame
aus: ders., Der Besuch der alten
Dame. Eine tragische Komödie.
© 1986 Diogenes Verlag AG, Zürich

EKMAN, PAUL (*1934)
302 Gefühle lesen
aus: ders., Gefühle lesen: Wie Sie
Emotionen erkennen und richtig
interpretieren. Spektrum, Akademischer Verlag, Heidelberg 2010, S. 4

ESCHBACH, ANDREAS (*1959)
96 Die blauen Türme
aus: ders., Das Marsprojekt.
Die blauen Türme. Arena Verlag,
Würzburg 2005

FRÖHLICH, CHRISTOPH
52 Fairphone – Das Smartphone
fürs gute Gewissen (gekürzt)
nach: Stern.de; http://www.stern.de/
digital/telefon/mal-kurz-die-welt-
retten-teil-i-fairphone-das-smart-
phone-fuers-gute-gewissen-2022947.
html, 08. 07. 2013 (Stand: 23. 09. 2014)

FROITZHEIM, DAVID
191 Ballern statt Büffeln
aus: http://www.ksta.de/debatte/
david-froitzheim--ballern-statt-
bueffeln-,15188012,13735866 (Stand:
13. 04. 2016)

GRIMMELSHAUSEN,
HANS JAKOB CHRISTOFFEL VON (1621–1676)
238 Das Wort „toll" im Jahr 1668
244 Beitrag „billig"
aus: Der Abenteuerliche Simplicissimus Teutsch. Das zweite Buch,
17. Kapitel, Deutscher Taschenbuch
Verlag, München 1975, S. 49, 150

GRYPHIUS, ANDREAS (1616–1664)
142 Tränen des Vaterlandes,
anno 1636
146 Menschliches Elende
aus: Werke in einem Band. Aufbau,
Berlin und Weimar 1969

GUNDLACH, ALICE
41 Einheitliche Pullis sind gut fürs
Schulklima (gekürzt)
nach: Spiegel Online. Schulspiegel
http://www.spiegel.de/schulspiegel/
uniformierung-einheitliche-pullis-
sind-gut-fuers-schulklima-a-315267.
html (Stand: 23. 09. 2014)

HAGEN, HANS VON DER
47 Faire Produktion erkennt man
nicht am Preis (gekürzt)
nach: Sueddeutsche.de http://www.
sueddeutsche.de/wirtschaft/texti-
lien-aus-bangladesch-faire-produk-
tion-erkennt-man-nicht-am-preis-
1.1668001, 10. 05. 2013 (Stand:
23. 09. 2014)

HAUCK, MIRJAM
234 8ung SMS (gekürzt)
nach: sueddeutsche.de, 17. 10. 2012
(Stand: 22. 09. 2014)

HOBERG, RUDOLF (*1936)
232 Für mehr Gelassenheit
aus: Frankfurter Allgemeine Zeitung,
25. 07. 2010, S. 41

HOFFMANN VON HOFFMANNSWALDAU,
CHRISTIAN (1616–1679)
140 Beschreibung vollkommener
Schönheit
aus: Deutsche Liebeslyrik. Hg. v. H.
Wagener. Reclam, Stuttgart 1995, S. 79

HONNIGFORT, BERNHARD
202 Schmuggel in Hamburg
aus: Kölner Stadt-Anzeiger v. 6. 11. 2012

HUXLEY, ALDOUS (1894–1936)
99 Schöne neue Welt
aus: ders., Schöne neue Welt. Fischer
Verlag, Frankfurt am Main 1953

JENNERJAHN, MIRO (*1979)
237 Rede (gekürzt)
nach: http://miro-jennerjahn.eu/aktu-
elles/news-detail/article/do_you_
speak_english_hier_wird_deutsch_
gesprochen/ (Stand: 22. 09. 2014)

KAFKA, FRANZ (1883–1924)
86 Gib's auf
aus: ders., Sämtliche Erzählungen.
Hg. von Paul Raabe, Fischer Verlag,
Frankfurt am Main, 1970, S. 358

KEHLMANN, DANIEL (*1975)
126 Kritik
aus: ders., Unter der Sonne. Rowohlt
Verlag. Reinbek bei Hamburg 1998,
S. 85–93

KLESMANN, MARTIN
241 Isch mach disch Messer
aus: Berliner Zeitung v. 14. 09. 2011

KOEPPEN, WOLFGANG (1906–1996)
115 Klas sieht seinen Vater
aus: ders., Wolfgang Koeppen: Auf dem Phantasieross. Prosa aus dem Nachlass. Hg. von Alfred Estermann, Suhrkamp, Frankfurt am Main 2000, S. 137–138

KUTTER, INGE (*1980)
235 Hallöchen, Herr Professor (gekürzt)
aus: Die Zeit, Nr. 47, 15. 11. 2012

LASKER-SCHÜLER, ELSE (1869–1945)
139 Ein Liebeslied
aus: Sämtliche Gedichte. Hg. v. K. J. Skrodzki. Suhrkamp, Frankfurt am Main 2004

LEO, MAXIM (*1970)
230 Oldenburger Bacon, geslict (gekürzt)
aus: Easy-Feeling gegen Bombenkrieg. Berliner Zeitung, 25./26. 08. 2012, S. 3

LOHRMANN, JULIA
301 Körpersprache (gekürzt)
aus: http://www.planet-wissen.de/kultur_medien/kommunikation/koerpersprache/ (Stand: 24. 11. 2014)

LOSSAU, NORBERT
189 Marslandung
aus: http://www.welt.de/debatte/kommentare/article108495549/Curiosity-Forschen-fuer-die-naechste-Generation (Stand: 13. 04. 2016)

MARTENSTEIN, HARALD (*1953)
246 Was ist denn so schlimm an dem Wort „Arzthelferin"? (gekürzt)
Aus: Zeit Magazin, 13. 12. 2012

MATSCHNIG, MONIKA (*1984)
301 Blickkontakt als ein Zeichen von Ehrlichkeit (gekürzt)
nach: https://www.yumpu.com/de/document/view/23575610/lassen-sie-ihre-leistungen-sichtbar-werden-itb-berlin-kongress/5 (Stand: 24. 11. 2014)

MENZEL, REBECCA (*1975)
29 Rock 'n' Roll und Nietenhosen (gekürzt)
aus: Jeans in der DDR. Christoph Links Verlag, Berlin 2004
30 Die Jeans erobert den Osten (gekürzt)
aus: Eine Blaupause für Freizeitträume? Horch und Guck. Zeitschrift der Gedenkstätte Museum in der „Runden Ecke" Leipzig, Heft 03/2008

MUNSKE, HORST HAIDER (*1935)
278 Lob der Rechtschreibung (geändert und gekürzt)
290 Wie ist die Groß- und Kleinschreibung entstanden? (geändert und gekürzt)
291 Getrennt oder zusammen? (gekürzt und leicht bearbeitet)

293 Das Komma – ein schwieriges Satzzeichen (gekürzt und leicht bearbeitet)
aus: ders., Lob der Rechtschreibung. C. H. Beck, München 2005, Seite 9 f., 47 f., 100 ff., 117

OPITZ, MARTIN (1597–1639)
138 Lied
147 Ich empfinde fast ein Grauen
aus: Teutsche Poemata. Abdruck der Ausgabe von 1624. Hg. v. G. Witkowski. Halle/Saale: Niemeyer 1902

ORWELL, GEORGE (1903–1950)
104 1984 (1)
107 1984 (2)
110 1984 (3)
aus: ders., 1984. Ullstein Verlag, Berlin 1976

OSWALD, GEORG M. (*1963)
64 Mit Menschen
aus: FAZ, 16. 10. 2009

PACHMANN, INA (*1953)
15 Urlauber vom Dienst (gekürzt und leicht bearbeitet)
nach: Berliner Zeitung http://www.berliner-zeitung.de/archiv/urlauber-vom-dienst,10810590,10638032.html (Stand: 24. 09. 2014)

PLENZDORF, ULRICH (1934–2007)
26 Die neuen Leiden des jungen W. (Auszug)
aus: Die neuen Leiden des jungen W. Suhrkamp, Frankfurt am Main 1976

PREUSSLER, OTFRIED (1923–2013)
248 Die kleine Hexe
aus: ders., Die kleine Hexe. Thienemann Verlag, Stuttgart 2005, S. 86

RAMPAS, MARTINA
20 Seltsame Seelenverwandtschaft (gekürzt)
nach: http://www.spiegel.de/unispiegel/wunderbar/kinder-total-global-babyspeck-und-bonusmeilen-a-312705.html (Stand: 22. 09. 2014)

RECH, MATTHIAS
183 Auf Leben und Tod in der Notaufnahme (gekürzt)
aus: http://www.wz-newsline.de/lokales/duesseldorf/reportage-auf-leben-und-tod-in-der-notaufnahme-1.963058 (Stand: 13. 04. 2016)

REITER, MARKUS
286 Das langsame Sterben des Kommas (geändert und gekürzt)
nach: http://www.stuttgarter-zeitung.de/inhalt.sprache-das-langsame-sterben-des-kommas.75b86739-51ad-4739-b4f3-00c2e6f2ee41.presentation.print.v2.html (Stand: 24. 11. 2014)

RÖDER, MARLENE (*1983)
118 Wie man ein Klavier loswird
aus: Melvin, mein Hund und die russischen Gurken. Ravensburger Buchverlag 2011

ROSENBERG, PETRA
248 Sinti und Roma oder Zigeuner? (gekürzt)
aus: Mehrheit, Macht, Geschichte. 7 Biografien zwischen Verfolgung, Diskriminierung und Selbstbehauptung. Anne Frank Zentrum (Hg.), Mülheim an der Ruhr 2007

SCHÄFER, SANDRA/MOHR, ALEXANDER
36 Shoppen statt Engagement. Die neue Ego-Jugend (gekürzt)
aus: Hamburger Morgenpost, 29. 04. 2012

SCHMIDT, JAN
187 Die fliegende Intensivstation (gekürzt)
aus: http://www.kreiszeitung.de/lokales/bremen/1402-die-fliegende-intensivstation-rettungshubschrauber-629764 (Stand: 13. 04. 2016)

SCHNURRE, WOLFDIETRICH (1920–1989)
88 Der Absprung
aus: Das Los unserer Stadt. Eine Chronik. Walter-Verlag, Olten und Freiburg im Breisgau 1959, S. 149

SIEGERT, SIBRAND/WUNDENBERG, LENA:
294 SMS, E-MaiL, Chatroom – Das Ende der Rechtschreibung? (gekürzt und leicht bearbeitet)
Nach: http://www.tagesschau.de/inland/meldung97642.html (Stand: 24. 11. 2014)

SICK, BASTIAN (*1965)
232 Englische Fremdwörter und was man stattdessen sagen könnte
aus: ders., Der Dativ ist dem Genitiv sein Tod. Folge 3, Kiepenheuer & Witsch, Köln 2006

STRAMM, AUGUST (1874–1915)
142 Patrouille
aus: Das Werk. Hg. v. R. Radrizzani. Limes, Wiesbaden 1963, S. 86

STRAUSS, BOTHO (*1944)
89 Rückkehr
aus: ders., Mikado. Carl Hanser Verlag, München/Wien 2006, S. 13.

ULLRICH, WOLFGANG
38 Wer cool sein will, muss jobben gehen (gekürzt)
aus: TAZ, 20. 01. 2009

VRIES, EMMI DE
32 Herausforderung Amerika (gekürzt)
aus: (Nix für) Stubenhocker. Die Zeitung für Auslandsaufenthalte, Heft 03/2013

WALSER, ROBERT (1878–1956)

66   Das Stellengesuch
     aus: ders., Kleine Dichtungen,
     Suhrkamp Verlag, Frankfurt am Main
     1985

WELLS, HERBERT GEORGE (1866–1946)

94   Der Krieg der Welten (1)

103 Der Krieg der Welten (2)
     aus: ders., Krieg der Welten. Aus dem
     Englischen von G. A. Crüwell und
     Claudia Schmölders. Copyright der
     deutschsprachigen Ausgabe © 1974,
     2005 Diogenes Verlag AG Zürich

**Unbekannte/ungenannte Autorinnen
und Autoren**

17   Heimat ist für mich ein Gefühl
     (gekürzt)
     nach: http://www.brigitte.de/frauen/
     gesellschaft/dschungelkind-534588/
     (Stand: 22.09.2014)

23   Freiwillige vor!
     (gekürzt und leicht bearbeitet)
     nach: http://www.wegweiser-freiwilli-
     genarbeit.com/freiwilligendienst-aus-
     land/fsj-afrika/ (Stand: 22.09.2014)

181 Chaos durch Wirbelsturm
     aus: http://www.derwesten.de/
     panorama/hurrikan-sandy-hinter-
     laesst-eine-schneise-der-verwues-
     tung-id7247175 (Stand: 22.09.2014)

184 Patientenaufkommen pro Stun-
     de im Wochenverlauf (Grafik)
     aus: http://arbeitswelt.de/pdf/ZNA_
     Infobroschuere_A4.pdf
     (Stand: 22.09.2014)

248 Erklärung des Thienemann
     Verlags zu Sprachanpassungen
     bei Preußler-Texten
     nach: http://www.buchmarkt.de/
     content/53532-thienemann-zur-mo-
     dernisierung-der-kleinen-hexe-.htm
     (Stand: 22.09.2014)

249 Als Wowereit „Ich bin schwul"
     sagte – Und das war auch gut so
     nach: http://www.taz.de/!72208/
     (Stand: 24.09.2014)

249 Diskriminierung – „Schwul" ist
     für viele Schüler ein Schimpfwort
     nach: http://www.tagesspiegel.de/
     berlin/diskriminierung-schwul-ist-fuer-
     viele-schueler-ein-schimpfwort/-
     7656258.html (Stand: 24.09.2014)

292 Komma darf künftig hinter jedes
     Wort gesetzt werden
     (gekürzt und leicht bearbeitet)
     nach: http://www.eine-zeitung.net/
     politik_kommareform55255.html
     (Stand: 24.11.2014)

Bildquellenverzeichnis

S. 13, 15, 47, 195: picture alliance / dpa; **S. 14 links oben:** mauritius images; **S. 14 links unten:** © alessandro0770 – fotolia.com; **S. 14 rechts:** © Franck Fouquet / BIOS / OKAPIA; **S. 29:** action press; **S. 32:** © Jiri Hera – fotolia.com; **S. 33, 37, 38:** picture-alliance / dpa-infografik; **S. 35:** image by Ben Heine © 2013 – www.benheine.com; **S. 36, 41, 55 (oben rechts):** F1 online; **S. 49, 55 (Mitte):** mauritius images / Alamy; **S. 55 oben links:** Photoshot; **S. 55 unten links:** Shutterstock/mangostock; **S. 55 unten rechts:** Shutterstock / Kiss Peter; **S. 61:** © Eric Audras / Onoky / Corbis; **S. 62:** David Ausserhofer, Berlin; **S. 69:** Shutterstock / HAKKI ARSLAN; **S. 75:** Marina Abramović: The artist is present, performance (3 months). The Museum of Modern Art, New York, NY, 2010. Photography by Marco Anelli; Courtesy of the Marina Abramović Archives / © VG Bild-Kunst, Bonn 2016; **S. 76:** © Atelier Erwin Wurm / VG Bild-Kunst, Bonn 2015; **S. 80:** bpk-images / Sprengel Museum Hannover / Stefan Behrens; **S. 82:** Agentur Bridgeman / Bridgeman Art Library © Salvador Dalí, Fundaciò Gala-Salvador Dali / VG Bild-Kunst, Bonn 2016; **S. 83:** Inkognito / Michael Sowa / VG Bild-Kunst, Bonn 2015; **S. 84:** akg-images; **S. 86:** mauritius images / Peter Horrel / Alamy © VG Bild-Kunst, Bonn 2016; **S. 91, 92:** © Francis G. Mayer / Corbis; **S. 93:** Shutterstock / solarseven; **S. 113:** Bridgeman Art Library / Bridgemanart.com; **S. 137 links:** INTERFOTO/PHOTOAISA/BEBA, **S. 137 rechts:** © BillionPhotos.com – fotolia.com; **S. 138:** mauritius images / Alamy; **S. 139:** akg-images © VG Bild-Kunst, Bonn 2016; **S. 140:** akg-images; **S. 142:** mauritius images / Peter Horrel / Alamy © Ludwig-Meidner-Archiv, Jüdisches Museum der Stadt Frankfurt am Main; **S. 145:** akg-images / Erich Lessing; **S. 147:** akg-images; **S. 150:** akg-images / Erich Lessing; **S. 152:** Agentur Bridgeman / Bridgemanimages.com / © VG Bild-Kunst, Bonn 2016; **S. 155, 156, 158, 170:** © Florian Merdes, Mannheim; **S. 160, 162, 174, 175:** Imago; **S. 165:** picture alliance/ZB; **S. 167:** picture alliance / POP-EYE; **S. 168, 172:** picture alliance / Eventpress Ho; **S. 177:** Fotolia/Paulista; **S. 178 links:** BILD, Titelseite vom 09.07.2014, © Axel Springer AG, Hamburg; **S. 178 Mitte:** © WeltN 24 GmbH für WELT; **S. 178 rechts:** © 2012 Südwestdeutsche Medienholding GmbH; **S. 181:** picture alliance/abaca; **S. 183:** © spotmatikphoto – Fotolia.com; **S. 187:** ADAC e.V., München; **S. 189:** picture alliance / dpa; **S. 193:** © Süddeutsche Zeitung, München; **S. 194:** © Erstes Deutsches Fernsehen, München; **S. 194:** © ProSiebenSat.1 Media AG, Unterföhring; **S. 194:** © Südwestrundfunk, Stuttgart; **S. 194:** arte_logo_cmyk / © ARTE, Strasbourg; **S. 195 oben:** akg-images; **S. 195 unten:** INTERFOTO / Sammlung Rauch; **S. 200 oben:** ddp images; **S. 200 Mitte:** © Jürgen Fälchle – fotolia.com; **S. 200 unten:** © ajr_images – fotolia.com; **S. 202:** picture alliance / dpa; **S. 205 links:** S. Fischer Verlag, Taschenbuch, Frankfurt am Main 2001; **S. 205 Hintergrund:** Szenenfoto aus „Sonnenallee", Bojebuck, Delphi Filmverleih, Berlin; **S. 208:** picture alliance/ZB; **S. 213 links:** laif / Christian Jungeblodt; **S. 213 rechts:** Shutterstock/leungchopan; **S. 221–225:** Szenenfotos aus „Sonnenallee", Bojebuck, Delphi Filmverleih, Berlin; **S. 227 links u. rechts:** Imago; **S. 230:** Shutterstock/Vepar5; **S. 233:** werkstatt für gebrauchsgrafik, Berlin; **S. 299:** Buchcover: Spektrum Akademischer Verlag im Springer Verlag GmbH, Heidelberg 2010; **S. 302, 306:** Matthias Höppener-Fidus, Berlin; **S. 310:** Syda Productions – fotolia.com

Sachregister

A

Ableitung 357
Ableitungsprobe 351
Adjektiv 336
Adverb 341
adverbiale Bestimmung 343
Adverbialsatz 346
Adversativsatz 346
Akkusativ 334
Akkusativobjekt 343
Akt 326
Aktiv 256, 339
Allegorie 139, 323
Alliteration 141, 324
Anapäst 323
Anapher 141, 146, 324
Anekdote 319
Anglizismen 230 f., 237
Antagonist 159
Anti-Utopie 102
Antonym 358
Apposition 253
Argument 37, 311
Argumentieren 35–54
Artikel 335
Attribut 344
– Adjektivattribut 344
– Apposition 344
– Genitivattribut 344
– Partizipialattribut 344
– präpositionales Attribut 344
– Relativsatz 344
Aufforderungssatz 345
Ausrufesatz 345
Aussagesatz 345

B

Ballade 324
Barock 137–154
Bedeutungswandel 238–244, 358 f.
Begründen ▶ Argumentieren
Beleg 37, 311
Bericht 181 f., 329
Berufsorientierung 55–63
Bestimmungswort 357
Betonungszeichen 363
Bewerbung
– Anschreiben 69 f., 264
– Lebenslauf 71
– Vorstellungsgespräch 72

Blog 192
BOGY 73 f.
Buchdruck 195

C

Carpe diem 138, 145, 148, 153
Charakterisieren 214, 318
Cluster 123

D

Daktylus 323
das/dass 351
Datenschutz 200 f., 298
Dativ 334
Dativobjekt 343
Debatte 38–40, 312
Deklinieren 334
Demonstrativpronomen 335
Denotation 232, 358
Diagramm erschließen ▶ Grafik
    erschließen
Dialekt 233, 237, 360
Dialog 81, 160–176, 326
direkte Rede ▶ wörtliche Rede
Diskutieren 38–40, 312
Doppelkonsonant 352
Doppelvokal 352
Drama 155–176, 326 f.
– klassisches 170, 326
Dystopie 102

E

Einstellung (Film) 333
Einstellungsgröße 222, 332
Ellipse 141, 153
Enjambement 153, 323
Epik 316, 319 f.
Epos 319
erlebte Rede 77, 317
Erörtern
– pro und kontra 41–46, 313
– im Anschluss an einen Sachtext
    47–54, 314
Ersatzprobe 344
Erweiterungsprobe 344
Erzähler
– Er/Sie-Erzähler 217, 316
– Ich-Erzähler 28, 96, 217, 316
Erzählform 96, 102, 117, 217 f., 316
Erzählhaltung ▶ Erzählverhalten
erzählte Zeit 102 f.

Erzählung 114–125, 316, 319 f.
Erzählverhalten 96, 117, 217 f., 316
Erzählzeit 102 f.
Etymologie 244
Exposition 159, 170, 221, 326
Exzerpieren 185, 187 f., 301 ff., 362

F

Fachsprache 273
Feldermodell 261
Femininum 334
Figurenkonstellation 171, 209–214
Figurenverzeichnis 155
Fiktionalität 98, 208
Film 221–226
– Einstellungsgrößen 222, 332
– Kamerabewegung 223, 333
– Kameraperspektive 222, 333
– Mise en Scène 224, 333
– Schnitt und Montage 222, 327, 333
Filmprotokoll 222
Finalsatz 346
Flussdiagramm 170
Fragesatz 345
Fremdwort 230 f., 272 f., 355
Fünf-Schritt-Lesemethode 328
Futur
– Futur I 337
– Futur II 337
– modales 254

G

Gedicht
– interpretieren 147–154
– untersuchen 138–154
– vortragen 143
Genitiv 334
Genitivobjekt 343
Genus 334
geschlechtergerechte Sprache 245 ff.
Gesetz 200
gestaltendes Schreiben ▶ produk-
    tionsorientiertes Schreiben
Gestik 158
Getrennt- und Zusammen-
    schreibung 274 f., 291, 356
Geusenwort-Strategie 249
Glosse 191, 329
Grafik erschließen 19 ff., 23, 33 f., 37,
    38 f., 184 ff., 187 f., 328

Groß- und Kleinschreibung
- Eigennamen 271, 290, 355
- Nominalisierungen 270, 354
- Herkunftsbezeichnungen 271, 290, 355
- Zeitangaben 355
Grundwort 357

H

Handlung, äußere 117, 318
Handlung, innere 117, 318
Handout erstellen 308
Hauptsatz 345
Haupttext 157
Hochdeutsch 233, 360
Hochsprache 234 ff., 253
Homonymie 358
Hörspiel 331
Hypotaxe 117, 261

I

Imperativ 337
Indefinitpronomen 335
Indikativ 340
indirekte Rede 255, 340
Infinitiv 337
Infinitivgruppe 347, 349
Informationstext verfassen 16–23, 30–34, 315
Internet
- Lesezeichen anlegen 298, 362
- Favoriten anlegen 298, 362
- Blog 192
- Datenschutz 298
- Katalog 299 f., 361
- Recherche 296 ff., 361 f.
- soziale Netzwerke 195
- Zeitung 193 f.
Interpretationshypothese 122
Interpretieren 118–125, 134–136, 147–154, 167–176, 321, 324, 327
Interview 61, 312
Ironie 65, 212
Irrealis 255, 340 f.

J

Jambus 323
Jugendsprache 359

K

Kadenz 323
Kamerabewegung 223, 333
Kameraeinstellung 222, 327
Kameraperspektive 222, 333
Kasus 253, 334

Katastrophe 170, 326
Kausalsatz 346
Klimax 141, 146, 324
Komik 158, 211, 246
Kommasetzung
- Anreden 350
- Appositionen 283, 293, 349
- Aufzählungen 349
- Ausrufe 350
- Infinitivgruppen 282, 349
- Partizipialgruppen 282
- Satzgefüge 280 f., 292
- Satzreihe 280 f.
Kommentar 189 f., 329
Kommunikation 126–133
Kommunikationsmodell 130 f.
Komödie 166, 326
Komparativ 336
Konditionalsatz 346
Konflikt 81, 159
Kongruenz 259
Konjugieren 337
Konjunktion 259, 261, 336, 345
Konjunktiv I 255, 340
Konjunktiv II 255, 340 f.
Konnotation 232, 358
Konsekutivsatz 346
Konzessivsatz 346
kreatives Schreiben ▶ produktionsorientiertes Schreiben
Kurzgeschichte 114–125, 134–136, 319

L

Lautschrift 273
Lautverschiebung 233, 360
Lead-Stil 182
Lehnwort 237
Leitmotiv 117, 317
Leserbrief 192, 246
Lesetechniken 328
Lyrik 138–154, 322–325
lyrisches Ich 140, 148, 149, 322

M

Märchen 320
Maskulinum 334
Mediengeschichte 195
Memento mori 145 f.
Metakommunikation 131
Metapher 117, 139, 323
Metrum 139 f., 148 f., 323
Mimik 158
Mise en Scène 224, 333
Mitteldeutsch 233, 360

Mittelfeld 261, 342
Mittelhochdeutsch 359
Modalsatz 346
Modalverb 341
Modus 255, 340 f.
Monolog 163, 326
- innerer 77, 317
Montage (Film) 222, 327, 333
Motiv 317

N

Nachfeld 261, 342
Nachricht (Textsorte) 182
Nachricht (Kommunikationsmodell) 131, 360
- Appell 131, 360
- Beziehungshinweis 131, 360
- Sachinformation 131, 360
- Selbstkundgabe 131, 360
Nachrichten (TV, Radio) 194
Nebensatz 345
Nebentext 157
Netzsprache 234 ff.
Neologismus 141, 143, 324
Neutrum 334
Niederdeutsch 233, 360
Nomen 334
Nominalisierung 270, 354
Nominalstil 266
Nominativ 334
nonverbale Ausdrucksmittel 130
Novelle 320
Numerus 334

O

Oberbegriff 357
Oberdeutsch 233, 360
Objekt 343
Objektsatz 347

P

Parabel
- untersuchen 86 ff., 320
- schreiben 87 ff.
Parallelismus 141, 146, 324
Parataxe 117, 261
paraverbale Ausdrucksmittel 130
Partizip I 337
Partizip II 337
Partizipialgruppe 347, 349
Passiv 256, 339 f.
- Ersatzformen für das Passiv 256, 340
- Vorgangspassiv 339
- Zustandspassiv 339

Perfekt 254, 337
Peripetie 170, 326
Personalform 337
Personalpronomen 335
Personifikation 117, 139, 323
Plural 334
Plusquamperfekt 254, 337
Political Correctness 245–250
Polysemie 358
Pointe 81, 117
Positiv 336
Possessivpronomen 335
PowerPoint-Präsentation 306 f.
Prädikat 342
Prädikativ 343
Präfix 357
Praktikumsbericht 73 f.
Präposition 253, 336
Präpositionalobjekt 343
Präsens 254, 337
– narratives 122
Präsentation
– bewerten 310
– Bildschirmpräsentation erstellen 306 f.
– durchführen 309 f.
– vorbereiten 304–308
– Folien erstellen 306 f.
Präteritum 254, 337
Pressefreiheit 200
Proben
– Ableitungsprobe 351
– Ersatzprobe 344
– Erweiterungsprobe 344
– Umstellprobe 344
– Verlängerungsprobe 351
– Weglassprobe 344
produktionsorientiertes Schreiben 75–90, 106–112
Projekt 91 ff., 227 f.
Pronomen 335
Protagonist 159
Protokoll 315

Q
Quellenangaben 362

R
Radio-Feature 331
Radio-Reportage verfassen 96
Rap-Gedicht 82
Recherchieren ▶ Internet
Rechtschreibproben 276 f.

Rechtschreibstrategien 276 f.
Referat 62, 304–310, 363
Regieanweisung 157, 326
regulierender Text 200 f.
Reim 139 f., 148 f., 322
– Kreuzreim 322
– Paarreim 322
– umarmender Reim 322
Rektion 253
Relativpronomen 345
Relativsatz 346
Reportage 183–188, 202–204, 329
Requisit 163, 169
Rezension 219 f.
rhetorische Frage 141, 146, 324
Rhythmus 82
Rolle 326
Rollenbiografie gestalten 159
Roman 205–220, 320
Rückblende 122, 317

S
Sachtext
– analysieren 183–186, 330 f.
– zusammenfassen 183–186, 330
Satire
– untersuchen 64 f., 212, 218
– schreiben 66 ff.
Satzarten 345
Satzgefüge 261, 345, 348
Satzglied 342
– adverbiale Bestimmung 343
– Akkusativobjekt 343
– Attribut (Satzgliedteil) 344
– Dativobjekt 343
– Genitivobjekt 343
– Prädikat 342
– Prädikativ 343
– Präpositionalobjekt 343
– Subjekt 342
Satzklammer 261, 342
Satzreihe 261, 345, 348
Schluss, offener 115
Schnitt (Film) 222, 327, 333
Schreibkonferenz 363
Science-Fiction 93–112, 98
Sequenz 221, 333
Singular 334
s-Laut 353
SMS-Sprache 234 f.
Sonett 140–146, 152–154, 324
Song 242, 324

Sprachgebrauch, mündlicher 234 f.
Sprachgeschichte 238–244, 360
sprachliche Bilder 139, 143, 149, 323
Sprachvarianten 234 f., 359 f.
Sprachvergleich 247
Sprachwandel 238–244, 360
Sprechakt 161
Sprecher im Gedicht 149, 322
Standardsprache 233 ff., 253, 359
Stil 261, 265 f.
Strophe 139 f., 148, 322
Subjekt 342
Subjektsatz 347
Subjunktion 259, 261, 336
Substantiv ▶ Nomen
Substantivierung ▶ Nominalisierung
Suffix 357
Superlativ 336
Symbol 145, 323
Synonym 358
Szene 160–176, 221, 225 f., 326, 333
szenisches Spiel 211

T
Tagebucheintrag schreiben 110 ff.
Tagesbericht 74
Temporalsatz 346
Tempus 254, 337 f.
– Futur I 337
– Futur II 337
– Perfekt 254, 337
– Plusquamperfekt 254, 337
– Präsens 254, 337
– Präteritum 254, 337
Texte vergleichen 102, 143
Texte überarbeiten 78 f., 83, 112, 136, 154, 176, 199, 204, 267 f.
Theater 155–176, 326 f.
Theater spielen 158–163, 166, 169
These 37
topologisches Modell 261, 342
Tragikomödie 166
Tragödie 166, 326
Trochäus 323

U
Umfrage 250, 312
Umgangssprache 28, 234 f., 253, 359
Umstellprobe 344
Unterbegriff 357
Urheberrecht 201
Utopie 102

V

Vanitas 145, 146
Verb 254–257, 337–341
– Aktiv und Passiv 256
– Imperativ 337
– Indikativ 340
– Konjunktiv I 255, 340
– Konjunktiv II 255, 340 f.
– Personalform 337
– Zeitformen 337 f.
– schwache Verben 339
– starke Verben 339
Verbklammer ▶ Satzklammer
Verbletztsatz 259, 261, 281, 345
Verbzweitsatz 259, 261, 281, 345
Verfilmung 221–226
Vergleich 117, 139, 323
Verlängerungsprobe 351

Vers 148, 322
Vertrag 201
Vorausdeutung 122, 317
Vorfeld 261, 342
Vorgangspassiv 339
Vorlesen, sinngestaltendes 143, 363

W

Wechselpräposition 253
Weglassprobe 344
Wendepunkt 115, 117, 170
Wortbedeutung 238–244, 358 f.
Wortbildung 357
Wortfamilie 357
Wortfeld 358
wörtliche Rede 350
Wortstamm 357

Z

Zeichensetzung
– Punkt 348
– Anführungszeichen 284, 350
– Ausrufezeichen 348
– Doppelpunkt 350
– Fragezeichen 348
– Komma ▶ Kommasetzung
– bei wörtlicher Rede 350
– bei Zitaten 284, 294, 350
Zeilensprung 153, 323
Zeitdeckung 102 f., 317
Zeitdehnung 102 f., 317
Zeitraffung 102 f., 317
Zeitung 177–204
Zitieren (Zeichensetzung) 284, 294
Zusammensetzung 357
Zustandspassiv 339

Die Grundlage dieses Buches wurde erarbeitet von Gerd Brenner, Dietrich Erlach, Heinz Gierlich, Cordula Grunow, Alexander Joist, Markus Langner, Angela Mielke, Deborah Mohr, Christoph Oldeweme, Norbert Pabelick, Christoph Schappert, Frank Schneider, Bernd Schurf, Klaus Tetling und Andrea Wagener.

Redaktion: Stefan Windte

Illustrationen:
Uta Bettzieche, Leipzig: S. 56–60, 63–68, 72, 180, 191, 197, 198, 251–267
Nils Fliegner, Hamburg: S. 44–46, 51, 52, 229, 232, 234–250
Marie Geißler, Berlin: S. 206, 209, 212, 215–218
Christoph Mett, Münster: S. 94–110
Bianca Schaalburg, Berlin: S. 269–295, 300, 303, 304, 307, 309
Sulu Trüstedt, Berlin: S. 17, 18, 20, 24, 26, 114–134

Gesamtgestaltung und technische Umsetzung: werkstatt für gebrauchsgrafik, Berlin
Coverfoto: Imagebrokers/Photoshot

www.cornelsen.de

Soweit in diesem Lehrwerk Personen fotografisch abgebildet sind und ihnen von der Redaktion fiktive Namen, Berufe, Dialoge und Ähnliches zugeordnet oder diese Personen in bestimmte Kontexte gesetzt werden, dienen diese Zuordnungen und Darstellungen ausschließlich der Veranschaulichung und dem besseren Verständnis des Inhalts.

Die Webseiten Dritter, deren Internetadressen in diesem Lehrwerk angegeben sind, wurden vor Drucklegung sorgfältig geprüft. Der Verlag übernimmt keine Gewähr für die Aktualität und den Inhalt dieser Seiten oder solcher, die mit ihnen verlinkt sind.

1. Auflage, 1. Druck 2016

Alle Drucke dieser Auflage sind inhaltlich unverändert und können im Unterricht nebeneinander verwendet werden.

Druck: Mohn Media Mohndruck, Gütersloh

ISBN 978-3-06-062641-0

Knifflige Verben im Überblick

Infinitiv	Präsens	Präteritum/Perfekt	Konjunktiv I / Konjunktiv II	Imperativ Singular
befehlen	du befiehlst	er befahl / hat befohlen	sie befehle / befähle	befiehl!
beginnen	du beginnst	sie begann / hat begonnen	er beginne / begänne	beginne!
beißen	du beißt	er biss / hat gebissen	sie beiße / bisse	beiße!
bieten	du bietest	er bot / hat geboten	er biete / böte	biete!
bitten	du bittest	sie bat / hat gebeten	sie bitte / bäte	bitt(e)!
blasen	du bläst	er blies / hat geblasen	er blase / bliese	blas(e)!
bleiben	du bleibst	sie blieb / ist geblieben	sie bleibe / bliebe	bleib(e)!
brechen	du brichst	sie brach / hat gebrochen	er breche / bräche	brich!
brennen	du brennst	es brannte / hat gebrannt	es brenne / brennte	brenn(e)!
bringen	du bringst	sie brachte / hat gebracht	sie bringe / brächte	bring(e)!
dürfen	du darfst	er durfte / hat gedurft	er dürfe / dürfte	
einladen	du lädst ein	sie lud ein / hat eingeladen	sie lade ein / lüde ein	lad(e) ein!
entscheiden	du entscheidest	er entschied / hat entschieden	er entscheide / entschiede	entscheid(e)!
essen	du isst	er aß / hat gegessen	sie esse / äße	iss!
fahren	du fährst	sie fuhr / ist gefahren	er fahre / führe	fahr(e)!
fallen	du fällst	er fiel / ist gefallen	sie falle / fiele	fall(e)!
fangen	du fängst	sie fing / hat gefangen	er fange / finge	fang(e)!
fliehen	du fliehst	er floh / ist geflohen	sie fliehe / flöhe	flieh(e)!
fließen	du fließt	es floss / ist geflossen	es fließe / flösse	fließ(e)!
fressen	du frisst	er fraß / hat gefressen	er fresse / fräße	friss!
geben	du gibst	sie gab / hat gegeben	sie gebe / gäbe	gib!
genießen	du genießt	sie genoss / hat genossen	er genieße / genösse	genieß(e)!
gießen	du gießt	er goss / hat gegossen	er gieße / gösse	gieß(e)!
greifen	du greifst	sie griff / hat gegriffen	sie greife / griffe	greif(e)!
halten	du hältst	sie hielt / hat gehalten	er halte / hielte	halt(e)!
heben	du hebst	er hob / hat gehoben	sie hebe / höbe	heb(e)!
helfen	du hilfst	er half / hat geholfen	sie helfe / hülfe	hilf!
kennen	du kennst	sie kannte / hat gekannt	er kenne / kennte	kenn(e)!
kommen	du kommst	sie kam / ist gekommen	sie komme / käme	komm(e)!
können	du kannst	er konnte / hat gekonnt	er könne / könnte	
lassen	du lässt	sie ließ / hat gelassen	sie lasse / ließe	lass(e)!
laufen	du läufst	er lief / ist gelaufen	er laufe / liefe	lauf(e)!
leiden	du leidest	sie litt / hat gelitten	sie leide / litte	leid(e)!
leihen	du leihst	er lieh / hat geliehen	er leihe / liehe	leih(e)!
lesen	du liest	er las / hat gelesen	er lese / läse	lies!